コンメンタール
行政法Ⅰ

行政手続法・行政不服審査法
第3版

室井　力
芝池義一
浜川　清
本多滝夫
［編著］

日本評論社

はしがき

　現代の社会・経済構造は、国際的にも国内的にも、一段と複雑化しつつある。そして、それに応じて、国民の権利利益または生活を確保・保障すべき国や地方公共団体などの政治的・行政的諸活動も多様・複雑化している。そのなかで、特に現代行政は、国民主権国家のそれとして、国民の日常的な社会・経済生活に密接に関わることによって、その役割を大きくしている。そのことは、同時に、法治国家において、行政を授権し、または統制する行政法の果たす役割の正当な位置づけと整序の必要性を高めている。こんにちにあっては、行政法との関わりのない国民の社会・経済生活は、ほとんど考えられない状況にある。その意味においても、行政法は、現代法の特徴を最もよく表現している法分野ということができよう。

　たしかに、行政法の分野にあっては、憲法、民法、刑法などの分野におけるように、包括的統一的法典は存在しない。それにもかかわらず、行政を規律する行政法令は、はなはだ多く、特に日本国憲法の歴史のなかにおいて、そのことは、より一層顕著になっている。したがってまた、それとともに、前述のような状況を反映して、この間、行政法に関する学説や裁判例も極めて著しい展開と蓄積を示している。このようにして、行政法の理論と実際を整序しその内容を具体的に明らかにすることは、学界・実務界はもとより、国民一般にとっても、有益であろう。

　『コンメンタール行政法』は、当面、行政法分野においても相当の学説・裁判例の蓄積をみており、しかも、最も国民の権利利益の確保・保障にとって有意義と考えられる比較的に包括的でまとまった法の逐条解説を試みるものである。第1巻においては、行政の事前手続に関する行政手続法とその事後手続に関する行政不服審査法が扱われる。また、その第2巻は、行政救済法の中心的地位を占める行政事件訴訟法および国家賠償法を扱う。本書は、その第1巻である。

　本書の刊行は、もともと1993年の行政手続法の制定を契機としていた（初版

はしがき

〔1997年〕)。その後、2005年の行政手続法の改正により意見公募手続が追加されたことに対応して第1回目の改訂を行った（第2版〔2008年〕)。そして、第2回目の改訂である今回は、2014年の行政不服審査法の全部改正と行政手続法の一部の改正を受けたものである。時宜に応じた改訂を通じて、本書は、広義の行政手続法にかかる注釈書としての価値を維持し続けているのである。

なお、新・行政不服審査法は、旧・行政不服審査法に比して別表が多用されているところ、類書は、別表が定める各条文の読替について一覧表形式（読替表）で説明しているが、本書は、そのような形式をとらず、代わりに関係条項（9条3項・61条・66条1項）および当該別表において解説を加えている。

今回の改訂にあたっては、黒川哲志氏（早稲田大学）と西田幸介氏（法政大学）に編集作業全体にわたりご協力をいただいた。また、原稿の督促をはじめ、凡例の整理、字句の統一、索引の作成など制作作業全般について、第2版に引き続き日本評論社編集部の田中早苗氏には一方ならぬお世話になった。これらの各氏には、心からお礼を申し上げたい。

さいごに、本書の編者の一人である室井力先生は、2006年6月8日に逝去され、本年で13回忌を迎えた。今回の本書の編集については、芝池、浜川、および新たに編者に加わった本多がすべての責任を負うものであるが、本書（初版）が企画されかつ刊行を見たのはひとえに室井先生のご尽力による。室井先生に敬意を表するとともにその学問を後進に伝える趣旨を込めて、編者としてお名前を引き続き掲記することとした。

2018年　盛夏

編　者
室井　力
芝池　義一
浜川　清
本多　滝夫

目　次

コンメンタール行政法Ⅰ（第3版）

はしがき

行政手続法

行政手続法総説 ……………………………………………浜川　清　3

第1章　総　　則
　　第1条（目的等）………………………………芝池義一・本多滝夫　15
　　第2条（定　義）………………………………………芝池義一　21
　　第3条（適用除外）……………………………本多滝夫・萩原聡央　43
　　第4条（国の機関等に対する処分等の適用除外）……長谷川佳彦　85

第2章　申請に対する処分
　　第5条（審査基準）……………………………………恒川隆生　102
　　第6条（標準処理期間）………………………………梶　哲教　117
　　第7条（申請に対する審査、応答）……………………　〃　　121
　　第8条（理由の提示）…………………………………久保茂樹　130
　　第9条（情報の提供）……………………………………　〃　　141
　　第10条（公聴会の開催等）……………………………大田直史　143
　　第11条（複数の行政庁が関与する処分）………………　〃　　148

iii

目 次

第3章　不利益処分

第1節　通　則

　第12条（処分の基準）……………………………浜川　清　152
　第13条（不利益処分をしようとする場合の手続）………高橋正徳　160
　第14条（不利益処分の理由の提示）………………………久保茂樹　174

第2節　聴　聞

　第15条（聴聞の通知の方式）………………………岡崎勝彦　182
　第16条（代理人）………………………………………　〃　　187
　第17条（参加人）………………………………………　〃　　189
　第18条（文書等の閲覧）……………………………久保茂樹　193
　第19条（聴聞の主宰）………………………………榊原秀訓　200
　第20条（聴聞の期日における審理の方式）………　〃　　207
　第21条（陳述書等の提出）……………………………　〃　　216
　第22条（続行期日の指定）……………………………　〃　　218
　第23条（当事者の不出頭等の場合における聴聞の終結）　〃　　220
　第24条（聴聞調書及び報告書）………………………　〃　　223
　第25条（聴聞の再開）…………………………………　〃　　230
　第26条（聴聞を経てされる不利益処分の決定）………　〃　　232
　第27条（審査請求の制限）…………………………岡崎勝彦　233
　第28条（役員等の解任等を命ずる不利益処分をしよう
　　　　　とする場合の聴聞等の特例）………………　〃　　237

第3節　弁明の機会の付与

第29条（弁明の機会の付与の方式）………………徳田博人　240

第30条（弁明の機会の付与の通知の方式）………　〃　243

第31条（聴聞に関する手続の準用）………………　〃　247

第4章　行政指導

第32条（行政指導の一般原則）……………………紙野健二　253

第33条（申請に関連する行政指導）………………　〃　261

第34条（許認可等の権限に関連する行政指導）…　〃　268

第35条（行政指導の方式）…………………………　〃　271

第36条（複数の者を対象とする行政指導）………　〃　279

第36条の2（行政指導の中止等の求め）…………西田幸介　284

第4章の2　処分等の求め

第36条の3〔処分等の求め〕………………………西田幸介　288

第5章　届　　出

第37条（届　出）……………………………………高橋正徳　293

第6章　意見公募手続等

第38条（命令等を定める場合の一般原則）………黒川哲志　304

第39条（意見公募手続）……………………………　〃　308

第40条（意見公募手続の特例）……………………　〃　316

第41条（意見公募手続の周知等）…………………　〃　317

目　次

　　第42条（提出意見の考慮）………………………黒川哲志 318
　　第43条（結果の公示等）………………………　　〃　　320
　　第44条（準　用）………………………………　　〃　　324
　　第45条（公示の方法）…………………………　　〃　　325

第7章　補　　則

　　第46条（地方公共団体の措置）…………………榊原秀訓 327

附　　　則……………………………………………庄村勇人 337

行政不服審査法

行政不服審査法総説 ……………………………………… 浜川　清 345

第1章　総　　則

　　第 1 条（目的等）……………………………………… 西田幸介 356
　　第 2 条（処分についての審査請求）………………… 下山憲治 360
　　第 3 条（不作為についての審査請求）………………　〃　　 361
　　第 4 条（審査請求をすべき行政庁）…………………　〃　　 363
　　第 5 条（再調査の請求）………………………………　〃　　 365
　　第 6 条（再審査請求）…………………………………　〃　　 367
　　第 7 条（適用除外）…………………………………… 門脇美恵 368
　　第 8 条（特別の不服申立ての制度）………………… 安田理恵 376

第2章　審査請求

第1節　審査庁及び審理関係人

　　第 9 条（審理員）……………………………………… 前田雅子 379
　　第10条（法人でない社団又は財団の審査請求）…… 平田和一 389
　　第11条（総　代）………………………………………　〃　　 390
　　第12条（代理人による審査請求）……………………　〃　　 392
　　第13条（参加人）………………………………………　〃　　 393
　　第14条（行政庁が裁決をする権限を有しなくなった
　　　　　　場合の措置）…………………………………… 佐伯祐二 395
　　第15条（審理手続の承継）…………………………… 藤枝律子 396

目 次

 第16条（標準審理期間）………………………………藤枝律子 399
 第17条（審理員となるべき者の名簿）………………… 〃 401

第2節　審査請求の手続

 第18条（審査請求期間）………………………………平田和一 403
 第19条（審査請求書の提出）…………………………… 〃 409
 第20条（口頭による審査請求）………………………… 〃 413
 第21条（処分庁等を経由する審査請求）……………… 〃 414
 第22条（誤った教示をした場合の救済）……………野呂　充 416
 第23条（審査請求書の補正）…………………………大沢　光 420
 第24条（審理手続を経ないでする却下裁決）………… 〃 421
 第25条（執行停止）……………………………………市橋克哉 422
 第26条（執行停止の取消し）…………………………… 〃 435
 第27条（審査請求の取下げ）…………………………佐伯祐二 436

第3節　審理手続

 第28条（審理手続の計画的進行）……………………前田雅子 439
 第29条（弁明書の提出）………………………………大沢　光 440
 第30条（反論書等の提出）……………………………… 〃 445
 第31条（口頭意見陳述）………………………………豊島明子 447
 第32条（証拠書類等の提出）…………………………… 〃 451
 第33条（物件の提出要求）……………………………… 〃 452
 第34条（参考人の陳述及び鑑定の要求）……………… 〃 454
 第35条（検　証）………………………………………… 〃 456
 第36条（審理関係人への質問）………………………… 〃 457

第37条（審理手続の計画的遂行）………………前田雅子 458

第38条（審査請求人等による提出書類等の閲覧等）……野田　崇 462

第39条（審理手続の併合又は分離）………………榊原秀訓 467

第40条（審理員による執行停止の意見書の提出）………野田　崇 469

第41条（審理手続の終結）………………………………〃　　　470

第42条（審理員意見書）…………………………………〃　　　475

第4節　行政不服審査会等への諮問

第43条〔行政不服審査会等への諮問〕……………深澤龍一郎 478

第5節　裁　決

第44条（裁決の時期）……………………………湊　二郎 486

第45条（処分についての審査請求の却下又は棄却）……〃　488

第46条（処分についての審査請求の認容）………………〃　490

第47条〔事実上の行為についての審査請求の認容〕……〃　495

第48条（不利益変更の禁止）……………………………〃　497

第49条（不作為についての審査請求の裁決）………佐伯祐二 498

第50条（裁決の方式）……………………………………〃　504

第51条（裁決の効力発生）………………………………〃　506

第52条（裁決の拘束力）…………………………………〃　508

第53条（証拠書類等の返還）……………………………〃　511

第3章　再調査の請求

第54条（再調査の請求期間）……………………長谷川佳彦 513

第55条（誤った教示をした場合の救済）………………〃　514

目次

 第56条（再調査の請求についての決定を経ずに
    審査請求がされた場合）……………………長谷川佳彦 517
 第57条（3月後の教示）…………………………………岩本浩史 518
 第58条（再調査の請求の却下又は棄却の決定）………… 〃 520
 第59条（再調査の請求の認容の決定）…………………… 〃 522
 第60条（決定の方式）……………………………………… 〃 523
 第61条（審査請求に関する規定の準用）………………… 〃 525

第4章　再審査請求

 第62条（再審査請求期間）………………………………南川和宣 528
 第63条（裁決書の送付）…………………………………… 〃 529
 第64条（再審査請求の却下又は棄却の裁決）…………… 〃 530
 第65条（再審査請求の認容の裁決）……………………… 〃 531
 第66条（審査請求に関する規定の準用）………………… 〃 532

第5章　行政不服審査会等

第1節　行政不服審査会

第1款　設置及び組織

 第67条（設　置）…………………………………………林　晃大 537
 第68条（組　織）…………………………………………… 〃 538
 第69条（委　員）…………………………………………… 〃 539
 第70条（会　長）…………………………………………… 〃 541
 第71条（専門委員）………………………………………… 〃 542
 第72条（合議体）…………………………………………… 〃 543

第73条（事務局）……………………………………林　晃大 544

　第2款　審査会の調査審議の手続

　　　第74条（審査会の調査権限）………………………稲葉一将 545
　　　第75条（意見の陳述）………………………………　〃　 546
　　　第76条（主張書面等の提出）………………………　〃　 547
　　　第77条（委員による調査手続）……………………　〃　 548
　　　第78条（提出資料の閲覧等）………………………　〃　 549
　　　第79条（答申書の送付等）…………………………　〃　 552

　第3款　雑　則

　　　第80条（政令への委任）……………………………山田健吾 554

　第2節　地方公共団体に置かれる機関

　　　第81条〔地方公共団体に置かれる機関〕…………山田健吾 555

第6章　補　則

　　　第82条（不服申立てをすべき行政庁等の教示）…野呂　充 559
　　　第83条（教示をしなかった場合の不服申立て）…　〃　 562
　　　第84条（情報の提供）………………………………石塚武志 564
　　　第85条（公　表）……………………………………　〃　 565
　　　第86条（政令への委任）……………………………　〃　 567
　　　第87条（罰　則）……………………………………　〃　 567

附　則……………………………………………………………庄村勇人 569

目　次

別　　表…………………………………………榊原志俊 571

資料

行政手続法施行令 ………………………………………………589

行政手続法の施行に当たって …………………………………594

聴聞の運用のための具体的措置について ……………………607

行政手続法第6章に定める意見公募手続等の運用の改善について …613

行政手続法の一部を改正する法律の施行について …………616

行政不服審査法施行令 …………………………………………624

行政不服審査法施行規則 ………………………………………638

行政不服審査法及び行政不服審査法の施行に伴う関係法律の

　整備等に関する法律の施行について ………………………641

行政不服審査法〔旧法〕 ………………………………………645

訴願法 ……………………………………………………………661

事項索引　　663

判例索引　　673

凡例　　xiii

凡　例

▷**法令名**
・本コンメンタールⅠ・Ⅱの対象になる法律は、以下のように略称を用いた。
　　　行手法＝行政手続法（平成 5 年法律第88号）
　　　行審法＝行政不服審査法（平成26年法律第68号）
　　　行訴法＝行政事件訴訟法（昭和37年法律第139号）
　　　国賠法＝国家賠償法（昭和22年法律第125号）
　　　行審令＝行政不服審査法施行令（平成27年政令第391号）
　　　行手令＝行政手続法施行令（平成 6 年政令第265号）
　これ以外の法律は、原則として、フルネームを用い、例外として、
　　　行手通信利用法＝行政手続等における情報通信の技術の利用に関する法律（平成14年法律第151号）
　　　情報公開法＝行政機関の保有する情報の公開に関する法律（平成11年法律第42号）
　とした。
・単に「行審法」という場合、2014年改正後の行審法（平成26年法律第68号）を指す。同改正前の行政不服審査法は「旧行審法」または「旧法」等とした。
・かっこ内の注記において、当該法律の解説本文以外では、「行手」「行審」「行訴」「国賠」と略記した。その他の法令は、有斐閣六法全書の略称を用いた。
・なお、同一法令を複数引用する場合は「・」でつなぎ、数種の異なる法令を引用する場合は「，」でつないだ。

▷**判例の引用**
・たとえば、「最判（決）平 5・12・17民集47巻10号5530頁」は、「平成 5 年12月17日最高裁判所判決（決定）最高裁判所民事判例集第47巻10号5530頁（通し頁）」を意味する。大法廷判決のみ「最大判」とした。
・その他、行判→行政裁判所判決、大阪高判→大阪高等裁判所判決、東京地立川支判→東京地方裁判所立川支部判決などとする。
・引用内に筆者の注を挟むときは、〔　〕で括った。
・判例集は、以下のものは略称を用いた。
　　　民集＝最高裁判所民事判例集
　　　高民集＝高等裁判所民事判例集
　　　下民集＝下級裁判所民事裁判例集
　　　行集＝行政事件裁判例集
　　　行録＝行政裁判所判決録
　　　判時＝判時
　　　判タ＝判例タイムズ
　　　訟月＝訟務月報

凡　例

判例自治＝判例地方自治
LEX/DB＝LEX/DBインターネット
裁判所ウェブサイト＝裁判例情報（裁判所ウェブサイト）
税資＝税務訴訟資料

▷**文　献**
・単行書は著者名の後に書名に『　』を付し、論文は、筆者名の後にタイトルを「　」で括った。同一条文の解説における再出の文献は、「前掲書」「前掲論文」とした。
・引用内に筆者の注を挟むときは、〔　〕で括った。
・以下の文献は略称を用いた。

行政法全般・行政救済法関係

阿部・解釈学Ⅰ・Ⅱ　　阿部泰隆『行政法解釈学Ⅰ』（有斐閣、2008年）、『同Ⅱ』（同、2009年）

今村・入門　　今村成和著／畠山武道補訂『行政法入門（第9版）』（有斐閣、2012年）

宇賀・概説Ⅰ・Ⅱ・Ⅲ　　宇賀克也『行政法概説Ⅰ　行政法総論（第5版）』（有斐閣、2013年）、『同Ⅱ　行政救済法（第5版）』（同、2015年）、『同Ⅲ　行政組織法（第4版）』（同、2015年）

遠藤・行政法　　遠藤博也『実定行政法』（有斐閣、1989年）

大橋・行政法Ⅰ・Ⅱ　　大橋洋一『行政法Ⅰ（第3版）』（有斐閣、2016年）、『同Ⅱ（第2版）』（同、2015年）

兼子・総論　　兼子仁『行政法総論』（筑摩書房、1983年）

兼子・行政法学　　兼子仁『行政法学』（岩波書店、1997年）

神橋・救済法　　神橋一彦『行政救済法（第2版）』（信山社、2016年）

小早川・講義上・下Ⅰ・下Ⅱ　　小早川光郎『行政法講義上』（弘文堂、1999年）、『同下Ⅰ』（同、2002年）、『同下Ⅱ』（同、2005年）

櫻井＝橋本・行政法　　櫻井敬子＝橋本博之『行政法（第5版）』（弘文堂、2016年）

塩野・行政法Ⅰ・Ⅱ・Ⅲ　　塩野宏『行政法Ⅰ（第6版）』（有斐閣、2015年）、『同Ⅱ（第5版補訂版）』（同、2013年）、『同Ⅲ（第4版）』（同、2012年）

芝池・総論　　芝池義一『行政法総論講義（第4版補訂版）』（有斐閣、2006年）

芝池・救済法　　芝池義一『行政救済法講義（第3版）』（有斐閣、2006年）

芝池・読本　　芝池義一『行政法読本（第4版）』（有斐閣、2016年）

杉村編・救済法(1)・(2)　　杉村敏正編『行政救済法1』（有斐閣、1990年）、『同2』（同、1991年）

争点　　髙木光＝宇賀克也編『ジュリスト増刊　行政法の争点』（有斐閣、2014年）

曽和・総論　　曽和俊文『行政法総論を学ぶ』（有斐閣、2014年）

髙木・行政法　　髙木光『行政法』（有斐閣、2015年）

高橋・行政法　　高橋滋『行政法』（弘文堂、2016年）

田中・行政法(上)(中)　　田中二郎『新版行政法上巻（全訂第2版）』（弘文堂、1974年）、『同中巻（全訂第2版）』（同、1976年）

凡　例

中原・基本　　中原茂樹『基本行政法（第2版）』（日本評論社、2015年）
原田・環境権　　原田尚彦『環境権と裁判』（弘文堂、1977年）
原田・要論　　原田尚彦『行政法要論（全訂第7版補訂2版）』（学陽書房、2012年）
藤田・行政法　　藤田宙靖『行政法総論』（青林書院、2013年）
室井編・基本コンメ救済法　　室井力編『別冊法学セミナー　基本法コンメンタール　行政救済法』（日本評論社、1986年）
室井編・入門(1)　　室井力編『新現代行政法入門(1)（補訂版）』（法律文化社、2005年）
現代講座Ⅱ　　岡田正則＝榊原秀訓＝白藤博行＝人見剛＝本多滝夫＝山下竜一＝山田洋編『現代行政法講座Ⅱ』（日本評論社、2015年）
行政法講座(3)　　田中二郎＝原龍之助＝柳瀬良幹編『行政法講座第3巻　行政救済』（有斐閣、1965年）
行政法大系(4)・(7)　　雄川一郎＝塩野宏＝園部逸夫編『現代行政法大系4　行政争訟Ⅰ』（有斐閣、1983年）、『同7　行政組織』（同、1985年）
行政百選Ⅰ・Ⅱ　　宇賀克也＝交告尚史＝山本隆司編『別冊ジュリスト　行政判例百選Ⅰ（第6版）』、『同Ⅱ（第6版）』（同、2012年）
新構想Ⅰ・Ⅱ・Ⅲ　　磯部力＝小早川光郎＝芝池義一編『行政法の新構想Ⅰ』（有斐閣、2011年）、『同Ⅱ』（同、2008年）、『同Ⅲ』（同、2009年）
阿部・古稀　　髙木光＝交告尚史＝占部裕典＝北村喜宣＝中川丈久編『行政法学の未来に向けて──阿部泰隆先生古稀記念』（有斐閣、2012年）
藤田・古稀　　稲葉馨＝亘理格編『藤田宙靖博士東北大学退職記念　行政法の思考様式』（青林書院、2008年）

なお、本シリーズ第2版は、「コンメ行政法Ⅰ（第2版）」「コンメ行政法Ⅱ（第2版）」と略称する。

行政手続法関係

IAM・逐条解説行手法　　行政管理研究センター編『逐条解説　行政手続法（改正行審法対応版）』（ぎょうせい、2016年）
青木・解説　　青木康『行政手続法の解説』（ぎょうせい、1993年）
磯部＝小早川編・自治体手続法　　磯部力＝小早川光郎編著『自治体行政手続法（改訂版）』（学陽書房、1995年）
宇賀・改革　　宇賀克也『自治体行政手続の改革』（ぎょうせい、1996年）
宇賀・三法解説　　宇賀克也『行政手続三法の解説（第2次改訂版）』（学陽書房、2016年）
兼子・手続法　　兼子仁『行政手続法』（岩波新書、1994年）
兼子＝椎名編・手続条例　　兼子仁＝椎名慎太郎編著『行政手続条例制定の手引』（学陽書房、1995年）
小早川編・逐条研究　　小早川光郎編『ジュリスト増刊　行政手続法逐条研究』（有斐閣、1996年）
佐藤編・自治体実務　　地方自治総合研究所監修／佐藤英善編著『自治体行政実務　行政手続法』（三省堂、1994年）

凡　例

塩野＝高木・条解　　塩野宏＝高木光『条解　行政手続法』（弘文堂、2000年）
自治体実務研究会・実務の手引　　行政手続法自治体実務研究会編『行政手続法実務の手引』（第一法規、1996年）
杉村・行政手続　　杉村敏正＝兼子仁『行政手続・行政争訟法』（筑摩書房、1973年）
総務庁・逐条　　総務庁行政管理局編『逐条解説行政手続法（増補版）』（ぎょうせい、1994年）（その後増補新訂版（2002年）、上記IAM・逐条解説行手法として改訂）
総務庁・データブック95年版　　総務庁行政管理局編『データブック行政手続法1995年版』（第一法規、1995年）
総務庁・データブック96年版　　総務庁行政管理局編『データブック行政手続法1996年版』（第一法規、1996年）
高木他・条解　　高木光＝常岡孝好＝須田守『条解　行政手続法（第 2 版）』（弘文堂、2017年）
高橋・手続法　　高橋滋『行政手続法』（ぎょうせい、1996年）
仲・すべて　　仲正『行政手続法のすべて』（良書普及会、1995年）
南＝高橋編・注釈　　南博方＝高橋滋編『注釈　行政手続法』（第一法規、2000年）
宮崎・行政争訟　　宮崎良夫『行政争訟と行政法学（増補版）』（弘文堂、2004年）
室井＝紙野編・行政手続　　室井力＝紙野健二編『地方自治体と行政手続』（新日本法規、1996年）
行革審・資料集　　臨時行政改革推進審議会事務室監修／行政管理研究センター調査研究部編集『公正・透明な行政手続を目指して——行革審公正・透明な行政手続部会報告・関係資料集』（行政管理研究センター、1991年）

行政不服審査法関係

IAM・逐条解説行審法　　IAM＝行政管理研究センター編著『逐条解説　行政不服審査法（新政省令対応版）』（ぎょうせい、2016年）
伊東編・ハンドブック　　伊東健次編『Q&A不服審査ハンドブック』（ぎょうせい、2003年）
宇賀・行審法解説　　宇賀克也『行政不服審査法の逐条解説（第 2 版）』（有斐閣、2017年）
宇賀・Q&A新しい行審法　　宇賀克也『Q&A新しい行政不服審査法の解説』（新日本法規出版、2014年）
宇賀・行審法関連三法　　宇賀克也『解説行政不服審査法関連三法』（弘文堂、2015年）
雄川・争訟法　　雄川一郎『行政争訟法』（有斐閣、1957年）
加藤・総覧　　加藤泰守『行政不服審査手続総覧（第 2 版）』（帝国地方行政学会、1963年）
兼子・争訟法　　杉村敏正＝兼子仁『行政手続・行政争訟法』（筑摩書房、1973年）
行審制度研究会編・ポイント解説　　行政不服審査制度研究会編集『新行政不服審査制度ポイント解説』（ぎょうせい、2014年）
行審実務研究会・自治体サポート　　行政不服審査実務研究会編『自治体法務サポート　行政不服審査の実務』（第一法規、加除式）
小早川＝高橋・条解　　小早川光郎＝高橋滋編著『条解　行政不服審査法』（弘文堂、2016年）
相良＝渡辺編・ハンドブック　　相良浩一郎＝渡辺司編著『地方行政不服審査ハンドブック』（ぎょうせい、1985年）

総務庁・提要　　総務庁行政管理局監修『行政不服審査事務提要』（ぎょうせい、加除式）
田中＝加藤・解説　　田中真次＝加藤泰守『行政不服審査法解説（改訂版）』（日本評論社、1977年）
田中舘他・判例コンメ行審法　　田中舘照橘＝外間寛＝小高剛『判例コンメンタール〈特別法〉行政不服審査法』（三省堂、1982年）
中村・自治体ポイント　　中村健人著／折橋洋介監修『改正行政不服審査法──自治体の検討課題と対応のポイント（施行令対応版）』（第一法規、2016年）
橋本他・行政不服審査制度　　橋本博之＝青木丈＝植山克郎『新しい行政不服審査制度』（弘文堂、2014年）
福家＝本多編・改革　　福家俊朗＝本多滝夫編『行政不服審査制度の改革──国民のための制度のあり方』（日本評論社、2008年）
南＝小高・注釈　　南博方＝小高剛『全訂注釈行政不服審査法』（第一法規、1988年）
実務民訴講座(9)　　鈴木忠一＝三ヶ月章監修『実務民事訴訟講座9　行政訴訟Ⅱ・労働訴訟』（日本評論社、1970年）
新実務民訴講座(9)　　鈴木忠一＝三ヶ月章監修『新・実務民事訴訟講座9　行政訴訟Ⅰ』（日本評論社、1983年）

▷通知・答申・要綱案等
　以下の通知・答申・要綱案等を引用する場合は、以下の略称を用いた。
・通　知
　施行通知＝行政手続法の施行に当たって（平成6年9月13日総管第211号各省庁事務次官等あて総務事務次官通知）〔巻末資料594頁に収録〕
　聴聞運用通知＝聴聞の運用のための具体的措置について（平成6年4月25日総管第102号各省庁官房長等あて総務庁行政管理局長通知）〔巻末資料607頁に収録〕
・答申・要綱案等
　第1次臨調草案＝臨時行政調査会第3専門部会第2分科会「行政手続に関する報告　第5章　行政手続法草案」（1964年）〔全文は、橋本公亘『行政手続法草案』（有斐閣、1974年）の資料25頁以下に収録〕
　第1次研究会案＝行政手続法研究会「行政手続法研究会報告」（1983年）〔全文は、ジュリスト810号（1984年）44頁以下に収録〕
　第2次研究会案＝行政手続法研究会「行政手続法研究会（第2次）中間報告・行政手続法（仮称）要綱案」（1989年）〔全文は、ジュリスト949号（1990年）100頁以下、総務庁行政管理局編集『行政手続法の制定にむけて』（ぎょうせい、1990年）11頁以下に収録〕
　第1次部会案＝臨時行政改革推進審議会・公正・透明な行政手続部会「行政手続法要綱案（第一次部会案）」（1991年）〔全文は、ジュリスト985号（1991年）73頁以下に収録〕
　第3次行革審答申＝臨時行政改革推進審議会「公正・透明な行政手続法制の整備に関する答申」（1991年）〔全文は、宇賀・三法解説178頁以下、総務庁・データブック95年版350頁以下、小早川編・逐条研究381頁以下に収録〕
　要綱案＝臨時行政改革推進審議会「公正・透明な行政手続法制の整備に関する答申・行政手続法要綱案」〔収録文献については、第3次行革審答申の項を参照。なお、法律時報65巻

凡 例

　　　6号（1993年）111頁以下に下記の対案との対照表がある〕
　「要綱案取りまとめの基本的考え方」＝臨時行政改革推進審議会「行政手続法要綱案取りまとめの基本的考え方」〔収録文献については、第3次行革審答申の項を参照〕
　「要綱案の解説」＝臨時行政改革推進審議会「公正・透明な行政手続法制の整備に関する答申・行政手続法要綱案の解説」〔収録文献については、第3次行革審答申の項を参照〕
　「対案」＝行政手続法対案研究会「行政手続法要綱案に対する対案」（1992年）〔全文は、行財政研究13号（1992年）7頁以下に収録。法律時報65巻6号（1993年）111頁以下に前記の要綱案との対照表がある〕
・報告書等
　「研究会報告書2006」＝行政不服審査制度研究報告書（平成18年3月・行政不服審査制度研究会）
　「検討会中間とりまとめ2007」＝行政不服審査制度検討会　中間とりまとめ―行政不服審査制度改正の方向性の骨子―（平成19年）
　「検討会最終報告2007」＝行政不服審査制度検討会最終報告―行政不服審査法及び行政手続法改正要綱案の骨子―（平成19年7月）
　「検討チームとりまとめ2011」＝行政救済制度検討チームとりまとめ（平成23年12月）
　「見直し方針2013」＝行政不服審査制度の見直し方針（平成25年6月・総務省）

行政手続法

平成5年11月12日法律第88号
施行　平成6年10月1日

行政手続法 総説

1　行政手続と行政手続法

　行政手続という語は行政の諸活動に関する手続とも理解されるが、行政法学説は特別の意味をこれに与えてきた。法令に基づいて行政機関が行う諸決定に関する手続であって、当該決定に至るまでの過程で、相手方その他の利害関係人に関わる手続を行政手続と称してきた。まず、行政機関がする決定に関する手続であっても、決定後の義務履行確保や不服申立て等に関する事後手続はこれに含まれず、事前手続のみを対象とする。また、稟議や権限の代行などの行政の内部的な手続ではなく、決定案の告知や意見の聴取など、相手方等の利害関係者が関わる諸手続を内容とするものである。行政手続が問題となる諸決定としては、行政庁の処分、行政立法、行政計画、行政契約などが対象となりうる。日本では、このような行政手続に関する一般法は、本法に至るまで存在することはなく、いくつかの個別の法律が処分や行政立法に関する手続として、諮問手続、聴聞手続、処分の通知方式および理由付記などについて定めていたにすぎず、その具体的な内容もさまざまであった。

　日本においては、明治維新以来、その法制度がドイツやフランスなどヨーロッパ大陸の行政法の影響を受けて形成されてきたこともあって、行政活動、特に法令に基づいて行政庁が一方的に行う処分等については、公益と専門的な判断を担う行政庁が専ら決定すべきものであって、行政決定の適法性や妥当性は、これを不服とする国民が提起する行政訴訟や行政上の不服申立てなどの事後的な争訟手続を通じて確保されるものとする発想が根強かった。これに対して、20世紀に至るまで行政に関する独自の法たる行政法を肯定することがなかった英米では、国民の権利義務を一方的に確定・変動する行政庁の決定については、裁判手続と同様の慎重・公正さを求めてきた。イギリスにおいては、判例法上の自然的正義の原理に基づき、各行政分野において判例法上または個別法上の事前手続として相手方等への告知と聴聞が義務付けられてきたが、1958年の審判所および公聴会法

により部分的ではあるが共通法が制定された。アメリカでは、それまでの個別法令によって定められてきた行政立法、処分および行政契約に関する手続（特に行政立法と処分に関する聴聞等の手続）を一般法として制定する連邦行政手続法が1946年に制定されている。

大陸諸国でも、国民の権利保護のための事前手続を求める法理が、適用対象は限定されていたものの、判例法として存在した。ドイツにおける関係人の聴聞や理由付記強制（海老沢俊郎「西ドイツ・オーストリア」雄川一郎他編『現代行政法大系3』〔有斐閣、1984年〕23頁以下）、フランスにおける防御権の原則（多賀谷一照「ラテン諸国の行政手続法」雄川他編・前掲書53頁以下）などがそれである。オーストリアにおいて1925年にいち早く行政手続法が制定されたが、他の国での制定はアメリカの連邦行政手続法制定から30年を経た後のことである。ドイツでは西ドイツ時代の1976年に連邦行政手続法が制定された。行政処分を中核とする行政法が発展してきた大陸諸国の行政手続法は、英米と異なった特色をもつ。オーストリア行政手続法は、行政庁の権限、送達、期間等を定める通則のほか、取調手続とされる事前手続、理由付記や教示を含む決定手続、さらには不服申立手続を定める。ドイツの行政手続法もこれに近く、アメリカの連邦行政手続法の影響を受けつつ、処分の無効や取消し等に関して定めるほか、公法契約に関する通則規定や計画決定手続を定めている。いずれも、行政手続を超えた行政決定に関する総則を定める法典としての性格が強い。フランスでは1979年に理由付記法が制定され、1983年の行政利用者関係改善令、2000年の対行政関係市民権法を経て、2015年に公衆行政関係法典（Ordonnance n° 2015-1341 du 23 octobre 2015）が制定されている。同法典は、聴聞、公衆参加（パブリックコメント）および理由提示などの手続を置くとともに、処分の成立と消滅、行政情報公開および行政上の不服申立手続を定めるものであり、大陸法的な伝統と英米法的な行政手続制度の融合といえる。

一般法として制定される行政手続法は、その内容からいえば、行政決定の事前手続として国民の関与を保障し、行政決定の適正を確保するとともに、国民の権利を保護しようとするものであるが、その形式面からは、行政領域ごとに個別法が定める多様な行政手続の統一（共通化）と判例によって形成されてきた諸原則の制定法化を目指すものであって、行政手続法典（ないし行政法典）としての意味をもつ。

2　行政手続法の制定前史

　日本における行政手続に関する一般法の制定に向けた動きは本法制定より40年近く遡ることができる。行政手続を内容として含む一般法の法案が初めて登場したのは、1952年の第13回国会に議員提案された「国家行政運営法案」である。同法案は、名称が示すように、前年に制定された国家行政組織法が国の行政機関の「組織の基準を定め」（同法1条）ることに対応するものとして、国の行政機関が「行政事務を適切に運営するために必要な基準を定め」るものであり、行政の能率的な運営に関する責任の所在、内部委任・法律委任等の権限代行、許認可等の事務処理の簡捷化、行政監察などに関する規定とともに、申請手続の公示義務と法定の聴聞に関する統一的手続規定を置いていた。同法案は成立しないまま、翌1953年には、政府の行政管理庁に設けられた行政審議会運営部会が、「国家行政運営法案要綱（試案）」を公表している。全体で21項目からなり、内容は前年の議員提案による法案とほぼ同様であるが、訓令権と訓令の性質、上級機関の是正権限、権限の委任・代理、専決・代決など行政機関相互の関係に関する一般規定のほか、個別法による聴聞について事前の通知・主宰者の選任・聴聞調書の作成などの統一手続を含むとともに、許可の取消し・停止の処分について、個別法を超えて、弁明機会の付与や予告を義務付けていた。この法案要綱について、立案の意図が内部的な運営の基準を定めるものであって、訓示規定の性格のものにとどまるとの批判が多かった。

　臨時行政調査会（1961～1964年。1981年に設置された同名の調査会〔第2次臨調〕と区別するために第1次臨調と称される）は、1964年の答申「行政改革に関する意見」で、16項目からなる政府に対する勧告を行ったが、その第15項で「行政の公正確保のための手続の改革に関する意見」を示した。「行政処分の事前・事後を通じて国民が十分にその立場を主張できるようにし……聴聞、公聴会等の手続により行政権の恣意的な行使を排除する方策を講ずることが必要であ」り、行審法の制定（1962年）があった事後の救済手続に比べて「事前手続については、その大部分が個別に実体法のなかに散在している」にすぎないとし、「第1次行政処分の行政手続、事後救済手続、苦情処理手続および行政立法手続のすべてについて、統一的な行政手続法を制定することが最も適当である」との勧告をした。そして、行手法の立案に際して参考にすべきものとして、第1次臨調草案を試案として示した。

行政手続法

　第1次臨調草案は、行政庁の処分に関する共通事項を定めた第1章「総則」（行政庁の管轄、申請の受理、処理期間、許可基準、調査、送達など）、聴聞・弁明に関する統一手続を定めた第2章「手続」（主宰者、代理人・補佐人、記録の閲覧、聴聞手続、弁明手続、不服審査手続など）、および第3章「苦情処理手続」の全3章168カ条からなる（参照、橋本公亘『行政手続法草案』〔有斐閣、1974年〕）。特に第2章は、行政上の不服申立てに関する手続を含めた統一的審理手続を構想し、詳細な規定を置いていた。なお、第1次臨調草案の対象は専ら処分の手続であり、行政立法に関する手続などは検討課題とされ具体的な提案に至っていない。第1次臨調草案において目指された聴聞・弁明手続の整備統一は、法令上に聴聞または弁明の定めがあることが前提とされ、個別法の整備には言及されていたものの、個別法を超えて一般法である行手法によって聴聞・弁明を義務付けるものではなかった。その意味で、第1次臨調草案は不備不統一とされた聴聞等の公正手続化・共通化を目指すものであったが、行手法の制定を通じて国民に手続的な権利を保障するものではなかった（なお、第1次臨調草案が一般法として定める手続としては、許可基準や処理期間のほか、1953年の国家行政運法案要綱〔試案〕にもあった許可の取消し・停止の際の予告および法令遵守機会の付与手続があった）。それでも、第1次臨調草案は詳細な聴聞に関する手続規定を示していたし、また、聴聞等の事前手続の公正化が不服審査手続においても必要とされるべきことなど、現在につながる課題を示していた。第1次臨調はその勧告が政府においてほとんど実行されなかった審議会であるといわれたが、行手法についても、政府側において勧告に応じた立法化の動きをみることはなかった。

　制定法を超えた行政手続に関する判例の展開は、他の諸国に比べて限られたものであった。わずかに1971年の最高裁判決（最判昭46・10・28民集25巻7号1037頁）が、公正な手続によって処分を受けるべき利益が国民に保障されるとして、審査基準の設定義務と相手方の主張・立証機会の保障を導いた。1992年の判決（最大判平4・7・1民集46巻5号437頁）は、憲法31条の「法定手続の保障」が行政手続にも及ぶとしながらも、具体的な手続の定めは立法政策に委ねた。また、個別法による行政手続に関する定めについては、審議会での審理手続（最判昭50・5・29民集29巻5号662頁）や理由付記義務（最判昭60・1・22民集39巻1号1頁）について適正な運用を重視する判例の傾向をみることができる。

3 行政手続法の制定

第1次臨調草案が示されて以後の十数年間、政府部内で行政手続法制定の動きをみることはなかった。1980年、首相の逮捕という未曾有の不祥事への対応策の一つとして政府の航空機疑惑問題等防止対策協議会が行手法の整備を提言したことを受けて、行政管理庁内に行政手続法研究会（雄川一郎座長。通例、同研究会は第1次行政手続法研究会、1985年の同名の研究会は第2次行政手続法研究会と称されている）が設けられ、同研究会は1983年に行政手続法研究会報告を発表した。同案は、総則規定、処分手続規定、命令制定手続、特別手続規定（土地利用規制計画策定手続および公共事業実施計画確定手続、多数当事者手続、規制的行政指導手続）の4章70カ条からなる。調査と送達に関する規定を総則に含んでいる点で第1次臨調草案の影響を残しているが、不服申立手続を除外して対象を事前手続に限定した上、処分（処分基準の設定と公表、意見申述、文書等閲覧請求、理由付記義務、侵害処分および競願事案に関する聴聞義務）、法規命令（命令案の公表と意見申述）、計画（関係行政機関の意見聴取、公衆の縦覧、利害関係人の意見申述と聴聞）および行政指導（文書交付、意見申述）について一定の手続を義務付けるとともに、聴聞の共通手続を定めるものであり、一般法としての行手法の具体像を初めて示したといえる。また、計画を取消訴訟の対象とするほか、取消判決の対世効や集中効の導入など、理論上・実務上の問題に対する独自の解決策を盛り込んでもいた。

第1次研究会案の発表後も立法化の機運に進展はみられなかったが、1985年に総務庁に改めて行政手続法研究会（塩野宏座長、第2次研究会）が設置された頃から、状況は大きく変化する。民営化と規制緩和を中心に行政改革を主導した第2次臨調は、1983年の最終答申で行手法の制定について「所要の調査審議機関を設置する」ことを提言した。第2次臨調後に3次にわたって設置された臨時行政改革推進審議会（行革審）は、行政改革の重点を規制緩和に移すなか、1988年の第2次行革審「公的規制の緩和等に関する答申」で、透明性と公平性の確保、行政の事務手続の簡素化・迅速化および行政指導の抑制・行動規範の明確化を提言した。同審議会に置かれた公的規制の在り方に関する小委員会の報告（1989年）が行政手続制度の整備を求めたことを受けて、1990年の第2次行革審最終答申は、行政手続法制の統一的整備と専門的調査機関の設置を提言した。

第2次研究会は、この間、1989年に中間報告として行政手続法要綱案（以下「第2次研究会案」という）を発表した。同案は、第2次行革審・公的規制の在り方

に関する小委員会で説明した上で発表されるなど行革審と連携を図りつつ、政府による立法化を期待して実現可能性に重点を置いて立案されたといわれ、一部の項目について複数の案を示すなど、第1次研究会案に比べてより慎重なものとなった。まず、命令および計画に関する手続は将来の検討課題として対象から除外し、総則、処分手続、行政指導手続の3部構成となり、45カ条に縮小された。「第1 総則」では、行手法の目的を、「公正で民主的な行政運営を確保するため、行政手続に関する共通する事項を定め」ることとし、処分手続と行政指導手続を総称して行政手続と定義し、適用除外を明定するとともに、多数当事者手続の一部を総則中に含めた。「第2 処分手続」のうち、申請について処分基準の教示、審査義務の発生時期、標準処理期間等を定めたが、意見申述を見送ることとし、侵害処分について弁明機会の付与を義務付けたが、聴聞は、個別法整備のガイドラインを示しつつ基本的には法令が定める場合に行うこととし（聴聞請求権の案あり）、聴聞の主宰、聴聞調書、処分時における聴聞結果の尊重義務などを共通手続として定めた。その他の処分手続として、処分基準の設定および公表、弁明・聴聞時の文書閲覧請求（聴聞に限るとする案あり）、侵害処分および申請拒否処分について理由付記を義務付けた。「第3 行政指導手続」では、法令遵守義務と任意性という実体法上の原則を定めた上、不服申立制度を第1次研究会案どおり維持したが、書面交付は努力義務とした。第2次研究会案は、章節の構成は本法と異なるが、法律の対象範囲を処分手続と行政指導手続とし、また条文の内容においても本法に近く、その後の本法立法化作業の基礎となった。

1990年に発足した第3次行革審が、首相から「行政手続法制の統一的整備」の検討の諮問を受け、公正・透明な行政手続部会を設置したことで、いよいよ立法化作業が本格化した。同部会は1991年7月、第1次部会案を発表し、各界の意見を聴取した後、同年11月に要綱案を報告し、同案はそのまま第3次行革審答申として発表された。そして、1993年5月に、行政手続法案（以下「法案」という）と関係法律の整備に関する法律案（以下「整備法案」という）が閣議決定され、両法案は同年の第128国会で成立し、法律第88号として公布された（施行は1994年10月1日）。

第2次研究会案以後の第1次部会案、第3次行革審答申および法案に至る修正・変更の主な点は次のとおりである。第1に、総則規定では、目的中の「公正で民主的な行政運営」が「行政運営における公正の確保と透明性の向上」とされ、

行政庁・当事者に関する規定が削除された（第1次部会案）。第2に、処分手続が「申請に対する処分」と「不利益処分」に分けられ、申請に対する処分について努力義務として公聴会等の開催が追加され、「侵害処分」は不利益処分と名称が変更された上、聴聞または弁明機会の付与のいずれかを義務付け、聴聞は許認可の取消しや資格・地位の剥奪等の処分について義務付けられた（第1次部会案）。第3に、聴聞手続がより詳細化され、参加人は利害関係者一般に拡大され（法案）、文書閲覧請求（第1次部会案）、処分時の聴聞調書・報告書の参酌義務（第2次研究会案の尊重義務が法案で復活した）などの規定が整備された。第4に、行政指導に関しては、趣旨の明確化原則と書面交付請求を定めた（第1次部会案）。第5に、届出の効力発生時を定める規定のために1章を設けた（第3次行革審答申）。第2次研究会案と比べれば、法案は、聴聞の対象処分や文書閲覧請求については緩やかな手続を採用したが、審査基準の設定・公表の義務、公聴会等の努力義務規定、聴聞対象処分の概括的規定、聴聞結果の参酌義務、行政指導の書面交付請求などは、より厳格な手続を採用した。

適用除外に関しては、第1次部会案から要綱案にかけて、個別領域（租税、社会保険、社会福祉、補助金、登記・戸籍、換地など）の処分が相次いで追加されたが、法案では条文から除かれ、整備法案による各改正個別法で適用除外を定めることとされた。地方公共団体について、法律に基づく処分のみが適用対象とされ、行政指導がすべて適用除外とされたのは法案の段階においてである。

4　本法制定後の改正経過

本法制定後、1999年に、民法改正に伴う改正（成年後見制に伴う本法19条2項5号の聴聞主宰者の欠格事由の改正）と中央省庁等改革に伴う改正（本法2条5号イの行政機関の列挙の改正）などがあったが、2005年に、命令等に関する意見公募手続（第6章の新設）を追加した改正があり、さらに、2014年には、行審法の改正に伴い、行政指導の中止等を求め（36条の2）と処分等の求め（第4章の2）の追加などがなされている。

1993年に制定された本法は処分および行政指導の手続を定めたが、第1次研究会案にあった行政立法と行政計画に関する手続は先送りされた。行政立法の手続については、1999年の閣議決定「規制の設定又は改廃に係る意見提出手続」に基づいて「パブリック・コメント」手続が導入されたが、法令上の義務として課されたものではない。2004年の閣議決定「規制改革・民間開放推進3カ年計画」が、

行政手続法

　パブリック・コメント手続の見直しとして、30日間の意見募集期間の確保、意見に対する行政側の見解の公表、RIA（Regulatory Impact Analysis 規制影響分析）の付記を求めるとともに、本法の見直しの一環として法制化を検討課題としたことを受けて行政手続法検討会（塩野宏座長）が設置され、同年12月、報告が総務大臣に提出された。同報告は、法規命令および規準（処分・行政指導の基準）について意見提出手続を義務付けること、意見提出手続は行政立法案と関連資料の公示、30日間の意見提出期間、提出意見等の尊重、提出意見等に対する考え方等の公示などの規定を本法に追加することを提言した。同報告を受けて、本法第6章を「意見公募手続等」（補則を第7章とする）と改め8カ条を追加することを内容とする本法改正案が国会に提出され、2005年6月、改正法（法律第73号）が公布された（施行は2006年4月）。なお、行政手続法検討会の報告は、処分の相手方への告知方法等（行政送達）、行政手続における第三者保護、本法の適用除外の見直し、行政計画等に係る手続、強制執行手続などを「今後の調査研究」課題として指摘した。

　2014年に、行審法が全面改正され、不服申立てが審査請求に一元化されるとともに、公正・慎重の確保のための手続として審理員および行政不服審査会などが導入されたが、これと連動して、同年に本法改正が行われている。法定型行政指導に係る中止等の申出手続（36条の2追加）、処分および法定型行政指導の申出手続（第4章の2および36条の3新設）の2カ条の新設である。前者は行政指導を不服とする相手方に係る事後救済手続であるが、行審法では対象が処分に限られているために、後者は処分および行政指導に係る事前の「義務付け」手続（実際には「義務付け」ではなく職権行使を促す申出にすぎない。参照、36条の3の解説〔西田幸介〕）といえるが、事前の行政過程とされたために、それぞれ本法に盛り込まれた（参照、「検討会最終報告2007」第10章）。この結果、行政機関が行う各種の行為（処分、行政指導、命令等）の事前手続を主な対象としてきた本法に、権利利益を侵害された国民の側のイニシアティブによる救済申立手続が含まれることになった。なお、同年の改正では、行政指導の方式についても一部改正（35条2項の追加）があった。

5　本法の構成と内容

　本法は、第1章「総則」（4カ条）、第2章「申請に対する処分」（7カ条）、第3章「不利益処分」（20カ条）、第4章「行政指導」（6カ条）、第4章の2「処分

等の求め」(1カ条)、第5章「届出」(1カ条)、第6章「意見公募手続等」(8カ条)および第7章「補則」(1カ条)の本文48カ条と「附則」からなる。

　第1章は、本法の目的(1条1項)、本法の一般法性(1条2項)、用語の定義(2条)および適用除外(3条・4条)を定める。

　第2章は、申請に対する処分について、審査基準(5条)、標準処理期間(6条)、申請に対する審査・応答(7条)、理由の提示(8条)、情報の提供(9条)、公聴会の開催等(10条)および複数の行政庁が関与する処分(11条)の各規定からなる。

　第3章は、不利益処分について定め、第1節「通則」、第2節「聴聞」、第3節「弁明の機会の付与」の3節からなる。第1節では、不利益処分に共通する手続として、処分基準(12条)、不利益処分の手続(13条)、理由の提示(14条)を定める。第2節は、聴聞の通知(15条)、代理人(16条)、参加人(17条)、文書等の閲覧(18条)、聴聞主宰者(19条)、審理の方式(20条)、陳述書・証拠等の提出(21条)、期日の続行(22条)、不出頭時の扱い(23条)、聴聞調書・報告書(24条)、聴聞の再開(25条)、聴聞主宰者の意見の参酌義務(26条)、審査請求の制限(27条)および特例(28条)について、14カ条にわたって聴聞手続を詳細に定める。第3節は、弁明機会の付与について、方式(29条)、通知(30条)および聴聞手続の準用(31条)を定める。

　第4章は、行政指導の一般原則(32条)と申請・許認可に関する行政指導の制限(32条・33条)の実体法上の原則を示すとともに、行政指導の方式(35条)、複数の者を対象とする行政指導の指針(36条)および行政指導(「法定型」に限る)の中止等の求め(36条の2)について定める。

　第4章の2は、処分および行政指導(「法定型」に限る)の求め(36条の3)について定める。

　第5章は、届出の効力発生について到達主義を定める1カ条(37条)のみである。

　第6章は、命令等の制定に関する一般原則(38条)、意見公募手続(39条)、特例(40条)、事前の周知(41条)、提出意見の考慮(42条)、結果の公示(43条)、準用(44条)および公示の方法(45条)の各規定を置く。

　第7章は、本法が適用されない地方公共団体の行政手続に関する地方公共団体の措置(46条)を定める。

　附則は、施行期日と経過措置を定める。

6 本法の課題

本法施行後、20年が既に過ぎ、新しい一般法による制度が定着するには十分な期間といえる。本法が行政庁に求めた審査基準、標準処理期間および処分基準の制定の状況は次のようになっている（以下のデータは総務省の「行政手続法の施行状況に関する調査結果」の各年度、国・地方公共団体版による）。国の場合、審査基準は対象となる処分の種類数8,361中の84.6％、標準処理期間は同71.4％、処分基準は対象となる処分の種類数6,002中の71.2％（2005年3月現在）について制定され、都道府県の場合、審査基準は該当処分（調査対象処分から申請がありえないもの125種を除いたもの）の種類数1,347中の81.7％、標準処理期間は同66.7％、処分基準は該当処分（調査対象処分から処分がありえないもの98種を除いたもの）の種類数1,222中の72.3％（2001年3月現在）について制定されている。その後に新設された処分についての各制定状況も年度ごとに調査されているが、だいたい同様である。国に比べて地方公共団体における各制定率が低いこと、国・地方を通じて標準処理期間の設定率がやや低いこと、本法上は努力義務とされている処分基準の制定率が審査基準に近いことなどがわかる。国の場合、制定されたとされる審査基準および処分基準のうち、法令の規定で判断基準が尽くされているため「別途の基準の設定が不要なもの」がそれぞれの4割および6割を占めていることからすると、両基準の内容の具体性等に疑問が残るところもあるが、全体として本法の趣旨に基づく実務上の運用がされているといえる。

また、本法の制定以後、行政事件にかかる判決において、理由提示の趣旨や委任命令の違法・無効事由を本法に基づいて判断し、また、本法に定める審査基準・処分基準の法的な性質について、学説とともに明確な判断を示す判例がみられるなど、本法は、新たな判例法理の形成を促し、行政手続の公正と透明性の確保・向上を通じての国民の権利保護に大きな役割を果たしつつある。

本法の地方公共団体への適用は、国の法令に基づく処分および届出に限られ、上記の各データも本法の適用対象についてのものである。本法の適用がない命令等、行政指導ならびに条例に基づく処分および届出の手続については、当該団体が独自に制定する行政手続条例による。同条例の運用状況についてのデータは参照できていないが、条例も同様の役割を果たしていることは、裁判例からもうかがえるところである。このように、国の法令と地方公共団体の自主立法が並行して地方公共団体の行政手続を規律することとなったことは、地方自治の観点から

画期的といえる。

　ただ、本法による制度には、従来から問題とされ未解決なままとなっている部分のほか、明らかになりつつある課題もある。

　本法は処分の手続について個別法にあまりにも多くを委ね、一般法としての地位を減じている。一般法の多くは、「他の法律に特別の定めがある場合を除くほか、この法律の定めるところによる」（行審1条2項など）と定めているのに対して、本法は、「他の法律に特別の定めがある場合は、その定めるところによる」（本法1条2項）として、個別法による独自の定めを優先させるかのようである。実際、本法は、個別法による適用除外ないし特例規定が極めて多い「一般法」であり、ある処分についてなすべき手続を確定するためには、本法中の適用除外の規定（3条・4条・13条2項）のほか、当該処分の根拠法令中の適用除外または特例規定を逐一調べる必要がある。また、本法の適用除外のうち、3条1項7号ないし10号による学校の生徒等、刑事施設等の被収容者、公務員および外国人に対する処分を適用除外したことには疑問があり、立法趣旨としては個別法における対応を予定していた。この間、被収容者については、刑事収容施設および被収容者等の処遇に関する法律（平成18年法律第58号による改正法）によって懲罰手続における弁解の機会が整備されるなど、一定の改善がみられるが、その他については、特に顕著な改善はみられない。

　本法中の14カ条にわたって詳細に定められた不利益処分にかかる聴聞手続については、適用対象がごく限られている（13条1項1号）ことに批判があった。また、個別法が定める意見聴取等の手続には、本法が聴聞手続として定める聴聞主宰者、文書閲覧請求、聴聞調書・報告書の作成と参酌義務などはいずれも適用されないままであるなど、1964年の第1次臨調草案が期待した聴聞手続の統一・共通化は実現されていない。本法の聴聞および弁明の手続の運用状況（前出総務省の調査結果による）をみると、年度によって変動があるが、年間の聴聞の通知件数は国で300件から400件、都道府県で2万5,000件から9万件であり、弁明は国で千件から1万件、都道府県で3万件から25万件となっている。問題は、相手方の活用状況であり、聴聞の通知に対して国・都道府県とも出頭は6割程度、弁明書の提出は国で3割〜4割、都道府県で5割程度である。制度が十分活用されていないことがわかるが、意見聴取手続に適用除外（本法13条2項）があり、例えば国における金銭納付命令・金銭給付取消等の処分（同項4号）は、聴聞と弁明なしに、

行政手続法

年間1,300万件（2004年度）が行われている。不利益処分に係る意見聴取を実効的なものにするために、適用除外の見直しや、弁明手続の活性化方策（閲覧請求の採用など）が必要である。

行政指導の書面の交付（35条3項）の状況は、国の場合、1997年度から2001年度まで年間1件程度、2009年度が1,137件、2013年度が384件となっているが、相手方からの求めによるもの（同条3項）が統計上明確なのは2004年度の43件である。日常的な行政指導の件数の膨大さからは極端に少ない数字であり、相手方において書面交付を請求できる実務上の環境が成立していないためか、制度は実質的に機能しているとはいえない。

2005年の法改正で導入された命令等に関する意見公募手続も、国民の関心が高い命令等には活発な意見が寄せられ、提出意見を反映したものは2割を超えている（2013年度）。軽易な文章表現の訂正もあるが、実質的な内容の修正に至っている例もある。諮問手続を経て立案された命令等について意見公募後の修正手続は本法上に定めがないが、諮問機関の意見を聴いて修正に至っている運用例がある。意見公募を実効性と透明性の高いものとするために、意見の取捨選択をする担当機関とその手続、命令案の修正時の再諮問の手続などについて明文化が必要である。

〔浜川　清〕

第1章 総　則

> （目的等）
> 第1条　この法律は、処分、行政指導及び届出に関する手続並びに命令等を定める手続に関し、共通する事項を定めることによって、行政運営における公正の確保と透明性（行政上の意思決定について、その内容及び過程が国民にとって明らかであることをいう。第46条において同じ。）の向上を図り、もって国民の権利利益の保護に資することを目的とする。
> 2　処分、行政指導及び届出に関する手続並びに命令等を定める手続に関しこの法律に規定する事項について、他の法律に特別の定めがある場合は、その定めるところによる。

1　本条の趣旨
本条は、本法の目的および性格などを定めている。

2　本法の性格
本条1項はまず、本法が「処分、行政指導及び届出に関する手続並びに命令等を定める手続に関し、共通する事項を定める」ものである旨を定めている。これは、本法が、処分、行政指導、届出および命令等の制定（以下では、「処分等」という）の手続に関する一般法であることを明らかにするものである。したがって、他の法律で、処分等について本法の規定と異なる規定を置くことは妨げられない（本条の解説5〔本多滝夫〕を参照）。

なお、本条1項は、本法が処分等の手続について定める旨を規定しているが、本法は、例えば行政指導については実体的規定を置くなど、純粋の行政手続に関する法律ではないことにも注意を要する。

3　本法の目的
本条1項は、「行政運営における公正の確保と透明性（……）の向上を図り、

もって国民の権利利益の保護に資することを目的とする」と定めている。つまり、本法の究極の目的は、国民の権利利益の保護である。このことは、次のことを意味する。

すなわち、行政決定の事前手続は、相手方の権利保護のために行われる手続（権利保護手続）と民主主義の見地から広く国民・住民の意見を聴くための手続（参加手続）とに大別できるが（さしあたり、芝池・総論272頁～273頁。なお、これに加え、行政決定の公正さを確保するための公正手続〔入札手続がこれに当たる〕もある。室井力「行政手続法とその課題」ジュリスト1039号〔1994年〕31頁〔公正化・透明化手続と名づけている〕、磯村篤範「総則から意外と本音がみえてくる」法学セミナー1994年11月号38頁、兼子＝椎名編・手続条例121頁〔交告尚史〕）、本法では、権利保護手続だけが規定され、他の手続は規定されていないということである。たしかに制定当初の本法では、参加手続に当たる政令・省令などの制定の手続（行政立法手続）や行政計画の策定手続は規定されていなかった（塩野＝髙木・条解6頁をも参照。なお行政契約の締結手続も規定されていないが、入札手続が別の法律で定められている。会計29条の3・29条の5、自治234条）。

しかし、2005年の本法の改正により、行政立法手続として意見公募手続が導入された（39条の解説2(2)〔黒川哲志〕を参照）ので、上記の参加手続の不備は一部是正された。この性格づけの根拠は、この手続では「広く一般の意見」が求められること（39条1項）である。この手続において対象となっている命令等と利害関係を有する者が自己の利益を守るために意見を表明することも禁止されていないが、このことはこの手続の基本的性格を変えるものではない（阿部・解釈学Ⅱ42頁～43頁は、「民主主義の理念を拡張したもの」だとしている。39条の解説1(2)〔黒川〕、髙木・行政法498頁、502頁も参照）。

意見公募手続を「（行政の）説明責任機能を重視する制度設計になっている」と見る見解もある（角松生史「手続過程の公開と参加」新構想Ⅱ307頁～308頁。意見公募手続の前身であるパブリック・コメント制度に関する類似の指摘として、豊島明子「パブリック・コメントの意義と課題」室井力編『住民参加のシステム改革』〔日本評論社、2003年〕177頁、189頁～190頁）。たしかに、現在の意見公募手続は国民の意思の反映という点では十分なものではないが、公益実現を目的とするという命令等の本来のあり方からすると、この手続を参加手続と見てその方向で制度の改善案を模索することが大切である（上記の豊島の指摘も、「単なる説明責任履行手続ではなく、

……民主主義的参加手続としての発展を目指」すという方向性〔豊島・前掲論文193頁～194頁〕をもっている)。

　2005年の本法の改正に際して、その目的として、国民の権利利益の保護だけではなく、民主主義の原理をも挙げることが改正の内容に合っていたというべきであるが、この点の改正は行われなかった。

　「国民の権利利益の保護に資することを目的とする」という文言は、以上のように、本法の規定内容を目的のレベルで提示するという役割をもっているものであるが、本法の目的については民主主義の原理を補って読む必要がある。

　もっとも、国民の権利利益の保護や民主主義は、本法に固有のものではない。行政訴訟制度のうちの主観訴訟と呼ばれるものは前者の目的を有し、情報公開制度は後者の目的をもっている。本法の固有の目的は、「行政運営における公正の確保と透明性の向上を図る」という点にある。この点については、次の4で説明する。

　なお言うまでもないことであるが、「国民の権利利益の保護」という場合の国民とは、日本国籍を有する者に限られず、本法の適用を受ける外国人を含む。

4　行政運営における公正の確保と透明性の向上

(1)　「行政運営における公正の確保」とは、行政の意思決定の内容およびその過程が行政担当者の偏見に左右されたり、特定の者の利益に偏ったりすることがないことをいう。法律論の見地からいえば、本来は法に則って行われる適法な行政で足りるわけであるが、法律によって行政機関に裁量が認められている場合やそもそも法律の規定が欠けている場合には、行政の意思決定の内容やその過程について、適法性の確保の要請に加えて、公正の確保の要請が働く。本条は、行政手続の整備などを通じてこの行政の公正さを確保しようとする本法の目的を明らかにするものである。

(2)　「行政運営における透明性」の語については、本条1項に定義があり、「行政上の意思決定について、その内容及び過程が国民にとって明らかであること」と述べられている。前記の「公正」の語は、行政法理論上従来からしばしば用いられてきたものであるが、これに対し「透明性」の語は、1980年代の行政改革のなかで、すなわち政治行政の実務のなかで用いられるようになり、本法制定時には一種の社会的流行語になっていたものであるが（芝池義一「『行政手続法』の検討」公法研究56号〔1994年〕156頁以下参照、紙野健二「現代行政と透明性の展開」室

井古稀『公共性の法構造』〔勁草書房、2004年〕3頁～4頁）、法律のなかで用いられるのは初めてであるため、上記のような定義が行われている（塩野＝高木・条解3頁、宇賀・三法解説43頁～44頁）。

なお近年では、透明性または透明化の語を用いる法律が増えている。例えば、消費者保護基本法が2004年に消費者基本法に改正されたとき、透明性の語が採用された（消費基18条。改正は平成16年法律第70号による）。また、「租税特別措置の適用状況の透明化等に関する法律」（平成22年法律第8号）は、その名称に「透明化」の語を用いている。

(3)　この「行政運営における透明性」の観念については、次の点に注意する必要がある。すなわち「透明な行政」とは、「ガラス張りの行政」というようにも聞こえるが、本法が定めている審査基準・処分基準などの仕組みから判断すると、本法にいう「透明な行政」とは、不利益処分の相手方など一定の利害関係人に対して「行政運営」の一端を明らかにするものである。つまり本条1項の「透明性」の定義でいわれている「国民」とは、不利益処分の相手方などの一定の利害関係人だけである（ほぼ同旨、塩野・行政法Ⅰ311頁、塩野＝高木・条解3頁、高木他・条解3頁〔須田守〕）。また公正の確保に対し透明性の向上という表現が用いられているのは、透明性については、本法の実施によってもまだ改善の余地が残ることを示している。

なお、審査基準の公表は、すべての国民に対して行われるものであり、その限りでは「国民にとって明らか」という場合の国民は一定の利害関係人だけではないとも言われる（高橋・手続法83頁を参照）。また2005年に導入された命令等の制定手続はすべての国民を相手方として行われる。しかしこれらの制度においても、例えば命令等の原案の作成過程や提出意見の考慮（42条）の過程は明らかにはされないから、「行政運営の一端を明らかにするにとどまる」という限界は残っている。

(4)　「透明な行政」の理念は、本法の枠内では上記のような限界をもつものであるが、本法を離れてそれ自体としてみれば、大いに意味あるものであり、したがって、本法の枠を越えて、立法・行政・裁判の実務のなかでこの理念の実現への努力が行われることが期待される。例えば、行政情報の公開制度の整備・充実により、行政の透明性は向上するだろう（高木他・条解8頁〔須田〕も参照）。この点で興味深いのは、原子力規制委員会設置法（平成24年法律第47号）25条が、「原

子力規制委員会は、国民の知る権利の保障に資するため、その保有する情報の公開を徹底することにより、その運営の透明性を確保しなければならない」と定め、情報の公開と運営の透明性の確保を結びつけていることである（他方、情報公開1条や独立情報公開1条では、これらの法律は本法より後で制定されたものであるが、透明性の語ではなく、「公開」性の語が用いられている。紙野・前掲論文10頁〜11頁をも参照）。

［芝池義一］

5　特別法の優先（2項）

(1)　「他の法律に特別の定めがある場合」とは、個別の法律において、処分、行政指導もしくは届出に関する手続または命令等を定める手続について本法の規定と異なる定めがある場合をいい、そのような定めがある場合には本法の定めに優先してそれが適用される。これは、本法が、申請に対する処分、不利益処分、行政指導および届出、に関する手続ならびに命令等を定める手続に関する一般法であり、申請に対する処分、不利益処分、行政指導、届出および命令等の性質によっては本法が定める一般原則、手続等になじまないものがあることから、これらの行為に関する法律ごとに特別の定めを置き、それに従って当該行為をする必要があるからである。特別の定めは、本法の規定を基にしつつ、その特例となる定めを置くもの、および、本法の適用を包括的に排除するものに類型化できる。以下、各類型に該当する例を挙げることとする。

なお、不服申立てなどに関する手続（輸出入取引39条の2など）は、本法の対象とする処分に関する（事前の）手続ではないので、これらの手続に関する個別の法律における規定は、本条2項の「特別の定め」に当たらない。一般処分は本法に定める申請に対する処分および不利益処分に当たらないので、一般処分に関する手続の定めも、原則として、「特別の定め」に当たらない（港湾37条の2第2項〔港湾隣接地域の指定に際しての公聴会の開催〕）。ただし、本法に定める「命令」には「告示」も含むとされているので〔本法2条1号〕、告示形式による一般処分に係る手続の定めは本条2項の「特別の定め」に当たる）。

(2)　本法の定める手続を基にしつつ、その特例となる定めを置くもの。

(ア)　不利益処分手続の特例

(a)　13条1項の定める区分によれば、弁明の機会の付与の手続（以下「弁明手続」という）がとられることとなる不利益処分について、特例として聴聞手続を

とる定めを置く場合（道運90条1項、風俗41条1項など）。
　(b)　聴聞・弁明手続の特例となる定めを置く場合
　①聴聞または弁明の機会の付与の通知に関する特例（聴聞の期日までに置くべき期間を特定したもの〔司書49条4項、興行場7条1項など〕、通知を公示の方法で行うもの〔警備50条2項、旅行23条の2第2項など〕、事前通知にあわせて公示を行うこととしているもの〔社労士25条の4第2項、宅建業16条の15第3項など〕）、②当事者に関する特例（処分の名あて人以外の者を本法15条1項の通知を受けた者とみなすこととしているもの〔医薬76条の2〕など）、③聴聞・弁明手続への利害関係人の参加に関する特例（聴聞手続をとることとされている不利益処分において利害関係人から聴聞手続への参加の求めがあったときはこれを許可しなければならないこととしているもの〔核規制69条3項、輸出入取引38条3項など〕、弁明手続において利害関係人に対しても意見を聴かなければならないこととしているもの〔小売特措16条の5第2項〕）。
　(c)　本法の定める聴聞の方式の特例となる定めを置く場合（参考人等の意見聴取〔建設32条1項、商取96条の22第3項など〕、証人の聴聞手続への参加〔教職免許12条4項〕、補佐人の人数制限〔宗法80条4項〕、聴聞手続の公開〔旅館9条2項、司書49条5項など〕）。
　(d)　本法において弁明手続の対象となる不利益処分について、特例として口頭審理を行うこととする定めを置く場合（宗法79条3項。なお、本法制定前に口頭審理規定を置いていた他の法律は、現在ではこのような特例を置いていない）。
　(e)　緊急に不利益処分を行う必要があるために意見陳述手続を省略したときに、事後に一定の期間内に当該手続をとることとする定めを置く場合（医療30条）。
　㈦　その他の特例
　(a)　申請に対する応答等に関して特例となる定めを置く場合（相当の期間を定めて補正を命ずることを優先する定めを置くもの〔土地19条1項など〕、申請の一定の期間を定め、その期間内に行政庁の諾否の応答がなかった場合には当該申請に対し認容または拒否されたものとみなす定めを置くもの〔農協61条2項、生活保護24条7項など〕）。
　(b)　申請者の意見を聴取する旨の定めを置く場合（商取15条5項、医薬76条など）。
　(c)　公聴会等利害関係人等の意見を聴取する旨の定めを置く場合（航空39条2項、道運89条など）。諮問機関が利害関係人から意見を聴取する旨の定めを置く場合もこれに準ずる手続である（漁業11条4項、自転車競技4条3項など）。

(d) 命令（告示を含む）の制定・改廃に関して特例となる定めを置く場合（意見公募手続に加えて、関係業界の意見を聴取する旨の定めを置くもの〔高圧ガス75条、液化石油ガス89条〕、公聴会を開催して利害関係人等の意見を聴取する旨の定めを置くもの〔船員121条、景表3条1項など〕、審議会が関係者の意見を聴取する旨の定めを置くもの〔最賃25条5項〕）。

(3) 本法の適用を包括的に排除するもの。

(ｱ) 本法の適用を排除した上で、本法の一部の適用を認める定めを置くもの。

(a) 本法第3章の適用を排除した上で、12条および14条の適用を認めるにとどまるもの（風俗41条の2、厚年18条3項など）。

(b) 本法第3章の適用を排除した上で、12条および14条の適用を認め、かつ、意見を聴取する旨の定めを置くもの（道交77条6項・113条の2、児福33条の4・33条の5など）。

(ｲ) 本法第2章および（または）第3章の適用を排除した上で、別途本法と異なる手続体系に関する定めを置くもの（特許95条の3、区画整理103条6項など）。

(ｳ) 本法第2章および（または）第3章の適用を排除しつつ、当該処分に別途手続に関する定めを置かないもの（成田国際空港の安全確保に関する緊急措置8条、航空137条の3など）。

(ｴ) 本法第2章、第3章、第4章および（または）第4章の2の適用を排除しつつ、別途本法と異なる手続体系に関する定めを置いているもの（更生保護91条など）。

なお、適用除外の理由を含め、3条1項の解説（本多滝夫・萩原聡央）も参照。

［本多滝夫］

（定 義）
第2条 この法律において、次の各号に掲げる用語の意義は、当該各号に定めるところによる。
　一　法令　法律、法律に基づく命令（告示を含む。）、条例及び地方公共団体の執行機関の規則（規程を含む。以下「規則」という。）をいう。
　二　処分　行政庁の処分その他公権力の行使に当たる行為をいう。
　三　申請　法令に基づき、行政庁の許可、認可、免許その他の自己に対し

何らかの利益を付与する処分（以下「許認可等」という。）を求める行為であって、当該行為に対して行政庁が諾否の応答をすべきこととされているものをいう。

四　不利益処分　行政庁が、法令に基づき、特定の者を名あて人として、直接に、これに義務を課し、又はその権利を制限する処分をいう。ただし、次のいずれかに該当するものを除く。

　イ　事実上の行為及び事実上の行為をするに当たりその範囲、時期等を明らかにするために法令上必要とされている手続としての処分

　ロ　申請により求められた許認可等を拒否する処分その他申請に基づき当該申請をした者を名あて人としてされる処分

　ハ　名あて人となるべき者の同意の下にすることとされている処分

　ニ　許認可等の効力を失わせる処分であって、当該許認可等の基礎となった事実が消滅した旨の届出があったことを理由としてされるもの

五　行政機関　次に掲げる機関をいう。

　イ　法律の規定に基づき内閣に置かれる機関若しくは内閣の所轄の下に置かれる機関、宮内庁、内閣府設置法（平成11年法律第89号）第49条第1項若しくは第2項に規定する機関、国家行政組織法（昭和23年法律第120号）第3条第2項に規定する機関、会計検査院若しくはこれらに置かれる機関又はこれらの機関の職員であって法律上独立に権限を行使することを認められた職員

　ロ　地方公共団体の機関（議会を除く。）

六　行政指導　行政機関がその任務又は所掌事務の範囲内において一定の行政目的を実現するため特定の者に一定の作為又は不作為を求める指導、勧告、助言その他の行為であって処分に該当しないものをいう。

七　届出　行政庁に対し一定の事項の通知をする行為（申請に該当するものを除く。）であって、法令により直接に当該通知が義務付けられているもの（自己の期待する一定の法律上の効果を発生させるためには当該通知をすべきこととされているものを含む。）をいう。

八　命令等　内閣又は行政機関が定める次に掲げるものをいう。

　イ　法律に基づく命令（処分の要件を定める告示を含む。次条第2項において単に「命令」という。）又は規則

ロ　審査基準（申請により求められた許認可等をするかどうかをその法令の定めに従って判断するために必要とされる基準をいう。以下同じ。）

ハ　処分基準（不利益処分をするかどうか又はどのような不利益処分とするかについてその法令の定めに従って判断するために必要とされる基準をいう。以下同じ。）

ニ　行政指導指針（同一の行政目的を実現するため一定の条件に該当する複数の者に対し行政指導をしようとするときにこれらの行政指導に共通してその内容となるべき事項をいう。以下同じ。）

1　本条の趣旨

本条は、本法の適用範囲を明確にするため、そこにおいて用いられている用語を定義するものである。

2　法令（1号）

法令の語の意味は必ずしも一定しておらず、法律および政令・省令などの国の正規の行政規範のみを指すこともあるが（例、自治14条1項）、本条は、一定の告示および地方公共団体の条例・規則・規程をも法令のなかに含ませている。本条の法令には、次のものが含まれる。

(ア)　法　律

国会によって制定される法律（形式的意味の法律）を指す。

(イ)　法律に基づく命令

命令とは、内閣を含む国の行政機関によって制定される正規の行政規範（政令・内閣府令・省令・規則その他の特別の命令）を指す。これらの正規の行政規範の制定には法律の委任が必要である（したがって、「法律に基づく」という文言は、自明のことを述べているにとどまる）。

「法律に基づく命令」には、委任命令および執行命令のいずれも含まれる（同旨、高木他・条解50頁〔須田守〕）。他方、通達などの行政規則は、「命令」に含まれない（含まれると解しても、行政規則は「法律に基づく」ものではない点で、「法律に基づく命令」には含まれない）。

(ウ)　告　示

告示とは、行政機関の意思決定または事実を不特定多数の者に公式に知らせる

ための一つの形式である（行組14条1項参照）。国の行政機関の告示は官報に掲載される（告示一般については、芝池・総論14頁～15頁を参照）。

　本号で、「告示」の文言に「法律に基づく」の文言がかかるかどうかという問題があるが、告示に法的拘束力が認められるのは法律の委任がある場合だけであり、法律に基づかず、法的拘束力のない告示を法律や法律に基づく命令と同一に扱うことは適切ではないから、本号の告示は「法律に基づく告示」を指していると解される。

　(エ)　条　例

　地方公共団体の議会によって制定される条例（形式的意味の条例）を指す。地方自治法14条1項に基づき同法2条2項の事務（自治事務および法定受託事務）について制定される自主条例のほか、法律の委任に基づき制定されるいわゆる委任条例（例、都計58条1項に基づく風致条例）を含む。

　(オ)　地方公共団体の執行機関の規則・規程

　地方公共団体の執行機関とは、地方公共団体の長および委員会・委員を指す（例、教育委員会・監査委員。自治138条の4第1項。委員会・委員については、自治180条の5以下を参照）。このうち長は、法令に違反しない限りにおいて、その権限に属する事務に関し、規則を制定することができ（自治15条1項）、委員会は、法律の定めるところにより、法令・条例・規則に違反しない限りにおいて、その権限に属する事務に関し、規則その他の規程を定めることができる（自治138条の4第2項）。

　地方公共団体の執行機関の規則は、最高裁判所規則や人事院規則（憲77条、国公16条）と同様、法源として認められており、法的拘束力をもつものと解される。委員会規則は「法律の定めるところによ」るが、長の規則についてはこの留保はない。これらの規則は、公布（公報への登載）が必要である（自治16条5項、各地方公共団体の公告式条例を参照）。

　規程については、地方公共団体の執行機関のうち、委員会は、法律の定めるところによりこれを定めることができる（自治138条の4第2項。これに対し、地方公共団体の長について同法が明示的に認めているのは、規則の制定だけである。自治15条1項。もっとも、学教14条は、「〔学校が〕都道府県知事の定める規程に違反したとき」の措置について定めている）。またこの法律（あるいは条例）で認知されている規程は、「規程で公表を要するもの」（自治16条5項）に当たるというのが一つの理解

である。これに従うと、法律で認知され、公表された規程が本条の規程に当たる。他方、実務上訓令などの行政内部規範に規程という名称が付されることも多いようであるが、この種の規程は本条の規程ではない。

　本条は、本法の適用との関係で上記の意味の規程を法律、命令、条例、規則の「本来の法令」に包摂するものである。この包摂の意義の一つは、法令概念の硬直的な理解を和らげるということである。例えば本条2号は、申請の要素として「法令に基づく」ことを挙げているが、この包摂によって「法令」概念の多少の柔軟化が図られる（その他、法令概念が用いられている本法の規定として、本条4号・7号・8号ロ・5条3項・10条・15条1項・36条の2第1項・36条の3第1項等がある。そこでは「法令」は規程を含むことになる）。

　他面、学説は規程に法源性を認めていないが、本条による「本来の法令」への規程の包摂だけでは、規程に法的拘束力が認められることにはならない（行政実務での規程の語の取扱いの方向性につき、内閣法制局の「法令における漢字使用等について」〔平22・11・30付け〕を参照）。

3　処分（2号）

　本法は、第2章で「申請に対する処分」についての規定を、第3章において「不利益処分」についての規定を置いており、これらの規定が本法の規定の過半を占めている。この意味で、処分（行政処分）は、本法における中心的な観念である。処分の概念が中心的な地位を与えられていることは、行訴法や行審法においても同様である。わが国の行政法制では処分概念が大きな役割を果たしてきたが、本法によってその意味は一層大きくなった。

　(1)　本条2号における「行政庁の処分その他公権力の行使に当たる行為」という定義は、処分の概念そのものを定義づけるものではない。むしろこの定義は、行審法（1条2項）や行訴法（3条2項）が「行政庁の処分その他公権力の行使に当たる行為」を処分と呼んでいることにあわせ、本法上の処分が行審法および行訴法上の処分と異なるものではないことを明らかにするという意味をもっている（塩野＝高木・条解14頁、IAM・逐条解説行手法20頁）。

　(2)　しかし、機能論的見地に立てば、ある行政の行為が行訴法上の処分に当たるか否かは、訴訟法の見地、つまり抗告訴訟の対象とすることが適切か否かという視点から決定されるものであるのに対し、本法上の処分の概念は、本法を適用することが適切か否かという視点から決定されるものであるから、訴訟法上の処

分と必ずしも同一ではない（同旨、阿部・解釈学Ⅱ37頁、高橋・行政法64頁。高木他・条解51頁〜52頁〔須田〕も参照）。

(3) 本法上、処分は申請に対する処分と不利益処分から成る。このうち後者については、本条が定義を置いている。これに対し、前者については、申請についての定義はあるが（本条の解説4で説明する）、前者そのものの定義は置かれていない。そこで処分の語の意味をもう少し見ておく必要がある。

(1)で指摘したように、本条2号における「行政庁の処分その他公権力の行使に当たる行為」という定義は、処分の概念そのものを定義づけるものではない。ただそこからは、処分が「公権力の行使に当たる行為」であることを読み取れる（公権力性）。学説上の行政処分（行政行為）の定義では、公権力性のほか、指標として対外性、具体性、法行為性が挙げられるが、本法の処分がこれらの指標を備えるものかどうかについては、不利益処分の定義（本条の解説5で説明する）から逆算するしかない。

ここでは個別性について触れておくと、行政処分は相手方が特定されているという意味で、多くは個別的なものであるが、一般性をもつ処分（一般処分）も存在する。本法の適用上問題となる処分は申請に対する処分と不利益処分であるが、申請は特定の国民からの申請に基づいて行われるものであるから、申請に対する処分は（その定義は置かれていないが）個別的なものである。また、不利益処分の定義（4号）でも、個別性がその指標とされている（本条の解説5(1)(ウ)で説明する）。この点から言うと、本条の処分とは、個別性を指標にするものである。

(4) 本条2号は、処分の定義において、行政庁の概念を用いている。また、本条の3号・4号・7号においても行政庁の概念が用いられている（このほか、第2章・第3章などでも行政庁の概念が用いられている）。しかし、本法は、行政庁の概念を定義していない。行政法理論上は、行政処分などの対外的行為を行う権限を有する機関（大臣・地方公共団体の長など）を行政庁という。本法も、この行政庁概念を前提にしていると解される。

処分を行う組織は、国や地方公共団体の機関でなくても、行政庁に当たる。例えば、情報の開示決定を行う独立行政法人（例、独立情報公開5条以下・18条以下）、馬主の登録を行う日本中央競馬会（競馬13条）、建築確認を行う指定確認検査機関（建基6条の2）、弁護士に対して懲戒処分を行う弁護士会・日本弁護士連合会（弁護56条・60条・61条）、人工妊娠中絶ができる医師の指定を行う都道府県の区域を

単位として設立された公益社団法人たる医師会（母体保護14条）も、当該行為が処分であることを前提にすると、やはり行政庁に当たる（なお、弁護士会等が行う処分については、弁護43条の15・49条の2により本法の適用が除外されている。上記医師の指定が処分ではないとの指摘として、浜川清「判批」判例評論293号〔1983年〕174頁以下、司法書士会の登録取消しの行訴法上の処分該当性が争われた事件として、東京高判平11・3・31判時1680号63頁）。

(5) 要綱案では、処分には、公権力の行使に当たる事実上の行為は含まれないものとされていたが、本条における処分の定義ではこの点は触れられていない。本条の処分が公権力的事実行為を含むとする説もあるが（南＝高橋編・注釈73頁〔山田知司〕）、不利益処分の定義では「事実上の行為」が不利益処分から除かれているので（本条の解説5を参照）、この点を問題にする実益は小さい。

4 申請（3号）
(1) 定義の要素
本法は、第2章で「申請に対する処分」についての規定を置いているので、本条は、処分の定義（本条の解説3を参照）に加えて、申請の定義を置いている。この定義は、次の4つの要素をもっている。
① 法令に基づくものであること
② 処分を求めるものであること
③ その処分が許可、認可、免許など自己に対し何らかの利益を付与する処分であること
④ 求める行為であること
⑤ 行政庁が諾否の応答をすべきこととされているものであること
このうちでは④が出発点となる。以下では、④③①⑤の順に説明する（②の処分については本条2号に定義がある。本条の解説3を参照）。
(ア) 「求める行為」であること
申請とは、相手方（行政）に対し、何かを「求める」ものである。単に行政に何事かを通知するだけの行為（例えば通行人が交通事故や火災の発生を警察署や消防署に通知する行為）は、「求める」の要素がないので、この点で既に申請ではない。
(イ) 「自己に対し何らかの利益を付与する処分」を求める行為であること
本号では、「自己に対し何らかの利益を付与する」処分の例として許可・認可・免許が挙げられ、またこれらの行為は「許認可等」と呼ばれている。もっとも、

申請の目的である行為は「自己に対し何らかの利益を付与する処分」（以下では「利益処分」の語を用いる）であればよい。したがって、社会保障給付や補助金交付の決定も、それらが処分であることを前提とすると、この利益処分に当たり、これらの給付・交付を求める私人の行為は、この申請に含まれる。

本条の申請は、自己に対する利益処分を求めるものに限定されている。それゆえ、36条の3の「処分の求め」は、この種の処分を求めるものではないので、申請に当たらないし、同規定の「行政指導の求め」は、そもそも処分を求めるものではないので、申請に当たらない（いずれの求めも「何人」にも認められているので、権利性がなく、この点でも申請と言えない）。

また行政上の契約の申込は、「求める行為」であるが、その対象は契約であるから、本号にいう申請に当たらない。行政上の不服申立ても請求を認容する裁決・決定＝処分を求めるものであり、申請と見ることが可能であるが、裁決・決定は、処分（第1次の処分）に対する不服について裁断するいわば第2次の処分であり、これらの二つの処分は区別するべきである。実際にも裁決・決定については行審法等別立ての法律が定められている（本法3条1項15号を参照）。

(ウ) 「法令に基づ」くものであること

本号の申請とは、利益処分を求めるものであってもそのすべてを指すのではなく、「法令に基づ」いて行われものを指す。したがって、法令（前述2）に根拠をもたない事実上の申請は本号の申請に含まれない。すなわち事実上の申請に基づく利益処分は、本法の対象とする「申請に対する処分」ではない。

条例は「法令」に含まれるから、条例に基づく申請は「法令に基づく申請」に当たる。

要綱などの内部規範に基づく申請が「法令に基づく申請」に当たるかという問題があるが、不作為の違法確認訴訟でも「法令に基づく申請」が要件になっているため、同じ問題が生じている。同訴訟では、内部規範に基づく申請を「法令に基づく申請」を含ませる裁判例がある（大阪高判昭54・7・30行集30巻7号1352頁）。そこでこの解釈を本法における法令に基づく申請の解釈に持ち込むことができるかという問題がある（本条の解説2(オ)を参照。消極説として、南＝高橋編・注釈73頁〔山田〕）。

(エ) 「当該行為〔申請〕に対して行政庁が諾否の応答をすべきこととされているもの」であること

ここでいう応答とは、諾否の応答であるから、「自己に対し何らかの利益を付与する処分」またはその拒否の処分である（応答たる処分）。

　本号のこの要素の規定によると、行政庁に応答たる処分の義務が課せられている場合に本法上の申請が存在することになる。法律が応答たる処分の義務を明示的に定めていることは必ずしも必要ではない。申請の義務や手続あるいは諾否の要件等を定めている場合も、条理上、行政庁には応答たる処分の義務があると解される場合には、本条にいう申請の存在が認められる。

　例えば公衆浴場法2条2項（ただし書）は、「この場合〔許可を与えない場合〕においては、都道府県知事は、理由を附した書面をもって、その旨を通知しなければならない」と定めているが、許可を与える場合については明示の規定はない。しかしこの場合も、その旨の通知（つまり応答）が必要である（この規定の眼目は、許可を与えない場合に「理由を附した書面」による通知を義務付ける点にある）。

　私人からの申出に対し、法律ないし法律が定める制度の趣旨の解釈によっても、行政庁に応答たる処分の義務があるとは言えない場合もありうる（例、36条の3の「処分の求め」）。この場合、その申出は行政庁の職権による権限行使を求める端緒にすぎず、本条にいう申請ではない。もっとも、この申出をした国民に対し行政が何らかの応答ないし通知をすることは、申出者が多数であるなど特別の事情がある場合は別であるが、事の道理として必要なことである。

(2)　他の制度との関係

(ア)　届出との区別

　申請は行政庁に対する私人の一種の通知であるが、届出（後述8）も一種の通知である。そして、申請に該当するものは届出には含まれない（本条7号参照）。つまり、本法は、申請と届出を「相互排他的なもの」として（塩野＝高木・条解35頁、高木他・条解15頁〔須田〕）制度的に区別して規定している。申請と届出では、適用される本法の規定が異なる。

　本法は申請と届出を対比可能な形で定義していないので、両者の区別は必ずしも明確ではない。申請とは、本法では利益処分を求める行為であり、したがって、申請があると、行政庁はこれを審査して、求められている利益処分またはその拒否の処分を行う。つまり、審査と応答たる処分がその要素である。これに対し、届出については、本法は応答たる処分を想定していない。

　婚姻の届出も、要件の審査の後に受理または不受理が行われるので、本法上の

申請に当たるが、行手法の適用除外が定められている（戸籍127条。なお、身分法上の届出は、公益の実現のために行われる許認可のような行政の承認行為〔その前提は公益上の理由による営業活動などの行為の禁止〕を求めるものではなく、したがって、許認可の申請と同列に扱うことには疑問がある）。

(イ) 登録制との関係

登録制にはいくつかのタイプがあるが、申請書の提出と登録または登録の拒否の通知が定められている登録制がある（例、古式銃砲および刀剣類について登録〔銃刀所持14条・15条〕、電気通信事業の登録〔電通事9～12条〕、司法書士の登録〔司法書士9条・11条〕）。ここでは、本法の申請および申請に対する処分が存在すると言える。

他方、申請書の提出は定められているが、これに対する応答の処分は予定されていない登録制がある（例、毒物および劇物の製造業および輸入業についての登録制〔毒物4条〕）。この場合も、条理上応答の処分がなされるべきであると考えると（ストロングライフ事件＝最判昭56・2・26民集35巻1号117頁では、毒物及び劇物取締法上の登録を拒否する処分が争われた）、本法の申請と申請に対する処分があると言える。

公職選挙法上の選挙人名簿への登録では、申請および応答の処分は予定されていないので、本法の申請および申請に対する処分は存在しない。

(ウ) 請願との区別

請願は、国民に等しく認められるものであり（憲16条を参照）、例えば事業活動をしようとする者が許認可を得るために行う申請とは性質がそもそも異なっている。また、請願は、請願をした者に対して国・地方公共団体の機関が諾否の応答をすることは予定されていないので（請願法、国会79～82条、自治124～125条）、この点でも本法の申請に該当しない。

（以上は、本条の申請の定義についての説明であるが、申請と私人の実体法的権利との関係については、薄井一成「申請手続過程と法」新構想Ⅱ270頁～271頁に有意味な指摘がある。）

5　不利益処分（4号）

本法は第3章で「不利益処分」についての規定を置いているので、処分の定義（本条2号。本法の解説3(3)を参照）に加えて、不利益処分の定義が行われている（なお、不利益処分は、侵害処分または侵益処分とも呼ばれるが、「侵害」や「侵益」の

語が用語として適切ではないとの判断から、本法では不利益処分の語が用いられている）。

(1) 不利益処分の定義の要素

本条 4 号の不利益処分の定義は、概ね講学上の（実体的）行政処分（行政行為）の定義に即し、かつそれを不利益な効果をもつものに限定したものである。以下、その要素について説明する。

(ア)「行政庁が」

行政庁の定義については前述した（本条の解説 3 (4)を参照）。

(イ)「法令に基づき」

この文言を、行政処分が法律（または条例）に基づいて行われなければならないという法治主義の要請を表現するものと理解する説もあるが（IAM・逐条解説行手法26頁、高橋・手続法121頁）、そうであるなら「法律に基づき」と規定すべきものである。また、不利益処分が法律に基づいて行われるべきことは、法治主義の原則からして自明のことであるから、この意味ではこの指標を書き込むべき必要性は乏しい。この文言は、行政処分が法令の執行行為であること（同旨、塩野＝高木・条解17頁～18頁）、そしてそれが具体的な法効果を発生させるものであること（具体性）を意味する（同旨、高木他・条解18頁〔須田〕）。このように解することによって、この指標は意味をもつことができる。

(ウ)「特定の者を名あて人として」

この指標により、本法上の不利益処分は特定の者を名あて人にするものに限られる。この意味で、それは個別性をもつものである。不特定多数の者を名あて人とするいわゆる一般処分は、不利益な法効果を内容とする処分であっても、本法上の不利益処分には含まれない（例、道路の通行禁止処分。この通行禁止処分がそうであるが、一般処分にあっては利益を受ける者と不利益を被る者の両方が存在することが多く、この場合、一般処分は不利益処分と利益処分〔4(1)(イ)を参照〕の混合物としての性格をもつことになる）。

不利益処分の名あて人（「特定の者」）は必ずしも国民（私人）に限られない（(オ)で説明する）。

(エ)「直接に」

この指標には、処分が名あて人以外の第三者に対して不利益な効果をもつ場合に、それは名あて人に対する直接の不利益効果ではないので、この処分を本条の不利益処分にカウントしない、という意味がある。例えば建築確認が隣人に対し

て不利益効果をもつことがあるが、それは本条の不利益処分ではない。本条の不利益処分の指標である不利益効果の有無は、処分の名あて人に対する直接の効果について、類型的に行われるべきものである（もちろん建築確認により不利益を受ける隣人が訴訟で建築確認を争うことができるかどうかは、本法上の不利益処分該当性の問題とは別に訴訟法上の問題として検討されるべき問題である）。

(オ)「これ〔特定の者〕に義務を課し、又はその権利を制限する」

名あて人に義務を課しまたは名あて人の権利を制限すること（以下では、「義務の賦課・権利の制限」ということがある）は、不利益処分の最も重要な指標である。この指標には、次の意味がある。

① この指標により、不利益処分は名あて人の権利義務を変動させるものであるから、法行為である（法行為性）。
② またこの指標は権力的（または一方的）に義務を課し、権利を制限するという意味を含んでいる（公権力性）。
③ さらにこの指標にいう義務の賦課・権利の制限とは、具体的なものを指すと解される（具体性）。
④ 権利および義務の観念は独立の法主体について考えられるものであるから、義務の賦課・権利の制限の指標は、不利益処分が独立の法主体に対して行われるものであること、つまりそれが対外的行為であることを意味する（対外性）。1条1項は「国民の権利利益の保護」を目的として掲げているが、このことも本法上の不利益処分を対外的行為として把握すべき理由となる。

なお、「権利の制限」とは、権利を含む法的保護利益の制限を指し、また「制限」には剝奪も含まれる。義務の賦課・権利の制限の概念は狭く解するべきではなく、要するに名あて人に対し不利益な法効果をもたらす処分が不利益処分である。

(2) 不利益処分から除かれるもの

以上の指標を満たす不利益処分であっても、以下の行為は、本法上の不利益処分ではなく、本法第3章の規定の適用を受けない。

(ア)「事実上の行為」（4号イ）

例えば、代執行などの行政上の強制執行における実力行使や即時強制がこれに当たる。もっとも事実行為は、義務の賦課・（法的な）権利の制限の要素（(1)(オ)を参照）を元々もっていない。(イ)で触れる戒告も含め、「確認的適用除外」である

(塩野＝高木・条解48頁、高木他・条解57頁〔須田〕)。

　強制執行の段階での手続を整備することは望ましいことであるが、本法は、その前の処分の段階での手続を整備するものである（将来的にはこれに加え代執行そのものの手続を整備することは考えられる）。

　(イ)　「事実上の行為をするに当たりその範囲、時期等を明らかにするために法令上必要とされている手続としての処分」（4号イ）

　例えば、代執行の戒告がこれに当たる（戒告は取消訴訟の対象になる行政処分とされることがあるが、これも元々処分ではない）。

　(ウ)　「申請により求められた許認可等を拒否する処分」（4号ロ）

　これは（申請）拒否処分と呼ばれるものである。拒否処分を不利益処分と解することもできるが、本法は、拒否処分を「申請に対する処分」の枠内に位置づけ、これを不利益処分から外し、第3章の規定の適用を受けないこととしている（ただし、8条により、拒否処分に際しては理由の提示が行政庁に義務付けられているが、これは、拒否処分が不利益性をもつことを考慮したためである）。

　なお、許認可等の更新の申請の拒否処分は、それまで存在した相手方の法的地位を不利益に変更するものであるから、不利益処分に当たると見る余地がある（宇賀・三法解説54頁～55頁を参照）。

　(エ)　「その他申請に基づき当該申請をした者を名あて人としてされる処分」（4号ロ）

　例えば、申請に基づいて行われる許認可等の取消（撤回）処分がこれに当たる（例、道交104条の4第1項の定める自動車運転免許の申請による取消し）。

　許認可などの利益処分に付される付款のうちの負担は独立の行政処分とみることができるものであるが、この規定により、本法上の不利益処分ではないことになろう（同旨、高木他・条解23頁〔須田〕）。

　(オ)　「名あて人となるべき者の同意の下にすることとされている処分」（4号ハ）

　名あて人に不利益を与える処分であっても、その同意があれば、第3章の手続の保障は必要ではないと考えられるので、不利益処分から除外されている。文化財保護法32条の2による重要文化財の管理をする法人の指定（文化庁長官がこの指定をする場合は文化財の所有者等および法人の同意が必要）がこの例である。

　(カ)　「許認可等の効力を失わせる処分であって、当該許認可等の基礎となった事実が消滅した旨の届出があったことを理由としてされるもの」（4号ニ）

行政手続法

　ここで示されている処分の一つは、要件事実が事後的に消滅した場合に届出を受けて行われる許認可の撤回である。利益処分の撤回は相手方に対して大きな不利益を与えるものであるから、第3章の定めている手続をとることが必要であるが（13条1項1号イを参照）、要件事実の消滅を許認可等の相手方が行政に対して届け出ることになっている場合に行われる撤回については、この必要性は乏しく、このため、この種の処分は、第3章の適用のある不利益処分から除外されている。

　また、許認可等を受けて事業を行っていた者が業務を廃止したときや死亡したときなどについて、本人・相続人などに対し届出義務を課し、届出があると許認可等の取消し（撤回）が行われる場合がある。例えば司法書士法15条は、司法書士が死亡した場合のその登録についてこのことを定めている。司法書士の死亡は、法律が挙げている要件事実の消滅ではないが、法律が登録の当然の前提としている事実の消滅であり、「許認可等の基礎となった事実」の消滅に当たる。

6　行政機関（5号）

(1)　行政機関の定義の意味

　行政指導は行政機関が行うものとされており（本条の解説7で説明する）、この行政指導の主体を明確にするため行政機関の定義が置かれた（仲・すべて17頁、塩野＝高木・条解50頁）。2005年の本法の改正により、行政機関の語には命令等の制定の主体を示すという意味も与えられている（本条の解説9で説明する）。

　もっとも、本条の見出しは「定義」となっており、本解説の表題でも定義の語を用いているが、本号は、行政機関を定義しているというよりは、本法の適用を受ける行政機関を指定するものという方が正確であろう（この種の規定を行政機関指定規定と呼ぶとすると、例えば情報公開5条も行政機関指定規定である。「指定行政機関」に関する交通安全対策基本2条10号や災害対策基本2条3号もこれに近い）。

　なお、本条は行政機関指定規定としては初期のものであるが、本法では、処分については行政庁の語が用いられており、全体としては行政機関の語と行政庁の語が併用されている。これに対し、近年の法律では、処分との関係でも「行政機関の長」の語が用いられるようになっている（例えば、情報公開5条）。この点で、本法の用語法には過渡的性格が見られる。

(2)　行政機関

　本条5号が「行政機関」として挙げているのは、次のものである。

(ア) 法律の規定に基づき内閣に置かれる機関

現行の法律上内閣に置かれるのは、内閣府（内閣府2条）、内閣官房（内12条1項）、内閣法制局（内閣法制局設置1条）、復興庁（復興庁2条）、国家安全保障会議（安保会議1条）、都市再生本部（都市再生3条）等である。

(イ) 法律の規定に基づき内閣の所轄のもとに置かれる機関

現行法上は、人事院を指す（国公3条1項）。

(ウ) 宮内庁

宮内庁は、「内閣府に置かれるものとする」とされており（内閣府48条1項）、この点では(エ)の内閣府設置法49条1項の「外局」としての庁と変わらないが、その性質上、別の条文で定められており、本条でも独立に挙げられている。

(エ) 内閣府設置法49条1項・2項に規定する機関

内閣府設置法49条1項に規定する機関とは、内閣府に外局として置かれる庁および委員会であり、同法64条において挙げられている公正取引委員会、国家公安委員会、個人情報保護委員会、金融庁、消費者庁を指す。

また、内閣府設置法49条2項に規定する機関とは、これらの委員会や庁に置かれる委員会・庁である。かつて防衛庁に設けられていた防衛施設庁がこれに当たる（平成18年法律第118号による改正前の防衛庁設置法39条および内閣府設置法64条。平成18年法律第118号は防衛庁を防衛省に昇格させるもので、防衛施設庁は防衛省の外局となったが〔平成19年法律第80号による改正前の防衛省設置法33条1項〕、平成19年法律第80号〔平成19年9月1日施行〕は防衛施設庁に関する規定を削除した）。

(オ) 国家行政組織法3条2項に規定する機関

国家行政組織法は、内閣の統括のもとに置かれる内閣府以外の行政機関を「国の行政機関」と呼び、その組織について規律しているが、同法3条2項に規定する機関とはこの「国の行政機関」を指す。具体的には、11の省、5つの委員会（例、中央労働委員会、原子力規制委員会）、14の庁（例、消防庁、国税庁、防衛装備庁）がこれに当たる（行組別表第1を参照）。

(カ) 会計検査院

会計検査院は、憲法上の機関であり（憲90条）、内閣に対し独立の地位を有する（会検1条）点において、特別の機関である。意見公募手続を導入した2005年の本法の改正により、行政機関に追加された。

(キ) これら（(ア)～(カ)）に置かれる機関

本法には「機関」についての定義はないが、(ア)～(カ)に置かれる機関とは、職務遂行上まとまりのある組織単位を指すと解される（各省庁の局、部、課、係など）。

(ク) これら（(ア)～(キ)）の機関の職員であって法律上独立に権限を行使することを認められた職員

これには、労働基準監督官や海上保安官のように法律により立入検査などの権限を与えられた職員が含まれる。「法律上独立」とは、行政委員会について語られる職権行使の独立性（他機関による指揮監督を受けないという意味）を指すのではなく、当該職員が単独で行為をすることができる、という意味であろう。各省庁の長がこれに含まれるかどうかについては議論があるが（積極説として、IAM・逐条解説行手法39頁、消極説として、塩野＝高木・条解29頁、高木他・条解27頁〔須田〕）、各省庁の長は、行政機関たる省庁の代表者であるから、この(ク)の職員として捉える必要はなく、その行為は、行政機関の行為と見ることができる（仲・すべて18頁注(9)もこの可能性を示唆する。この仲説に対する批判として、南＝高橋編・注釈88頁注(2)〔鈴木庸夫＝高橋滋〕）。

(ア)～(カ)は、省庁などの組織を包括的に行政機関と見る考え方に従うものであり（このような行政機関概念は、組織〔法〕的行政機関概念あるいは事務配分的行政機関概念と呼ばれる）、行政指導および命令等の制定との関係で意味をもっている（(1)を参照）。これに対し(キ)および(ク)は、これらを行政指導を行う主体または単位として位置づけるために、行政機関として挙げられている（IAM・逐条解説行手法38頁～39頁を、主体という表現については、(1)を参照）。

(ケ) 地方公共団体の機関（議会を除く）

前述のように、本法には「機関」概念についての定義はないが、上記(ア)～(キ)の説明から判断すると、「地方公共団体の機関」とは、地方公共団体の長、行政委員会（教育委員会など）、委員の執行機関と呼ばれる機関のほか、局、部、課などの組織単位や警察官や消防吏員のような独立に行為する権限を与えられている機関（職員）を指すと解される。

もっとも地方公共団体の行政指導および命令等（規則その他の規程）の制定については、本法の規定は適用されないから、「地方公共団体の機関」の意味を詮索する意味は大きくない。

7　行政指導（6号）

　本法は、第4章において行政指導についての規定を置いているので、本条6号でその定義が行われている。以下、その指標について説明する。

(1)　「行政機関が」

　行政指導の主体は、本号では行政機関とされている。行政機関の概念については既に説明した（本条の解説6を参照）。

　前述のように国・地方公共団体に属しない組織が行政庁に当たることがあるが（本法の解説3(4)を参照）、それらは行政機関ではないから、それらが処分との関係で指導などの行為を行っても、それは本条の行政指導ではない。

(2)　「その〔行政機関の〕任務又は所掌事務の範囲内において」

　行政機関の任務および所掌事務の規定は、内閣府については内閣府設置法3条および4条に規定がある。また、国家行政組織法の適用を受ける省の任務および所掌事務については各省設置法に規定が置かれている（このほか、アトランダムに例を挙げると、国家公安委員会、原子力規制委員会、国税庁につき、警5条、原委3条・4条、財務省設置19条・20条にそれぞれ任務と所掌事務の規定がある）。

　本号の「任務又は所掌事務の範囲内において」という文言は、行政指導が「任務又は所掌事務の範囲内において」行われるものであることを意味している。

　もっとも、このことが何を意味するかは、必ずしも明らかではない。まず思いつく問題は、この「任務又は所掌事務の範囲内」を越えて行われた指導などは法的にどう評価されるかということである。本号が行政指導の定義規定であることを重視すると、このような指導などはもはや行政指導ではないということになる（塩野・行政法Ⅰ228頁）。この説明は正しいが、それではこの指導などがいかなる行為なのかという問題が残る。そこで、32条1項をも視野に入れて、「任務又は所掌事務」を逸脱した指導などは違法な行政指導だと解するのが実際上有効な解釈だと考えられる（同旨、高橋・手続法133頁、南＝高橋・注釈87頁〔鈴木＝高橋〕。塩野＝高木・条解51頁、高木他・条解60頁〔須田〕も参照）。

(3)　「一定の行政目的を実現するため特定の者に一定の作為又は不作為を求める」

　この指標は、2つのことを意味している。第1に、相手方が「特定の者」であることである（個別性）。したがって、相手方を特定して行われる指導などは本法の対象となる行政指導に当たるが、不特定多数の者を相手方として行われる一

般的な指導など（例、国民全体に対する節電の要請）は、それに当たらない。

上記文言の2つ目の要素は、「一定の行政目的を実現するため……一定の作為又は不作為を求める」ものであることである。この「求める」とは「特定の者に」対してかつ「一定の作為又は不作為」を求めるものであるから、その内容は具体的なものである（具体性）。

また、「求める」とは、不利益性（相手方にとって利益にならないこと）を含意するものであり、したがって想定されているのは、規制的行政指導および調整的行政指導である。

(4) 「指導、勧告、助言その他の行為」

これは、行政指導の指標ではなく、それを例示する文言である。すなわち法律上は、行政指導という語は使われず、指導・勧告・助言の語が使われることが多いが、これらが、本法でいう行政指導に当たる（指導・勧告・助言の3つの語を挙げる規定例として、水質汚濁13条の4・14条の11、広告11条、宅建業71条・74条5項）。

法律上、指導・勧告・助言、さらに警告（例、災害基56条1項、ストーカー4条）の文言が使われている場合は、他に特段の事情がある場合は別であるが、当該行為は行政指導であると推断できる。

法令の文言だけでは行政指導該当性の判断が困難なのは、「指示」と呼ばれているものである。指示違反に対して不利益措置が定められていないかまたは公表が定められるにとどまるものは、行政指導に当たるといえるが、罰則が設けられているものは処分に当たると整理できる（詳しくは、芝池・総論252頁、塩野＝高木・条解34頁、高木他・条解32頁〔須田〕を参照）。

(5) 「処分に該当しないもの」

前記の処分も「一定の行政目的を実現するため特定の者に一定の作為又は不作為を求める」行為である。このため、講学上の行政指導の定義では、その任意性を表現するために「相手方の任意の協力」という指標が挙げられることが多い。また、要綱案の段階では、「強制力を有しない手段」という指標が用いられていた。しかし、強制力という語の意味が明確ではなく、また行政指導が法的拘束力をもたないことを明確にするため、本号では、これらの積極的指標は使われず、「処分に該当しないもの」という消極的指標が使われている（小早川編・逐条研究255項〔仲正発言〕を参照。両者の区別については施行通知〔本書・資料594頁以下〕が参考になる）。

前述のように（本条の解説3(3)および7(3)を参照）、本法上の処分および行政指導はいずれも個別的かつ具体的行為である。本条による両者の区別は、この個別的具体的行為の枠内で行われている。個別的具体的行為には、行政契約や権力的事実行為も含まれるが、これらについては、本条の解説4(1)(イ)および5(2)(ア)を参照されたい。

8　届出（7号）

届出については、37条で規定が置かれているので、その適用範囲を明確にする必要があるため、本号で届出の定義が行われている。

(1) 「行政庁に対し一定の事項を通知をする行為」

届出は一種の行政庁（または行政機関）への通知である（通報などの語が使われることがある）。通知には、例えば通行人が交通事故を目撃した場合に警察署などに対して行うものもあるが、届出は、このような単なる事実上の通知とは下記の点で区別される。

(2) 「法令により直接に当該通知が義務付けられているもの」

届出は、広い意味での行政庁への通知のうちで、法令により直接に当該通知が義務付けられているものである（例、電通事16条・18条による事業の開始・変更・休止・廃止・法人の解散の届出、火薬46条1項による火薬類による災害の発生などの届出）。こうした届出は、行政が個人や企業の動向を把握するため、法律で義務付けられているのであり、行政による情報収集への協力の意味をもっている。

上記の通行人による警察署などへの通知は、任意的なものであり、法令により義務付けられたものではないので、本号にいう届出に当たらない。また、行政調査の一環として行政庁が相手方である私人に対し一定の事項の報告を命じこれを受けてその私人が行う報告は、一種の通知行為であるが、法令により直接に義務付けられているものではないので、本号の届出に当たらない（3条1項14号をも参照）。

(3) 「自己の期待する一定の法律上の効果を発生させるためには当該通知をすべきこととされているもの〔届出〕を含む」

(2)で挙げた届出は、私人がそれを行っても自己に利益となる法効果を伴うものではないが、届出の中には、それを行えば自己に利益となる法効果が生じるものがある（届出を受けて行われる不利益処分も考えられる。本条の解説5(2)(カ)を参照）。この届出は、やってもやらなくてもよいという意味で義務ではないが、その法効

果を得るためには届出をすべきであるという意味で(2)の届出とは異なる意味の義務付けがある。

届出をする者が期待する法律上の効果には、地位または資格の取得や義務の免除がある。例えば国籍法17条1項は「第12条の規定により日本の国籍を失った者で20歳未満のものは、日本に住所を有するときは、法務大臣に届け出ることによって、日本の国籍を取得することができる」と定めている。これは、届出による地位の取得の例である。また航空法89条は、「何人も、航空機から物件を投下してはならない。但し、地上又は水上の人又は物件に危害を与え、又は損傷を及ぼすおそれのない場合であって国土交通大臣に届け出たときは、この限りでない」と定めている。ここでは、危害・損傷のおそれがないという実体的要件に加え、届出を手続的要件として物件投下の禁止という不作為義務が解除されているのである（ここで問題となっている届出の類型については、高木他・条解37頁〜38頁〔須田〕を参照）。

(4)　「申請に該当するものを除く」

「行政庁に対し一定の事項を通知する行為」であっても申請に当たるものは、届出から除かれる。申請の定義は本条3号で行われている（4(2)(ア)を参照）。

9　命令等（8号）

本号は、2005年の本法の改正による命令等の制定手続（意見公募手続）の法制化（38条以下）に伴い、追加されたものである。本号は、命令等を定義しているが、命令等に当たる規範命令等を定める場合の一般原則（38条）の適用を受け、その制定にあたっては意見公募手続（39条以下）をとる必要がある。つまり本号は、政令・省令・審査基準等と一般原則および意見公募手続とを結びつけるという役割をもっている。

(ア)　「内閣又は行政機関」

命令等は、内閣または行政機関が定めるものである（行政機関については、本条の解説6を参照）。したがって、内閣または行政機関に当たらない組織が処分の権限を有し（本条の解説3(4)を参照）処分についての基準を定めることがあっても、それらは命令等に当たらないことになる。これと同じく、これらの組織が指導などのために基準を定めるとしても、それらは行政指導基準ではないが、その理由は、行政機関非該当性に加え、これらの組織が行う指導などの行為がそもそも行政指導に当たらないこと（行政指導非該当性。本条の解説7(1)を参照）にある。

(イ) 「法律に基づく命令」（8号イ）

「法律に基づく命令」の語は既に本条1号においても用いられている（本条の解説2(イ)を参照）。

(ウ) 「処分の要件を定める告示」（8号イかっこ書）

本条1号は、「法律に基づく命令」に（法律に基づく）告示を含ませている。これに対し本号は、「法律に基づく命令」に「処分の要件を定める告示」を含ませている（例、農薬の登録の保留および品質改良の指示の基準を定める環境大臣の告示。農薬3条2項）。

(エ) 規則（8号イ）

規則とは、「地方公共団体の執行機関の規則」を指す（本条1号および本条の解説2(オ)を参照）。会計検査院・人事院・国の委員会が定める規則は、「命令」に含まれる（本条の解説2(イ)を参照）。

(オ) 審査基準（8号ロ）

申請により求められた許認可等をするかどうかをその法令の定めに従って判断するために必要とされる基準をいう（本号ロかっこ書）。この説明は、従来は審査基準の制定を義務付ける5条1項に置かれていたものであるが、2005年の本法の改正の際に本条に移された。

この基準を定める必要があるのは、法律が処分の法要件について不確定概念を用いている場合である。この不確定概念の具体化を法の解釈と考えると、この基準は解釈基準ということになるし、これを行政の裁量と考えると、この基準は裁量基準になる。本法は両者の区別をしていない。

5条1項では、審査基準の制定は行政庁に義務付けられているが、本号では、審査基準は「内閣又は行政機関」が定めるものとされている。この2つのことの関係は、省の地方支分部局の局長が行政庁になる場合を想定し、この局長と省の大臣との関係を例として説明すると、次のように理解できる。

① まず5条1項は審査基準の制定の義務付けの規定であり、行政庁である局長のみに審査基準の制定の権限を授権するものではない。審査基準は本来は訓令・通達の性格をもつものであるから、局長の上級庁である省の大臣もまた審査基準を制定する権限を有していると考えられる（行組14条2項を参照）。政令・省令などの制定権限の所在は、憲法（73条6号）・国家行政組織法（12条）の一般的規定および法律の個別的委任規定によって決まるが、審査基準

制定権限の所在も同様であり、手続法である本法によって決まるわけではない。審査基準の制定権限は、行政庁およびその上級行政機関に、処分権限または指揮監督権の一内容として認められるものである（政令・省令などとは異なり、法律の委任は必要ではない）。本号は、行政機関である省またはその長である大臣もまた審査基準を定める権限を有することを前提とする規定である（5条の解説2(3)(ア)〔恒川隆生〕、宇賀・三法解説65頁。なお、阿部・解釈学Ⅱ20頁も参照）。

② 省の大臣の定める審査基準が十分に具体的であれば、局長は審査基準を定めることを要しない。しかし、大臣が審査基準を定めずまたは定めた審査基準が十分に具体的なものではない場合に、行政庁である局長に審査基準を制定する義務が生じる。これが5条1項の法意である。

③ 局長が定める審査基準が本号の審査基準の定義にうまく当てはめることができるかどうかの問題があるが、局長は本条5号イの「これらに置かれる機関」またはその長であるから（本条の解説6(2)(キ)(ク)を参照）、この審査基準も、本号の審査基準および命令等に当たると解することができる。

なお、審査基準は、行政庁が許認可等をするかどうかに関する基準であるから、許認可等の付款に関する基準は審査基準に含まれないという説明がある（IAM・逐条解説行手法51頁、135頁）。これは、審査基準が要件の認定に関する基準であるのに対し、付款は効果に関するものだという意味のようである。しかし、許認可等の要件の充足性の判断が微妙な場合、付款を付して許認可等をすることが考えられること、および付款についての行政庁の判断をブラックボックスに入れてしまうことは行政の透明性の向上という本法の目的とも合致しないことから考えると、少なくとも一定の付款を付する実務が定着している処分については、付款に関する基準も審査基準に含まれると解される（同じく積極説として、5条の解説2(2)(イ)〔恒川〕をも参照）。

　(カ)　処分基準（8号ハ）

不利益処分をするかどうかまたはどのような不利益処分とするかについてその法令の定めに従って判断するために必要とされる基準をいう（本号ハかっこ書）。この説明は、従来は処分基準の制定の努力義務を定めている本法12条1項に置かれていたものであるが、2005年の本法の改正の際に本条に移された。

この基準を定める必要があるのは、法律が処分の法要件について不確定概念を

用いている場合および法効果について多義的規定を用いている場合である。法要件に関する不確定概念を具体化する基準が解釈基準または裁量基準であることは審査基準の場合と同様である（(オ)を参照）。法効果に関する基準は裁量基準である。

なお、この処分基準についても、(オ)で述べた問題がある。

(キ) 行政指導指針（8号ニ）

同一の行政目的を実現するため一定の条件に該当する複数の者に対し行政指導をしようとするときに、これらの行政指導に共通してその内容となるべき事項をいう（本号ニかっこ書）。この説明は、従来は行政指導指針の制定・公表を義務付けている本法36条に置かれていたものであるが、2005年の本法の改正の際に本条に移され、またその際に、行政指導指針の名称を与えられた。

[芝池義一]

（適用除外）

第3条 次に掲げる処分及び行政指導については、次章から第4章の2までの規定は、適用しない。

一 国会の両院若しくは一院又は議会の議決によってされる処分

二 裁判所若しくは裁判官の裁判により、又は裁判の執行としてされる処分

三 国会の両院若しくは一院若しくは議会の議決を経て、又はこれらの同意若しくは承認を得た上でされるべきものとされている処分

四 検査官会議で決すべきものとされている処分及び会計検査の際にされる行政指導

五 刑事事件に関する法令に基づいて検察官、検察事務官又は司法警察職員がする処分及び行政指導

六 国税又は地方税の犯則事件に関する法令（他の法令において準用する場合を含む。）に基づいて国税庁長官、国税局長、税務署長、国税庁、国税局若しくは税務署の当該職員、税関長、税関職員又は徴税吏員（他の法令の規定に基づいてこれらの職員の職務を行う者を含む。）がする処分及び行政指導並びに金融商品取引の犯則事件に関する法令（他の法令において準用する場合を含む。）に基づいて証券取引等監視委員会、

その職員(当該法令においてその職員とみなされる者を含む。)、財務局長又は財務支局長がする処分及び行政指導

七　学校、講習所、訓練所又は研修所において、教育、講習、訓練又は研修の目的を達成するために、学生、生徒、児童若しくは幼児若しくはこれらの保護者、講習生、訓練生又は研修生に対してされる処分及び行政指導

八　刑務所、少年刑務所、拘置所、留置施設、海上保安留置施設、少年院、少年鑑別所又は婦人補導院において、収容の目的を達成するためにされる処分及び行政指導

九　公務員(国家公務員法(昭和22年法律第120号)第2条第1項に規定する国家公務員及び地方公務員法(昭和25年法律第261号)第3条第1項に規定する地方公務員をいう。以下同じ。)又は公務員であった者に対してその職務又は身分に関してされる処分及び行政指導

十　外国人の出入国、難民の認定又は帰化に関する処分及び行政指導

十一　専ら人の学識技能に関する試験又は検定の結果についての処分

十二　相反する利害を有する者の間の利害の調整を目的として法令の規定に基づいてされる裁定その他の処分(その双方を名宛人とするものに限る。)及び行政指導

十三　公衆衛生、環境保全、防疫、保安その他の公益に関わる事象が発生し又は発生する可能性のある現場において警察官若しくは海上保安官又はこれらの公益を確保するために行使すべき権限を法律上直接に与えられたその他の職員によってされる処分及び行政指導

十四　報告又は物件の提出を命ずる処分その他その職務の遂行上必要な情報の収集を直接の目的としてされる処分及び行政指導

十五　審査請求、再調査の請求その他の不服申立てに対する行政庁の裁決、決定その他の処分

十六　前号に規定する処分の手続又は第3章に規定する聴聞若しくは弁明の機会の付与の手続その他の意見陳述のための手続において法令に基づいてされる処分及び行政指導

2　次に掲げる命令等を定める行為については、第6章の規定は、適用しない。

第1章　総則〔§3〕

　一　法律の施行期日について定める政令
　二　恩赦に関する命令
　三　命令又は規則を定める行為が処分に該当する場合における当該命令又は規則
　四　法律の規定に基づき施設、区間、地域その他これらに類するものを指定する命令又は規則
　五　公務員の給与、勤務時間その他の勤務条件について定める命令等
　六　審査基準、処分基準又は行政指導指針であって、法令の規定により若しくは慣行として、又は命令等を定める機関の判断により公にされるもの以外のもの
3　第1項各号及び前項各号に掲げるもののほか、地方公共団体の機関がする処分（その根拠となる規定が条例又は規則に置かれているものに限る。）及び行政指導、地方公共団体の機関に対する届出（前条第7号の通知の根拠となる規定が条例又は規則に置かれているものに限る。）並びに地方公共団体の機関が命令等を定める行為については、次章から第6章までの規定は、適用しない。

1　本条の趣旨

　本条は、行政手続に関する一般法として、類型的な特色を有する処分、行政指導、届出および命令等を定める行為につき、本法の定める手続の包括的な適用除外を定めるものである。
　適用除外の方式には、一般法において適用除外の範囲を類型的にあらかじめ定める方式と各個別の法律においてその旨を定める方式があるところ、本法は両方式を併用している。すなわち、本法は、本条1項においてその手続に類型的な特殊性を有する処分および行政指導につき、本条2項においてその規律内容または形式に類型的な特殊性を有する命令等につき、および、本条3項において主体に特殊性がある処分、行政指導およびその相手方に特殊性がある届出につき、それぞれ包括的な適用除外を定めている。また、4条においては名あて人などに類型的特殊性を有する処分、行政指導および届出につき、包括的な適用除外を定めている。こうした類型的な適用除外とは別に、1条2項に基づいて、個別の法律において独自の手続体系を形成していたり、または、本法が定める一般的行政手続

をとることになじまなかったりする処分、行政指導、届出および命令等につき個別に適用除外を定めている（1条2項の解説5〔本多滝夫〕参照）。

2 適用除外の趣旨

(1) 1項の趣旨

(ｱ) 1項は、分野ごとに類型的な特殊性を有する処分または行政指導につき第2章から第4章の2までの規定の適用を排除している。なお、届出については、行政機関の行為ではないこと、および、行政分野によって類型的な特殊性が見出されることは稀であることから、本項は第5章の規定の適用を排除していない。

(ｲ) 本項に定める適用除外は、当該分野の特殊性に応じた独自の手続によることとされていることを理由とするもの（1号～6号）と、当該分野の特質上、本法が定める一般的な行政手続をとることになじまないことを理由とされているもの（7号～16号）とに大別される。

ところで、本項に定める適用除外の理由については、上記の2分類とは別に、第3次行革審の答申「行政手続法要綱案の解説」に準拠して、本来の行政権の行使とみられないもの（1号～6号）、特別な規律によって律せられる関係が認められるもの（7号～10号）、および本法の規定の適用になじまないものといったように3つに分類して説明されていることが多い（宇賀・三法解説66頁～73頁、高橋・手続法146頁～162頁〔ただし、特別な規律によって律せられる関係が認められるものといった類型の存在には懐疑的である〕、南＝高橋編・注釈96頁～110頁〔寺田友子〕参照）。

しかし、この3分類による理由づけのうち前2者によるものは、次の理由から適切ではない。

たしかに、本来の行政権の行使とみられないとの理由で適用除外とされている処分は、当該処分をする機関または当該処分の実質的判断を行う機関が立法機関であったり（1号・3号）、司法機関（2号）、憲法上内閣から独立性が保障された行政機関（4号）であったりする点で、行政権が属するとされている内閣（憲65条）および内閣のもとにある機関がする処分でなければ、内閣に帰属する行政権とは区別される行政執行権を有する地方公共団体（憲94条）において当該普通地方公共団体の事務を誠実に管理および執行する義務を負う執行機関（自治138条の2）がする処分でもない。しかし、本法の規定の包括的な適用の排除の如何は、当該分野において処分にかかる案件処理過程の公正性および透明性の確保の程度に関する評価に照らして決せられるべきものであるから、処分をする機関が内閣

または地方公共団体の執行機関ではないことのみを理由として本法の規定の適用を排除することは、手続の評価を前提としない点で、適切ではない。

　また、特別の規律によって律せられる関係が認められるものとして、国公立学校における学生等の在学関係（7号）、刑務所等における被収容者等の収容関係（8号）および公務員の勤務関係（9号）が挙げられている。これらの関係は、かつて法治主義の及ばない領域として「特別権力関係」と呼ばれていたものであるところ、現在では理論上も裁判実務上もそのような領域としては理解されていない。したがって、特別な規律によって律せられる関係として性格づけることでこれらの関係における処分につき本法の規定の適用を排除することは、特別権力関係にかかる理論を実定法化するおそれがあるものであり、適切ではない〔同旨、高橋・手続法152頁〕。

　これに対して、上記の2分類は、本法の定める手続と当該分野の手続とを比較対照する観点から、適用除外の如何を決している点で合理的である。そこで、ここでは多くのものがとる3分類に拠ることなく、上記の2分類を前提として、本項各号の適用除外の趣旨を説明することとする。

　なお、行政実務においても上記の2分類を前提とした適用除外の趣旨の説明がなされているところ（IAM・逐条解説行手法57頁〜58頁参照）、7号から10号までの適用除外に関する説明が適切ではないことは後述するとおりである。

　(ウ)　当該分野の特殊性に応じた独自の手続によることとされていることを理由とするものは、さらに、処分をする機関の組織構成上の特殊性に応じた独自の手続によることとされているもの（1号〜4号）と、刑事事件または犯則事件といった案件の特殊性に応じた独自の手続によることとされているもの（5号・6号）に大別される。

　(a)　1号の対象となる処分は、国会（両院もしくは一院。以下同じ）または地方議会の議決によってされるものであり、3号の対象である処分は、国会または地方議会の議決を経てもしくは同意・承認を得た上でされるものである。いずれの処分も、公職選挙によって選出された議員によって組織された機関が合議といった手続に基づいてするものである点で、処分をする機関の組織構成上の特殊性に応じた独自の手続によってされるものに当たる。

　(b)　2号の対象となる処分は、裁判所または裁判官の裁判によってされるものまたは裁判の執行としてされるものである。いずれの処分も、憲法上、職権の独

行政手続法

立性と身分が保障されている裁判官またはそうした裁判官によって組織された機関が、裁判という慎重な手続に基づいてするものである点で、処分をする機関の組織構成上の特殊性に応じた独自の手続によってされるものに当たる。

(c) 4号の対象となる処分は、会計検査院の検査官会議で決すべきものとされているものである。この処分は、会計検査院という、憲法上独立の機関としての地位を与えられている機関が、検査官会議という合議体による手続に基づいてするものである点で、処分をする機関の組織構成上の特殊性に応じた独自の手続によってされるものに当たる。

なお、国会および地方議会ならびに裁判所および裁判官は、2条5号に定める「行政機関」に当たらないから、これらの機関がする指導につき第4章の規定の適用の如何は問題とならない（したがって、1号・2号および3号は行政指導に関する定めを置いていない）のに対し、会計検査院は「行政機関」であり（2条5号イ。平成17年法律第73号による改正後）、会計検査院が会計検査の際にする指導は2条6号に定める行政指導に当たるから、当該行政指導につき第4章の規定の適用の如何が問題となる。

会計検査の際にされる行政指導は、財政面で国と一定の関係にある者に説明責任を果たさせるために会計検査の目的の範囲内で行われるものであり、これは本法が通常想定している一般国民に対してされる行政指導とは異質なものであることに照らして、4号は当該行政指導を第4章の規定の適用を排除している（IAM・逐条解説行手法59頁参照）。したがって、4号が定める行政指導の適用除外は、同じく同号が定める検査官会議の処分の適用除外のように独自の手続によることを理由としているのではなく、本法が定める一般的な行政手続をとることになじまないことを理由としている。

(d) 5号の対象となる処分は、刑事司法を所管する公務員が捜査などを目的としてするものであり、国民の権利に対する侵害の程度が重大であることに照らして、刑事訴訟法等が定める刑事事件に特有な手続に基づいてされるものである点で、案件の特殊性に応じた独自の手続によることとされているものに当たる。5号の対象となる行政指導は、任意捜査において行われるものであるところ、任意捜査であっても必要な事項は刑事訴訟法で定めることとされていることに照らして、処分と同様に本法の適用を排除している（IAM・逐条解説行手法63頁参照）。

(e) 6号の対象となる処分は、5号に定める刑事事件に準じて、犯則事件にか

かる職権を有する公務員が調査などを目的としてするものであり、国税通則法等が定める犯則事件に特有な手続に基づいてされるものである（なお、従前において国税犯則事件に関する手続を定めていた国税犯則取締法〔明治33法律第67号〕は、所得税法の一部を改正する等の法律〔平成29年法律第4号〕10条により廃止され、2018〔平成30〕年4月1日に施行された）。6号の対象となる行政指導は、任意調査において行われものであるところ、任意調査であっても必要な事項は国税通則法等で定めることとされていることに照らして、処分と同様に本法の適用を排除している。

(エ) 当該分野の特質上、本法が定める一般的な行政手続をとることになじまないことを理由とされているものについては、7号と8号を除いては、細分類を可能とする標準は見出しがたいので、条項ごとに適用除外の趣旨を説明することとする。

(a) 7号の対象となる処分および行政指導は、国または地方公共団体が設置した学校等において学生等に教育等を施すことを目的としてされるものである。8号の対象となる処分および行政指導は、刑事施設等において当該施設等の管理者、職員等が被収容者等に収容の目的を達成するためにされるものである。施設の使用関係の成立原因は異なるとしても、両号の対象となる処分および行政指導には当該施設のなかで日常の接触において随時行われるという特殊性がある点で、これらの行為は、行政庁との日常的な接触を予定していない、本法が定める一般的な行政手続をとることになじまないものに当たる（高橋・手続法152頁参照）。

(b) 9号の対象となる処分および行政指導は、公務員等に対してその職務または身分に関してされるものである。公務員の職務および身分に関してされる処分または行政指導には公務の能率的な運営の確保の観点からされるといった特殊性がある点で、これらの行為は、能率性よりも公正性の確保が優先される、本法が定める一般的な行政手続をとることになじまないものに当たる。

(c) 10号の対象となる処分および行政指導は、外国人の出入国等に関してされるものである。外国人の出入国および難民認定に関してされる処分または行政指導は、国家主権にかかる事項に関する判断に基づいてされるところ（宇賀・三法解説70頁、IAM・逐条解説行手法72頁、南＝高橋編・注釈101頁〔寺田〕参照）、国益の保持の見地に立って、国際情勢、外交関係、国際礼譲など諸般の事情を斟酌し時宜に応じてされる必要があり、通常の裁量判断とは異なる特殊性がある点で（マクリーン事件＝最大判昭53・10・4民集32巻7号1223頁参照）、本法が定める一般的な

行政手続をとることになじまないものに当たる。

「国籍は、国家の主権者の範囲を確定し、国家の属人的統治権の範囲を限定する高度の政治的事項であ〔る〕」ところ（東京地判昭63・4・27判時1275号52頁参照）、国籍の取得を許可する行為である帰化に関する処分および帰化に関する行政指導は、国家主権にかかる事項に関する判断に基づいてされるものであるから、外国人の出入国および難民認定に関すると同様に、本法が定める一般的な行政手続をとることになじまないものに当たる。

もっとも、出入国管理及び難民認定法（以下「入管法」という）に定める、法務大臣による裁決にも至りうる入国審査または退去強制にかかる一連の手続を退去命令もしくは上陸特別許可または退去強制令書の発布もしくは在留特別許可にかかる事前の処分手続（事前争訟手続）とみるならば（亘理格「退去強制手続の構造と取消訴訟（上）東京地判平成15年9月19日〔判時1836号46頁〕を契機に」判時1867号164頁、165頁参照）、入国および退去強制に関する処分については案件の特殊性に応じた独自の手続によってされるものに当たるといってよいであろう。

(d) 11号の対象となる処分は、試験・検定自体が事前の手続として当該処分の事実認定の機能を果たすものであって、別途処分の名あて人から意見を聴取する機会を設ける必要がなく、さらに、試験・検定につきあらかじめその内容を具体的に情報として提供したり、告知することは試験・検定の目的を達することを妨げる可能性があるという特殊性がある点で、本法が定める一般的な行政手続をとることになじまないといえる。

(e) 12号の対象となる処分および行政指導は、相対立する利害を有する当事者双方を名あて人として行われるもので、その手続構造はいわゆる三面的なものである。これに対し、本法が定める処分手続は、相反利害関係人が参加する場合であっても処分の相手方の権利保護を目的として構成されているため、その手続構造は二面的である。また、行政指導手続においては第三者の権利保護については配慮もされていない。したがって、本号の対象となる処分および行政指導には手続に関与する当事者の特殊性があり、本法が定める一般的な行政手続をとることはなじまないといえる（同旨、宇賀・三法解説71頁、IAM・逐条解説行手法74頁～75頁）。

(f) 13号の対象となる処分は、現場において臨機にされるものであり、告知を行った後、相当の期間をおいて聴聞の機会または弁明書の提出の機会を与えると

いった本法が定める一般的な行政手続をとることはなじまないといえよう（現場において行われる処分については、第1次部会案では、弁明の機会の付与の省略事由〔「緊急のため又は現場で処分を行う必要があるためあらかじめ弁明の機会を与える暇のないとき」第一二・1〕として挙げられるにとどめられていたが、その後、現場において行われる処分についてのみ包括的な適用除外類型として、要綱案および本法において位置づけられることとなった。経緯については、阿部泰隆ほか「行政手続法諸案の検討(2)」民商法雑誌109巻1号〔1993年〕175頁〔比山節男〕参照）。

また、本法が規律する行政指導は、相手方からの書面の交付の求め（35条3項）の対象になるところから、行政指導がされた時点でその内容が固定化するものと想定されているのに対し、本号の対象となる行政指導は、その内容が現場の状況の推移に応じて臨機に変化するといった特殊性がある点で、本法が定める一般的な行政手続をとることになじまないといえる。

(g) 14号の対象となる処分および行政指導は、いわゆる行政調査としてされるものである。行政調査は、行政目的の実現を直接の目的とする処分の準備段階の行為であり、かつ、その対象および性質は多様であるため、本法が定める一般的な行政手続をとることになじまないといえる（宇賀・三法解説73頁、IAM・逐条解説行手法82頁〜83頁）。したがって、本法が、強制的立入検査等を含め（2条4号イ参照）、行政調査に当たる行為に包括的に本法の定める規定を適用しないこととしている。

(h) 15号の対象となる処分は、行審法等に定める手続によって規律されるから、本法が定める手続を重複して適用する必要はない（同旨、宇賀・三法解説73頁、IAM・逐条解説行手法85頁）。

(i) 16号の対象となる処分および行政指導は、行政目的の実現を直接の目的とする処分の手続過程で行われる行為であり、本法が定める一般的な行政手続をとることはなじまないといえる。

(オ) 本項による本法第2章から第4章の2までの規定の適用除外は、本法が一般法であることに由来するものである。行政活動は多様であるから、個々の行政分野の特殊性に応じて、一般的な行政手続の適用を排除することには合理性がある。また、仮に本法が定める一般的な行政手続が憲法上の適正手続の法理に適合するものであるとしても、適正手続の法理の規範内容は一義ではないから（成田新法事件＝最大判平4・7・1民集46巻5号437頁参照）、本項による適用除外そのも

行政手続法

のが直ちに適正手続の法理に違反するとはいえない。

　しかし、本項によって本法第2章から第4章の2までの規定の適用を除外された処分または行政指導にも適正手続の法理が及ぶことは当然であるから、当該処分または行政指導の特殊性に応じた手続が整備されているかどうかは厳密に検証されなければならない（塩野・行政法Ⅰ312頁参照）。仮に当該手続が適正手続の法理の規範内容に適合しているとしても、立案関係者によれば「行政運営の構成の確保と透明性の向上の観点から現行手続規定について必要な見直しが行われ、一層の手続の整備、充実が図られることが望まれる」とされている（行革審・資料集6頁参照）。

(2)　2項の趣旨

　本条2項は、命令等を定める行為のうちその規律内容または形式の特質に照らして第6章の規定の適用になじまないものについて、同章の適用を排除するものである。なお、本項各号に該当する命令等を定める行為についても、所管の行政機関が本法の趣旨に従って、任意に第6章に定める手続をとることを妨げるものではない。

　(ア)　1号の対象となる政令については、同政令は法律で明確に定められた期限内に施行期日を定めるものであるから、国会の審議という慎重な手続に加えて、意見公募手続を別途とることは必要でないために、適用除外とされた（「行政手続法検討会報告」〔2004年12月17日〕7頁参照）。また、法律の施行に必要とされる事務上の準備期間については国民が一般に見解をもつものではないので意見公募手続を行う必要がないといえよう（同旨、IAM・逐条解説行手法88頁。宇賀・三法解説74頁は、内閣に与えられた時の裁量を行使するにすぎないとする）。

　(イ)　2号の対象となる命令は、恩赦に関するものである。恩赦は、司法手続によらないで公訴権を消滅させたり、確定判決の内容を変更させたり、刑の言渡しの効果の全部または一部を消滅させる行為である。恩赦は、司法権の判断を行政権の一方的な判断に基づいて変動させる行為であり、権力分立の原則の例外的な措置として内閣の政治的な判断に委ねられている以上（憲73条7号）、国民の意見を聴くことによってその判断の合理性を高める必要性がないために、適用除外とされている。恩赦に関する命令を内閣の高度な政策的判断に基づくものであるとする見解は同趣旨と思われる（宇賀・三法解説74頁参照）。なお、コンメ行政法Ⅰ（第2版）44頁（本多滝夫）では、恩赦にかかる命令に意見公募手続をとることは

司法権に対する外部からの干渉を増長させることになることを理由としたが、国民の意見が直ちに司法権の判断を変動させるものではないことに照らし、改説した。

(ウ) 3号および4号の対象となる命令および規則については、それが規律する権利利益の内容が具体的であることから、抽象的に規律を行う規範に当たらず、国民から広く意見を公募することになじまないために、適用除外とされている（同旨、IAM・逐条解説行手法89頁～90頁）。

(エ) 5号の対象となる命令等については、公務員の勤務条件につき、その基本的な部分が法律または条例によって規律されることを前提としつつも、その詳細を定める命令等は労使の自治的決定に基づいて定められることから、国民から広く意見を公募することになじまないために、適用除外とされている（同旨、宇賀・三法解説75頁、IAM・逐条解説行手法92頁）。

(オ) 6号の対象となる審査基準、処分基準および行政指導指針については、行手法上、これらはすべて公にされるものとされておらず、公にされない審査基準、処分基準および行政指導指針であれば、その案もまた公にすることは、当該命令等を公にしないこととする趣旨に背理するために、適用除外とされている（IAM・逐条解説行手法94頁）。

(3) 3項の趣旨

本条3項は、地方公共団体の機関が行う処分、行政指導および地方公共団体の機関に対する届出のうち、法律またはそれに基づく命令の規定に基づく処分および届出については本法の規定を適用することとし、その他の処分および届出ならびに行政指導および命令等については、地方公共団体の自主性の尊重を図る観点から、本法の規定の適用を排除するものである。

ところで、国法たる本法の地方公共団体への適用の方式には、次の4類型があるとされている（宇賀・改革2頁以下参照）。

まず、一律適用型とは、本法を国のみならず地方公共団体の手続に一律に適用する方式である。これは、本法が憲法の適正手続の法理の要請を具体化したものであれば、国のみならず地方公共団体の行政機関にも本法を一律に適用することは当然であるとの考えに基づいている。

次に、根拠法規区分型とは、当該行政作用の根拠が国の法令にあるのか、それとも、地方公共団体の条例または規則にあるものかによって区分し、本法を前者

のみに適用する方式である。これは、国法が根拠法規を設けたということは当該行政作用に国が関心を有することであり、その手続等の規律もまた国法の関心事であるという考え方に基づいている。

　さらに、組織区分型とは、当該行政作用が国の行政組織によって行われるか、それとも、(本来的な)地方公共団体の行政組織によって行われるかによって区分し、前者のみに適用する方式である。これは、同一の組織は同一の手続に従うべきであり、この方式によれば適用の範囲をめぐって混乱を生じる余地が少ないという考え方に基づいている。

　最後に、事務区分型とは、地方公共団体の機関がする行政作用が国の事務であるか、それとも、地方公共団体の事務であるかによって区分し、前者のみに適用する方式である。これは、地方公共団体の執行機関が処理する事務には自治事務のほかに国の機関委任事務があるといった事務区分を前提として、地方自治の尊重の観点から自治事務に関する手続等の規律については地方公共団体の自主性を認めようという考え方に基づいている。

　もっとも、機関委任事務が廃止され（地方分権の推進を図るための関係法律の整備等に関する法律〔平成11年法律第87号〕）、地方公共団体が処理する事務には国の事務が存在しない現行法制のもとでは、上記の趣旨に基づく事務区分型の存在余地はない。

　なお、現行法制のもとでは、国による強度の行政的関与が認められている第1号法定受託事務（自治2条9項1号）に本法を適用し、自治事務には本法を適用しないといった区分に基づく事務区分型（新事務区分型）もありうる。これは、第1号法定受託事務は国が本来果たすべき役割にかかるものであって、国においてその適正な処理を特に確保する必要がある点で、同事務にかかる行政作用の手続の適正さについても国において特に確保する必要があるとの考え方に基づくものである。根拠法規区分型に基づく本法の適用範囲を法定受託事務に制限するものともいえる。

　本法において、処分および届出にかかる適用関係については根拠法規区分型が、行政指導および命令等にかかる適用関係については組織区分型が採用されている。

　処分および届出にかかる適用関係について根拠法規区分型が採用されているのは、条例または規則に根拠となる規定が置かれている処分および届出にかかる適用関係について本法の適用を排除することが地方公共団体の自主性の尊重を図る

趣旨に照らして当然であるとしても、法令に根拠となる規定が置かれている処分および届出についても本法の適用を排除することは、法令に根拠となる規定が置かれている事務の適正な処理を確保することについて国が責任を負っていることにそぐわないからである。すなわち、全国的に統一して処理される必要性があるがゆえに国法がその要件および効果を規律している処分および届出については、地方公共団体の自主性の尊重よりも国法による適正手続の保障が優先し、本法が適用されているのである（高橋・手続法163頁参照〔処分手続について地方公共団体の実状等を理由として著しい格差を認めることは適当ではないとする〕）。

　行政指導にかかる適用関係については、組織区分型が採用されている。その理由は、地方公共団体の自主性の尊重を図る趣旨からである。

　本法の立案過程において、「法律の目的を達成するために行う行政指導」が本法の準用対象とされていたところ（第1次部会案第三三）、個別具体の行政指導が法律の目的を達成するために行われるものであるかどうかを判断することは困難であるとの本法施行上の問題点の指摘を手がかりとして、結果として、地方公共団体の機関がする行政指導については、本法の適用が排除されたと説明されることがある（仲・すべて206頁参照）。

　しかし、一律適用型に近い内容の第1次部会案が採用されるならば、行政指導につき地方自治の保障が著しく損なわれるおそれがある。第1次部会案に対し、全国知事会は、自治体の創意工夫や住民の関心要望を尊重して行われる行政指導には法律の統一的適用になじまないとの意見を提出し、自治省（当時）も地方公共団体の自主性に委ねるべきであるとの見解を表明していた（行革審・資料集157頁、高橋・手続法163頁参照）。

　したがって、本法の立案過程に照らせば、上記の実務的な配慮に加えて、地方公共団体の機関がする行政指導については地方公共団体の自主性に委ねる組織区分型が採用されていると解すべきであろう（宇賀・三法解説78頁、塩野・行政法Ⅰ309頁参照）。

　命令等にかかる適用関係についても組織区分型が採用されている。本法が定める意見公募手続は参加手続の性質を有するところ、地方自治の保障には住民自治の保障といった民主主義的な要請があることに照らして、命令等にかかる適用関係については、地方公共団体の自主性に委ねる組織区分型が採用されている（宇賀・三法解説78頁参照）。

行政手続法

　なお、地方公共団体の機関が制定する命令等の適用範囲が当該地方公共団体の地域に限られることから、広く国民一般の意見を求める必要はないことを本項の理由とする見解もある（IAM・逐条解説行手法98頁～100頁参照）。たしかに、命令等の適用範囲は地域的に限定されるが、人的な適用範囲は当該地域の住民に限定されるわけではない。どの範囲の者から意見を公募するかについては地方公共団体の自主性に委ねるべきであるから、組織区分型が採用されていると解すべきであろう。

　もっとも、本項によって適用除外とされた処分、届出、行政指導、命令等を定める行為について、地方公共団体は、行手法に対応した整備を行うことが要請されている（46条参照）。

　(4)　本法には、裁判例を通じて確立している一般的な法原則を確認したものと解される規定（例えば、申請応答義務〔福岡高判昭52・9・12行集28巻9号917頁、東京高判平5・3・24判時1460号62頁〕と7条、行政指導の任意性の原則〔最判平5・2・18民集47巻2号574頁〕と32条1項、行政指導の不服従を理由とした不利益取扱いの禁止〔最判平元・11・8判時1328号16頁〕と32条2項、申請権行使を妨害する行政指導の禁止〔最判昭60・7・16民集39巻5号989頁〕と33条）がある。これらの規定は、本項の対象分野についてはその適用が除外される。しかし、その場合であっても、一般的な法原則そのものが直接的に妥当する（名古屋地判平8・1・31行集47巻1＝2号131頁参照）。

3　1項各号の解説

　(1)　「国会の両院若しくは一院又は議会の議決によってされる処分」（1号）

　「国会」とは、立法権を行使する合議制機関として国において設置されている機関であり、「両院」とは衆議院および参議院である（憲42条）。「議会」とは、議事機関として地方公共団体（地方開発事業団を除く）において設置されている機関である。具体例として、議員の懲罰のうちの除名（国会122条4号、自治135条1項4号〔最判昭26・4・28民集5巻5号336頁〕）がある。

　(2)　「裁判所若しくは裁判官の裁判により、又は裁判の執行としてされる処分」（2号）

　(ア)　「裁判により……される処分」とは、裁判所（最高裁判所〔憲76条1項〕ならびに高等裁判所、地方裁判所、家庭裁判所および簡易裁判所〔裁2条1項〕）または裁判官（最高裁判所長官、最高裁判所判事、高等裁判所長官、判事、判事補および簡易

裁判所判事〔裁5条1項・2項〕）が裁判によって表示する判断行為のうち、司法権の行使として行う判断行為を除いたものである。具体例として、一般社団法人等の解散命令（一般法人261条1項）、宗教法人の解散命令（宗法81条1項）、過料の裁判（非訟120条）がある。

(ｲ)　「裁判の執行としてされる処分」とは、裁判として示された判断に従って、それを実現するために行われる処分をいう。具体例として、過料の裁判の執行のための検察官の命令（民訴189条1項、非訟121条1項）がある。検察官の刑事裁判の執行の指揮（刑訴472条）を挙げるものがある（IAM・逐条解説行手法61頁参照）。もっとも、裁判の執行である法務大臣の死刑の執行命令（刑訴475条）とともに、これは内部的行為であって、処分ではないとの見解もある（塩野＝髙木・条解59頁参照）。仮に処分であるとするならば、検察官の命令は本項5号にも該当する（コンメ行政法Ⅰ〔第2版〕47頁〔本多〕では「むしろ本号の例とすべきである」と説明したが、本項は各号間の法条競合を排除するものではないことに照らし、改説した）。

(3)　「国会の両院若しくは一院若しくは議会の議決を経て、又はこれらの同意若しくは承認を得た上でされるべきものとされている処分」（3号）

「国会の議決を経て」行う処分の例として、公共用財産の用途廃止（国財13条1項）、人事官の弾劾の訴追（人事官弾劾1条）があり、「議会の議決を経て」行う処分の例として、公有財産を使用する権利に関する旧慣の変更・廃止または使用の許可（自治238条の6第1項・2項）、貸付金の償還の免除（母福15条1項）がある。また、「国会の承認を得た上で」行う処分の例として、日本に特別の功労のある外国人の帰化の許可（国籍9条）、「国会の同意を得た上で」行う処分の例として、中央選挙管理会の委員の罷免（公選5条の2第4項）、「両議院の同意を得た上で」行う処分の例として、人事官の罷免（国公8条3項）、日本放送協会の放送設備の譲渡の認可（放送85条2項）があり、「議会の同意を得た上で」行う処分の例として、職員の賠償責任の免除（自治243条の2第8項）、固定資産評価審査委員会の委員の罷免（地税427条）、人事委員会または公平委員会の委員の罷免（地公9条の2第5項）、基準に適合しない建築物に対する除却命令（建基11条1項）がある。

(4)　「検査官会議で決すべきものとされている処分及び会計検査の際にされる行政指導」（4号）

(ｱ)　「検査官会議」とは、会計検査院の3名の検査官からなる合議機関である（会検2条）。処分の具体例として、検査官会議で決すべき事項のうち、予算執行

職員等の責任に関する法律4条の規定による弁償責任の検定（会検11条6号）がある（IAM・逐条解説行手法62頁、高木他・条解73頁〔須田守〕は異なった理解をしている。ただし、塩野＝高木・条解61頁は、同検定は本号に当たる処分ではないとする）。

(イ)「会計検査の際にされる行政指導」とは、会計検査院が、日本国憲法90条により行う国の収入支出の検査、その他法律の定めにより行う会計の検査に際してする行政指導をいう。具体的には、検査の進行に伴い、会計経理に関し法令に違反し、または、不当であると認める事項がある場合に関係者に対して行う当該会計経理についての適宜の処置の要求、その後の経理についての是正改善の処置の指示（会検34条）がある。

(5)「刑事事件に関する法令に基づいて検察官、検察事務官又は司法警察職員がする処分及び行政指導」（5号）

(ア)「刑事事件に関する法令」とは、刑法等犯罪と刑罰に関連する法令一般を指すところ、本号では犯罪を認定し、刑罰を科すための手続法である、刑事訴訟法・少年法・国際捜査共助等に関する法律・刑事確定訴訟記録法などを指す。

(イ)「検察官」の定義については、検察庁法4条の定めにより、「検察事務官」の定義については、同法27条の定めによる。「司法警察職員」については、刑事訴訟法189条および190条の定めによる。

(ウ)「刑事事件に関する法令に基づいて……する処分」の具体例として、刑事訴訟法等に根拠を置く差押状・捜索状の執行中の当該場所への立入りの許可およびそこからの退去命令（刑訴112条）、収容状の発付（同485条）などがある。

(エ)「刑事事件に関する法令に基づいて……する行政指導」とは、任意捜査等であっても必要な事項は法律で定めることとされていることに照らせば、刑事訴訟法等によって直接に規律されている限りでの、任意捜査等に関連してなされる行政指導をいう。

(6)「国税又は地方税の犯則事件に関する法令（他の法令において準用する場合を含む。）に基づいて国税庁長官、国税局長、税務署長、国税庁、国税局若しくは税務署の当該職員、税関長、税関職員又は徴税吏員（他の法令の規定に基づいてこれらの職員の職務を行う者を含む。）がする処分及び行政指導」（6号前段）

(ア)「国税又は地方税の犯則事件に関する法令」とは、国税または地方税に関する法令に違反する事件に関する手続を定める国税通則法（第11章）、地方税法（第1章第16節）および関税法（第11章）、同法を準用するとん税法、特別とん税法

ならびにこれらの法律に基づく命令をいう。

　(ｲ)　「他の法令において準用する場合」とは、国税または地方税に関する法令以外の法令において、前掲法令を準用している法令をいう。その具体例として、かつてはアルコール専売法40条1項があったところ、アルコール事業法（平成12年法律第36号）附則9条により同法が廃止された後は、同附則18条にその痕跡が残されているにすぎない。

　(ｳ)　「他の法令の規定に基づいてこれらの職員の職務を行う者」とは、アルコール専売法の廃止前には、同法40条2項により通商産業局長および専売官吏、収税官吏、税関官吏、警察官または海上保安官などを指した。同法の廃止後は、旧法が効力を有する違反事件に関してのみ、これらの職員が本号にいう職員に該当する（ただし、専売官吏は「経済産業大臣が指定する職員」に読み替えられている〔アルコール事業法附則18条後段〕）。

　(ｴ)　「犯則事件に関する法令（……）に基づいて……する処分」の具体例として、国税庁等の当該職員の差押え（税通132条1項）、臨検等の場所の出入り禁止（同149条）がある。

　(ｵ)　「犯則事件に関する法令（……）に基づいて……する行政指導」とは、5号のそれと同様の理由から、国税通則法などによって直接に規律されている、犯則嫌疑者等に対する質問、検査等に関連してされる行政指導（税通131条1項）をいう。

　(7)　「金融商品取引の犯則事件に関する法令（他の法令において準用する場合を含む。）に基づいて証券取引等監視委員会、その職員（当該法令においてその職員とみなされる者を含む。）、財務局長又は財務支局長がする処分及び行政指導」（6号後段）

　(ｱ)　「金融商品取引の犯則事件に関する法令」とは、金融商品取引法（第9章）およびこれらの法律に基づく命令をいう。

　(ｲ)　「他の法令において準用する場合」とは、金融商品取引法（第9章）およびこれらの法律に基づく命令以外の法令において、前掲法令を準用している法令をいう。その具体例として、犯罪による収益の移転防止に関する法律32条において、金融商品取引法（第9章）の規定が準用されている。なお、この部分は、改正後の行審法（平成26年法律第68号）7条1項7号の規定と平仄を合せる趣旨で、行政不服審査法の施行に伴う関係法律の整備等に関する法律（平成26年法律第69

行政手続法

号）による改正によって本号に追加されたものである（IAM・逐条解説行手法66頁参照）。

(ウ)　「当該法令においてその職員とみなされる者」とは、金融商品取引法224条2項の規定により、証券取引等監視委員会の職員とみなされる者、すなわち財務局または財務支局の職員のうち、犯則事件の調査を担当する者として、財務局長または財務支局長が証券取引等監視委員会の承認を得て指定した者（同条1項）をいう。

(エ)　「法令（……）に基づいて……する処分」の具体例として、臨検等の場所への出入りに関する禁止・許可（金商216条）がある。

(オ)　「法令（……）に基づいて……する行政指導」については、本号前段の理が妥当し、犯則嫌疑者等に対する質問、検査等に関連してされる行政指導をいう（金商210条）。

(8)　「学校、講習所、訓練所又は研修所において、教育、講習、訓練又は研修の目的を達成するために、学生、生徒、児童若しくは幼児若しくはこれらの保護者、講習生、訓練生又は研修生に対してされる処分及び行政指導」（7号）

(ア)　「学校」とは、学校教育法1条に規定する学校、同法124条に規定する専修学校および同法134条に規定する各種学校をいう。ただし、本法の目的上当然に、本号の対象となるのは、本来的に統治団体である国または地方公共団体が設置するものに限られる。国立大学法人が設置する大学および公立大学法人が設置する大学は、本号にいう学校には含まれない（塩野・行政法Ⅲ99頁～101頁参照）。

(イ)　「講習所、訓練所又は研修所」とは、「学校」以外の施設、すなわち学校教育法の適用のない、国または公共団体の設置した各種の教育機関をいう。当該施設の名称は本号の適用の有無に直接関係がない。

(ウ)　「学校……において教育、講習、訓練又は研修の目的を達成するために」とは、本号の対象となる処分および行政指導は当該施設の設置目的である教育を行うために必要とされるものに限ることを示す趣旨であって場所によって本号の対象を区分しようとするものではない。例えば、教員がする家庭訪問時における保護者への行政指導は本号の対象となるが、他方で、学校において行われる処分であっても、これらの施設の目的外使用に関する処分（国財18条6項）は、本号の対象とならない（IAM・逐条解説行手法67頁参照）。

(エ)　本号に関する運用上および立法上の課題として、学生等に対する懲戒処分

の手続の整備を挙げることができる。設置主体の区別なく、学校における学生・生徒・児童の教育を受ける権利に関わる退学および停学といった懲戒処分のうち、学生に対するそれについては学長はその手続を定めなければならないとされているが、生徒・児童に対するそれについてはそのような定めはない（学教施行規則26条5項。なお、学齢児童・学齢生徒に対する停学処分および公立の小学校、中学校〔併設型中学校を除く〕、義務教育学校または特別支援学校に在学する学齢児童・学齢生徒に対する退学処分は禁止されている〔学教施行規則26条3項柱書・4項〕）。

ところで、学生等に対する懲戒処分については、専ら制裁を目的とするのではなく、「教育上の必要な配慮」をして行われるものであるため、必ずしも当事者主義的な手続が必要とされるものではない（同旨、兼子仁『教育法〔新版〕』〔有斐閣、1978年〕452頁）。しかし、退学処分や長期の停学処分のように制裁的色彩が濃く、教育を受ける権利に対する重大な侵害となる処分については、告知と弁明の機会を正式に設けることが必要である。

裁判例においては、かつて、特別権力関係論的理解に基づいて、大学生に対する懲戒処分（放学処分）は教授会の裁量に委ねられ、学生の弁解を聴取せずに処分を行ったことは適法であると判示されていた（京都地判昭25・7・19行集1巻5号764頁。同旨、京都地判昭30・12・28行集6巻12号3003頁）。しかし、その後、最高裁は、大学が学生に対し十分に弁明の機会を与え、補導委員会および教授会で処分を慎重に検討した点を評価して、当該退学処分を適法としている（最判昭35・6・28訟月6巻8号1535頁）。

また、高校生に対する退学処分に関する裁判例においては、生徒に弁明の機会を与えるか否かは校長の裁量に委ねられているとするものもあるが（大阪地判昭49・3・29判時750号48頁）、実際に行われた手続において処分の公正性が確保されているかを審査するものもある（例えば、札幌高決昭46・3・8行集22巻3号177頁、東京高判昭52・3・8判時856号26頁）。さらに「退学処分をするに当たっては教育機関として相応しい方法と手続により本人に反省を促す過程を経〔る〕」ことを求める裁判例も現れている（浦和地判平3・12・16判タ786号155頁）。これらの判決は、裁量権の濫用の法理の一環として懲戒処分において手続の公正さを要請している点で積極的な評価も可能である（外間寛「学生処分における公正手続」『教育判例百選〔第3版〕』〔有斐閣、1992年〕100頁参照）。しかし、教育指導における生徒からの意見聴取と防御権の行使としての弁明の機会とを同視し、退学処分が通常

行政手続法

の教育指導とは異なることを見落としている点に問題がある。

(9)　「刑務所、少年刑務所、拘置所、留置施設、海上保安留置施設、少年院、少年鑑別所又は婦人補導院において、収容の目的を達成するためにされる処分及び行政指導」（8号）

(ア)　「刑務所、少年刑務所、拘置所」とは、刑事収容施設及び被収容者等の処遇に関する法律（以下「刑事収容法」という）の規定による「刑事施設」として法務省設置法8条・9条に基づき設置されている施設をいう。

(イ)　「少年院、少年鑑別所」とは、法務省設置法8条・10条および11条に基づき設置されている施設をいう。

(ウ)　「婦人補導院」とは、法務省設置法8条・12条に基づき設置されている施設をいう。

(エ)　「留置施設」とは、刑事収容法14条1項に基づき設置されている施設をいい、「海上保安留置施設」とは、刑事収容法25条1項に基づき設置されている施設をいう。

(オ)　「刑務所……において収容の目的を達成するためにされる処分及び行政指導」とは、具体的には、刑務所等の施設内において、受刑者に対する刑罰の執行（刑務所、少年刑務所、留置施設）、刑事被告人等の身体の自由の拘束（拘置所、留置施設、海上保安留置施設）、保護処分を受けた少年に対する矯正教育の授与（少年院）、少年の資質の鑑別（少年鑑別所）、補導処分に付された満20歳以上の女子の更生のための補導（婦人補導院）を行うために必要とされるものをいう。なお、当該施設から逃走した者を連れ戻すために施設外において行われる処分等についても、収容の目的を達成するためである限り、本号に含まれるとの見解（IAM・逐条解説行手法70頁）もあるが、本号では処分および行政指導の相手方が特定されていないことに照らせば、その対象は収容施設内部における処分および行政指導に限定されるべきである。

(カ)　現行の刑事収容法は、同法150条および152条において懲罰事由および懲罰の内容を法定するとともに、同法155条および156条において懲罰手続をも法定している。具体的には、受刑者に対し、あらかじめ、書面で、弁解をすべき日時または期限および懲罰の原因となる事実の要旨を通知しなければならず、それとともに、受刑者を補佐すべき者を刑事施設の職員のうちから指名しなければならないとされている（刑事収容155条1項）。また、懲罰の執行の直前には、被収容者

に対し、懲罰の内容および懲罰の原因として認定した事実の要旨を告知しなければならないとされている（刑事収容156条）。しかし、当事者主義的要素はなおも十分ではなく、懲罰審査会に刑事施設職員以外の者を委員として加えるとともに、被収容者に、弁護士・更生保護関係者弁護士・更生保護関係者など施設職員以外の第三者を補佐人として選任できるようにしたり、重大な事件においては証拠を提出したり、証人調べを要求したりすることができるようにすべきであろう（日本弁護士連合会「刑事被収容者処遇法『5年後見直し』に向けての改革提言」〔2010年〕9頁参照）。

⑽　「公務員（国家公務員法〔昭和22年法律第120号〕第2条第1項に規定する国家公務員及び地方公務員法〔昭和25年法律第261号〕第3条第1項に規定する地方公務員をいう。以下同じ。）又は公務員であった者に対してその職務又は身分に関してされる処分及び行政指導」（9号）

㋐　「公務員」とは、本号のかっこ書により、一般職と特別職との区別なく、国のすべての公務員ならびに地方公共団体のすべての公務員および特定地方独立行政法人の役員および職員をいう。

㋑　「公務員……に対してその職務又は身分に関してされる処分及び行政指導」とは、公務員の身分にある自然人に対してされる処分および行政指導のうち、その職務または身分そのものに関してされるものだけをいう。したがって、道路交通法違反を理由として公務員の身分にある者にされる自動車運転免許の取消処分は、これに当たらない（IAM・逐条解説行手法71頁）。

処分の具体例として、「昇任、配置換え、辞職の承認等任用の処分、公務の能率的な運営を確保するための分限処分、行政部内の規律を維持するための懲戒処分、休暇の承認、職員団体の業務に専ら従事するための許可、賠償命令など」を挙げる見解があるが（IAM・逐条解説行手法72頁、塩野＝高木・条解71頁。ただし、高木他・条解83頁〔須田〕は異なった理解をしている）、公務員の法律関係における法行為すべてが「処分」に当たるかどうかについては、慎重に判断されなければならない。というのは、そもそも公務員の法律関係を法令により大幅に規律された労働契約関係と把握するならば、一般にそこで行われる法行為は、民間の労働契約関係におけるそれと法的には同様の性質のものであり、懲戒処分および分限処分といった不利益な処分を国家公務員法90条1項および地方公務員法49条の2第1項において「行政庁の処分」とするのは、被処分者の迅速・簡易な救済とい

う立法政策に基づくものにすぎず、これらに該当しない法行為は当然には「行政庁の処分」とはならないからである（室井力『現代行政法の原理』〔勁草書房、1973年〕261頁）。

　もっとも、公務員関係を労働契約関係的に把握する立場にあっても、本号により、公務員の職務または身分に関する法行為はすべて、本法上の「処分」として扱われることとなったと解することも可能である。しかし、国家公務員法または地方公務員法が定める事後手続が公務の能率的な運営の要請と公務員の権利保護の要請とを調和させるものであることに照らせば、その適用対象とされていない法行為をも本号の対象とすることはできない。そこで、本号の対象となる処分とは、事後手続との関係で明文において「処分性」が承認されている分限処分・懲戒処分などの不利益処分、地方自治法243条の2第3項に基づく会計管理者もしくは会計管理者の事務を補助する職員等に対する長の賠償命令のみを指していると解すべきである（反対、南＝高橋編・注釈103頁〔寺田〕）。

　職務に関してされる行政指導の具体例としては、倫理監督官が職員に対しする助言・指導（国公倫理規程15条1項1号・2号）、身分に関する行政指導の具体例としては退職勧奨がある。

　(ウ)「公務員であった者に対してその職務又は身分に関してされる処分」とは、公務員の身分にあった者に対して、守秘義務（国公100条1項後段、地公34条1項後段）、営利企業の役員等の兼職の禁止（国公103条1項）など法律上特別に負わされている義務に関して行われる処分をいう。具体例として、職務上の秘密の発表についての許可（国公100条2項、地公34条2項）がある。

　(エ)「公務員であった者に対してその職務又は身分に関してされる……行政指導」とは、公務員の身分にあった者に法律上特別に負わされた義務に関してされる行政指導をいう。

　(オ)　本号に関する運用上および立法上の課題として、不利益処分、特に懲戒処分の手続の整備を挙げることができる。これについては、現行法上、事前の聴聞等の特別の行政手続を懲戒権者に要求せず、代替的に事後救済を厚くするといった方法がとられている。しかし、事前の手続の保障と不服申立てにおける手続の保障との間で憲法上の扱いに相違がある。事前の行政手続は憲法上の要請であるのに対し、不服申立ての手続については憲法上の問題は原則として生じないからである。したがって、国家公務員に対する不利益処分について、特別の事後救済

手続の存在を事前手続の不存在または簡略さの正当化の一般的な論拠とすることはできない。懲戒処分が公務員にもたらす不利益の程度を考慮すると、処分事由説明書に加え、公務員に対し何らかの方式での意見陳述の機会を事前に付与することが適正手続の法理の要請であると解される（室井・前掲書280頁、塩野・行政法Ⅲ310頁）。したがってまた、地方公共団体が地方公務員法29条2項に基づく条例において懲戒処分に際して懲戒委員会を設け処分の相手方の意見を聴くといった事前の手続を設けることは、何ら本号の趣旨に反するものではない（小早川編・逐条研究331頁〔室井力発言〕参照）。

　本法施行前の裁判例は、「懲戒免職処分は被処分者の実体上の権利に重大な不利益を及ぼすものであるから、処分の基礎となる事実の認定について被処分者の実体上の権利の保護に欠けることのないよう、適正・公正な手続を履践することが要求される」ので、「処分の基礎となる事実の認定に影響を及ぼし、ひいては処分の内容に影響を及ぼす可能性がある場合であるにもかかわらず、右の機会を与えなかったときには、その手続は、適正・公正な手続ではなく、これによった処分は違法となる」とするもの（東京地判昭59・3・29行集35巻4号476頁〔控訴審東京高判昭60・4・30行集36巻4号629頁〕。同旨、名古屋高判平3・3・27労働判例588号58頁）、さらに、「自然的正義」の法理に基づいて、告知と聴聞の手続を履践しても「実体的判断を左右するような弁明と資料が提出される可能性が全くないような特別の事情がない限り、公正な告知と聴問(ママ)の手続を履践しないまま懲戒権を行使することは裁量権を逸脱するものといわなければならない」とするもの（甲府地判昭52・3・31判タ355号225頁）などがあり、裁判所は懲戒免職処分における事前の告知と聴聞を原則的に要請していた。

　本法施行後の裁判例には、一方で本号の存在に照らして公務員の懲戒処分には事前の告知・聴聞または弁明の機会の付与を要しないとするものもあれば（東京地判平11・4・22判タ1047号177頁、東京地判平24・4・19LEX/DB25481081）、他方で不利益の重大性に照らして可能な限り弁明の機会を付与すべきとするものもある（東京地判平27・12・14LEX/DB25541885）。上記の本号の適用除外の理由に照らせば、本号は公務員に対する懲戒処分につき事前の告知・意見陳述の機会の保障を一切排除するものではない以上、後者の裁判例が適切である。

　(11)　「外国人の出入国、難民の認定又は帰化に関する処分及び行政指導」(10号)
　(ア)　「外国人の出入国……に関する処分及び行政指導」とは、日本国籍を有し

ない者が日本に入国し、滞在し、または日本から出国することに関して行われる処分および行政指導をいう。具体例としては、外国人の上陸の許可、在留資格の変更の許可、出国の確認など入管法第 2 章から第 5 章に規定する処分およびこれらに関して行われる行政指導がある。

(ｲ) 「帰化」とは、日本国籍を有しない者が法務大臣の許可（国籍 5 条〜9 条）により日本国籍を取得すること（国籍 4 条）であり、「帰化に関する処分及び行政指導」とは帰化に関する法務大臣の許可およびこれらに関して行われる行政指導をいう。なお、「帰化の許可の取消し」をその例として挙げる見解（IAM・逐条解説行手法73頁）もあるが、帰化の許可により国籍を一旦取得した者の法的地位は本来的に国籍を有する者の法的地位と変わるところがない以上、手続法上扱いを日本人と異にする合理的理由はない。そこで、帰化の許可の取消しのうち講学上の取消しに当たる処分は本号の対象とならない。なお、適法な帰化の許可によって外国人たる地位は消滅しているので、同じく帰化の許可の取消しのうち講学上の撤回に当たる処分は存在しえない（塩野・行政法Ⅰ192頁参照）。

(ｳ) 本号に関する運用上および立法論上の課題として、帰化の許可手続の整備を挙げることができる。

入管法は外国人の出入国および難民認定に関し独自の手続体系を定めているところ、帰化の許可について、国籍法施行規則が帰化の許可に関する申請手続を定める以外に、不許可に際しての理由の提示を含め何らの手続も定めていない（国籍施行規則 2 条）。

たしかに主権者たる国家の構成員とする処分である帰化の許否は、一時的な滞在に関する処分である入国および在留の許否に比して、国家主権にかかる契機が重大であることは否めない。しかし、帰化の許可についても申請権が認められる以上（東京高判昭47・8・9行集23巻 8 = 9 号658頁、広島高判昭58・8・29行集34巻 8 号1429頁参照）、行政庁の慎重な判断・合理性を担保し、その恣意を抑制するとともに、処分の理由を相手方に知らせて争訟の便宜を与える趣旨から要請される理由の提示は、帰化の不許可については原則として必要とされるべきである。帰化の実務では、不許可決定に際しては申請者の再申請の便宜を考慮して、原則としてその主要な理由の概要を告知しているが、不許可の決定が、国際情勢、外交関係等を理由とする場合には理由の提示をしない場合もあるという（前掲・広島高判昭58・8・29行集34巻 8 号1436頁、1440頁〔控訴人（法務大臣）準備書面（一）〕参照）。

理由の提示の趣旨に照らせば、国際情勢、外交関係等を理由とする場合であってもその旨を提示すべきであろう。

なお、入管法においても理由の提示に関する規定がない在留期間の更新（21条）、永住許可（22条）、在留資格の変更（22条の2）、再入国の許可（26条）などについても、当該申請の拒否に際しては、理由の提示がされるべきであろう。

⑿　「専ら人の学識技能に関する試験又は検定の結果についての処分」（11号）

㋐　「人の学識技能に関する試験又は検定」とは、人の知識・技術・能力等について、一定の方式により、相手方に自らの能力を示す機会を与え、それについての評価を下す行為をいう。

㋑　「専ら……結果についての処分」とは、試験または検定の結果のみに基づいて判断することとされている処分をいう。したがって、試験または検定の結果に他の要件を加味してされる処分、例えば、欠格事由への該当、不正行為などを理由とする不合格決定は、本号の対象とならない（IAM・逐条解説行手法74頁参照）。

㋒　本号に関する運用上および立法上の課題として、審査基準の設定と理由の提示を挙げることができる。「その性質上、審査基準の公表や理由提示になじまない」とする見解（IAM・逐条解説行手法73頁参照）もあるが、試験・検定の種類によっては、試験・検定の目的を妨げない程度の審査基準の公表（例えば合格点の公表）や理由提示も十分に可能である。

⒀　「相反する利害を有する者の間の利害の調整を目的として法令の規定に基づいてされる裁定その他の処分（その双方を名宛人とするものに限る。）及び行政指導」（12号）

㋐　「相反する利害を有する者の間の利害の調整を目的として……される裁定その他の処分」とは、ある事実の有無または行為によって一方の側に利益となるとき、他方の側に不利益となる関係にある当事者間において、両者の受ける利益と不利益との客観的な均衡を図ることを目的として行われる処分をいう。「その双方を名宛人とするものに限る」との限定が付されているのは、対立当事者の一方に対してのみ行われる処分（例えば、中小小売商団体と大企業者との間の利害調整を図るために行われるものであるが、大企業者に対してのみ行われる処分〔小売特措16条の5第1項〕）は、対立当事者双方を当該処分手続における当事者としないからである。本号の対象となる処分の手続の目的および構造から、裁定その他の処分を行う行政庁は、第三者的な立場にあるものでなければならないことになる。し

かし、裁定機関が一方の当事者の行政体の機関である場合、これが第三者的地位にあるのかが問題となる。例えば、飛行場設置者が国である場合の国土交通大臣の地位がこれに当たる（航空49条5項）。このような場合、国土交通大臣は、独立性が保障されている機関ではないので、国の機関として国に利益相反行為となる決定ができない以上、実質的には第三者ではないとみなす見解（「実質説」。なお、地方公共団体が飛行場の設置者である場合であっても、設置後は国土交通大臣の監督を受けるため、当該裁定は監督庁の決定に当たることを理由として、同大臣の第三者性を否定する者もいる。下山瑛二『国家補償法』〔筑摩書房、1973年〕317頁）、法律上第三者として裁定を行うことが義務付けられている以上、形式的には第三者であるとする見解（「形式説」。宇賀・三法解説72頁）および、国が私人と同様の立場に立つ限り、第三者であるとする見解（IAM・逐条解説行手法75頁参照）がある。本号の立法理由が本法の定める手続と裁定等の手続との形式的差異に基づくものであることからすれば、後者が妥当である（同旨、塩野＝髙木・条解74頁参照、髙木他・条解86頁〔須田〕）。

(イ)「裁定その他の処分」の具体例として、特定物資の売渡金額等の裁定（生活関連物資等の買占め及び売惜しみに対する緊急措置4条4項〔裁定〕、同法施行令1条1項〔裁定の手続〕）、公表著作物の放送のための裁定（著作68条1項〔裁定〕・70条3項〔裁定に関する手続〕）、水道用水の緊急応援的な供給対価の裁定（水道40条4項〔裁定〕）、木材搬出等のための土地使用権設定の裁定（森林52条〔意見書の提出の機会〕・53条2項〔裁定〕）、採石権の設定・譲受の決定（採石12条〔決定の申請〕・17条〔決定に関する意見の聴取〕）、土地立入り等による損失額等の裁定（鉄事22条5項〔裁定の申請〕・6項〔答弁書の提出の機会〕）、テレビ放送の再放送の同意の裁定（放送144条1項〔裁定の申請〕・2項〔意見書の提出の機会〕）、事業の調整のための協定に係る裁定（陸上交通事業調整3条2項〔裁定〕・3項〔審議会等の意見の聴取〕）などがある（IAM・逐条解説行手法76頁〜77頁参照）。

(ウ) 本号の「行政指導」とは、私人間の利害調整を目的とした行政指導のうち、「法令の規定に基づいてされる行政指導」のみをいう。これは、利害調整を目的とした行政指導は、相手方との関係では通常の行政指導との区別がむずかしく、もう一方の当事者に対し同一の行政指導が行われる保証がないため、当事者において明確に認識されうる法定の行政指導のみを本号の対象とすることとしたからである（IAM・逐条解説行手法75頁参照）。もっとも、本号の行政指導には、「裁定

その他の処分」と異なり、「その双方を名宛人とするものに限る」との限定が付されていないので、関係者間の妥協点を見出す過程でなされる関係者ごとに行われる個々具体的な働きかけもこれに含まれる（IAM・逐条解説行手法77頁参照）。本号の対象となる行政指導の具体例には、調停案の受諾の勧告（公害紛争34条1項）などがある。

　(ェ)　本号に関する運用上および立法上の課題として、裁定機関が一方の当事者の行政体の機関である場合の当該機関の第三者性の向上を挙げることができる。当該手続の「公正性」をより高めるためには、裁定機関の独立機関化または裁定権限の裁判所への移管を図る必要性がある（下山・前掲書318頁参照）。また、これらの裁定のうち、若干のものについては特別の手続が法定されていない（例えば、水道用水の緊急応援的な供給対価の裁定）。さらに、損失補償の裁定につき、収用委員会以外の行政庁がこれを行う場合には手続の不備が多い（宇賀・三法解説72頁参照）。本号により適用除外とした趣旨からすれば、重大な法の不備となっている。

　なお、横浜地判平11・2・24判タ1031号179頁および控訴審・東京高判平12・2・10判タ1031号175頁は、調停委員会による公害紛争に係る調停の申請却下につき、これを処分とみた上で、同却下決定に行手法13条および憲法31条による告知・聴聞手続が法的に要求されるか否かに関する判断を留保しつつも、同調停委員会が申請者に対し、告知・聴聞の機会を付与したことをもって、同却下決定は行手法13条および憲法31条に違反する瑕疵があるということはできないとしている。

⒁　「公衆衛生、環境保全、防疫、保安その他の公益に関わる事象が発生し又は発生する可能性のある現場において警察官若しくは海上保安官又はこれらの公益を確保するために行使すべき権限を法律上直接に与えられたその他の職員によってされる処分及び行政指導」(13号)

　(ア)　「公衆衛生、環境保全、防疫、保安その他の公益に関わる事象」とは、人の生命・健康・財産または自然環境に危害をもたらす諸害悪の防止を内容とする公益が既に侵害されている事象または侵害が切迫している事象だけでなく、公益を損なう可能性を有する事象をいう。なお、「公衆衛生」、「環境保全」、「防疫」および「保安」の意義は、講学上の概念（主に「警察」概念）および当該関係分野の個別法律の規定を前提としている（塩野＝高木・条解77頁参照、高木他・条解

90頁〔須田〕)。

(イ) 「公益に関わる事象が発生し又は発生する可能性のある現場」とは、このような事象が現に生じている場所または当該事象が発生する可能性がある場所をいう。本号の対象となる処分および行政指導は「現場」において行われる点に着眼して適用除外とされているものであるから、現場から離れた後に行われるものについては本号の対象とならない。もっとも、緊急性を要件としていないから当該事象の発生と権限の行使との間に一定の時間的間隔があること、また、当該事象が発生する「現場」には社会通念上一定の場所的広がりがあることを否定するものではない（塩野＝高木・条解80頁参照）。

(ウ) 「これらの公益を確保するために行使すべき権限を法律上直接に与えられた……職員」とは、警察官職務執行法2条ないし7条に規定されている権限を直接に付与されている「警察官」、海上保安庁法17条・18条・20条に規定されている権限を直接に付与されている「海上保安官」を典型例とするところの、現場において公益を確保するために処分および行政指導を行う権限を有する者として法律において明示されている職員をいう。したがって、行政庁の委任により現場において公益を確保するために行使すべき権限を与えられた職員（自然保護取締官〔自然環境18条2項〕、稀少野生動植物保存取締官〔野生動植物50条1項〕）は本号の職員に当たらない。

(エ) 「その他の職員」の具体例として、公衆衛生に関して食品衛生法30条に規定する食品衛生監視員、環境保全に関して自然公園法37条2項に規定する国や都道府県の当該職員、防疫に関して植物防疫法4条2項等に規定する植物防疫官、保安に関して道路交通法114条の4に規定する交通巡視員、自衛隊法89条1項などに規定する自衛官、鉱山保安法48条に規定する鉱務監督官、海洋汚染防止法19条の48第3項に規定する指定職員、労働安全衛生法98条3項に規定する労働基準監督官、消防法29条1項などに規定する消防吏員・消防団員がある。

(オ) 本号の対象となる「行政指導」は、本号の対象となる職員に対し直接に授権された処分につきその代替的機能を果たす行政指導、および、法律に根拠を置くものに限定される（南＝高橋編・注釈107頁〔寺田〕参照）。本号の対象となる法定の行政指導の具体例として、食品衛生監視員による監視指導（食品衛生30条2項・3項）、産業安全専門官による指導（労安衛93条2項）などがある。

(カ) 本号に関する運用上および立法上の課題として、相手方に対する意見陳述

の機会の保障を挙げることができる。たしかに現場において行う処分については、告知を行った後、相当の期間を置いて聴聞の機会または弁明書の提出の機会を与えるという本法の定める手続の方式はなじまないといえようが、緊急の必要性がない場合には、13条2項1号の法意に照らして、現場において相手方に意見を述べる機会を与えることが望ましい。

　また、現場において慎重な意見聴取の手続を行いえないことからすれば、職員の裁量の適正な行使を確保するために、理由の提示、処分基準の設定とその公表の要請が強く働いていると解するべきである（原野翹「警察行政」法律時報65巻6号〔1993年〕121頁参照）。

　なお、「理由の提示を行ういとまがない、または理由の提示を行う必要性が薄い」ことを、包括的な適用除外の理由の一つとして挙げる見解がある（IAM・逐条解説行手法78頁参照）。しかし、本号は「緊急性」ではなく、「現場性」を理由とするものであるから、失当である。なんとなれば、本法は緊急処分についても事後において理由の提示を行うことを行政庁に義務付けている（14条2項）。また、「理由の提示を行う必要性が薄い」とするのは、現場では処分の相手方も処分の根拠となる事実について十分に確知していることを前提とするからであろうが、事実認定の基礎となる事実と事実を評価した上での事実認定との間には差異があるので、基礎的事実を処分の相手方が確知していることは、理由の提示を不必要とするものではない。したがって、本号は、当該職員が何らかの方式で理由の提示を行うことを妨げるものではない。

　(15)　「報告又は物件の提出を命ずる処分その他その職務の遂行上必要な情報の収集を直接の目的としてされる処分及び行政指導」（14号）

　(ア)　「報告……を命ずる処分」とは、相手方に対し行政庁が求める情報を提供する義務を課すものをいう。具体的には、規制対象とされている事業者等に対しその業務に関し報告を求めたり（風俗37条1項）、法律の施行に必要な事項の報告を求めたり（大気汚染26条1項）する行為がある。これらの行為を定める条文の表題または同行為そのものにつきいわゆる「報告の徴収」という用語が当てられることが多い（介保197条、大気汚染26条2項）。これに類するものとして、事前届出をすべき事項について、届出をしないで行為を開始した場合に当該届出をなすべき旨を命じるもの（電波102条の4第1項）がある（IAM・逐条解説行手法83頁〜84頁参照）。

(イ)　「物件の提出を命ずる処分」とは、行政庁が自ら検査を行いまたは補助機関その他の者（指定医、指定検査機関等）に検査させるために、相手方に対しその対象となる物件を提出する義務を課すものをいう。具体例として、診療録その他の帳簿書類の提出または提示を求めるもの（公害補償139条1項）、立入検査を行った際に、その所在の場所で検査することが困難な物件の提出を求めるもの（ガス47条の2第1項）がある。この処分は、当該物件を検査することにより情報を得ることを目的とするものであるから、当該物件を取得ないし保管することを目的とする処分、例えば都道府県公安委員会の銃砲刀剣類の提出命令（銃刀所持27条1項）は含まれない。

(ウ)　「その職務の遂行上必要な情報の収集を直接の目的としてされる処分及び行政指導」とは、前述の報告を命じる処分、物件の提出を命じる処分のほか、行政庁がその活動を行うにあたって必要とされる情報を入手することを目的として行う処分および行政指導一般をいう。処分の具体例として、質問権限を規定するもの（税通74条の2第1項）、相手方の出頭を求めるもの（雇保76条1項）、指定医の診断を受けるべきことを命ずるもの（公害補償137条）、医薬品・医療用具等についての検査を受けるべきことを命ずるもの（医薬71条）、行政指導の具体例として、医療機関その他の関係者に対する資料の提出その他必要な協力を求めるもの（難病の患者に対する医療等に関する法律4条6項）がある。

(エ)　本号は、行政調査に相当する処分および行政指導について、および、2条4号イは、行政調査に相当する処分（＝事実行為）について、それぞれ本法第3章に定める手続の適用を排除している。その趣旨は、上記2(1)(オ)で説明したとおりであって、行政調査に相当する処分（事実行為を含む）および行政指導の特殊性に応じた手続的規律の必要性をも否定するものではない（IAM・逐条解説行手法83頁参照）。

例えば、2011年に制定された「経済社会の構造の変化に対応した税制の構築を図るための所得税法等の一部を改正する法律」（平成23年法律第114号）により、国税通則法に、税務調査にかかる質問検査について、調査の適正な遂行に支障を及ぼすおそれがあると認める場合を除いて、あらかじめ納税義務者に質問検査等を行う実施の調査を開始する日時、調査を行う場所、調査の目的、調査の対象となる税目、調査の対象となる帳簿書類その他の物件等を通知する旨が定められるに至っている（税通74条の9第1項・74条の10）。

⒃ 「審査請求、再調査の請求その他の不服申立てに対する行政庁の裁決、決定その他の処分」(15号)

「審査請求、再調査の請求その他の不服申立てに対する行政庁の裁決、決定その他の処分」とは、法令に基づく不服申立てに対する行政庁の最終的判断行為をいう。具体例として、不服申立制度の一般法である行審法に基づいてされる審査請求に対する裁決（行審45条）および再審査請求に対する裁決（行審64条）、再調査の請求に対する決定（行審58条）、そのほかに、特別の不服申立制度を設けている個別法令に基づいてされる処分（「再検査の申立てに対する結果」〔植物防疫36条2項・3項〕、「審決の申請に対する審決」〔自治255条の4〕、「異議の申出に対する決定」〔自衛105条7項・8項〕）がある。

⒄ 「前号に規定する処分の手続又は第3章に規定する聴聞若しくは弁明の機会の付与の手続その他の意見陳述のための手続において法令に基づいてされる処分及び行政指導」(16号)

㋐ 「前号に規定する処分の手続……において法令に基づいてされる処分及び行政指導」とは、不服申立ての審査の手続において行われる処分および行政指導のうち、法令の規定に基づくものをいう。具体例として、総代の互選命令（行審11条2項）、補佐人の出頭の許可（行審31条3項）などがある。

㋑ 「第3章に規定する聴聞若しくは弁明の機会の付与の手続その他の意見陳述のための手続において法令に基づいてされる処分及び行政指導」とは、第3章に規定する聴聞の手続および弁明の機会の付与の手続において行われる法定の処分および行政指導一般ならびに個別法において行政庁がする行為（不利益処分に限定されず、申請に対する処分、命令等を定める行為も含む）の相手方その他の利害関係者からの意見を聴くために設けられている手続において法令に基づいてされる処分および当該法令によって規律されている行政指導をいう。処分の具体例としては、関係人の参加の許可（17条1項）、文書等の閲覧の許可（18条1項）、弁明の聴取を妨げる行為をした傍聴人に対する退去命令（破防15条4項）などがあり、行政指導の具体例として、当事者に意見陳述を促す行為（20条4項）がある。

㋒ 本号に関する運用上および立法上の課題としては、手続的権利の特性に適合した事前手続が必要である。とりわけ、「利害関係を有する」者（17条1項）であって、現在の判例状況においては不服申立適格および原告適格が承認されがたい者については、終局処分を不服申立ておよび取消訴訟において争うことができ

ないため、その手続的権利の侵害に対する事後救済の可能性が閉ざされている。現行法制を前提とすれば、主宰者による関係人の参加の許可につき、少なくとも第2章に定める程度の手続の整備が必要とされる。

4　2項各号の解説

(1)「法律の施行期日について定める政令」（1号）

「法律の施行期日」とは、法律の規定の効力を現実に発生させるように指定された日をいう。法律は、通常、附則においてその施行期日を定めている。また、法律自体が施行期日を明示的に指定せずに、これを他の法律または命令に委ねていることがある。本号でいう「政令」とは、法律によりその施行期日の指定を委ねられた政令をいう。なお、法律自体が別に定めをしていない場合には、法律の施行期日は公布の日から起算して20日を経た日である（法適用2条）。

(2)「恩赦に関する命令」（2号）

「恩赦」とは、司法手続によらないで公訴権を消滅させ、確定判決の内容を変更させ、または刑の言渡しの効果の全部または一部を消滅させる行為をいう。恩赦法（昭和22年法律第20号）1条は、恩赦の種類として「大赦」、「特赦」、「減刑」、「刑の執行の免除」および「復権」の5種を定めているところ、一定の要件を満たす者につき一律に恩赦を与える場合を一般恩赦、個別の事情を考慮して特定の者に対して行う恩赦を個別恩赦という。一般恩赦は、大赦、減刑および復権についてのみ行われ、その要件は政令によって定められる（恩赦2条・6条・9条）。これらの政令は本号でいう「命令」に当たる。また、恩赦法の施行に関し必要な事項を定める法務省令（「恩赦法施行規則」〔昭和22年司法省令第78号〕、「特赦、減刑又は刑の執行の免除の出願に関する臨時特例に関する省令」〔平成5年法務省令第25号〕など）も本号でいう「命令」に当たる。しかし、個別恩赦として特赦、減刑、刑の執行の免除、復権を行うために設定される基準（例えば、「皇太子徳仁親王の結婚の儀に当たり行う特別恩赦基準」〔1993年6月8日閣議決定〕）は、法律に基づいて制定されるものではないので、本号でいう「命令」に当たらない。

なお、恩赦の出願は、恩赦に関する「上申」権を有する機関がその権限を行使するための要件にすぎない（恩赦則1条の2第2項・3条2項）。したがって、恩赦の出願は申請に当たらないために、恩赦基準は審査基準ではない。恩赦基準は、「命令等」（2条8号）にも当たらないので、恩赦基準については、第6章は適用されない。

(3) 「命令又は規則を定める行為が処分に該当する場合における当該命令又は規則」（3号）

「処分に該当する」命令または規則を定める行為とは、「命令」または「規則」として制定される規範のうち、その内容が、具体的に名あて人の権利義務を形成しまたはその範囲を確定して定めているものをいう。具体的に名あて人の権利義務を形成しまたはその範囲を確定する告示は、本項における命令の定義に照らせば、そもそも命令に当たらない。具体例としては、指定機関を指定する省令（電波法に規定する指定機関を指定する省令など）がある。

(4) 「法律の規定に基づき施設、区間、地域その他これらに類するものを指定する命令又は規則」（4号）

本号の対象となる命令または規則とは、場所的ないし空間的な要素に着眼して指定の対象とされている「施設、区間、地域その他これらに類するもの」を明示的に特定するものをいう。「施設を……指定する命令又は規則」の例としては水源地域対策特別措置法2条2項に基づいてその建設により相当数の住宅または相当の面積の農地が水没するダムを指定する政令（水源地域対策特別措置2条2項のダム、同条3項の湖沼水位調節施設および9条1項の指定ダムを指定する政令）、「区間……を指定する命令又は規則」の例として道路法5条1項に基づいて一般国道の路線を指定する命令（一般国道の指定区間を指定する政令）、「地域……を指定する命令又は規則」の例としては、石油コンビナート等災害防止法2条2号に基づいて石油コンビナート等特別防災区域を指定する政令、農薬取締法12条の2第2項に基づく水質汚濁性農薬の使用につき許可を要する地域を指定する規則（和歌山県農薬取締法施行細則第2条）、「その他これらに類するものを指定する命令又は規則」の例としては、激甚災害に対処するための特別の財政援助等に関する法律2条1項に基づく「激甚災害及びこれに対し適用すべき措置の指定に関する政令」、中部国際空港の設置及び管理に関する法律2条に定める中部国際空港の位置を定める政令（同法施行令1条）がある。

(5) 「公務員の給与、勤務時間その他の勤務条件について定める命令等」（5号）

(ア) 「公務員」とは、本条1項9号に定める「公務員」をいう。

(イ) 「公務員の給与」とは、その文言を問わず、勤務に対する対価を意味する。公務員の給与の種類および内容は、公務員の区別に応じて、それぞれの法律または条例が定めるところによる。例えば、一般職の国家公務員については国家公務

員法62条ないし70条および一般の職員の給与に関する法律が、大部分の特別職の国家公務員については特別職の職員の給与に関する法律が給与の種類と内容を定めており、一般職の地方公務員については地方公務員法25条に従って給与に関する条例が給与の種類と内容を定めている。給与に関する命令等の例として、特別職の職員の給与に関する法律7条の2ただし書および7条の3ただし書に基づく「特別職の職員の給与に関する法律施行令」、一般職の職員の給与に関する法律23条5項等に基づく人事院規則9-13（休職者の給与）がある。

公務員の「勤務時間」とは、公務員が勤務すべき時間をいう。勤務時間に関する命令等の例として、公立の義務教育諸学校等の教育職員の給与等に関する特別措置法6条1項に基づく「公立の義務教育諸学校等の教育職員を正規の勤務時間を超えて勤務させる場合等の基準を定める政令」、一般職の職員の勤務時間、休暇等に関する法律6条3項等に基づく人事院規則15-14（職員の勤務時間、休日および休暇）がある。

公務員の「その他の勤務条件」とは、公務員が勤務する場合の条件であって、給与および勤務時間を除くすべてのものをいう。休息、勤務場所などがこれに当たる。その他の勤務条件を定める命令等の例として、前出の人事院規則15-14などがある。

(6)「審査基準、処分基準又は行政指導指針であって、法令の規定により若しくは慣行として、又は命令等を定める機関の判断により公にされるもの以外のもの」（6号）

(ア) 審査基準、処分基準および行政指導指針は、2条8号に定めるところによる（2条の解説9(オ)～(キ)〔芝池義一〕を参照）。

(イ)「法令の規定により……公にされるもの」とは、本法および個別の法令の規定において公にする義務が定められており、その規定に基づいて公にされる審査基準、処分基準または行政指導指針をいう。公にする義務の定めには、努力義務を定める規定も含まれるので、5条3項に基づき公にされる審査基準だけでなく、12条1項に基づいて公にされる処分基準および36条に基づき公にされる行政指導指針もここでいう「公にされるもの」に当たる（IAM・逐条解説行手法94頁参照）。「公にされる」の意義は、5条3項にいう「公にしてお〔く〕」および12条1項にいう「公にしておく」と同趣旨で、「秘密にしない」という意味であって、本号による適用除外の対象となる審査基準、処分基準および行政指導指針は、秘

密にされるものに限る。

　なお、個別の法令により審査基準を公にするとしている具体例として、医療法7条の2第1項に基づく病院の開設許可に関する審査基準のうち医療法30条の4に基づいて策定され、公示される医療計画中に定められる基準病床数（同法7条の2第2項・3項）がある。また、法令により行政指導指針を公にするとしている具体例として、国土利用計画法24条1項に基づく届出に係る土地の利用目的について必要な変更をすべきことを求める勧告に関して、国土利用計画法施行規則20条の2に従って公表された国土利用計画中に定められた事項などがある。

　(ウ)「慣行として……公にされるもの」とは、法令上の明示的な定めはないが、長年にわたり継続的にまたは反復的に公にされてきた審査基準、処分基準または行政指導指針をいう。なお、名古屋地判平15・6・25判時1852号90頁は、一旦公にした処分基準は、それについて国民の信頼が生ずることになるから、行政庁が従前の処分基準を著しく厳格化したにもかかわらず、これを公にしない場合には違法となりうると説示している。「慣行」とまではいえない期間の経過であっても公にすることが義務付けられる場合があるといえる。

　(エ)「命令等を定める機関の判断により公にされるもの」とは、審査基準、処分基準または行政指導指針を定める権限を有する機関の判断により公にされる審査基準、処分基準または行政指導指針をいう。機関の判断とは、命令等を定める権限を有する機関の政策的判断をいう。

　本号によって適用除外となる審査基準、処分基準または行政指導指針は、上記三つの要件のいずれにも該当しないものである。もっとも、そのような審査基準、処分基準または行政指導指針は秘密にされているので、その具体的な例を挙げることは困難である。IAM・逐条解説行手法は、テロ・ハイジャックの防止のための事業者に対して一定の措置を求める処分の基準または行政指導の指針、犯罪予防、捜査に関する処分基準または行政指導指針、災害時の対応マニュアルに含まれる処分基準または行政指導指針、検査機関等の検査に関する行政指導指針、違反行為を是正するために異なる程度の監督処分を行う旨を定める処分基準を本号の想定事例として挙げる（同95頁～96頁）が、このような種類の処分基準および行政指導指針を公にしないとするには、公にすることによってもたらされる危害との慎重な利益衡量が必要とされる（5条3項の解説〔恒川隆生〕、12条1項の解説〔浜川清〕および36条の解説〔紙野健二〕を参照）。

5　3項の解説

(1)　「地方公共団体の機関がする処分（その根拠となる規定が条例又は規則に置かれているものに限る。）」および「地方公共団体の機関に対する届出（前条第7号の通知の根拠となる規定が条例又は規則に置かれているものに限る。）」

(ア)　「根拠となる規定が条例……に置かれているもの」とは、個別の法律等の委任に基づくことなく、地方公共団体が自主法として単独で制定する条例に根拠を置くものをいう。

(イ)　「限る」とは、本法が適用されない地方公共団体の機関がする処分および地方公共団体の機関に対する届出は、当該処分または届出の根拠となる規定が当該地方公共団体の条例に置かれているものに限定されることをいう。逆に、これに当たらない処分および届出、すなわち、法律または法律に基づく命令に根拠を置く処分および届出には、本法が適用される。

(ウ)　本項の対象となるその根拠となる規定を条例に置く処分および届出に当たる場合には、次の例がある。

(a)　条例により具体的権限が付与されている処分または義務付けられている届出は、当該処分要件等を法律または政令が規律している場合であっても、本項でいう「その根拠となる規定が条例……に置かれているもの」に当たる。例えば、公の施設等の管理については、地方自治法244条の2第1項により条例事項とされ、さらに地方自治法244条2項および3項は公共施設の利用に関する要件を定めている。

この場合、当該条例が利用規制について許可等の処分方式を採用しているとき、当該処分の根拠は条例にあり、地方自治法にあるのではない（同旨、塩野＝高木・条解88頁、高木他・条解104頁〜105頁〔須田〕）。

(b)　個別の法律において地方公共団体に一定の事項につき規制を定めたり、措置を命じたりすることができる旨の規定がある場合であっても、当該規制または措置の内容の具体的なあり方は条例が定めるところであるから、条例に具体の根拠を有するものとして本項の適用除外の対象となる（IAM・逐条解説行手法97頁、仲・すべて92頁、宇賀・改革18頁）。例えば、「条例で定めるところにより、……必要な措置を命ずることができる」（広告7条1項、動物愛護9条など）、「……につき、条例で必要な規制を定めることができる」（自園73条、自然環境46条1項など）、「この法律の規定は……条例で必要な規制を定めることを妨げるものではない」（水

質汚濁29条、悪臭23条、環境影響評価61条など）といった規定における条例は、本項の条例に当たる。指定管理者の指定（自治244条の2第3項）についても同様に解することができる。

(c) 地方税の賦課徴収は、地方税法3条1項を受けて、条例で定めるところによってなされるため、法律に基づく処分と解する余地もあるが、そもそも地方公共団体には自主財政権に基づき自治課税権があるので、地方税法は標準法にすぎず、地方税の賦課徴収は条例にその根拠を有さなければならない（北野弘久『新財政法学・自治体財政権』〔勁草書房、1977年〕246頁、福家俊朗「自治体の課税権」北野弘久編『日本税法体系(1)』〔学陽書房、1978年〕224頁〜225頁参照）。したがって、地方税の賦課徴収に関する処分は、各地方公共団体において行政手続条例を定める場合には、別途適用除外とする旨の定めを置かなければ、条例上の処分手続の適用対象となる（同旨、宇賀・改革112頁）。もっとも、地方税法18条の4で本法の適用除外を定めているが、地方税法上、総務大臣が行う処分が存在し（地税74条の10第4項）、これを適用除外とするために、この規定があるにすぎないと解することで足りよう（宇賀・改革112頁）。

(d) 法律または法律に基づく命令において具体的に定められている処分については、条例において当該処分の要件を定めることとされている場合であっても、本項でいう「その根拠となる規定が条例……に置かれている」処分には当たらない。ここでいう条例は、処分を創設するものではなく、処分の基準を定めるものにすぎない以上、当該処分の根拠規定自体は法律に置かれていることに変わりがないからである（同旨、宇賀・三法解説76頁、同・改革22頁参照）。許可基準を条例で定めることとされている都道府県知事における飲食店営業の許可がその例である（食品衛生51条・52条）。このことは、法律に基づく命令で定められている基準の内容を条例で書き換えることを認める「上書条例」についても同様である（騒音規制4条2項、水質汚濁3条3項、大気汚染4条1項など）。

(エ) 「その根拠となる規定が……規則に置かれているもの」とは、個別の法律の委任または個別の条例の委任に基づくことなく、地方公共団体の執行機関が自主法として単独で制定する規則に根拠を置く処分または届出をいう。個別の法律または法律に基づく命令の委任に基づいて制定された規則に根拠を置くものは法律に根拠を置くものに当たり、本項の対象とならない。条例の委任に基づいて制定された規則に根拠を置くものは条例に根拠を置くものに当たり、この定義に当

たらないが、当該条例が地方公共団体の議会において自主法として単独で制定したものであれば、本項にいう「その根拠となる規定が条例……に置かれているもの」に該当するので、結果的には本項の対象となる。

(オ) 本項の対象となる、その根拠となる規定が規則に置かれている処分および届出の具体例には、次のものがある。例えば、規則違反者に対して長が科する過料は、地方自治法15条2項によれば個別の委任を要しないので、過料に関して長の定める規則は、本項の「根拠となる規定が……規則に置かれているもの」に該当する。また、個別の法律において、「……については、都道府県の規則により定める」等と規定しているものについては、前述の条例の例によれば、当該規則に処分の規定が置かれて初めて都道府県知事が具体的な規制権限を行使できるようになるものである場合には、処分の根拠が置かれている規則に当たると解される。しかし、個別の法令の規定において規則を定めて規制を行う旨の定めがある場合であっても、これらの規定が処分要件に関する規律を地方公共団体の執行機関の規則に委ねる趣旨である場合には、本号の対象とならない（漁業65条1項、水産資源4条1項など）。というのは、これらの規定の趣旨は、当該規制の実施を地域の実情を考慮して行わせる必要があるため、その規律内容を特に地方公共団体の執行機関に委ねたものにすぎず、その根拠となる規定が法律にある場合と解されるからである（同旨、IAM・逐条解説行手法98頁、仲・すべて92頁、宇賀・三法解説77頁）。

(2) 「地方公共団体の機関がする……行政指導」とは、法律に根拠を置く行政指導を含め、およそ地方公共団体の機関がする行政指導一切をいい、それが「自治事務」上のものであるか、「法定受託事務」上のものであるかは問わない（同旨、塩野＝高木・条例91頁、高木他・条解108頁〔須田〕）。なお、個別の法律において地方公共団体の機関による行政指導に関する手続が定められている場合には、地方公共団体の独自の措置に直ちに委ねられることにはならず、第一義的には当該規定が優先的に適用される（国土利用24条～26条など）。

(3) 「地方公共団体の機関が命令等を定める行為」とは、法律に基づいて制定される規則、法律に根拠を置く処分に関する審査基準または処分基準、法律に根拠を置く行政指導の行政指導指針を含め、およそ地方公共団体の機関の命令等を定める行為一切をいう。

6 個別の法律における適用除外

(1) 本法の適用除外となる処分および行政指導（4条1項ないし3項の対象となる処分または行政指導を除く）には、本条1項の対象となるもののほかに、個別の法律における適用除外条項の対象となるものがある。これらは、届出を除いておよそ本法による規律になじまないものなのか否か、申請に対する処分手続および（または）不利益処分手続になじまないものか否か、あるいは不利益処分に意見陳述の手続を要するのか否かを基準として、3つに区分される。

以下、この区分に基づいて、個別法における適用除外条項の代表例を列挙する（施行後の個別法の改廃、新規制定を反映した一覧については、IAM・逐条解説行手法420頁～470頁参照）。

(ｱ) 第2章（申請に対する処分）、第3章（不利益処分）、第4章（行政指導）および（または）第4章の2（処分等の求め）の規定を適用除外するものとして、次の例がある。

(a) 仮釈放または保護観察に関する処分および行政指導（更生91条など）。

(b) 準司法的手続により行われる処分および行政指導（公正取引委員会等の処分〔独禁117条〕、海難審判に関する処分および行政指導〔海難審判53条〕など）。

(c) 租税の賦課徴収に関する処分および行政指導（税通74条の14第1項・2項、関税88条の2第1項・2項など）。なお、行政指導については、国税通則法74条の14第2項、関税法88条の2第2項などは、本法35条3項（書面交付）・36条（指針の作成公表）のみを適用除外としているので、本法32条～34条（行政指導の実体的規律）は、税務行政指導についても適用される。届出については、国税通則法74条の14第3項において本法37条を適用しないこととしている。

(ｲ) 本法第2章および（または）第3章の規定を適用除外するものとして、次の例がある。

(a) 労働保険料の賦課徴収に関する処分（障害雇用67条、労保徴37条など）。

(b) 工業所有権の設定等に関する処分（特許195条の3、新案55条4項など）。

(c) 補助金等の交付に関する処分（補助金24条の2、日本私立学校振興・共済事業団不法27条〔補助金24条の2の準用〕など）。

(d) 選挙に関する処分（公選264条の2、漁業94条1項〔公選264条の2の準用〕など）。

(e) 登記、戸籍、台帳および供託に関する処分（不登152条、戸籍127条など）。

(f) 換地処分およびその一環として行われる処分（土地改良52条の4第2項、区

画整理103条6項など)。

　(g)　交通整理等に関する処分（港則37条の6第1項、航空137条の3第1項など)。

　(h)　対外交渉上の見地から行われる処分（漁業主権16条、貨物利達50条の2第1項など)。

　(i)　処分の相手方が所在不明である場合に行われる処分（貸金業24条の6の6第2項、金商52条5項など)。

　(j)　その他特殊性を有する処分（指定暴力団員に対する規制等〔暴力団43条〕、日本弁護士連合会等の処分〔弁護43条の15・49条の2など〕、逃亡犯罪人の引渡命令等〔犯人引渡35条1項〕、旅券の返納命令〔旅券19条3項〕、就学すべき学校の指定〔学教138条〕、外国漁船の寄港の許可等〔外国人漁業の規制に関する法律6条の3〕、輸出または役務取引の許可およびその取消し〔外為55条の13〕、規制区域内の工作物の使用禁止命令〔成田国際空港の安全確保に関する緊急措置法8条〕、公有地の拡大の推進に関する土地の買取協議を行う旨の通知〔公有地拡大6条5項など〕)。

　(ウ)　本法第3章（12条および14条を除く）の規定を適用除外するものとして、次の例がある。

　(a)　福祉の措置等に関する処分（児福33条の5、生活保護29条の2など)。

　(b)　組合等の総会議決等の取消処分（生協96条2項、農協96条2項など)。

　(c)　審議会等において事前手続をとることとされている処分（私学62条7項、電波99条の12第8項など)。

　(d)　年金または保険の被保険者資格を確認する処分（健保39条3項、厚年18条3項など)。

　(e)　特別の手続による処分（口頭による弁明の機会の付与を経てされる道路使用許可の取消し・点数制度に基づき意見の聴取を経てされる運転免許取消等〔道交113条の2〕、内閣総理大臣による意見の聴取を経てされる処分〔損害保険料率算出団体に関する法律10条の5第4項〕、知事による意見聴取・弁明の聴取を経てされる医師免許の取消し等〔医師7条18項など〕、不服の申出に対する意見聴取を経てされる病害虫の駆除命令処分〔森林病害虫等防除3条11項など〕、意見の聴取を経てされる違反建築物の除却等〔建基9条15項〕など)。

　(f)　その他特殊性を有する処分（指定医の診断に基づく許認可の取消し〔風俗41条の2等〕、登録料未納を理由とする品種登録の取消し〔種苗49条6項〕、立入検査結果に基づく種畜証明書の効力の取消し等〔家畜改良増殖36条の2〕)。

(2) 個別法律における適用除外の理由は、本条1項のそれと同様に「独自の行政手続体系が形成されている」こと、または、「処分の性質上、行政手続の諸規定の適用になじまないこと」とされている（「要綱案の解説」第三）。この理由は抽象的には合理性があり妥当といえようが、個別の法律に即して具体的に検討するならば、その妥当性に疑問があるものもある。ここでは、第2章および第3章を包括的に適用除外とすることに疑問があり、一層の手続の整備が要請される処分の例を指摘しておく（ただし、網羅的ではない）。

(ｱ) 保護観察に関する処分については、「裁判の執行を受けている者と国との関係を律するものであり、行政手続法の適用になじまない」ことが適用除外の理由とされている（仲・すべて317頁参照）。しかし、施設に収容されている者と収容施設の外で通常の国民と同様の社会生活が営まれている環境のもとで処遇されている者とでは享受している権利利益が異なるといえ、本人の法律上の地位に重大な変更をもたらす処分、例えば、仮釈放中の者を収容施設に引き戻す仮釈放の取消し（更生75条）については、取消事由の告知と弁明・反対証拠の提出の機会の付与といった手続の整備が必要である。

(ｲ) 破壊活動防止法における公安審査委員会の破壊的団体の指定に関する決定については、他の準司法的手続により行われる処分と同様に、「準司法的な合議体の機関により行われるもので、詳細な規定が個別法に設けられている」ことを適用除外とする理由とされている（仲・すべて317頁）。しかし、同決定は、意見陳述の機会が公安審査委員会の手続において認められているわけではないので、「準司法的な合議体の機関により」行われているものではない。立法論上、公安審査委員会において弁明手続が行われる方式の方が望ましい（同旨、芝池義一「破防法の行政手続上の問題点」奥平康弘編『破防法で何が悪い!?』〔日本評論社、1996年〕172頁）。そもそも、「暴力主義的破壊活動」を構成する行為の要件は刑法上の各種の犯罪の構成要件と重畳しており、これを行政手続で審理すること自体が問題である（村井敏邦「刑事法的観点からみた破防法の問題点」奥平編・前掲書147頁以下参照）。当該決定権限を裁判所へ移管することも立法論上の選択肢に入るであろう。

(ｳ) 租税の賦課徴収に関する処分については、国税通則法等において必要な範囲の手続を規定した独自の手続体系が形成されていることを適用除外の理由とされている（仲・すべて317頁）。そこでいう独自の手続の体系の意味は、大量かつ

行政手続法

反復的に行われる金銭に関する処分は事後的な手続で処理することを前提として、租税の賦課徴収に関しては申告納税制度および課税処分に対する特別の不服申立制度が形成されていること、および、個別の処分に関して別途手続的保障がなされていることを指すものと整理される（高橋・手続法95頁）。

しかし、本法施行当時は、租税の賦課徴収に関する処分のうち、酒類の製造免許および販売免許等に関する処分、貨物輸入許可など一部のものを除き、課税処分本体およびそれに関連する処分には、本法第2章および第3章の規定のすべての適用が排除されていた（税通74条の2第1項〔平成23年法律第114号による改正前〕、関税88条の2第1項〔平成23年法律第7号による改正前〕）。このような立法政策については、これを憲法違反ではないとする裁判例も散見されるが（所得税税更正処分につき新潟地判平11・7・15税資244号12頁、仙台高判平20・8・28税資258号153〔順号11011〕、相続税更正処分につき東京高判平12・11・14税資249号502頁）、学説からは多くの疑問が投げかけられ、国税通則法および個別税法における手続的整備の必要性が説かれてきた（総括的には、南・高橋編・注釈51頁〜62頁〔三木義一〕参照）。

具体的には、更正処分等につき弁明の機会を付与すること、青色申告の承認取消等の制裁的処分について聴聞手続に準じる意見陳述の機会を付与すること、重加算税の賦課について、弁明の機会より手厚い意見陳述の機会を付与すること、更正処分等の不利益処分につき、理由の提示を一般的に規定すること、さらに税法上の申請に対する処分について本法第2章の定める手続の適用を認めるべきことが提言されていた（高橋・手続法99頁参照）。

上記の批判を背景として、処分の適正化と納税者の予見可能性を高める観点から、2011年に制定された「経済社会の構造の変化に対応した税制の構築を図るための所得税法等の一部を改正する法律」（平成23年法律第114号）によって、原則として、国税に関する法律に基づく申請に対する拒否処分や不利益処分を行う場合には、本法が定める理由の提示（8条または14条）が適用されることになった（税通74条の14第1項）。関税についても、納税手続の透明性・適正性の向上と、納税者の不服申立ての便宜を図る観点から、2011年に制定された「関税定率法の一部を改正する法律」（平成23年法律第7号）によって同様の改正が行われている（関税88条の2第1項）。

〔本多滝夫・萩原聡央〕

（国の機関等に対する処分等の適用除外）
第4条　国の機関又は地方公共団体若しくはその機関に対する処分（これらの機関又は団体がその固有の資格において当該処分の名あて人となるものに限る。）及び行政指導並びにこれらの機関又は団体がする届出（これらの機関又は団体がその固有の資格においてすべきこととされているものに限る。）については、この法律の規定は、適用しない。
2　次の各号のいずれかに該当する法人に対する処分であって、当該法人の監督に関する法律の特別の規定に基づいてされるもの（当該法人の解散を命じ、若しくは設立に関する認可を取り消す処分又は当該法人の役員若しくは当該法人の業務に従事する者の解任を命ずる処分を除く。）については、次章及び第3章の規定は、適用しない。
　一　法律により直接に設立された法人又は特別の法律により特別の設立行為をもって設立された法人
　二　特別の法律により設立され、かつ、その設立に関し行政庁の認可を要する法人のうち、その行う業務が国又は地方公共団体の行政運営と密接な関連を有するものとして政令で定める法人
3　行政庁が法律の規定に基づく試験、検査、検定、登録その他の行政上の事務について当該法律に基づきその全部又は一部を行わせる者を指定した場合において、その指定を受けた者（その者が法人である場合にあっては、その役員）又は職員その他の者が当該事務に従事することに関し公務に従事する職員とみなされるときは、その指定を受けた者に対し当該法律に基づいて当該事務に関し監督上される処分（当該指定を取り消す処分、その指定を受けた者が法人である場合におけるその役員の解任を命ずる処分又はその指定を受けた者の当該事務に従事する者の解任を命ずる処分を除く。）については、次章及び第3章の規定は、適用しない。
4　次に掲げる命令等を定める行為については、第6章の規定は、適用しない。
　一　国又は地方公共団体の機関の設置、所掌事務の範囲その他の組織について定める命令等
　二　皇室典範（昭和22年法律第3号）第26条の皇統譜について定める命令

等
三　公務員の礼式、服制、研修、教育訓練、表彰及び報償並びに公務員の間における競争試験について定める命令等
四　国又は地方公共団体の予算、決算及び会計について定める命令等（入札の参加者の資格、入札保証金その他の国又は地方公共団体の契約の相手方又は相手方になろうとする者に係る事項を定める命令等を除く。）並びに国又は地方公共団体の財産及び物品の管理について定める命令等（国又は地方公共団体が財産及び物品を貸し付け、交換し、売り払い、譲与し、信託し、若しくは出資の目的とし、又はこれらに私権を設定することについて定める命令等であって、これらの行為の相手方又は相手方になろうとする者に係る事項を定めるものを除く。）
五　会計検査について定める命令等
六　国の機関相互間の関係について定める命令等並びに地方自治法（昭和22年法律第67号）第2編第11章に規定する国と普通地方公共団体との関係及び普通地方公共団体相互間の関係その他の国と地方公共団体との関係及び地方公共団体相互間の関係について定める命令等（第1項の規定によりこの法律の規定を適用しないこととされる処分に係る命令等を含む。）
七　第2項各号に規定する法人の役員及び職員、業務の範囲、財務及び会計その他の組織、運営及び管理について定める命令等（これらの法人に対する処分であって、これらの法人の解散を命じ、若しくは設立に関する認可を取り消す処分又はこれらの法人の役員若しくはこれらの法人の業務に従事する者の解任を命ずる処分に係る命令等を除く。）

1　本条の趣旨

　本条は、3条とは別に、処分および行政指導の名あて人、届出義務者ならびに命令等の内容に着目して、本法の規定の適用除外を定める。

　本法は、「国民の権利利益の保護に資すること」（1条）を目的として、一般私人に対する関係において、行政手続を保障するための規定を置くものである。そこで、まず本条1項から3項は、一定の機関・法人等が処分もしくは行政指導の名あて人または届出義務者となる場合に関しては、一般私人と同様に本法の規定

の対象とすることが不適当であると考えられるとして、適用除外を定めている。

その際、本条1項から3項は、それらの機関・法人等との関係の中で、「処分」、「行政指導」または「届出」（2条2号・6号・7号）に該当するものがあった場合について、本法の適用関係を明らかにするにとどまる（「処分」などの用語の意味については2条の解説〔芝池義一〕を参照）。言い換えれば、本条1項から3項は、そこで挙げられている機関・法人等に対する関係において行われる行為の性質を確定するものではない。行政組織内部の指揮監督の手段としての認可、訓令・通達などに当たるものがあれば、それらはそもそも2条2号の「処分」に該当しない。

また、2005年改正で本条に追加された4項は、3条2項とは別に、命令等について適用除外を規定している。これは、国民の権利義務に直接に関わらない命令等に関して、適用除外を定めたものである（命令等の意味については2条の解説9〔芝池〕を参照）。

なお、本条が適用除外としたものについて、手続的保障が全く不要というわけではない。実際にも、後に述べるように、他の法律などで手続的保障が行われていることがある。また、本条自体も立法論的に問題がないわけではない。

2　国の機関等に関する適用除外（1項）

(1)　概　説

本条1項は、国の機関、地方公共団体またはその機関に対する処分および行政指導、ならびにこれらの団体または機関が行う届出について、本法の全面的な適用除外を定める。ただし、これらの団体または機関が「固有の資格」でない立場で処分の相手方になったり、届出をする場合は、本法が適用される。

多くの地方公共団体の行政手続条例の中でも、本条1項とほぼ同様の規定が置かれている。

(2)　対象となる団体・機関

(ｱ)　「国の機関」

「国の機関」とは、国のあらゆる機関を指し、2条5号イが挙げる行政機関のみならず、内閣、さらには国会、裁判所も含む。だが、主として問題となるのは、国の行政機関である。

(ｲ)　「地方公共団体若しくはその機関」

「地方公共団体」とは、地方自治法上の普通地方公共団体および特別地方公共

団体を意味する（自治1条の3）。「その機関」とは、2条5号ロの「地方公共団体の機関」を指す（2条の解説6〔芝池〕を参照。なお、塩野＝高木・条解113頁、高木他・条解133頁〔須田守〕も参照）。

(3) 「固有の資格」

「固有の資格」という概念は、国の機関等に対する処分およびそれらが行う届出について、本法の適用の有無を分ける役割を果たす。この概念は、旧行審法57条4項および行審法7条2項でも用いられており（なお、最判平13・7・13訟月48巻8号2014頁では「固有の利益」という語が用いられているが、これは別の概念である）、「一般私人が立ちえないような立場」を意味するとされていた（田中＝加藤・解説240頁）。本条1項の「固有の資格」も、1で述べたことからしても同様に解される。「固有の資格」に当たるかどうかは、次のような基準により、処分または届出ごとにそれらの根拠法令から判断される。

第1に、処分の名あて人または届出義務者が、もともと国の機関等に限られているとき、「固有の資格」は肯定される（例、地方競馬の停止命令〔競馬24条の2〕、中央卸売市場の開設認可〔卸売8条〕、地方公共団体の組合の設立許可〔自治284条2項・3項〕、普通交付税の額の決定・変更〔地方交付税10条3項・4項〕、都道府県知事が受けた事故届出の厚生労働大臣への報告〔麻薬50条の22第2項〕、市町村の廃置分合・境界変更の届出〔自治7条1項〕）。

上の基準に当たるか否かは、実質的に判断すべきである。例えば、国の機関等が処分の名あて人または届出義務者となる場合について、私人には適用されない独自の規定が置かれているとき、形式的にみれば、当該規定の対象は国の機関等に限定されている。しかし、電波法104条2項が「免許」または「許可」を「承認」と読み替えると定めているなど、そのような規定が単なる用語変更を行っているにすぎず、実質的には国の機関等と私人が同様の立場に立つと解される場合、「固有の資格」は認められない（その他の例として、文化財94条1項）。

第2に、処分の名あて人または届出義務者は国の機関等に限られていないが、国の機関等が当該処分や届出に係る事務・事業の原則的施行者とされている場合、ないしは、事務・事業の実施について国の機関等に優先権が認められている場合（塩野＝高木・条解115頁、高木他・条解135頁〔須田〕）などにおいても、「固有の資格」は肯定される。そのような場合、事務・事業の性格に鑑みて、国の機関等に特別の地位が与えられていると考えられる（IAM・逐条解説行手法106頁も参照。具

体例として、水道事業の経営の認可〔水道6条〕、都市計画事業の認可・承認〔都計59条〕)。

　ただし、処分や届出に係る事務・事業の捉え方に関しては、複数の可能性が考えられる場合がある。例えば、普天間飛行場の代替施設を建設するために、沖縄防衛局が沖縄県知事から岩礁破砕等の許可を受けた事例においては、当該許可に係る事務・事業を、岩礁破砕等自体と理解する可能性と普天間飛行場の代替施設の建設と理解する可能性がある（後述の埋立承認に関する記述ではあるが、角松生史「法的紛争解決手続の交錯と限界」法律時報89巻6号〔2017年〕60頁を参照）。だが、後者のように解した場合には、一般に岩礁破砕等の許可を受ける目的としてはさまざまなものがあるので、具体的事例によって「固有の資格」の有無が変わってくるのではないかという問題がある。それが妥当でないとすれば、処分や届出の直接の対象（上記の例では岩礁破砕等）を処分や届出に係る事務・事業と捉えて、「固有の資格」の有無を判断すべきだろう。

　以上の基準に当てはまらない場合には、「固有の資格」は認められず、本法が適用される（例えば、一般旅客自動車運送事業の許可〔道運4条〕、学校の設置廃止等の認可〔学教4条1項〕、防火管理者の届出〔消防8条2項〕）。

　なお、都道府県知事から公有水面の埋立承認（公水42条1項）を受ける国の立場が、「固有の資格」に当たるか否かについては議論がある（徳田博人「『固有の資格』と不服申立て」紙野健二＝本多滝夫編『辺野古訴訟と法治主義』〔日本評論社、2016年〕45頁以下、角松・前掲論文59頁以下などを参照）。

(4) 行政指導に関する全面的適用除外

　処分や届出の場合と異なり、国の機関等に対する行政指導については、「固有の資格」においてその名あて人となるか否かにかかわらず、本法の適用が全面的に除外される。行政指導は法律の規定に基づかずに行われることが多く、その場合、国の機関等が「固有の資格」においてその名あて人となっているかどうかを判断することがむずかしいと考えられたからである。しかし、少なくとも国の機関等の立場が「固有の資格」に当たらないことが明らかなケースでは、本法第4章に沿った対応をすることが求められる（施行通知第一の二。さらに(5)を参照）。

(5) 地方自治法による手続的保障

　本条1項で適用除外とされたものについて、手続的保障が全く不要というわけではない。この点、地方自治法246条以下は、本法にならって、普通地方公共団

体に対する国または都道府県の関与に関する手続規定を設けている。普通地方公共団体が関与の名あて人となるのは、「その固有の資格において当該行為の名あて人となる」場合に限られているが（自治245条）、そこでいう「固有の資格」も本条1項の場合と同じように一般に解されており（松本英昭『新版逐条地方自治法〔第8次改訂版〕』〔学陽書房、2015年〕1096頁以下など。異なる解釈として、田中孝男「地方自治法制における『固有の資格』概念の検討（下）」自治実務セミナー646号〔2016年〕62頁）、本条1項の対象のうち、一定の場合について手続的保障が図られている。

もっとも、地方自治法246条以下は、本法に対応する手続規定を網羅的には置いていない。例えば、本法32条以下の行政指導に関する規定に対応するものがすべて、地方自治法で定められているわけではない（なお、塩野・行政法Ⅲ245頁は、本法32条以下の規定は法の一般原理とでもいえるものであり、関与の分野でも妥当するという。このように解するとき、国の機関等への行政指導に対しては、いわば法の一般原理として本法32条以下が適用されることになるだろう）。また、国から普通地方公共団体への補助金等の交付に関する処分のように、関与の手続規定が適用されない場合もある（自治245条参照。ただし、補助金等の交付に関する処分に対しては、補助金6条2項・21条の2が若干の手続規定を置いている。なお、補助金等の交付に関する処分を受ける地方公共団体の立場を「固有の資格」と解することに疑問を投げかける見解として、藤田宙靖『行政法の基礎理論・下巻』〔有斐閣、2005年〕74頁以下）。本条1項で適用除外とされたものについては、なお手続的保障の充実が望まれる。

3　特殊法人等に対する処分の適用除外（2項）

(1) 概　説

本条2項は、1号および2号で定められた特殊法人等に対する処分の一部について、第2章および第3章の適用除外を定める。それに対して、特殊法人等に対する行政指導、およびそれらが行う届出には、それぞれ第4章および第5章の規定が適用される。

本項が置かれたのは、1号および2号で定められた特殊法人等と国や地方公共団体の関係は、行政組織内部の関係に準ずる密接なものであり、一般私人に対する関係とは異なると考えられたことによる。

(2) 対象となる法人

(ア) 特殊法人等（1号）

2項1号が定める法人には、まずはいわゆる特殊法人が含まれる。このうち、

(a)「法律により直接に設立された法人」に当たる特殊法人の例としては、以前であれば日本国有鉄道、日本専売公社、日本電信電話公社、日本郵政公社があったが、いずれも民営化により組織改正が行われ、現在、該当するものは存在しない。
(b)「特別の法律により特別の設立行為をもって設立された法人」とは、特別の法律に基づき、政府が設立委員を任命して設立させる法人を指すが、それに当たる特殊法人としては、2017年4月1日時点で、株式会社日本政策金融公庫、日本年金機構など33の法人がある（総務省ウェブサイト「特殊法人一覧」）。

また、特別の法律により設立される民間法人のうち、かつては民間法人化された特殊法人と呼ばれていたものも(b)に該当する。これは、上記の特殊法人の設立形式は維持したまま、事業の制度的独占を廃止した上で、国からの出資を廃止したり、役員の選任を自主的に行うなどとされたものである。かつての民間法人化された特殊法人に当たるものは、2017年4月1日時点で、農林中央金庫など10の法人がある（総務省ウェブサイト「特別の法律により設立される民間法人一覧〔2017年4月1日現在〕」）。

本法の制定時点では、2項1号が定める法人として、以上の法人が念頭に置かれていた。しかし、その後、独立行政法人通則法および個別法により、2001年から独立行政法人が設けられた。2017年4月1日時点で、国立公文書館、大学改革支援・学位授与機構など87の法人がある（総務省ウェブサイト「独立行政法人一覧」）。また、国立大学法人法により、2004年から国立大学法人および大学共同利用機関法人（例、人間文化研究機構）が、総合法律支援法により、2006年から日本司法支援センター（法テラス）が、それぞれ設立されている。これらの法人も上記(b)に当たる。

(イ) 認可法人等（2号）

本条2項2号の前半部分の「特別の法律により設立され、かつ、その設立に関し行政庁の認可を要する法人」とは、いわゆる認可法人を指すとされる（塩野＝高木・条解121頁、高木他・条解141頁〔須田〕）。もっとも、認可法人の定義には広狭さまざまなものがあり、私人が任意に設立する法人であることや、それに加えて、設立の数が限定されていることが認可法人の要素とされる場合もあるところ（宇賀・概説Ⅲ290頁）、2項2号の前半部分ではそのような限定はされていない。後述の本法施行令1条からしても、本条2項2号の前半部分は、土地区画整理組合などの公共組合、いわゆる地方三公社（土地開発公社、地方道路公社、地方住宅

供給公社)、および地方独立行政法人も含むような広い概念である。

しかし、その場合、医療法人のように一般私人として取り扱われるべき法人も、2項2号の前半部分に該当することになる（高橋・手続法175頁を参照）。そこで、前半部分に当たるもののうち、「その行う業務が国又は地方公共団体の行政運営と密接な関連を有するものとして政令で定める法人」のみが、2項2号の対象法人となっている。この政令で定める際の基準は、要綱案第32第1項第2号で列記されていた基準によっている。具体的には、(a)全国を通じて一を限って設立される法人、(b)法律上当然に、または強制的に加入させられる組合員間で構成される法人、(c)地方公共団体が設立する法人（創立委員を任命して設立する法人を含む）である（なお、IAM・逐条解説行手法109頁以下も参照）。2項2号を受けて、本法施行令1条は、2017年4月時点で64の法人を個別に列挙している。

そうすると、2項2号の対象法人であるかどうかは、結局のところ、本法施行令1条に挙げられているか否かによって決まる。ただし、本法施行令1条に本条2項2号の対象法人を新たに追加しようとするときには、同号の後半部分と並んで、前半部分も枠づけの機能を果たしうる。

(3) 適用除外となる処分

以上の法人に対する処分のうち、本条2項が適用除外としているのは、「当該法人の監督に関する法律の特別の規定に基づいてされる」処分である。ここで適用除外となる処分には、当該法人の設立根拠法に基づく処分（例として、電電12条に基づく、日本電信電話株式会社の事業計画の認可が挙げられている。宇賀・三法解説82頁）のみならず、それ以外の法律に基づくものであっても、当該法人の特性に着目して行われる処分も含まれる（IAM・逐条解説行手法108頁）。

(4) 適用除外とならない処分

それに対して、(2)で挙げた法人に対する処分でも、次のものは2項による適用除外に該当しない。

第1に、一般私人と同等の立場で受ける処分である。日本電信電話株式会社に対する処分でも、電気通信事業法9条以下に基づくものについては、一般の電気通信事業者に対しても同様に行われる処分であり、ここでの例に該当する。

第2に、2項かっこ書が挙げる処分、すなわち、法人解散命令（国年142条5項、土地改良135条1項など）、設立認可取消処分（区画整理125条4項、職業能力開発促進75条2号など）、役員・従事者の解任命令（自動車安全運転センター法21条1項、船

舶安全25条の30第4項など）である。これらの処分は、法人の存立やその基礎を失わせるものであるか、または役員・従事者の地位にある者に重大な不利益を及ぼすものであり、手続的保障が求められるからである。

このほか、本条2項による適用除外が問題になる処分は、「法人に対する処分」であるから、法人の役員や従事者を直接の名あて人とする処分も、本条2項による適用除外に当たらない。

(5) 問題点

本条2項は、その各号に該当する特殊法人等と国や地方公共団体の関係を、行政組織内部の関係に準ずる密接なものであるとみて、いわば政策的見地から適用除外を定めたものと考えられる。しかし、2項が対象とした法人の性格、および国や地方公共団体との関係はさまざまである。特殊法人に限っても、日本放送協会のように行政上の事務を担っているとは言えないものが存在する。また、かつての民間法人化された特殊法人は、政府の関与を最小限にするために設けられたものであった。

そうすると、立法論的には、2項が対象とした法人の性格、および国や地方公共団体との関係を個別に検討した上で、本法の適用除外の当否、または国や地方公共団体からの監督処分に対する手続的統制のあり方を考えることが望まれる。例えば、国立大学法人については、大学の自治には「大学みずからが権利主体として大学の自主組織・運営権をもつという人権としての要素」もあるとすれば（戸波江二「学問の自由と大学の自治」大石眞＝石川健治編『憲法の争点』〔有斐閣、2008年〕143頁）、その自主組織・運営権を手続的にも保障すべきではないかということが問題になる。

さらに、特殊法人等に対する監督過程を国民にとって透明なものにするという見地から、手続的統制を要請することも考えられる。特別の法律により設立される民間法人に関しては、各所管官庁による指導監督の状況が毎年度公表されている。これは、2002年4月26日閣議決定「特別の法律により設立される民間法人の運営に関する指導監督基準」に基づくものであるが、他の法人の場合も含めて、そのような仕組みの法制化が検討されてよいだろう。

4 指定機関に対する処分の適用除外（3項）

(1) 概 説

行政機関は、自ら行政上の事務を遂行するだけでなく、試験、登録、検査など

の技術的または定型的な事務については、一定の私人を指定して、その者にそれらの事務を行わせることが増えている。当該私人は法令上、「指定試験機関」、「指定検査機関」などと呼ばれることが多いので、これらを総称して「指定機関」ということがある（米丸恒治『私人による行政』〔日本評論社、1999年〕325頁以下を参照）。本条3項は、そのような指定機関で一定の条件を満たすものに対する処分の一部について、第2章および第3章の適用除外を定める。一方、指定機関に対する行政指導、およびそれが行う届出には、それぞれ第4章および第5章の規定が適用される。

本条3項が置かれたのも、一定の指定機関と国や地方公共団体の関係は、行政組織内部の関係に準ずる密接なものであり、一般私人に対する関係とは異なると考えられたことによる。

なお、指定機関は法人であることが多いが、現行法上はそれに限られていないので、本条3項は、法人以外も含む「指定を受けた者」という用語を用いている。

2003年の地方自治法改正で、条例の定めるところにより、公の施設の管理を指定管理者に行わせることができるようになった（自治244条の2第3項）。この指定管理者は(2)(ウ)のみなし公務員の規定がないので本条3項による適用除外の対象にはならないが、指定管理者に対する処分が条例に基づいて行われる場合、本法の規定は適用されない（3条3項）。だが、そのような処分の一部について、地方公共団体の行政手続条例の中には、本条3項と類似の規定を置いているものもある（例、東京都行政手続条例4条2項）。

(2) 対象となる機関

(ア) 行政上の事務

本条3項による適用除外の対象とされるには、まず、「行政上の事務について……その全部又は一部を行わせる者を指定した場合」であることが必要である。「行政上の事務」の例として、「試験、検査、検定、登録」が挙げられているが、これらに限らず、調査、講習、確認など、行政上の事務全般が該当する。

一方、行政上の事務の円滑な遂行を目的として広報や啓発などの業務を行わせるため、または、公益性の高い民間の活動を助成するため、私人が行政機関から指定を受けることがある（塩野宏「指定法人に関する一考察」同『法治主義の諸相』〔有斐閣、2001年〕454頁以下）。前者（行政事務補助型）の例としては、道路交通法108条の32の全国交通安全活動推進センターがあり、後者（民間活動助成型）の例と

しては、放送法167条以下の放送番組センターがある。これらの私人が行う業務ないし活動は民間のものであり、「行政上の事務」とはいえないから、本条3項には該当しない。

また、指定を受けた者が行う試験、検査等を受ければ、行政機関が行う試験、検査等の全部または一部が免除されるという仕組みが設けられていることがある（例えば、自動車の検査について、車両58条1項・94条の5第11項）。この場合も、「行政上の事務」を行わせているものとはいえないので、本条3項には該当しない（IAM・逐条解説行手法112頁）。

さらに、公益法人制度改革の一環として、指定機関制度の一部が登録機関制度に改められた（参照、山口真矢「公益法人に対する行政の関与の在り方の改革における登録制の導入について」季刊行政管理研究108号〔2004年〕34頁以下）。この改革によって登録機関とされたもの（例、電波38条の2の2の登録証明機関）も、「行政上の事務」を代行するのではなく、民間の活動として検査等の事務を行うものとされたので、本条3項による適用除外の対象とならない（この登録機関に関しては、㈪のみなし公務員の規定も置かれていない）。

(イ) 指定による行政上の事務の委任

次に、上記の「行政上の事務」の全部または一部について、行政機関が私人を「指定」し、指定機関として当該事務の遂行を委ねていることも、本条3項による適用除外の対象となるための要件である。「指定」の性質はその根拠法の解釈によって決まるものであるが、通常は、指定の取消しに関する規定が置かれていることなどから、行政処分と解されるだろう（なお、指定が省令の形式を用いて行われる場合もある。具体例について、佐伯祐二「行政処分と命令・条例」曽和俊文ほか編『芝池義一先生古稀記念 行政法理論の探究』〔有斐閣、2016年〕203頁以下を参照）。

なお、指定による行政上の事務の委任と区別されるものとして、契約による事務の委託がある（参照、露木泰浩「委託制度と指定機関制度に関する一考察(上)(下)」警察学論集42巻12号〔1989年〕38頁以下、43巻1号〔1990年〕97頁以下）。これは、庁舎の清掃や情報システムの管理などで行われている。指定においては、行政処分の発付など権力的な事務も委ねられるが、契約による事務の委託の場合、現在の実務では権力的な事務は委ねられていない（ただし、公共サービス改革法2条4項2号の「特定公共サービス」に関して、内閣府公共サービス改革推進室編『詳解公共サービス改革法』〔ぎょうせい、2006年〕49頁は、行政処分として行われる業務も含めて、

官民競争入札の対象とすることも可能であると解している）。契約により事務が委託される場合は、本条3項による適用除外の対象に含まれない。

　(ｳ)　みなし公務員の規定

　さらに、行政上の事務を指定により委ねられた指定機関であっても、本条3項の適用除外の対象になるのは、その役職員等が「公務に従事する職員とみなされるとき」、すなわち、みなし公務員の規定が法律に置かれている場合（例、食鳥処理27条、気象業務24条の10第2項）に限られる。このみなし公務員の規定により、役職員等は刑法7条1項にいう「公務員」とされ、公務員職権濫用罪（刑193条）や収賄罪（刑197条）などの対象になる。

　本条3項による適用除外の対象を、みなし公務員の規定がある場合に限定したのは、それがあれば、指定機関が行う事務と行政機関との関係が密接な関連を有するといえるからであるとされる（IAM・逐条解説行手法112頁）。立法実務においては、行政上の事務を指定機関に委ねる場合、みなし公務員の規定を置くことが一般的である。しかし、みなし公務員の規定が置かれる本来の目的は、指定機関による事務の公正中立な遂行を刑罰で担保することにあると考えられる。つまり、みなし公務員の規定の存在は、理論的にみれば、当然に指定機関と行政機関の密接な関係の現れであるとはいえない（山本隆司「日本における公私協働」藤田・古稀199頁も参照）。

　(3)　適用除外となる処分

　以上の指定機関は、(2)(ｲ)で述べた指定により、行政機関との間で監督関係に服するが、その指定機関に対する処分のうち、本条3項が適用除外としているのは、「当該法律に基づいて当該事務に関し監督上される処分」である。具体例としては、食鳥処理の事業の規制及び食鳥検査に関する法律31条に基づく指定検査機関に対する監督命令、気象業務法24条の11第1項に基づく指定試験機関に対する試験事務規程の認可などがある。

　(4)　適用除外とならない処分

　それに対して、(2)で挙げた指定機関に対する処分でも、次のものは本条3項による適用除外に該当しない。

　第1に、2項と3項の比較からすると、指定の根拠法以外の法律に基づく処分である。指定機関が法人である場合には、法人一般に対する監督処分（公益法人4条以下・28条3項・29条など）も、本条3項による適用除外の対象に当たらない。

第2に、3項かっこ書が挙げる処分、すなわち、指定取消処分（食鳥処理33条、気象業務24条の16など）、指定機関が法人である場合の役員の解任命令（食鳥処理26条3項、気象業務24条の9第3項など）、指定機関が行う行政上の事務の従事者の解任命令（食鳥処理26条3項、気象業務24条の9第3項など）である。これらの処分は、指定機関としての地位を失わせるものであるか、または役員・従事者の地位にある者に重大な不利益を及ぼすものであり、手続的保障が求められるからである。

このほか、本条3項により適用除外とされるのは、「指定を受けた者に対し……監督上される処分」であるから、指定機関が法人である場合におけるその役員や、指定機関が行う行政上の事務の従事者を直接の名あて人とする処分があっても、それは3項による適用除外の対象にならない。

(5) 問題点

本条3項も、一定の指定機関と国や地方公共団体の関係は、行政組織内部の関係に準ずる密接なものであるとみて、いわば政策的見地から適用除外を定めたものと考えられる。だが、指定機関はもともと私人であり、それに対する監督処分は私人の活動への介入を意味する（参照、山本・前掲論文197頁以下）。また、本法制定時は想定されていなかったが、現在では、建築基準法77条の18以下の指定確認検査機関のように、株式会社にも開放され、手数料が自由化されるなど、私人がビジネスとして業務を行うことが予定された指定機関も存在する（指定確認検査機関については、米丸恒治「建築基準法改正と指定機関制度の変容」政策科学7巻3号〔2000年〕253頁以下、金子正史『まちづくり行政訴訟』〔第一法規、2008年〕259頁以下を参照）。

それゆえ、権利保護の見地から、立法論的には3項の廃止について検討する必要がある。そのことは、指定確認検査機関のような新たなタイプの指定機関の場合により当てはまる。大阪地判平17・5・27判タ1225号231頁は、指定確認検査機関は3項の対象に当たるとしているが、少なくとも立法論的には疑問が残る判断である。現行法のもとでも、3項により適用除外とされている処分について、本法に沿った対応をすることが求められる（山本・前掲論文198頁は、新たなタイプの指定機関は3項の対象にならないことを、解釈論として主張する。また、指定確認検査機関に対する監督処分への本法の適用可能性について、金子・前掲書287頁以下を参照。さらに5(2)(キ)も参照）。

5 命令等の適用除外（4項）

(1) 概　説

本条4項は、2005年改正で本法に第6章が追加されたことに合わせて、一定の命令等について、第6章の適用除外を定める。本条4項各号で列挙されているのは、行政組織内部の事項もしくはそれに準ずるもの、または行政体相互間の関係を内容とし、国民の権利義務に直接に関わらない命令等である。

4項に該当する命令等に対しては、38条も直接には適用されない。しかし、38条は命令等を定める場合の一般原則を述べたものなので、その趣旨は本条4項の対象となる命令等にも及ぶ（常岡孝好『パブリック・コメントと参加権』〔弘文堂、2006年〕44頁、38条の解説1〔黒川哲志〕を参照）。

(2) 適用除外となる命令等

4項各号は、適用除外となる命令等として、以下のものを挙げている。同一の命令等の中に、4項に該当する条項と該当しない条項がある場合、前者のみが適用除外の対象となる。もちろん、4項に当たる条項も含めて、命令等全体を意見公募手続に付すことは妨げられないし、国民にとってのわかりやすさの観点からすれば、むしろそれが望ましい場合もある。

(ア) 国または地方公共団体の組織について定める命令等（1号）

「国又は地方公共団体の機関」は、本条1項の場合と同様に捉えられる（2(2)を参照）。例示されている機関の設置（名称、位置、管轄区域等も含む）、所掌事務の範囲のほか、内部組織、議事運営、定員などについて定める命令等も本号の対象となる。具体例として、国の組織に関しては、総務省組織令、地方財政審議会令、総務省定員規則があり、地方公共団体の組織に関しては、地方自治法施行令第2編第4章、警察法施行令がある。

(イ) 皇統譜について定める命令等（2号）

本号に該当するものとしては、皇統譜令がある。

(ウ) 公務員の礼式等について定める命令等（3号）

本号に該当するものとしては、例えば、警察礼式、森林管理局署職員服制、外務職員の研修に関する省令、警察表彰規則がある。「公務員の間における競争試験」は、現に公務員である者に関するものを指し、公務員に採用されるための競争試験は含まれない。したがって、人事院規則8-18（採用試験）は本号の対象にならない。

㈜　財務会計事項について定める命令等（4号）

「予算、決算及び会計」はそれぞれ、財政法、地方自治法、会計法で定められているものと同じ意味であり、「財産及び物品の管理」はそれぞれ、国有財産法、物品管理法、地方自治法等で定められているものと同じ意味である（ただし、本号の「管理」には、国有財産法や地方自治法にいう「処分」も含まれる。IAM・逐条解説行手法125頁）。具体的には、予算決算及び会計令、国有財産法施行令、地方自治法施行令第2編第5章第1節から第5節・第8節などが本号に該当する。

ただし、本号かっこ書の命令等については、国民の権利義務に直接に関係するため、適用除外の対象から除かれている。例えば、予算決算及び会計令の中でも、第7章第2節第1款は入札の参加者の資格を定めるものなので、本法第6章が適用される。地方自治法施行令167条の4以下なども、適用除外の対象に当たらない。なお、本号かっこ書では明示されていないが、行政財産の使用または収益の許可（国財18条6項、自治238条の4第7項）に関して命令等を定める場合も、国民の権利義務に直接に関係するといえるので、適用除外の対象から外すべきである（宇賀克也『行政手続と行政情報化』〔有斐閣、2006年〕77頁）。

㈱　会計検査について定める命令等（5号）

本号に該当するものとしては、計算証明規則、会計検査院懲戒処分要求及び検定規則などがある。他方で、会計検査院情報公開・個人情報保護審査会規則は、情報開示請求権という国民の権利に関わり、本号の対象に含まれない（宇賀・三法解説85頁）。

㈲　国の機関相互間の関係等について定める命令等（6号）

「国の機関」は、本条1項の場合と同様に捉えられる（2(2)(ア)を参照）。本号に該当するものとしては、例えば、没収保全と滞納処分との手続の調整に関する政令、地方自治法施行令第2編第7章、河川法施行令19条以下がある。

注意を要するのは、地方自治法245条の9により各大臣が定める法定受託事務の処理基準が、審査基準や処分基準などに当たる場合である（審査基準などの意味については、2条の解説9〔芝池〕を参照）。その場合も本号の適用除外の対象になるというのは（塩野・行政法Ⅲ245頁。宇賀・前掲書78頁も参照）、たしかに文言に即した解釈である。しかし、地方公共団体はこの処理基準に従って申請や不利益処分などに関する判断を行うと考えられるとすれば、当該処理基準は国民の権利義務に関係するといえるので、その制定時には意見公募手続を実施することが

望まれる（IAM・逐条解説行手法128頁も参照。なお、宇賀克也『地方自治法概説〔第7版〕』〔有斐閣、2017年〕402頁は、処理基準を公表する運用をすべきという）。

　本号かっこ書の反対解釈および本条1項とのバランスからすれば、国の機関等が「固有の資格」（2(3)を参照）に当たらない立場で処分の相手方になる場合について定める命令等は、適用除外の対象に含まれない。国の機関等が「固有の資格」ではない立場で届出をする場合について定める命令等も、適用除外の対象にならないと解される。

　(キ)　特殊法人等の組織、運営および管理について定める命令等（7号）

　「第2項各号に規定する法人」は3(2)を参照。例示されている役職員、業務の範囲、財務会計のほか、法人の組織体制、法人に対する監督などについて定める命令等も本号の対象となる。具体例として、「独立行政法人の組織、運営及び管理に係る共通的な事項に関する政令」、日本電信電話株式会社等に関する法律施行規則がある。

　ただし、本号かっこ書の命令等は、適用除外の対象から除かれている。そのうち、法人解散命令および設立認可取消処分に係る命令等は、国民の権利義務に直接に関わるとはいいがたいが、本条2項がそれらの命令・処分と役員・従事者の解任命令を適用除外としていないことに合わせて、本号でも適用除外の対象から外したものと考えられる。

　なお、本条3項の指定機関の組織、運営および管理について定める命令等は、本号の適用除外の対象とされていない。そうすると、指定機関に対して監督上される処分が本条3項により適用除外とされていることは、それについて定める命令等には第6章が適用されることとのバランスに照らしても、問題があるだろう。

　(3)　問題点

　行政手続法検討会報告Ⅰ2ウ(ア)にあるとおり、あらゆる命令等について意見公募手続を義務付けることは、いたずらに行政機関の負担を増大させる。国民の側にとっても、大量に意見公募手続が行われれば、重要なもの、関心のあるものを見つけ出すことがむずかしくなるおそれがある。そこで、国民の権利義務に直接に関わる命令等については、国民にとって重要であり、関心の対象になるとして、意見公募手続の実施を義務付けることとし、それ以外の命令等が本条4項による適用除外の対象とされている（ただし、3条2項・3項・39条4項による適用除外もある。3条の解説〔本多滝夫・萩原聡央〕および39条の解説9〔黒川哲志〕を参照）。そ

して、このように対象を限定したことにより、結果として意見公募手続も1条が定める目的の範囲内に収まると理解されたため、2005年改正の際にも1条は変更されなかったと考えることが可能である（参照、常岡・前掲書51頁）。

　しかし、本条4項の対象となっている命令等の中にも、機関の位置や管轄区域の変更に関する命令等のように、国民に重大な影響を及ぼすもの、関心の高いものがある。また、意見公募手続は理論的に言えば、民主主義の要請に基づく参加手続の性格を有する（1条の解説3〔芝池〕および39条の解説1〔黒川〕も参照）。

　そうすると、本条4項に該当する命令等であっても、国民に重大な影響を及ぼすもの、関心の高いものについては、意見公募手続を実施することが求められる。仮に意見公募手続の実施が困難であるとしても、43条5項にならって、命令等の公布と同時期にその趣旨などを公示すべきだろう。そのことは、本条4項の濫用防止に資するとともに、説明責任の観点からも要求される。

〔長谷川佳彦〕

行政手続法

第2章　申請に対する処分

> **（審査基準）**
> **第5条**　行政庁は、審査基準を定めるものとする。
> 2　行政庁は、審査基準を定めるに当たっては、許認可等の性質に照らしてできる限り具体的なものとしなければならない。
> 3　行政庁は、行政上特別の支障があるときを除き、法令により申請の提出先とされている機関の事務所における備付けその他の適当な方法により審査基準を公にしておかなければならない。

1　本条の趣旨

(1)　国民から許認可等を求める申請（2条3号）が行われると、行政庁は、法令が定める要件の解釈を踏まえて、それら要件を具体的事実に当てはめることにより当該許認可等にかかる何らかの応答処分をすることになる。しかし、不確定な概念を含む法令の解釈に際しては、その文言に依拠するだけでは足らず、何らかの解釈基準に依拠しつつ、処分要件たる事実の有無の判断や取捨選択、あるいはそれらの法的評価を適切に実施しなければならない。そのため、国民からの申請に対しては、通常、法令の趣旨・目的に従って行政庁自身が独自に設定した内部基準等を用いるなどして、申請に対する処分の可否あるいはどのような処分を選択するかを決定するのであるが、このような行政の判断過程は外部からは不透明であり、とりわけ申請者にとっては自己の見込みどおりに処分が行われるかどうかの予測を困難にしていた。特に申請拒否処分がされたときには、拒否処分における行政庁の裁量の公正に対する強い疑いが提起されることも少なくなかった。

　このような事情に鑑みて、本条は、「申請により求められた許認可等をするかどうかをその法令の定めに従って判断するために必要とされる基準〔審査基準〕」（2条8号ロ）を、行政庁が具体的に定め、かつこれを公にすることによって、行

政庁による法令の解釈・適用に際しての裁量を公正なものとし、行政過程の透明性の向上を図ろうとしたものである。このことは、同時に、①申請人にとって行政機関の応答の予測可能性を高めるとともに、申請者が不公正な取扱いをされることの防止につながり（塩野＝高木・条解134頁、高木他・条解162頁〜163頁〔須田守〕もほぼ同説）、②申請の審査・応答処分に際して行使される行政裁量を裁判所が審査する際に、重要な手がかりを提供することになる。裁判所も、①に関して本条が申請者の「申請権〔適正な手続的処遇を受ける権利〕」を前提としている点に言及するものがある（大阪地判平15・5・8判タ1143号270頁、高松高判平18・1・30判時1937号74頁）。

(2) さらに本条には、上記の役割を超えて機能することが考えられる。例えば、申請応答処分にとどまらず、申請人が申請に関わって行政指導を受ける場合にも、申請受理手続を担当する者から提供される情報が申請者にとって極めて重要であることから、審査基準を具体的かつ明確に示して行政指導を行うべきことが本条の趣旨から導かれるとした裁判例がある（名古屋地判平14・3・20判例自治240号102頁）。

(3) 他方、申請拒否理由の提示（8条）の程度・内容が申請者と行政庁との間で争われるときに、審査基準としてどのような内容が明示されていたかが一つの論点となる。実際に、処分理由（14条）と処分基準（12条）とを関連づけて、どの程度の処分理由を提示すべきかの考慮事項として「当該処分に係る処分基準の存否及び内容並びに公表の有無」もそこに含まれる旨判示した判例があり（最判平23・6・7民集65巻4号2081頁。東京地判平27・12・11裁判所ウェブサイトも同判例を引用する）、この判断枠組みが審査基準と申請拒否理由の提示の程度に係る判断にもほぼ当てはめられることが予想される。ただし、審査基準が具体的内容を明示し、また申請に対するその適用関係が明らかであったとしても、申請拒否理由の提示の程度が当然に弱められてよいと結論づけるのは早計であろう。そもそも審査基準の具体性をめぐる争いがあり、審査基準の適用に際しての行政庁の裁量が争点となる場合には、審査基準が理由提示をどの程度補完ないし代替できるのかは、審査基準と理由提示双方の制度の趣旨・目的上の差違やそれぞれの実際の機能等を総合的に判断した上で決する必要がある。

2　審査基準の意義（1項）

(1)　審査基準概説

(ｱ)　従来、行政庁が許認可の申請を実務上処理するにあたってさまざまな内部的基準を設定してきたのは、行政庁に裁量権が認められることを前提として、申請に対する処分を定型的かつ円滑に実施するためであると解されてきた。また、法令が処分庁に広範な裁量権を付与しているときには、行政庁の柔軟かつ臨機応変の処理を行うことも当然に許されるとの考え方に基づき、どのような内部的基準を設定し、運用するのかも、行政庁の裁量判断に委ねられてきた。すなわちその基準の要否や内容は、あくまで行政庁の便宜という観点に基づいて判断され、国民からの申請を、その申請権の尊重・保護という視点から処理する発想は極めて乏しかったといえる。

(ｲ)　こうした状況のもとで、個人タクシー事件＝最判昭46・10・28民集25巻7号1037頁は、申請に対する審査基準の法的意義を捉え直す判例として注目された。同判例は、①「多数の者のうちから少数特定の者を、具体的個別的事実関係に基づき選択して免許の許否を決しようとする行政庁としては、事実の認定につき行政庁の独断を疑うことが客観的にもっとも認められるような不公正な手続をとってはなら」ず、②抽象的な免許基準を定めているにすぎない道路運送法規定の「趣旨を具体化した審査基準を設定し、これを公正かつ合理的に適用」すべきであると述べたのち、③「基準の内容が微妙、高度の認定を要するようなものである等の場合には、右基準を適用するうえで必要とされる事項について、申請人に対し、その主張と証拠の提出の機会を与えなければならない」として、申請人の「公正な手続によって免許の許否につき判定を受くべき法的利益」の存在を明示的に肯定した。ただし同判例は、本件の具体的審査基準が申請に対する許否の判断につき重要であるか、または微妙な認定を要するものであり、さらに申請人自身の事情や財産等に直接関係のあるものであったことから、「申請の却下処分をする場合には、右基準の適用上必要とされる事項については、聴聞その他適切な方法によって、申請人に対しその主張と証拠の提出の機会を与えなければならないものと認むべき」であったにもかかわらず、申請者に対して必要な聴聞をしなかったという審査手続の瑕疵を問題視したものであり、本条が定めるような一般的な審査基準の意義にまで触れていたわけではなかった。

これに対して、本条1項は、許認可処分の申請人に対しては原則として審査基

準を設定する義務を行政庁に課すとともに、2項でそのできる限りの具体化を義務付け、3項でこれを公にしておくことを命じた点で、上記判例が処理した事案の範囲を超えて、申請処理過程における審査基準の法的意義を正面から位置づけており、極めて重要な意義をもつものである。

(2) 審査基準と「法令の定め」

(ア) 本法は、審査基準を、「申請により求められた許認可等をするかどうかをその法令の定めに従って判断するために必要とされる基準」（2条8号ロ）と定義しているため、論理的には法令の内容が前もって確定していることが前提であるように読める。そして、国の行政実務では、前述のように法の解釈を統一化ないし安定化させるべく各種の解釈基準が作成され、それらが下級行政機関や地方自治体の関係機関等において用いられているが、2条8号ロの定義によると、当該解釈基準自体は審査基準には当たらないことになる（IAM・逐条解説行手法51頁）。そこで、「法令の定め」に一定の解釈を施された法令を含むと解したとき、行政庁がその解釈に際して依拠した指針等の基準をどのように取扱うべきかが問題となる。

この点に関して、学説は、本条の趣旨からすれば、解釈基準の設定・公表がされないことにより申請者の権利利益の保護は果たされなくなり、裁量基準としての審査基準が設定・公表されない場合と変わるところがないこと、また行政実務上も、審査基準の設定において解釈基準と裁量基準が区分されているわけではないことを指摘し（塩野＝髙木・条解136頁、髙木他・条解171条〔須田〕）、IAM・逐条解説行手法もまた、実際に「法令の規定の解釈」が必ずしも「法令の明文の規定」から容易に導き出すことができるとはいえないので、「行政運営における透明性の向上という本法の目的」からみて、解釈基準が「審査基準と一体のものとして明らかにされる必要がある」と述べている（同51頁）。いずれも妥当な見解であり、上記「法令の定めに従って判断する」との定義に拘泥することなく、解釈基準もまた審査基準の一種と解するのが論理的にも一貫するものとなろう。

(イ) 次に、行政庁が申請に対し許認可処分を行うに際して、期限や条件、一定の負担等（以下、単に条件という）を付加する講学上の「附款」を設ける場合、附款自体についての審査基準の設定・公表も義務付けられるかの問題がある。これについて、附款は「許認可等をするかどうか」（2条8号ロ）を判断するものではないとの理由で本条の適用を否定する見解があるが（IAM・逐条解説行手法135頁）、

疑問が示されている（参照、小早川編・逐条研究214頁～215頁〔阿部泰隆・浜川清各発言〕、高橋・手続法189頁～190頁）。

　法律の中には、許認可処分に際して一定の条件を付すことができる旨の規定を明示するものがあり（例、道交91条、風俗3条2項等）、実際に条件を付すか否か、いかなる条件を付すかの判断は行政庁の裁量に委ねられるが、同時に上記規定と併せて附款に対する統制を行い、その裁量に一定程度の枠をはめる手法が採用されている（例、宅建業免許に付される「適正な運営並びに宅地及び建物の取引の公正を確保するため必要な最小限度」の条件〔宅建業3条の2第2項〕、河川の使用等の許可に係る「条件は、適正な河川の管理を確保するため必要な最小限度のものに限り、かつ、許可、登録又は承認を受けた者に対し、不当な義務を課することとなるものであってはならない」との規定〔河川90条2項〕等）。このように、附款に伴う裁量の不適切行使を禁ずる意図が法令に示されている趣旨を踏まえれば、附款についての審査基準をおよそ不要とするのは本条の立法趣旨にもそぐわないと思われる。ただし、附款がそもそも処分に際して個別的・具体的な事情に即して付せられるものであることは否定できず、附款についての審査基準を一律に設定することには難点がある。さしあたり、附款に際しての適正な裁量行使を図り、申請人の権利利益に過剰な条件を設定すること等を規制するために、附款に係る審査基準を一定程度類型化し、申請人がとるべき対応の予測可能性を高める試みなどが考えられるであろう（なお参照、塩野＝高木・条解143頁～144頁、高木他・条解172頁〔須田〕は、立法論に委ねるよりも運用の問題として考慮すべきとする）。

　(3) 審査基準を「定める」主体

　(ｱ) 本条1項は、審査基準の設定主体を「行政庁」と規定する。これに関連して、2条8号は、「内閣又は行政機関」が定める「命令又は規則」のなかに審査基準を含めており、申請に対する応答権限をもつ処分庁以外の「行政機関」も、申請に対する処分庁の「諾否の応答」（2条3号）に際しての審査基準を定める余地が認められているように読める。一例を挙げれば、ある行政庁の上級行政機関が申請の処理に関する判断・運用の指針等を定めているときには、それらも審査基準とされることになり、法定受託事務の実施に際して国の法令所管庁が地方公共団体に対して提供する運用上の指針などがこれに当たるものとされる（IAM・逐条解説行手法51頁）。しかし、本条1項による限り、その場合にも処分行政庁が当該指針等を自身の審査基準として適用する旨を改めて定めておかなければなら

ない（IAM・逐条解説行手法134頁～135頁）。したがって2条8号柱書の「内閣又は行政機関が定める」との表現には注意を要する。この点に関わって、地方公務員等共済組合法を所管する総務省の運用方針において、同法上の遺族に係る生計を維持することの認定に関しては、厚生年金における「生計維持・生計同一関係に係る認定基準及びその取扱いについて」という通知によるべきものとされ、処分庁が、右通知を自らの審査基準とする方針を明確にしていることをもって本条1項に違反するとはいえないとした裁判例がある（東京地判平18・9・21判時1982号58頁）。

(ｲ) また、申請に対する処分の形成過程において何らかの諮問機関（例、審議会）が存在し、答申をまとめるために独自の判断基準を設定ないし適用する場合には、当該基準も行政庁の審査基準の一部と解するものがある（IAM・逐条解説行手法51頁）。本法制定前であるが、県の温泉審議会の内規を、「過去の申請例を通じての経験、専門家、学識経験者らの従前の調査・研究の結果や意見に基づき、本件審議会において制定された地質学等専門技術的見地に基づく合理性のある審議基準であり、行政処分の迅速処理を考慮において、いわば過去の調査結果や研究の成果を集約化した、当該地区についてある程度普遍性をもった基準である」とし、右「内規が正しく適用されている限りにおいて、温泉法に基づく裁量の範囲を逸脱するものではなく、その内規に準拠した答申及び処分が違法視されるものではない」とした裁判例があったが（参照、福岡地判平3・7・25行集42巻6＝7号1230頁、福岡高判平4・10・26行集43巻10号1319頁）、諮問機関における審議の公正の確保と透明性の向上に資する可能性はともかく、このような内規を本条の審査基準の一部とみなすことには、基準を定める主体という点から見て無理があろう。

(4) 審査基準の設定時期

審査基準は、本来、申請について定める法令の制定と同時に設定されている必要がある。ただし、「先例がないか、稀であるもの又は当面申請が見込まれないもの」で、「審査基準が法令の定め以上に具体化することが困難な場合」という二つの事情が存するときは、当面、審査基準を定めることを要しないと説明するものがある（IAM・逐条解説行手法136頁）。

(5) 審査基準が定められていない場合

(ｱ) ところで本条1項は、行政庁が審査基準を「定めるものとする」とする一方で、2項における審査基準の具体化および3項での「公」にしておくことの要

請については、ともに「し（ておか）なければならない」と規定されている。すなわち、文理上、1項は、2項・3項と比較して行政庁の審査基準策定義務を緩和しているようにみえる。

しかし、「定めるものとする」とされた趣旨は、当初、法令の規定に判断基準が明確に示されているような、審査基準をそもそも必要としない場合がありうることを想定したためとされ、行政庁の基準設定が可能であるにもかかわらず、その設定義務を免除することを許容する趣旨ではないと説明されてきた（仲・すべて112頁）。しかし、近時、①その判断が、「高度の科学的・専門的なもので、その性質上、個々の申請について個別具体的な判断をせざるを得ないものであって、同条項〔＝被爆者10条1項〕の規定以上に具体的な基準を定めることは困難であると認められる」とき（大阪高判平20・5・30判時2011号8頁、名古屋高判平22・3・11裁判所ウェブサイト、大阪地判平25・8・2裁判所ウェブサイト、大阪地判平27・1・30裁判所ウェブサイト）、あるいは、②2項の「許認可等の性質」を援用しつつ、審査基準を設定しないことに合理的な理由ないし正当な根拠があると認められる事情がある場合（仙台高判平20・5・28判タ1283号74頁、大阪地判平26・3・20裁判所ウェブサイト、仙台地判平26・10・16判例集未登載）、③法令の定めが「ある程度具体的」であって、「審査基準の定めがなくとも、行政庁の許認可等の透明性と公正さを確保することができ、適切・公正な処理についてさほど支障を来さないような場合」（仙台高判平18・1・19 LEX/DB28110798）、には、審査基準が定められていなくとも違法とならないとする裁判例が見られる。

その他にも、廃棄物の処理及び清掃に関する法律7条3項2号（当時）にいう「その申請の内容が一般廃棄物処理計画に適合するものであること」との要件が許可権者に専門技術的政策的判断が尊重される広範な裁量権を委ねるもので、具体的な基準を定めることは困難であるから、基本的方針や考慮事項を定めることが可能とまではいえず、審査基準を定めなかったことが本条違反とはいえないとしたもの（和歌山地判平14・9・10裁判所ウェブサイト）、あるいは、免許証の有効期間についての更新手続は道路交通法92条の2、同法施行令33条の7により更新後の免許証の有効期間の区分等が具体的かつ一義的に明記され、更新申請手続過程での手続の公正・透明性が損なわれることはないから、行政庁が上記区分のほかに新たな基準を設置する義務がない（東京高判平17・12・26 LEX/DB28131616）としたものがある。

(イ) しかし他方では、農業振興地の整備に関する法律15条の15第4項1号（当事）が「当該開発行為により当該開発行為に係る土地を農用地等として利用することが困難となるため、農業振興地域整備計画の達成に支障を及ぼすおそれがあること」（当事）と定めていても、具体的な審査基準を定めなくとも同号該当性の判断が十分に可能な程度に具体的であるとはいえず、別途具体的審査基準を設定する義務があると述べたもの（仙台地判平17・1・24 LEX/DB25410372）や、保育所入所措置条例が保育に欠ける児童かどうかを判断するにあたって一定の基準を示しているが、いずれの児童が保育の必要性が高いかどうかを判断するにあたっての判断基準を示すものではないから、同条例が存在することをもって保育所に入所させるかどうかの審査基準が定められていたということはできないとしたもの（大阪地判平14・6・28裁判所ウェブサイト）があり、なおも各方面に存在する審査基準未設定という現状に関する司法判断の個別判断事例についての詳細な検討が必要な状況にある。

(6) 審査基準の法形式と拘束性

(ア) 審査基準は、申請により求められた許認可等をするかどうかを法令の定めに従って判断するために必要とされるが、法令自体が過不足のない審査基準として機能する場合を除くと、同基準がどのような法形式により定められるのかについて、本法は触れるところがない。また、法形式とも関連して、審査基準自体がいかなる法拘束性をもつのかについても関心が寄せられることになる。

(イ) この点に関わり、前掲・個人タクシー事件最高裁判決は、行政庁が何らかの審査基準を内部的に設けることを法的要請として、基準を公正かつ合理的に用いることなく申請に対する却下処分をした点を違法としたが、その理由づけは行政庁が審査基準の適用にあたり必要な事項を適切に行使しなかった点に置かれ、審査基準が法的拘束性を有するか否かは論じられなかった。別の事案では、むしろ、「行政庁がその裁量に任された事項について裁量権行使の準則を定めることがあっても、このような準則は、本来、行政庁の処分の妥当性を確保するためのものなのであるから、処分が右準則に違背して行われたとしても、〔中略〕当然に違法となるものではない」（マクリーン事件＝最大判昭53・10・4民集32巻7号1223頁）とされており、設定された審査基準に行政庁が法的に拘束されるものではないという判断が、個人タクシー事件最高裁判決においても前提とされていたとの推測も成り立つ。

(ウ) 審査基準の法的拘束力についての最近の学説においては、審査基準の法的性格という視角から「一定の法的拘束力を認めることができるのではないか」（芝池・読本223頁）、または「行政規則の外部化現象を法律が後押しするもの」（櫻井＝橋本・行政法74頁）等の表現がみられる。ただし、それは審査基準が法規と同視できるという趣旨ではなく、本条や意見公募手続（39条以下）等により伝統的な行政規則とは異なった何らかの法的効果を指摘する一方で、なおも行政内部の基準たる性質が完全に失われているわけでないことを包含した表現といえる。一歩進めて、審査基準はその法形式にかかわらず、「申請により求められた許認可等をするかどうかを……判断するため」に「必要とされる基準」（2条8号ロ）とされることで、その法拘束性が前提とされていると解するなら、審査基準はいわば法規命令に準ずる規範とされる余地もあるのではないだろうか。

さしあたり、審査基準の法的拘束性については、①審査基準が設定されている場合に、それを適用して個々の申請応答処分がされるという予測可能性が一般に法的利益として肯定されるとしても、行政庁が同基準によらずに処分をすることもその裁量行使のあり方として許容される。②しかし、その処分は、例えば個別的・例外的な判断として、平等原則に違反するものでないかという視点から審査されねばならず、審査基準を適用しないことにつき合理的な理由が認められない場合には、処分の違法が認定されることがありうる、と説明することになろう（藤田・行政法304頁）。なお、近年、12条の処分基準をめぐり、「行政庁が後行の処分につき当該処分基準の定めと異なる取扱いをするならば、裁量権の行使における公正かつ平等な取扱いの要請や基準の内容に係る相手方の信頼の保護等の観点から、当該処分基準の定めと異なる取扱いをすることを相当と認めるべき特段の事情がない限り、そのような取扱いは裁量権の範囲の逸脱又はその濫用に当たることとなる」とする判例（最判平27・3・3民集69巻2号143頁）が現れており、審査基準の法的性格ないし法的拘束性の検討にとって重要な示唆に富むものとなっている。

3 審査基準の具体化（2項）

(1) 審査基準の具体化の趣旨

本条2項は、審査基準をできる限り具体的なものとすることについての定めである。この要請は、審査基準の詳細化、明確化、適正化等の諸点における見直しを含むと解することができ、また、そうした意味での具体化を継続的に追求する

取組みもまた行政庁に求められることになろう。例えば、新しい考慮事項が必要になり、あるいは申請者等の法的利益や社会的公益における価値順位の見直しなどが行われるときには、行政庁が順次それらを審査基準の具体化として反映させていくという「最新化」を図ることも、本条2項の趣旨に含まれると解される。

(2) 「許認可等の性質に照らしてできる限り具体的」

(ア) 審査基準は、「許認可の性質に照らしてできる限り具体的なもの」として定められなければならない。実務では、「個々の申請に対して、それを許諾するか拒否するかを判断するための行政庁の基準を明らかにすることが求められ、〔中略〕申請人等が当該許認可等を得るに当たって何を準備して申請をすれば良いかが分かるかどうかという観点からその内容をできる限り具体化するよう努める」よう指示されていた（平6・9・13行手法施行通達第2・一・2）。審査基準具体化の要請は、「行政運営における公正の確保と透明性（……）の向上」（1条1項）に直結するものであって、本条における最も重要な要請の一つである。

(イ) 「許認可等の性質」としては、申請・審査の基礎に置かれている公益の性質・内容、許認可の可否に際して考慮される事項、その優先順位、申請人の求める利益の法的性質、許認可がされ、またはされなかったときに生じる各種の影響、申請数や審査の難易度など極めて広範な要素を考慮することが想定される。しかし、それらはあくまで法令の規定の解釈から導かれる限りで考慮されるものであり、審査基準の具体化の程度を決定するにあたって恣意的に「許認可等の性質」を持ち出すことは避けられねばならない。

(ウ) 他方で、審査基準の具体化に一定の限界があるか否かに関する司法審査の方法にも注意を払う必要がある。墓地等経営の許可申請をした者に対する審査基準に審査の対象とする事項、審査のために必要となる書類等としての記載がないこと、または保健所長が申請者に対して審査基準に記載がない事由に関する釈明や書類等の提出を求めたことをもって原告が主張する「不意打ち」には当たらず、裁量権の濫用とはいえないとする裁判例（東京地判平26・4・30判例自治392号70頁）がある。

4 審査基準を「公にしておかねばならない」こと（3項）

(1) 「公にしておかねばならない」

(ア) 本条3項の第1の意義は、設定された審査基準を従来のように行政の内部的存在にとどめることなく対外的に公にすべきことを、行政庁に一般に義務付け

ている点にある。12条が処分基準を「公にしておくよう努めなければならない」という要請にとどめているのとは異なる。第2に、「機関の事務所における備付けその他の適当な方法」を例示しており、「申請者等の利便に配慮して常時みることができる状態にしておく」(仲・すべて31頁)という視点が具体的に規範化されている点が特徴である。

　(イ)　審査基準を公にする対象を、申請をしようとする者または申請した者に限定する立場もありうるが、「公にしておかねばならない」以上、それらの者にとどめるべき必然性はなく、むしろ公にしておくことが審査基準を媒介にして第三者の法的利益の主張根拠となしうる点を重視すべきである。この点で、10条における申請者以外の者の利害に対する手続的配慮の仕組みが本条3項によって補強されることが期待されよう。なお、「公に」しておく方法の工夫は、本条3項の「事務所における備付け」以外、現在では行政機関のウェブサイト等へのアップロードが一般的になっているが、その他の方法を積極的に考案し、実施していく必要もある。

　(ウ)　ところで、「公に」しておかねばならないという表現から、本条3項は、申請者や第三者からの公表・公開請求権、または行政庁の積極的な周知義務まで認めた規定ではないと解釈するものがある。また、「対外的に積極的に周知することまで義務付けるものではない」(IAM・逐条解説行手法136頁)とする理解も見られるが、法律上この表現がとられたのは、「積極的に公表する措置を採ることが『必要でない』と判断されたためではな」く、一定の場合にあらかじめ「予告し、その内容についても積極的に周知することが求められることがあることは否定し得ない」と説明されている (仲・すべて31頁、236頁)。しかし、審査基準が申請者や第三者の法的利益にとって重要な意義をもつものであることから、同基準を公にせよという請求権は本項により肯定されるものといえる。実際に、審査基準を公にする(した)タイミングの当否や、公にするより効果的な方法があったかどうかなどについても、申請者の公開請求権の一部として論じられることになろう。

　(2)　「行政上特別の支障があるとき」

　(ア)　本条3項は、例外的に審査基準を公にしない場合として、「行政上特別の支障があるとき」を挙げる。かつて本法の要綱案(1991年12月12日)では、「外交上の支障その他やむを得ない理由があるとき」(第4・3項)とされていたが、こ

の例示は省かれ、一般的な表現となった。予想される事例は、「国の安全が害されるおそれ、他国若しくは国際機関との信頼関係が損なわれるおそれまたは外交交渉上不利益を被るおそれがあるようなもの」であり、その認定は、行政庁がケースバイケースで行うと説明されている（IAM・逐条解説行手法137頁）。

しかし、何をもって「特別の支障」の主張をするのかには注意が必要である。前掲・大阪地判平14・6・28は、保育所入所選考にあたって考慮されると推測される事項を点数化したいわゆる選考指数を公にした場合には、入所基準に合わせた申請を誘発するなど入所審査の公平さが担保できない可能性があったためこれを公にしなかったことは違法でないとの被告の主張に対して、「審査基準に合わせて申請がなされるおそれがあることは、申請に対する処分一般についていえることであり、〔中略〕かかる抽象的なおそれがあることをもって公にしなくともよいと解することはできない」と判示する。「特別の支障」の判断においては専門的・政治的裁量が主張されることが多いが、行政庁にとって「特別の支障」の発生に蓋然性があること、あるいは支障を回避すべき緊急性が存することなどについて、具体的な根拠・資料が示されるべきである。また、申請人に対しては、公にできないという担当者の弁明に矮小化することなく、明確な説明を付記した書面を交付し、さらにその内容をめぐって申請人から再度疑問が提起されたときには、より詳細な説明を付加する等の対応をとること等も求められよう。

(ｲ) 申請過程において基準を公にできない事態が生じたとき、申請人は、当該基準に代わるその他の判断資料を要求できるかも問題になる。実務上の指針としては、基準未設定の場合を含めて、公にできない事情や理由を、関係窓口職員により申請人等に説明するというレベルで配慮するにとどまっていたが（施行通知第2・三・2）、それのみでは申請人の申請に役立つ情報の提供とならないことが明らかである。公にされない審査基準に代わり参考になる事項を示したり、部分的であっても審査基準の公表に努めるなど、各種の対応が検討されてよい。

5 審査基準に関わる「瑕疵」の存在と申請応答処分の法的効力

(1) 審査基準の未設定ないし具体化の程度をめぐる司法審査

(ｱ) 本条は、審査基準に瑕疵がある場合にされた申請応答処分の効力について何らの規定も置いていないが、学説は審査基準の設定義務違反や審査基準が公にされていないことが申請拒否処分の取消事由となることについて肯定的であり（高橋・手続法434頁、塩野＝高木・条解142頁、高木他・条解169頁〔須田〕）、同様の

判断を示す裁判例も存在する（東京高判平13・6・14判時1757号51頁、那覇地判平20・3・11判時2056号56頁）。しかし、裁判実務の立場から、これに否定的な見解が示されており、審査基準の設定・公表のみではなく、理由の提示（8条）と相俟って手続の公正が害されたといえるかどうかにより処分の違法性を判断すべきとするものがある（藤山雅行＝村田斉志編著『新・裁判実務大系25 行政争訟〔改訂版〕』〔青林書院、2012年〕209頁〔田中健治〕、定塚誠編著『裁判実務シリーズ7 行政関係訴訟の実務』〔商事法務、2015年〕537頁〔馬場俊宏〕）。

仙台高判平18・1・19（前記2(5)(ｱ)参照）は、「審査基準の定めがなくとも行政庁の許認可等の透明性と公正さを確保することができ、適切・公正な処理についてさほど支障を来さないような場合」には、審査基準を設けていなかったことが当該許認可処分についての取消事由にならず、さらに、「審査基準の在り方は個々の法令ごとにまた個々の行政庁ごとに種々様々あり得ることを前提としているので〔中略〕、審査基準の在り方自体が、許認可等の当不当とは別に、許認可等の瑕疵を一律にもたらすとは考え難い」とする。

また、審査基準の具体性に関して、東京地判平26・3・25判例自治393号52頁は、「伝統的な大麻需要に応じること以外の目的で栽培を行おうとする者が申請する事案は比較的まれであることがうかがわれ、そのような申請に対して、大麻の濫用による保健衛生上の危害の発生を防止するという立法目的に沿った判断を適切に行うためには、審査基準としては〔中略〕相当程度包括的なものを定めることにとどめ、具体的な事案に応じた判断を行うこともやむを得ない面がある」と判示し、控訴審（東京高判平26・10・14判例自治393号47頁）もこれを支持する。

このように、本条の審査基準を公正手続の要請と捉えつつも、個々の行政過程にどのように位置づけるかについては消極的な見方が散見する。また、行政庁の審査基準設定義務は肯定する一方で、基準未設定のまま行われた処分の違法性を否定する論理は、結果的に、実務において基準の設定困難性の主張を媒介とした申請拒否処分を頻出させることにならないかという懸念を生じさせる。

(ｲ)　審査基準をめぐる現在までの司法審査には多様な例があり、それらの検討は今後の課題である。

まず本法制定前の事例であるが、高等学校用の教科用図書の検定に用いられた旧教科用図書検定規則・検定基準が教科書の記述の実質的な内容、すなわち教育内容に及ぶものである点を認めつつ、「基準の一部には、包括的で、具体的記述

がこれに該当するか否か必ずしも一義的に明確であるといい難い」としつつ、検定基準やその内容として取り込まれている学習指導要領の教科の目標、科目の目標・内容の各規定は学術的、教育的な観点から系統的に作成されており、「専門知識を有する教科書執筆者がこれらを全体として理解すれば、具体的記述への当てはめができないほどに不明確であるとはいえない」とした事例があった（教科書検定事件＝最判平5・3・16民集47巻5号3483頁、最判平9・8・29民集51巻7号2921頁、最判平17・12・1判時1922号72頁）。

　本条の適用において、法令の趣旨・内容に照らして審査基準の内容への積極的な審査がみられる事案として、審査基準の定めが、法令上の公共用水域の水質保全という目的達成の手段として「遅くとも本件処分時までには、……硬直的かつ形式的にすぎるものとなり、下水道政策全般との整合性を著しく欠くに至り、……看過し難い不平等・不公平をもたらすものとなっていた」としたもの（静岡地判平13・11・30判例自治228号63頁、東京高判平14・9・26裁判所ウェブサイト）、審査基準の内容がタクシー業界の実情等に照らして著しく不合理で個人タクシー事業の遂行に何ら関連性をもたない要件を定めたものであり、事実上新規参入を極めて困難にさせるような営業の自由に関する過度の制約となる内容であった場合には、審査基準全体が憲法および法令の趣旨に違反し、違法の瑕疵を帯びるとの前提のもとで、同基準の内容に逸脱や新規参入を極めて困難にさせる内容はないと判示したもの（横浜地判平14・12・16裁判所ウェブサイト）がある。

　(2)　何らかの審査基準が設定され、かつ公にされているときであっても、同基準を機械的に適用しなければならないかどうかについて、学説は審査基準を適用しない場合があることを承認する（小早川・講義下Ⅰ25頁、66頁、宇賀・概説Ⅰ423頁、仲・すべて30頁）。しかし、その場合には、個別の事例において、処分庁が審査基準を適用しなかったことの合理性の有無について、司法審査が行われることになる。タクシー事業の許可に付した期限の更新基準に係る公示中、許可等に付した条件により、許可等を取り消すべき事由または許可期限の更新を行わないこととする事由に該当している場合には、期限の更新を認めない旨の定めがあるにもかかわらず、右事由がないのに更新を拒絶した処分の違法があったとした裁判例では、「5条1項及び同条3項の趣旨等を勘案すれば、同条に基づいて審査基準が公示されている場合には、当該基準が行政庁の内部的判断基準であるとしても、行政庁はこれを合理的に適用して更新申請に対する審査を行うことが要請され」

ると述べて、上記処分は公示されている審査基準によらずになされたものであって、裁量権の濫用が認められるとしている（大阪地判平26・4・22裁判所ウェブサイト）。

6 申請人以外の者にとっての審査基準の意義

審査基準はいうまでもなく申請人にとって重要な意義をもつものであるが、行政庁と申請人の二面関係にとどまらず、今日、競業者・近隣住民等の第三者にも審査基準の設定・公表は重要な影響を与えている（例、建築確認、風俗営業許可、廃棄物処理業・処分業・処理施設設置の許可等）。そうした場合に、審査基準が設定されないまま、あるいは公にされないで付与された許認可の取消訴訟等において、そうした瑕疵を処分の違法事由と主張できるかが今後一層検討すべき課題となろう。かつて、伊方原発事件＝最判平4・10・29民集46巻7号1174頁は、原子炉等規制法上の安全性審査基準が、原子炉施設の従業員やその周辺住民等の生命・身体等の利益保護の観点から司法審査の対象となることを承認したが、この考え方は、審査基準が第三者にとって有する意義について重要な指針となるものである。

ただし、現在、この点に関する裁判所の考え方は、申請を「自己に対し何らかの利益を付与する処分」を求める行為（2条3号）として、それをするかどうかを判断するための審査基準をも、申請者の利益からのみに引きつけて捉えているように思われる。

例えば、本条が審査基準の設定・公表を通じて申請者以外の第三者の権利ないし法的利益を保護することをも視野に入れているかについて論じた事案で、東京地判平15・12・19裁判所ウェブサイトは、高度地区計画に基づく建築物の許可が申請者に対する受益処分であると同時に、建物の近隣住民との関係においてその日照に対する利益を侵害しうるから「近隣住民との関係においてみても、その審査基準を定めることが望ましい」としながらも、許可につき審査基準を定めていなかったことが当該許可処分の違法ないし無効事由にはならないとした。その理由として、「行政手続法は、あくまで許認可等の申請者の利益のための法律であり、審査基準を定めなかった場合の効果については何ら定めていない」こと、および「審査基準を定めたか否かという問題は、審査基準を定めないままに現実に行われた処分が適法であるかどうかとは全く別次元の問題」であって、「審査基準を定めていないことが、当該処分の違法性を間接的に基礎付ける何らかの間接事情になり得ることはあるとしても、審査基準を定めなかったそのこと自体が、現実

に行われた当該処分が違法である理由とならないことは明らか」であるとしている。また、他の裁判例は、既存のたばこ小売販売業の許可を受けて同業を営んでいる者が、新規業者への許可処分の取消しを求めた事案において、本条が処分等の申請者ではない者の権利利益の保護を目的とするものではないと断定する（熊本地判平23・12・14判時2155号43頁、福岡高判平24・6・5裁判所ウェブサイト）。しかし、審査基準の設定・公表は行政裁量の公正・適正を図ることを目的とし、それは申請に対する認容処分が行われるのに伴い他方で不利益を受ける第三者にとって同処分の評価の決め手となるものであり、一般的にみても第三者の重大な関心事項たりうるものである。結局、この論点は、行政の裁量判断の公正、透明性と国民の実体的な権利利益の保障とをどのように整合的に把握できるかに関わることとなるが、今後の判例の蓄積と、学説における多くの分析・検討が待たれるところである。

[恒川隆生]

（標準処理期間）
第6条　行政庁は、申請がその事務所に到達してから当該申請に対する処分をするまでに通常要すべき標準的な期間（法令により当該行政庁と異なる機関が当該申請の提出先とされている場合は、併せて、当該申請が当該提出先とされている機関の事務所に到達してから当該行政庁の事務所に到達するまでに通常要すべき標準的な期間）を定めるよう努めるとともに、これを定めたときは、これらの当該申請の提出先とされている機関の事務所における備付けその他の適当な方法により公にしておかなければならない。

1　本条の趣旨

本条は、申請に対する処分（許認可等やその拒否処分）について、申請の処理に要する標準的期間（標準処理期間）を定めて公表する努力義務を行政庁に課している。許認可等の処分を得ようとする者のため、申請から処分までにかかる期間について予測可能性を与え、7条や33条とともに、申請に対する処分の迅速で公正な処理を確保しようとする規定である。

2 標準処理期間の設定・公表

(1) 標準処理期間

(ア) 行政庁の「その事務所」

行政庁の審査開始義務は、申請が行政庁の事務所に到達した時点で生じるのが原則である（「到達」について詳細は次条の解説〔梶哲教〕を参照）。本条にいう行政庁の「その事務所」とは、行政庁の所在する本庁の受付窓口のほか、かっこ書（(ウ)を参照）に該当しない限りで、通達等により地方支分部局や出先機関に設けられた受付窓口をも含むと解される（塩野＝高木・条解146頁。高木他・条解175頁〔須田守〕、189頁〔須田〕。IAM・逐条解説行手法139頁は、本条につき本庁を指すと、同144頁は7条の「その事務所」につき地方支分部局の事務所も含むと解する）。提出先となる事務所の所在地については、「申請に必要な情報」として提供を求めることができる（9条2項）。

(イ) 「通常要すべき標準的な期間」

申請到達から処分までに「通常要すべき標準的な期間」とは、事例ごとの処理期間の単純平均を意味するものではなく、審査の遅れる特殊事情のある事例を除く大部分の申請について、通常の執務体制のもとで実際に処理をすませている期間をいうものと解すべきである。

要件不備の補正がなされる場合や申請内容の変更が検討される場合は、それらに要する時間が主に申請者側の事情に左右されるため、それらの時間を除外して算定するのもやむをえないといえる。

標準処理期間の定め方については、審査基準に関する5条2項とは異なり「できる限り具体的な」ものとすべき文言はないが、施行通知では「日、月等をもって、具体的な期間として定めることが望ましい」とされ、それが困難な場合においても、一定の幅をもった期間として定めたり、申請内容を類型区分して類型ごとに定めたりといった、当該許認可等の性質に応じた工夫が求められている（第二・二3）。

(ウ) 経由機関等で要する期間

かっこ書の「法令により当該行政庁と異なる機関が当該申請の提出先とされている場合」とは、例えば知事の権限に属する許認可につき市町村長が提出先とされている場合など、当該行政庁の事務所には受付権限のない場合であり、この提出先機関を経由機関という。この場合、行政庁での標準処理期間とあわせて、経

由機関での処理に要する期間も定めるべきこととされているのは、申請の段階的処理過程について透明性を高めるためである。その趣旨からすれば、処分をするまでに諮問や協議の対象となる行政機関が他にある場合にも、そのために要する期間を明示した上で全体の標準処理期間を定めるべきである。

(2) 標準処理期間を設定する努力義務

標準処理期間を定める義務を負うのは行政庁である。経由機関での処理に要する期間についても、申請者に対し最終的に責任を負う行政庁自身で定めるべきものである。標準処理期間について「定めるよう努めるとともに」と努力義務とされているのは、事例ごとのばらつきが著しい処分や、事例が極めて少ない処分など、標準処理期間の設定が困難な場合のありうる事情に配慮したためである。

(3) 「公にしておかなければならない」義務

標準処理期間を設定したときは、「公にしておかなければならない」。この文言は審査基準の公表に関する5条3項とほぼ同じであり（それゆえ、公にしておく義務についての詳細は同条の解説〔恒川隆生〕を参照）、36条が行政指導指針について「公表しなければならない」と規定するのとは異なって、一般的かつ積極的な周知が常に要請されるわけではない。ただし、5条3項の「行政上特別の支障があるときを除き」という留保は本条にはみられない。それは標準処理期間の公表については「行政上特別の支障」が想定されがたいからである。

本条に基づく標準処理期間の設定・公表がされない場合、申請の処理に実際にどの程度の期間を要しているかは、9条2項に基づき提供を求めることのできる「申請に必要な情報」に含まれる。

3　標準処理期間と救済手段

(1) 申請処理の遅延と救済手段

申請をしたのに、いつまでも何らの処分（拒否処分を含む）も得られない場合のために、不作為についての審査請求（行審3条）や不作為の違法確認訴訟・処分義務付け訴訟（行訴3条5項・6項2号）といった争訟手段がある。さらに、処分の違法な遅延により損害が生じていれば、国家賠償責任を問うこともできる（例えば、水俣病認定遅延訴訟＝最判平3・4・26民集45巻4号653頁）。

(2) 標準処理期間と処分遅延の違法性評価

申請に対する処分（許認可等）については、法令上に処分をすべき期間が定められている場合と、定めのない場合とがあるが、いずれの場合も申請のあった後

行政手続法

はできるだけ速やかにそれを処理して処分をすべきことが要請される。しかし、法定の期間を超えて処分が遅延した場合でさえも、判例は、相手方の同意その他の合理的な理由があれば違法としていない（品川建築確認留保事件＝最判昭60・7・16民集39巻5号989頁）。そこにいわゆる「時期（タイミング）の裁量」が見出されるが、標準処理期間の設定・公表により、その裁量権の踰越濫用の抑制に役立つことが期待されるのである。

しかし、この標準処理期間は、最長処理期間として期間内の処理が義務付けられるものではない。また、あくまでも行政庁は、申請を可能な限り速やかに処理する義務を負うのであるから、標準処理期間の設定は「時期の裁量」に関する裁量基準にも当たらない。それゆえ、処分が標準処理期間を超えて遅延したとしても、不作為についての争訟において、当然に「相当の期間」（行審3条、行訴3条5項）を過ごして違法だとはいえない。逆に、処分が標準処理期間内になされても、そもそも設定された標準処理期間が不適切な場合や、必要以上に処理を遅延させた場合などには、違法または不当な遅延と評価される可能性が否定できない。それでも、標準処理期間は「処分をするまでに通常要すべき標準的な期間」である以上、適切に設定されている限りで、不作為の違法性・不当性を判断する重要な手がかりとなる（さいたま地判平21・10・14裁判所ウェブサイト）。

なお、標準処理期間を超えた遅延があった場合、行政庁がその正当性を基礎づける事実について証明責任を負うことになると解される。この点について、行政庁側に「立証の必要」を生じるが、証明責任の問題とは直接の関連性がないとする見解がある（高橋・手続法200頁）。しかし、標準処理期間が設定されれば、申請者がその期間内の処理について抱く期待は一定の法的保護に値するのであり、また、標準処理期間が行政側で設定されたこと、遅延を正当化する個別的事情も申請者側でその不存在を証明するよりは行政側でその存在を証明しやすい事柄であることから、行政側がこの証明を果たせなければ「相当の期間」の徒過と認定されるべきものと思われる。他方、逆に標準処理期間が設定されてその期間内で処分が遅延した場合でも、その違法性について申請者側が証明責任を当然に負担すべきことにはならない。

(3) 標準処理期間設定の違法性を争う手段

標準処理期間が長期に過ぎるなど不適切に設定された場合や、公表が拒否された場合も、原則としてその措置に抗告訴訟の対象としての処分性は認めがたい

（標準処理期間の公表拒否に対しては、情報公開制度の利用が考えられる）。標準処理期間の適正な設定を求める訴訟も、申請した後の処理が実際に遅延したときには不作為についての争訟手段が利用可能であることを考慮すれば、争訟の成熟性または訴えの利益を欠くことになると解される。また、標準処理期間の不適切な設定や未設定、もしくは設定された標準処理期間の公表拒否といった事情があっても、処分取消原因たる手続的瑕疵と見ることはできない。仮に取消訴訟でこれらの事情を理由として処分を取り消したとしても、申請者の実効的な救済にはつながらないからである。

［梶　哲教］

> **（申請に対する審査、応答）**
> **第７条**　行政庁は、申請がその事務所に到達したときは遅滞なく当該申請の審査を開始しなければならず、かつ、申請書の記載事項に不備がないこと、申請書に必要な書類が添付されていること、申請をすることができる期間内にされたものであることその他の法令に定められた申請の形式上の要件に適合しない申請については、速やかに、申請をした者（以下「申請者」という。）に対し相当の期間を定めて当該申請の補正を求め、又は当該申請により求められた許認可等を拒否しなければならない。

1　本条の趣旨

本条は、許認可等を求める申請が到達したあと行政庁が遅滞なく審査を開始する義務を定め、一定の形式的要件に不備を見出した場合にも、速やかに申請者に補正を求めるか、さもなくば許認可等を拒否するかの対応をすべきことを規定している。行政庁が諾否いずれの処分もしないまま行政指導を続ける余地をなくすため、「受理」の観念を排除し、33条などとともに、申請に対する処分の迅速で公正な処理を確保しようとするものである。

2　申請の成立

(1)　「申請がその事務所に到達したとき」

申請は、法令に基づき行政庁の許認可等を求める行為である（2条3号）が、これが行政庁の事務所に到達すること（「受付」「収受」等と称される）により、行

政庁にはこれを審査して諾否いずれかの処分をなす義務が生じる（以下「申請の成立」という。なお、届出の到達について、37条の解説〔高橋正徳〕を参照）。

　㈦　行政庁の「その事務所」

　行政庁の「その事務所」とは、6条にいうところと同義であり、行政庁の所在する本庁の窓口および地方支分部局等の受付窓口を意味する。「法令により当該行政庁と異なる機関が当該申請の提出先とされている場合」（いわゆる経由機関〔6条かっこ書〕）にも、申請は経由機関の事務所への到達によって成立し、行政庁は諾否の処分をなす義務を負うのであるから、審査開始義務についてこの場合を特に区別する実益はない。これに対して、審査開始義務は申請が経由機関から行政庁に到達した時点で生じるとの見解がある（南＝高橋編・注釈154頁〔山口浩司〕、塩野＝高木・条解152頁、高木他・条解189頁〔須田守〕。IAM・逐条解説行手法145頁は、経由機関が行政庁から組織法上独立した人格を有する場合について同様に解するが、経由機関が行政庁の指揮監督下にある場合には、経由機関到達時点で審査開始義務が生じると解する）。これらは、一つには6条と本条との文言の差異、もう一つには行政庁到達前には行政庁における審査が事実上不可能なことを理由に挙げる。しかし、この見解に立てば、経由機関での処理遅滞について行政庁の責任が不明確になるおそれがある（兼子＝椎名編・手続条例21頁以下〔安達和志〕参照）。また、経由機関での処理が長引くようであれば、その完了を漫然と待つことなく処理を督促し、さらに行政庁での審査のため関係書類等の写しの送付を求める等の措置をとることも、行政庁にあっては可能である（施行通知第二・四2②参照）。不作為の違法確認訴訟などにおいて経由機関での処理遅延を理由に行政庁が不作為を正当化することも許されない以上、審査開始の法的義務が生じるのは申請の経由機関到達時点と解するほかはなく、申請が経由機関にある間の行政庁の審査応答義務を本条が免じるものとは考えられない（本条の文言については、直接には行政庁への申請の到達により実際に審査に「着手する」義務が生じることを規定したものと解すれば足りる。総務庁行政監察局行政相談室監修・行政相談研究会編『行政手続法の現場』〔ぎょうせい、1998年〕97頁参照）。

　㈨　申請の「到達」

　申請は、提出先の事務所への到達だけで成立する。申請は申請者による一種の意思表示であり、その成否については、原則として契約の申込みなど民法上の法律行為における意思表示と同様のことが妥当する。それゆえ、窓口で係員に申請

書類を差し出すとともに申請する旨を告知するなどにより、申請が客観的に行政庁の了知しうる状態に置かれたとき、すなわち行政庁の支配権内に置かれたとき、申請は到達したものとされ、受領印の押印など行政庁側での意思表示は必要でない（行手法制定後、申請の到達を否定した裁判例として、神戸地判平12・7・11判例自治214号76頁がある）。申請者が申請書類等を郵送した場合には、提出先の事務所に配達されればその時点で申請が到達したものとみなされる。また、ネットワーク経由での申請が制度化されたところでは、申請が行政機関側の電子計算機に備えられたファイルに記録された時点で、当該行政機関に到達したものとみなされる（行手通信利用3条3項）。他方、申請が所定の窓口とは異なる部局に届けられた場合には、行政庁の事務所に到達したことにならないと解され、原則として申請は成立しない（次の(ウ)を参照）。

　申請書の返戻等の受領拒絶行為があった場合でも、これは申請の到達を妨げるものではなく、申請の成立を受けて、申請の取下げや要件不備の補正、申請内容の変更などを求める行政指導がなされているものと解される。申請者がその指導に従う意思がない旨を表明した後も行政指導が続行されれば違法であり（33条参照。申請者の同意がないままでの申請書返戻を違法とした裁判例として、大阪地判平15・5・8判タ1143号270頁、名古屋高判金沢支判平15・11・19判タ1167号153頁）、これによって処分が必要以上に遅れれば違法な不作為となる。受領拒絶行為について、従来の裁判例にはこれを申請拒否処分と解したものが少なくない（仙台地判昭59・3・27行集35巻3号263頁、東京高判昭62・8・6行集38巻8=9号951頁など）。しかし、申請拒否処分としては、拒否理由の提示（8条）を含め所定の処分形式を具備しない限り無効とみるべきであり、また、このように解する方が恣意的な行政指導の制限を意図した本法制定の趣旨にも合致すると思われる（塩野・行政法Ⅰ320頁参照）。

　したがって、受領拒絶行為に対して不服のある場合は、行政側が処分の存在を主張しない限り、不作為についての審査請求（行審3条）や不作為の違法確認訴訟・処分義務付け訴訟（行訴3条5項・6項2号）という処分不作為に対する争訟手段によるべきこととなる。裁判例も、本法制定後その方向で定着しつつあるよう思われる（仙台地判平10・1・27判時1676号43頁、広島高岡山支判平12・4・27判例自治214号70頁、前掲・神戸地判平12・7・11など。逆に受領拒絶行為に処分性を認めた例として、鳥取地判平11・2・9判例自治190号42頁がある。そのほか、やや特殊な事案

であるが、受領拒絶行為が手続的瑕疵であって結果に影響を及ぼす場合に当たると認めて病院開設中止勧告を取り消した裁判例として、富山地判平19・8・29判タ1279号146頁およびその控訴審の名古屋高金沢支判平20・7・23判タ1281号181頁がある）。行政庁側に実体審査をする意思がないときに「審査義務確認訴訟」も考えられるとする見解（塩野 = 高木・条解158頁、阿部泰隆『行政法再入門（下）』〔信山社、2015年〕27頁）があるが、上掲の訴訟形式が利用可能な限りで審査義務確認訴訟は確認の利益を欠き不適法とされよう。

なお、申請は申請者による意思表示であるから、申請が成立するためには、申請書類等の到達時点において申請者が申請意思を有している必要がある。もっとも、本条が特に設けられた趣旨に鑑みて、書類等の到達があった場合は、申請留保の意向が明示されるなど特段の事情がない限り、申請意思は存在するものとして扱われるべきであろう。

(ウ) 申請の不備が著しいとき申請は成立しないか

申請「到達」の前提として、当該申請書が申請とみうる程度の体裁を備えていることが必要だとする見解がある（南 = 高橋編・注釈155頁以下〔山口浩司〕）。すなわち、単なる陳情なのか何らかの許認可等を求める申請なのか不明確な場合、差出人の住所氏名の記載がなく差出人の特定が困難な場合などには、書面が配達されても2条3号所定の申請の定義に当てはまらないという。

しかし、申請書の内容やその提出態様の不完全性を理由として、行政庁が一方的に申請の不成立を認定し諾否の応答をしないというのは、従来の不受理の取扱いにほかならないのであって、受理・不受理の観念を排除しようとする本条の趣旨とは相容れない。それゆえ、原則として、不備の著しい場合にも一応は申請が成立すると解し、行政側としてはまずは補正または取下げを求め（行政指導に当たる）、申請者がそれに応じない場合に拒否処分をすべきところである。郵送等で届いた申請書であって申請者が特定できない場合にも、相手方を身元不明の申請者と記載しての拒否処分は可能と思われる。

もっとも、申請の意思が判然としない場合（陳情か申請か行政指導を求めているだけなのかが不明確な場合、ネットワーク経由の申請が文字化けした場合、申請取下げ意思の存否が明らかでない場合など）については、諾否の応答義務が生じるか否かどこかで線引きをして、ときには消極の判断をせざるをえない（申請意思を否認した裁判例として岡山地判平8・7・23判例自治165号74頁、大阪高判平13・10・19訟月

49巻4号1280頁参照)。その限りで、不受理観念の完全排除は論理的に不可能である。また、申請先がどこの行政庁か特定困難な場合にも、拒否処分をすべき行政庁が決まらないため、諾否の応答ができないと受付段階で結論づけるほかなく、やはり論理的に不受理を回避できないと思われる。それゆえ、このような事例に限っては「申請」該当性を否定する解釈も可能とされよう。なお、これらの場合の不受理は事実行為と解され、申請者側がこれに不服の場合には、申請の成立を前提として処分不作為に対する争訟手段を用いるべきこととなる。

　申請が所定の窓口とは異なる部局に届けられた場合にも、不受理の扱いが容認される。そもそも行政庁の事務所への到達という本条の要件を充足しないため本条の適用がなく、不受理の排除という本条による立法政策も及ばないと解される。申請を受領した行政機関は、処分として諾否の応答をする義務を負わないが、条理上、所管外との理由を示して不受理の返答をする（やはり事実行為に当たる）義務は免れないと思われる（高木他・条解189頁〔須田〕は、「一般的法理」により「所管外の理由をもって却下すべき」とする。この「却下」は申請に対する処分として観念されているようである。しかし、所管外の行政機関への到達でも申請が成立すると解することができるならば、「一般的法理」を持ち出すまでもなく本条により「形式上の要件に適合しない申請」として拒否処分をすればすむ。逆に、申請が成立しないと解されるならば、処分としての「却下」はできないと思われる）。

(2)　申請の取下げ（申請の撤回）

　申請が到達して申請が成立した後、申請者が申請をしない旨改めて意思表示すれば、原則として申請時に遡って申請はなかったものとみなされる（申請の取下げまたは申請の撤回という）。当該申請について行政庁が審査し応答する義務は消滅し、申請の有効性が要件である場合には、仮に処分が発せられてもそれは違法である（公務員の依願免職につき最判昭37・7・13民集16巻8号1523頁は取消事由とするが、今村・入門164頁は無効事由と解する。当初からの申請欠如が無効事由とされる以上、無効事由と解してよいと思われる）。提出された関係書類や納付された手数料等は、別段の定めがない限り、申請者に返還されるべきものと解される。

　申請の取下げは、原則として特定の形式を必要とせず、電話による通告などでも足りる。しかし、申請を取り下げることができるのは、処分が申請者との関係で有効に成立する前に限られる（最判昭34・6・26民集13巻6号846頁。行審27条をも参照）。すなわち、処分が申請者に到達するのに先立って、取下げの意思が行政

行政手続法

庁に到達しなければならない。また、申請の取下げは信義に反するものであってはならない（同上最判）。そのほか、個別法令の定めにより取下げが制限される場合がある。

3 許認可等の要件の審査

(1) 審査の開始

申請が行政庁（または経由機関）の事務所への到達により成立すれば、行政庁には「遅滞なく」審査を開始する義務が生じる。一時に集中して多数の申請が到達した場合、即時の審査開始が不可能なこともありえよう。また、申請の審査を一定期間保留し、複数のものを一括して審査するという処理（競願事例など）も、それが合理的範囲でなされている限り違法とはならない（「要綱案の解説」第六、第七）。他方、11条は「他の行政庁において同一の申請者からされた関連する申請が審査中であること」を理由に審査を遅延させることを禁じている。

(2) 形式要件審査の内容

本条の文理によれば、まず一定の形式上の要件の審査をすることとされている。

本条に明示された諸要件の審査に先立って、申請が書面以外でなされた場合や形式要件の不備が著しい場合など、どんな種類の処分を求める申請か趣旨が判然としなかったり申請者の特定が困難であれば、まず行政庁はそれを確認する必要がある。ついで、本条に明示された諸要件、すなわち申請書の記載事項、添付書類、申請期間その他の形式要件への適合性が審査されることになる。しかし、形式要件と実質要件とで審査手続に特段の違いが設けられていない限りで、両者を峻別する実益は乏しく、審査を経ての拒否処分について行審法45条の「却下」と「棄却」のような区別もない（立案段階で「却下」の用語が見送られた経緯については、仲・すべて237頁以下を参照）ことから、形式要件審査と同時に実質要件に関する審査をすることも妨げられないと解される。

なお、経由機関について、個別法令上特別の定めのない限り、固有の審査権限をもたない、単なる申請書類の伝達機関であるとする見解がある（塩野＝高木・条解147頁、153頁、高木他・条解177頁〔須田〕）。しかし、当該行政機関がまさに経由機関と定められている（経由機関が定められる趣旨について、総務庁行政監察局行政相談室監修・行政相談事例研究会編・前掲書62頁は、申請者の利便に資するため、または経由機関にも申請に係る情報を把握させておく必要があるためとする）ことに基づき、申請に一定の審査を加え、必要と考えれば補正を求める等の行政指導をす

る権限を付与されたものと解されよう。

(3) 形式要件審査の結果

　形式要件審査の段階で不備が発見されなければ、直ちに申請に対する諾否を判断するための実質審査に進まなければならない。他方、不備が発見されたとき、行政庁は「速やかに」、申請者に対して「相当の期間」を定めて補正を求めるか、申請拒否の処分をするかという選択を課せられる。

　本条にいう補正とは、申請の到達時点における形式要件の不備であって申請拒否の理由となるものを補完するための申請者自身による措置であり、「相当の期間」内に補正がすめば、申請は、その当初の到達時点において補正を織り込んだ形で到達していたものとみなされる。一度の補正ではまだ不十分な場合に、なお補正の余地があれば、行政庁は再度の補正を求めることもできる。

　申請が期限に遅れた場合など要件の欠如が補正不可能であるとき、行政庁は申請を拒否する処分をしなければならない。この段階での、形式要件欠如を理由とする申請拒否処分については、拒否理由の提示を含め所定の処分形式によることは必要であるが、個別法令に特別の審査手続が規定された場合であっても、これは省略できると解される（参照、行審24条2項）。もっとも、当該形式要件欠如をめぐって申請者と行政庁の間で見解が対立するような事案にあっては、少なくともこの点に関して申請者が意見を述べる機会は与えられるべきであろう。

　行政庁が補正可能と認めた場合について、行審法23条が不適法な審査請求について補正を命じることを義務付け、却下よりも補正命令を優先しているのに対し、本条の文言は中立的である。手続法上の一般的規定では対応できない場合のあることが考慮され、補正を求めるか拒否処分をするかが行政庁の裁量に委ねられたといわれる（仲・すべて42頁、182頁。宇賀・概説Ⅰ421頁は、大量の案件を迅速に処理する必要から補正を求めることの困難な場合がありうることに配慮したものとする）。

　しかし、特段の事情のない限り補正を求めるのが原則と解すべき（青木・解説109頁、兼子＝椎名編・手続条例23頁〔安達〕、佐藤編・自治体実務48頁〔田村達久〕など）であり、補正を求めればすむところを安易に拒否処分に及ぶことは裁量権の濫用に当たると考えられる（東京地判昭30・6・30行集6巻6号1497頁、東京地判昭36・3・6行集12巻3号521頁、東京地判昭46・1・29判時640号36頁、神戸地判昭62・10・2判タ671号193頁、兼子・手続法73頁、高橋・手続法204頁以下）。なぜならば、多くの場合、拒否処分よりは補正を求めることが申請者の利益にもなるからであ

る。例えば、申請に際して手数料等を納付すべき場合、補正によれば反復してこれを納付する必要がなくなるほか、申請の時点が許認可等の要件として斟酌される場合、補正によれば先願の順位や申請期限を遵守した事実がそのまま認められる可能性がある（もっとも、最判昭47・5・19民集26巻4号698頁は先願主義下で競願関係を処理する基準時点を「許可の要件を具備した許可申請が適法になされたとき」とした）。

なお、行政庁が補正を求めたり、さらに申請の取下げを促したりする行為は、行政指導に当たる（立案段階で補正を「命じる」という表現が修正されたことにつき、仲・すべて238頁参照）。その限りで第4章の規定が妥当し、また、抗告訴訟の対象にはならない。そのほか、申請者からの自発的な補正の申出も、申請の取下げと同じく処分前であれば当然には妨げられないと解されるが、申請期限後になった場合などには処分に際して考慮外とされる可能性が否定できない。

(4) 行政庁が補正を求めた後の申請の扱い

行政庁が補正可能と判断し補正を求めても、申請者がこれに応じなければ、行政庁は速やかに拒否処分をしなければならない。申請者が補正の求めに応じる意思を示せば、行政庁は直ちに拒否処分をすることはできず、申請者が必要と認めた補正の結果が行政庁に到達するまで、処分内容についての判断を留保することになる。もっとも、申請者が補正にかかっている間、その他の要件について審査を進めることは妨げられない。

申請者が補正に応じる意思を示したものの行政庁の定めた期間内に補正がなされなかったとき、行政庁は拒否処分をすべきか、期間を経過した時点で申請が取り下げられたとみなすべきかという問題がある（なお期間延長の余地があれば、それを認める選択肢もありうる）。取下げとみなす判断は、実質的には不受理決定であるから、受理観念を排除した本条の趣旨に鑑みれば、拒否処分をする方が首尾一貫する。それゆえ、申請取下げの意思が明確に示されない限りで、原則として拒否処分をすべきものと解され（IAM・逐条解説行手法146頁）、その方が救済の途も明確である。

しかし、拒否処分であっても手数料などの負担が課される場合や、拒否処分を受けた前歴が将来不利に考慮される可能性がある場合（再申請が制限されうることにつき、遠藤・行政法151頁参照）などには、取下げとみなす処理の方が申請者にとって有利となりうるので、このような扱いを全面的に否定するのも適当ではな

いといえよう（仲・すべて44頁注(23)参照）。これらの場合は、補正を求めるに際して申請者の意向を確認し、行政庁の定めた期間内に申請者側の対応がなければ「取下げ」とみなす旨を明示するような配慮が望まれる。

4　「受理」観念を排除したことの当否

(1)　「受理」観念の排除

　従来は、申請の到達したのち、形式的要件を中心とする若干の予備的審査を経て申請の成立を認定する「受理」の段階が観念され、その後行政庁に諾否の応答をなす義務が生じ、そのための精密な審査に入るべきものと解されていた。そして、実務上は、その受理の前に申請の取下げや申請内容の変更を求めて行政庁が種々の行政指導を試み、これに申請者が応じなければ申請書類を返戻するなど受理自体を拒んで、本来なら付与すべき許認可でも付与しない例が珍しくなかった。

　本条では、申請が行政庁の「事務所に到達したとき」に直ちに成立して審査義務が生じることとして、意図的に「受理」観念の排除が試みられたのである。受理については、実務上の弊害のほか、理論上も問題点が指摘されていた。すなわち、受理は準法律行為的行政行為の一類型とされてきたが、申請に対する受理のほか、報告的・創設的な届出に対する受理、実定法上の「受理」であって講学上の許可・認可とも解する余地のあるものなど、それぞれ質の異なる多様な「受理」が未整理のままであり、また、準法律行為的行政行為という分類概念自体も疑問視されている（塩野・行政法Ⅰ131頁、藤田・行政法198頁、今村・入門71頁参照）。それゆえ、「受理」観念を排除しようとする立法政策に一定の合理性があることは否定できない。

　しかし他方で、不「受理」を拒否処分と区別する扱いがむしろ適切な局面もあると思われる。例えば、申請期限が定められた場合や申請順位が斟酌されるべき処分に関して、不備の著しい「申請」でもその時点で成立したとみなされるならば、期限の定めや先願主義の趣旨に反した不当な結果をもたらす可能性がある。また、申請の不備の補正のための「相当の期間」の徒過を行政庁が認定し、申請者の同意なしに一方的に申請の取下げとみなす場合（前述3(4)参照）には、補正を求める行為の処分性が否定される帰結として、この判断は従来の不受理にほかならないものといえる。そのほか、不備の著しい一定の申請や、所定の窓口とは異なった部局に届いた申請について、不受理とせざるをえない場合があることは前述のとおりである（2(1)(ウ)参照）。

(2) 申請の際の行政指導

拒否処分とは区別された不受理の扱いを観念せざるをえない以上、「受理」前の行政指導の余地も消滅しない。例えば、申請の不備が著しい場合、その「到達」という事実の存否については行政庁の判断がさしあたり通用するため、申請者に対して行政庁が「これでは申請の到達とはみなせない」などと言い張ることがあれば、そこに行政指導の契機が生じる。同様のことは、申請が申請者の申請意思に基づいたものであるかどうかの判断についても妥当する。さらに、申請書用紙の交付を渋るなど、申請それ自体を事実上困難にしての行政指導の余地も、本条の趣旨に反すると言えるものの（東京高判平19・5・31判時1982号48頁参照）、依然残されていて、このような場合は不作為についての争訟手段も実効的ではない。結局、申請の成立をめぐる段階での行政指導はかなり制約されることになるが、その余地は完全には消滅していない。

申請後の行政指導は可能である（前述2(1)(イ)および3(3)参照）が、第4章の制約に服することになる。

［梶　哲教］

（理由の提示）

第8条　行政庁は、申請により求められた許認可等を拒否する処分をする場合は、申請者に対し、同時に、当該処分の理由を示さなければならない。ただし、法令に定められた許認可等の要件又は公にされた審査基準が数量的指標その他の客観的指標により明確に定められている場合であって、当該申請がこれらに適合しないことが申請書の記載又は添付書類その他の申請の内容から明らかであるときは、申請者の求めがあったときにこれを示せば足りる。

2　前項本文に規定する処分を書面でするときは、同項の理由は、書面により示さなければならない。

1　本条の趣旨

本条は、許認可等の申請に対して行政庁が拒否処分をする場合に、行政庁の判断の慎重・合理性を担保し、申請者の争訟（行政不服申立て、訴訟）提起の便宜を

図るため、拒否処分と同時に、処分理由を申請者に対して示すことを行政庁に義務付けるものである。許認可等の申請に対して拒否処分をするときは、許認可の種類、拒否処分の内容の如何を問わず、原則としてすべての場合に処分理由を示さなければならないが、拒否処分の理由が客観的に明らかな場合は、行政庁の負担軽減の見地から、申請者から求めがあった場合に理由を示せば足りるものとされた。

　本条は、不利益処分についての理由の提示を定める14条とともに、理由付記の判例法理（後述2）の適用範囲を拡張するものとして大きな意義をもつ（従来は「理由付記」の語が用いられてきたが、本法においては、書面のみならず口頭で理由を示す場合も含めるため、「理由の提示」という語が用いられている）。このことに加えて、許認可等の申請に対する拒否処分には聴聞・弁明手続の適用がないため、理由の提示がこの場合の主要な手続保障手段となることにも注意を払っておきたい。

　なお、これまで理由の提示は専ら行政処分について論じられてきたが、今日では、行政立法・行政計画の制定・策定過程においてもその制定・策定理由を明確にすることが求められる傾向にある（43条1項4号、都計21条の5第1項等）。本条の射程を超える問題であるが、広い意味での理由提示に関わる問題としてここで指摘しておきたい。

2　理由付記の判例法理

　本条の意義をよりよく理解するには、本法制定前に形成された理由付記の判例法理を一瞥しておくことが有益である。

　当初、理由付記は、署名・捺印等と並んで行政処分の形式的要件にとどまるものと考えられた。このため、理由付記を命じる明文規定に違反することは、処分の無効事由を構成するとの見解がある一方で、これを訓示規定と解して処分の効力に影響を及ぼさないとする見解もみられた。

　このようななかで、理由付記を行政処分の単なる形式的要件とみるのでなく、その手続保障的機能に着目して理由付記規定の存在を重視する判例法理が、課税処分の分野を中心に形成された。

　それによると、処分に際してその理由を付記することは、a 処分庁に慎重・合理的な判断を要求し、恣意を抑制することにつながり（慎重判断担保機能）、また、b 処分の相手方にとっても、処分理由を知ることは争訟提起に便宜となることから（争訟提起便宜機能）、法が理由付記を命じる場合に、理由の記載を欠く処分あ

行政手続法

るいは理由の記載が不十分な処分は、それだけで取消しを免れないものとされた（①最判昭37・12・26民集16巻12号2557頁、②最判昭38・5・31民集17巻4号617頁等。なお、学説においては、理由付記の機能として、上記 ab の機能のほか、c 説得機能、d 決定過程公開機能を挙げるものがある〔塩野・行政法Ⅰ296頁〕。さらに、個人の尊重の観点からこれを根拠づけることも可能であろう〔小早川・講義下Ⅰ64頁〕)。

理由記載の程度についても、判例はかなり厳格な立場をとってきた。すなわち、根拠法条を示す程度のものでは足りず、処分を具体的に根拠づけるものでなければならないこと、また、処分理由は、相手方の知不知にかかわらず、処分通知書の記載自体から知りうるものでなければならないこと等である（前掲①②判決等。このほか、瑕疵の治癒が認められないことについては、後述7参照)。

以上のように、判例法理は、比較的厳格に理由付記を要求するものであったが、理由付記の要請を憲法上のもの（適正手続）とは考えなかったため、この法理の妥当範囲は、理由付記を要求する明文の規定がある場合に限られた。そして、理由付記を要求する明文規定は必ずしも多くなかったため、理由付記を要する行政処分は、本法制定前の段階では、例外的なものにとどまっていた。

本法は、拒否処分（本条）および不利益処分（14条）に広く理由の提示を義務付けることによって、判例法理の限界をかなりの程度克服するものになっている。

3 理由提示義務の及ぶ拒否処分の範囲 （1項）

(1) 本条1項は、許認可等の申請に対する拒否処分について、処分理由が客観的に明らかな場合を除いて、行政庁に処分理由の提示を義務付けている。

(ア) ここでいう拒否処分とは、不許可、棄却、却下等、名称の如何を問わず申請を拒否する処分すべてを指し、形式的要件を満たさないことを理由とする拒否処分もこれに含まれる。

(イ) 申請を一部拒否する処分も、申請が部分的にせよ拒否されることに変わりはないのであるから、拒否部分につき理由を示す必要がある（IAM・逐条解説行手法149頁、宇賀・三法解説99頁参照)。

(ウ) 付款つき認容処分については、概念上、拒否処分とは異なるため、理由提示義務は及ばないと考えることもできる。しかし、当該付款が申請内容の前提となっておらず、かつ申請者にとって不利益な内容をもつ場合は、一部拒否処分または不利益処分に匹敵するとみる余地があるため（期限や条件については前者に、負担については後者に類する)、そのように判断される場合は、付款を付す理由を

示すべきであろう（この問題につき、高木他・条解199頁〔須田守〕も参照）。なお、運転免許証の更新をめぐって、免許証の有効期間を3年とする更新処分は、これを5年とする更新処分の一部拒否処分に当たるとして、理由提示が義務付けられるとした裁判例がある（千葉地判平17・4・26 LEX/DB28101210。ただし、控訴審である東京高判平17・12・26 LEX/DB28131616はこれを否定）。

(2) 本条が適用される拒否処分の範囲は以上のとおりであるが、これ以外にも理由を示すことが望ましい処分（14条の不利益処分に該当するものを除く）が存するように思われる。今後の立法論的課題（条例制定を含めて）として、また実務における自発的な改善目標として、参考までに以下に挙げておく。

(ア) まず、第三者の利益を損なうおそれのある申請認容処分が挙げられる（いわゆる複効的処分）。このような処分は、処分の慎重・公正確保の観点からも、また第三者の権利利益保護の観点からも、理由の提示が望ましいものといえる（第三者に対する理由の通知を認めた例として、情報公開13条3項参照）。

(イ) 例外的に与えられる許認可（例、市街化調整区域における開発行為の許可〔都計34条〕）や審査基準の適用を排して与えられる許認可についても、平等取扱いの保障ないし裁量権行使の正当化という観点から、行政庁による積極的な説明＝理由の提示が望まれる。

なお、これらの場合の理由提示は、むしろ処分の名あて人以外の者（多くは不特定多数者）にとって意味をもつものであるから、公示のような方法が工夫されるべきである。

4 理由の提示の内容・程度

(1) 理由の提示が要求される場合に、どのような内容の理由を示せばよいのか、あるいは理由をどの程度詳細に示せばよいのかということが問題となる。

この点に関して本条は特に定めをもたないが、本法制定以前の判例は、どの程度の理由の記載が要求されるかにつき、「処分の性質と理由附記を命じた各法律の規定の趣旨・目的に照らしてこれを決定すべきである」（前掲②判決）との考え方に立ち、少なくとも根拠規定を示すだけでは理由の記載として不十分であるとの立場を繰り返し判示してきた。代表的な判例を、以下に二つ紹介する。

(ア) 一般旅券発給拒否処分の理由付記が争われた事件で、最高裁は、当該処分が渡航の自由という基本的人権に関わることから、判断の慎重・公正と不服申立ての便宜を図るために理由付記が義務付けられたものとし、この趣旨に鑑みれば、

「いかなる事実関係に基づきいかなる法規を適用して一般旅券の発給が拒否されたかを、申請者においてその記載自体から了知しうるものでなければならず、単に発給拒否の根拠規定を示すだけでは、それによって当該規定の適用の基礎となった事実関係をも当然知りうるような場合を別として、旅券法の要求する理由付記として十分でないといわなければならない」と判示した（③最判昭60・1・22民集39巻1号1頁）。

　(イ)　公文書の非開示決定が争われた事件においても、最高裁は、住民の公文書開示請求権を尊重するため、判断の慎重・公正と不服申立ての便宜を図るという条例の趣旨に鑑みれば、「開示請求者において、本条例〔東京都公文書開示条例〕9条各号所定の非開示事由のどれに該当するのかをその根拠とともに了知し得るものでなければならず、単に非開示の根拠規定を示すだけでは、当該公文書の種類、性質等と相俟って開示請求者がそれらを当然知り得るような場合は別として、本条例7条4項の要求する理由付記としては十分ではないといわなければならない」と判示している（④最判平4・12・10判時1453号116頁）。

　(2)　これらの判例の趣旨は、本条の解釈においても生かされるべきである。この点からいえば、本条に基づく理由の提示は、単に根拠法条を示すだけでは足りず、拒否処分が、aどのような事実に基づいて、bどのような法的根拠で行われたか、を含むものでなければならないものと解される。

　この点を確認した上で、さらに以下のようなことが指摘できる。

　(ア)　本法は、5条において、申請による処分に対して審査基準を設定・公表することを求めている。このため、許認可等の申請に対して拒否処分を行う場合は、処分理由として、審査基準のどの項目がいかなる点で満たされないかを示す必要がある（宇賀・三法解説102頁、後掲4(3)の東京高判平13・6・14も参照。なお、処分基準についても同様の考え方が妥当する〔最判平23・6・7民集65巻4号2081頁〕。14条の解説3(2)〔久保茂樹〕参照)。なお、審査基準を適用しない場合は、適用しない理由を示すことが特に求められることになろう。

　(イ)　処分根拠となる事実をどの程度詳しく示すかについては、問題となる権利利益の性質、事案の複雑さおよび行政側の負担によって異なってこようが、一般的にいえば、拒否処分がなされる基になった基本的な事実関係を、申請者において理解しうる程度に示すことが要求されることになる（なお、施行通知第二・五1は、「どのような事実を基に拒否処分が行われるのか申請者において十分認識し得る程

(ウ) 相手方が処分理由を知っている場合は、理由提示の必要はなくなるのだろうか。この点について、本法制定前の判例は、処分理由はその「記載自体から」相手方の知りうるところとならなければならないとしてきた（前掲②判決等）。理由付記を命じた規定の趣旨が、不服申立ての便宜だけでなく、処分の慎重・公正妥当の担保にもあることからすれば、処分理由は処分通知書の記載自体において明らかにされるべきであって、相手方の知、不知には関わりがないというべきだからである（最判昭49・4・25民集28巻3号405頁）。本条の適用においても、このような考え方が基本的に妥当しよう。

もっとも、近時の裁判例の中には、弁明の手続の介在を理由に、申請拒否処分の理由提示義務を緩和するものもある（東京地判平24・11・1判時2225号47頁）。聴聞・弁明手続との関係で、理由提示の簡略化が許されるかどうかについては、14条の解説3(3)〔久保〕で改めて取り上げる。

(3) 本法施行後の裁判例において、提示すべき処分理由の内容・程度が争われる事件は少なくないが、下級審判決の大勢は、これまでの判例法理に則って、本条1項の理由提示義務について厳格な統制を及ぼしてきた。

例えば、医師国家試験の受験資格の認定が争われた事件で東京高裁は、本条1項が理由付記に関する判例法理と同一の趣旨に出たものであることを確認した上で、この趣旨に鑑みれば、「許認可等の申請を拒否する処分に付すべき理由としては、いかなる事実関係についていかなる法規を適用して当該処分を行ったかを、申請者においてその記載自体から了知しうるものでなければならないというべきである。そして、当該処分が行政手続法5条の審査基準を適用した結果であって、その審査基準を公にすることに特別の行政上の支障がない場合には、当該処分に付すべき理由は、いかなる事実関係についていかなる審査基準を適用して当該処分を行ったかを、申請者においてその記載自体から了知しうる程度に記載することを要する」として、理由の記載に不備のある認定拒否処分を取り消している（東京高判平13・6・14判時1757号51頁）。同様に、本条1項違反を理由に処分を取り消した例として、東京地判平10・2・27判時1660号44頁、大阪地判平14・6・28裁判所ウェブサイト、仙台地判平17・1・24 LEX/DB25410372〔ただし、その控訴審である仙台高判平18・1・19 LEX/DB28110798は、理由提示義務に反するとはいえないとする〕、前掲・千葉地判平17・4・26、大阪高判平18・6・21 LEX/DB28131673、福岡地判平25・3・5

判時2213号37頁、福岡地判平26・1・21判例自治389号78頁等)。

これに対して、原爆症認定申請却下処分について、判断過程の専門的複雑さと審査会手続の介在等を理由に、詳細な理由の提示がなくとも本条1項の趣旨に反しないとした例もある（大阪地判平23・12・21 LEX/DB25444394）。ただしこの判断は、原爆症認定手続の特殊性を反映したものであることに留意する必要があろう。

5 拒否理由が客観的に明白な場合（1項ただし書）

許認可等の申請に対して拒否処分をするときは、理由を提示するのが原則であるが、法令上の許認可等の要件または公にされた審査基準が数量等の客観的指標により明確に定められており、これを満たさないことが申請書の記載や添付書類その他の申請の内容から明らかであるときは、あえて理由を示す必要はないものと考えられる。1項ただし書は、このような場合、申請者から求めがあるときに限りこれを示せば足りるものとした。

1項ただし書が適用されるのは、申請が要件を満たさないことが申請書の記載や添付書類から直ちに明らかになる場合でなければならず、行政庁の職権調査等を介して要件の不充足が認定される場合は、1項ただし書のケースには該当しない（IAM・逐条解説行手法150頁参照）。

6 書面による理由の提示（2項）

理由の提示は口頭で行うこともできるが、拒否処分が書面で行われる場合は、理由も書面で示さなければならない。

書面による処分が法的に義務付けられていない場合であっても、処分が書面によって行われる限り、理由の提示も書面によることが求められる。

処分がオンラインでなされる場合は、書面でなされる場合に準じて、処分と同時にオンラインで理由が示されなければならない。実際の処分は書面やオンラインによって行われる場合が多いであろうから、口頭での理由の提示で足りる場合は限られる。

7 理由の提示に関する瑕疵

(1) 一般に、手続の瑕疵が処分にどのような影響を与えるかについては議論のあるところであるが（近時の学説として、大橋洋一「行政手続と行政訴訟」法曹時報63巻9号〔2011年〕2039頁、田中健治「行政手続の瑕疵と行政処分の有効性」藤山雅行＝村田斉志編『新・裁判実務大系㉕行政争訟〔改訂版〕』〔青林書院、2012年〕196頁、戸部真澄「行政手続の瑕疵と処分の効力」自治研究88巻11号〔2012年〕55頁等を参照）、

理由付記の判例法理は、理由付記の瑕疵を処分の取消事由に結びつけてきた（本条の解説2、4(1)に挙げた①〜④判決は、いずれも理由付記が不十分であることに基づいて処分を取り消した事例である）。

本条は、理由提示の瑕疵について特に規定していないが（14条も同様）、判例法理を踏まえるならば、本法のもとでも理由提示に関する瑕疵は、それ自体として処分の取消事由を構成するものと考えるべきである（塩野・行政法Ⅰ348頁参照。これに対し、理由付記判例法理の緩和を説くものに、西鳥羽和明「理由付記判例法理と行政手続法の理由提示（一）（二・完）」民商法雑誌112巻6号〔1995年〕851頁、113巻1号〔1995年〕1頁がある。下級審裁判例の動向については、前記4(3)参照）。

(2) 理由提示に関する瑕疵は、のちに、行政庁や不服審査庁によって理由が示されることによって治癒されるであろうか。この問題は、税務行政上の更正処分の理由付記をめぐって論じられてきた。

判例は、不服申立裁決における理由付記によって瑕疵が治癒される可能性を否定する。この場合に瑕疵の治癒を認めるとすれば、「処分そのものの慎重・合理性を確保する目的にそわないばかりでなく、処分の相手方としても、審査裁決によってはじめて具体的な処分根拠を知らされたのでは、それ以前の審査手続において十分な不服理由を主張することができないという不利益を免れない」からである（最判昭47・12・5民集26巻10号1795頁。再調査決定につき、最判昭47・3・31民集26巻2号319頁）。

判例のこの考え方は、本法に基づく理由の提示にも妥当する。すなわち、本条1項は、拒否処分をする場合は、「同時に」処分理由を示さなければならないものとしている（不利益処分についても、原則は同じである）。また、本法において、処分と同時の理由提示義務を免れるのは、不利益処分に関して、「差し迫った必要がある」場合に限られている（14条1項）。このことからすると、理由提示の瑕疵について治癒が認められる余地は、処分の相手方の同意があるような例外的場合を除いて、存しないように思われる。

8 理由の差替え

理由の差替えとは、一旦処分理由を示した行政庁が、当該処分の取消しを免れるため、処分理由を別のものに差し替えることを指す（なお、理由の追加についても、差替えに準じて考えられる）。本条は、拒否処分について理由提示義務を定めるが、理由の差替えが許されるか否かについては定めがないため、この問題の解

決は法解釈に委ねられている。

　理由の差替えが問題となるのは、主に取消訴訟の場においてである（申請拒否処分に対して義務付け訴訟が提起される場合は、申請が認容されるべきかどうかを、あらゆる観点から審査する必要があるため、理由の差替えは妨げられない）。かつては、取消訴訟の訴訟物が処分の違法性一般である（通説）ことから、差替えを無制限に認める見解もあったが（最判昭53・9・19判時911号99頁）、差替えの許容性は、訴訟物との関係のみで決まるものではなく、1．理由提示義務との関係、2．処分の同一性との関係、3．聴聞・弁明手続との関係で検討されなければならない（なお、3については、14条の解説7〔久保〕で扱う）。

　(1)　理由提示義務の存在は、差替えの可否に影響を及ぼすだろうか。

　(ア)　学説は分かれている。差替え許容説は、理由提示の瑕疵を独立の取消事由とし、治癒についても厳格に処理するとすれば行政庁の慎重考慮は担保されること（鈴木康之「処分理由と訴訟上の主張との関係」新実務民訴講座(9)277頁以下参照）、また、処分後も行政庁の調査義務・真実発見義務は存続すること（塩野・行政法Ⅱ178頁参照）を挙げ、理由提示義務と差替え禁止の関連を否定する。

　これに対し、差替え制限説は、差替えを許すと理由提示が軽んじられ、法が理由提示を義務付けた趣旨が損なわれ、ひいては信義に背く結果になるとする（原田・要論409頁、金子宏『租税法〔第20版〕』〔弘文堂、2015年〕946頁〜949頁、高橋・手続法430頁参照）。このほか、差替え制限の論拠として、処分理由が行政庁により「公式に表示」されたことを重くみるもの（兼子・行政法学186頁以下）、行政庁の事前の調査検討義務に重きを置くもの（小早川・下Ⅱ206頁以下、交告尚史『処分理由と取消訴訟』〔勁草書房、2000年〕）等がある。

　(イ)　判例は、課税処分に関して以下のような状況にある。

　まず、法律上理由付記が義務付けられていなかったいわゆる白色申告更正処分に関して、理由の差替えは広く認められてきた（例えば、最判昭42・9・12訟月13巻11号1418頁）。

　これに対し、法律上理由付記が義務付けられていた青色申告更正処分に関して、下級審判決は、差替えを認めるもの（東京高判昭48・3・14行集24巻3号115頁、大阪高判昭52・1・27行集28巻1＝2号22頁）と、何らかの制限が及ぶとするもの（大阪高判昭43・6・27シュトイエル78号36頁、京都地判昭49・3・15行集25巻3号142頁、東京地判昭55・9・29行集31巻9号2024頁）とに分かれていた。

最判昭56・7・14民集35巻5号901頁は、青色申告更正処分の取消訴訟において一定範囲での主張の変更を認めたが、判決文の中で、「一般的に青色申告書による申告についてした更正処分の取消訴訟において更正の理由とは異なるいかなる事実をも主張することができると解すべきかどうかはともかく」との留保をつけた点が注目される。ただし、この留保が、理由付記義務との関係から導かれるのかどうかは、必ずしも明確ではない。

　課税処分に関する上記の裁判例は、どちらかといえば、差替えを許容する傾向をもつものといえる。これは、この分野で有力な総額主義的訴訟観（課税処分取消訴訟を、処分理由との関連で税額の適否を争う訴訟とみるのではなく、客観的な税額の適否そのものを争う訴訟とする見方）と無関係ではない。この点を踏まえると、課税処分に関する判例の立場を、一般の行政処分に直ちに及ぼすことには慎重でなければならない。

　(ウ)　情報公開拒否処分についても、訴訟の段階で別の拒否理由を追加主張できるかどうかがしばしば争われる。

　下級審判決は、追加主張を認めるものと（東京地判平6・1・31判時1523号58頁、福岡高判平6・5・23判例自治129号19頁等）、認めないもの（横浜地判平6・8・8判例自治138号23頁、福岡高宮崎支判平11・4・16判タ1023号153頁等）に分かれていたが、最高裁は、情報公開条例が理由付記義務を設けた趣旨は処分時に理由を記載させることをもってひとまず実現されるとし、条例がこの趣旨を越えて理由の追加主張を禁ずるものとまでは解されないとの判断を示した（最判平11・11・19民集53巻8号1862頁）。

　この判決は、差し当たり情報公開拒否処分を対象としたものであり、他の処分についても同様の結論が導けるかどうかについてはなお議論の余地がある（芝池・読本238頁注(13)は、情報公開訴訟には、差替えを認める固有の事情〔将来の開示請求に備えて開示の要否に決着を付ける必要〕があるとして、この判決を差替許容の一般的な根拠にすることはできないとする）。たしかに、不利益処分と異なり申請拒否処分の場合は、当初の処分を取り消しても再度の処分が予定されているので（行訴33条2項）、紛争の一回的解決の見地から差替えを許容することには一定の合理性があるといえるが、不利益処分の場合はこれと同様に解することはできず、むしろ一旦処分を取り消す方が相手方の利益保護にとって望ましいとする考え方が有力である（以上の点につき、兼子・行政法学188頁、石崎誠也「申請拒否処分におけ

る処分理由の追加・変更」法政理論37巻 1 号〔2004年〕1 頁、小早川・下Ⅱ214頁、大橋・行政法Ⅱ158頁〜161頁参照。この二分論に対する批判として、山本隆司「取消訴訟の審理・判決の対象——違法判断の基準時を中心に(1)」法曹時報66巻 5 号〔2014年〕1084頁参照)。

(2) 理由提示義務との関係では以上のような議論があるが、これとは別に、理由の差替えが制限される場合がいくつか考えられる。以下では、処分の同一性が失われるケースを取り上げる(このほか、裁判所と行政庁の役割分担の見地からも、差替えの許容性が問題になることがある。行政庁が実質的判断を行っていないことを理由に差替えを認めなかった例として、最判平 5・2・16民集47巻 2 号473頁参照。聴聞・弁明手続との関係については、14条の解説 7〔久保〕参照)。

(ア) 理由の差替えによって処分の同一性が失われるようなケースでは、差替えは許されないと解されてきた。処分の同一性がどのようなメルクマールによって画されるかについては、統一的な基準が形成されていないため、個々の処分の性質を踏まえて判断していくほかない(この問題については、早坂禧子「行政処分の同一性論試論」桐蔭法学 5 巻 2 号〔1999年〕105頁、司法研修所編『改訂 行政事件訴訟の一般的問題に関する実務的研究』〔法曹会、2000年〕204頁〜214頁等を参照)。

例えば、公務員に対する懲戒処分は、最も厳格に処分の同一性が求められるものの一つである。懲戒処分は、公務員の特定の非違行為を対象になされるので、あとから別個の非違行為を持ち出して処分を維持することは許されないからである(塩野・行政法Ⅱ176頁)。これに対して、分限処分は公務員の職務遂行能力等に基づいてなされるので、別個に解する余地がある。

一方、許認可等の拒否処分に関しては、理由を差し替えたとしても、一定の申請に対する拒否処分であることに変わりはないので、処分の同一性が問題となる余地はほとんどないように思われる(山本・前掲論文1098頁)。

(イ) 根拠法条の差替えについても、処分の同一性が問題とされることがある。最高裁は、1962(昭和37)年改正前法人税法25条 8 項 3 号(帳簿書類の不実記載)に当たるとして青色申告承認取消処分がなされた事件で、根拠法条を同項 1 号(帳簿書類の形式不準拠)に差し替えることは、処分の相当性の判断要素を異にするので処分の同一性を損なうことになるとした(最判昭42・4・21訟月13巻 8 号985頁)。

これに対し、一般自動車運送事業の免許期限の変更拒否処分が争われた事件で、

誤って適用された処分の根拠法条を本来適用すべき根拠法条に差し替えたからといって、別個の処分をしたことにはならないとした判例もある（前掲・最判昭53・9・19）。

[久保茂樹]

（情報の提供）
第9条 行政庁は、申請者の求めに応じ、当該申請に係る審査の進行状況及び当該申請に対する処分の時期の見通しを示すよう努めなければならない。
2 行政庁は、申請をしようとする者又は申請者の求めに応じ、申請書の記載及び添付書類に関する事項その他の申請に必要な情報の提供に努めなければならない。

---

1 本条の趣旨

本条は、行政は国民に対し基本的に「懇切」な態度で臨むべき（IAM・逐条解説行手法151頁参照）との考え方から、申請者等の求めがあった場合に、申請に必要な情報や申請の処理状況等に関する情報を提供する行政庁の努力義務を定めたものである。

本条は、行政手続法的規定というよりむしろ行政運営法的規定とみられるが、申請手続が一般の国民にとって必ずしもわかりやすいものでないこと、また申請の処理状況等は申請者にとって強い関心事であることを考慮すると、このような規定を設けることは、行政運営のあり方として望ましいだけでなく、申請権の円滑な行使を確保する上でも重要な意味をもつといえよう。

もっとも、本条の定めは努力義務にとどまるので、この点での限界を伴うことは否定できない。

2 審査の進行状況等に関する情報の提供（1項）

本法6条は、申請処理期間の目安を示すため、標準処理期間の設定・公表制度を設けている。本条1項は、これに対応して、申請がなされた場合において、申請者の求めに応じて、その審査の進行状況等に関する情報の提供を行政庁に求めるものである。

行政手続法

　情報提供の対象となるのは、「審査の進行状況」および「処分の時期の見通し」である。「審査の進行状況」とは、当該申請が、現在いかなる行政機関のもとで、いかなる審査を受けているかということに関わる情報であって、審査における判断内容やその見通しに関わるものではない。同様に、「処分の時期の見通し」も、処分の下される時期についての情報であって、処分内容に関わるものではない。

　1項の情報提供は、標準処理期間の経過の前後に関わりなく、行政庁に求められる努力義務である。本法の立案過程においては、標準処理期間を経過した場合に、処分が下されない理由や今後の見通し等を法的義務として明らかにさせるとの考え方があったが（第2次研究会案0307条3項および「対案」第9第1項参照）、本法ではこのような考え方はとられなかった。

3　申請に必要な情報の提供（2項）

　(1)　1項の情報提供が、既に申請をなした場合の、審査の進行状況および処分時期の見通しに関わるものであるのに対し、2項は、これから申請をなす（または変更する）場合における、申請書の記載、添付書類その他申請に必要な情報の提供に関わるものである。

　申請をしようとする者のほか申請者の名も挙がっているのは、申請を変更する場合の便宜を考えたからである。

　ここでいう情報提供とは、申請をしようとする者または申請者の「求めに応じ〔て〕」行われるものであるから、行政庁の職権で行われる情報提供は含まれない（宇賀・三法解説102頁。職権による児童扶養手当制度の広報周知義務を認めた例として、京都地判平3・2・5判時1387号43頁。ただし、控訴審である大阪高判平5・10・5判例自治124号50頁はこれを否定）。なお、本法立案過程において、申請人への援助というタイトルで必要に応じて申請書類の追完や意見書提出等を求める行政庁の努力義務が設けられたことがあったが（第2次研究会案0306条）、申請に対する不当な介入の端緒となるおそれがあることから、削除された経緯があることに留意しておきたい。

　2項は、申請をしようとする者または申請者を対象にした規定であるが、申請制度の存在を明確に認識していない者についても、申請制度の存在を知れば申請を行う可能性が高いと見られる場合は、その者に申請に関する情報を提供することは、申請権の保障を実効化する上で意味をもとう。本項に直接関わるものではないが、今後の検討課題になると思われるので、関連する裁判例を紹介しておく。

第2章　申請に対する処分〔§10〕

　重病児を抱える親から経済的援助の相談があった事案において、援助を受けたいという意思が明らかであり、かつ相談内容から児童扶養手当の対象になる可能性が相当程度認められる場合は、相談を受けた市には、手当受給の対象となる可能性があることを教示するなどして、手当受給の機会を失わせないようにすべき法的義務があるとして、教示を怠り援助制度の存在も否定した市に国家賠償責任を認めた例（大阪高判平26・11・27判時2247号32頁）、介護慰労金に関する事前調査で非該当とされた場合において、受給希望者がこれに納得せず不満を述べているときは、事前調査を実施する市には、受給希望者に対して受給申請手続を教示すべき条理上の義務があるとして、これを怠ったことについて国家賠償責任を認めた例（名古屋高金沢支判平17・7・13判タ1233号188頁）が注目される。

　(2)　申請に必要な情報には、形式上の要件に関わる情報と実体上の要件に関わる情報とがありうるが、2項に基づく情報提供は、前者に関わる情報に限られるのであろうか。

　たしかに、実体上の要件に関する情報については本項に明示されていないので、これを排除する考え方もありえようが、申請に必要な情報である限り、実体上の情報を排除するいわれはないし、このような情報に関しても、国民の求めに応じて提供に努めることは、5条（審査基準の設定・公表）の趣旨にも適合するものと考えられる。もっとも、その場合に、情報提供の域を越えて行政指導まで行うことは、本項の意図するところではない。

　(3)　不服申立手続においては、教示制度が法的義務として設けられているのに対し（行審82条）、2項の情報提供は、1項の場合と同様、努力義務にとどまっている。

　ただ、申請に必要な情報の提供が、申請権の円滑な行使と密接に関わっていることを考慮すると、努力義務にとどめたことに疑問がないわけではない。情報提供を求められる行政庁には、申請権の実現支援という趣旨を踏まえた誠実な対応が望まれる。

〔久保茂樹〕

（公聴会の開催等）
第10条　行政庁は、申請に対する処分であって、申請者以外の者の利害を

> 考慮すべきことが当該法令において許認可等の要件とされているものを行う場合には、必要に応じ、公聴会の開催その他の適当な方法により当該申請者以外の者の意見を聴く機会を設けるよう努めなければならない。

1 本条の趣旨

　申請に対する処分は、処分の効果または処分に基づく申請者等の行為によって第三者の権利利益に対して影響を及ぼすことが少なくない。しかし、本法の規定は、制定当初、基本的には、処分等の相手方と行政庁との二面的関係を想定しており、処分の相手方以外の第三者の権利利益については最小限度の配慮をしているにすぎなかった（例、17条）。そのような本法の基本的枠組みのなかにあって、本条は、第三者の権利利益に配慮した例外的な規定の一つであった。

　本条は、「国民生活に密着した行政がより一層強く求められるようになってきている今日」、「申請者以外の者の利害に十分に配慮した的確な行政運営が必要」と定めており、許認可等にかかわり利害を考慮すべきこととされている第三者が存在する場合に、「行政庁が許認可判断をより的確なものとするため」意見聴取に努める努力義務を規定するものとされている（IAM・逐条解説行手法194頁）。ここには、行政庁の努力義務として定められる処分の第三者からの意見聴取が、行政庁の合理的な決定に必要とされる情報収集の方法であると同時に当該第三者の権利利益を保護する手続とすることが述べられている（参照、仲・すべて45頁、施行通知第二・六。芝池・総論309頁は、「権利保護手続」とする）。

2 立法の経緯

　第1次研究会案が命令制定手続、計画策定手続として国民の参加手続をも対象としていたところ、本法制定の出発点となった第2次研究会案は、「国民の権利利益に直接かかわる分野」の行政手続の「近代化」を課題として優先し（塩野宏「行政手続法研究会〔第2次〕中間報告の公表にあたって」ジュリスト949号〔1990年〕100頁）、処分の相手方以外の第三者の意見聴取等による参加手続は将来の課題としていた。

　しかし、第2次研究会案を受けて法案を審議した第3次行政改革推進会議の小委員会において申請人以外の者の参加手続が議論されることとなった。この議論の出発点は「不利益処分に関する手続との関係で利害関係人の概念が置かれようとしていたこととのバランス上、申請に対する処分についての利害関係人にも何

らかの形で手続への参加を認める必要がある」と考えられたことであったという（仲・すべて184頁）。小委員会の部会において利害関係人の範囲・意見の考慮についての対処が議論され、規定の趣旨として行政庁の判断に使う情報を、その関係者から収集することが求められるとの説明が行われ、利害関係を有する者の範囲について、「当該法令において申請人以外の者の利害を考慮すべきものとされている処分を行おうとする場合」（第1次部会案第一〇）との案が示された（仲・すべて200頁）。その後、文言について修正が加えられ、要綱案において「申請人以外の者の利害を考慮すべきことが当該法令において許認可等の要件とされているものを行う場合」（第一〇）という現行の条文となった。

3 「申請者以外の者の利害を考慮すべきことが当該法令において許認可等の要件とされている」場合

申請者以外の者の利害の考慮が「当該法令において許認可等の要件とされている」場合に該当するか否かの判断においてまずは当該法令の定め方が基準とされる（髙橋・手続法229頁は、この規定の文言が、意見聴取の要請の導出に消極的立場を招く可能性を指摘する）。例えば、「他の産業の利益を損じ」ないこと（砂利19条）などの要件規定がある場合がこれに該当する（IAM・逐条解説行手法154頁）。

許認可等の要件が「公共の福祉」、「公共の安全の維持」、「災害の防止」等の場合は、直ちにこの場合に該当することにはならないとされているが（IAM・逐条解説行手法154頁）、当該法令に明文の規定がない場合であっても、当該法令が申請者以外の第三者の利害を考慮すべきものと規定していると解釈される場合もこれに当たる場合があると考えられている（仲・すべて46頁）。そのような場合の一つとして、当該法令によって第三者の利益が保護されていると解釈され、当該処分との関係で第三者に抗告訴訟の原告適格が認められる場合がある。例えば、開発許可については、都市計画法に明文の規定はないが、法律の解釈として第三者の利害が考慮されるべきものと解釈され、意見聴取手続が行われるべきである（参照、安本典夫『都市法概説〔第3版〕』〔法律文化社、2017年〕85頁）。次に、本条は、法制定当時の判例で第三者利害関係人に対して原告適格が否定されていた「公共料金の認可申請に際しての一般消費者のような者」（例、近鉄特急料金訴訟＝最判平元・4・13判時1313号121頁）の利害の考慮までを含む趣旨であるとされている（「要綱案の解説」第一〇）。申請者以外の者の利害が「個々人の個人的利益」として考慮されるべきことが要求されている場合に限らず、「一般的公益」として考慮が

義務付けられている場合であってもこの要件が充足される場合があると考えられる（芝地・総論308頁、小早川編・逐条研究306頁〜307頁〔塩野宏発言〕）。

4 「申請者以外の者」の意見

上記3のとおり、意見聴取の対象となる者としては、申請者、当該処分について原告適格を有する者から一般消費者のような者までの広い範囲の者が考えられ、それらの者の処分に対する利害関係の内容・濃淡は多様である。この点で、本条では、判例等において「法律上の利害関係を有する者」と認められた者が、一般消費者のような者と同等の手続的保護しか受けないことには問題があるとの指摘もある（藤田・行政法164頁注(10)）。

また、本条は「当該申請者以外の者」の意見を聴く機会について規定しており、申請者の意見の聴取については規定していない。申請者との関係における申請に対する処分の仕組みとしては5条から9条に規定があるが、申請者の意見聴取についての定めはない（この点について、室井＝紙野編・行政手続63頁〜64頁〔本多滝夫〕参照）。運用上、申請人にとって不意打ち的な拒否処分とならないようにするなどのため、必要に応じて申請者の意見を聴くことを妨げるものではないと解されよう（小早川・逐条研究314頁〜315頁〔浜川清・塩野宏・室井力各発言〕）。

申請に対する処分については、拒否処分を行う場合に限り、申請者への理由の提示が義務付けられているが（8条）、申請者以外の者への処分の通知、申請を認容する処分についての理由の提示は規定されていない。申請者以外の者の意見聴取手続を経て行われる処分については、申請の許否にかかわらず、公示等の仕方で意見を聴取された利害関係人に知らされるべきであるし、その際には聴取された意見がどのように考慮されたかを提示する処分理由の提示が行われるべきである（芝地・総論312頁、313頁注(2)参照）。

5 「公聴会の開催その他の適当な方法」による意見聴取

本条の規定は、申請者以外の者の意見を聴取する方法について、公聴会を例示する以外には何ら規定しておらず、また公聴会の手続自体についても何も規定していない。

公聴会の手続について、施行令や規則、通達等でモデルが示されてもいない。他法令に基づく公聴会の一つに、土地収用法23条に基づき事業認定を行う場合に一般の意見を求める公聴会がある。この公聴会について、国土交通省令（土地収用法施行規則）は、次のような手続を定めている。①期日等の起業者への通知（5

条）と公告（6条）、②意見を述べようとする者による意見要旨や起業者への質問等の処分庁への申出（7条）、③起業者および意見を述べることを申し出た者への時間と予定開始時刻の通知（8条1項）、④申し出た者が多数の場合、意見を述べることができる者の処分庁による制限（8条2項）、⑤処分庁またはその指名する職員（＝議長）による主宰（10条）、⑥議長の許可による発言と意見内容の制限（11条1項・2項）、⑦議長による発言禁止、退場命令等秩序維持権限（11条の2）、⑦公聴会に関する記録の作成（12条）。

　この公聴会のモデルでは、処分庁が主宰し、意見は制限時間内に1回限り一方的に述べることを基本とし、あらかじめ申し出ておけばこの公述のなかで起業者に質問し、答弁を聴くことは可能だが、それ以外では質問等を行うことはできず、意見は記録されるにとどまる、という特徴がある。本条で例示されている公聴会の手続も、法令で手続を規律されない点を除いてこれに準じたものとなると考えられる。

　本条は公聴会を例示するにとどまっているので、本条による意見聴取の方法を一方的に述べる手続にとどめる必要はない。意見を聴取されることになる利害関係人は、上記3のとおり広範囲にわたり、処分との利害関係の内容・程度もさまざまであり、意見を述べることを希望する者の人数もさまざまであると考えられるのでこの点を考慮して、場合によっては聴聞に準じて質問や証拠提出等の手続をとることも、逆に例えば、処分との利害関係も稀薄になり、利害関係人が多数にのぼるにつれて簡略な手続をとることも妨げられないであろう。簡略な手続としては、意見書の提出、アンケート調査の実施、住民団体または住民の代表者の意見聴取などが考えられる（芝地・総論309頁注(3)参照）。

6　「必要に応じ」「努めなければならない」

　本条は意見聴取を努力義務として規定している。意見聴取が努力義務にとどめられた主な理由は、「第三者からの意見聴取に努める実益のないケースや、第三者からの意見聴取に努めることが他の公益との衡量上不適切と考えられるケースあるいは行政効率を著しく阻害すると考えられるケースもあり、いかなる案件についても一律に意見聴取を行うことが合理的ではないこと」と説明され（IAM・逐条解説行手法154頁）、あるいは意見聴取手続を実施すべき場合の要件や意見を聴くべき利害関係人の範囲を明確にすることが困難であること、および行政庁の過度の負担を避けることにあったとされている（宇賀克也『行政手続法の理論』〔東

京大学出版会、1995年〕57頁）。

　制定過程における意見の中には、申請に対する処分一般については努力義務を課すにとどめるが、「申請人以外の者の利害を考慮すべきことが当該法令において許認可等の要件とされている」場合については義務付けるべきであるとする見解もあった（対案第100その他の意見について、阿部泰隆ほか「行政手続法諸案の比較検討(3)」民商法雑誌109巻3号〔1993年〕616頁〔由喜門眞治〕参照。地方公共団体の行政手続条例には、鳥取県行政手続条例10条のように手続を義務付けたものもある）。

　本条が第三者利害関係人の権利利益の保護を趣旨としていること、そして本条が申請者以外の者の利害の考慮が法令上義務付けられている場合について規定するものであることから、その利害の考慮にあたって、当該処分の取消訴訟の原告適格を有すると考えられる第三者がいるときにその意見聴取を正当な理由なく拒むことは違法であると解する手がかりとなる（参照、髙橋・手続法228頁、小早川編・逐条研究305頁〔髙木光発言〕、312頁〔髙木光・浜川清各発言〕、野呂充「行政手続における第三者の地位と行政争訟」現代講座Ⅱ118頁参照）。

[大田直史]

（複数の行政庁が関与する処分）
第11条　行政庁は、申請の処理をするに当たり、他の行政庁において同一の申請者からされた関連する申請が審査中であることをもって自らすべき許認可等をするかどうかについての審査又は判断を殊更に遅延させるようなことをしてはならない。
2　一の申請又は同一の申請者からされた相互に関連する複数の申請に対する処分について複数の行政庁が関与する場合においては、当該複数の行政庁は、必要に応じ、相互に連絡をとり、当該申請者からの説明の聴取を共同して行う等により審査の促進に努めるものとする。

1　本条の趣旨

　申請に対する処分については、5条から11条までの規定があり、それらの規定に従った処理が行われ、特に行政庁自らが定める標準処理期間（6条）を目処に処理されるべきことになる。本条は、申請に対する処分についてこれらの規定に

加えて、特に同一の申請者から複数の行政庁に対して関連する申請が提出される場合の処理について規定し、行政庁が相互に判断をまって、申請に対する処分を遅延させることを防止し、処理を促進するべきことを規定している。

本条は、他の行政庁が同一申請者からの関連する申請を審査中であることをもって審査または判断を「殊更に」遅延させるようなことを戒めるとともに（1項）、関係する複数の行政庁が申請に対する審査を促進すべきことを努力義務として課している（2項）。

2　立法の経緯

第1次研究会案では、公共事業実施計画確定手続について規定し、計画確定裁決に他の許認可等を不要とする集中効を与え窓口を一本化することによって、事業主体が申請書類を一括して計画確定裁決庁に提出できるようにすることが考えられていた（1124条）が、これは規定の具体化の困難さなどから見送られた。他方、そのような問題意識を踏まえて、共管事案について何らかの規定を設ける必要があるとの考えから、第3次行革審の段階で本条と同趣旨の規定が盛り込まれることになった（第1次部会案第11、小早川編・逐条研究117頁〔小早川光郎・仲正各発言〕。なお、阿部泰隆ほか「行政手続法諸実の比較検討(3)」民商法雑誌109巻3号〔1993年〕616頁〔由喜門眞治〕参照）。本条と同趣旨の規定は、特に産業界から強く要望されたものであったといわれている（小早川編・逐条研究117頁〔塩野宏発言〕）。

要綱案の段階では、条文は一本化されていたが（要綱案第一一）、法案段階で二つの項に分けられ、申請の処理を殊更に遅らせてはならないとするいわば消極的な促進に関する1項と関係行政庁の相互の連絡等による処理の積極的促進に関する2項とに分けて規定された。

なお、本条は、間接的には申請者の権利利益を保護することに資する規定であるが、直接には行政内部における申請の事務処理手続、特に行政庁相互間の協働（芝地・総論108頁）に法的規制を加える点に特徴がある。また、その意味で、本条は、行政運営法的または客観法的手続の側面を有する規定といえる（藤田宙靖『行政組織法』〔有斐閣、2005年〕107頁、芝地義一「『行政手続法』の検討」公法研究56号〔1994年〕155頁参照）。

3　処理の消極的促進（1項）

他の行政庁に対して同一の申請者からされた当該申請に関連する申請についての審査・判断の結果を考慮しなければ当該申請について判断を行えないような合

理的理由のある場合を除いて、関連する申請が他の行政庁で審査中であることを口実として、当該申請に対する審査を遅らせてはならないことを規定する。「殊更に」とは、合理的理由が存在しないことを指す（IAM・逐条解説行手法162頁）。

4　処理の積極的促進（2項）

「一の申請」に対する処分「について複数の行政庁が関与する場合」としては、①共管関係にある許認可（例、労金6条の事業免許等）の申請のほか、②法令において当該処分に際して関係行政機関との協議が規定されている許認可がある（例、河川35条1項の流水占用許可、道路32条5項の道路占用許可等）。

他方、「同一の申請者からされた相互に関連する複数の申請に対する処分について複数の行政庁が関与する場合」とは、次のような場合を指している。すなわち、例えば、火力発電所の建設のためには、電気事業法47条の工事計画の認可申請のほか、建設予定地の状況により都市計画法29条の開発許可の申請、農地法4条の農地転用の許可申請などが必要になることがあり、それぞれの許認可の権限を有する行政庁が複数にわたっている場合である。

本条2項の要件に該当する場合に、複数の行政庁が「相互に連絡をとり、当該申請者からの説明の聴取を共同して行う等により審査の促進に努めるものとする」とされている。この点で、行政庁間の協議等の調整方法が法定されている場合はともかくも、このような複数の行政庁が、「相互に連絡をと」ったり、「説明の聴取を共同して行」うことが、「審査の促進」という一面のみから常に肯定されるべきであるかについては疑問なしとせず、実務でも、「一律に相互連絡に努めるべきこととするのは必ずしも適当でない」と留意されている（IAM・逐条解説行手法160頁）。すなわち、他方で、権限分配の原則や他事考慮禁止の原則に配慮されねばならない。他の行政庁の権限行使に対する介入に当たるとみなされる方法での共同が行われるべきではないことはもちろん、共同によってそれぞれの行政庁に権限が付与された趣旨が損なわれてはならない。また、共同によって得られる情報が当該行政庁の権限行使に際して考慮されるべきでない事項に属する場合もありうる。これらの原則は、審査の促進の要請に基づく共同に対して消極的に作用する場合があることに注意されるべきである（磯村篤範「行政機関相互間の協力関係と法的問題点の所在(1)」大阪教育大学紀要第Ⅱ部門41巻2号〔1993年〕73頁～88頁参照）。

審査促進の方策として、各行政庁の審査状況等の情報の交換、連絡会議等の開

催等による連絡の緊密化、事実関係等に関しては当事者からの説明の聴取を共同して行うことや、合同での実地調査などが想定されている（IAM・逐条解説行手法164頁）。さらに、一定のプロジェクトについて、許認可の申請窓口を一本化して申請を簡素化するなどの方策も考えられる（多賀谷一照「複合申請手続の法理」自治研究67巻11号〔1991年〕49頁参照）。

〔大田直史〕

第3章　不利益処分

第1節　通　則

> （処分の基準）
> 第12条　行政庁は、処分基準を定め、かつ、これを公にしておくよう努めなければならない。
> 2　行政庁は、処分基準を定めるに当たっては、不利益処分の性質に照らしてできる限り具体的なものとしなければならない。

1　本条の趣旨

本条は、不利益処分に関する処分基準について定める。

行政庁が法令に基づき不利益処分を行う場合、法令の定める要件が充足されているかどうか、要件が充足されているとして不利益処分を行うかどうか、不利益処分を行うとしてどのような内容の処分を行うかは、法令の文言から常に一義的に確定できるものとは限らず、また、法令の文言に解釈の余地があることで、行政庁に何らかの判断や選択の余地（裁量）が認められることが少なくない。その結果、行政側の対応について国民の予測可能性が乏しく、行政庁における恣意的な判断や不公平な取扱いのおそれも否定できない。本条は、「行政運営における公正の確保と透明性（……）の向上を図り、もって国民の権利利益の保護に資する」（1条）ための一方策として、処分基準の設定と公表を定めるものである。また、処分理由の提示（14条）と相俟って、処分基準の開示は不利益処分の相手方からの争訟の提起を容易にするという役割も果たすことになる。さらに、処分基準の設定・公表は、不利益処分を受ける相手方の権利利益の保護のみならず、当該処分が適時・適切になされることを促し、公益や第三者の利益の確保にもつ

ながる（塩野＝高木・条解188頁）。

　本条の趣旨は、本法5条に定める申請に対する処分に関する審査基準と基本的に同様であるが、本条による処分基準の設定と公表は、審査基準の設定が行政庁に義務付けられているのと異なり、努力義務にとどめられている。

2　不利益処分に関する処分基準

　不利益処分とは、「行政庁が、法令に基づき、特定の者を名あて人として、直接に、これに義務を課し、又はその権利を制限する処分」（2条4号）をいう。具体的には、各種の下命（施設の改善命令、建築物の除却命令など）や禁止（建築物の使用禁止命令など）、剝権処分（法人の役員の解任命令、給付の減額・取消しなど）、申請に基づく許認可および職権に基づく利益処分の取消しや効力の停止（営業停止命令、運転免許の効力の停止など）がこれに当たる（2条の解説〔芝池義一〕参照）。

　ただし、事実行為とこれに関わる処分（同号イ）、申請拒否その他申請人に対する処分（同号ロ）、名あて人の同意を得て行う処分（同号ハ）および届出に基づく許認可等の効力を消滅させる処分（同号ニ）には、本条を含めて本法の不利益処分に関する規定の適用はない。

　処分基準とは、「不利益処分をするかどうか又はどのような不利益処分とするかについてその法令の定めに従って判断するために必要とされる基準」をいう（2条8号ハ）。処分基準として定めるべき内容は二つである。一つは、「不利益処分をするかどうか」の基準であり、もう一つは「どのような不利益処分とするか」の基準である。申請に対する処分に係る審査基準では、「申請により求められた許認可等をするかどうか」（2条8号ロ）の判断に関するものとされているが、処分基準には、不利益処分の具体的な内容（複数の不利益処分からの選択を含む）についての基準を含む。これは、不利益処分の場合には、法令上、同一の要件のもとで、相手方への不利益の程度が著しく異なる複数の処分が定められることが多く、いずれの処分を行うのかが処分基準において明らかでなければ、基準の設定と公表の意味がほとんど失われるためである（なお、審査基準についても、利益処分の内容や付款に関する基準を含めるべきかどうかについて議論がある。5条の解説〔恒川隆生〕参照）。

　しかし、実際に上の二つの内容を処分基準として常に定めなければならないかどうかは、最終的には法令の定め方による。すなわち、そのいずれかの基準が法令において十分に具体的で明確であれば、その部分については処分基準を定める

必要がなく、他方、いずれについても法令の解釈に幅があり、または行政庁に判断や選択の余地があるときは、両者ともに処分基準として設定することが必要である。例えば、運転免許については、何らかの違反行為があった場合に、免許の効力停止処分と取消処分のいずれをするかは、法令（道交法および同法施行規則）によって具体的に定められているので、各都道府県公安委員会は免許の効力の停止期間の選択についてのみ処分基準を制定するのが通例である。また、二つの内容を明確に区別して定めるべきかどうかも、法令の定めや処分の選択の内容に関わる。例えば、法令上の不利益処分の要件とされる法令違反等の内容・程度によってなすべき処分（量定を含む）を示す基準の場合には、処分をするか否かとどのような処分をするかは特に区別されておらず、行政庁においては、当該基準に基づいていわゆる要件該当性と処分選択が一体的に判断されることになる（参考、塩野＝高木・条解188頁、高木他・条解220頁〔髙木光〕）。

3 処分基準の設定と公表の努力義務（1項）

行政庁は、「処分基準を定め、かつ、これを公にして」（1項）おくよう努めなければならない。処分基準を定めるのは当該不利益処分を行う権限を有する「行政庁」である。処分基準の形式は、閣議決定、閣議了解、告示、通達、訓令、要綱、処理基準（自治245条の9）など特定の形式はない（IAM・逐条解説行手法50頁）とされるが、上級庁からの通達等を処分基準とする場合でも、別に権限ある行政庁によって処分基準である旨の明示が必要である（塩野＝高木・条解186頁、高木他・条解218頁〔髙木〕）。処分基準は命令等（2条8号）に該当し、根拠となる法令の趣旨に適合するものでなければならず（38条1項）、制定後も社会経済情勢の変化等に対応し適性が確保されなければならない（同条2項）。また、処分基準を定めようとする場合には、意見公募手続を経ることが義務付けられている（39条）。

「公にしておく」とは、積極的に公にする「公表」を必要とせず、行政庁の「事務所における備付けその他の適当な方法」（審査基準に関する5条3項）により相手方の求めに応じて閲覧させることでもよいと解されるが、総務省は、インターネット・ホームページへの掲載等による公表を推奨している（総務省「行政手続法の施行及び運用に関する行政評価・監視結果に基づく勧告」2004年12月）。

本条1項は、処分基準の設定と公表について、「努めなければならない」として、行政庁の努力義務とするにとどめている。審査基準について設定と公表が義務付けられた（5条）ことと異なり、処分基準については努力義務とされたのは、不

利益処分では、個々の事案について具体的な検討を要することが多いため一般的な基準を設定することが困難であることや、処分基準の明示を通じて制裁を受けない違反事例を明らかにすることが違法行為を促しかねないことなど、あらかじめ処分基準を公表することが適当でない場合が考えられるためである（宇賀・三法解説111頁、仲・すべて32頁参照。塩野・行政法Ⅰ326頁は、これらの理由は必ずしも説得的でないとする）。たしかに、処分が違法になされたことが事後に判明したとき（例、不正に合格とされた教員採用処分〔適用除外事例〕の取消しに関する大分地判平28・1・14判時2352号13頁）や、適法になされた処分がその後の事情変化により公益を損なうことなったとき（例、医薬品の製造許可の取消しに関する最判平7・6・23民集49巻6号1600頁）に、明文の定めがない取消しまたは撤回が処分の根拠規定に基づいて行われる場合は、あらかじめ処分基準を定めることは困難といえる。

　しかし、処分基準を定めないまま処分をする場合、審査基準を定めないで処分をすることは「行政庁の独断を疑うことが客観的にもっともと認められるような不公正な手続」によるものとして違法とされることがありうる（個人タクシー事件＝最判昭46・10・28民集25巻7号1037頁）とする判例が処分基準についても妥当し、学説も、合理的な理由なく処分基準を設定しないまま漫然と不利益処分をするときには、裁量権の濫用として違法となることもありうるとする（塩野＝高木・条解189頁）。このように、処分基準の制定については、努力義務規定に関する通常の解釈は妥当しない。立法政策としては、原則として設定を義務付けた上で例外の余地を残す規定方法として、審査基準の場合と同様に「定めるものとする」（5条1項）の規定を置くべきであったといえる（同旨、杉村敏正「行政手続法要綱案〔第一部会案〕について」ジュリスト985号〔1991年〕80頁以下）。

　実際の処分基準の設定状況をみると、本法の対象となる不利益処分のうち処分基準が設定されているのは、国が71.2％、都道府県が67.1％ であり、審査基準の場合（国が84.6％、都道府県が78.4％。いずれも総務省「行政手続法の施行状況に関する調査結果」2006年5月による）に比べて大きな差はなく、このことからも努力義務としたことに疑問の余地がある（同旨、高橋・手続法258頁）。

　設定した処分基準を公にすることも努力義務となる。努力義務とされているため、審査基準のような「行政上特別の支障があるとき」（5条3項）を除外する規定がなく、処分基準を定めていても公表しないことができるとされる（塩野＝高木・条解186頁は、内部的な処分基準の設定の意義に触れる）が、設定した処分基準

の公表は努力義務とすべきではなかったとの指摘もある（高橋・手続法258頁）。特定商取引に関する法律57条１項に基づく取引停止命令の処分基準を定めていたものの、これを公開しなかったことについて、裁判所が、本項が努力義務を定めたものとはしながらも、これを公にすることにより脱法的な行為が助長されるおそれがあるとして、非公開としたことが本項に反しないとした（さいたま地判平25・7・10判時2204号86頁）のは、非公開が適法であるためには合理的な理由を要することを示唆している。

　行政庁は、処分基準が法令に適合せずまた合理性を欠いていることが判明した場合、これを速やかに改正すべきこと（38条1項）はいうまでもないが、法令違反に当たらない場合であっても、その裁量権の範囲内で、社会経済情勢の変化等に対応して「適正を確保」するよう努めなければならない（38条2項。参照、塩野＝高木・条解189頁）。その場合、国民の信頼の保護の見地から一定の制限もありうる。本条の適用除外事例であるが、公正取引委員会の排除命令に関する準則が先例として確立し、事業者がこれに従う状態が継続している場合に、事業者等への周知や合理的な期間の経過を待つことなく、事業者等に不利益な新たな準則に基づく権限の行使は裁量権を濫用したものとして違法となりうるとした裁判例（東京高判平8・3・29判時1571号48頁）がある。

4　「できる限り具体的なもの」とすべきこと（2項）

　処分基準を定める場合、「不利益処分の性質に照らしてできる限り具体的なものとしなければならない」（本条2項）。処分基準は、それが具体的であればあるほど、国民の予測可能性が高くなり、公平な取扱いに資するなど、公正で透明な権限行使を確保することができる。ただ、どの程度具体的なものとすべきか、または、具体的なものとすることができるかは、当該不利益処分の性質、すなわち処分の目的、法令上の処分要件の内容・定め方、処分によって実現される公益や影響を受ける国民の利益の内容等によって異ならざるをえないのであって、本条が「不利益処分の性質に照らしてできる限り」としているのは、このためである。

　一般に、処分の要件やすべき処分内容について法律で詳細に決定せず、これを行政機関の定める政省令・委員会規則等に委任しているのは、起こりうるすべての具体的な事情をあらかじめ想定できないこと、社会の変化に迅速に対応する必要があること、専門的技術的な判断を適切に反映させること、政策的な判断に委ねる必要がある（例外的な場合にとどめるべきであるが）こと、および地域によ

って異なる事情に対応すること、などの要請による。

　処分基準は、不利益処分の要件および処分内容の選択に関する法律およびこれに基づく命令の定めを受けて、より具体的にいかなる場合にいかなる不利益処分を行うかを示すものである。不利益処分は、許認可等を受けた事業者・個人において法令違反があった場合や、公益や第三者の利益を害するおそれがある場合に行われる。前者については、法令違反等の処分要件は法令において明確であることが多く、処分基準は想定される法令違反等に対して処分をするかしないか、するとしてどのような処分をするかを示すことになり、かなりの程度具体的に示すことが可能である。他方、後者の公益や国民の生命・財産を害するおそれがある事態については、処分基準を制定する際においても、起こりうるすべての事態を想定することは困難であり、実際に生起する事態に柔軟かつ迅速に対応することが求められることからすれば、処分基準の具体性には限界があり、「不利益処分は状況適合性が強く要求されるところから、審査基準ほどには要求されない」とされる（塩野＝高木・条解187頁）。また、「行政が国民の危険防止、安全確保の責任を負っている行政領域」では、予測可能性の確保の要請は安全確保の要請の前に後退するとの指摘もある（審査基準について、芝池・総論294頁）。

　制定状況をみれば、国において処分基準が制定ずみとされているうち6割が法令の規定で判断基準が尽くされているため「別途の基準の設定が不要なもの」とされている（総務省「行政手続法の施行状況に関する調査結果」2006年5月15日）が、不利益処分に必然ともいえる裁量の存在からしても、根拠法令が十分に具体的な規定を置いているといえるか大いに疑問である。理由提示について裁判所による詳細度の審査（参照、8条・14条の解説〔共に久保茂樹〕）があるように、処分基準についても具体性の審査があってよい。

5　解釈基準と裁量基準

　従来、処分に関する基準として、行政内部でさまざまな通達や要綱が発せられてきたが、そのなかには法令解釈の基準（解釈基準）とみられるものもあれば、裁量権行使の基準（裁量基準）といえるものもある（解釈基準と裁量基準については、塩野・行政法Ⅰ114頁以下参照）。ただ、処分に関する基準が解釈基準であるかそれとも裁量基準であるかを区別することは、理論的にも実際上にも、それほど容易ではない（芝池義一「『行政手続法』の検討」公法研究56号〔1994年〕165頁注(1)はこの区別そのものを疑問とし、同・総論293頁では審査基準・処分基準を裁量基準として

いる。同旨、宇賀・三法解説110頁以下）。国民にとってのわかりやすさという点からも、また、処分基準設定の実務を容易にするという点からも、解釈基準と裁量基準の区別に関わりなく処分基準は定められるべきである（同旨、高橋・手続法258頁、小早川編・逐条研究206頁〔塩野宏発言〕。審査基準につき同旨、塩野・行政法Ⅰ319頁、仲・すべて28頁）。

　もっとも、処分基準が解釈基準であるか裁量基準であるかによって、それがもつ法的な意味が異なる。処分要件にかかる判断について行政庁に裁量がないとすれば、その部分について定められた処分基準は解釈基準（要件該当性判断のための法令解釈の基準）と解されるが、事実認定と法令解釈の権限を有する裁判所は、当該基準自体の適否や処分の基準適合性に関わりなく、処分の適否を専ら法令に基づいて判断するため、通達等の内部的命令は国民との関係で特段の意味をもたないとする従来の解釈（墓地埋葬法事件＝最判昭43・12・24民集22巻13号3147頁）がそのまま処分基準にも妥当する（審査基準に関連する事例であるが、原子爆弾被爆者の医療等に関する法律に基づく原爆症の認定のための「審査の方針」を、厚生労働省が「一応の基準」にすぎず本法にいう審査基準に当たらないとしたことについて、札幌地判平20・9・22訟月56巻3号1053頁は、「個別具体的事情を総合的に考慮するという判断手法自体は、やむを得ないものである」として、5条1項違反はないとしている）。しかし、申請に対する処分と異なり、不利益処分については、要件判断について裁量がないことがあるとしても、処分をするかどうか、いかなる処分を、いつするかについて、ほとんどの場合に裁量が認められる。そのため、処分基準は裁量基準として処分における行政庁の裁量判断について公正な手続と判断の慎重さを確保する役割を与えられ、裁量権の行使に対する裁判所による濫用審査において重要な手がかりとなる。

6　処分基準の規範としての性質

　審査基準・処分基準は、法律の個別的な委任に基づいて制定され公布によって効力を生ずる法規命令に当たらないため、学問上の分類としては行政規則に含まれる（塩野・行政法Ⅰ319頁）。しかし、本法の定めによって定められる審査基準・処分基準は、国民との関係において法的に意味をもたないものということはできない。

　まず、審査基準や処分基準を設定することなく処分をした場合には、前述（3参照）のように、「不公正な手続」によるものとして違法とされることがあり、

審査基準・処分基準を設定すること自体が、公正な手続の重要な一内容となる。また、判例（伊方原発訴訟＝最判平4・10・29民集46巻7号1174頁参照）が、審査基準に不合理があるときはこれに基づいてなされた行政庁の判断は裁量権の逸脱・濫用があるものとして処分は違法となるとしているが、処分基準についても同じことがいえる（名古屋地判平25・5・31判時2241号31頁）。

　問題は、行政庁が、審査基準・処分基準に拘束されるかどうかである。処分が、行政庁の定めた「裁量権行使の準則」としての通達に違背してなされたとしても、「原則として当不当の問題を生ずるにとどまり、当然に違法となるものではない」（マクリーン事件＝最大判昭53・10・4民集32巻7号1223頁）とのかつての解釈は、審査基準・処分基準には妥当しない。学説は、「裁量権の公正な行使の確保、平等取扱いの原則、相手方の信頼保護といった要請から」して、審査基準・処分基準に反して処分をするには、「合理的理由が必要」であって、その限りで「一定限度で外部効果をもつ」（塩野・行政法Ⅰ118頁以下）としてきた。

　裁判例では、タクシー事業者に対する処分基準について、本条の「趣旨からすれば……特段の事情のない限り、当該処分基準に基づいて同基準どおりの処分がされることが予定されている」としたもの（大阪地判平19・2・13判タ1253号122頁）、銃刀法11条1項に基づく銃砲等所持の許可の取消処分について、「処分基準の……当てはめにおいて全く事実の基礎を欠く」場合には裁量権の濫用として処分が違法となるとしたもの（水戸地判平23・7・29判例自治363号77頁）がある。また、風俗営業等の規制及び業務の適正化等に関する法律に基づく営業停止命令の停止期間経過後の取消訴訟において、処分の前歴を不利益処分の加重要件と定めた処分基準が訴えの利益の根拠となるかが争われた事件で、「予測可能性を与えるとともに、行政庁の恣意を抑制し、不利益処分決定に関わる行政運営の公正の確保及びその手続過程の透明性の向上を図」る本条の趣旨から、過去3年間の処分歴を処分の加重要件と定めている処分基準に基づく不利益は「法的な不利益といえる」として、訴えの利益を認めた裁判例がある（大阪地判平25・9・12判例自治388号91頁）。同種の事例について、最判平27・3・3民集69巻2号143頁は、「処分基準は、単に行政庁の行政運営上の便宜のためにとどまらず、不利益処分に係る判断過程の公正と透明性を確保し、その相手方の権利利益の保護に資するために定められ公にされるもの」であるとした上で、行政庁が処分基準の定めと異なる取扱いをする場合、「裁量権の行使における公正かつ平等な取扱いの要請や基準の

行政手続法

内容に係る相手方の信頼の保護等の観点から、当該処分基準の定めと異なる取扱いをすることを相当と認めるべき特段の事情がない限り、そのような取扱いは裁量権の範囲の逸脱又はその濫用に当たることとなる」とした。処分基準に違反する処分が原則として裁量濫用の違法となるべきことを明確にし、また、行政庁の裁量権は「この意味において……処分基準に従って行使されるべきことがき束され」るとして、処分基準が法規命令に準ずる規範としての効力を有することを確認したものである。処分基準違反における裁量濫用の類型としては、公正な手続違反や信義則違反のほか、平等原則違反や比例原則違反（例、酒気帯び運転をした教員に対する免職処分〔適用除外事例〕を違法とした福岡高判平18・11・9判タ1251号192頁）がありうる。

　処分基準と異なった取扱いをした場合には、特段の事情を処分理由において示す必要がある（塩野＝高木・条解189頁）が、処分基準どおりに処分をする場合を含めて、14条に基づく理由提示において示すべき内容として、裁判例は、処分基準に準拠して不利益処分を行う場合、「当該不利益処分に伴う理由提示の程度としては、いかなる事実関係に基づき、いかなる処分基準を適用して当該処分を行ったかを、処分の名宛人においてその記載から了知し得る程度に記載することを要する」（前掲・大阪地判平19・2・13）とし、最高裁も、建築士に対する「懲戒処分に際して同時に示されるべき理由としては、処分の原因となる事実及び処分の根拠法条に加えて、本件処分基準の適用関係が示されなければ」ならない（一級建築士免許取消事件＝最判平23・6・7民集65巻4号2081頁）とする。ここでも、処分基準は根拠法令に準ずる規範としての位置づけを与えられつつある。

〔浜川　清〕

（不利益処分をしようとする場合の手続）
第13条　行政庁は、不利益処分をしようとする場合には、次の各号の区分に従い、この章の定めるところにより、当該不利益処分の名あて人となるべき者について、当該各号に定める意見陳述のための手続を執らなければならない。
　一　次のいずれかに該当するとき　聴聞
　　イ　許認可等を取り消す不利益処分をしようとするとき。

第 3 章　第 1 節　通則〔§13〕

　　ロ　イに規定するもののほか、名あて人の資格又は地位を直接にはく奪する不利益処分をしようとするとき。
　　ハ　名あて人が法人である場合におけるその役員の解任を命ずる不利益処分、名あて人の業務に従事する者の解任を命ずる不利益処分又は名あて人の会員である者の除名を命ずる不利益処分をしようとするとき。
　　ニ　イからハまでに掲げる場合以外の場合であって行政庁が相当と認めるとき。
　二　前号イからニまでのいずれにも該当しないとき　弁明の機会の付与
2　次の各号のいずれかに該当するときは、前項の規定は、適用しない。
　一　公益上、緊急に不利益処分をする必要があるため、前項に規定する意見陳述のための手続を執ることができないとき。
　二　法令上必要とされる資格がなかったこと又は失われるに至ったことが判明した場合に必ずすることとされている不利益処分であって、その資格の不存在又は喪失の事実が裁判所の判決書又は決定書、一定の職に就いたことを証する当該任命権者の書類その他の客観的な資料により直接証明されたものをしようとするとき。
　三　施設若しくは設備の設置、維持若しくは管理又は物の製造、販売その他の取扱いについて遵守すべき事項が法令において技術的な基準をもって明確にされている場合において、専ら当該基準が充足されていないことを理由として当該基準に従うべきことを命ずる不利益処分であってその不充足の事実が計測、実験その他客観的な認定方法によって確認されたものをしようとするとき。
　四　納付すべき金銭の額を確定し、一定の額の金銭の納付を命じ、又は金銭の給付決定の取消しその他の金銭の給付を制限する不利益処分をしようとするとき。
　五　当該不利益処分の性質上、それによって課される義務の内容が著しく軽微なものであるため名あて人となるべき者の意見をあらかじめ聴くことを要しないものとして政令で定める処分をしようとするとき。

1　本条の趣旨

本条は、不利益処分の名あて人となるべき者（名あて人が法人である場合にはそ

行政手続法

の役員等)の権利利益の保護を図る観点から、行政庁が不利益処分をしようとする場合に、「聴聞」または「弁明の機会の付与」(以下「弁明手続」という)のいずれかの意見陳述手続をとらなければならないことを定めるとともに、両手続の振分け基準として、相手方に及ぼす不利益の程度の高い不利益処分をしようとするときは聴聞手続を、それ以外の不利益処分をしようとするときは弁明手続を保障し(1項)、また、当該処分の行われる個別具体的な状況または処分の内容の特殊性により、一定の場合にはこれらの意見陳述手続を省略することができることを定める(2項)。

本法が不利益処分における意見陳述手続の原則的義務付けを一般的に確立したことは、大きな意義を有する。

2 聴聞手続と弁明手続との振分け基準(1項)

本条1項は、行政庁が不利益処分をしようとする場合にとるべき意見陳述手続を聴聞手続と弁明手続の2種類に限定して設けている。これは、手続の統一性の要請と処分の性質に応じた手続の多様性への配慮との調和という観点によるものである(宇賀・三法解説113頁参照)。また、本条1項は、いわば正式手続で口頭審理主義をとる聴聞手続(20条。同条の解説〔榊原秀訓〕参照)を、相手方に特に重大な不利益を与える処分をしようとするときに限定し、それ以外の不利益処分をしようとするときは、略式手続で原則として書面審理方式による弁明手続(29条。同条の解説〔徳田博人〕参照)をとることとしている。書面による弁明手続を基礎に置くことは、現実の運用面を考慮するとやむをえないかもしれないが、原則として意見陳述を口頭によるものと考えてきたわが国の伝統に違反しているともいえる(芝池・総論297頁〜298頁)。

(1) 聴聞手続をとるべき場合(1項1号)

1項1号は、相手方に及ぼす不利益の程度が高いと判断される不利益処分を類型化し、これらの不利益処分について聴聞手続をとるべきものとしている。このうち、本号イからハまでに列挙された不利益処分については聴聞が義務付けられており(法定聴聞〔義務的聴聞〕)、これら以外の不利益処分(本号ニ)については、聴聞を行うかどうかは行政庁の裁量に委ねられている(任意聴聞〔裁量的聴聞〕)。

㋐ 「許認可等を取り消す不利益処分をしようとするとき」(本号イ)

許認可等の取消しは、行政庁の一方的な意思表示によって法律関係を直接に消滅させることになり、また相手方の権利利益に及ぼす影響も大きいことから、法

定聴聞手続相当処分とされている。ここにいう許認可等の取消しには、講学上の「撤回」のほか、講学上の「取消し」も含まれる（宇賀・三法解説115頁、塩野・行政法Ⅰ325頁）。なお、従前の個別法の規定の仕方および相手方の受ける不利益の程度に鑑み立法論としては、許認可等の取消しのほかに「許認可等の効力の停止」についても聴聞手続を義務付けるべきであろう（「対案」第15条第1項1号参照）。

　㈦　「イに規定するもののほか、名あて人の資格又は地位を直接にはく奪する不利益処分をしようとするとき」(本号ロ)

　これは、現に形成されている法律関係を行政庁の一方的な意思表示によって直接に消滅させる不利益処分のうち、許認可等によらずに取得した資格または地位を直接に剥奪する処分につき、本号イと同様の趣旨から法定聴聞手続相当処分としたものである。これに該当する不利益処分としては、役員の解任処分（預金保険29条）、国籍喪失の宣告処分（国籍16条）、法人の解散命令（社福56条8項）等がある。なお、施設の閉鎖命令（学教13条）もこれに該当する。一方、資格または地位を「直接に」剥奪する処分であるので、例えば、不利益の程度は高いが形成処分ではない建築物の除却命令（建基9条）はこれに該当しないとされている（仲・すべて51頁注(24)、240頁注(62)。小早川編・逐条研究186頁〔塩野宏発言〕も参照。なお、「対案」は、「不利益処分の名宛人の資格又は地位を停止又は剥奪」する不利益処分に聴聞手続を義務付けている〔第15第1項3号〕)。裁判例では、風俗営業等の規制及び業務の適正化等に関する法律25条に基づく指示処分について、同処分は一定の特例措置が受けられる「特例風俗営業者」としての認定を受ける資格を失うという直接的な不利益を与えるものではなく、当該指示処分にあたっては弁明の機会を付与すれば足りるとしたもの（名古屋地判平12・8・9判タ1069号81頁）がある。

　㈢　「名あて人が法人である場合におけるその役員の解任を命ずる不利益処分、名あて人の業務に従事する者の解任を命ずる不利益処分又は名あて人の会員である者の除名を命ずる不利益処分をしようとするとき」(本号ハ)

　本号ハに規定する三つの不利益処分の名あて人はいずれも法人等でありその役員等ではないが、当該役員等にとっては、処分の結果、一方的にその地位を剥奪されることになるため、この場合にも、行政庁による名あて人の資格または地位の直接的剥奪処分（役員の解任処分等）の場合と同様に、聴聞が義務付けられている（IAM・逐条解説行手法167頁参照。なお、4条の解説3〔長谷川佳彦〕参照)。例

えば、危険物保安統括管理者等の解任命令（消防13条の24）、中央指定登録機関の役員の解任命令（建築士10条の7第2項）、旅行業協会の役員の解任命令（旅行22条の19第2項）等がこれに該当する。

本号ハに該当する不利益処分は、要綱案では、聴聞手続相当処分ではなく弁明手続相当処分として位置づけられていたが、法案の立案段階において新たに法定聴聞手続相当処分のなかに含めることとされたものである（仲・すべて234頁。なお、本号ハに該当する不利益処分をしようとする場合の聴聞等の特例につき、28条の解説〔岡崎勝彦〕参照）。

㈡　「イからハまでに掲げる場合以外の場合であって行政庁が相当と認めるとき」（本号ニ）

本号イからハまでにおいて聴聞手続が義務付けられている不利益処分以外の不利益処分についても、行政庁が相当と認めるときは、裁量により聴聞手続をとることができる。例えば、当該事案の事実関係が複雑で、行政庁側とのやりとりの機会を保障して事実評価を行うことが望ましいと判断される場合や、処分の相手方に与える影響が大きなものとなる特別な事情があり、手厚い手続保障を確保する必要があると判断される場合などがこれに該当すると解されている（IAM・逐条解説行手法167頁）。

なお、要綱案では「職権により」聴聞を実施することができるとしていたが、本法では「行政庁が相当と認めるとき」と文言を変更している。したがって、本号ニによれば、少なくとも処分の名あて人からの申立てを受けて行政庁が聴聞を行う場合もありうると解される（この点について、「対案」は、「申立て又は職権により」聴聞を実施することができるものとしている〔第15第2項〕）。ただ、本法の規定によっても、申立てを受けて聴聞を実施するかどうかは行政庁の裁量に委ねられており、その意味で、処分の名あて人に聴聞実施の請求権が認められているわけではない（高橋・手続法247頁～248頁、263頁、行政手続研究会編『明解行政手続の手引』〔新日本法規、1996年〕353頁）。

(2)　弁明手続をとるべき場合（1項2号）

1号イからニまでのいずれにも該当しない場合には、弁明手続がとられることになる。イからハまでに該当しない不利益処分として、業務の停止命令のような一定の不作為義務を課する処分や、施設の改善命令、建築物の除却命令などの一定の作為義務を課する処分がある（ほかに、金銭給付義務、明渡・引渡義務、受忍

義務を課する各処分も挙げるものとして、塩野＝高木・条解197頁～198頁、高木他・条解230頁～231頁〔高木光〕参照）。ただし、これらすべてが弁明手続の対象となるわけではなく、これら弁明手続相当処分であっても、行政庁の裁量により聴聞手続の対象となりうることが認められている（1号ニ）。なお、1項2号に該当する処分を行うにあたって弁明手続がとられた結果、新事実が判明したため、1号の聴聞手続相当処分を行おうとするときは、行政庁は改めて聴聞手続をとらなければならない（IAM・逐条解説行手法168頁～169頁、塩野・行政法Ⅰ333頁。なお、施行通知第三・二1参照）。

(3) 聴聞手続の活用の可能性

1号ニの「行政庁が相当と認めるとき」とは、特に制約があるものではないとされているが、本法の趣旨に照らして、聴聞手続が適当とされるべき場合を、今後、運用上個別的に確定していくことが望まれる（高橋・手続法248頁、行政手続研究会編・前掲書354頁参照）。その際、行政庁の任意聴聞の制度を積極的に活用して、振分け基準によれば弁明手続となる不利益処分（例、営業停止処分）についても、個別的に聴聞手続をとる柔軟な運用・立法を行うことが期待される（室井＝紙野編・行政手続95頁～96頁〔市橋克哉〕、佐藤編・自治体実務78頁～79頁〔田村達久〕。なお、兼子＝椎名編・手続条例48頁、74頁〔村上順〕、宇賀・三法解説117頁参照）。

ところで、本条1項の規定によれば弁明手続相当処分とされるものであっても、従前の個別の法律に既に聴聞相当の手続が規定されているものがあるが、これは、本法に定める聴聞手続のような慎重な手続をとることを要請している趣旨と解される。行手法制定当時の整備法によれば、これに該当する個別の法律は、利害関係人の手続への参加を規定するもの（電通事161条等41法律）および手続の公開を規定するもの（風俗41条等31法律）の計72法律であった（仲・すべて51頁、98頁参照。なお、これを含めて、2016年4月1日現在の個別法における行手法の特例規定〔聴聞特例〕について、IAM・逐条解説行手法420頁～470頁参照）。

また、同種の不利益処分（例、建築物の除却命令）であっても、個別の法律の定めるその意見陳述手続の間に不均衡がみられる場合には、1号ニの任意聴聞の規定の趣旨を活用して、弁明手続ではなく聴聞手続をとることによってこのような不利益処分の間に存在する手続の不均衡を是正すべきであると考えられる（室井＝紙野編・行政手続96頁～98頁〔市橋〕）。なお、個別法律の規定上、本条1項の1号該当処分または2号該当処分のいずれも可能である場合で、特別な個別事情に

行政手続法

より、事前の行政調査等によって処分内容を特定できないときは、あらかじめ聴聞手続をとるべきであるとする見解があるが（IAM・逐条解説行手法169頁、仲・すべて51頁。なお、施行通知第三・二2参照）、通知すべき処分内容の特定性および聴聞の趣旨に鑑み、疑問が残る。

3　意見陳述手続の省略（2項）

本条2項は、聴聞手続および弁明手続のいずれをも省略できる場合について定める。すなわち、相手方に対する手続的権利保障の要請に対して、速やかな公益確保の必要性を優先させるべきであると判断される場合（1号）または行政効率の確保の要請を優先させるべきであると判断される場合（2号〜5号）には、それぞれ本条1項の意見陳述手続をとることが適当でない、またはとるまでもないと判断して、これらの手続を省略している。

(1)　公益上、緊急に不利益処分をする必要があるため、意見陳述手続をとることができないとき（2項1号）

(ｱ)　本条2項1号にいう「緊急」性とは、公益を確保するために行政庁に臨機の対応が求められている場合で、処分をするまでに意見陳述手続をとる時間的余裕がないことをいう。

本号の緊急性の要件に該当する処分には、①災害や事故等による被害の発生や拡大を防止するために行われる処分（消防12条の3に基づく製造所等の使用の緊急停止命令等）、②切迫した危険は存在しないが、危険発生の未然防止のために必要とされる処分、③その他、現場で行う必要のある処分（関税71条に基づく原産地虚偽表示貨物に係る措置命令等）、当面の措置を行うために期限を限って行われる処分（道交103条の2第1項に基づく免許の効力の仮停止等）等がある（IAM・逐条解説行手法171頁〜172頁、高橋・手続法265頁）。

(ｲ)　聴聞手続、弁明手続ともに、それぞれ聴聞の期日または弁明書の提出期限等までに「相当な期間」を置いて通知をしなければならないが（15条の解説2〔岡崎〕、30条の解説2〔徳田〕参照）、行政庁がこの「相当な期間」を確保する時間的余裕がないと判断したときは、本号に該当するものとして、意見陳述手続を省略できると解される余地もある。ただ、意見陳述手続をとる時間的余裕の有無は、この「相当な期間」の定め方によって大きく異なってくる。実際、国の省庁および地方公共団体の聴聞規則等に規定された「相当な期間」の具体的な長さにはかなりの幅があり、地方公共団体相互間においても運用上の不均衡が生じている。

相手方の防御の準備のための時間的余裕を確保するためにはある程度の期間は必要であるが、あまりに長い期間を設定すると、かえって、それによって本号に該当する緊急処分の範囲を必要以上に広げることにもなりかねない（仲・すべて54頁注、室井＝紙野編・行政手続105頁〜107頁〔市橋〕。なお、行政指導の継続による処分の遅延の場合の緊急性要件該当性の有無につき、小早川編・逐条研究191頁〔阿部泰隆発言〕、192頁〔小早川光郎・中込秀樹・塩野・阿部各発言〕、南＝高橋編・注釈213頁〜214頁〔石井昇〕参照）。

　また、本号の「緊急」性について不当な拡大解釈がなされないよう、聴聞手続をとる前に仮に弁明手続により免許の停止等をするという仮の不利益処分手続を個別法律および本法のなかで考慮することも、今後検討される必要があろう（塩野・行政法Ⅰ333頁。なお、小早川編・逐条研究193頁〔阿部発言〕参照）。

　(ウ)　裁判例として、本法施行前のものであるが、2週間もあれば聴聞手続を行うことは可能であり、工事を知ってから工事中止命令を行うまで1カ月あまりの期間が経過していた場合には、聴聞を行う余地のないほどの時間的緊急性があったとは認められないから、道路法旧71条3項ただし書にいう「緊急やむを得ない場合」には該当しないと判示したものがある（大阪地判平元・9・12行集40巻9号1190頁。本件控訴審判決・大阪高判平2・8・29行集41巻8号1426頁も同旨）。一方、工作物使用禁止命令により制限される権利利益の内容・性質、同命令により達成しようとする公益の内容、程度、緊急性等を総合較量すれば、同命令の事前手続として、相手方に告知、弁解、防御の機会を与える旨の規定がなくても、憲法31条に違反しないとした判例がある（成田新法訴訟＝最大判平4・7・1民集46巻5号437頁）。本法施行後の裁判例として、弁明手続をとらずに行われた薬事法（当時）70条・83条1項に基づく動物用の「医療用具」（2002〔平成14〕年改正により現在は「医療機器」）の回収命令について、弁明手続の省略が許される公益上の「緊急」性があるとは認められないとして、違法としたものがある（長野地判平17・2・4判タ1229号221頁）。

　(2)　法令上必要な資格の不存在または喪失の事実が判明した場合に行うことを義務付けられている不利益処分であって、当該事実が客観的な資料により直接証明されたとき（2項2号）

　(ア)　「判明した場合に必ずすることとされている不利益処分」とは、資格の不存在または喪失の事実を行政庁が把握した場合には当該処分を行うことを行政庁

が義務付けられているもの、すなわち当該処分を行うか否かについての裁量が認められていないものをいう。「客観的な資料」とは、裁判所の判決書・決定書、戸籍、登記簿等、処分の名あて人の意見を聴くまでもなくその証明力に十分な信頼のおけるものをいう（なお、「客観的な資料により直接証明されたもの」の解釈として、処分の相手方の意見を聴かなくてもその証明力に十分な信頼をおける資料によって、客観的かつ明確に証明されたものを指すとする東京地判平25・2・26判タ1414号313頁参照）。また、「資格」の内容は、解釈の相違の生じない明確なものでなければならない（IAM・逐条解説行手法174頁～175頁、高橋・手続法265頁～267頁）。

(イ) 本号に該当する処分の典型例は、欠格事由に該当するに至ったことを理由とする許認可等の取消し（撤回）である。例えば、職業訓練指導員免許を受けた者が禁錮以上の刑に処せられたことが判明したときに都道府県知事が行う当該免許の取消し（能開28条5項2号・29条1項）、精神保健指定医がその医師免許を取り消され、または期間を定めて医業の停止を命じられたときに厚生労働大臣が行う精神保健医としての指定の取消し（精神19条の2第1項）等がある（なお、IAM・逐条解説行手法175頁～177頁参照）。裁判例では、司法書士法6条の8第1項4号（当時。現行15条1項4号）に基づく司法書士の登録取消しは、本号に該当する処分であり、行手法13条1項の規定の適用はないとしたものがある（東京地判平10・11・13判時1680号65頁）。一方、と畜場法4条1項に基づく一般と畜場設置許可の同法18条1項による取消しについて、同条項は、文言上明らかに行政庁に効果裁量があることを前提としているとして、同取消処分は、本号にいう「判明した場合に必ずすることとされている不利益処分」に該当するとはいえないとした裁判例（東京地決平24・10・23判時2184号23頁）、保護者の育児休業の取得により市福祉事務所長が行った保育の利用の解除は、不利益処分（本条1項1号ロ参照）に当たるとし、解除について同福祉事務所長の規範的ないし実質的な判断権を認めている市の規則を根拠に、同解除処分について本号を適用または類推適用することは相当ではないとした裁判例（さいたま地決平27・12・17 LEX/DB25542076）がある。

(3) 法令において施設・設備の設置、維持または管理その他の取扱いについての遵守事項が技術的な基準をもって明確にされている場合に行う当該基準の遵守を命ずる不利益処分であって、その不充足の事実が客観的な認定方法によって確認されたとき（2項3号）

㈦　「遵守すべき事項が法令において技術的な基準をもって明確にされている場合」とは、遵守すべき義務の内容が法律または政省令において明文で定められている場合のほか、法令の規定の解釈通達等で明示された場合も含まれると解されている（IAM・逐条解説行手法180頁～181頁。なお、2条1号参照）。「技術的な基準」とは、遵守すべき事項についての判断の尺度が客観的な数値で具体的かつ一義的に示されたものであるが（小早川編・逐条研究197頁〔阿部・仲正各発言〕）、基準が不確定観念により一見抽象的に規定されている場合でも、行政庁に要件裁量を認めるものでない限り、本号の「技術的な基準」に該当するものとされている（IAM・逐条解説行手法181頁。反対、南＝高橋編・注釈217頁〔石井〕）。また、「基準に従うべきことを命ずる不利益処分」には、基準違反の状態の是正を命ずるもの、および同状態の積極的解消のために必要な具体的措置を指定して命ずるもののほか、同状態の是正のために複数の手段・方法が考えられる場合に特定の方法を指定して改善を命ずるものも含まれるが、違法行為に対する制裁の性格をもちうる業務停止命令等は含まれない（IAM・逐条解説行手法183頁～184頁、高橋・手続法268頁～269頁）。

　「客観的な認定方法」とは、「相手方に意見を言わせても事実認定が左右されないような専門技術的なものに限る趣旨」であるが、これには、検査職員が視覚を通じて基準への適合の有無を確認することも含まれるとされる（IAM・逐条解説行手法184頁）。

　本号に該当する不利益処分として、例えば、一般ガス事業用のガス工作物が経済産業省令で定める技術上の基準に適合していないときに経済産業大臣が行うガス工作物の修理命令等がある（ガス28条2項。ほかに、火薬9条3項・11条3項等参照）。

　㈣　本号は、改善命令、措置命令と呼ばれる類型の処分につき、当該処分の要否やその内容・程度についての行政庁の裁量はあるが、遵守事項および不遵守の事実が明確であるため、要件事実の確認において恣意の入り込む余地がないことから、相手方にとっても不意打ちとならないため、弁明手続を要しないと判断されたものである。

　ただ、基準違反の状態の是正のために考えられうる複数の方法のうち行政庁が裁量により特定の方法を指定して処分を行う場合にも、弁明手続を省略してよいかどうかは疑問である（小早川編・逐条研究197頁～198頁〔阿部発言〕、高橋・手続

法268頁)。また、施設の維持・管理等についての遵守事項が客観的な数値で示された技術的な基準に違反していることが客観的な認定方法によって確認された場合に行われる処分のすべてが弁明手続を要しない本号の不利益処分に該当するものとすることは、従来からの行政運営の実態に照らして妥当ではない。3号の規定の運用において、本号に該当する不利益処分であるか否かは、法令において形式的に客観的な数値による基準が明定されているか否かではなく、専ら当該基準に違反しているという事実のみによって機械的に不利益処分を行っているものであるかどうかを、個別具体的に判断すべきである（小早川編・逐条研究197頁〜199頁〔阿部発言〕、室井＝紙野編・行政手続102頁〜103頁、107頁〔市橋〕)。なお、「客観的な認定方法」をめぐって争いが生じる可能性があるが（小早川編・逐条研究197頁〔浜川清・塩野・仲各発言〕)、これについては、例えば、改善命令を行う際に「客観的な認定方法」について名あて人となるべき者に疑義がある場合に、後続処分としての取消処分または停止処分の際の意見陳述手続で十分と解するのではなく、この場合には、本法の立法趣旨に照らし、本号を適用せず、行政庁による任意意見陳述手続として、弁明手続に相当する手続をとるのが運用上望ましい（なお、本条の解説**4**参照)。

(4) 納付すべき金額を確定し、一定額の金銭の納付を命じ、または金銭の給付を制限する不利益処分をしようとするとき（2項4号）

(ア) 本号は、金銭に関する処分の特殊性に鑑み、①多数の者に対する大量の処分であることが多いこと、②争いがある場合には事後の争訟に委ねることが適当であること、③聴聞手続・弁明手続の期間中になされた給付につき処分後にその返還を求めることが事実上困難であること、という理由から、これには意見陳述手続を要しないこととした（IAM・逐条解説行手法185頁)。

「納付すべき金銭の額を確定」する処分とは、法律上、一定の事実の発生により当然に納付義務が生じる場合に、納付金額を具体的に確定するために行われる当該事実の評価・確認処分をいう。標準報酬月額の決定（健保42条）等がこれに該当する。「一定の額の金銭の納付を命」ずる処分としては、課徴金の納付命令（独禁7条の2)、受益者負担金の納付命令（道61条)、原因者負担金の納付命令（道58条)、不正利得の徴収（厚年40条の2)、補助金等の返還命令（社福58条3項）等がある（介保22条3項に基づいてなされた、介護サービス事業者の不正請求により法律上の原因なく支払われた介護給付費〔居宅介護サービス費〕の返還命令が、本号所定の

不利益処分に該当するとした裁判例として、佐賀地判平27・10・23判時2298号39頁参照）。
「金銭の給付を制限する」処分とは、金銭の受給権を有する相手方に対して行う、給付決定の取消し、金銭の支給の一時停止、給付の減額等の処分である。例えば、年金給付の支払いの一時差止め（国年73条）、年金の支給の停止（厚年77条）等がこれに該当する（IAM・逐条解説行手法186頁〜187頁、高橋・手続法269頁〜270頁）。

　これに対して、金銭の支給の前提となる相手方の地位の得喪に関する処分（例、助成対象事業の認定の取消し、補助金等の前提となる地位の取消し）および現物給付に関する処分（例、療養の給付の制限）は、本号の金銭に関する処分に該当しない（IAM・逐条解説行手法187頁〜188頁）。また、生活保護法に基づく保護の停止・廃止は、金銭の給付に関わるが、これは法律において適用除外とされている（生活保護26条・28条5項・29条の2・62条3項・5項。なお、小早川編・逐条研究199頁〜200頁〔仲発言〕、芝池・総論300頁参照）。

　(イ)　本号に該当する処分について意見陳述手続を要しないとされる上述の理由が、特に社会保障給付に係る処分に一般的に妥当するか否かは疑問である。実際、不正受給を理由とする不正利得の徴収（例、国年23条、厚年40条の2）をはじめ、上述の理由が妥当しないと考えられるものが少なからず存在する（高橋・手続法250頁〜251頁）。この点で、本号の運用次第では、本号の存在自体が問われることになる。なお（「対案」は、本号を削除すべきものとしている〔第13第1項〕）。もとより、金銭に関する処分につき、必要に応じて、個別法律において事前手続規定を置くことは排除されない（なお、仲・すべて85頁参照）。したがって、少なくとも社会保障給付に係る処分については、個別的に関係法令を見直し、例えば相手方からの意見陳述の申立てがあったときに限り当該手続をとる仕組みを用意するなど、場合によっては大量処分に際して事前手続をとることによる事務量の増大を回避する手当てを工夫した、何らかの特別の意見陳述手続を設けることが望まれる（室井＝紙野編・行政手続103頁〔市橋〕）。

　(5)　処分の性質上、課される義務の内容が著しく軽微なものであるため名あて人の意見をあらかじめ聴くことを要しないものとして政令で定める処分をしようとするとき（2項5号）
　本号に該当する処分であるか否かは、根拠規定に照らして判断されることとなる。すなわち、根拠規定において軽微な義務のみを課しうるとの趣旨で定められた処分のみが、「当該不利益処分の性質上」、本号の対象となる。

行政手続法

「政令で定める処分」として、行手令は、①法令の規定に従い、法令の規定により交付した証明書類（旅券、運転免許証、国民健康保険証等）の記載事項を訂正するためにその提出を命じる処分、および訂正に代えて新たな証明書類を交付するために既に交付した証明書類の返納を命じる処分（行手令2条1号。例、旅券の返納命令〔旅券10条3項〕等）、ならびに②法令の規定に従い、届出に際して提出が義務付けられている書類が法令に定められた要件に適合することとなるようにその訂正を命じる処分（行手令2条2号。例、公開買付届出書に係る訂正届出書の提出命令〔金商27条の8第3項〕、報告書等の訂正命令〔政資31条〕等）を定めている（IAM・逐条解説行手法188頁～190頁、仲・すべて85頁、271頁参照）。

(6) 本条に違反する意見陳述手続の省略と処分の効力

本条は、不利益処分の名あて人となるべき者に対して防御権行使の機会を付与する観点から、本条2項各号のいずれにも該当しないときは、不利益処分をしようとする場合に、聴聞手続または弁明手続をとることを義務付けている。したがって、本条により聴聞の実施が義務付けられている場合に聴聞手続をとることなく不利益処分が行われた場合には、その瑕疵は当該不利益処分の取消事由となると解される。弁明手続についても同様に解される（高橋・手続法424頁、塩野＝高木・条解213頁～214頁、高木他・条解245頁〔高木〕。塩野・行政法Ⅰ347頁～348頁参照。裁判例として、聴聞手続について、同旨、東京高判平21・10・14 LEX/DB25451725、前掲・東京地判平25・2・26。なお、弁明手続について、広島高松江支判平26・3・17判時2265号17頁参照）。

4　制度上の問題点

(1) 聴聞手続・弁明手続の不利益処分への限定

(ア) 申請拒否処分は、本法にいう不利益処分には含まれない（2条4号ただし書ロ。同条の解説5〔芝地義一〕参照）。そして、申請拒否処分には、理由の提示が義務付けられている（8条。同条の解説〔久保茂樹〕参照）のみで、聴聞手続・弁明手続のいずれをも要しないものとされている。しかし、憲法上の要請としての行政手続の適正化という観点からすれば、意見陳述手続を不利益処分に限定するという本法の仕組みは疑問とせざるをえない（杉村・行政手続91頁～106頁、芝池・総論281頁～284頁参照。なお、憲法13条・31条等に基づき、免許申請の許否の審査手続において、審査基準の内容を利害関係人に告知し、主張・証拠の提出の機会を与えることなしに申請を却下した処分を違法とした裁判例として、個人タクシー事件＝東京地判

昭38・9・18行集14巻9号1666頁参照)。許認可申請の拒否の多くは、実質的に不利益処分に相当する機能をもっており、この点で、申請拒否処分にも、少なくとも弁明手続を要する不利益処分の場合に準じた意見陳述手続を設けるべきである(室井力「行政手続法とその課題」ジュリスト1039号〔1994年〕34頁~35頁、兼子・手続法109頁~110頁。なお、高橋・手続法182頁~184頁参照。この点について、「対案」は、申請拒否処分および申請と異なる処分をする場合に、原則として、弁明手続を義務付けている〔第7の2〕)。

(イ) 本法は、複数の申請につきそのいずれかが認容されれば他の申請は認容されなくなる関係にある「競願事案」(例、テレビ局開設免許)についても、意見陳述手続を要しないものとしており(2条4号ただし書ロ)、また、二重効果的行政処分(例、公有水面埋立免許)の申請に対する認容処分をする場合にも、申請者以外の利害関係人等に意見陳述手続を認めていない(なお、10条について、同条の解説〔大田直史〕参照)。これらについても、同様に、意見陳述手続を設けるよう検討すべきである(芝池・総論301頁。なお、「対案」は、競願事案について、すべての申請人に対し「聴聞の機会」を与えるべきものとしている〔第7の3〕)。なお、公有水面埋立免許の際の事前手続の要否をめぐって、下級審の判断は分かれている(松山地決昭43・7・23行集19巻7号1295頁、札幌地判昭51・7・29行集27巻7号1096頁参照)。

(2) 文書閲覧請求制度の聴聞手続への限定

不利益処分をする場合の聴聞手続および弁明手続のそれぞれの性格づけに関わって、文書閲覧請求制度をどのように位置づけるかが、本法の立法過程において議論されてきた(高橋・手続法242頁~244頁参照)。本法は、この文書閲覧請求制度を聴聞手続においてのみ認めている(18条。同条の解説〔久保茂樹〕参照)。しかし、文書閲覧請求は、適正手続の要請として、防御権を保障し、慎重で公正な手続による判断を担保する不可欠の制度であり、理由の提示と同様に、不利益処分手続の一般原則として認められるべきものであると考えられる(小早川編・逐条研究189頁〔浜川発言〕。なお、同書188頁~189頁〔宇賀克也・小早川各発言〕、芝池義一「行政手続における文書開示」法学論叢134巻1号〔1993年〕3頁、本多滝夫「聴聞と弁明の機会の付与」争点83頁参照)。条例のなかには、聴聞手続のみならず弁明手続においても文書閲覧請求を認めているものがある(例、大阪府行政手続条例29条。なお、「対案」は、不利益処分に係る聴聞手続・弁明手続のほか、申請拒否処分等に係

行政手続法

る弁明手続においてもこれを認めている〔第7の2第2項・第14第6項・第20〕）。
(3) 意見陳述手続の省略についての例外規定の不存在
　本法は、聴聞手続については任意聴聞の余地を認めているが（本法13条1項1号ニ）、意見陳述手続を省略する場合については、明文上は例外を認めていない。この場合にも、行政庁の判断により任意意見陳述手続をとることは排除されていないと解されるが、立法論としても、これについて例外を認める方向での検討の余地があろう（高橋・手続法251頁。なお、「対案」第13第2項参照）。

[高橋正徳]

（不利益処分の理由の提示）
第14条　行政庁は、不利益処分をする場合には、その名あて人に対し、同時に、当該不利益処分の理由を示さなければならない。ただし、当該理由を示さないで処分をすべき差し迫った必要がある場合は、この限りでない。
2　行政庁は、前項ただし書の場合においては、当該名あて人の所在が判明しなくなったときその他処分後において理由を示すことが困難な事情があるときを除き、処分後相当の期間内に、同項の理由を示さなければならない。
3　不利益処分を書面でするときは、前2項の理由は、書面により示さなければならない。

1　本条の趣旨

(1)　本条の趣旨は、申請に対する拒否処分に理由の提示を義務付ける8条のそれと基本的に異ならない。本条の対象となる処分が、相手方に義務を課したり権利を制限したりする不利益処分であることに鑑み、処分の理由を提示することによって、①行政庁の判断の慎重・合理性を担保し、②処分の相手方の争訟提起の便宜を図ることにねらいがある（後掲の最判平23・6・7は、このことを確認する。なお、本条が、従来用いられてきた「理由付記」の語に換えて、「理由の提示」の語を用いるのは、口頭で理由を示す場合がありうることを考慮したためである）。
(2)　学説においては、不利益処分に対する理由付記は憲法上の適正手続の要請であるとする説が有力となっているが（不利益処分に対する理由付記の原則を唱え

る学説として、例えば、塩野宏「理由のない行政処分はない――理由付記の機能」室井力＝塩野宏編『行政法を学ぶ(1)』〔有斐閣、1978年〕254頁、聴聞を経た決定は理由付記を要するとする学説として、杉村・行政手続109頁参照）、判例は、青色申告以外の申告に係る課税処分について、理由付記を命じる明文規定がないことを根拠にこれを否定してきた（最判昭42・9・12訟月13巻11号1418頁、最判昭43・9・17訟月15巻6号714頁）。

　本条は、理由提示義務の範囲を不利益処分一般に拡張する点で、不利益処分であっても「明文の規定がなければ理由付記なし」としてきた従来の判例法理の限界を打ち破るものとなっている（理由付記の判例法理については、8条の解説2〔久保茂樹〕参照）。

　もっとも、不利益処分であっても本法の適用のない処分については、憲法の適正手続法理の見地から、理由提示義務を導き出せないかどうかがなお問われている。

　(3)　理由の提示は、不利益処分と同時に、その名あて人に対してなされなければならない（1項）。また、不利益処分が書面でなされるときは、処分理由も書面により示されなければならない（3項）。不利益処分がオンラインでなされる場合は、書面でなされる場合に準じて、処分と同時にオンラインで理由が示されなければならない。

　ただし、不利益処分がなされるときは、緊急の必要があって理由を提示するいとまのないような場合もありうる。本条は、このような場合であっても、理由提示の趣旨をできるだけ生かすよう、処分後相当の期間内に理由を示さなければならないものとしている（2項）。

2　理由提示義務の対象となる処分（1項）

　1項は、緊急の場合を除き、不利益処分（2条の解説5〔芝池義一〕）について、その名あて人に対する理由の提示を義務付けるものである。申請拒否処分は「不利益処分」から除外されているが（2条4号ロ）、8条によって理由の提示が義務付けられる。不利益処分の性格をもつ処分であっても、本法の適用対象外とされた処分には、1項に基づく理由提示義務は及ばない（なお、国税に関する処分については、これまで本法第2章および第3章の規定は適用除外とされてきたが、2011年の国税通則法改正により、8条および14条の規定のみ適用除外から外され理由提示義務が及ぶことになった）。

行政手続法

3　理由の提示の内容・程度

(1)　本条は、不利益処分をなす場合に示すべき理由の内容・程度について、特に規定していない。判例はこれまで、不利益処分には多様なものが含まれるため、必要とされる理由の内容・程度は、「処分の性質と理由附記を命じた各法律の規定の趣旨・目的に照らして」決せられることになるとした上で（例えば、青色申告更正処分に関してであるが、帳簿記載を否認する場合とそうでない場合とで、要求される理由の程度に差が認められることはよく知られている。最判昭38・5・31民集17巻4号617頁、最判昭60・4・23民集39巻3号850頁参照）、理由の記載にあたっては、単に根拠法条を示すだけでは足りず、いかなる事実関係に基づき、いかなる法規を適用して処分がされたかを、その記載自体から、名あて人の知りうるところとならなければならず、名あて人がたまたま理由を知りえたかどうかは、理由付記にあたって考慮してはならないことを繰り返し判示してきた（詳細は、8条の解説4〔久保〕を参照）。

(2)　本条のもとでも、このような考え方は妥当するものと思われる。近時最高裁は、この判例の延長線上で、1項に基づいてどの程度の理由を提示すべきかは、「当該処分の根拠法令の規定内容、当該処分に係る処分基準の存否及び内容並びに公表の有無、当該処分の性質及び内容、当該処分の原因となる事実関係の内容等を総合考慮して」決すべきであるとの一般基準を示した（一級建築士免許取消処分等取消請求事件＝最判平23・6・7民集65巻4号2081頁）。

最高裁は、この一般基準に基づいて、建築士法10条1項2号および3号が定める処分要件は抽象的である上、処分の種類の選択も行政庁の裁量に委ねられていること、本件処分基準は意見公募手続を経るなど適正を担保すべき手厚い手続を経た上で定められ公にされており、しかもその内容は多様な事例に対応すべくかなり複雑なものとなっていることを踏まえると、提示されるべき理由としては、「処分の原因となる事実及び処分の根拠法条に加えて、本件処分基準の適用関係が示されなければ、処分の名宛人において、……いかなる理由に基づいてどのような処分基準の適用によって当該処分が選択されたのかを知ることは困難であるのが通例である」として、処分基準の適用関係の記載を欠く本件処分は、理由提示の要件を欠く違法な処分に当たると判示した。

この判決は、不利益処分の理由の提示において、新たに処分基準の適用関係の記載を求める点で、従来の判例を一歩進めるものといえる（本判決以前の同旨裁

判例として、大阪地判平19・2・13判夕1253号122頁がある）。判決の論理によれば、処分基準の適用関係の記載は常に義務付けられるわけではないが、処分基準が設定・公表されている場合は、処分の選択を導く上で処分基準の果たす役割が大きいことを考えると、不利益処分の理由の提示においては、処分基準の適用関係を示すことが原則になるものと思われる（この判決の判断枠組みに沿って、処分基準の適用関係の記載を求めた裁判例として、大阪地判平24・6・28 LEX/DB25444774がある）。

　本判決の射程は、審査基準が設定されている場合の申請拒否処分の理由提示にも及ぶものと解される（北島周作「理由提示の程度と処分基準」法教373号〔2011年〕49頁）。

　(3)　不利益処分の理由の提示に関しては、聴聞・弁明手続との関係でも検討すべき問題がある。

　(ｱ)　まず、聴聞・弁明手続が適用される不利益処分については、処分の相手方から反論や反証がなされるわけであるから、これらの反論・反証にもかかわらず不利益処分がとられる場合には、その理由を示す必要性は一般に高いといえよう。この場合に、反論・反証に逐一応えることまでは要求されないとしても、少なくとも重要な争点については、どのような立場で判断したかを明確に示すことが求められよう（盛岡地判平18・2・24判例自治295号82頁は、聴聞において裁量判断が重要な争点となることが判明した場合は、その判断にあたって依拠した処分基準や根拠事実を示さなければならないとする）。

　(ｲ)　このことに加えて、聴聞手続の対象となる不利益処分については、聴聞主宰者の意見との関係にも注意を払う必要がある。

　聴聞手続を経て不利益処分がなされるとき、行政庁は、聴聞主宰者の作成する調書の内容および報告書に記載された聴聞主宰者の意見を十分に参酌しなければならないとされているが（26条）、聴聞主宰者の意見に反して不利益処分を行う可能性は否定されていない。このため、行政庁が聴聞主宰者の意見に反して不利益処分を行う場合には、聴聞主宰者の意見と異なる判断に至った理由を明らかにすることが特に求められよう。ちなみに、審査請求においては、裁決の主文が、審理員意見書または行政不服審査会等もしくは審議会等の答申書と異なる内容である場合には、異なることとなった理由も、裁決書に記載しなければならないとされている（行審50条1項4号）。理由の提示においても、この理は当てはまるも

のといえよう。

(ｳ) 以上の議論とは逆に、聴聞・弁明手続の介在が理由提示義務の緩和をもたらすかという論点もある。聴聞・弁明手続においては、不利益処分の名あて人となるべき者は、「予定される不利益処分の内容及び根拠となる法令の条項」および「不利益処分の原因となる事実」を事前に通知されるほか（本法15条1項1号・2号、30条1号・2号）、聴聞手続の場合は、聴聞期日における審理を通じて処分理由を相当程度予測することが可能になる。問題は、このことから理由提示義務の緩和が許されるかどうかである（緩和論に立つ学説として、西鳥羽和明「理由付記判例法理と行政手続法の理由提示（2・完）」民商法雑誌113巻1号〔1995年〕8頁～13頁参照）。

ある判決は、理由の提示が不十分で違法な場合であっても、聴聞手続を通して不利益処分の名あて人が処分理由を知りうる場合には、理由提示の制度趣旨を没却するとまでいえないから、処分を取り消す必要はないとする（高松地判平12・1・11判例自治212号81頁）。

これに対し、裁判例の多くは、聴聞通知において示された内容（15条1項）が直ちに処分理由となるわけではないから、聴聞手続を経由したからといって理由の提示を簡略化することが許されることにはならないとの立場をとる（前掲・盛岡地判平18・2・24、東京高判平17・9・15 LEX/DB25410455、東京高判平24・12・12 LEX/DB25445843、名古屋高判平25・4・26判例自治374号43頁、名古屋高判平25・10・2 LEX/DB25505971、熊本地判平26・10・22 LEX/DB25505336）。

たしかに、事前手続の通知の書面に記載された根拠条項および事実と同一の事由により処分がなされるときは、「行政庁の適宜の判断により、その旨を示すことで足りる」（IAM・逐条解説行手法192頁）とされる場合もないとはいえないだろうが、処分の名あて人からなされた反論や反証に応える必要があること（前記(ｱ)）、聴聞手続において問題とされた事実関係が最終的にすべて認定されて処分理由になるとは限らないこと等を踏まえると、処分理由の記載としては、聴聞・弁明手続が適用される場合であっても、「いかなる事実関係に基づきいかなる法規（さらには処分基準）を適用して処分がされたかを、その記載自体から了知しうるものでなければならない」という理由提示の基本原則は維持されるべきであって、「名あて人がたまたま理由を知りえたかどうかは、理由の提示にあたって考慮されるべきでない」と考えられる（前掲・最判平23・6・7における田原補足意見参照）。

なお、理由提示義務の緩和論に対して、理由付記の判例法理の継承を確認するものとして、本多滝夫「行政手続法における理由の提示と瑕疵の効果」龍谷法学45巻4号〔2013年〕199頁、ほかに、藤原静雄「理由付記判例にみる行政手続法制の理論と実務」論ジュリ3号〔2012年〕67頁も参照）。

4 緊急の場合（1項ただし書・2項）

(1) 理由の提示は処分と同時になされなければならないが、「理由を示さないで処分をすべき差し迫った必要がある場合」は、この限りでない（1項ただし書）。理由を示すいとまのないような緊急の処分の存在が否定できない以上、このような規定が置かれることはやむをえない（理由の提示が省略される場合の類型については、塩野＝高木・条解219頁、高木他・条解250頁〔高木光〕参照）。

もっとも、緊急の必要により理由が提示されなかった場合でも、争訟提起の便宜を図るためには、事後的に処分理由を知らせることが望ましい。2項は、この点に配慮して、名あて人の所在が判明しなくなったとき、その他処分後において理由を示すことが困難な事情があるときを除き、「処分後相当の期間内に」理由を示さなければならないものとした。

なお、「処分後相当の期間内に」とは、「処分後、理由を正確に把握し提示できる段階になれば、速やかに」という趣旨であるから、その期間は、処分原因事実の複雑さや処分後に要する行政上の対応の程度に応じて異なってくる（IAM・逐条解説行手法192頁〜193頁参照）。

(2) 処分後相当の期間内に理由が示されないときは、いかなるサンクションが与えられるのであろうか。本条は、この点について明示の規定をもたない。

理由の提示が全くなされない場合は、理由の提示の欠如となり、それ自体で処分の違法（無効）事由を構成するものと考えられる。

これに対し、相当の期間経過後に理由が示されたときは、直ちに処分の違法事由に結びつけるのは困難である。

しかし、本条の趣旨の一つが、処分の相手方の争訟提起の便宜を図ることであることを考えると、相当期間を過ぎた理由の提示により争訟を提起するかどうかの判断が妨げられたような場合は、原告の責めに帰すべからざる事由により争訟期間が遵守できなかったものとして、理由提示後1週間内に限り争訟の提起を認めるとの解釈が成り立つ余地がある（旧行審14条1項ただし書・同条2項、行訴14条2項、民訴97条1項参照）。

5 書面による理由の提示（3項）

不利益処分は、別段の定めがない限り、書面でも口頭でもなしうるが、書面で処分をするときは、前2項の場合とも、処分理由は書面によって示さなければならない。

書面による処分が法的に義務付けられていない場合であっても、処分が書面によって行われる限り、理由の提示も、書面によることが求められる。

6 理由の提示に関する瑕疵

8条の解説7〔久保〕を参照。

7 理由の差替え

理由の差替え一般については、8条の解説8〔久保〕を参照。以下では、聴聞・弁明手続との関係に限って解説する。

仮に、理由提示義務の存在によっても理由の差替えは妨げられないとの見解に立つ場合であっても、聴聞手続が適用される不利益処分については、以下に述べる理由により、理由の差替えを認めることはできない。

聴聞手続は、聴聞通知に記載された処分内容、根拠法条および処分原因事実に基づいて進められるものであるから（15条1項・20条1項）、聴聞ののち処分理由の差替えが行われるとすれば、反論にさらされない事実に基づいて不利益処分が行われることを許すことになる。これは聴聞手続を保障した本法の趣旨に反するものである。したがって、聴聞手続を経た不利益処分については、理由の差替えは否定されるべきである（宇賀・三法解説126頁参照）。

同様のことは、弁明手続においても問題となりえよう。弁明手続においても、弁明通知に記載された処分内容、根拠法条および処分原因事実に関して弁明がなされるのであるから（30条）、のちに理由の差替えが行われるとすれば、弁明の機会が与えられない事実に基づいて不利益処分が行われることになるからである（大橋・行政法Ⅱ159頁は、「処分理由の差替え・追加は、処分の発動段階から行政の側が主体となって説明責任を尽くしていくといった、不利益処分手続の基本構造に抵触する点が多い」として、原告が同意している場合を除き、不利益処分に対する理由の差替え・追加を積極的に認める合理性は存在しないとする）。

聴聞・弁明手続を保障した趣旨から考えると、訴訟の段階で、処分理由とは異なる理由で処分を根拠づけようとするときは、改めて聴聞・弁明の機会を提供するのが本来の筋と考えられる。もっとも、この場合にあっても、基本的な事実の

同一性の範囲内であれば、処分理由に追加・変更を加えることは妨げられないものと解される。

［久保茂樹］

行政手続法

第2節 聴　　聞

> （聴聞の通知の方式）
> 第15条　行政庁は、聴聞を行うに当たっては、聴聞を行うべき期日までに相当な期間をおいて、不利益処分の名あて人となるべき者に対し、次に掲げる事項を書面により通知しなければならない。
> 　一　予定される不利益処分の内容及び根拠となる法令の条項
> 　二　不利益処分の原因となる事実
> 　三　聴聞の期日及び場所
> 　四　聴聞に関する事務を所掌する組織の名称及び所在地
> 2　前項の書面においては、次に掲げる事項を教示しなければならない。
> 　一　聴聞の期日に出頭して意見を述べ、及び証拠書類又は証拠物（以下「証拠書類等」という。）を提出し、又は聴聞の期日への出頭に代えて陳述書及び証拠書類等を提出することができること。
> 　二　聴聞が終結する時までの間、当該不利益処分の原因となる事実を証する資料の閲覧を求めることができること。
> 3　行政庁は、不利益処分の名あて人となるべき者の所在が判明しない場合においては、第1項の規定による通知を、その者の氏名、同項第3号及び第4号に掲げる事項並びに当該行政庁が同項各号に掲げる事項を記載した書面をいつでもその者に交付する旨を当該行政庁の事務所の掲示場に掲示することによって行うことができる。この場合においては、掲示を始めた日から2週間を経過したときに、当該通知がその者に到達したものとみなす。

1　本条の趣旨

本条は、聴聞の通知の方式を定めたものである。行政手続の中核は、告知・聴聞であり、聴聞を行うには、その旨を名あて人に通知（告知）する必要がある。

ある事柄の決定に利害関係のある者が、あらかじめ、このことについて「告知」を受け、「聴聞」の機会が与えられる手続において、この「告知」が「聴聞の通知」である。不利益処分の名あて人にとっては、聴聞に臨むに際し、いかなる原因事実と法条をもって、どのような不利益処分に当たると評価されたのかについて、聴聞の期日までに、あらかじめ相当の期間をおいて示されることによってこそ、自己の権利・利益を守るための主張や証拠書類等の提出による防御手段の行使が聴聞の期日に有効に行使できることになる。ここに、告知・聴聞制度が一般法として制度化されたことになる（塩野・行政法Ⅰ326頁）。

　本条は、この趣旨から、聴聞期日までに相当な期間をおいて書面により聴聞の通知を行うこととともに、当該通知書面において名あて人となるべき者が期日までに必要な手続的措置（意見陳述権や文書閲覧権等）をとりうることの教示義務、および名あて人の所在が判明しない場合の公示送達に準じた手続について規定している。ここに、告知・聴聞制度が適正手続4原則（告知・聴聞、理由の提示、文書閲覧、審査基準の設定・公表）の一つとして、一般法上の手続的権利として制度化され、その権利侵害は処分の違法事由として、一般に、抗告訴訟において主張できるものと解される（塩野・行政法Ⅰ348頁）。

2　聴聞の通知事項（1項）

　行政庁は、聴聞手続に入るときは、必ず聴聞の通知を、聴聞期日までに相当な期間をおいて、名あて人に対して、書面でしなければならない。

　ここでいう「相当な期間」につき、実務は、「基本的にケースバイケース」（IAM・逐条解説行手法195頁）で判断されるべきとするものの、不利益処分の内容・性質に照らして、その名あて人が防御の準備を可能ならしめるに足りると認められる期間でなければならない。なお、個別法では、1週間または2週間前の通知を定める例が多く（例、道交75条5項、生活保護45条3項）、これでは、正式聴聞のための準備を考慮するならば、「相当な期間」というのには短すぎ、聴聞の期日は、行政庁が一方的に決めるのではなく、名あて人となるものの希望が反映されることが望ましい（芝池・総論302頁）。

　聴聞の通知書に記載されるべき必要事項（①不利益処分内容・根拠法令条項、②不利益処分の原因事実、③聴聞期日・場所、④聴聞組織名称・所在地）について規定するのが本条1項各号である。とりわけ、1項2号については、なおも「原因となる事実」をどこまで特定するかという問題が残るものの、後述するとおり、通

知に際しては具体的事実の記載を必要とする旨を規定していることは評価できる。「根拠となる法令の条項」と「原因となる事実」とは、不利益処分の理由を相手方に事前に認識させ、聴聞期日における主張・立証の準備をさせることを目的としたものであり、当該通知に記載されていない根拠法条や原因事実を行政庁の職員が聴聞期日に持ち出すことは許されず、通知後にこれらを差し替える場合には、原則として、改めて通知からやり直さなければならない（宇賀・三法解説127頁）。

　なお、通知義務は、不利益処分の名あて人に対して発生するものであるが、それ以外の利害を有する者に対しても可能な範囲で対処することが望ましく、運用上、可能な範囲で、通知努力をすることが奨励されるべきであろう（宇賀・三法解説128頁）。

3　通知書（「通知」）に記載すべき事実等の具体性（1項1号・2号）

　聴聞に際し、不利益処分の名あて人は、防御権の行使が保障されるためには、①不利益処分の内容と根拠法令の条項（1項1号）については、根拠法令の条項に加えて、事案によっては、処分基準についても、さらには、同基準の「適用関係」（一級建築士免許取消処分等取消請求事件＝最判平23・6・7民集65巻4号2081頁）についてもまた、事前防御の趣旨に則り（平岡久「処分基準の合理性と聴聞手続中の理由適示」法学雑誌60巻2号〔2014年〕140頁）、不利益処分の根拠として記載することが要請されている。②不利益処分の原因となる事実（1項2号）については、根拠法令の定める要件に当たると判断した具体的な事実を記載するとともに、その事実をこの要件に当てはめる判断をした理由についても記載することにより、当該名あて人が反証ないしは反駁可能な形で、原因となる事実が具体的に明示されていなければならない。

　この点につき、実務は、「不利益処分の名宛人となるべき者にとって具体的事実が認識され、その者の防御権の行使を妨げない程度に記載されることが必要である」（IAM・逐条解説行手法196頁）とするにすぎず、なおも抽象的である。しかし、ここでいう「具体的事実」とは、本条の通知の趣旨が、行政庁が聴聞しようとしていることを相手方に認識させ、反論のための準備をさせることにあるのだから、行政庁がどういう事実を原因として不利益処分を課そうとしているのか、相手方にわかる程度の具体性が必要である（小早川編・逐条研究125頁〔宇賀克也発言〕）。それが不十分で「通知」の欠如と評価される場合には、防御権行使を妨げるものとして取消事由に当たるものと解すべきである（高木他『行政救済法〔第2

版〕〔弘文堂、2015年〕110頁）。「通知」の欠如についての裁判例として、タクシー免許取消事件に関わるニコニコタクシー事件＝大阪地判昭55・3・19行集31巻3号483頁（具体的違反事実）参照。

なお、聴聞手続において、「不利益処分の原因となる事実」（1項2号）の資料として挙げられていた証拠以外の資料を訴訟において提出しうるかについて、裁判例は「全く資料を収集せずに処分を行い、後日訴訟になってから資料を収集して提出するなど、行政手続法が聴聞手続を要求した趣旨を全く没却するような場合はともかく、原則として、聴聞手続で『不利益処分の原因となる事実』の資料として挙げられていなかった証拠を訴訟において提出することは許されるというべき」（高松地判平12・1・11判例自治212号81頁）と判示している。

4　聴聞開催の通知書・教示（2項）

本条2項は、聴聞手続において名あて人にどのような手続上の権利があるかについて事前に情報提供をする規定である。なお、陳述書の提出は、21条1項により、聴聞の期日までになされるべきであるから、その旨をあわせて教示することが望ましい。

ここでの「教示」は、不利益処分の名あて人となるべき者が、自己の権利利益を実効的に防御できるように、聴聞期日における意見陳述権および証拠書類等提出権、ならびに聴聞終結時までの文書閲覧請求権が保障されることを名あて人に教示することにより、聴聞手続の円滑な進行を確保することにある。

5　処分原因となる事実の通知（1項）と文書閲覧の教示（2項2号）との相互補完関係

通知書は、一方で、行政側が有する不利益処分案に係る処分要件に関する情報について、行政側が手の内を相手方に示し、名あて人が、その是非を争うことができるものでなければならない（1項）。その際、まずは処分庁により処分原因となる具体的事実が通知され、さらには文書閲覧請求権が行使されることによって処分原因が相手方の目にさらされ、反証たる主張・立証が十分なものになる（小早川編・逐条研究131頁〔塩野宏発言〕）。

通知書には、文書閲覧請求権のあることを教示しなければならないが（2項2号）、教示に際しては、資料が膨大な場合はなおさらのこと、限られた期間内での資料の閲覧となりがちなので、行政庁は当該不利益処分の原因事実を証する資料につき標目（標題、種目）を定めて整理し、名あて人の閲覧の求めに応じる義

務があり、聴聞通知書には標目を挙示して閲覧を求めることができる旨教示すべきものと解する（宮崎良夫「行政手続法と裁判官」現代法学20号〔2011年〕329頁）。しかし、裁判例は、標目を示して閲覧を求めることができる旨教示すべき義務を定めた法令の規定は存在しないと消極に解している（東京地判平18・9・6判タ1275号96頁およびその控訴審東京高判平19・4・17 LEX/DB25420878）なお、本条2項2号にいう文書等の閲覧請求については、本法18条の解説（久保茂樹）参照。

6　名あて人の所在が不明の場合の聴聞の通知（3項）

本条3項は、処分の名あて人となるべき者の所在が判明しない場合、聴聞の通知を当該行政庁の事務所の掲示場への掲示によって通知が到達したとみなす規定である。民事訴訟法110条・111条の公示送達に準じた規定は、国税通則法14条等にも置かれており、本条もまた聴聞の通知につき一般的な規定を置くことになった。これによって、通知が為されたかどうかの疑義が生じるという事態は解消されることになった（宇賀・三法解説129頁）。

なお、「名あて人となるべき者の所在が判明しない場合」とは、不利益処分の名あて人となるべき者の所在が不明であるケースや聴聞の通知を郵送により行ったが居所が不明であるケース等において、必要に応じて追跡調査を行ってもなお住所および居所等が不明な場合に該当する（IAM・逐条解説行手法197頁）ほか、「現実に名宛人となるべき者の了知しうべき状態にならなかった場合を含む」（塩野＝高木・条解230頁、高木他・条解261頁〔高木光〕）。

この場合、掲示すべき内容について、予定される不利益処分の内容および根拠となる法令の条項（1項1号）・不利益処分の原因となる事実（1項2号）を記載した書面を直接掲示することを避け、いつでもその通知を受けるべき者に交付する旨を当該行政庁の事務所の掲示場に掲示することは、聴聞が非公開審理を原則としていることに鑑み、プライバシー保護等に配慮したものとされる（塩野＝高木・条解231頁、高木他・条解262頁〔高木〕）。

なお、掲示を開始した日から2週間を経過したときに、その通知は当事者に到達したものとみなされる。したがって、本条3項による聴聞の期日は、この2週間と「相当な期間」（本条1項）との合算日以後となる。

〔岡崎勝彦〕

> **（代理人）**
> **第16条** 前条第１項の通知を受けた者（同条第３項後段の規定により当該通知が到達したものとみなされる者を含む。以下「当事者」という。）は、代理人を選任することができる。
> ２　代理人は、各自、当事者のために、聴聞に関する一切の行為をすることができる。
> ３　代理人の資格は、書面で証明しなければならない。
> ４　代理人がその資格を失ったときは、当該代理人を選任した当事者は、書面でその旨を行政庁に届け出なければならない。

1　本条の趣旨

　本条は、聴聞手続の当事者による代理人選任の根拠、代理人の権限の範囲および選任・解任・辞任の手続について定める。なお、ここでいう聴聞手続の当事者とは、不利益処分の名あて人となるべき者で、聴聞の通知を受けた者（15条３項後段によって通知がなされたとみなされる者を含む。本条１項）をいう。すなわち、聴聞に関し当事者の権利利益を十分に保護すると同時に、手続の簡易・迅速化を図るために代理人に関する規定を設けたものである。なお、本条の各規定は、聴聞手続規定を充実させる本法立案作業過程において、旧行審法の各規定（旧行審12条・13条）を参考として創設された。

2　代理人

(1)　代理人の選任（１項）

　代理人とは、当事者本人に代わり、本人の名において自己の意思決定に基づき聴聞手続に関する行為をする者をいう。代理人がその権限の範囲内でした行為は当事者本人がしたのと同様の効果を生じ、その効力は当事者本人にも及ぶ。この代理人となる資格に関しては、アメリカの連邦手続法では弁護士または行政庁が許可する者に限定されているものの（宇賀・三法解説134頁）、本法は制限を定めていない。代理人選任についても、補佐人の場合と異なり許可制はとられていない。なお、補佐人の許可については、本法20条３項の解説（榊原秀訓）参照。

(2)　代理人の権限（２項）

　代理人は、当事者のために聴聞に関する一切の行為をすることができる。代理

人の権限は、本来委任の内容によってその範囲が決まるが、代理人の権限の範囲をこのように定めたのは、個々の代理人の権限が区々であれば、聴聞手続上種々の障害が生じうるので、聴聞手続を迅速に進めるという要請に立って、行審法の例にならい、権限の内容を画一的にしたものである（IAM・逐条解説行手法201頁）。

「聴聞に関する一切の行為」には、文書等の閲覧（18条）、聴聞期日における意見陳述等の提出（20条）、陳述書の提出（21条）などが含まれる。この代理人は、「補佐人」を選任することができる（佐藤編・自治体実務94頁〔田村達久〕）。なお、補佐人（20条3項参照）は代理人ではないから、当事者または代理人に代わって出頭し、手続を行うことはできない。

(3) 代理人の資格の証明（3項）

代理人の選任に際し、その資格は「書面で証明」しなければならない。それは、当事者によって代理人として正当に選任されたことが審理手続を有効に行うための要件であるから、それを聴聞手続の当初から明確にしておき、無駄な行為の発生を事前に防止することにある。なお、資格証明の書式について明記してないものの、委任状の写しなどは必要であろう（IAM・逐条解説行手法201頁）。

(4) 代理人の資格の喪失（4項）

解任・辞任により代理人がその資格を失ったときは、行政庁へその旨を書面で届け出なければならない。この規定は、代理人の権限が聴聞手続に関する一切の行為に及ぶことから、代理人資格が失われた事実を明らかにすることにより、既に提出されている証明書に基づいて手続が進められ、無駄な手続が進行することを防ぐ目的で定められている。

3　代理人の数・多数当事者

(1) 代理人の数

代理人の数について、本条は何ら明示していないばかりか、人数の制限規定も全く存在しない。しかし、実務は代理人が多数選任され聴聞の場に入場しきれないなどの事態が生じた場合には、当事者の防御権を妨げないと判断される限りにおいて、聴聞の場に出頭できる人数が制限されることはやむをえないと解されている（IAM・逐条解説行手法201頁）。ただし、その場合も当事者の同意を前提とすべきである。なお、旧行審法12条2項（代理人による審査請求）は、複数の代理人の選任を前提としており、一方的な数の制限はできないとも解されてきた（行政管理庁行政管理局『行政不服審査法関係回答例集』〔行政管理庁、1973年〕100頁〜101頁）。

(2) 多数当事者の手続

多数の当事者が存在する手続においては、行政庁が申請人に対して相当の期間内に共同代理人を指名することを求めたり、行政庁が職権で共同代理人を指名したりすることを認めるなど、ドイツ連邦行政手続法における大量手続（Massenverfahren）規定（同法17条・18条）にならい、不必要な遅滞を防止するための多数当事者の手続規定を置くことも検討されなければならない。本法は、最終的には、多数当事者手続規定を設けず、将来の検討課題として残している（宇賀・三法解説136頁）。

[岡崎勝彦]

（参加人）

第17条 第19条の規定により聴聞を主宰する者（以下「主宰者」という。）は、必要があると認めるときは、当事者以外の者であって当該不利益処分の根拠となる法令に照らし当該不利益処分につき利害関係を有するものと認められる者（同条第2項第6号において「関係人」という。）に対し、当該聴聞に関する手続に参加することを求め、又は当該聴聞に関する手続に参加することを許可することができる。

2　前項の規定により当該聴聞に関する手続に参加する者（以下「参加人」という。）は、代理人を選任することができる。

3　前条第2項から第4項までの規定は、前項の代理人について準用する。この場合において、同条第2項及び第4項中「当事者」とあるのは、「参加人」と読み替えるものとする。

1　本条の趣旨

本条は、「当事者」（15条1項参照）以外の者であっても、主宰者は、不利益処分の根拠法令に照らして当該不利益処分につき利害関係を有するものと認められる者（以下「関係人」という）に聴聞手続への参加を求め、または参加を許可することができるとする。そして、当該聴聞手続に参加する者（「参加人」）は代理人を選任することができる。すなわち、本条は、①関係人の権利利益の保護を図るために、②関係人を聴聞手続に参加させることによって聴聞審理の公正の保持と

当該処分の適正さを確保し、もって、③事後の無用な紛争の防止に努めるものである。なお、「当事者」と「参加人」・「(利害)関係人」との区別は旧行審法24条と同様である(行審13条参照)。なお、行審法13条では本条を参考に新たに「利害関係人(審査請求人以外の者であって審査請求に係る処分又は不作為に係る処分の根拠となる法令に照らし当該処分につき利害関係を有するものと認められる者)」との定義を追加している。いずれも、「事実上の利害関係」では足りず「根拠法令」を求めている。

2　利害関係を有する者＝関係人 (1項前段)

本条1項でいう「関係人」とは、前述のとおり当事者以外の者であって、個別法において当該不利益処分がなされた場合に、利益もしくは不利益を受けることになるという意味で利害関係を有することになる者と根拠法令の趣旨から解釈され、またはそのように扱われるべき者をいう。「利害関係を有するものと認められる者」には、現に利害関係を有するものと認められる者のみならず、将来利害関係を有することとなる者も含まれる。なお、不利益処分がなされた場合に当事者と同一の利害関係を有する者と並んで利益を受けることとなる者、すなわち、相反する利害関係をもつ者(以下「相反利害関係人」という)も参加人として参加できる。ただし、相反利害関係人である参加人には次条で規定する文書閲覧権は保障されていない(18条1項)。

この相反利害関係人の主張に理由があるかどうかについて、主宰者は24条3項の報告書に意見を記載しなくてもよく、この点で相反利害関係人は、当事者および不利益処分により自己の利益を害されることになる参加人(同一利害関係人)より劣位に置かれている。規制する立場の行政庁と規制される立場の当事者・同一利害関係参加人間にみられる協調的・癒着的関係を回避するために、劣位に置かれる相反利害関係参加人の手続的権利を上乗せして、当事者並みとし、積極的に「行政監視的参加」の機能を担わせるべきである(原田尚彦「行政手続法の制定と参加の視点」一橋論叢110巻1号〔1993年〕56頁)。

3　関係人の参加 (1項後段)

本条1項後段では、関係人の参加につき、①主宰者が求める職権による参加と②関係人からの申出に基づき主宰者がする許可による参加とを認めている。なお、関係人は申出に際し、自らが利害関係を有する者であることを疎明することになる。

主宰者の職権による参加については、真に利害関係を有し、または事実関係の評価（意見）において欠くことのできない者について参加を求め、十分な意見陳述なり証拠書類等の提出を促し、これによって適正な事実認定や判断を行うものである。主宰者の許可による参加については、関係人が参加を希望しても主宰者がこれを許可しないことがありうる。このように参加の許否が主宰者の判断にかかっているのも聴聞手続が主宰者による職権主義的手続をとることの反映である。すなわち、主宰者の許可を要件とするのは、①主宰者が審理を司るものであること、②参加があるとそれだけ審理の手数がかかるので、参加による不合理な審理の遅延が生じないよう配慮する必要があること、③不利益処分の原因となる事実について、適正な評価を担保する上で聴聞に参加すべき者についての裁量権を主宰者に与えるものとされている（IAM・逐条解説行手法204頁）。なお、申出に対する不許可は、事案によっては裁量の逸脱・濫用となりうると解されている（高橋・手続法290頁）。この関係人の範囲について、効果裁量レベルで考慮されうる利害を有する者も、「利害関係を有する者」に含めてもよい（野呂充「行政手続における第三者の地位と行政争訟」現代講座Ⅱ118頁）。

　元々要綱案には、主宰者が関係人に対して職権により参加を求める規定は置かれていなかった。その変更の理由として、手続への参加を求めることにより、その者が有する情報を参考とすべきものと説明されている（仲・すべて242頁）。このように立案関係者には主宰者が必要と認めるときに主宰者の裁量の範囲内で関係人の参加を認めるにとどめるという意思が働いている。しかし、次条において参加人に文書閲覧権が認められている点に照らしても、文書閲覧が認められる参加人についてはもちろんのこと相反利害関係人にあっても、特別の事情があればともかく、一般論としては、関係人の参加を求める申出を積極的な権利として保障する「請求権的構成」（室井＝紙野編・行政手続162頁〔紙野健二〕）の文脈のもとで広く許可する方向で解釈・運用されることが望ましい。

4　代理人の選任等（2項・3項）

　本条2項では、当該不利益処分に対して利害関係を有する者であって当該聴聞手続に参加する者（「参加人」）も当事者に準じた地位を有するため、当事者と同様に代理人を選任しうることが保障されている。この規定の趣旨は16条1項と同様である。

　本条3項により、本条2項に基づき参加人が選任した代理人に準用されるのは

(前条2項・3項・4項)、参加人の代理権の範囲、代理人の資格の証明、代理人の資格喪失の届出に関するもので代理人に関する規定のすべてに及んでいる。当事者の代理人と区別することはかえって聴聞審理の円滑な進行を不必要に妨げることになるからである。

5 参加人の範囲

　参加人の範囲について、本条1項は関係法令に照らして不利益処分につき利害関係を有するものと認められる者と定めるところから、関係人の範囲を画する基準が各個別法に求められることになったが、なおも抽象的なものにとどまっており、具体的事例において個別的に判断しなければならない。しかも、各個別法の規定自体において、その「利害関係」が何を想定しているかについて、個別法に規定があるわりには必ずしも明確ではないとの指摘もある（小早川編・逐条研究320頁〔仲正発言〕）。

　現代の行政過程の多くがもはや、公益を代表する行政庁と規制される者との二面的対立・緊張関係ではなく、①行政庁、②規制を受ける者、③規制によって守られる者の三面的対立関係として把握されるべきものであるなら、被規制者側に聴聞の機会を与えるだけでは十分ではなく、「規制によって守られる人々にも意見申述の機会を付与しなければ公正を欠く」ものと思われる（原田・要論161頁）。したがって、この関係人の人的および法的範囲について、各個別法の条文で利害関係が明記されている者と読むのでは、狭すぎるばかりか、現実的でもない。ここでの課題は、行政運営を公正で透明ならしめるために手続に参加できる者を決めることであるから、個別行政領域における規制行政庁との利害関係について広く解釈すべきである。その結果、地域住民や消費者国民にあっても、環境、移動手段の保障、安全に不安を感じる付近住民等にも、特に重大な利害関係を有するものと認められる者として、行政手続参加権が必要に応じて積極的に認められるべきである。これは、いわゆる第三者の行政処分決定手続への参加の問題として、検討されている課題である。

　また、これら関係人についても、例えば、行訴法9条にいう原告適格を肯定すべき者については参加を拒否すべきではないし、それ以外の者についても、審理遅延等の合理的な理由のない場合に参加を拒否することは、裁量権行使の違法事由となることが考えられる（高橋・手続法291頁）。ようやくにして2014年改正行訴法下にあって、旅客運賃等認可処分取消訴訟において、鉄道利用者の原告適格

を肯定する裁判例(東京地判平25・3・26判時2209号79頁)が出現している。また、個別法では運賃認可に先立ち開催される運輸審議会の審査(鉄事64条の2第1号)にあって「利害関係人」の請求があれば公聴会開催義務を認める規定がある(国土交通省設置15条1項・23条)。そして、同審議会が「利用者」を含め「特に重大な利害関係を有すると認める者」に請求権を与えている(運輸審議会一般規則5条6号)が、ここに「利用者」を含む積極的明文根拠はない。しかし、同裁判例は、鉄道事業法施行規則73条3号が地方鉄道運輸局長の意見聴取対象として「利用者」を含めて「利害関係人」を定義していることを重視し、運輸審議会一般規則5条6号に規定する「利害関係人についても、『利用者』が含まれるものと解」した。

これら本法17条の相反利害関係人に該当する者としては、現実の運用においては10条で意見聴取の機会が与えられる者と一致する(南＝高橋編・注釈246頁〔荏原昭則〕)。これまでも、参加権者の範囲を区切るのに困るとき、公募選定の仕組みや社会的にしかるべき国民・住民団体の代表者に「利害関係」参加資格を認めるという解釈・運用が提起されている(兼子・手続法130頁～131頁)。理論的には別物ではあるが、少なくとも、行訴法9条にいう原告適格を有するものよりも広いものと解すべきである(高橋・手続法289頁、芝池・総論302頁)。本条項に見る「参加人の範囲」の拡がりが権利保護手続と住民参加手続の充実につながるものと思われる。なお、行審法13条の規定から本条の解釈においても「法律上の利益」に限定的な立場がとられる可能性が高いことを示唆する見解もある(高木他・条解274頁〔高木光〕)。

〔岡崎勝彦〕

(文書等の閲覧)

第18条　当事者及び当該不利益処分がされた場合に自己の利益を害されることとなる参加人(以下この条及び第24条第3項において「当事者等」という。)は、聴聞の通知があった時から聴聞が終結する時までの間、行政庁に対し、当該事案についてした調査の結果に係る調書その他の当該不利益処分の原因となる事実を証する資料の閲覧を求めることができる。この場合において、行政庁は、第三者の利益を害するおそれがあるときその他

> 正当な理由があるときでなければ、その閲覧を拒むことができない。
> 2 前項の規定は、当事者等が聴聞の期日における審理の進行に応じて必要となった資料の閲覧を更に求めることを妨げない。
> 3 行政庁は、前2項の閲覧について日時及び場所を指定することができる。

1 本条の趣旨

本条は、聴聞手続において効果的な意見陳述や立証が可能となるよう、聴聞の当事者に対し、当該事案の調書その他の資料の閲覧請求権を認めることによって、その者の防御権保障の充実を図ろうとするものである。

聴聞手続の充実を図るためには、聴聞の当事者に調書その他の資料の事前閲覧を許すことによって、聴聞手続での弁明・立証活動を実のあるものにしていく必要がある。実際、諸外国においても、聴聞手続に文書閲覧制度を組み込む例は少なくない（文書閲覧制度は、ドイツ、オーストリアなどヨーロッパ大陸系の行政手続法によくみられるほか、アメリカ合衆国においてもディスカバリーの制度がある）。

わが国では本法制定以前においては、処分の事前手続として個別の法律で何らかの意見聴取を義務付ける場合であっても、意見聴取に先立って文書等の閲覧を認める例はほとんどなかった。

例えば、準司法的手続とされる独占禁止法上の審判手続（2005年改正前のもの）でさえ、審判開始前の手続段階における関係書類等は、閲覧請求の対象に含まれないものと解されていた（東京高判昭46・7・17行集22巻7号1022頁。なお、独占禁法上の審判手続は、2013年の同法改正により廃止された）。また、審査請求手続（旧行審法によるもの）においては、審査請求人等に書類等の閲覧請求権が与えられていたが、これは処分を争う事後の不服申立手続における閲覧である上、閲覧対象となる書類も、処分庁から提出されたものに限られていた（旧行審法33条2項。なお、現行行審法38条1項では、閲覧対象書類は処分庁から提出されたものに限られなくなった）。

文書等の閲覧に類似する制度として情報公開制度があるが、これは利害関係に関わりなく請求権を付与する客観法的制度であって、被処分者の防御権保障を目的とした文書閲覧制度とは性格を異にする。また、個人情報保護制度における本人情報開示は、請求者のプライバシー保護を目的とした制度であって、聴聞手続と直接結びつくものではない（この二つの制度と文書閲覧制度の関係については、後

述3(7)参照)。

以上のことから、本法において、聴聞手続に文書閲覧制度が結びつけられたことは、わが国の聴聞手続の水準を格段に高めるものとして画期的な意義をもつ。

2 文書閲覧制度の適用範囲

文書閲覧制度が適用されるのは聴聞手続に限られており、弁明手続においては適用が認められない。

意見陳述・立証が適切に行われるべきことは弁明手続の場合も異ならないはずであるから、弁明手続においても文書等の閲覧を認めることは、立法政策としてむしろ妥当なものとも考えられるが(第2次研究会案0601条第1案および「対案」第14第6項参照)、本条でこれが認められなかったのは、処分の迅速性・手続の簡便性への配慮と、わが国におけるこれまでの事前手続のあり方が考慮されたためだとされている(仲・すべて57頁、188頁~189頁参照)。

もっとも、行政庁の側で支障がなければ、第三者の利益等を害さない範囲で、弁明手続において文書等の閲覧を許すことは可能であろう(宇賀・三法解説142頁参照)。運用面でのレベル・アップが期待されるところである。

3 閲覧請求権(1項)

(1) 閲覧請求の主体

閲覧請求の主体は、不利益処分の名あて人である聴聞の「当事者」のほか、利害関係を有する者として聴聞手続に参加することが許された「参加人」のうち「当該不利益処分がされた場合に自己の利益を害される」こととなる者(両者を含めて「当事者等」という)である。

不利益処分の名あて人である当事者のほか、処分により利益を害される参加人が加えられたのは、参加人の中でも不利益を被るおそれのある者については、当事者なみに防御権を保障する必要があると考えられたからである(IAM・逐条解説行手法206頁参照)。これに反して、処分により利益を受ける参加人に閲覧請求権が認められなかったのは、規制によって保護される者の手続参加の問題を取り上げない、本法の一つの限界だと考えられてきた(原田尚彦「行政手続法の制定と『参加』の視点」一橋論叢110巻1号〔1993年〕45頁参照)。

(2) 閲覧対象文書

閲覧請求の対象となる文書等は、「当該事案についてした調査の結果に係る調書その他の当該不利益処分の原因となる事実を証する資料」である。調書の形式

をとらなくとも、処分原因事実を証する資料であれば閲覧対象に含まれる。また、文書に限らず、写真、磁気ディスク、その他資料の形態を問わない。

どのような内容の資料が「処分原因事実を証する資料」に当たるかは、処分の種類や事案の性質によって異なりうるため、次の点を踏まえながら個別的に判断されることになる。

まず、処分を根拠づける資料、少なくとも、行政庁が聴聞において援用しようとする資料については、当事者等による主張・立証を適切有効たらしめるという趣旨から考えて、当然、閲覧対象に含まれなければならない。

処分を根拠づける資料以外に、当事者等にとって有利となるような資料も閲覧対象に含まれるかどうかは議論のあるところである。第2次研究会案においては、防御権の内容強化の観点からこれを含めるとする説と、防御権の強化よりも正確な事実認定の確保に力点を置く立場から、閲覧対象は処分を根拠づける資料に限るとの説が併記されていた。この点につき本法は、いずれかの立場で割り切ることはせず、「調書その他の当該不利益処分の原因となる事実を証する資料」と規定するにとどめている。この規定からすれば、当事者等にとって有利な資料も、調書に含まれる限りで閲覧対象とされる余地がある（なお、本条の規定は、第1次部会案および要綱案に比べて、防御権保障説により近いものになっているとの指摘がある。佐藤編・自治体実務251頁〔村上順〕）。

(3) 閲覧請求の時間的制限

当事者等は、聴聞の通知があった時から聴聞が終結する時までの間、不利益処分をしようとする行政庁に対して文書等の閲覧を請求することができる。

(4) 閲覧拒否事由

(ア) 当事者等の適正な閲覧請求に対し、行政庁は、「第三者の利益を害するおそれがあるときその他正当な理由があるとき」でなければ、その閲覧を拒むことができない。

ここでいう「第三者の利益」には、閲覧請求者以外の者のプライバシーや法人の営業の秘密等が含まれる。閲覧請求者でない参加人や当事者も、閲覧請求者との関係では「第三者」となりうる。ただし、閲覧請求の対象文書に個人や法人に関する情報が含まれる場合であっても、それが、実際に、第三者の利益を害するおそれがないときは、閲覧を拒むことはできない。

なお、第三者の利益に関わる文書につき閲覧を許可する場合は、事前に当該第

三者の意見を聴取することが望まれる。プライバシー等の情報は、一旦誤って開示された場合、あとで十分な救済を与えることが困難となるからである（情報公開13条、行審38条2項参照）。

(イ) 閲覧を拒むことのできる「その他正当な理由」としては、公益上の観点から支障が生じる場合、および、閲覧請求が権利の濫用に当たる場合等が考えられる。情報公開制度の場合と異なり、ここでは公益上の非開示事由が法文上に列挙されていないので、閲覧拒否事由に該当するか否かは、個々に判断していくほかない。

なお、文書閲覧制度においては、不利益処分の決定過程に関する文書等が問題となるため、いわゆる意思形成過程情報を含むとして情報公開の開示対象とならない文書についても、閲覧請求権が及ぶ可能性があることに留意しておきたい（後述 3(7)参照）。

(ウ) 請求対象文書の中に、閲覧拒否事由に該当する情報が含まれているときであっても、その部分を隠すなどして部分開示が可能な場合は、できるだけそのような方法によって閲覧請求に応えるべきである。この場合に、すべての部分について閲覧を拒否することは許されない（施行通知第三・六2参照。なお、不服審査に関する事案で部分閲覧を命じたものとして、大阪高判昭50・9・30行集26巻9号1158頁参照）。

(5) 文書等の閲覧に関する瑕疵

閲覧請求に対する拒否処分は、理論的には処分の性質をもつが、27条により審査請求の対象から除外されており、取消訴訟についても認められないとするのがこれまでの通説である（詳細は、27条の解説〔岡崎勝彦〕参照。なお、閲覧拒否自体を争う訴訟の可能性につき、本多滝夫「手続的瑕疵の是正訴訟について」紙野健二ほか編『行政法の原理と展開』〔法律文化社、2012年〕173頁〜175頁参照）。このため、閲覧拒否処分の瑕疵は、聴聞手続を経てなされる不利益処分を争う訴訟の中で争われることになる（ただし、閲覧許可処分によって利益を害される第三者については、後の不利益処分を争う機会をもたないため、閲覧許可処分を直接争うことは許されるものと解される〔宇賀・三法解説157頁〕）。この場合に、瑕疵ある閲覧拒否処分が、当事者等の閲覧請求権を侵害するものであることは間違いないとしても、そのことが当然に、聴聞手続全体の公正さを損ね、不利益処分の取消事由に結びつくかどうかは問題となるところである。この問題は、先例・学説の乏しいところである

が、一応次のように考えることができよう。

まず、文書閲覧制度の趣旨が、聴聞手続における防御権保障の充実にあることからすれば、聴聞の当事者等から効果的な反論の機会を奪うなど、防御権の行使を実質的に妨げたと判断できるような場合は、閲覧拒否処分の瑕疵は処分の取消事由を構成するものと解される（小早川編・逐条研究234頁〔塩野宏・浜川清各発言〕）。逆に、閲覧拒否処分に瑕疵があっても、それが軽微なものあるいは聴聞の争点とは関係のないものであって、防御権の行使に実質的に影響を与えないような場合は、処分の取消事由になるとまではいえないだろう。問題は、どのような場合が「防御権の行使を実質的に妨げた」といえるかであるが、この点については、文書閲覧制度の果たす重要な役割に鑑み、厳格に解しすぎないよう留意する必要がある。裁判例としては、閲覧拒否が処分の取消事由となるのは、閲覧を認めないことに瑕疵があり、かつ「聴聞当事者の防御権の行使が実質的に妨げられたと認められる場合に限られる」とするものがある（大阪地判平20・1・31判タ1268号152頁）。

(6) 閲覧と謄写（コピー）

本条にいう「閲覧」とは、文書等の資料を読みまたは観察することを指し、謄写まで含むものではない。

本条は、第1次研究会案（0801条）や「対案」（第20第1項）の規定とは異なり、閲覧について定めるだけで、謄写の可否については触れていない。これは、謄写を禁じる趣旨ではなく、謄写を認めるかどうかを行政庁の裁量的判断に委ねたものと解される（施行通知第三・六5参照）。この点につき、地方公共団体の行政手続条例の中には、謄写を認める例も見うけられる（神奈川県行政手続条例39条1項・3項、鳥取県行政手続条例37条5項等）。また、2014年改正後の行審法では、閲覧に加えて写しの交付が認められている（38条1項）。

謄写の利便性・必要性（資料が多量のとき）を考えると、本法においても、謄写により資料が毀損されるおそれのある場合など特段の事情がある場合を除き、謄写の要望に応じる方向で運用がなされるべきであろう。

(7) 情報公開制度・個人情報保護制度の活用可能性

これまで述べてきたように、本条に定められた文書閲覧制度は、防御権保障の目的を達する上で画期的な意義を有するものであるが、その反面、いくつかの点で限界をもつことは否定できない（①閲覧請求の主体が限られていること、②弁明

第3章　第2節　聴聞〔§18〕

手続に適用されないこと、③対象文書が限られていること、④請求時期に制約があること、⑤謄写まで保障されていないこと）。このため、防御権保障の目的を達するのに、文書閲覧制度によらず、情報公開制度や個人情報保護制度（本人情報開示）を活用することも十分に考えられる。この点に鑑み、以下では、これらの制度の活用可能性について見ておくことにしたい（早い時期から情報公開制度の活用を説いていた学説として、芝池義一「行政手続における文書開示——文書閲覧制度と情報公開制度」法学論叢134巻1号〔1993年〕1頁参照）。

　㋐　国や地方公共団体の情報公開制度は、①いつでも、②利害関係に関わりない資格で、③公文書一般につき開示請求をなしうる点で、文書閲覧制度とは異なる性格（客観法的性格）を有する。

　文書閲覧制度の対象となりうる情報には、情報公開制度の不開示情報に当たるものが少なくないと思われるので（個人情報、意思形成過程情報等）、その点では情報公開制度を活用するメリットはあまりないかもしれないが、逆に、誰でも請求が可能なこと、「処分原因事実を証する資料」という限定がないこと、請求時期の制約がないこと、閲覧だけでなく写しの交付も可能なこと（情報公開14条1項）等に、情報公開制度活用のメリットを見出すことができよう。情報公開制度はもともと利用目的を問わない制度なので、この制度を活用して不利益処分に関わる文書等を閲覧・複写することは、特段制約されるものではないと考えられる（これに対して、アメリカ合衆国では、情報公開制度の利用を制限する動きもあったと伝えられている。宇賀克也『行政手続法の理論』〔東京大学出版会、1995年〕169頁〜174頁参照）。

　㋑　国や地方公共団体の個人情報保護制度には、本人情報の開示制度が設けられている。本人情報開示制度は、プライバシー保護（自己情報のコントロール）を目的とするため、防御権保障を目的とした文書閲覧制度とは制度趣旨を異にするが、開示対象がもともと本人情報であることから、情報公開制度のように、本人の個人情報まで不開示とされることはない。また、対象文書、請求時期、写しの交付の面でもメリットがあることから、文書閲覧制度の限界を補うものとして、本人情報開示制度を活用することも考慮に値しよう。

4　新たな閲覧請求（2項）

　聴聞期日における審理の進行に応じて、新たに資料の閲覧が必要となる場合が起こりうる（新たな事実が判明した場合、証拠が追加された場合等）。2項は、この

ような場合に備えて、新たな閲覧請求ができることを明確にしたものである。

新たな閲覧請求があった場合に、聴聞期日内に閲覧させることができないときは、聴聞主宰者は、閲覧の日時および場所を指定するとともに（3項）当該閲覧日時以降の日を新たな聴聞期日として定めなければならない（聴聞運用通知別紙二Ⅱ第四・3参照）。

5　閲覧の日時および場所の指定（3項）

行政庁は、閲覧請求があったときは、その場で閲覧させることができるほか、閲覧の日時および場所を指定することができる（同様の規定は、行審38条3項にもみられる）。これは、事務処理上の便宜のほか、閲覧拒否事由の判定作業などが入ることを考慮したものである。

指定を行う場合において、行政庁は、当事者等の意見陳述の準備を妨げることがないよう配慮しなければならない（聴聞運用通知別紙二Ⅱ第四・2参照）。このため、閲覧の日時は、聴聞期日までに当事者等が請求資料を閲覧し、弁明・反証の準備をするのに必要と考えられる期間が保障されるように設定されなければならない。

なお、当事者等は、この指定に対して審査請求をすることはできない（27条）。

［久保茂樹］

（聴聞の主宰）

第19条　聴聞は、行政庁が指名する職員その他政令で定める者が主宰する。

2　次の各号のいずれかに該当する者は、聴聞を主宰することができない。

　一　当該聴聞の当事者又は参加人
　二　前号に規定する者の配偶者、4親等内の親族又は同居の親族
　三　第1号に規定する者の代理人又は次条第3項に規定する補佐人
　四　前3号に規定する者であった者
　五　第1号に規定する者の後見人、後見監督人、保佐人、保佐監督人、補助人又は補助監督人
　六　参加人以外の関係人

1 本条の趣旨

本条は、聴聞において、聴聞主宰者が各種の権限を有し、重要な役割を果たしているところから、聴聞主宰者に相応しい者を指名し、その職につけること、および聴聞の公正な運営を目的として、一定範囲の者を聴聞の主宰者から除斥することを規定している。

2 聴聞主宰者の指名（1項）

(1) 行政庁が指名する職員

(ア) 聴聞主宰者の地位・数

聴聞主宰者は、聴聞において処分庁たる行政庁から相対的に独立した人格として法律上位置づけられており（IAM・逐条解説行手法210頁）、聴聞においては行政庁の指揮監督権は制限され、聴聞主宰者は一定の独立性を有するものと解される（芝池・総論303頁）。

指名される聴聞主宰者の数については規定はなく、1名または複数の職員の指名がなされることになる。複数の職員が聴聞主宰者として指名される場合には、聴聞主宰者としての権限の行使に際しての指揮権や責任の所在が明確にされるべきである（IAM・逐条解説行手法210頁）。

(イ) 聴聞主宰者適格者と職能分離原則

行政庁が聴聞主宰者を指名する場合、聴聞の公正性を担保するという観点から、行政庁自身や処分担当課の責任者が聴聞主宰者になりうるかが問題となる。この点に関しては、要綱案は「聴聞は、行政庁又はその指名する職員が主宰するものとすること」と定めていた（第一七）。これに対し、本法は、処分庁と聴聞主宰者の分離が原則であることを示すことを主要な理由として本条のように表現を変えた。しかし、それにもかかわらず、本条は行政庁が自らを指名することを排除する趣旨ではないと解する見解がある（宇賀・三法解説147頁～148頁、IAM・逐条解説行手法210頁）。

また、不利益処分の担当課の責任者を聴聞主宰者に指名することも可能である（施行通知第三・七3）。その理由としては、処分担当課で聴聞についても事務局をもち対応している現状や、当該処分についての深い知識や関連知識および経験の蓄積をもつ者が事務処理を行う方が迅速に処理が行えることが挙げられる（自治体実務研究会・実務の手引152頁～153頁）。さらに、聴聞手続は行政審判手続ではなく、準司法的手続を念頭に置きつつ聴聞手続に種々の期待を盛り込むことは疑

行政手続法

問とする説もある（仲・すべて58頁～59頁）。実務上は、可能であれば処分担当課の責任者以外の職員を聴聞主宰者に指名するよう配慮することが望ましいとされ、聴聞主宰者を補佐する職員にはその聴聞に係る事案の調査検討に携わった職員以外の職員をあてるよう配慮することが求められているにすぎない（施行通知第三・七3）。

しかし、聴聞における公正性を担保するための聴聞主宰者の公正性の確保の要求は、上記の実務的な理由によっては排除されえず、行政庁自身や処分担当課の責任者は聴聞主宰者にはなりえないと考えられる。要綱案（第一七）からの文言の変更を厳格に解し、行政庁自身を聴聞主宰者に指名することは認められないと理解するべきである。公正な事前手続が憲法上の要請であり、しかも聴聞の公正性を確保するためには聴聞主宰者の公正性を図ることが必要であるとすれば、憲法上の要請とはいえない事後手続である処分庁への異議申立てができないことを理由として、行政庁が聴聞主宰者となる可能性を認める必要はない。

また、行政庁自身が聴聞主宰者にならなくとも、行政庁が当該不利益処分の主管部局の課長等の職員を聴聞主宰者に指名すると、行政庁が不利益処分の権限を主管部局の長に委ねていた場合（専決）、主管部局ぐるみの聴聞手続になるという問題が発生する（兼子＝椎名編・手続条例60頁〔村上順〕、室井＝紙野編・行政手続112頁〔市橋克哉〕）。したがって、審理のあり方や聴聞の信頼性の確保等から、当該事件に直接関与した職員（調査担当者、処分案起案者等）は、事柄の性格上、広く排除されるべきである（塩野・行政法Ⅰ329頁）。

裁判例には、公正取引委員会の準司法的手続に関して、「審判者の公平を確保する」ことを「準司法手続に関する法の基本原則」として、公正取引委員会の委員の公平性や公平性の外観が確保されることを求めるものがある（東京高判平6・2・25判時1493号54頁）。本法が定める聴聞は「行政審判」とはいえないが、憲法上の要請からも、「審判者」と同様に「聴聞主宰者」の公正性や公正性の外観を確保する必要性がある。公正性や公正性の外観の確保をより確実なものにするために、職能分離が要求されると解する余地もある（宇賀・三法解説149頁、南＝高橋編・注釈262頁〔藤原靜雄〕）。

したがって、単に担当課の責任者の排除が運用上の問題として「望ましい」というだけではないし、また、「責任者」以外の者についても、事案への関与の仕方次第では、排除が必要と考えられる。

裁判例においては、高松地判平12・1・11判例自治212号81頁は、「事案の調査を担当した課に所属する職員」が主宰者となる場合であっても、直ちに違法になることはないとするが、これは、聴聞主宰者となる「職員自身が調査自体に関与している場合」などの特段の事情があれば違法とするもののようである。また、個室付浴場において売春防止法違反被疑事件の捜査を担当し、県警本部長に個室付浴場業の廃止を上申した警察署長が、県警察本部への人事異動によって、不利益処分の聴聞の主宰者として指名された事件において、金沢地判平26・9・29判例自治396号69頁は、「行政手続法の構造からすると、聴聞の主宰者は、行政手続法19条2項各号に列挙されている事由に該当しないことが求められるだけでなく、手続的公正さの観点から、不利益処分の原因となる事実等に対する当事者等の主張を適切に聴取及び評価することが期待できる者であることが要請されていると解すべきである」として、本件の聴聞主宰者は、「当事者の言い分を公正に聴取できる立場にあったとは到底認め難い」とするが、その控訴審である名古屋高金沢支判平27・6・24判例自治400号104頁は、「当該処分の決定に至る過程で当該案件に密接に関与したからといって、そのことだけで聴聞の主宰者となる資格がないとか、除斥されるべきであるというのは、法の予定しない解釈であ」るとして、「本件聴聞の主宰者の選定に瑕疵があったということはできない」とした（これに対して、聴聞主宰者の選定について手続的な裁量を認め、仮に行政手続に関与したものを主宰者に選んだとしても違法の問題とは直結しないとする南川和宣・新・判例解説Watch17号〔2015年〕56頁も、本件に関しては、事案の内容を具体的に把握しているという積極的な理由で聴聞主宰者に指名されていることから、主宰者選定に裁量権の逸脱濫用があり違法とする）。

(ウ) 指名の時期と通知

本法には規定がないが、実務上、聴聞主宰者による関係人の参加の許可等の事務が円滑に進められるよう、聴聞主宰者は聴聞の通知のときまでに指名されることになっている（聴聞運用通知別紙二Ⅱ第五・1、施行通知第三・七1）。もっとも、聴聞主宰者の職名・氏名を明記することまでは求められていないが、「行政庁法定主義」や「権限の委任」における委任行為の公示が必要とされていることに準じて考えれば（小早川編・逐条研究142頁～143頁〔浜川清発言〕）、また、当事者や関係人の信頼を確保するためにも、聴聞の通知において聴聞主宰者の職名・氏名を明記する方が適切である。聴聞の通知のときまでに聴聞主宰者の指名がなされ

ていれば、聴聞通知に聴聞主宰者の職名・氏名を明記することは容易でもあり、実際に聴聞規則で聴聞主宰者の職名・氏名も通知することを定めるものも少なくない（経済産業省聴聞手続規則7条2項、石川県聴聞規則3条1項・様式1号）。

(2) 行政庁が指名する「その他政令で定める者」

本条1項が定める「その他政令で定める者」として、行手令3条において、①法令に基づき審議会その他の合議制の機関の答申を受けて行うこととされている処分に係る聴聞にあっては、当該合議制の機関の構成員（1号。審議会等の委員等）、②保健師助産師看護師法14条2項の免許取消処分に係る聴聞にあっては、準看護師試験委員（2号）、③歯科衛生士法8条1項の免許取消処分に係る聴聞にあっては、歯科衛生士の業務に関する学識経験を有する者（3号）、④医療法24条1項・28条・29条1項・2項の開設許可取消処分等に係る聴聞にあっては、診療に関する学識経験を有する者（4号）が規定されている。なお、「その他政令で定める者」の場合にも、「行政庁が指名する」ことが必要である。

(3) 実際の運用

現実に制定されている聴聞規則のなかには、聴聞主宰者の一般的な指名基準を定めたり、聴聞主宰者の公正性を確保するために、特定の職の者を聴聞主宰者に指名することを定めているものがある。国の省庁の聴聞規則においては、このようなことを定めるものはほとんどないので、地方公共団体の聴聞規則を中心に実例を紹介する。

まず、一般的な指名基準を定めるものには、聴聞主宰者に「必要な知識」を求めたり（国分寺市聴聞規則4条2項、新宿区聴聞及び弁明の機会の付与に関する規則4条2項）、「必要な知識」とともに「経験」も求めるものがある（神奈川県聴聞及び弁明の機会の付与に関する規則3条1項、岡山県聴聞及び弁明の機会の付与に関する規則7条1項）。

また、一般的基準のなかでも、公正性を確保するために、「公正な判断をすることができると認められる」ことを挙げたり（足利市聴聞手続規則7条2項）、それに加えて「必要な法律に関する知識経験」を求めるものがある（国家公安委員会聴聞及び弁明の機会の付与に関する規則3条2項）。

さらに、聴聞主宰者の公正性の確保のために、特定の職の者を聴聞主宰者に指名することを定める聴聞規則には、原則として特定の部等における処分に特定の職の者を対応させ、政策経営部政策企画課長、総務部総務課長等を聴聞主宰者に

するものや（東京都板橋区聴聞及び弁明の機会の付与に関する規則 7 条・別表）、部等の単位によって聴聞主宰者を分けるのではなく、原則として総務部行政経営企画課長またはその指名する同課の職員を聴聞主宰者と定めるものがある（福岡県聴聞及び弁明の機会の付与の手続に関する規則 3 条）。前者は聴聞に係る処分に関連する専門的知識にも一定の配慮をしつつ公正性の確保を図ろうとするものであり、後者は公正性の確保をより徹底させたものと評価できる。

聴聞規則に聴聞主宰者の指名の基準等に関する規定がない場合でも、不利益処分に係る主管部局とは組織的に第三者的地位にある総括管理部局・官房系（総務課、文書課、法規課、県政情報室等）の職員を指名する運用が期待される（室井＝紙野編・行政手続112頁～113頁〔市橋〕、兼子＝椎名編・手続条例60頁〔村上〕。運用実例については、宇賀・改革42頁～43頁参照）。実例はないが、完全な職能分離を採用し、学識委員も活用して、第 1 次臨調草案（41条）で提案されていたような「審理官」を置くことも考えられる（兼子＝椎名編・手続条例60頁〔村上〕、室井＝紙野編・行政手続113頁〔市橋〕）。

3 除斥される者（2項）

(1) 聴聞主宰者の除斥

本条 2 項は、聴聞主宰者の公正性を担保するために、一定の者の除斥を定めている。行政庁は、本項各号により除斥される者を指名できないのみならず、聴聞主宰者がその活動の途中で本項各号のいずれかに該当するに至ったときにも、その者に聴聞を主宰させることはできず、速やかに新たな聴聞主宰者を指名しなければならない（聴聞運用通知別紙二Ⅱ第五・2、施行通知第三・七2）。

(2) 除斥される者

本条 2 項は、除斥される者を以下のように定めている。

(ｱ) 「当該聴聞の当事者又は参加人」（1号）は、利害関係が直接的に及ぶと考えられる者であり、常識としても当然に除斥される者である。

(ｲ) 「前号に規定する者の配偶者、四親等内の親族又は同居の親族」（2号）は、利害関係が間接的に及ぶ者であり、当事者・参加人の親族関係により除斥される者である。親族の範囲は、民事訴訟法23条、公証人法22条等の除斥規定例が参考にされている。「同居」は、同一の家屋内に多少とも継続して起居をともにするという意味であり、戸籍上の関係は問わない。

(ｳ) 「第 1 号に規定する者の代理人又は次条第 3 項に規定する補佐人」（3号）

は、親族ではないが、当事者・参加人の側に立って活動を行うべき立場にあるため、偏向性を排除しきれないと考えられて除斥される者である（補佐人については、20条の解説4(1)〔榊原秀訓〕を参照）。

(エ) 「前3号に規定する者であったことのある者」（4号）は、1号については利害関係の直接性から、2号については親族関係にあった者相互間に通常伴うと想定される特殊な感情から、3号については当事者・参加人側の立場に立つという性格の強さから、「あったことのある者」も影響が否定しきれないと考えられて除斥される者である。

(オ) 「第1号に規定する者の後見人、後見監督人、保佐人、保佐監督人、補助人又は補助監督人」（5号）は、当事者・参加人との特別な身分関係が問題とされて除斥される者である。具体的な身分関係の内容については、「制限行為能力者」に関する民法上の観念に従う。「あったことのある者」は、除斥されない。

(カ) 「参加人以外の関係人」（6号）は、当該不利益処分の根拠となる法令に照らし当該不利益処分につき利害関係を有すると認められる当事者以外の者（17条1項）である関係人で、参加人以外の者として除斥される者である。

(3) 忌避・回避の可能性

本法には、当事者・参加人からの申立てに基づき、法定されている除斥される者以外で職務執行の公正性を疑わせるような者に、聴聞主宰者の職務を執行させないようにする忌避や、聴聞主宰者が聴聞について除斥または忌避の原因があることに気がついて自らその聴聞の主宰者になることを避ける回避に関する規定は存在しない（忌避や回避を規定する提案として、第1次臨調草案43条〜48条参照）。当事者の忌避申立権を保障した規定がないことから、当事者から忌避申立てがあっても、行政庁は、これにつき決定する義務を負わないが、聴聞主宰者として指名された職員が本条2項で除斥される者ではなくても、行政庁の許可を得て回避することが許されないわけではないとする見解がある（宇賀・三法解説149頁）。

聴聞主宰者が公正性を疑われないよう自ら聴聞の主宰を避ける回避を認めることを否定する理由はないが、さらに、前述2(1)(イ)で述べたように、公正な事前手続の必要性から、本項で規定された除斥事由の範囲を越える一定の者の排除が求められているならば、回避が認められるのみならず、その排除を具体化するための忌避の制度を設けたり、それを認める運用を行うことが必要である（「対案」第17第3項、兼子＝椎名編・手続条例59頁〔村上〕、室井＝紙野編・行政手続112頁〔市橋〕、

[榊原秀訓]

> **(聴聞の期日における審理の方式)**
> **第20条** 主宰者は、最初の聴聞の期日の冒頭において、行政庁の職員に、予定される不利益処分の内容及び根拠となる法令の条項並びにその原因となる事実を聴聞の期日に出頭した者に対し説明させなければならない。
> 2 当事者又は参加人は、聴聞の期日に出頭して、意見を述べ、及び証拠書類等を提出し、並びに主宰者の許可を得て行政庁の職員に対し質問を発することができる。
> 3 前項の場合において、当事者又は参加人は、主宰者の許可を得て、補佐人とともに出頭することができる。
> 4 主宰者は、聴聞の期日において必要があると認めるときは、当事者若しくは参加人に対し質問を発し、意見の陳述若しくは証拠書類等の提出を促し、又は行政庁の職員に対し説明を求めることができる。
> 5 主宰者は、当事者又は参加人の一部が出頭しないときであっても、聴聞の期日における審理を行うことができる。
> 6 聴聞の期日における審理は、行政庁が公開することを相当と認めるときを除き、公開しない。

1 本条の趣旨

本条は、聴聞の期日における審理の方式を定めるものである。聴聞に関する最も重要な規定であり、聴聞主宰者の権限としての冒頭手続における行政庁の職員に対する説明の指示、釈明権や当事者・参加人の一部不出頭の場合の審理権、当事者・参加人の補佐人随伴権、意見陳述権、証拠提出権および質問権ならびに聴聞の原則非公開に関する規定を置く。

2 冒頭手続（1項）

最初の聴聞の期日の冒頭において、聴聞主宰者は行政庁の職員に原因となる事実、不利益処分の内容、その根拠となる法令の条項を出頭者に対して説明させなければならない。これらは、事前の通知において名あて人には通知されているも

行政手続法

のであるが（15条）、参加人にとっては通知がなされていないので、この冒頭手続は、原因となる事実等が正式に説明されるものとして重要である（佐藤編・自治体実務106頁〔田村達久〕、高橋・手続法317頁）。また、処分基準の適用関係が示されていない不利益処分の理由提示を違法とする最判平23・6・7民集65巻4号2081頁との関係が議論になっている。聴聞期日における質疑聴聞手続において聴聞主宰者が処分基準を示すべきであるのに、これを怠ったとして争われた事件において、水戸地判平23・7・29判例自治363号77頁は、不利益処分につき、処分基準の適用関係が示されていない不利益処分の理由提示を違法とする前掲・最判平23・6・7とは異なり、「本件処分基準は、行政内部の基準であって、行政手続法20条1項にいう『予定される不利益処分の内容及び根拠となる法令の条項並びにその原因となる事実』に当たらない」と同時に、本件処分基準が県警のホームページなどにおいて閲覧できることから、聴聞手続において処分基準が示されなかったからといって、同手続が違法ではいえないとする（ただし、20条1項との関係では処分基準の適用関係を示すことは必要ないとしても、3(3)(ｱ)で説明するように、20条2項による質問との関係でも処分基準の適用関係を示すことが問題となる）。

　本条1項で「説明」とされているのは、出頭した者に対して不利益処分の原因となる事実等の事前通知よりも丁寧に知らせることが想定されているからである。通知事項の読み上げでも差し支えないとの見解もあるが（IAM・逐条解説行手法214頁）、通知事項を読み上げることで足りるのは、通知の段階で当事者に処分内容が明確に伝わり補足するべきものはない等の例外的な事情がある場合に限定され、それ以外の場合には、通知事項を読み上げるだけでは「説明」とした趣旨には合わない（同旨、高橋・手続法317頁）。

　また、説明においては、行政庁の職員は、処分の原因となる事実を説明しなければならないが、その証拠を開示する必要があるかという問題がある。当事者等は文書閲覧権（18条）の行使によって、証拠の閲覧が可能になると考えられるので、説明において開示する義務はないという見解もあるが（南＝高橋編・注釈265頁〔藤原靜雄〕）、本来処分をする側の行政庁が証拠を開示して反証を促すことが必要であると考えられる（小早川編・逐条研究129頁～131頁の議論、特に開示を必要とする見解として浜川清発言参照）。

　通知から聴聞の期日までに行政庁の職員が根拠条文や原因事実の認識を変えた場合には、最初の通知が無意味となるので、通知からやり直す必要がある（宇賀・

三法解説127頁)。したがって、通知されていない新たな事実を付け加えることは許されない（塩野＝高木・条解263頁、高木他・条解293頁〔高木光〕)。

なお、聴聞手続において「不利益処分の原因となる事実」の資料として挙げられていなかった資料を訴訟において提出することについて、禁止規定が存在しないことから、全く資料を収集せずに処分を行ったり、後日訴訟になってから資料を収集して提出するなど、本法が聴聞手続を要求した趣旨を全く没却するような場合はともかくとして、原則として許されるとする裁判例がある（高松地判平12・1・11判例自治212号81頁)。

3　当事者・参加人の権利（2項）

(1)　意見陳述権

まず、当事者・参加人は、聴聞の期日において、意見陳述の権利を有する。この意見陳述権の範囲については、24条に基づいて聴聞主宰者が作成する聴聞調書や聴聞報告書に「不利益処分の原因となる事実」に対する当事者・参加人の陳述の要旨やその主張に理由があるかどうかについての意見が記載されることが予定されていることから、当事者・参加人は「事実」についてのみ意見陳述をすることが想定されているとも考えられる。しかし、24条の規定は聴聞調書や聴聞報告書の記載事項や聴聞での意見陳述の範囲を限定するものではなく、また、実際にも、法の解釈・適用についても激しい意見の対立があることが少なくない。したがって、本条2項に基づく意見陳述において、当事者・参加人は、法の解釈・適用についても意見を述べることができると解すべきである（芝池・総論304頁、小早川編・逐条研究144頁〔小早川光郎発言〕、塩野＝高木・条解289頁、高木他・条解320頁〔高木〕。本法制定以前に、聴聞において、法の適用関係について意見を述べることを認める裁判例として、浦和地判昭49・12・11行集25巻12号1546頁)。

また、事実については、他にこのような事実があるというように不利益処分を見送ることとし、あるいは別の内容の不利益処分をするという判断に結びつくような情状に関するものが含まれ（塩野＝高木・条解264頁、高木他・条解294頁〔高木〕)、当該事案に関する事実のみではなく、一般的事実についての意見陳述も認められる（芝池・総論304頁)。

(2)　証拠書類等の提出権

第2に、当事者・参加人は、聴聞期日において、証拠書類等を提出する権利を有する。

「証拠書類等」とは、審理の対象となる事実の存否を判断するための手がかりとなる書類等の材料をいい、文言上、証人による証言等の証拠調べの手続まで一律に保障する趣旨ではないと解されている（IAM・逐条解説行手法215頁）。もっとも、後述6(1)で述べるように、このことは参考人の意見聴取を禁止するものではないし、録取書やテープという形態での提出も考えられる（塩野＝高木・条解265頁、高木他・条解295頁〔高木〕）。

また、聴聞主宰者に提出された証拠書類等を他の出頭者は必ずしも閲覧できないようであるが、21条2項によって陳述書と証拠書類等が提出された場合には、証拠書類等も開示されることから、2項の場合にも、証拠書類等は通常は他の出頭者にも開示できると考えられる。しかし、21条2項の場合にプライバシー保護等を理由として開示の拒否が可能であるとすると、本項の場合にも、他の出頭者に証拠書類等を示すことを拒否できる場合もあることになる（21条の解説3〔榊原秀訓〕を参照）。

(3) 行政庁の職員に対する質問権

第3に、当事者・参加人は、聴聞期日において、行政庁の職員に対して質問する権利を有する。

㋐ 質問権の内容

質問権とは、行政庁の職員による説明の不明瞭な点を正すことを目的とするもので、行政庁の説明義務と表裏一体をなす権利である。質問権の保障は、「聴聞規定の白眉」（兼子・手続法123頁。兼子・行政法学128頁も参照）との評価も与えられているほど重要であり、また、このいわば「反対尋問」の規定を積極的に活用することが期待されている（兼子＝椎名編・手続条例63頁〜64頁〔村上順〕、室井＝紙野編・行政手続118頁〔市橋克哉〕）。名あて人とは反対の利害関係を有する反対利害関係参加人は、行政庁職員に対して不利益処分を行うべき証拠を補強する意味合いで質問することになる（兼子＝椎名編・手続条例64頁〔村上〕）。20条1項との関係でも議論になっている処分基準の適用関係が示されていない不利益処分の理由提示を違法とする前掲・最判平23・6・7との関係で、処分基準の適用関係は、聴聞期日における質疑の過程で明らかにされるべきであり、行政庁の側には処分基準のうちのどの条項をどのようにどの「事実」に適用したのか等を「回答」し「説明」する義務が生じるとする見解も出されている（塩野・行政法Ⅰ330頁、平岡久「処分基準の合理性と聴聞手続中の理由摘示」法学雑誌60巻2号〔2014年〕115頁〜

150頁)。なお、当事者・参加人間の質問や行政庁の職員による当事者・参加人に対する質問については規定がなく、本条2項はこれらの質問を権利として保障するものではない。

　この質問権の保障には、性格上、行政庁の職員の出席要求権が含まれている(兼子・手続法124頁)。行政庁の職員の範囲を狭く解するとしても、聴聞期日には、行政庁の職員以外の実際の調査や報告にあたった職員等の関係職員も出席していなければならない。このような関係職員の発言は、補佐人に関わる聴聞規則の類推適用から(後述4(1)を参照)、行政庁の職員が直ちに取り消さない限り、自ら発言したものとみなされることになる(兼子＝椎名編・手続条例63頁〔村上〕)。

　(イ)　聴聞主宰者の許可

　当事者・参加人による行政庁の職員に対する質問には聴聞主宰者の許可が必要であるが、聴聞主宰者は、質問権が濫用され、聴聞の審理の円滑かつ適切な進行が妨害されるおそれのある場合以外に許可を与えないことによって、当事者・参加人の質問権を制限してはならない(施行通知第三・八1、佐藤編・自治体実務106頁～107頁〔田村〕、兼子＝椎名編・手続条例64頁〔村上〕、兼子・行政法学128頁)。なお、質問に回答できる行政庁の職員が出席していない場合には、担当者をその場に呼んでくるか、または再度期日を設定して出席させる等の措置が必要であって、当該職員が欠席していることを理由として質問を許可しないことはできない(IAM・逐条解説行手法214頁)。

4　補佐人 (3項)

(1)　補佐人の性格

　当事者・参加人は、聴聞期日に、補佐人とともに出頭することができる。本条3項で規定する補佐人とは、聴聞期日において当事者・参加人を援助する第三者で、当事者・参加人の事実上・法律上の陳述を行う者である。具体例としては、当事者・参加人が難聴者、言語障害者、高齢者や外国人である場合にその者の陳述を補佐する者や、会計帳簿等の記帳代行者が挙げられる(IAM・逐条解説行手法215頁、南＝小高・注釈208頁、東京地決昭41・4・30判時445号23頁も参照)。しかし、このような特別の関係や専門的能力がある者だけではなく、当事者・参加人の友人・知人であってもよい。補佐人は、聴聞の期日における付添人として、当事者・参加人とともに出頭する必要があり、代理人(16条)のように当事者・参加人に代わって単独で当該期日に出頭したり、単独で文書閲覧権等の行使を行うこ

とはできない（IAM・逐条解説行手法215頁。南＝小高・注釈208頁も参照）。ただし、代理人のように、資格の証明は必要ではない。なお、補佐人の陳述は、当事者・参加人が直ちに取り消さないときは、自ら陳述したものとみなされる（聴聞運用通知別紙二Ⅱ第六・3）。

(2) 聴聞主宰者の許可

補佐人の出頭については、聴聞主宰者の許可が必要である。補佐人の出頭が、当事者・参加人の聴聞における陳述権の適正な行使または聴聞の審理の円滑な進行を図る上で必要と認められる場合には、当然に許可しなければならず（施行通知第三・八2）、このような必要性は、限定的に解するべきではない。

この許可の申請手続として、実務上は、原則として、当事者・参加人は、事前に、補佐人の住所、氏名、当事者・参加人との関係および補佐する事項を記載した書面を聴聞主宰者に提出しなければならず、また、聴聞主宰者が補佐人の出頭を許可したときは、速やかに、その旨を当該当事者・参加人に通知しなければならない（聴聞運用通知別紙二Ⅱ第六・1、2）。通知は当然としても、このような手続は、補佐人の役割に比し厳格すぎる。設定した期限を経過したものについても、安易に不許可にしてはならない（施行通知第三・八2、五1）。さらに、聴聞規則のなかには、出頭不許可の場合に通知を行い、通知に不許可理由を付記することを明確にしているものもある（鳥取市聴聞等実施規則8条2項・様式5号は、聴聞規則が定める様式において理由付記を求めている）。聴聞規則に規定がない場合でも、手続の公正性の確保のために、運用上これらのことがなされるべきである。

5 聴聞主宰者の釈明権 （4項）

(1) 釈明権の範囲

聴聞主宰者は、聴聞の期日において必要があると認めるときは、当事者・参加人に対して質問をし、意見陳述等を促し、また、行政庁の職員に対して説明を求めることができる。

この聴聞主宰者の権限を釈明権と呼ぶことができる。聴聞主宰者の釈明権は、「必要があると認めるとき」に行使されるが、これは、当事者・参加人の意見陳述の内容が不十分であると思料されるようなとき等を意味し、時期的には随時行使されうる（IAM・逐条解説行手法216頁）。

釈明権は、当事者・参加人の権利利益の保護に資することを趣旨とするものであるので、聴聞主宰者は、当事者・参加人が自己に有利な証拠書類等の提出をす

るよう促すことができるのみであり、不利益処分の原因となる事実を立証することとなる証拠書類等の提出まで促すことはできない（施行通知第三・八3）。

このように、釈明権に関する本条4項の規定は、当事者・参加人の意見陳述権等や立証能力に一定程度配慮した規定として運用される必要がある（兼子＝椎名編・手続条例65頁〔村上〕）。

(2) 釈明権と行政庁の調査権限

前述のように、本条4項は、行政庁の職員に対して説明を求めるだけのものであるから、新たに行政庁に一般的な調査権限を付与するものではない。不利益処分を課すための調査は、聴聞開始後も必ずしも禁じられないが、本来、当該行政庁の職員により聴聞開始前に、個別法律に基づく報告徴収権の行使等の別途の手段により行われるべきものである（宇賀・三法解説151頁、IAM・逐条解説行手法216頁）。

6　聴聞主宰者のその他の権限

(1) 参考人

本法では、鑑定の要求、物件提出の要求、検証等の準司法的で強力な証拠調べの権限までは付与されていない（これらを付与する提案として、第1次臨調草案85条〜95条参照）。しかし、聴聞において、必要に応じて、参考人等からの意見聴取を行うことを否定する理由はなく（施行通知第三・八4）、現実の聴聞規則のなかにも「参考人」について規定するものが少なくない。施行通知では、参考人として、「専門的知識を有する第三者等」が示されているにすぎないが（第三・八4）、参考人として「専門的知識」を有する者から「専門的事項」についての意見を聴くことだけが認められるわけではなく、「当該事案の事実関係等」を知っている者から「意見」や「事情」を聴くことも可能であると考えられる（「事実関係等」を知る者から意見を聴くことを規定する規則として、香川県聴聞及び弁明の機会の付与の手続に関する規則7条）。さらに、「行政庁の職員」（厚生労働省聴聞手続規則3条）や国や他の地方公共団体の「職員」（名古屋市聴聞規則11条）について規定する聴聞規則もある。

また、施行通知では、「職権」による参考人の意見聴取のみが想定されているようであるが、当事者・参加人からの申立てに基づき参考人の意見聴取を行うことも認められるべきである（当事者〔およびその代理人〕の申出を認めるものとして、秋田市聴聞および弁明の機会の付与に関する規則10条、当事者・参加人の申出を認めるものとして、国家公安委員会聴聞及び弁明の機会の付与に関する規則7条1項、広島県

聴聞等規則8条1項)。申立てに基づく参考人の意見聴取を規定している場合には、聴聞主宰者の決定を当事者・参加人に対して書面により通知することが必要になる。なお、法令には参考人について規定しているものもある（例、建設32条）。

(2) 聴聞指揮権

聴聞主宰者は、その職務の執行に必要な限りにおいて、一般的な聴聞指揮権を有し（IAM・逐条解説行手法209頁～210頁）、この聴聞指揮権に基づき、聴聞主宰者は、聴聞の期日に出頭した者が当該事案の範囲を越えて陳述するとき、その他議案を整理するためにやむをえないと認めるときに、その陳述を制限する議事整理権や、聴聞の審理の秩序を維持するために、聴聞の審理を妨害し、またはその秩序を乱す者に対して退場を命じる等適当な措置をとる秩序維持権を有する（聴聞運用通知別紙二Ⅱ第七・1、2）。

7 当事者・参加人の一部不出頭の場合の審理 (5項)

聴聞主宰者は、当事者・参加人の一部が出頭しないときであっても、聴聞の期日における審理を行うことができる。これは、当事者・参加人の不出頭は、意見陳述権等を放棄したとみなすことができ、または不出頭に正当な理由がある場合でも聴聞の続行（22条）で対応することができ、当該期日に聴聞の審理を行うことに支障はないと考えられるからである。なお、欠席せざるをえない当事者・参加人には、出席に代えて陳述書および証拠書類等を提出することが認められている（21条1項）。

8 聴聞の審理の原則非公開 (6項)

(1) 原則非公開と例外公開

聴聞の審理は、行政庁が公開することを相当と認めるときを除き、非公開とされている。聴聞を原則非公開にする理由としては、プライバシーや企業秘密の保護が考えられるが、行政庁の事務負担も挙げられている（IAM・逐条解説行手法217頁）。しかし、現実に行われる聴聞の件数は適用除外規定等のために少ないと考えられ（2001年4月以降数次にわたる総務省の調査結果〔「行政手続法の施行状況に関する調査結果──国の行政機関」〕〔最新のものは2017年3月〕によれば、聴聞の通知の件数と名あて人の聴聞不出頭による手続終結の件数は、1999年度は291件と132件、2001年度は229件と105件、2004年度は328件と121件、2009年度は411件と71件、2013年度は208件と89件、2015年度は2,899件と2,543件となっている)、このことを前提にすれば、行政庁の事務負担は聴聞を非公開とする理由にはなりえず、プライバシー

や企業秘密の保護が非公開の主要な理由であると考えられる。

　他方、「公開することを相当と認めるとき」とは、当事者が公開を求めている場合であって当事者（または参加人）に対する手続保障の上で望ましいと判断される場合や当該事案について社会的関心が高くまたは公衆による監視が必要であると考えられる場合等、公開の利益が非公開の利益を上回る場合である（IAM・逐条解説行手法217頁）。聴聞規則のなかには「当事者が聴聞の期日の審理の公開を求めている場合」や「当該事案についての社会的関心が高い場合」で、当該行政庁が相当と認めたときに公開できることを定めるものもある（神奈川県聴聞及び弁明の機会の付与に関する規則11条1項、岡山県聴聞及び弁明の機会の付与に関する規則9条1項）。原則非公開を前提にしても、当事者が公開を要求しており、第三者のプライバシーや企業秘密が侵害されるおそれがない場合には、行政庁は「公開することを相当と認める」べきである（南＝高橋編・注釈267頁〔藤原〕）。法令において聴聞の公開が定められていることも少なくない（例、旅館9条2項、生活保護45条5項、風俗41条4項、道交104条の2第4項）。

　また、非公開を明確にプライバシーや企業秘密の保護の必要がある場合のみに限定するため、原則として聴聞を公開するという聴聞規則を制定することは、聴聞の非公開を規定する本条6項の趣旨に反するものではないと解される。さらに、非公開で行われた聴聞の結果、予定された不利益処分が行われなかった場合には、行政庁と当事者および当事者と同一方向の利害関係参加人間の癒着を疑われるおそれがあることも、聴聞後に予定された不利益処分がなされない可能性がある場合を特定できない以上、一般的に聴聞を原則公開にする聴聞規則を制定したり、そのような運用を行う理由となる（兼子＝椎名編・手続条例61頁〔村上〕）。

(2)　聴聞公開の公示・通知

　聴聞の審理の公開が認められた場合には、実務上、聴聞の期日および場所の公示と当事者・参加人への事前の通知が必要である（聴聞運用通知別紙二Ⅱ第八・1）。この公示や通知は、聴聞の傍聴を可能にするために、また、当事者・参加人にとっては、非公開の場合とは異なる心構えや意見陳述の仕方が必要になることがありうるところから必要になる手続である。なお、聴聞規則のなかには参考人の規定を設けるものがあるが、そのなかには参考人への通知を規定するものがある（厚生労働省聴聞手続規則10条、経済産業省聴聞手続規則11条）。参考人の規定を設けた場合には、規定の有無にかかわらず運用上参考人にも通知がなされるべきであ

る。

　聴聞の公示は、傍聴人のみならず、利害関係人の参加の観点からも重要である。反対利害関係人の参加を誘う公示には、当事者のプライバシーを損なうおそれがあるとして消極的な意見もあるが（兼子＝椎名編・手続条例55頁〔村上〕）、公示のみによってプライバシーが侵害されるとは思われない。実際にも聴聞を公開する場合だけではなく、聴聞一般について公示を行うとする聴聞規則もある（神奈川県聴聞及び弁明の機会の付与に関する規則5条、岡山県聴聞及び弁明の機会の付与に関する規則4条）。聴聞の公示、とりわけ、当該事案について社会的関心が高い場合や公衆による監視が必要であると考えて聴聞を公開とする場合の公示については、広く公衆に知らしめるような公示の工夫が必要である。

　また、行政庁が聴聞の審理の公開を決定した場合、とりわけ当事者からの申出に基づかずに公開を決定した場合には、通知において公開理由もあわせ示し、当事者に公開が正当であるか争わせるべきである。聴聞規則のなかには、公開理由を通知することを定めるものもある（鳥取市聴聞等実施規則10条・様式6号は、聴聞規則が定める様式において理由付記を求めている）。さらに、聴聞公開の申出手続や聴聞公開の申出を拒否した際の理由を付記した通知等の手続についても、規定を設けることが望ましい。

9　実費弁償

　本法には規定はないが、参加人、代理人、補佐人および参考人について聴聞主宰者が職権で聴聞手続に参加することを求めた場合には、実費弁償が必要であると考えられ（自治体実務研究会・実務の手引161頁、室井＝紙野編・行政手続114頁〔市橋〕）、聴聞規則のなかにもその規定を置くものがある（滋賀県聴聞等に関する規則16条）。

〔榊原秀訓〕

（陳述書等の提出）

第21条　当事者又は参加人は、聴聞の期日への出頭に代えて、主宰者に対し、聴聞の期日までに陳述書及び証拠書類等を提出することができる。

2　主宰者は、聴聞の期日に出頭した者に対し、その求めに応じて、前項の陳述書及び証拠書類等を示すことができる。

1　本条の趣旨

　当事者・参加人が聴聞に出頭することができず、または、聴聞に出頭することを望まないが、書面によって意見を表明したい場合も考えられる。より不利益の度合いが低い処分について弁明書の提出が認められる（13条・29条）にもかかわらず、より不利益の度合いが高い処分について書面の提出が認められないのでは手続的権利の保障の点で釣り合いがとれないことになる。したがって、本条では、当事者・参加人が聴聞の期日への出頭に代えて、聴聞の期日までに陳述書および証拠書類等を提出することを認めるとともに、出頭した者に対して、当該陳述書および証拠書類等の提示請求権を認めている。

2　陳述書・証拠書類等の提出（1項）

　当事者・参加人は、聴聞の期日への出頭に代えて、聴聞主宰者に対して、聴聞の期日までに陳述書・証拠書類等を提出することができる。本条1項の「陳述書」とは、聴聞の期日における当事者・参加人の意見陳述に代わるものとして、当事者・参加人の陳述内容を記載した書面のことをいう。実務上は、「提出する者の住所、氏名、聴聞の件名及び当該聴聞に係る不利益処分の原因となる事実その他当該事案の内容についての意見」を記載することが必要である（聴聞運用通知別紙二Ⅱ第九・1）。「その他当該事案の内容についての意見」は、20条2項に基づく意見陳述と同様に（20条の解説3(1)〔榊原秀訓〕）、法の解釈・適用についての意見をも含むと考えられる。この陳述書の提出は、聴聞期日における意見陳述に代わるものであることから、当然のことながら、聴聞主宰者に対して、聴聞の期日までに行うことが必要である。質問権は、出頭した当事者等にのみ認められるものであるので、陳述書の中に質問を記載したり、別途質問状を提出しても行政庁側に回答の義務はないと考えられる（塩野＝高木・条解272頁、高木他・条解302頁〔髙木光〕）。

　なお、本人が出頭せず、意見を表明する方法としては、本条1項に基づいて陳述書を提出する方法のほかに、代理人を出頭させる方法もある（16条2項）。

3　陳述書・証拠書類等の提示（2項）

　聴聞主宰者は、聴聞の期日に出頭した者に対し、その請求に応じて、陳述書・証拠書類等を示すことができる。陳述書・証拠書類等は、聴聞の期日においてなされた実際の意見陳述等と同等の効果をもち、聴聞における審理が意見のやり取りを通じて事実関係を明確にしていくことを予定していることから、聴聞主宰者は、聴聞の期日に出頭した者に対して陳述書・証拠書類等を示すことができる。

この場合、聴聞の期日以前の段階で、当該陳述書等が他の当事者等に既に明らかになっており、これを改めて示す実益がない等の場合も想定されるため、出頭者の請求に応じて行うことになっている。また、当該期日を欠席した者の便宜を考慮し、(次回期日においても同様の措置が可能となるよう) 請求は当該期日に限らず可能である (IAM・逐条解説行手法219頁)。

陳述書・証拠書類等の提示は、陳述書等そのものまたはその写しを提示する方法によることとなるが、陳述書については、提示を求める者が了解する場合には、口頭でこれを読み上げる方法で行われる (施行通知第三・八5)。

陳述書の提示については、陳述書が聴聞の期日における意見陳述に代わるものである以上、原則として聴聞主宰者はこれを拒むことはできない。これに対して、証拠書類等については、これを提示することにより提出者または第三者の正当な利益を害するおそれがある場合には、その部分に限り提示を拒むことが可能である (施行通知第三・八6)。正当な利益とは、例えば、プライバシーや企業秘密に関する事項等が考えられる (IAM・逐条解説行手法219頁参照)。陳述書についても、その内容が争点と全く関わりがなくプライバシーの暴露に終始する場合などは、提示を拒否することができる (高橋・手続法319頁)。いずれの場合にも、拒否の理由を示すことが必要である。

[榊原秀訓]

(続行期日の指定)

第22条 主宰者は、聴聞の期日における審理の結果、なお聴聞を続行する必要があると認めるときは、さらに新たな期日を定めることができる。

2 前項の場合においては、当事者及び参加人に対し、あらかじめ、次回の聴聞の期日及び場所を書面により通知しなければならない。ただし、聴聞の期日に出頭した当事者及び参加人に対しては、当該聴聞の期日においてこれを告知すれば足りる。

3 第15条第3項の規定は、前項本文の場合において、当事者又は参加人の所在が判明しないときにおける通知の方法について準用する。この場合において、同条第3項中「不利益処分の名あて人となるべき者」とあるのは「当事者又は参加人」と、「掲示を始めた日から2週間を経過したとき」と

> あるのは「掲示を始めた日から2週間を経過したとき（同一の当事者又は参加人に対する2回目以降の通知にあっては、掲示を始めた日の翌日）」と読み替えるものとする。

1　本条の趣旨

　本条は、聴聞主宰者が、事案によっては、聴聞の期日における1回の期日の審理では当事者・参加人の意見陳述が尽くされていない等と判断するときに、当事者・参加人の意見陳述権等を保護し公正な処分の決定を確保するために、当該聴聞の続行期日を指定し、聴聞を続行できることを定めるとともに、その手続を明確にするものである。

　本条は、一般的には聴聞の期日に審理が行われたことを前提にして聴聞の続行を規定するものであるが、聴聞の期日に審理が行われなかったが、続行期日を指定する場合にも本条の手続の適用がある（施行通知第三・九2）。

2　続行期日の指定（1項）

　「なお聴聞を続行する必要があると認める」か否かの判断は、当該事案について当事者・参加人に意見陳述・証拠提出の機会が十分に与えられたかどうか、また、聴聞主宰者として当該不利益処分の原因となる事実について当事者・参加人の主張に根拠があるかどうかを判断する上でなお当事者・参加人の意見陳述・証拠提出を促す必要があるかどうか等の観点に照らしてなされる（施行通知第三・九1）。具体的には、審理の過程において必要な検証事項が新たに発見され、これへの対応に日時を要するので期日を一旦終了せざるをえない場合や、当事者・参加人の意見陳述・証拠提出が十分に尽くされないまま予定時間が終了した場合等がある（IAM・逐条解説行手法221頁）。事案の複雑さから争点整理の必要上時間をかけなければならない場合もある（兼子＝椎名編・手続条例65頁〔村上順〕、室井＝紙野編・行政手続119頁〔市橋克哉〕）。意見陳述等が十分尽くされていない場合には、必要な陳述をすることのできなかった当事者に対する措置として次回に「相当のわきまえのある者」（代理人）の付き添いを命じて（第1次臨調草案67条2項参照）、続行がなされる場合もある（兼子＝椎名編・手続条例65頁〔村上〕）。したがって、聴聞の期日は1回が原則であって、特別な事情があれば続行する（小早川編・逐条研究148頁〔小早川光郎発言〕）といった限定的なものではない。最初の聴聞の通知段階では1回の聴聞の期日の設定が想定されているとしても（小早川編・逐

条研究147頁〜149頁の議論〔小早川・仲正・高木光・浜川清・中込秀樹・塩野宏各発言〕参照)、当該聴聞の審理の結果、複数回の聴聞を続行することがあらかじめ予想される場合には、複数回の期日を定めても構わないと考えられる。「なお聴聞を続行する必要」が認められないときには、聴聞は終結することになる(札幌地判平27・6・18LEX/DB25540843は、聴聞手続を終了するか否かは、「主宰者の合理的裁量により決せられる」とする)。これが聴聞終結の通常の場合である(その他の聴聞終結の場合については、23条の解説〔榊原秀訓〕を参照)。

本条1項は、聴聞主宰者の職権による続行のみを規定し、当事者・参加人の申立権は規定していない(大阪地判平20・1・31判タ1268号152頁)。しかし、聴聞を続行する一つの大きな理由が当事者・参加人の意見陳述権・証拠提出権の保障にあるとすれば、聴聞主宰者は、当事者・参加人の続行の申立てにも十分に配慮すべきである(室井 = 紙野編・行政手続119頁〔市橋〕)。

さらに、続行の必要性はデュー・プロセスの精神にのっとった聴聞という観点から判断されるべきであり、その判断は客観的に定まり、裁判所の完全な審理に服するとも考えられる(南 = 高橋編・注釈271頁〔藤原靜雄〕)。

3 続行期日の通知(2項)

聴聞の続行期日についても、最初の聴聞の期日と同じように、当事者・参加人に通知が必要である。この通知は、聴聞主宰者が行う。通知すべき事項は、「次回の聴聞の期日及び場所」である。聴聞の期日に出頭した当事者・参加人には、その場で告知すれば足りる。

4 当事者・参加人の所在不明の場合の送達方法(3項)

当事者・参加人の所在が判明しない場合の続行期日の通知の方法については、最初の聴聞の期日についての公示送達の規定(15条3項)を準用し、原則として掲示を始めた日から2週間で当事者・参加人に通知が到達したものとし、同一の当事者・参加人への再度の公示送達については、掲示を始めた日の翌日に到達したものとみなすことにしている。

〔榊原秀訓〕

(当事者の不出頭等の場合における聴聞の終結)
第23条 主宰者は、当事者の全部若しくは一部が正当な理由なく聴聞の期

日に出頭せず、かつ、第21条第1項に規定する陳述書若しくは証拠書類等を提出しない場合、又は参加人の全部若しくは一部が聴聞の期日に出頭しない場合には、これらの者に対し改めて意見を述べ、及び証拠書類等を提出する機会を与えることなく、聴聞を終結することができる。
2　主宰者は、前項に規定する場合のほか、当事者の全部又は一部が聴聞の期日に出頭せず、かつ、第21条第1項に規定する陳述書又は証拠書類等を提出しない場合において、これらの者の聴聞の期日への出頭が相当期間引き続き見込めないときは、これらの者に対し、期限を定めて陳述書及び証拠書類等の提出を求め、当該期限が到来したときに聴聞を終結することとすることができる。

1　本条の趣旨

本条は、当事者・参加人が聴聞における意見陳述権等を放棄したとみなすことができるような場合に聴聞を終結できることを明記するものである。なお、本条は、聴聞の終結の例外的場合を定めるものであるが、通常の場合の聴聞の終結についての定めは本法にはない。本法22条の解説2（榊原秀訓）にあるように、通常の場合は、「なお聴聞を続行する必要」が認められないときに、聴聞は終結することになる。

2　当事者・参加人の不出頭等の場合の聴聞の終結（1項）

本条1項は、当事者の全部または一部が正当な理由なく聴聞の期日に出頭せず、かつ、21条1項に基づいて陳述書・証拠書類等を提出しない場合や、参加人の全部または一部が聴聞の期日に出頭しない場合に、聴聞主宰者が、不出頭の当事者・参加人について意見陳述・証拠書類等の提出の機会を与えずに、聴聞を終結することを認めるものである。したがって、出頭した当事者・参加人がいる場合には、意見陳述等が行われることになるが、当事者の全部が正当な理由なく聴聞の期日に出頭せず、かつ、参加人の全部も聴聞の期日に出頭しない場合には、全く意見陳述等が行われなくても、聴聞主宰者は、聴聞を終結することが可能になる。本項では、聴聞主宰者は、意見陳述等の機会を与えないだけではなく、本条2項とは異なり、陳述書等の提出の機会も与えずに聴聞を終結することができる。もっとも、「聴聞を終結することができる」とは、不出頭の当事者・参加人の意見陳述等がなされていないことが、聴聞の終結を妨げる理由にはならないという

ことであり、聴聞主宰者が必要があると認めれば、聴聞を続行したり、陳述書等の提出を求めることができる。

なお、当事者に代わり代理人が聴聞の期日に出頭し、もしくは陳述書等を提出し、または参加人に代わり代理人が聴聞の期日に出頭した場合にあっては、その当事者・参加人については本条の適用はない（施行通知第三・九3）。

本項が定める「正当な理由」とは、天災や交通機関の途絶等のように当事者の責めに帰すことができない理由または病気や交通事故により入院している場合や海外出張中である場合等のように、出頭しないことがやむをえないと認められる理由を指す（IAM・逐条解説行手法222頁～223頁）。「正当な理由」がない場合には、意見陳述もできずに聴聞が終結可能になるから、聴聞の期日が一方的に指定されたような場合は「正当な理由」を広く解すべきである。代理人を選任する暇がない場合も「正当な理由」がある場合として考えられる（佐藤編・自治体実務117頁〔田村達久〕）。

また、当事者と参加人については聴聞が終結できる要件が異なり、参加人については、正当な理由の有無にかかわらず、期日に出頭しなかった場合には聴聞を終結できることになるが、これは、参加人は当事者と異なり処分の名あて人ではなく、あくまで関係人にすぎないからである。

3 当事者の出頭が相当期間引き続き見込めない場合の聴聞の終結（2項）

本条2項は、当事者の聴聞の期日への出頭が相当期間見込めないにもかかわらず、その当事者があくまで自らの意見陳述等を求めて陳述書・証拠書類等の提出もしないことが、処分を遅延させ、公益を不当に害するおそれがあることに配慮したものである（施行通知第三・九4）。

解釈上問題になるのは、本項が「正当な理由」がある場合を想定しているかどうかである。この点につき、本項が「前項に規定する場合のほか」と規定し、本条1項とは一旦切り離されていること、および本項には「正当な理由」が規定されていないことから、本項では「正当な理由」は要求されていないということを強調する見解がある（佐藤編・自治体実務118頁～119頁〔田村〕）。しかし、当事者が正当な理由なく聴聞の期日に出頭せず、かつ、陳述書等を提出しない場合には、本条1項に基づいて、聴聞主宰者は陳述書の提出も求めずに聴聞を終結できると考えられるので、本項が意味をもつのは、「正当な理由」がある当事者に限定される。同時に陳述書を提出しないことについても正当な理由がある場合と、陳述

書を提出しないことについては正当な理由とはいえない場合の双方を含む（塩野＝高木・条解281頁、高木他・条解312頁〔高木光〕）。

当事者の「聴聞の期日への出頭が相当期間引き続き見込めないとき」の例としては、当事者が相当長期間の入院を必要とする場合（IAM・逐条解説行手法223頁）、当事者が海外出張中で長期間海外に滞在する場合がある。

4　本条に基づかない意見陳述権等の放棄

本条に基づいて意見陳述権等を放棄したとみなされる場合以外の意見陳述権等の放棄についても、当事者の自発的意思に基づくものであるならば、放棄を禁止する理由はなく、聴聞の手続を終了することが可能である（聴聞の機会の放棄を定めるものとして、広島県聴聞等規則11条参照）。

[榊原秀訓]

（聴聞調書及び報告書）

第24条　主宰者は、聴聞の審理の経過を記載した調書を作成し、当該調書において、不利益処分の原因となる事実に対する当事者及び参加人の陳述の要旨を明らかにしておかなければならない。

2　前項の調書は、聴聞の期日における審理が行われた場合には各期日ごとに、当該審理が行われなかった場合には聴聞の終結後速やかに作成しなければならない。

3　主宰者は、聴聞の終結後速やかに、不利益処分の原因となる事実に対する当事者等の主張に理由があるかどうかについての意見を記載した報告書を作成し、第1項の調書とともに行政庁に提出しなければならない。

4　当事者又は参加人は、第1項の調書及び前項の報告書の閲覧を求めることができる。

1　本条の趣旨

本条は、行政庁が不利益処分を決定するに際しての判断の基礎となる聴聞調書および聴聞報告書の作成義務ならびにその手続を明確にすると同時に、聴聞調書・聴聞報告書の内容の適正さの確保と当事者・参加人の聴聞における手続的権利の保障や事後の争訟の便宜のために、当事者・参加人に聴聞調書・聴聞報告書

行政手続法

の閲覧権を認めている。行政庁は、これらの聴聞調書の内容および聴聞報告書における聴聞主宰者の意見を参酌して、不利益処分の決定をなすことになっている（26条）。

2　聴聞調書の作成（1項・2項）

聴聞主宰者は、聴聞調書を作成しなければならない。この聴聞調書は、「聴聞の審理の経過」を記録するものである。

(1)　聴聞調書の記載事項・添付物件

(ア)　当事者・参加人の陳述の要旨

「聴聞の審理の経過」を記載する聴聞調書には、特に「不利益処分の原因となる事実に対する当事者及び参加人の陳述の要旨」（提出された陳述書における意見の陳述を含む。聴聞運用通知別紙二Ⅱ第一〇・1参照）が記載されなければならない。この当事者および参加人（またはこれらの者の代理人もしくは補佐人）の意見陳述の要旨は、聴聞における審理の内容の骨格をなす部分であり、聴聞主宰者が聴聞報告書において自己の意見を記載し（3項）、行政庁が事実認定を行う上で重要なものである（IAM・逐条解説行手法225頁）。

法の解釈・適用についても意見陳述をすることが可能であるから、法の解釈・適用についての意見陳述の要旨についても記載することが必要である（20条の解説3(1)〔榊原秀訓〕を参照）。

(イ)　その他の記載事項

聴聞調書のその他の記載事項は、①聴聞の件名、②聴聞の期日および場所、③聴聞主宰者の氏名および職名、④聴聞の期日に出頭した当事者および参加人またはこれらの者の代理人もしくは補佐人ならびに行政庁の職員、⑤聴聞の期日に出頭しなかった当事者等および当該当事者にあっては、出頭しなかったことについての正当な理由の有無、⑥行政庁の職員の陳述の要旨、⑦証拠書類等の標目、⑧その他参考となるべき事項である（聴聞運用通知別紙二Ⅱ第一〇・1）。また、参考人の陳述が行われた場合には、「参考人の陳述の要旨」についても記載が必要となる。これらのなかでは、とりわけ、行政庁の職員の陳述（説明）の要旨が重要であり、これとの関係で必要に応じて当事者・参加人の行政庁の職員に対する質問も記載されるべきである（20条1項・2項・4項）。

さらに、聴聞の審理に関する事項のうち、聴聞主宰者が重要であると判断したものについては、聴聞調書上に記載しておくことが望ましいとして、当事者等か

ら聴聞期日の続行の申出があったが、これを認めないで終結したような場合に、経緯を明確にしておく意味でも、記載をしておくことが適当であるといったことも指摘されている（南＝高橋編・注釈277頁〔小池勝雅〕）。

なお、聴聞調書には聴聞主宰者の記名押印も必要である（聴聞運用通知別紙二Ⅱ第一〇・1）。

(ウ) 添付物件

聴聞調書には、書面、図画、写真その他聴聞主宰者が適当と認めるものを添付して調書の一部とすることができる（聴聞運用通知別紙二Ⅱ第一〇・2）。

当然のことながら、聴聞調書（および聴聞報告書）の行政庁への提出にあたっては、あわせて当事者・参加人から提出された証拠書類等を添付しなければならない（施行通知第三・一〇2）。また、当事者・参加人から陳述書が提出された場合、行政庁への聴聞調書の提出にあたって、陳述書を添付するべきかは、実務上も必ずしも明確ではないが、陳述書自体の添付は事務的には極めて容易なことであり、また、そのことによって、行政庁の理解の誤りを防止できる可能性があるから、陳述書も添付するべきである。また、同様の趣旨から、陳述書が提出された場合だけではなく、意見陳述がなされる場合にも、意見陳述について書面が準備され、その提出が希望される場合には、その書面を添付するべきである。

(2) 聴聞調書の作成時期

聴聞主宰者は、聴聞調書を各聴聞期日ごとに作成しなければならない。当該期日に当事者が正当な理由がなく出頭せず、かつ、参加人も出頭しなかった場合、または当事者および参加人とも陳述書を提出した場合等のように、当該期日に審理が行われず、しかも聴聞の続行もなされなければ、その段階で聴聞が終結し、そこで調書が作成されることになる。審理が行われない場合にも聴聞調書が作成されるので、21条1項に基づいて陳述書等のみが提出されている場合でも聴聞調書が作成されなければならず、さらに、陳述書等も提出されない場合には「不利益処分の原因となる事実に対する当事者及び参加人の陳述の要旨」は記載されないが、当事者が出頭しなかったことについての正当な理由の有無等を記載した聴聞調書が作成されることになる。

3 聴聞報告書の作成 (3項)

聴聞主宰者は、聴聞報告書を作成しなければならない。

(1) 聴聞報告書の性格

聴聞報告書は、聴聞主宰者が、聴聞の場でのやり取りや提出された証拠書類・陳述書等を踏まえて、「当事者等」（当事者および当事者と同方向の利害関係を有する参加人〔18条1項参照〕）の主張に理由があるかどうかについての「意見」を記載するものである。聴聞調書だけではその場の雰囲気や状況まで必ずしも伝わらないことから、聴聞主宰者の心証を重視して、それを主観的「意見」として記載することとしたものである（IAM・逐条解説行手法226頁）。聴聞主宰者の客観的「判断」ではなく、「意見」の記載が求められているのは、「当事者等」の主張に理由があるかどうか、聴聞の審理の結果だけでは必ずしも明確に判断できない場合があると想定されるからである（IAM・逐条解説行手法226頁）。このような「意見」を記載することとされているのは、本法における証拠調べの規定の未整備に対応したものであり、「聴聞報告書」は「決定案」（「決定案」については、第1次臨調草案96条参照）ではない（兼子＝椎名編・手続条例67頁～68頁〔村上順〕）。

(2) 聴聞報告書の記載事項

聴聞報告書の記載事項は、①不利益処分の原因となる事実に対する「当事者等」の主張、②聴聞主宰者の意見、③聴聞主宰者が②の意見に至った理由であり、さらに、聴聞調書と同様に、聴聞主宰者の記名押印も必要である（聴聞運用通知別紙二Ⅱ第一〇・3）。

また、聴聞主宰者の意見として、処分の内容・程度または法律の解釈・適用についての意見を記載することが可能かが問題になる。これらの事項は、本来的には行政庁が責任をもって判断すべき事項であることを理由に、また、報告書が、当事者・参加人の閲覧に供されることも考慮して、これらについての意見を記載することは適当ではないとする見解もある（仲・すべて61頁）。しかし、情状に理由があると考えるときはもちろん、それ以外でも以上の事項について疑問を抱きながらそれを報告してはならないとすれば、そのことによって行政庁の最終的判断を誤らせることにもなりかねず、最終的判断は行政庁が責任をもって行うべきことは当然としても、当事者・参加人の閲覧に供されるからといって、これらの記載が禁止されると解するべきではない（小早川編・逐条研究144頁〔小早川光郎発言〕も参照）。

一般的な法解釈は別にして、不確定概念の場合、法律要件該当性について、事実認定との区別が困難であることから、これについての意見の記載を積極的に解

する考えも示されている（南＝高橋編・注釈281頁〔小池〕）。

聴聞主宰者は「当事者等」の主張に理由があるかどうかについての意見を記載することになっているが、本条3項の「当事者等」とは、「当事者及び当該不利益処分がされた場合に自己の利益を害されることとなる参加人」（18条1項）のことである。聴聞調書において、不利益処分の原因となる事実に対する「当事者及び参加人」の陳述の要旨を記載する必要がある（本条1項）のとは異なる。このように限定されているのは、当事者と反対方向の利害関係を有する参加人（反対利害関係参加人）の主張は行政庁側の証拠書類等に織り込みずみであるからとされる（IAM・逐条解説行手法227頁）。しかし、実際には、行政庁の職員が「当事者等」に不当に理解を示す立場にあることもあり、その主張と反対利害関係参加人のそれが一致しないことも起こりうるから（兼子＝椎名編・手続条例66頁〔村上〕、室井＝紙野編・行政手続120頁～121頁〔市橋克哉〕）、少なくとも異なる主張がなされている場合には、反対利害関係参加人の主張についての意見も記載されるべきである。

(3) 聴聞報告書の作成義務

聴聞報告書は、その性格からして、聴聞が行われずに聴聞が終結した場合にも作成が必要かが問題になる。聴聞が行われない場合には、その場の雰囲気や状況を伝えることは意味がないが、陳述書等が提出されている場合には、それについて意見を記載することが可能であるので、この場合には聴聞報告書の作成が必要である。しかし、陳述書等の提出もなされない場合には、聴聞報告書として記載すべき事項がないことから、聴聞報告書の作成は必要がない。

4　聴聞調書・聴聞報告書の行政庁への提出（3項）

聴聞調書および聴聞報告書は、聴聞の終結後速やかに行政庁に提出されることとなる。続行期日が定められた場合における第1回目等の聴聞の期日に係る聴聞調書は、その作成後行政庁に提出されるまでの間は、聴聞主宰者が管理する（施行通知第三・一〇4）。

5　聴聞調書・聴聞報告書の閲覧権（4項）

(1) 閲覧権の保障と閲覧拒否

聴聞調書および聴聞報告書における内容の適正さを確保し、当事者・参加人の聴聞における手続的権利の保障や事後の争訟での便宜に資するために、当事者・参加人に聴聞調書および聴聞報告書の閲覧権が認められている。

証拠書類等は、行政庁への提出の際に聴聞調書に添付されるが、聴聞調書自体とは区別されていると考えられるため、聴聞調書の一部として取り込まれたものを別にすれば、本条4項に基づく閲覧の対象にはならないかのようである。しかし、他の者が提出した証拠書類等も、聴聞において開示されうる（20条の解説3(2)〔榊原秀訓〕を参照）ことを考えると、閲覧の対象として認められるべきである。また、他の者が提出した陳述書についても、聴聞主宰者によって提示される（21条2項）ことからすれば、閲覧が認められてよい。なお、行政庁側の証拠書類等は、18条による文書閲覧制度により「当事者等」が閲覧することが可能である。

本条4項には聴聞調書・聴聞報告書の閲覧を拒否できるとの規定がないが、証拠書類等や陳述書については、聴聞時の開示の拒否と同じく、プライバシー侵害の防止等を理由に閲覧を拒否できる（20条の解説3(2)および21条の解説3〔ともに榊原〕を参照）。なお、閲覧拒否がありうることを前提に、拒否理由を付記した通知をなすことを規定している聴聞規則も存在する（鳥取市聴聞等実施規則15条2項・様式8号は、聴聞規則が定める様式において理由付記を求めている）。

(2) 閲覧の手続

聴聞調書は、審理が複数の期日にわたって行われる場合には、期日ごとに作成されるので、特に当該期日に出頭しなかった当事者・参加人が次回の聴聞の期日において意見陳述権等を行使しうるよう、作成終了以後その閲覧が認められる。閲覧の期限は特になく、当事者・参加人が訴訟中であるなど、閲覧の必要性がある限り、いつでも閲覧することができる。

(3) 聴聞調書・聴聞報告書の謄写・訂正の請求

本条4項は、聴聞調書・聴聞報告書の謄写および訂正については規定を置いていない。しかし、「閲覧」の保障が謄写までも保障するものでないとしても、謄写を保障しない理由は行政の負担増等を懸念してのことにすぎないので、運用上支障がない場合には謄写が認められるべきである。聴聞規則等において謄写を保障することも可能であり、現実に「写しの交付」について規定するものもある（近江八幡市聴聞等に関する規則15条3項、札幌市聴聞等に関する規則13条3項、三重県行政手続条例40条2項〜5項、豊橋市行政手続条例36条2項〜4項。なお、滋賀県は、当初規定されていた「写しの交付」の規定を2016年の規則改正で削除したが、それは施行から20年以上利用実績がなく、県民の権利は閲覧制度により確保され、他府県でもこれらの規定を必ずしも置いているわけではないことによるものであり、削除以降も「写

しの交付」の求めがあった場合には、行政サービスとして対応し、「写しの交付」を拒むものではないとしている）。現実に行われる聴聞の件数が適用除外規定等のために少数にとどまると考えられることからすれば（20条の解説8(1)〔榊原〕の総務省の調査参照）、聴聞規則等において積極的に謄写（写しの交付）が保障されるべきである。

次に、訂正請求権については、とりわけ「当事者及び参加人の陳述の要旨」を記載した聴聞調書の訂正請求権が問題になる。聴聞の審理における当事者・参加人の陳述の要旨等は、聴聞主宰者が責任をもって記載すべきものとして、聴聞調書に誤りがある場合にも、当事者・参加人はその旨を事実上申し出ることができるにすぎないとする見解もある（IAM・逐条解説行手法228頁）。しかし、聴聞調書に正確な記載がされることは本法の趣旨にかない、法に規定のない「事実上の訂正」手段が利用しがたいことから（高橋・手続法331頁～332頁）、聴聞規則等に聴聞調書の訂正請求権を規定することは妨げられないし、むしろ望ましいことである（「対案」第21第2項参照）。

実際にも、行政手続条例に基づく聴聞に限定されているが、当事者・参加人に訂正請求権を与え、聴聞主宰者に、訂正の求めに理由がある場合には速やかな訂正を、訂正を拒否する場合にはその旨を聴聞調書に併記することを求めるもの（仙台市行政手続条例22条5項～7項、仙台市行政手続条例に基づく聴聞及び弁明の機会の付与に関する規則15条、秋田市行政手続条例23条5項～7項）、また、本法および行政手続条例両者に基づく聴聞について、聴聞主宰者に対しては、聴聞関係者および行政庁の職員に陳述の要旨を確認して聴聞調書に記名押印することを求め、聴聞主宰者が陳述の要旨を記録させた職員に対しては、記名押印を拒否し、またはできない者があったときにその旨およびその理由を記録することを定めるもの（八女市聴聞及び弁明の機会の付与の手続に関する規則13条3項）がある。

第1次臨調草案における聴聞調書・決定案に対する当事者の異議申出規定のような仕組みを採用し（第1次臨調草案78条・79条・98条参照）、行政庁が、当事者・参加人の異議申出に理由ありと判断したときには、聴聞再開を命じるような制度を創設することも考えられる（兼子＝椎名編・手続条例68頁～69頁〔村上〕、室井＝紙野編・行政手続121頁〔市橋〕）。

〔榊原秀訓〕

行政手続法

> **(聴聞の再開)**
> **第25条** 行政庁は、聴聞の終結後に生じた事情にかんがみ必要があると認めるときは、主宰者に対し、前条第3項の規定により提出された報告書を返戻して聴聞の再開を命ずることができる。第22条第2項本文及び第3項の規定は、この場合について準用する。

1 本条の趣旨

本条は、聴聞終結後から不利益処分を行うまでの間に、不利益処分の原因となる事実の範囲内で当該事実関係の判断を左右しうる新たな証拠書類等を行政庁が得た場合等には、それについて当事者・参加人が聴聞で意見陳述等をすることが必要であることから、聴聞の再開を定めたものである。

2 聴聞の終結後生じた事情

「聴聞の終結後に生じた事情」には、聴聞の終結後に不利益処分の原因となる事実について行政庁が新たな証拠書類等を得た場合のほか、聴聞終結以前に生じていた事情を当事者・参加人が気づかずにいたために既存の証拠書類等に瑕疵があったような場合も含まれる（IAM・逐条解説行手法229頁、佐藤編・自治体実務124頁～125頁〔田村達久〕）。他方で、安易に再開を認めると、杜撰な聴聞を行っても再開によってそれを是正できると行政庁や聴聞主宰者が考えるおそれもあるから、処分の原因となる事実に関する通知、職員による説明等に重大な欠落のあることが聴聞終結後に発見された場合には、再開は認められず、聴聞を最初からやり直すことのみが認められる（小早川編・逐条研究151頁～153頁の議論〔高木光・仲正・小早川光郎・塩野宏・浜川清・中込秀樹各発言〕、高橋・手続法332頁、340頁参照）。処分の原因となる事実以外の新たな事実またはこれに関する証拠が判明した場合には、同様の処分となる場合であってもその原因が異なるから、当該事実を原因として処分を行うとする場合には、新たに聴聞を開かなければならない。

本条は「できる」という裁量的規定であるが、本条の趣旨からして、聴聞を再開する義務が生じると考えられる（佐藤編・自治体実務125頁〔田村〕、小早川編・逐条研究150頁〔仲発言〕）。なお、聴聞の再開等は不利益処分に至るまでの規定であり、不利益処分後に発覚した資料を訴訟において提出するかどうかを直接規律するものではないとする裁判例がある（高松地判平12・1・11判例自治212号81頁）。

3 聴聞再開の手続

(1) 聴聞報告書の返戻

　聴聞主宰者は、聴聞終結後に行政庁に聴聞報告書を提出するが（24条3項）、再開の際には、行政庁は、聴聞報告書を聴聞主宰者に返戻することになる。聴聞調書については、審理が行われた各期日ごとに作成すればよく、再開前の聴聞調書を修正する必要はないので返戻されないが、聴聞報告書の作成のために参照が必要であれば、聴聞主宰者が行政庁に返戻を求めることができる。

(2) 当事者・参加人への通知

　聴聞を再開する場合、聴聞主宰者は、当事者・参加人に対し、あらかじめ、次回の聴聞の期日および場所を書面によって通知しなければならず、また、当事者・参加人の住所が判明しないときには、公示送達によることにしている（22条2項本文および3項の準用）。

　聴聞を再開する場合に当事者・参加人への通知が必要とされるのは、続行期日の指定の場合と基本的に異ならないからである（IAM・逐条解説行手法230頁）。ただ、聴聞を再開するときは、新証拠が発見された場合であるので、単に期日と場所のみではなく、新証拠についても通知する必要がある（小早川編・逐条研究150頁〔小早川発言〕）。これに対して、聴聞再開は、15条に基づき通知された事実の範囲内において新証拠の発見があった場合であるため、新証拠の詳細を通知する必要はなく、当事者・参加人は文書閲覧権を行使して再開期日等への準備を行うことで十分な手続的保障を受けることができ、聴聞が終結されたと考えている当事者・参加人に対する不意打ちを防止するためには、15条の規定のうち、聴聞を行うべき期日までに「相当の期間」を置くことを要求する規定の準用を認めれば足りるとする見解がある（高橋・手続法333頁）。しかし、「相当の期間」を置くことが必要であるのはそのとおりとしても、聴聞の再開の場合、聴聞の期日と場所のみの通知では聴聞を再開する理由が一切わからないため、通知自体から聴聞を再開する理由を知ることができるよう、15条とは異なり、やはり新証拠についても通知する必要がある。

　また、新証拠は当事者・参加人が発見することもありうるが、本条は行政庁が職権により聴聞を再開することを規定しているだけであることから、当事者・参加人が発見した場合には、行政庁に対して事実上その旨を申し立てる等の方法によることになるとする見解がある（IAM・逐条解説行手法229頁）。しかし、当事者

または参加人と行政庁とでは利害が対立する場合が多いことを考慮して、聴聞規則に当事者・参加人の申立権を明記することによって正式の手続として行政庁にそれへの応答を義務付けるべきである（室井＝紙野編・行政手続119頁〔市橋克哉〕、高橋・手続法333頁、兼子＝椎名編・手続条例69頁〔村上順〕、南＝高橋編・注釈286頁〔小池勝雅〕）。

[榊原秀訓]

> **（聴聞を経てされる不利益処分の決定）**
> **第26条** 行政庁は、不利益処分の決定をするときは、第24条第1項の調書の内容及び同条第3項の報告書に記載された主宰者の意見を十分に参酌してこれをしなければならない。

1 本条の趣旨

本条は、行政庁が聴聞調書の内容および聴聞報告書に記載された聴聞主宰者の意見を十分に参酌して不利益処分をしなければならないことを定めている。24条に基づき作成される聴聞調書および聴聞報告書は、聴聞手続の経過や聴聞主宰者の評価を記載する書類として極めて重要であり、行政庁の行う不利益処分にその成果が反映されない場合には聴聞を行う意義が全くなくなり、処分の適正性の確保や当事者・参加人の権利利益の保障ができなくなってしまうからである。

2 「十分に参酌して」

「十分に参酌して」とは、行政庁が不利益処分の決定に際し、聴聞調書の内容および聴聞報告書に記載された聴聞主宰者の意見を十分に汲み取り事実認定を行わなければならないということである（IAM・逐条解説行手法230頁～231頁）。「参酌」とされているのは、聴聞主宰者である職員の意見に行政庁が厳格に拘束されるわけではないことを示すためである（小早川編・逐条研究153頁〔仲正発言〕）。

聴聞調書の内容や聴聞報告書の意見を「十分に参酌」したとしても、相手方に通知していない事実を持ち出して、当該事実について聴聞を経ることなく、その事実に基づいて処分することはできないし、「当事者等」が文書閲覧請求権を行使する機会のなかった調査資料に基づいて処分することも許されない（塩野・行政法Ⅰ330頁）。「聴聞手続による事実認定」の原則に反すると考えられるからであ

る（小早川・下Ⅱ154頁、芝池・総論306頁）。

　また、行政庁が聴聞調書にない事実を根拠にすることは認められず、通例はこの事実に関する聴聞主宰者の意見に厳格に拘束されると考えられる一方で、行政庁は、処分のあり方についての聴聞主宰者の意見に厳格に拘束されるわけではない（室井＝紙野編・行政手続121頁〔市橋克哉〕、佐藤編・自治体実務126頁〔田村達久〕、兼子＝椎名編・手続条例68頁〔村上順〕、芝池・総論305頁～306頁）。行政庁が、聴聞調書の内容からは聴聞報告書における聴聞主宰者の意見を導くことはできないこともあるからである。このような場合にも、聴聞主宰者を変更して聴聞をやり直すことなく、行政庁が聴聞調書の内容に基づき独自の判断を行うことが可能であると考えるが、その際、行政庁が聴聞調書の内容や聴聞報告書の意見とは異なった判断を行政庁がなすだけの相当の合理的理由が必要であり（佐藤編・自治体実務126頁〔田村〕）、14条に基づいて不利益処分の理由の提示を行う際に、それらに従わない理由を明らかにしなければならない（自治体実務研究会・実務の手引156頁、小早川編・逐条研究156頁〔仲発言〕）。行政庁において、合理的な理由がないにもかかわらず、聴聞主宰者の意見に従わなかった場合には、その後の不利益処分の違法事由になると考えられる（南＝高橋編・注釈291頁〔小池勝雅〕）。

〔榊原秀訓〕

（審査請求の制限）
第27条　この節の規定に基づく処分又はその不作為については、審査請求をすることができない。

1　本条の趣旨

　本条は、第2節（「聴聞」）にいう15条から26条までの聴聞の過程で行われる中間的付随的な処分またはその不作為に対する審査請求の制限を定めた。事前手続たる本法の聴聞手続と事後手続たる行審法の不服申立手続について、手続保障を通じた権利利益の保護と行政上の効率との調和を図るという観点から、手続の重複によって複雑になるのを避け、必要な調整を行うことによって、行政の効率性の確保を図ることを目的に、行政庁および聴聞主宰者がなした中間的付随的な処分またはその不作為についての審査請求を認めないという立法政策をとったもの

行政手続法

である。

2　審査請求の制限

　本法の聴聞に関する規定に基づいて行った行政庁または主宰者による聴聞の過程で個々に行われる付随的な処分またはその不作為については、それらに対して行審法による審査請求を認めなくとも、最終的処分本体を争うことができることから、権利保護がなされないということにはならないとの理解に基づいていると思われる。

　ここでいう中間的付随的な処分の例としては、行政庁が行う決定として、文書等閲覧の許否および許可（18条1項）、文書等閲覧についての日時・場所の指定（18条3項）、聴聞調書および報告書の閲覧の拒否（24条4項）などがあり、主宰者が行う決定の例としては、関係人の参加の許可および不許可（同法17条1項）、行政庁の職員に命じる処分（20条1項）、行政庁の職員への質問の不許可（20条2項）、補佐人の帯同の不許可（20条3項）、陳述書・証拠書類等の閲覧の拒否（21条2項）および聴聞調書・報告書の閲覧の拒否（24条4項）などがある。

　このような中間的付随的な処分に対しても審査請求を認めうるとした場合の手続の遅延、行政事務負担の増大等と比較衡量し（宇賀・三法解説157頁）、あるいは争訟経済や行政側の過剰負担が生じ、これを避ける（高橋・手続法336頁。なお、手続遅滞については派生的心理的効果にとどまるとする）ことを優位に置く立法政策をとったものである。

　なお、審査請求適格や原告適格を有するにもかかわらず、参加を不許可とされた関係人については、当該不利益処分がなされた時点で同処分により、自己の権利利益が害されることによる審査請求や取消訴訟が提起できるものとする（宇賀・三法解説156頁）。

3　中間的付随的な処分（以下「付随的処分」という）と抗告訴訟のあり方

　本条が審査請求のみならず訴訟の提起も当然に認めていないかについては、本条は審査請求を不可としただけにとどまり、取消訴訟については何も語っておらず、立法政策上その点は白紙（小早川編・逐条研究162頁〔浜川清発言〕）という指摘や、本条は、審査請求を排除することを定めているが、その反面、その射程距離は訴訟の可否には及ばないので、別途考慮を要する問題（塩野＝高木・条解302頁、高木他・条解331頁〔高木光〕）という指摘に注目しておかねばならない。

　たしかに、本条がいうこれら付随的処分にかかる権利が派生的権利であるから

といって、そこでの手続的瑕疵は、適正手続の原理およびそれを具体化した本法が保障する手続的権利の具体的な侵害であることを前提とすれば、手続的権利を侵害する処分もまた、取消訴訟の対象であることが原則とされねばならない。したがって、仮に同訴えを認めないとする場合には、明示的な法律の根拠が求められよう（本多滝夫「手続的瑕疵の是正訴訟について」紙野健二他編『室井力先生追悼論文集 行政法の原理と展開』〔法律文化社、2012年〕172頁）。

　文書等閲覧請求（本法18条1項）に対する開示決定がなされたときに、それにより不利益を受ける第三者もまた本条によって審査請求を制限されるか否か、あるいは少なくとも訴訟を提起することができるかが問題となる。

　これに対し、文書開示によりプライバシーの侵害等の不利益を受ける第三者に対し、審査請求の制限が及ぶことを理由に、開示決定の取消訴訟が認められないとすると、開示決定の違法を主張する機会が事後の国家賠償請求以外にないことになるから、当該第三者には、例外的に取消訴訟の提起を認めてよい（宇賀・三法解説157頁）。あるいは、本条による審査請求制限の立法趣旨が最終的処分に対する争訟に付随的処分の争訟を吸収させることにある点を考慮するならば、最終的処分に対する争訟において救済を得る可能性のない者は本条の射程外にあると解し、行審法に基づく審査請求、行訴法に基づく抗告訴訟のいずれをも認めるべきものとなる（高橋・手続法342頁）。もっとも、本条の前述の立法趣旨に照らすならば、本来、第三者にとっての開示決定は付随的処分とはいえず、最終的処分なのであるから、本条は適用されないという解釈も可能である（宇賀・三法解説157頁）。とはいえ、現行法上の執行停止が認められていないことを理由に、それの実効性への疑問から、むしろ、行政庁がこれを許可する前に、当該第三者の意見を聞くという運用にも期待が寄せられている（南＝高橋編・注釈295頁〔小池勝雄〕）。

4　旧2項の削除による聴聞手続を経てされた不利益処分における審査請求制限の撤廃

　2014年改正前の27条2項は、「聴聞を経てされた不利益処分については、当事者及び参加人は、行政不服審査法による異議申立てをすることができない」として、聴聞手続を経た不利益処分、すなわち聴聞手続の結果としてなされた不利益処分については異議申立ての制限を定めていた。それというのも、もともと、旧行審法による異議申立制度とは、処分庁に対する不服申立てであり、不利益処分

を行う行政庁と同一の行政庁が判断するのであるから、処分庁が事前に聴聞という慎重な手続をとっている以上、事後に異議申立てをさせても、それが認容される可能性や実益が乏しいばかりか、行政庁の負担も大きいとみなされていたからである。

一方、旧行審法下にあっては、処分庁への異議申立てと上級庁他への審査請求の二本立てであった（旧行審3条）が、2014年改正行審法はこの二元主義を廃止、原則として審査請求に一元化し（同法2条）、異議申立制度を撤廃したが、同法とともに改正（行政不服審査法の施行に伴う関係法律の整備等に関する法律54条）された本法では、従前議論のあった聴聞手続を経てなされた不利益処分についての審査請求を制限する規定（27条2項）を削除した。その理由は、基本的な不服申立類型が審査請求に一元化され、処分庁に対する不服申立ても原則として審査請求になったことから（例外的に再調査の請求が認められる）、処分庁に対する審査請求であっても、審理員制度および行政不服審査会等への諮問制度の導入による公正中立性・手続保障水準の向上等、審理の充実化が図られることになったことにある。

しかも、処分庁が事前に聴聞を行ったとしても、処分庁に対する審査請求で結論が変わる可能性は低いとはいえず、行政コストの関係から処分庁に対する審査請求を認めないことに、必ずしも合理的理由が認められない（宇賀・三法解説155頁、同・Q＆A新しい行審法250頁、同・行審法解説342頁）。

以上のとおり、聴聞手続を経た不利益処分については、2014年改正行審法が定める手厚い新審査請求手続を利用しうるものと解されるところから、許認可の取消し等の重大な不利益処分についてもまた、一般に、事前の聴聞手続と事後における対審構造に基づく審理員制度と審査会審議が組み込まれた二段階の比較的手厚い新審査請求手続が保障されることになる（高木光他『行政救済法〔第2版〕』〔弘文堂、2015年〕122頁。高木他・条解332頁〔高木〕も参照）。

これまでは、個別法において、処分行政庁にその専門技術的立場から、処分の取消訴訟の提起に際して異議申立前置がとられている場合には、その趣旨を尊重して、個別法において2014年改正前の本法27条2項の適用を排除する方針がとられていたものの、同条項の削除に伴い、個別法における同条項規定の適用除外を定める規定も削除された（核規制旧70条3項、農地旧54条2項、外為法旧57条2項、宗教旧80条7項、電波旧84条等）。

〔岡崎勝彦〕

(役員等の解任等を命ずる不利益処分をしようとする場合の聴聞等の特例)
第28条 第13条第1項第1号ハに該当する不利益処分に係る聴聞において第15条第1項の通知があった場合におけるこの節の規定の適用については、名あて人である法人の役員、名あて人の業務に従事する者又は名あて人の会員である者(当該処分において解任し又は除名すべきこととされている者に限る。)は、同項の通知を受けた者とみなす。

2 前項の不利益処分のうち名あて人である法人の役員又は名あて人の業務に従事する者(以下この項において「役員等」という。)の解任を命ずるものに係る聴聞が行われた場合においては、当該処分にその名あて人が従わないことを理由として法令の規定によりされる当該役員等を解任する不利益処分については、第13条第1項の規定にかかわらず、行政庁は、当該役員等について聴聞を行うことを要しない。

1 本条の趣旨

本条1項は、行政庁がその監督下にある法人にあって、①当該法人を名あて人とする法人の役員、②名あて人である当該法人の業務に従事する者または③名あて人である当該法人の会員である者の解任等を命じる不利益処分における聴聞等の特例を定めている。

役員等の解任または除名は、通常、当該役員等が所属し従事する法人を名あて人として行われるものであるが、役員等にとっては当該命令により自らの地位が剝奪されることになり、実質的には解任または除名処分と同様のものと考えられる。したがって、その際、聴聞手続をとるにあたっては、当該役員等をも当該手続の当事者として扱うことが適切であり、解任等の命令の際に実施される聴聞手続については、役員等も聴聞通知を受けた当事者とみなすことにより、処分の名あて人と同等の地位を認めるものである。

また、本条2項は、聴聞手続を経て法人に対して行われた解任命令に当該法人が従わない場合、これを理由として行政庁が直接当該役員等の解任処分を行う場合の事前手続の特例について定めるものである。

2　解任命令への特例（1項）

本条1項は、不利益処分の名あて人である法人に対して聴聞の通知がなされれば、解任または除名により実質的に権利の侵害を受ける当該法人の役員、当該法人の業務に従事する者（例：試験委員、検査員等）や当該法人の会員（例：商品取引所等の構成員である会員）にも、聴聞の通知がなされたものとみなすことを規定している。

しかし、本項がみなし規定であるために、名あて人と役員等の利害が一致しないような場合に、役員等が聴聞の通知があった事実を知りえず、実際に聴聞手続に参加しえないことにより、不測の不利益を被るおそれがないとはいえない。聴聞期日への不出頭も23条1項にいう「正当な理由がない」場合として処理されることにもなる。解任等命令に係る聴聞手続への当該役員等の参加が確保されるよう配慮されなければならない。その意味で、施行通知第三・四5が「行政庁は、当該役員等に対し参考までに連絡を行い、又はその通知を受けた当事者に対し、速やかに通知の内容を当該役員等に対し連絡するよう指導すること」としているのは、特に名あて人となっている当該法人と利害が反する役員等の場合を考えれば、適切と思われる（小早川編・逐条研究147頁〔宇賀克也発言〕）。

なお、裁判例には、外務員登録取消処分の実質的名あて人を外務員でなく、金融商品取引事業者等と狭く捉えることにより、外務員に対する聴聞手続を不要と判示したものがある（東京地判平25・2・19判時2211号26頁、BNPパリバ証券外務員事件＝東京高判平25・9・12 LEX/DB25446371）。しかし、5年間再登録ができないという実質的に重大な不利益が発生することからみても疑問のあるところである（宇賀・三法解説116頁）。

3　聴聞手続の省略（2項）

本条2項は、名あて人である法人が解任命令に従わなかったことを理由として、法令の規定に基づき当該法人の役員、または当該法人の業務に従事する者（この項における「役員等」）の解任を行う場合における役員等に対する聴聞手続の省略について規定している。しかし、現行法上は、解任命令を発するか、それとも直接解任するかのいずれかであるものが多く、このような例は少ない。

聴聞手続が省略されるのは、処分の原因となる事実が当該法人に対して行われた解任命令の原因となる事実と同一のものであることから、実質的に内容を同じくする聴聞を重ねて行うことは実益がないと考えられるためである（IAM・逐条

解説行手法235頁)。そうであれば、法人に対する聴聞手続における審理は、解任の対象となっている「役員等の権利利益の事前手続による保障の効果を損なうことのないように十分な配慮をしつつ、慎重に行われなければならない」(佐藤編・自治体実務133頁〔田村達久〕)。

　なお、本条1項に規定されている「除名」が2項で外されているのは、「除名」とはその処分の態様が「合議体、団体等の組織体において、特定の構成員につき構成員としての資格をその者の意思に反して奪うこと」なので、名あて人の会員である者の除名を行った後これに従わないという理由で、行政庁が除名処分を行うということ自体がそもそも想定されないことによるものである（IAM・逐条解説行手法235頁)。

[岡崎勝彦]

第3節　弁明の機会の付与

> **（弁明の機会の付与の方式）**
> **第29条**　弁明は、行政庁が口頭ですることを認めたときを除き、弁明を記載した書面（以下「弁明書」という。）を提出してするものとする。
> 2　弁明をするときは、証拠書類等を提出することができる。

1　本条の趣旨

行政庁は、不利益処分の名あて人となるべき者の防御権行使を保障するために不利益処分であって聴聞を要しないものについては、事前に弁明の機会を付与しなければならない（13条1項）。本条は、この弁明の機会の付与の手続（以下「弁明手続」という）について定めたものである。

2　書面主義と口頭主義

ここでいう「弁明」とは、30条によって通知された「不利益処分の原因となる事実」に関する意見の表明をいい、その方式には、口頭主義と書面主義の二つが考えられる。一般に、口頭主義の長所として、行政争訟手続に関してではあるが、印象が直接かつ鮮明であること、釈明により疑問点を明らかにすることができること、当事者の真意を把握しやすいことなどが挙げられ、口頭主義の短所としては、陳述者の陳述もれが起こりうること、審査機関に一定の能力が要求されることなどが挙げられる。これに対して、書面主義の長所としては、処分の名あて人が落ちついて自己の意見を書けること、資料が確実で安定していること、審理が迅速になることなどが挙げられ、書面主義の短所としては、印象が間接的であること、釈明によって疑問点が即座に明らかになしえないことなどが挙げられる（塩野・行政法Ⅱ25頁、小早川編・逐条研究166頁〔小早川光郎発言〕参照）。このことは、事前の行政手続の場合にも妥当するであろう。

本条は、書面主義を原則としながら、例外的に、行政庁が口頭ですることを認めた場合に口頭による弁明の機会が与えられるのであって、聴聞手続のように口

第3章　第3節　弁明の機会の付与〔§29〕

頭による意見陳述権まで認められているわけではない（名古屋地判平12・8・9判タ1069号81頁）。しかし、書面主義を原則とした立法趣旨は、審理の迅速性などを考慮したものであって、これも絶対的なものではなく、審理の迅速性と当事者の防御権行使の実効性との調和が求められているから、例えば、当事者が文書では適切に弁明内容を表現できないといったような場合には、審理の迅速性よりも、当事者の防御権行使の実効性確保の要請が優先し、行政庁は口頭による弁明手続を行わなければならない（シンポジウム「行政手続法要綱案の検討」法律時報65巻6号〔1993年〕104頁〔小早川光郎発言〕、高橋・手続法353頁参照）。このように弁明手続において、口頭によるのか書面によるのかといった行政庁の判断も、具体的状況において、当事者の防御権行使の実効性を考慮した上でのものでなければならず、したがって、書面による弁明にするのか、それとも口頭による弁明にするのかは、事実上相手方に選択させる運用が望ましいといえる（紙野健二「行政手続法の運用課題」法律時報66巻4号〔1994年〕5頁、塩野＝高木・条解307頁参照）。

3　口頭審理のあり方

本条は、行政庁が認める場合には、口頭で弁明することができる旨を定めるのみであって、その手続について具体的な定めを置いていない。そこで、口頭による弁明手続の審理のあり方が問題となる。

この点について、弁明手続が不意打ち回避のための最低限度の事前手続であることから、口頭による弁明手続であっても、不利益処分の名あて人には聴聞手続のような行政庁とのやりとりによる審理は保障されておらず、行政庁の職員に対する質問権も認められないとする見解（仲・すべて64頁、宇賀克也『行政手続法の理論』〔東京大学出版会、1995年〕11頁）が一般的である。これに対して、口頭による弁明手続について、運用上可能な限り聴聞手続に近づけて、聴聞で考えているような審理手続も採用できるという指摘もある（小早川編・逐条研究167頁〔浜川清発言〕）。また、単に意見を述べる程度の口頭による弁明手続であっても中立公正な職員をこれにあてる運用が望ましく、弁明を受けた職員は、弁明の内容について、その概要を的確に記録し、それを弁明者に確認させるなどして、弁明者の手続的権利を最大限保障し、それを実現するよう適切に対応しなければならない（施行通知第三・一三2参照）。

なお、処分の効果・侵害度が大きくかつ事後的回復が困難な場合などは、処分の名あて人の権利保護を考えて、13条1項1号に基づいて、弁明手続を積極的に

聴聞手続へと切り替えるなどの対応が行政庁に期待される（室井＝紙野編・行政手続124頁〔市橋克哉〕など）。

4 弁明書および証拠書類等に対する行政庁の拘束の程度など

(1) 聴聞手続の場合には、主宰者の提出した聴聞調書および報告書を行政庁は十分に参酌して事実認定を行わなければならない旨の明文の定めがある（26条）。これに対し、弁明手続の場合にはこのような明文の定めがなく、行政庁は提出された弁明書および証拠書類等にどの程度拘束されるのかという問題がある。

この点について本法が制定された直後の議論には、聴聞手続と同様、行政庁は提出された弁明書および証拠書類等につき、決定に際し、これらを排他的に基礎にして、すなわち参酌しなければならないという見解（将来の「解釈論」の課題という留保つきではあるが、海老沢俊郎「行政手続法の諸問題」公法研究56号〔1994年〕222頁参照）も示されたが、今日では、提出された弁明書および証拠書類等を情報として取り入れるが、それを取り上げるかどうかは行政庁の自由である、すなわち斟酌を意味するという見解（小早川編・逐条研究164頁〔宇賀克也・塩野宏各発言〕）が有力である。

ところで、この議論の決め手は、参酌にしろ斟酌にしろ、当該文言のみからその意味内容を明確にするところにあるのではなくて、それぞれの手続の構造や性格を踏まえて、その具体的内容を明らかにするところにある。すなわち、聴聞手続において当事者等には十分な防御権行使の機会が与えられ、処分の決定も対審的手続に基づいて行われることから、聴聞手続に現われない事実や証拠等に基づいて行政庁は決定を行えない（資料の排他性原則ともいわれる）。この点を26条は裏側から表現しているのである（高橋・手続法338頁～339頁参照）。これに対して、弁明手続の場合には、対審的手続をとらず不意打ちを回避するための最低限度の事前手続であって、当事者等の防御権行使も必要最小限度のものであることから、行政庁には弁明手続を経た上で事実認定を行うべき義務があるものの、提出された弁明書および証拠書類等を取り上げるかどうかは行政庁の自由であるということになる（小早川・講義下Ⅰ58頁、南＝高橋編・注釈306頁〔石井昇〕参照）。したがって、有力説の見解が妥当といえよう。

(2) 弁明手続は、聴聞手続とは異なり対審的手続を意識した構造となっていないことから、行政庁には弁明書や証拠書類等に対して逐一応答する義務はないものの、弁明書や証拠書類等が提出された以上、これらにつき行政庁には十分に参

考にし判断を加える必要があり、これを制度的にどのように担保するのかという問題がある。この点については、「不利益処分の理由の提示」(14条) の際に、弁明書・提出証拠等をどのように評価したのか、当事者にわかるような理由または法的判断過程を示すことが行政庁に義務付けられていると解する見解がある（宇賀・三法解説159頁）。これは、弁明手続に対する当事者の不安を解消し、また、行政庁によって弁明書や証拠書類等の取扱いが形式的なものにされることを防ぐ意味でも、重要な指摘である（兼子＝椎名編・手続条例72頁〔村上順〕）。

なお、行政庁が提出された弁明書等を斟酌しなかった場合の不利益処分の瑕疵について、その多くが理由の提示の瑕疵として処理されることになろう（高橋・手続法349頁、南＝高橋編・注釈306頁〜307頁〔石井昇〕参照）。

〔徳田博人〕

（弁明の機会の付与の通知の方式）

第30条 行政庁は、弁明書の提出期限（口頭による弁明の機会の付与を行う場合には、その日時）までに相当な期間をおいて、不利益処分の名あて人となるべき者に対し、次に掲げる事項を書面により通知しなければならない。

一　予定される不利益処分の内容及び根拠となる法令の条項
二　不利益処分の原因となる事実
三　弁明書の提出先及び提出期限（口頭による弁明の機会の付与を行う場合には、その旨並びに出頭すべき日時及び場所）

1　本条の趣旨

本条は、基本的に15条１項と同様の趣旨で定められたものである。すなわち、処分の名あて人の攻撃・防御権を弁明手続に入る前の早い段階で十分に保障し、かつ不意打ちを防止するために、弁明の通知を不利益処分の名あて人に対して書面で行うことを定めたものである（処分の名あて人の防御権の保障に加えて、行政庁の恣意の抑制も、本条の趣旨に含まれるとする裁判例として、広島高松江支判平26・3・17判時2265号17頁参照）。

2 「相当な期間」

「相当な期間」は、一定の期間内に手続を終わらせるとともに、処分の名あて人の防御権行使を防げないように、その範囲内で、行政庁が定めるものである。すなわち、本条では、不利益処分の名あて人となるべき者（以下「名あて人となるべき者」という）の弁明書の提出期限を画一的に法定せず、行政庁において、名あて人となるべき者が十分な攻撃と防御をするのに必要な期間を決定させようとするものである。したがって、処分の内容や性質、原因行為の態様などによって、「相当な期間」はある程度異なることになる（15条の解説2〔岡崎勝彦〕も参照）。

また、名あて人となるべき者の防御権の行使にとって証拠書類等の提出が欠かせないものであることを考えると、弁明者が証拠書類等を準備し提出するのに社会通念上必要とされる期間を考慮して、行政庁は「相当の期間」を定められなければならないであろう。けだし、有利な証拠書類等の提出の準備に必要な時間を与えられない場合には、結果的に、名あて人となるべき者に対して、実質的な弁明（防御）の機会を与えていないに等しいからである。なお、行政庁が定めた期間が極端に短期間である場合には、行政庁の裁量判断で期間の延長という措置を講じるべきであろう（後述6(2)参照）。

3 通知の記載事項

(1) 「予定される不利益処分の内容及び根拠となる法令の条項」（1号）

弁明の通知には、その時点で行政庁が行うこととなっている処分内容と、当該処分の根拠となる法令の条項を具体的に特定する必要がある（15条の解説〔岡崎〕も参照）。

(2) 「不利益処分の原因となる事実」（2号）

行政法規の定める処分要件を充足する事実がもれなくかつ具体的に特定して記載されなければならない。本条に反して、処分の原因となる事実が特定されていない通知による弁明手続は、弁明手続の目的に反する重大な瑕疵を形成し、当該不利益処分は違法となり、取り消されることになる（本法制定前の裁判例として、大阪地判昭55・3・19行集31巻3号483頁、本法制定後の裁判例として、長野地判平17・2・4判タ1229号221頁、前掲・広島高裁平26・3・17参照）。原因となる事実の特定が必要とされるのは、手続の最初の段階で、処分の名あて人が当該処理理由を正確に認識し、十分な攻撃・防御の準備が行えるようにするためである。この点で問題とされるのは、「処分の原因となる事実」がどの程度特定されなければならな

いかである。
　一般的には、「処分の原因となる事実」の特定性の程度は、「不利益処分の名あて人となるべき者にとって具体的な事実が認識され、その者の防御権の行使を妨げない程度」（IAM・逐条解説行手法238頁、196頁参照）であるといってよい。しかし、弁明の通知記載の処分根拠となる事実関係よりも、その法的評価が実質的争点でありうることから（岡山地判平14・10・1判例自治264号77頁）、解釈論としては、弁明の通知には「当該不利益処分をしようと考えるに至る過程の適否が判断できる程度」（佐藤編・自治体実務137頁〔田村達久〕）の具体的記載が要求されるべきであろう。また、運用面としては、弁明の通知には、できる限り具体的な記載が望まれ、また、当該原因事実が証拠によって支えられていることまで示すことが望まれる（小早川編・逐条研究127頁〔浜川清発言〕）。
　(3)　「弁明書の提出先」等（3号本文および3号かっこ書）
　本法では、聴聞手続においては陳述の提出先は主宰者と特定されているが、書面による弁明手続においては弁明書の提出先について何ら特定されていない。当該不利益処分の原案作成等の事務を所掌する部、課等を提出先とすることが、事務処理上便利であろう（塩野＝高木・条解312頁）。弁明書の提出期限は、名あて人となるべき者の防御の準備を考慮して行政庁が判断する（前述2参照）。また、行政庁が口頭による弁明手続を行うことが適切と判断したときには、その旨と出頭すべき日時および場所が伝えられるが、これは、その日時および場所で弁明者の口頭陳述等に行政庁側が対応するという趣旨である（塩野＝高木・条解312頁）。

4　弁明手続における行政庁の審理の範囲

　弁明手続における行政庁の審理の範囲は、弁明の通知の記載事実の同一性を害さない範囲であり、行政庁は、この同一性の範囲を越えて審理を行う場合には、改めて通知をやり直さなければならない。これを怠って審理し不利益処分を決定した場合には、当該拡大した部分は処分の名あて人にとって弁明の機会を与えられなかったことになり、結果的に不意打ちとなり、当該処分は手続的瑕疵を帯びて違法となる。この点に関連して、下級審判決ではあるが、弁明の機会の付与の手続に違反する瑕疵が存する場合、ことに弁明の機会を付与しなかった場合には、その手続的瑕疵は手続全体の公正を害するものとして、その処分要件（実体的要件）を満たしているか否かにかかわらず違法であり取消事由となると述べたものがある（前掲・長野地判平17・2・4）。

5　通知に対する不応答と到達主義

本条の通知をしたにもかかわらず、名あて人となるべき者から提出期限までに何ら応答がない場合について、本法は明文の定めを置いていないが、意思表示は到達したときから効力を生じるのが民法の原則であること（民97条）、行訴法においても到達主義が適用されていることを理由に、通知が名あて人となるべき者に到達している場合、一般的には当該期限を過ぎれば弁明の機会を与えたことになると解される（IAM・逐条解説行手法238頁）。

6　期間の延長

(1)　行政庁は、弁明書の提出期限を、予定されている処分の性質・内容、原因行為の態様等に照らして決定すべきものであるが、その期限が極端に短く、かつ、行政庁が期間の延長を認めない場合には、当事者に弁明の機会が与えられなかったに等しいか、あるいは、防御権行使の極端な制限といえることから、違法となるおそれもある（名古屋地決平18・9・25LEX/DB28112501）。

(2)　弁明書の提出期限に弁明書を提出しないで期間が徒過することを期間の懈怠という。弁明手続は、原則として、弁明書の提出によって完了することから、弁明書の提出期間の懈怠は、原則として、自動的に弁明手続の完了を意味する。しかし、当事者がやむをえない事情（正当な理由）によって、弁明書の提出期限を徒過した場合にまで、弁明手続は自動的に終了すると解釈しなければならないのかが問題となる。これは、一方で、当事者に正当な理由があるにもかかわらず、自動的に弁明手続を終了させることは、当事者の防御権の行使を著しく制限するものであって、弁明手続の趣旨からみても妥当でないが（例えば、神奈川県では、当事者はやむをえない理由があるときは弁明書の提出期限の変更を申し出ることができるとしている〔神奈川県聴聞及び弁明の機会の付与に関する規則15条2項〕）、他方で、処分決定が遅延することによって、公益に反するなどの支障が生じる場合にまで、行政庁は弁明書の提出期限を延期しなければならないと解すべきなのかが問題となるので、両者の調和をどこに求めるのかということになる。期限を延長しても何ら支障が生じない場合には、行政庁の裁量により期限延長の措置をとることは妨げられないと解する見解（高橋・手続法354頁参照）が妥当である。

［徳田博人］

> **（聴聞に関する手続の準用）**
> **第31条** 第15条第3項及び第16条の規定は、弁明の機会の付与について準用する。この場合において、第15条第3項中「第1項」とあるのは「第30条」と、「同項第3号及び第4号」とあるのは「同条第3号」と、第16条第1項中「前条第1項」とあるのは「第30条」と、「同条第3項後段」とあるのは「第31条において準用する第15条第3項後段」と読み替えるものとする。

1　本条の趣旨

本条は、聴聞手続に関する15条3項（名あて人の所在不明の場合の送達方法）および16条（代理人）を弁明手続に準用することを定める。

2　名あて人となるべき者所在不明の場合の送達方法

(1)　公示による通知（公示送達）の意義

公示送達は、30条で定める方法で通知することができない場合に、弁明手続の利用が不可能となることを避けるために設けられた特別の通知方法である。すなわち、行政庁が不利益処分を行おうとする場合には、原則として、処分の名あて人となるべき者に対して、聴聞手続か弁明手続のいずれかの手続をとらなければならないが、処分の名あて人となるべき者の所在が判明しない場合には公示送達の方法をとることが適当であると考えたものである。

(2)　公示すべき事項（読替え規定）

本条は聴聞の公示送達に関する15条3項を準用しているが、聴聞手続では口頭による対審的な審理が行われるのに対し、弁明手続は原則として書面による簡易な手続審理であるため、公示すべき事項に若干の違いが生じ、字句の読替えを行っている。その結果、公示にあたっては、①予定される不利益処分の内容および根拠となる法令の条項、②不利益処分の原因となる事実、③弁明書の提出先および提出期限（口頭による弁明の機会の付与を行う場合には、その日時）を記載しなければならない。①と②については、聴聞手続における公示通知の場合と同じである。③については、弁明手続が書面の提出によることを原則とすることに対応する書き方となっている。

なお、15条1項4号に定められている「聴聞に関する事務を所掌する組織の名

称及び所在地」については、この規定が「利害関係人の参加許可や文書などの閲覧（請求）に関し連絡する場合などを念頭において」定められたのもので（IAM・逐条解説行手法196頁）、弁明手続にはこれらの事務が存在しないことを前提にしてか、準用されていない。

(3) 公示による通知の効果と到達時期

公示送達の場合には、最終的には通知の到達が擬制され、掲示した日より2週間経過すると、通知の効力を生じることになっている。この期間の満了前に処分の名あて人が書面の交付を受ければ、その時に通知の効力が発生する。この2週間という期間は、不変期間ではないが、通知の到達の擬制を受ける名あて人となるべき者にとって最小限度の保障であるから、伸長することはできても、短縮することはできない。

(4) 「処分の名あて人となるべき者の所在が判明しない場合」

公示送達は通知の到達の擬制であり、この方法を用いた場合、現実には名あて人となるべき者がこれを知ることができないため弁明書の提出ができないとか、期限に間に合わないなど、処分の名あて人の利益が損なわれる場合がありうる。それゆえに、公示送達の要件である「処分の名あて人となるべき者の所在が判明しない場合」とは、当該の具体的事情のもとで行政庁が名あて人となるべき者の所在を判明させるための調査を尽くしても所在が判明しない場合をいう（最判昭56・3・27民集35巻2号417頁参照）。

(5) 弁明書の提出期限

弁明手続の通知が公示送達によって行われた場合には、通知の到達が擬制されることから当事者となった者が、実際にはこれを了知することはほとんど期待できない。そこで、当事者が公示送達により弁明手続が進行していることを知らずに弁明書等の提出期間（期限）を徒過した場合であっても、弁明手続は自動的に終了することになるのかが問題となる。これは、期間の延長の問題であり、当該の具体的事情のもとで、公示送達により弁明手続が進行していることが「やむをえない事情（正当な理由）」に該当する場合で期限を延長しても何ら支障がない場合には、行政庁は裁量により期限延長の措置をとることができる（30条の解説〔德田博人〕参照）。

3　代理人

(1)　代理人の選任の意義

16条（代理人）が弁明手続に準用される。その理由は、手続の当事者が自らの防御権の行使を十分に行えない場合に、代理人を介して自らの防御権を行使させることが本人の権利利益に資することは、弁明手続であっても聴聞手続であっても基本的に変わらないからである。

(2)　弁明手続で代理人がなしうる行為の範囲——「一切の行為」の意味

代理人は、手続の当事者のために弁明手続に関する一切の行為をすることができる。これは、代理権の範囲を画一的に定めることにより、当該手続の迅速化を図ろうとするものである。この代理人への授権の範囲は、弁明手続に関する一切の行為であるから、弁明手続において当事者がなしうるすべての行為を意味する。具体的には、弁明書および証拠書類等の提出、口頭の弁明における意見陳述などが含まれる。代理人による文書などの閲覧請求権は、当事者にそのような権利が認められるかにかかっているが、消極的に解されている（後述4(4)参照）。

(3)　代理人の資格と証明等

代理人となる資格は、条文上限定されておらず、代理人は必ずしも弁護士である必要はないが、代理人は当事者によって正当に選任された者でなければならず、本条は、さらに、その点についての授権を証明する書面を代理人に対して要求している（16条3項の準用）。これは、弁明手続を有効に行うための要件である。

なお、代理人の解任にあたっては、その旨の届出を出さなければならない（16条4項の準用）。

4　その他の規定の準用

(1)　聴聞手続に関する規定と弁明手続

聴聞手続と弁明手続は、いずれも処分の名あて人となる者の防御権の保障を目的とする点で共通の性格を有している。しかし他方で、本法は、弁明手続を不意打ち回避のための最低限の手続にすぎないとして、聴聞手続と比べて簡易な手続とした。その結果、聴聞手続と弁明手続との間には、例えば、聴聞手続は口頭によることが原則であるが、弁明手続は書面によることが原則であるとするほか、①聴聞主宰者の指定の有無、②当事者の文書閲覧請求の許否、③利害関係人の参加の有無、などといった点において違いがみられる。

ところで、聴聞手続と弁明手続との以上のような違いにもかかわらず、その本

質的な違いは、事実の審理につき主宰者を前提としているか否かにある（仲・すべて241頁）。それゆえに、聴聞手続に関する諸規定のなかでも、聴聞手続に特有の規定（＝主宰者を前提とした規定）が弁明手続に準用されていないのは、理論的に当然の結果であるといえる。具体的には、19条・20条・24条および26条については、少なくとも書面による弁明手続には準用されないし、類推適用の余地もない。ただし、聴聞手続に特有な規定であっても行政庁が口頭による弁明を認めた場合には、当該規定の趣旨を尊重する運用が行政庁に求められる（29条の解説〔徳田〕参照）。

　本法は不利益処分をしようとする場合、聴聞手続と弁明手続の二つに分けているが、この二分法は両者の手続選択をめぐる混乱を回避しながら（手続の統一性の要請）、柔軟な対応の可能性も探る（処分の性質に応じた手続の多様性への配慮）という、一種の政策選択の結果であるから（宇賀・三法解説113頁）、聴聞手続に関する規定のなかで聴聞手続に特有の規定でないものは、その性質上当然に弁明手続への準用が排除されたのではなく、これらの規定は、処分の性質によっては、可能な限り弁明手続についても認められる方向での解釈または運用が求められる（なお、本法の弁明手続について、公正聴聞手続の精神を汲みとる運用が必要であるなどの指摘もなされている。兼子仁「行政手続法の意義」公法研究56号〔1994年〕146頁参照）。以下では、そのような規定として、参加人、続行期日と弁明手続の再開、文書等の閲覧請求に関する規定についてみる。

　(2)　参加人

　参加人とは、当事者以外の者であって当該不利益処分につき、利害関係を有する者をいう（行手17条1項参照）。弁明手続において、弁明書等の提出をすることのできる者の範囲について示されていないことから、聴聞における参加人に相当する者も弁明書等を提出することができるか否か問題となる。この点につき、聴聞手続と弁明手続の振り分けは、本法では不利益の程度の大小を基準としているが、不利益の程度の大小と関係人の範囲の有無は必ずしも一致するわけではないこと、また弁明手続であっても関係人が存在するというケースは少なくないこと、さらに、本法は利害関係人が意見等を提出することや、弁明手続において行政庁が職権により利害関係人からの意見聴取を禁じていないことから、行政庁は積極的に職権で利害関係人の参加を求める運用が望まれる（宇賀・三法解説159頁、同『行政手続・情報公開』〔弘文堂、1999年〕163頁参照）。

第3章　第3節　弁明の機会の付与〔§31〕

(3)　続行期日と弁明手続の再開

　弁明手続は、書面によるときは当該弁明書を提出することによって自動的に終了するので、続行期日という問題は出てこない。これに対し、口頭による弁明手続については、当該期日における審理がいまだ不十分として、行政庁は自らの裁量判断で、新たに審理の期日を定めることができる。

　また、行政庁は、弁明手続終結後、不利益処分の原因となる事実の範囲内で当該事実関係を左右しうる新たな証拠書類等を得た場合に、防御権の保障という観点から、処分の名あて人等に対して不利益処分の原因となる事実や当該事実に関する証拠書類等に可能な限りアクセスできる機会を与えるべきであり、少なくとも、運用上そのようにすることが望ましい。

(4)　文書等の閲覧請求

　文書等の閲覧請求制度は聴聞手続には採用されたが、弁明手続には採用されていない。立法関係者によれば、弁明手続に18条が適用されなかったのは、聴聞手続と弁明手続との法的違いを明確にするという政策選択の結果によるものであるといわれ（仲・すべて241頁）、論理必然的なものではなかった。この政策選択は、本法成立以前、わが国においては事前手続において文書等の閲覧制度は、ほとんど設けられていなかったことから、さしあたりやむをえない（芝池・総論315頁）ともいえる。

　しかし、立法論としては、文書閲覧を要求することは法治国家における行政にとっては不可欠である（堤口康博「『行政手続要綱案』の構造と問題点」早稲田政治経済学雑誌309＝310号〔1992年〕77頁）とか、資料の閲覧は手続が公正になされるための技術的前提であり、弁明手続にこれを認めない合理的根拠はない（室井＝紙野編・行政手続164頁〔紙野健二〕）などの批判も多い。

　本法が制定される以前は、行政手続における文書等の開示請求権は、法律・条例の規定を待たずに認められる余地がある（芝池義一「情報管理行政論」室井力他編『現代国家の分共性分析』〔日本評論社、1990年〕152頁）という指摘もあったが、本法が制定されるに至り、弁明手続において処分の名あて人等に対して文書閲覧請求権を認める解釈を行う者は管見する限りいない。しかし、処分の名あて人は、処分がどのような証拠によって支えられているのかを知ることによって、自らの防御権を的確に行使しうるし、これは聴聞や弁明を問わず変わるところはなく、また、弁明手続についても、行政庁の裁量による文書閲覧が禁止されているわけ

行政手続法

でもないことから(宇賀・三法解説142頁)、運用上、積極的に弁明手続においても文書閲覧などを認めることが望ましい(本多滝夫「聴聞と弁明の機会の付与」争点83頁、佐藤編・自治体実務139頁～141頁〔田村達久〕)。なお、このような趣旨に沿って、自治体の手続条例において、弁明手続においても文書閲覧を認める規定を置く自治体がある(大阪府行政手続条例28条2項・29条、滋賀県行政手続条例27条2項・28条)。

〔徳田博人〕

第4章　行政指導

（行政指導の一般原則）
第32条　行政指導にあっては、行政指導に携わる者は、いやしくも当該行政機関の任務又は所掌事務の範囲を逸脱してはならないこと及び行政指導の内容があくまでも相手方の任意の協力によってのみ実現されるものであることに留意しなければならない。
2　行政指導に携わる者は、その相手方が行政指導に従わなかったことを理由として、不利益な取扱いをしてはならない。

1　本条の趣旨

(1)　本法は、広義の行政指導について、特定の相手方に対して何らかの意味で「求める」ものに当たる狭義においてこれを捉え（2条6号）、本章で、主として実体的な確認規定（32条〜34条）、指導の方式（35条）指針の制定と公表（36条）および中止等の求め（36条の2）の規定を置き、さらに、行政指導の指針の制定につき第6章で意見公募手続を定める。

本法が一般原則を定める例にはほかに38条があるが、本条は、第1に、行政指導を行うに際しては、これに携わる者に組織法上定められた任務または所掌事務の範囲を逸脱してはならず、第2に、行政指導の内容の実現に際して相手方の協力の任意性が確保されねばならないことを一般原則として掲げている（本条1項）。これらの事柄は、直接的には、行政指導を2条6号のように定義する（同条の解説〔下山憲治〕参照）ところから導かれるものであり、この協力要請行為の当然の限界を学説・判例に従って確認的に述べたものでもある（例えば、石油ヤミカルテル事件＝最判昭59・2・24刑集38巻4号1287頁）。なお、従来の行政指導に含められてきた助成的行政指導については、申請に対する処分について9条に定めを置くにとどまり、その余については規定がない（同条の解説〔前田雅子〕参照）。

行政手続法

　第3に、本条はまた、相手方が行政指導に協力しなかった場合の措置の限界として、不利益な取扱いをしてはならないと定める（本条2項）。けだし、相手方が行政指導に協力するか否かは任意である以上、不協力を理由として行政がとりうる措置が限界づけられるからである。行政指導の法的性格からくる法治主義原則の一つの要請である（千葉勇夫「行政手続法に見る行政指導(2)」大阪経大論集47巻2号〔1996年〕64頁、中川丈久「行政指導の概念と法的統制」争点47頁）。高木他・条解346頁（高木光）は、比例原則が及ぶとする。

　(2)　行政指導は、もとより人権保障の見地から、それ自体が許容されない場合があるし、法律の定める要件、内容、および手続に違反することは許されず、平等原則、比例原則のほか、信義則等の適用があり、これらに反した場合は違法となる（原田・要論203頁）。本条は、これらを所与のこととした上で、行政指導を行う者が相手方の協力を得るために権威的態度によって事実上の強制を加えることにより、その権利利益を不当に制限する例が少なくないことに鑑みて、法的限界を明示し、もって濫用禁止を確認することを目的とする。その趣旨は、特に申請に関連しては33条、許認可等の権限に関連しては34条において具体化されている。2条6号の行政指導に該当する場合でも、3条1項各号の適用除外に該当すれば、本条の適用はない。これに対して、許認可にも申請にも関わらない事業者について、違法行為の事実が判明した場合の業務改善勧告等については、本条の適用がある。本条には、行政指導一般に対して抑制的な趣旨は含まれていない（地方公共団体の行う行政指導については3条2項〔本多滝夫〕・46条〔榊原秀訓〕の解説を参照）。

2　「行政指導に携わる者」（1項）

　「行政指導に携わる者」とは、当該行政機関にあって自己の職務として行政指導に何らかの形で関与する者をいい、法律上の指導権限を有する者や、窓口または現場において直接相手方に対して行政指導を行う者をも含む。したがって、特定の行政指導についてこれに該当する者が複数存在することを予定している。本法は、処分手続の実施主体として、行政庁概念（第2章・第3章）を用いるが、行政指導については、特に事実行為であり、これに関与する職員を広く捉えて規律する必要から、処分権限の所在とは異なり、方針の策定等広範囲にこれに関与する者をも含める用語として、「行政指導に携わる者」の観念が用いられている（36条および36条の2を除く）。したがって、行政指導を行う者として処分概念と密

接な行政庁や行政主体概念を用いることが妥当でない場合があることに、留意するべきである。

3 「いやしくも当該行政機関の任務又は所掌事務の範囲を逸脱してはならない」（1項）

「いやしくも」とは、より強い否定を示す表現である。行政指導が当該行政機関の任務または所掌事務の範囲内においてなされなければならないことは、2条6号の定義において既に述べられており、本条1項は、行政指導がその内容上の限界を逸脱してはならない当然の事柄を述べたものである（前掲・最判昭59・2・24）。これに反する行政指導は違法となる（芝池・総論259頁）。この文言により、行政指導について一般に作用法上の根拠を要するか否かについては、学説は一致しない（要しないとするものとして、原田・要論202頁、一律の議論を否定するものとして、塩野・行政法Ⅰ228頁、芝池・総論256頁。後説が妥当であろう）。

被介護者の移送行為につき規定のない介護保険法のもとで、移送行為について県が行政指導を行うこと自体が法令の範囲を超える違法な指導であるとの原告の主張に対して、それは、県が「介護保険事業の運営が健全かつ円滑に行われるようにするために、関係する法規制等との調整を計る必要な指導であって、介護保険法5条2項が定める都道府県の責務として当然行うべきものである」として、請求を斥けた例がある（福岡地判平16・5・31裁判所ウェブサイト）。

4 「相手方の任意の協力によってのみ実現される」（1項）

行政指導が相手方の任意の協力によって実現されることも、2条6号の行政指導の定義からくる当然の性質を述べたものである。すなわち、行政指導は相手方に義務を課し権利を制限するものではなく、求めるところを単に要請する行為にすぎない。仮に相手方の協力または不協力を契機として何らかの措置がとられるとしても、相手方が行政指導に協力するか否かの決定は、その自発的な意思に基づくものでなければならない。とはいえ、この任意性といえども、行政指導の趣旨に即した社会的制約を受けることは否定できず、具体的な事情を捨象して絶対的なものとして常に主張しうるわけではない（具体的争点につき、33条の解説〔紙野健二〕を参照）。任意性の判断につき百選Ⅰ198頁（櫻井敬子）を参照。

5 「留意しなければならない」（1項）

以上のような行政指導の法的性質についての留意は、これに携わる者に義務付けられている。本条1項は訓示規定ではなく法的に当然の事柄を確認する規定で

あり、当該義務の内容は留意というこの者の「内心」に対する要請という形式をとっているが、実質的には、そのような任意性を侵すような行政指導を禁止する趣旨である。したがって、行政指導がそのような限界を越えてなされた場合には、行政指導の違法が導かれる（兼子・手続法160頁以下、コンメ行政法Ⅱ〔第2版〕・国賠法1条〔芝池義一〕および行訴法3条2項の解説〔岡村周一〕参照）。建設事業計画の変更を求める行政指導につき根拠規定が条例上存在しなくとも、町に事業者の地位を不当に害することのないような配慮義務を認め、これを怠った条例が規制対象とする事業場であることの認定処分を違法とした例がある（紀伊長島町規制対象認定事件＝最判平16・12・24民集58巻9号2536頁）。

6 「行政指導に従わなかったことを理由として」（2項）

本条2項は、行政指導に携わる者が相手方の協力を促すための取扱いのうち、特に不協力に対してなされる場合の取扱いの限界を定める。任意の協力を要請するにすぎない行政指導に、「従う」または「従わない」という表現は必ずしも適切ではないが、本法でそのような文言を用いているのは、定義において、一定の作為または不作為を「求める」（2条6号）という文言を用いているのと対応している。

行政指導に協力するか否かは、もとより相手方の任意であるから、これへの不協力は特段の法的意味をもたない。「行政指導に従わなかったことを理由として」とは、行政指導への不協力を固有の理由としてとの意であるから、既に法律上一定の処分要件事実が生じている場合に行政指導が行われ、これへの不協力の後に処分がなされる場合は、本条2項の場合に当たらない。例えば、法律が下命・禁止規範と違反者に対する罰則規範を定めていたり、下命禁止行為を授権するとともに何らかの作為不作為義務の履行確保手段を定めているもとで、一定の作為・不作為を求める行政指導を行う場合、当該義務は法律または当該下命・禁止行為によって既に生じており、外観上指導への不協力を経てこれに制裁的取扱いがなされるとしても、それは行政指導への不協力を固有の理由とするものではないから、本項の場合に当たらない（塩野＝高木・条解321頁、高木他・条解350頁〔高木〕）。ちなみに、当該取扱いの適否は、この要件の存否または行政庁による裁量行使の適否の問題となる。

7 「不利益な取扱いをしてはならない」（2項）

(1) (ア) 行政指導に携わる者による、相手方に協力を促すために行う取扱いに

は多様なものがありうる。本条2項は、不協力の者に対して不利益な取扱いをすることが、相手方の協力するか否かの意思の任意性を否定し、もはや行政指導を超えて下命禁止に等しいことから、これを確認的に禁止したものである（給水契約締結拒否を背景にした寄付金納付要請を違法としたものに最判平5・2・18民集47巻2号574頁）。本項のいう「不利益な取扱い」とは、行政指導への不協力を理由としてなされた取扱いについて、それが法行為であると事実行為であるとを問わず（塩野・行政法Ⅰ334頁）、相手方にとって行政指導への協力が任意であることを否定するような不当な制裁行為のことをいい、不利益効果のある行為一般をいうのではない（同旨、IAM・逐条解説行手法243頁、小早川編・逐条研究269頁～270頁〔高木光発言等〕、塩野＝高木・条解321頁）。

　法律上、相手方が行政指導に協力しないときに、これに対して改善命令等の下命行為や氏名等の公表を行うことができる旨の規定が存在する場合は、これが優先し、本項の適用はない。例えば、国土利用計画法24条が都道府県知事の勧告権限を規定し、26条が「勧告に従わないとき」にその旨および勧告の内容を公表することができると定めているのがこれである。この場合に、当該取扱いの適否は、当該法律の解釈問題であり、本項の「不利益な取扱い」に当たるか否かという問題ではない（参照、宇賀・三法解説162頁参照）。不協力に対して水道の供給拒否をすることも、本項ではなく水道法15条1項の「正当な理由」に当たるか否かの問題である（最決平元・11・8判時1328号16頁）。これと関わって、行政指導に関する本法の規定は地方公共団体の行う行政指導に適用がなく、行政手続条例で「他の条例の定めるところにより」行政指導の事実等を公表することを妨げないと定める例がある（例、神奈川県行政手続条例30条2項）。また、法律上行政の要請行為への協力義務が定められている場合や、不協力に対して許可の取消し等の直接的な不利益処分が定められている場合にも、当該要請行為は実質的には行政指導ではなく処分であるから、やはり本項の問題ではない（施行通知第一・一2）。

　(イ)　したがって、本項の不利益な取扱いに当たるか否かが問題となるのは、不協力に対する措置につき法律上規定がない場合である。行政指導が相手方の任意の協力によって行政目的を達成する行為である以上、行政の側がこれへの不協力を理由として、法律の根拠なく相手方の権利義務に関わる不利益行為を行うことが違法となることは、法治主義原則から当然である（前掲・最決平元・11・8）。そこで、法律の根拠なく相手方の権利義務に直接関わらない行為であれば許され

るか否かについて、特に相手方の氏名等を公表することが、本項のいう「不利益な取扱い」に当たるか否かが問題とされてきた。

　学説においては、公表措置をその目的に従って制裁または情報提供に二分し、前者を目的とするものは本条の不利益な取扱いに当たるが、情報提供としてのそれは一般国民への注意を喚起する意図に出るものであるから、これに当たらないとするものがある（塩野・行政法Ⅰ334頁、宇賀・三法解説162頁）。しかし、制裁目的のものであれ情報提供を媒介とすることに変わりはなく、両者を截然と区別することは容易ではない。そもそも公表は、一定の社会的事実、関連してなされた行政指導の趣旨およびこれに対する相手方の対応等に関する情報等を国民一般に提供し、その評価を国民の判断に委ねつつも一定の行動を期待することにより、速やかな目的の実現を期するものであるとしても、それ自体が行政指導には当たらない（大阪高判平16・2・19訟月53巻2号541頁）。

　したがって、問題は制裁か情報提供かという目的のみに応じて判断されるのではなく、仮に制裁的要素があっても、行政指導により相手方に求められる協力内容の社会的妥当性・緊急性の存否または程度、これに対する当該不協力の評価、これへの制裁的取扱いとの内容的比較と均衡、公表によって受ける利益の制限と知らされる権利利益の質的量的な比較、および公表の対象となっている内容等を踏まえて、総合的かつ個別的に判断されなければならない（同旨、藤山雅行編『新裁判実務大系25行政争訟』〔青林書院、2004年〕14頁〔川神裕〕、南＝高橋編・注釈317頁〔高橋滋〕）。食中毒の原因の公表につき、その公表自体は法律の根拠がなくともさしつかえないが、目的、方法、生じた結果の諸点から是認できるものであることを要し、方法について注意義務に違反があったことにより、生じた不利益の賠償責任を認めた例がある（東京高判平15・5・21判時1835号77頁）。ここでも、公表そのものが行政指導と観念上区別されるべきであることは同様である。

　(2)　本項は、このように不協力に対する不利益な取扱いの禁止を定めるが、逆に協力者に対する役務提供や奨励金の給付等、利益的な取扱い自体の適否については規定するところがない。協力者への優遇措置と比べて、不協力者への当該措置の拒否が平等原則に違反することがありうる（高橋・手続法368頁、塩野＝高木・条解322頁、高木他・条解351頁〔高木〕）。例えば、当該取扱いが憲法または法律上保障された権利利益を制限する場合、またはその拒否が不協力との関係において著しく均衡を失している場合には、当該取扱いは本項に照らして違法となる。不

協力を理由とする役務提供の拒否の適否は、当該役務またはその拒否の性質によって左右される。行政指導に協力した事業者の建築した共同住宅には、一般の住宅よりも手厚く敷地内からごみを収集することとしていた場合に、不協力を理由としてこれを拒否しても、法令上市には敷地内からの収集義務はないから違法ではないと判示した例として、東京地判平6・9・9判時1509号65頁がある。

8 運用上の留意点

行政指導に協力しない者に対する取扱いのうち、これまで問題になってきた相手方の氏名等の公表の可否は、立法的に解決することが本筋であるのはいうまでもないが、個別法律において当該規定が存在しない場合に、直ちに公表が本条2項のいう不利益な取扱いに当たらないことを明確にするためには、運用上の配慮が求められる。すなわち、公表を行う場合には、行政指導に携わる者において可能な限り直接的な制裁的色彩は避け、行政指導の趣旨等広範囲の事項について一般国民への情報提供としてこれを行い、また公表に関する事項をあらかじめ定めて相手方にも認識させ、緊急の場合を除いて事前に意見を述べる機会を与える等の手続的配慮が望ましい。

9 制度上の問題点

(1) 一般原則の考え方

行政指導に関する一般原則の内容は、これが立法過程で初めて取り上げられた1989年の第2次研究会案0801条において、「関係する法令の趣旨を逸脱することのないよう留意するものとする」とされつつ、相手方が指導に従わない旨の意思を明確に表明しているときは、「指導を継続することによって相手方に不利益を与えてはならない」とされていた。これに対して、1991年の第3次行革審においては、「その任務又は所掌事務の範囲を超えないようにしなければならず、かつ、行政指導があくまでも法律上の強制力を与えられていない手段であることに留意しなければならない」（第二六・1）とされ、相手方が「指導に従わなかったことを理由として」、「不当な取扱いをしてはならない」（第二六・2）との案が示された。

このように、行政指導の一般原則として、行政機関の任務または所掌事務の範囲の逸脱を戒めるとともに、内容の実現が相手方の協力の任意性によるべきであることを明示したものである。そこで、判例をも踏まえて「行政指導のあるべき姿を明示することとしたもの」または「最低限留意すべき事項をあらためて法的規範として明記したもの」（総務庁・逐条207頁）との理解が、当時の実務での受

け止め方であった。このことは今日でも変わらない（IAM・逐条解説行手法241頁）。
しかし、ここには以下のような問題点がある。

　第1に、本条のような内容の規定が、はたして行政指導の一般原則に値するかである。すなわち、たとえ行政指導の濫用への批判が、主としてその法的限界をめぐって加えられてきた経緯があるとしても、指導をすること自体の問題はもとより（教科用図書検定につき最判平9・8・29民集51巻7号2921頁）、先に1(2)で挙げた諸法理ではなく、本条のような定めを一般原則として規定することの適否には問題が残る（室井力「行政指導と行政手続」企業法研究6号〔1994年〕11頁）。この点は、本条のみならず本法が規律対象としている行政指導の範囲と第4章の定める規定全体の特徴でもあり、行政指導の濫用禁止というよりはむしろ指導自体に対して抑制的であるかの印象を与えてきたことと関連していよう（紙野健二「行政指導と行政手続」公法研究56号〔1994年〕231頁）。第2に、本章の定めの反面、1983年の第1次研究会案の示した行政指導一般の固有の手続が軽視され、複数の者に対して指導をする場合の指針の公表の対象も限定を受ける等の問題も生じている（35条の解説〔紙野〕を参照）。したがって、とりあえずは手続法と実体法の双方にわたる均衡のとれた一般原則の理論化とともに、本法におけるそれを手続規範を基本とするものに再構成する必要があろう。

(2)　不利益な取扱い

　相手方が行政指導に不協力である場合に「不利益な取扱いをしてはならない」との本条2項の文言は、第1次部会案では「不当な取扱いをしてはならない」（第二六・2）とされ、「要綱案の解説」は、これを法律に基づく命令や公表を含むものではないと解していた（第二六）。この経緯からして、本条の「不当な」から「不利益な」への変更は、少なからず唐突な印象を与えてきた。この解釈については、立法関係者は両者を同趣旨と解し（小早川編・逐条研究269頁〔仲正発言〕、IAM・逐条解説行手法243頁）、これを積極的に評価する者もないではないが（佐藤編・自治体実務146頁〔田村達久〕）、立法論としては、要綱案の表現の方が望ましい。

　手続規律としては、「公表その他相手方に直接不利益が伴うものについては」、あらかじめ「意見を述べる機会を与え」（第1次研究会案1306条）る等の措置を講じる方が本来のあり方である。行政指導は、それ自体相手方の法律上の地位を左右するものでも、不利益をもたらすものでもないから、これ自体を取り消したり違法であることを確認することに法律上の利益はない（高松高判平19・11・29裁判

所ウェブサイト)。

　地方公共団体の行う行政指導については本法ではなく行政手続条例の規律を受ける。これについての苦情の申出の規定を置く例もあるが(神奈川県)、大多数は、本章とほぼ同一の規定を置くにとどまる(大阪府)。不協力の場合にとりうる措置のうち、公表の取扱いの可能性を明示しつつ、その際に意見を述べる機会または弁明の機会を与える例(神奈川県、四日市)がある。法制定直後の本条についての解釈上の論点について、特に規定を置いたものといえよう(室井=紙野・行政手続168頁～169頁〔紙野〕、高橋滋「地方自治と行政手続」都市問題研究88巻5号〔1997年〕61頁)。

〔紙野健二〕

> **(申請に関連する行政指導)**
> **第33条**　申請の取下げ又は内容の変更を求める行政指導にあっては、行政指導に携わる者は、申請者が当該行政指導に従う意思がない旨を表明したにもかかわらず当該行政指導を継続すること等により当該申請者の権利の行使を妨げるようなことをしてはならない。

1　本条の趣旨

　本法は、申請がこれに対する審査と申請内容に対する許否の決定を求める行為であることを明示し、その権利を保障するために種々の手続規律を第2章で置き、もって申請者または申請をしようとする者が自己の権利利益を実現するために有する手続上の権利としての申請権を保障している。このことに対応して、本条は、申請をするか否かまたはいかなる申請をするかという、申請行為のいわば本体に関連して行われる行政指導についてこれを規律し、もって申請権の保障を十全ならしめようとしている。もとより、申請に対してなされた処分につき申請者に不服がある場合は、行審法に基づく不服申立てや行訴法に基づく取消訴訟等によって、当該処分の違法を主張することができる。しかし、行政指導を受けて申請そのものが妨げられるか、または不本意な申請を余儀なくされることのないように、当該指導についての規律を置いたのは、形式上申請者自身が選択した行為について任意性を自ら否定しそれを証明することが容易ではないからでもある(千葉勇

夫「行政手続法に見る行政指導(2)」大阪経大論集47巻2号〔1996年〕81頁)。

　処分庁は、当初の申請を前提にして処分を行うことが、行政の目的に照らして適切でないと判断し、一旦なされた申請につき、申請者自身の判断に基づいてこれを撤回または変更することを求める行政指導を行うことがある。このような行政指導は、申請権の行使そのものに関わるとはいえ、相手方の任意の協力を求める限りにおいて違法とはいえない。しかし、相手方がこれに不協力の意思を表明するに至っているにもかかわらず、その後も継続してこれを行うならば、もともと申請者が求めている申請に対する審査と許否の決定を遅延させ、申請者の手続上の権利を損なうことになる。

　そこで本条は、申請がなされて以後、処分庁が申請に対する適否の審査が正規に開始される前またはその途中において、申請それ自体は法令や審査基準に適合すると思われる場合であっても、処分庁が国民各層の利害調整や実質的な政策的判断に基づき、申請者に対し最終的に申請が行われなかったという状態を希望してこれを撤回するよう求めたり、積極的に申請内容の変更を求めるような行政指導につき、その限界を定める。本条は行政指導に不協力の意思表明があって以降は、行政指導の継続等により当該権利の行使を妨げることを禁止し、行政指導に「不服がある者が争う機会を保障する見地から、……行政指導によって申請者の権利を侵害してはならない旨規定し」(大阪地判平15・5・8判タ1143号270頁) ている。この意味で、本条は前条が行政指導の一般原則として述べた実体的限界を、申請に関連する行政指導について確認的に定めたものである。本条の規定は、品川区建築確認留保事件＝最判昭60・7・16民集39巻5号989頁の趣旨を「踏まえて」（仙台地判平10・1・27判時1676号43頁）定められたものと一般に解されている（塩野・行政法Ⅰ323頁、藤山雅行編『新裁判実務大系25　行政争訟』〔青林書院、2004年〕189頁〔内野俊夫〕、なお芝池義一「『行政手続法』の検討」公法研究56号〔1994年〕170頁、高橋・手続法375頁、中川丈久「行政指導の概念と法的統制」争点47頁〕)。

2　「申請の取下げ又は内容の変更を求める行政指導」

　本条の定める行政指導は、申請に対する標準処理期間後は、もはや容認されない（6条、同条の解説〔梶哲教〕も参照）。

　本条の規律する行政指導の対象は、申請が事務所に到達した後に、申請者が一旦行った申請を自主的に撤回したという外観をとらせて申請の事実がなかったことにするものと、当初の申請内容の全部または一部を自主的に変更し、これとは

異なる別の内容の申請を改めてするよう求めるものである。例えば、病院の開設の申請後に、地域における病床数の過剰を理由に当該申請の取下げまたは病床数の削減を求める指導をすることがこれである。申請の準備段階または到達前の指導は32条の規律を受けるにとどまり、本条は、申請がなされた後になされる行政指導について規律する。このような指導は、申請に対する審査そのものと区別されるが、申請内容に対する否定的判断に基づいてなされるものである。電波法の定める放送局免許の申請一本化を求める行政指導が、申請者の協力を得てなされている限り違法とはいえず、公正な競争の機会を奪われたとはいえないとした例があったが（東京高判平10・5・28判時1666号38頁、別冊ジュリスト・メディア判例百選210頁〔米丸恒治〕）、本法の施行以後の指導についてはより厳密に解されよう。

また、本条の行政指導は、形式的要件を満たさない申請に対するいわゆる補正指導（7条）や、申請者の求めに応じて、審査の見通し、申請書の記載の内容および添付書類に関して処分庁に努力義務として課されている情報提供等（9条2項）のように、申請権の実現のためになされるものとも区別される。

3　「申請者が当該行政指導に従う意思がない旨を表明した」

(1)　申請がなされて以後の行政指導につき、申請者が任意の協力を否定しているにもかかわらずこれを繰り返し、なお協力を求めることは、任意の協力要請行為としての限界を越えるとともに申請に対する許否の決定を遅らせ、ひいては審査を受ける権利を否定することとなる。そこで、指導の限界としてどの時点で任意の協力の可能性が消滅しているかの判定が問題となる。本条は、これを「行政指導に従う意思がない旨」と相手方の意思表示をもってこれを判定する規定を置くにとどまり、それがいかなる具体的な行為を要するかはもとより、いかなる状況のもとでのことかについて、特段の限定を付していない。本条の表現の基礎になった判例として、1985年の品川区建築確認留保事件最高裁判決（前掲・最判昭60・7・16）があり、この点の理解につき、同判決の理解と関わって多く論じられてきた（百選Ⅰ250頁〔西津政信〕）。

この事件は、建築確認申請に対して付近住民の同意を得るようにとの行政指導を継続することにより、確認権限行使を留保したことの国賠法上の適法性が主たる争点となったものである。この最高裁判決は、確認申請に対する留保につき、建築主が任意にこれに応じている場合、社会通念上合理的と認められる期間、確認を留保しても、直ちに違法とはいえないが、「留保されたままでの行政指導に

は応じられないとの意思を明確にしている場合には」、「当該建築主が受ける不利益と右行政指導の目的とする公益上の必要性とを比較衡量して、右行政指導に対する建築主の不協力が社会通念上正義の観念に反するものといえるような特段の事情が存在しない限り、行政指導が行われているとの理由だけで確認処分を留保することは、違法であ」って、「確認処分を留保されたままでの行政指導にはもはや協力できないとの意思を真摯かつ明確に表明し、当該確認申請に対し直ちに応答すべきことを求めているものと認められるときには、他に前記特段の事情が存在するものと認められない限り」、留保は違法となるとした。

　学説においては、この判決の、行政指導に対する不協力に対する確認処分の適否の判断につき、その周囲の状況を重視する客観説、または折衷説が多数といえよう（西津政信・前掲百選Ⅰ、戸部真澄・行政判例研究「行政指導による産業廃棄物処分業の許可留保をめぐる国家賠償請求事件」自治研究83巻1号〔2007年〕97頁）。したがって、申請に関連しての行政指導の限界を定める本条のこの文言もまた、申請者が単にその主観的な意思を表明したという事実ではなく、行政指導の合理性と、これへの不協力意思の表明をめぐる客観的条件をも勘案して総合的に判断されなければならない。本条は行政指導をする期間については特に規定はないが、申請に対する審査において問題になる余地がある（この点につき、岩本浩史「行政指導と『相当の期間』」島根県立大学総合政策論叢18号87頁〔2010年〕以下）。

　条例においては、例えば、行政指導の継続につき、指導に従わないことによる「公の利益」（神奈川県）または「公益上の必要性」（横浜市）への考慮または総合的判断を求める例がある。このような公益概念の用い方の適否はともかく、いずれも本条の趣旨を確認的に定めたものである。

　(2)　(ｱ)　ところで、行政指導への不協力意思の表明の存否は、上記のような客観的条件の存在を前提にして判断されるものであって、申請者が行政指導の趣旨を吟味し、これに協力できるか否かの熟考を経た上での相当程度において確定的な意思表示であることを要する。申請者が行政指導の趣旨・目的を吟味せず、これへの協力如何について慎重に検討することなく、当初から譲歩の余地がない旨を示してきた場合等はこれに当たらないが、他方、行政指導についても、合理的なものであることを要する。

　この点について、最高裁が、前掲・品川区建築確認留保事件最高裁判決において、建築確認申請に関連して付近住民との協議に応じるようにとの行政指導に応

第 4 章　行政指導〔§33〕

じて、申請者が付近住民との協議の進行状況と周囲の客観的状況から、もはや行政指導に協力できないとの意思を「真摯かつ明確に」表明した場合には、特段の事情のない限り行政指導を継続して建築確認処分を留保することは許されないとしているのは、本条と同様の趣旨である。「真摯」とは、行政指導の趣旨を理解しこれへの協力の可否についての熟考過程を経たことをいい、「明確」とは、不協力を前提にして初めて成立しうる法関係の形成に着手する等、当該意思の表明が最終的意思に基づくものであることを明示するような具体的行為が存在することをいう。

　判例では、審査請求の申立て（前掲・最判昭60・7・16）、苦情の申出（同趣旨の県条例につき、大阪高判平16・5・28判時1901号28頁）をもってこれとみなしたものがある一方で、異議申立ての後の申請留保も裁量の範囲内とされた事例もある（中野区特殊車両通行認定留保損害賠償請求事件＝最判昭57・4・23民集36巻4号727頁）。これらの行為は、それぞれの経緯の中でもつ意義が異なりうるから、ある行為がなされたことをもって、直ちに本条にいう指導を拒否する行為に当たるとは一律には考えにくい。中野区事件においては、車両制限令の定める特殊車両の認定の留保に対して異議申立てがあった後も、留保を継続していた（4を参照）。品川区建築確認留保事件のような国家賠償請求と異なり、違法確認請求事件においては、上記にいう特段の事情の存在の認定には制約的な態度がとられることがある（名古屋地判平8・1・31行集47巻1＝2号131頁、前掲・仙台地判平10・1・27）。

　(イ)　申請者の意思の表明の方法についても、明示の規定が置かれていないが、特段の形式を要するものではなく、何らかの方法により行政庁にその旨の表明があれば足りる。行政指導を受けているにもかかわらず、申請者が特にこれに協力する旨の意思表示をしなかったというのみではこれに当たらないが、逆に直接行政指導に携わる者への伝達行為がなくとも、協力しないことを客観的に示す行為があればそれで足りる。先の品川区建築確認留保事件最高裁判決は、建築主が直接行政庁に対して行政指導には協力できない旨を口頭または書面で伝達したほか、建築審査会への審査請求をしたことや、異議申立てを行うことをもって、確認を留保されたままでは行政指導に協力できない意思を明確に示したものとみなしている（類似のものとして、前掲・名古屋地判平8・1・31）。

4 「行政指導を継続すること等により当該申請者の権利の行使を妨げるようなことをしてはならない」

　行政指導に不協力の意思の表明があった場合には、原則として行政指導の限界を越え、もはやそれ以上に行政指導を継続することは許されない。しかし、申請者の受ける不利益と行政指導の目的との比較衡量を通じて、もともと申請者の任意に委ねられている行政指導への協力の拒否が、申請者の任意を越えた社会的評価の対象としてみて、申請権の濫用に当たるような場合には権利行使を妨げられたことに当たらない。例えば、回復困難な損害発生の防止を目的としてなされる行政指導に対する不協力の意思の尊重が、一定の客観的状況のもとで申請権の保障よりも優越する権利や利益の喪失を招くような場合には、行政指導への不協力について、当該条件のもとで社会的妥当性を欠く特段の事情があるものとして、なお行政指導を継続し、申請に対する処分を留保する等の措置をとっても違法ではない。

　前掲・品川区建築確認留保事件最高裁判決は、相手方の不利益と公益上の必要とを比較衡量して、相手方「の不協力が社会通念上正義の観念に反するものといえるような特段の事情」としている。この事件より以前の中野区特殊車両通行認定留保損害賠償請求事件（前掲・最判昭57・4・23）の場合は、認定をめぐって業者と地域住民との対立が激化し衝突の可能性があったことから、この要件に該当したものとして認定留保を適法と判断した（百選Ⅰ248頁〔出口裕明〕）。

　本条が行政指導を「行う」ではなく、「継続する」という表現をとったのは、申請に関連する行政指導が申請を行った者に対して、一旦行った意思表示に反する事柄を求めていることからして、継続的な説得を要し、その時間の経過によって審査が行われないという効果を問題にしたことによる。したがって、申請者による不協力の意思の表明があれば、行政側は速やかに審査を再開しなければならないが、その間に行政指導をすることが一切禁止されているのではない。審査を進行させつつなお指導を繰り返すことは、指導の実効性はともかく、審査の遅延を招き、もって申請権の行使を妨げない限り差し支えない。「継続すること等により」としているのは、行政指導に携わる者が、行政指導を改めて行わずとも、申請の審査を再開せずなお留保したままにすること等をも含む意である。

　本条のいう申請者の権利とは、申請者が申請を行い、その内容が処分庁の審査を受け許否の決定を受ける権利のみならず、そのために認められる行政手続上の

第 4 章　行政指導〔§33〕

権利をいう。この権利の基本的な部分は、第 2 章のとりわけ 7 条の定める処分庁の義務に対応している。したがって、「この者の権利を妨げる」とは、申請に対する審査における処分庁の手続上の義務に対応して申請に対する審査を求めることを不可能ならしめることをいうのであって、専ら審査の迅速化に関わるものに矮小化してはならない。このことは申請者が実体上の権利をもつか否かとも、申請内容の適否とも関わりがない。

5　運用上の留意点

本条の行政指導は、申請の取下げまたは内容の変更を求めることにより、申請権の行使に抑制的に機能するものであるから、申請に対する補正指導または情報提供のような外観をとりつつ実質的に本条の行政指導をするようなことのないよう留意するべきである。この意味でも、行政指導に携わる者は、その趣旨・目的を明確にしてこれを行わなければならない（35条 1 項）。本条の規律する行政指導は、申請があってから合理的な期間内になされるべきであって、事後的に生じた新たな事情を理由とするものはともかく、相前後して次々と新たな指導を行ったり、相矛盾する指導をすることは好ましくない。その意味でも、本条の規律しようとする行政指導についても36条の指針策定と公表を求める趣旨が生かされなければならない。

本条は地方公共団体の行う行政指導には適用されないから（3 条 3 項）、行政手続条例で同様の規定がある場合はともかく、そうでない場合には、申請に関連する当該行政指導は第 2 章の諸規定に反することができないにとどまる。もっとも、本条といえども確認的規定であるから、両者で大きな違いがあるわけではない。

6　制度上の問題点

申請に関連する行政指導についての規定を示した第 1 次部会案は、前掲・品川区建築確認留保事件最高裁判決による、不協力の「真摯かつ明確」な表明をもって行政指導への不協力意思の表明とみなしていたのを受けて、「行政指導に従わない旨の意思を明確にしているにもかかわらず」としており、意思の明確性を明示的な要件としていた。そこで、これらの文言を明示的には含まない本条の解釈がこれらとの異同をめぐって論じられてきた。

立法関係者は、これらの文言の意が本条に黙示的に含まれていると解しており、解釈論としては概ね支持されている。また、要綱案では、「当該行政指導を継続するなど、申請人の権利を害することとならないようにしなければならない」（第

二七)とされていたのを、本条のように改めたのは、これにより、行政指導の継続と申請者の権利の侵害との関係を明確にしたものとされている。本条が申請者の手続上の権利保障に言及したことは大きな意義を有するが、本条の行政指導と第2章において定められている補正指導（7条）や情報提供（9条）との区別がなお曖昧であり、ここでも行政指導に関する経緯や趣旨を記録にとどめる等によりその明確化を図ることは立法課題として残されている。

　行政手続条例においては、不協力が反公益性をもつ場合を想定して、当該行政指導を継続することを妨げないと定める例がある（愛知県や堺市の条例は、申請をした者が行政指導に従わないことにより著しく公益を害する場合に、当該行政指導を継続することを妨げない旨を定める）。この種の規定を、行政指導への抑制効果についての地方公共団体による誤解または過剰反応というのは容易であるが、その批判は、地方における権限なき実体法制や行政指導に関する本章の規律のあり方にこそ向けられるべきである。

　本条は、「申請の取下げ又は内容の変更を求める行政指導」という、なされた申請行為のいわば本体に対する否定的要素の強いものについての規律であって、理論的にはかなり特殊な規定である。この意味で、本条もまた、わが国における行政をめぐる法的仕組みとそのもとでの現実態を反映した規定ということができる。

[紙野健二]

(許認可等の権限に関連する行政指導)
第34条　許認可等をする権限又は許認可等に基づく処分をする権限を有する行政機関が、当該権限を行使することができない場合又は行使する意思がない場合においてする行政指導にあっては、行政指導に携わる者は、当該権限を行使し得る旨を殊更に示すことにより相手方に当該行政指導に従うことを余儀なくさせるようなことをしてはならない。

1　本条の趣旨

　本条は、行政機関が許認可等をする権限または許認可等に基づいて処分権限が与えられているもとで行政指導を行う場合に、当該権限を行使することが客観的

に不可能であるかまたはこれを行わないとの意思があるにもかかわらず、逆に、殊更に権限を行使しうるものと装って行政指導を行い、これへの協力を事実上強制するようなあり方を禁止する。換言すれば、本条は、許認可等の権限をもつ行政機関が、正当な権限行使の可能性または意思がないにもかかわらず、これらがあるかのように強く示唆することにより、権威的な姿勢をもって行政指導に協力するか否かに関する相手方の意思の形成を不当に左右し、もってその任意性を否定して協力を強いることを禁止するものである。このような規定を置いたのは、行政機関がその地位を不当に利用した行政指導が、かねてからその限界を越える重要な一つの形態であったことに鑑みて、特にこれを禁止する趣旨であり、次条2項において手続的にこのことを定める。

　33条も本条も、32条の行政指導の法的性質からくる実体的一般原則を許認可等に即して具体化する確認的規定であるが、33条が、申請に際しての行政指導につき一定の状況のもとでの相手方の不協力意思の表明に指導の限界を見出すのに対して、本条は、行政指導と、その背景をなす許認可等に関連する権限の存否またはこれを行使する意思の存否との関わりに、限界を求める規定である。また、33条が、申請がなされてからこれに対する処分がなされるまでの段階を想定して、申請者に対する行政指導を規律の対象に置いているのに対して、本条は、許認可等に関連する広範囲の段階に関わり、指導の相手方は、申請をする意思のある者、申請の準備をしている者、申請を行った者、申請が認められた者および付与された許認可のもとで事業を行っている者である。許認可等を受けないで違法に行為を行っている者は含まないが、本条の確認的性格上、取扱いに大差はない（なお、千葉勇夫「行政手続法に見る行政指導（3・完）」大阪経大論集47巻5号〔1996年〕208頁参照）。

2　「許認可等をする権限又は許認可等に基づく処分をする権限」

　許認可等をする権限とは、許認可等の申請者または申請をしようとしている者に対して、これらを許否する権限をいい、実際上はこれらを拒否しうることを背景にして行政指導がなされる場合を想定している（塩野＝高木・条解334頁）。許認可等に基づく処分をする権限とは、許認可等を得ているものに対して、そのもとで行われる改善命令、許認可等の効力の停止、または取消しもしくは中止等の命令をいう。これらは、許認可制度を前提にしてなされる相手方の行為が法の目的に合致することを確保するための監督上の処分権限である。処分の時点ではとも

行政手続法

かく、将来において許認可等を受けようとしている者も、本条の対象となると解されている（IAM・逐条解説行手法247頁）。

3 「当該権限を行使することができない場合又は行使する意思がない場合においてする行政指導」

当該権限を行使することができない場合においてする行政指導とは、許認可等または監督処分をするかまたはしないかという権限の行使と行政指導とが無関係な場合のように、そのような処分権限自体が存在しない場合や、処分権限があっても処分の要件に該当しない等の場合においてする行政指導をいう。この場合には、仮に当該権限を行使すれば違法となる。この違法は、当該権限を定める法律の規定のほか、本法で定められた審査基準（5条）もしくは不利益処分基準（12条）、平等原則、比例原則または信義則等から判定される。次に、当該権限を行使する意思がない場合の行政指導とは、これとは異なり、行政機関が当該権限を行使しても直ちに違法ではないが、行政機関が行政指導をする時点でこれを行使するか否かの裁量的判断として、これを行使しないこととしていることをいう（IAM・逐条解説行手法248頁）。権限を行使しうるが、このようなもとで相手方の自発的な行為によって目的を達成しようということ一般を制限するものではない。

事業者が町における取水量変更を求める意思の不存在と施設不認定処分の可能性の不存在を前提にして、取水量の変更を促す行政指導を本法33条・34条違反とする主張をしたのに対して、その前提を否定した裁判例がある（名古屋高判平18・2・24判タ1242号131頁）。

4 「当該権限を行使し得る旨を殊更に示す」

当該権限を行使するか否かは、相手方が行政指導に協力しない場合に、相手方に示唆されるものであるが、「当該権限を行使し得る旨を殊更に示す」とは、現実にはその行使がないにもかかわらず、許認可等に関連する処分としてこれをなしうる、またはなす意思がある旨を示唆することをいう。「殊更に示す」とは、実際には行政指導と示唆されている処分とが関連がないにもかかわらず、外観上あるかのように強く示唆することをいう。明示的であることを要しないし、行政指導を行う際とは別の機会にそのような表明がなされる場合もこれに当たる。行政機関が主観的にそのような外観をとることに殊更の意思があったか否か、あるいは相手方がそのことに心理的な強迫を感じたか否かは問題ではない。本条は、行政機関が権限を行使しうる状況のもとで、現実にはこれを直ちに行使しないで

行政指導をすること自体を制限するものではないし、行使の可否が定かではない段階においては、本条の場合に当たらない（高木他・条解367頁〔高木光〕）。

5 「当該行政指導に従うことを余儀なくさせるようなことをしてはならない」

本条により禁止されるのは、権限を行使しないにもかかわらず、その行使を背景として行政指導を行い、これへの協力を求めることであり、「余儀なく」とは当該権限を行使しうる旨を殊更に示すことにより、相手方に行政指導への協力を事実上強制するような行為をいう。現実に相手方が協力することまでを要しない。このような事柄も、もともと行政指導の法的性質から当然に導かれるものであり、本条はこれを確認したものである。

6 制度上の問題点

本条のもとになっていた第1次部会案の第二八は、「その相手方に対する地位を不当に利用して、法律の規定に基づく義務を課し、又は権利を制限するのと事実上同様な強制力をその相手方に及ぼすようなことをしてはならない」としていた。その趣旨は本条と異ならない。本条は、許認可等の権限に関する行政指導について、当該権限の及ぶ範囲を越えてなされるものを抑制しようとの趣旨に出るものである。本条も、行政指導の限界を明示する確認的規定とはいえ、33条と並んでかなり特殊な行政指導を対象にしたものである。したがって、同様に、本条に含まれない他の行政指導についてのあるいは手続規律を含めた規定の必要上、本条の存在がはたして均衡の取れたものか否かは、別途検証を要するところである（33条・35条の解説〔紙野健二〕参照）。

〔紙野健二〕

（行政指導の方式）
第35条 行政指導に携わる者は、その相手方に対して、当該行政指導の趣旨及び内容並びに責任者を明確に示さなければならない。
2　行政指導に携わる者は、当該行政指導をする際に、行政機関が許認可等をする権限又は許認可等に基づく処分をする権限を行使し得る旨を示すときは、その相手方に対して、次に掲げる事項を示さなければならない。
一　当該権限を行使し得る根拠となる法令の条項
二　前号の条項に規定する要件

三　当該権限の行使が前号の要件に適合する理由
3　行政指導が口頭でされた場合において、その相手方から前2項に規定する事項を記載した書面の交付を求められたときは、当該行政指導に携わる者は、行政上特別の支障がない限り、これを交付しなければならない。
4　前項の規定は、次に掲げる行政指導については、適用しない。
一　相手方に対しその場において完了する行為を求めるもの
二　既に文書（前項の書面を含む。）又は電磁的記録（電子的方式、磁気的方式その他人の知覚によっては認識することができない方式で作られる記録であって、電子計算機による情報処理の用に供されるものをいう。）によりその相手方に通知されている事項と同一の内容を求めるもの

1　本条の趣旨

(1)　方　式

本条は、32条から34条が行政指導の実体的限界に関する判例・学説に依拠して定められた確認的規定であるのとは異なる別個の、行政指導の方式に関する規律である。本条は、行政指導がなされるにあたって、その趣旨および内容ならびに責任者を相手方に明示することによりこれを明確化し、相手方の求めがある場合に書面の交付を義務付け、もってその方式の面から行政指導における公正の確保と透明性の向上（1条）を図ることを目的とした規定である。

(2)　明確化の原則（1項・2項）

本条1項は、行政指導に、行政指導に携わる者に対して、当該指導が口頭で行われるか書面によるかを問わず、求められている協力の具体的意味と範囲を適切に理解できるよう、その趣旨および内容ならびに責任者を明示するよう求める規定である。行政指導に携わる者には、指導権限が法定されていると否とにかかわらず、指導の主体となる機関から、直接相手方にこれを伝える者までありうるが、本条1項は、指導が伝えられる場合には、それが誰の、いかなる判断に基づいて、何についての、またはいかなる協力を求めるものか等につき（協力期限があれば当然これに含まれる）、具体的な明示を求めるものである。34条の行政指導をする行政機関が、許認可等の権限または許認可等に基づく処分権限についての規律は同条に定めるが、2014年改正はこれに本条2項を追加し、指導の際に、①当該権

限行使の根拠となる法令の条項、②当該条項に規定する要件、③権限行使が当該要件に適合する理由を示すように求める規定を置いた。本項が定める行政指導は、行政不服審査制度検討会の「検討会中間とりまとめ2007」(第9の1「行政指導に対する不服の申出」)および「検討会最終報告2007」(第10章第2「行政指導に対する是正の申出」)においては、是正申出の対象となるべき特殊な一類型である「権限濫用型」指導に当たるものとされ、権限行使の可否の認識が行政指導に携わる者とその相手方との間で一致しない場合には、相手方から行政機関の長に対して当該行政指導の是正を申し出る制度が検討され、2014年改正では旧来の口頭でなされた指導の書面化請求とその交付義務規定を本条3項とし、これに加えて行政指導をする際相手方に示さなければならない事項を、本条2項1号から3号に列挙した。そして、相手方が法令違反行為の是正を求める指導を法律の要件に適合しないと思料する場合には、中止等の要求ができる旨の規定を置いた(36条の2を参照)。しかし、行政指導一般の処分性を否定する立法政策が克服されない限り、申出に対する応答行為が処分性の有無の解釈を生ずる是正制度は、現実化する条件を欠くものであった。

かくして、行政指導の是正制度は2014年改正において採用されるところとはならなかったが、消滅したこの制度の受け皿の役割を本項に期待するからか、実務は、本項の趣旨を、34条に規定する行政指導の「防止」を図るものと理解する(IAM・逐条解説行手法252頁)。しかし、本項は、客観的には35条1項に続く条項として追加されたものである。すなわち、行政指導の明確化原則を一般的に定める1項に対して、2項追加は、この原則を許認可等の権限行使について定めるものと解するのが適当である(塩野・行政法Ⅰ335頁は「一般原則」と「特則」の語を用いる)。

(3) 書面交付(3項)

本条3項は、行政指導が、必ずしもすべて書面形式で行われることを求めるものではないが、相手方から書面交付の請求があったときに、行政指導に携わる者は特別の支障がある場合を除いて、原則としてこれに応じなければならないことを定めている。この書面交付は、本条1項および2項が指導内容等の明確化の要請であるのに対して、形式の面からこれを担保するとともに、相手方に手続上の権利として書面交付請求権を与えたものである。この規定は、行政指導が請求に応じて書面形式をとらねばならないこと自体に手続上の意義を見出すものであっ

て、相手方が指導に不服があり事後的な救済を求める際の手段ともなる。この書面交付の趣旨を、本条1項の実体的な明確化原則に付随した単なる「その具体的な方法」(施行通知第四・一1)と位置づけ、相手方が、「求められた行為を行うか否かを検討するため具体の内容を文書により確認する意味を含む」(IAM・逐条解説行手法254頁)としたり、本条の趣旨を3項をも含めてすべて実体的な明確化原則によって「割り切る」理解(小早川編・逐条研究279頁～280頁〔塩野宏発言〕参照)よりも、これを固有の手続上の制度と解する方が妥当であろう。したがって、本項は、行政指導の相手方の書面交付請求という手続上の権利と、これに対応する行政側の義務を規定したものというべきである。

本条3項において、書面原則が相手方の請求があった場合に限られているのは、「口頭による行政指導の弾力性・柔軟性・機動性」(室井力「行政指導と行政手続」企業法研究6号〔1994年〕15頁)への配慮、または書面主義を貫徹することの実務上の困難性からきているものである(IAM・逐条解説行手法254頁)。

2 「行政指導の趣旨及び内容並びに責任者」(1項)

行政指導を行う際、相手方に明示しなければならない事項は、当該指導の趣旨および内容ならびに責任者である。第1次部会案では、「目的、内容、責任者等」(第二九・1)とされていたため、特に「目的」と「趣旨」との異同が問題になる。本条1項にいう趣旨とは、行政指導の目的に限られず、個別的または概括的な法律上の根拠となるべき法条、本法36条の適用があるものは「共通してその内容となるべき事項」の存在の有無等をいい、行政指導が行われる目的および理由を含む広い意味である(小早川編・逐条研究282頁～283頁〔浜川清・塩野宏各発言〕)。内容とは、いかなる作為または不作為が要請されるのかの中身をいう。責任者とは、相手方に直接行政指導を行う者と当該行政指導の趣旨または内容の実質的に決定した者とが異なる場合に後者をいい、職名および氏名をもって表示されることが必要である。これによって、当該行政指導が行政機関のどのような地位にある者の判断に基づいて行われたものかが相手方に示される(仲・すべて66頁)のであって、法律上処分権限を背景とする場合またはたとえ行政指導権限が付与されている場合にも、当該権限をもつ者が当然にこれに当たるのではない。指導の内容に、協力期限が含まれる場合は、当然これに入る。

3 「明確に示さなければならない」(1項)

ここでの明確化の要請は、行政指導自体が口頭または書面のいずれの形式で行

われるかに関わらない内容上のそれであり、当該義務は、行政指導に携わる者が負う。本条1項の義務は、行政指導を行ったときのみの一過性のものではなく、一旦指導を行った後に、相手方が改めてその趣旨等を明確に示すよう要求があった場合にも、これに応じる義務がある。その意味で、この義務は相手方に対する継続的な義務である。相続税の物納申請後11年半経ってからの許可により損害を被ったとする国家賠償請求訴訟で、審査に先立っての事前相談において税務署職員が、簡単に指摘可能である補完的要求事項を物納申請期限までに明示しなかったことが職務上の義務違反となるとした例がある（東京地判平18・10・25判時1989号48頁）。指導の明確性如何にかかわらず、これに協力するか否かが相手方の任意に委ねられるのはいうまでもない。

4 「権限を行使し得る旨を示すとき」（2項）

本条2項にいう「権限を行使し得る旨を示す」行政指導とは、行政機関に当該権限があり、かつ、要件に該当する場合に当該権限が指導の相手方に対して行使されうる可能性を、相手方に示唆する指導をいう。34条が当該権限を行使できない場合の行政指導の制限（「殊更に……してはならない」）を定めるのとは対照的に、本項は、当該権限を行使しうる旨を示唆する行政指導自体を許容しつつ、当該指導を行う場合の方式を定める。すなわち、34条で行政機関は権限行使ができないまたはその意思がない場合には権限行使しうる旨を示してはならないとしつつ、権限行使しうるとの判断に基づいてその旨を示すときに、行政指導に携わる者について本項の適用がある。

5 「次に掲げる事項を示さなければならない」（2項）

行政指導に携わる者が行政機関による権限行使の可能性を示唆した場合であっても、その相手方がこれを不可能と認識する場合には、このような認識の対立は既に将来的な法的紛争の可能性を孕んでいる（公園使用許可の申請に対して許可できない旨の回答を受けた相手方が、当該申請を取り下げたのちに国家賠償請求において当該回答の違法性を主張した事例がある。大阪高判平26・11・27判例自治407号11頁）。1号から3号までに規定する事項の明示により、行政指導の相手方は、指導に携わる者の認識の根拠を知ることができ、このことによって指導への協力・不協力の判断が一層容易となる。行政指導の相手方が権限行使の可能性を認識できない場合には、通常は当該指導に協力することはない。行政指導への不協力を極力回避したい実務においては、その相手方が権限行使の可能性を認識できる程度の明

行政手続法

示が求められるものと解されており、例えば下位法令等の要件規定が例示されている（IAM・逐条解説行手法253頁）。

6 「書面の交付を求められたとき」（3項）

相手方は、行政指導が口頭でなされた場合に、本条1項および2項において明確にすることが義務付けられる事柄を書面によって求めることができ、行政指導に携わる者は原則としてこれを交付しなければならない。このことにより、書面を請求する権利が本条3項により与えられている（同旨、塩野・行政法Ⅰ336頁、宇賀・三法解説170頁、佐藤編・自治体実務225頁〔鈴木庸夫〕）。相手方による請求の形式は口頭または書面のいずれでもよく、当該請求と指導とは無関係である。

7 「行政上特別の支障がない限り」（3項）

本条3項にいう「行政上特別の支障」とは、行政指導の書面交付を行うことによって当該事務の執行に重大な支障が生じる理由がある場合をいう。この事由は「正当な理由」よりもさらに限定的なものであって（宇賀・三法解説171頁）、これによる行政側の事務量もしくは煩雑さの増大等の一般的な理由はこれに当たらない。実務は、「私人間の権利調整等のために、相手方とのやりとりを通じて指導内容を決める必要がある場合」、すなわち、相手方の意向を打診しつつ行う場合および秘密を要する「対外交渉に関する場合」を例として挙げている（IAM・逐条解説行手法255頁）。前者は調整過程における確定的でない行政指導の書面交付が、調整の妨げとなるおそれがあるためであり、後者は秘密を旨とすべきものと考えていると解される。いずれの場合でも、これらに概括的に該当すれば、書面化を要しないと直ちに解されるべきではなく、前者については、当該時点での条件のもとにおける指導であることを明示する等の工夫があれば、危惧される支障も生じないし、後者についても、書面化することによる影響についての個別的な吟味が求められる。

8 「交付しなければならない」（3項）

書面の交付の時期については特に規定がないが、請求があった場合にはできるだけ速やかになされなければならない。いまだ交付がなされない段階では、行政指導の内容も方式も相手方にとっていまだ明確ではないから、行政の側が相手方の協力か不協力かを確定したものとして取り扱うことはできない。交付を拒否する場合の形式は特に定めがない。書面の交付義務は、相手方の書面交付請求権の保障と対応した法的義務である（鈴木庸夫「行政指導・運輸行政」木村弘之亮編『行

政法演習Ⅰ』〔成文堂、1997年〕246頁）。もっとも、書面交付が拒否された場合の取扱いについても本条には定めがない。交付の拒否は、行政側が本条3項の「特別の支障」を挙げて拒否する場合と沈黙する場合がありうるものの、拒否したとしても、行政指導自体が直ちに消滅することにはならず、相手方は行政指導の不存在を当然に主張しうるわけではない（兼子・手続法143頁参照）。しかし、その場合にも、行政が当該交付の拒否と指導の存続について、改めて相手方に説明しなければ本条1項の趣旨に反する。

9　適用除外（4項）

本条4項は、行政指導が書面によって交付されることにより生じる特別の支障（3項）とは別に、そもそも書面交付することに意義を見出しがたいものをここで列挙し、前項の適用除外としている。本項は、第1次部会案で、本条3項に当たる規定（第二九・2）の「行政上特別の支障がない限り」という留保事項の例として「要綱案の解説」で挙げられていた「書面要求に応ずる必要がないと考えられるケース」を整理して本条4項として独立させたものである。

本項1号の、「相手方に対しその場において完了する行為を求めるもの」とは、相手方が、その現場において当該作為もしくは不作為の状態を実現することがある行為の完了とみなされるために書面交付することの意義に乏しい行為をいい、したがってその意味で一過性の事柄を求めるものをいう。緊急避難勧告、法令違反行為中止勧告、物資除去勧告等がこれに当たるとされる（IAM・逐条解説行手法256頁）。

本項の2号は、既に文書（交付された指導書面を含む）または電磁的記録により、その相手方に通知されている事項と同一の内容の行為を求めるものをいう。このように繰り返して行われる行政指導は、既に相手方には文書で通知ずみであることから、改めて書面交付することの意義に乏しいものである。既に行われた行政指導でも、それが口頭で行われたものについて、繰り返して行われる場合には、本条3項の適用を受けることになる。行政指導に携わる者が本項のいずれかに該当することを理由に書面交付を拒否した場合の扱いは、本条3項の場合と同じである。なお、電磁的記録は、2002年制定の行手通信利用法を受けて、文書と並んで定められたものである。

10　運用上の留意点

交付すべき行政指導書面の作成にあたっては、説得的で明確かつ理解容易な行

政指導の明示に努めるべきことは当然であり、行政指導が行われた日付または書面交付の日付については本条において明示はないが、公文書としての性格上当然に記載されなければならない。本条は、書面交付を相手方からの求めがあった場合について規定するが、法の趣旨からいって、求めがない場合にもこれを交付することが望ましい。また、行政指導に携わる者は、行政指導を行う場合に、相手方が書面の交付を求めるか否かの意向を確かめ、またはこれを求めることができることの教示をすることが本条の趣旨を生かす上において望ましい。さらに、相手方以外の利害関係人にも、1項および2項が相手方に対して明確にすることを求めている事項を進んで通知したり、利害関係人から書面の交付請求があった場合に、これを交付することは、開かれた行政を実現する上においてのみならず、相手方の協力を促し行政目的を円滑に実現する観点からも有効である（室井・前掲論文16頁）。3項の規定にもかかわらず、行政側が相手方に対して書面交付の請求をさせないよう圧力を加えたり、相手方もこれを請求しないことによる見返りを期待する等の対応は論外である。

11　制度上の問題点

(1)　立法経過をみれば、1983年の第1次研究会案においては、本法32条から35条1項までに当たる実体原則は存在せず、原則書面主義を採用する（1301条）とともに、記録作成保管義務を課し（1305条1項）、相手方以外の者にもその閲覧を認める案がとられていた（同条2項）。89年の第2次研究会案においても、本条1項に当たる規定は存在していなかったのに対して、手続規定はかなり広範囲にわたっていた。すなわち、行政指導は原則として書面形式とされ（0803条）、日時、責任者とともに理由の付記を義務付け（0804条）、行政指導の記録の作成保管（0805条）、相手方への意見陳述の機会、不服申出、行政機関に応答義務および必要がある場合の是正義務（0806条）等の規定が示されていたからである。

これに対して、第1次部会案は「行政指導の目的、内容、責任者等を明確にしなければなら」ず（第二九・1）、「交付を求められたときは、行政上特別の支障がない限りこれを交付しなければならない」（第二九・2）とした。本条の内容は、ほぼこの第1次部会案に沿っており、基本的に明確化を趣旨とした相当に制限的な内容となっている。本条は、その表題を「方式」としているように、相手方にとって行政指導がいかなる趣旨等においてなされているかを明確化することをねらいとしており、本条3項の書面交付をも含めて32条の一般原則を実現するため

のものにとどまっている。したがって、本条が行政指導手続の萌芽的な規定を含みつつなお手続と称しうるほどの完結的な保障を備えていないのは、このような位置づけによるものである。そこで、本法の掲げる「行政運営における公正の確保と透明性の向上」（1条1項）を、実体法に偏することなくかつ相手方のみならず利害関係人や第三者たる一般国民をも視野において保障するために、さしあたっては83年の第1次研究会案または89年の第2次研究会案に立ち戻った論議が求められる。このようにして、行政指導の本格的な手続的規律は、なお今後の課題として残されている（高橋・手続法359頁、紙野健二「行政指導と行政手続」公法研究56号〔1994年〕231頁以下。個別法の規定につき、芝池・総論261頁）。

(2) 本条1項および2項の明確化原則は、行政指導の実体的限界の明確化のための規定であるとともに、なお行政指導の相手方に対するものであって、利害関係人や一般国民の求めに応じて行政指導の趣旨等を示したり、または広く公表することを義務付けているものではない。その意味では、本条1項・2項の規律範囲の狭隘さの克服が立法上の課題となる。

(3) 本条3項の行政指導の書面化は、1990年の日米構造協議に関する閣議了解においても「可能な限り」行うことが表明された、いわば国際公約であり、問題はその意義または目的および具体的な範囲であった。行政指導が書面によるべき場合を原則とせず、相手方の請求のあったときとするとしても、本条の効果は、相手方が行政指導内容に不服があり、協力に消極的な態度をとっている場合に事実上限定される。そして、双方の相互依存関係のもとで行政指導への協力が容易に得られる場合や、いわんや不明朗な癒着に陥っている場合には、双方とも行政指導の書面化を回避するであろうし、相手方以外の者が行政指導の書面交付を求めてもこれに応じる義務は課されておらず、情報公開請求を待たざるをえない。3項は、口頭でなされた指導につき、その相手方が書面の交付を求めた場合の定めであって、相手方以外の者との関わりにつき規律するものではない。行政指導に関する記録の作成や保管を含めた仕組みは別の課題である。

〔紙野健二〕

（複数の者を対象とする行政指導）
第36条 同一の行政目的を実現するため一定の条件に該当する複数の者に

対し行政指導をしようとするときは、行政機関は、あらかじめ、事案に応じ、行政指導指針を定め、かつ、行政上特別の支障がない限り、これを公表しなければならない。

1 本条の趣旨

(1) 行政指導のなかには、事例に応じて、専ら個別的な趣旨または目的をもってなされるもののほか、特定ではあれ一定の条件に該当する複数の者を相手方として、行政目的の実現を期してこれを行う場合がある。前条が、行政指導一般について、相手方に対する指導の趣旨・内容等の明示を義務付けているのに対し、本条は、目的条件に同一性のある複数者に対する指導について、指針の策定と公表を義務付けている。本条の趣旨は、一定の目的のために複数の者に対して行われる行政指導について、行政機関にその内容の具体化と類型化に努めさせ、かつこれを公表する義務を課することにより、透明性と公正を確保しようとするものである。本条は前条までと異なり、複数の相手方または利害関係人等の多数当事者的構造を念頭に置いて指針の公表を求めることにより、公正の確保と透明性の向上（1条）を行政指導において図ろうとするものである。

(2) 複数の者を対象とする行政指導については、83年の第1次研究会案において、行政指導の書面につき、行政指導の相手方が属する団体にもこれを交付することができるとされ（1302条）、89年の第2次研究会案においても、多数の者に対して行われる行政指導について、一般的指針の制定と関係者への文書による通知の規定が置かれていた（0802条）。

第1次部会案においては、独立の法条としてではなく、行政指導の方式のうちの一部として指針の制定と公表の規定が置かれていたにすぎなかった（第二九・3）。93年法は、これらを受けて、本条で「行政指導に共通してその内容となるべき事項」を策定しかつ公表する義務を定め、さらに2005年改正によって、これを「行政指導指針」と表現を改めるとともに、その定義規定を2条8号ニに置き、その公表を義務付けたものである。この行政指導指針は、本法2条にいう「命令等」の一つ（8号ニ）であって、第6章の意見公募手続等についての規定の適用を受ける。

2 複数の者に対する行政指導

「同一の行政目的を実現するため一定の条件に該当する複数の者に対し行政指

導をしようとするとき」とは、例えば、一定規模以上の開発行為や建築を行おうとする者や、許可を受けて営業している業者等のように、一定の条件に該当する者が複数存在することがあらかじめ前提とされ、これらの者に対して一定の目的の実現のために同一内容の行政指導を行う場合をいう。実務は、業界団体に対してその傘下業者を指導するよう求める指導は本条ではなく35条の適用があり、指導を行ったこと自体は本条により公表の対象とはならないとする（IAM・逐条解説行手法259頁、後述6⑵参照）。本条は、行政指導そのものの公表を求めているのではなく、相手方の多寡を問わない35条と、特に複数の場合の本条の場合とで、規律内容を異にしている。

3　「あらかじめ、事案に応じ、行政指導指針を定め」

(1)　「あらかじめ」とは、行政指導を行うに先立ってという意味であり、原則として、指針を定めた上で行政指導を行うことを義務付けている。もっとも、新たな指導を行う場合のように、この先後の順が逆になる場合もありえ、あらかじめ定められた事項以外の行政指導が禁止されるものではない。「事案に応じ」とは、問題の性質またはこれを定めることの難易等に応じて、指針のあり方も異なりうることを想定する意味である。行政機関においては、その改正の必要が生じたときは速やかにこれを行い、個々の行政指導との間に齟齬が生じないようにしておかなければならない。

(2)　「行政指導指針」とは、2005年改正以前には、「共通してその内容となるべき事項」とされていたものを、第6章の策定手続規定の表現に合わせたものである。前条1項の「内容」よりも広く、概ね、①当該行政指導の趣旨または目的、②指導の対象となりうる者の範囲または該当する行為、③求める行為の内容、不協力の場合にとられる措置があれば当該措置、および④行政指導を行う責任者に関する事項等を、指針として定めるものをいい（施行通知第四・二2）、指導要綱または要領の形式で定められているものをいう（例、金融庁の「中小・地域金融機関向けの総合的な監督指針」）。個別の行政指導が、定められた当該事項の範囲を越えていたりこれに適合しない内容のものであったとしても、直ちに違法となるものではない。しかし、相手方により両者の異同についての問合せがあった場合には、行政の側はこれにつき合理的な説明をしなければならない（35条の解説〔紙野健二〕を参照）。相手方がなお当該説明に納得しえない場合には、指導に不協力となりやすいが、不協力に対する行政の対応の適否を判定する際には、その間の

経緯が指導をめぐる客観的状況として考慮に入れられることとなる（33条の解説〔紙野〕を参照）。仮に行政の側が、指導指針に照らして当該行政指導を適切でないと事後的に判断し、指導の是正や行政指導に携わる者の服務上の責任を問う等の是正措置がとられることがあっても、直ちに当該指導が違法となるわけではない。

　(3)　行政機関は、本条の適用がある行政指導をしようとするときは、原則として指導指針を定めなければならない。本条で、前条までと異なって、「行政指導に携わる者」との文言が用いられていないのは、これを定める者が窓口またはその場において直接相手方と相対する者を含まないからである。行政指導が、専ら法令に定められた義務または基準の遵守を求める場合、法令の規定および既に公表されている通達等によって、行政指導を行う場面、行政指導が内容が明確にされているならば、既に本条の求める定めがなされているとみなされ、改めて定める必要はない（IAM・逐条解説行手法259頁〜260頁）。この場合には、指針の策定当初における行政指導の周知に際して、情報提供等の積極的な公表措置をとることが求められる（施行通知第四・二3）。

4　「行政上特別の支障がない限り」

　本条の定める行政指導に共通する事項の公表の例外となる「特別の支障」とは、前条3項と同様極めて限定的な場合に限られ、これが公表されることによる当該行政指導に固有の具体的な支障がなければならない。この事由に該当するときは、行政機関は公表義務を免れることができるが、共通事項を定めることは、なお事案に応じてしなければならない。この点につき、実務は、①秘密の国際的取決めに基づき、国内の「指針」を定めて行政指導を行い、その内容を公表することがわが国の国際信用を損なうことになる場合、②テロ・ハイジャック防止対策に関する行政指導のように、公表すると行政目的の実現が損なわれる場合、③違反行為を是正するための行政指導であって、監督処分等に先立って行われるものについて、指針を定め公表することが脱法行為を助長することとなる場合、を例示している（IAM・逐条解説行手法261頁）。同趣旨の例外は、申請に対する処分のための審査基準を公にする義務についても定められているが（5条3項）、公表することの積極的意義との個別的な比較考量が必要であって、一律に解されるべきではない。

5 「公表しなければならない」

(1) 公表の方法

公表は「公にする」（例、5条3項・6条・12条）ことよりも一般的かつ積極的な周知を義務付ける趣旨であり、その対象は行政指導の複数の相手方に限られず、利害関係人または一般国民に対する、何らかの方法での通知行為を必要とする。その方法については本条には規定がなく、具体的には、報道機関への表明、ウェブサイトや掲示板等への掲示、窓口における備付けと、これらの存在の教示等の方法がある。これらは、事案に応じて行政機関によって適切に選択されなければならない。

(2) 義務の性質

「公表しなければならない」とは、行政機関の義務ではあるが、これを怠ったりまたは公表に過誤があった場合の措置は本法には定めがない。もとより、あらかじめ当該事項を公表しないで行われた行政指導が直ちに違法といえないにせよ、事案に応じ、かつ特別の支障を判断したうえで違法になる余地がある（高木他・条解387頁〔高木光〕）。もっとも、公表されなかったこと等により不利益を被った者が存在した場合には、国家賠償による救済が可能である。行政指導指針について公表がなされず、公表の請求があった場合には、行政機関は特別の支障がない限りこれに応じなければならない。

6 運用上の留意点

(1) 本条は、複数の者を相手方とする行政指導については、あらかじめ共通事項を明確にした上で行うことを義務付けているが、新たな事例等においては技術的には困難が予想されるから、このような場合、概括的な事項を暫定的に定め、漸次詳細なものにするような運用が望ましい。本条にいう行政指導指針も、命令等に当たるので（2条8号ニ）、第6章の定める意見公募手続により定められる。本条が定めるのは、指導指針の策定とこれの公表に関する行政機関の義務であり、これを定める際の一般原則とその具体手続は第6章が適用される。意見公募手続に際しての命令案、その資料および手続の結果等は43条および45条により公示される。

(2) 産業官庁による業界団体への指導は35条にいう相手方に対するものであるので、原則として本条の規律対象ではないと解されている（行政手続法の施行にあたって平6・9・13総管211号）。このことに議論の余地がないではないが、指導そ

のものが「私的独占の禁止及び公正取引の確保に関する法律」(独禁法) 違反を招くおそれがある反面、行政指導の透明性の確保に配慮した運用がなお必要である。

7　制度上の問題点

本条は、35条の方式とならぶ行政指導の広義での手続的規律であるものの、その対象は、行政指導一般ではなく、複数の者を対象とするものに限定されている。しかし、行政の公正と透明性が、相手方のみならず第三者にとっても確保・向上が図られるものである以上、相手方が複数であるか否かによって、取扱いを異にする合理的理由に乏しい。行政指導一般についての指導内容の原則的公表やその前提としての記録保持を求める規定が不可欠である。

[紙野健二]

(行政指導の中止等の求め)

第36条の2　法令に違反する行為の是正を求める行政指導 (その根拠となる規定が法律に置かれているものに限る。) の相手方は、当該行政指導が当該法律に規定する要件に適合しないと思料するときは、当該行政指導をした行政機関に対し、その旨を申し出て、当該行政指導の中止その他必要な措置をとることを求めることができる。ただし、当該行政指導がその相手方について弁明その他意見陳述のための手続を経てされたものであるときは、この限りでない。

2　前項の申出は、次に掲げる事項を記載した申出書を提出してしなければならない。

　　一　申出をする者の氏名又は名称及び住所又は居所
　　二　当該行政指導の内容
　　三　当該行政指導がその根拠とする法律の条項
　　四　前号の条項に規定する要件
　　五　当該行政指導が前号の要件に適合しないと思料する理由
　　六　その他参考となる事項

3　当該行政機関は、第1項の規定による申出があったときは、必要な調査を行い、当該行政指導が当該法律に規定する要件に適合しないと認めると

きは、当該行政指導の中止その他必要な措置をとらなければならない。

1 本条の趣旨

本条は、法律に根拠となる規定が置かれている行政指導によってその相手方に重大な事実上の不利益が生じるおそれがあるため設けられた（「検討会最終報告2007」）もので、相手方からの申出を受けて行政機関が、行政指導が法律の定める要件に適合しないときにその「中止その他必要な措置」（中止等）をとるべき旨を定める。このため、行政による事後的救済の一環と位置づけることができる（塩野・行政法Ⅰ337頁、高木他・条解401頁〔高木光〕等）。ただし、相手方は中止等の求めの申出ができるとされるにとどまり、申出人による口頭意見陳述は予定されておらず、行政機関が対応の結果を通知すべきものともされていない。

本条は、本法の2014年改正で導入された。中止等の求めが行審法ではなく本法に規定されたのは、不服申立ての対象を処分に限定する方針がとられたからである（「見直し方針2013」）。立案段階ではさらに、「権限濫用型行政指導」の「是正の申出」制度の導入が検討された（「検討会最終報告2007」）が、このタイプの行政指導の事前予防のために本法35条2項が設けられ、事後的救済の制度は導入されなかった（第186回国会参議院総務委員会議録25号11頁〔上村進政府参考人〕参照）。

2 対象（1項）

中止等の求めの対象となる行政指導は、法律に「根拠となる規定」（根拠規定）が置かれ、かつ「法令に違反する行為の是正を求める」ものでなければならない。

ここでいう根拠規定とは、行政指導の要件・内容等を定めてそれを行政に授権する規定（宅建業65条1項、車両54条等）であり、各省の設置法等に置かれる任務や所掌事務の定めとは異なる。行政指導が行政機関の努力義務として規定される場合（特定メール12条等）や国が行政指導をすべきものとされる場合（都市再生35条等）も、この制度の対象となると解すべきである。

法令違反行為の是正を求める行政指導に当たるか否かは総合的に判断される（平26・11・28総管管第93号各府省等官房長等宛て総務省行政管理局長通知参照）。具体的には、①法令違反行為の解消を求める行政指導がまずその対象として想定され、②その影響の除去、原状回復、再発防止などを求めるものも対象となる。いずれにせよ、法令違反行為の是正を目的・内容とするものであればよく、法令違反が要件とされているものに限定されない。他方、③将来における法令違反の予防を

目的・内容とする行政指導は中止等の求めの対象とならない。例えば、法定の「遵守事項」（消税転嫁3条）の違反「行為を防止し、又は是正するために必要な指導」（同4条）のうち、違反行為の解消を求める指導は上記①に該当し、違反行為の解消後に再発防止に必要な措置を求める指導は上記②に当たる。複数の者に一般的に遵守事項を守るべきことを求める指導は上記③に当たろうが、特定の者が具体的に企図している違反行為を防止するための指導は、①や②の行政指導と実質的に同視しうる限り中止等の求めの対象となると解すべきである。

法律上必要な「その相手方について弁明その他意見陳述のための手続を経てされた」行政指導（社福56条7項・9項、私学60条9項・10項等）は、中止等の求めの対象とならない。事前に適正な手続を経てされた行政指導に行政による事後的救済を保障する必要はあまりなく（常岡孝好「行政手続法改正法案の検討」ジュリスト1371号〔2009年〕23頁参照）、不服があれば訴訟により救済を求める方が適切であると考えられる。運用上、法定外の意見聴取が実施されている行政指導も、意見聴取に適正手続としての実質が認められれば、中止等の求めの対象とならないとされることがある（総務省行政管理局長・前掲通知）。本法の解釈としてありうるところだが、このように解すると運用により中止等の求めの適用を除外できることとなる。

3　申出（2項）

中止等の求めの申出は、申出書を提出してしなければならない。申出書の記載事項（1号～6号）のうち当該行政指導が根拠規定の定める要件に適合しないと思料する理由（5号）が、相手方が主張する「違法事由」となる。記載事項中の「その他参考となる事項」（6号）として、行政機関の事実誤認がある旨の証言など申出人にとって有利な材料を申出書に記載することも可能である（宇賀・行審法関連三法254頁）。また、関係書類の添付も可能というべきである。なお、本法は、中止等の申出人に口頭意見陳述の機会を保障していない。

申出は、中止等がされてもそれにより相手方の権利義務に変動が生じないから、申請（2条3号）に該当しない。

4　必要な調査と中止等（3項）

中止等の申出を受けた行政機関は、必要な調査を行い、「当該行政指導が当該法律に規定する要件に適合しない」（以下本条の解説において「要件不適合」という）と認める場合、中止等をしなければならない。申出が不適法な場合、必要な調査

は実施されない。申出書に不備がある場合も申出は不適法となるが、行政機関は、申出書の記載事項（本条2項）に具体性を欠くところや軽微な不備があっても、特段の支障のない限り申出人に確認するなどして必要な調査を行うべきである。運用上は、例えば財務大臣にすべき申出を財務省に宛てた申出書を提出しても必要な調査をすべきであるとされている（総務省行政管理局長・前掲通知）。

　要件不適合とは、当該要件にかかる事実認定、当該要件規定の解釈および当該要件に事実が該当するとの判断の誤りを指し、例えば、任意性の欠如（32条参照）、内容の違法（比例原則違反等）、手続違反（35条・36条違反等）は含まれないとも解される。しかし、要件不適合の場合でなくとも、本条によらない措置として行政指導の中止等を行うのが適切であるし、むしろ要件不適合を広く捉え、行政指導が違法の場合に中止等の措置をとるべきものとされているとの解釈も成り立つ。

　要件不適合の場合、当該行政指導の内容や公表の有無に応じて適切な中止等が実施されなければならない。中止等の内容としては、違法な行政指導の中止だけでなく原状回復措置（損害賠償、要件不適合の事実の公表等）がありうる（「検討会最終報告2007」参照）。さらに行政指導の変更も可能とされる（総務省行政管理局長・前掲通知）が、要件不適合の場合の措置として行政指導の中止と区別される変更を想定することはむずかしい。

　行政機関は申出に対する対応の結果の通知を義務付けられていない。本条の立案時に中止等をするか否かは行政機関の「職権判断」によると考えられたからである（「見直し方針2013」）。これに対し、立法論として通知を義務付ける必要性が指摘されている（常岡・前掲論文33頁）。また、行政機関の対応に争訟対象性を認めるため相手方の特定性と利害状況に鑑み申出拒否の「回答」に処分性を肯定する余地があるとの説がある（前田雅子「行政不服審査法改正の論点」法律時報86巻5号〔2014年〕87頁）。ただ、行政指導に従う義務の不存在確認を求める当事者訴訟で足りると考えられる。

　なお、行政機関は「対応の結果」を申出人に通知すべきものとされていないが、運用上は、行政機関において「対応の結果」を「申出人に通知するよう努めるべきである」とされている（総務省行政管理局長・前掲通知）。

〔西田幸介〕

行政手続法

第4章の2　処分等の求め

〔処分等の求め〕
第36条の3　何人も、法令に違反する事実がある場合において、その是正のためにされるべき処分又は行政指導（その根拠となる規定が法律に置かれているものに限る。）がされていないと思料するときは、当該処分をする権限を有する行政庁又は当該行政指導をする権限を有する行政機関に対し、その旨を申し出て、当該処分又は行政指導をすることを求めることができる。
2　前項の申出は、次に掲げる事項を記載した申出書を提出してしなければならない。
　　一　申出をする者の氏名又は名称及び住所又は居所
　　二　法令に違反する事実の内容
　　三　当該処分又は行政指導の内容
　　四　当該処分又は行政指導の根拠となる法令の条項
　　五　当該処分又は行政指導がされるべきであると思料する理由
　　六　その他参考となる事項
3　当該行政庁又は行政機関は、第1項の規定による申出があったときは、必要な調査を行い、その結果に基づき必要があると認めるときは、当該処分又は行政指導をしなければならない。

1　本条の趣旨

　本条は、法令に違反する事実を是正するためにされるべき「処分又は行政指導」（以下本条の解説において「処分等」という）の権限を有する行政庁または行政機関（以下本条の解説おいて「行政庁等」という）が法令違反の事実のすべてを現実に把握することは困難であるため、一般からの申出によって当該権限の行使を

第4章の2　処分等の求め〔§36・3〕

促す制度を定める（IAM・逐条解説行手法275頁参照）。申請を前提とせず権限の行使を求め、また権限不行使の違法を問題とする点で、非申請型義務付け訴訟に類似するが、何人にも申出適格が認められるので権利利益の保護のための制度とはいえない。ただし、法令違反の事実による被害者が自己の権利利益の保護を求めて処分等の求めをすることは排除されず、また、この制度が「法令違反の事実を把握している者からの申出を端緒」に行政運営の公正の確保と透明性の向上を図ることで「国民の権利利益の保護」を「企図した」ものと説明されることがある（宇賀・行審法関連三法259頁）。他方、処分等の相手方となるべき者が処分等の求めに関与する仕組みはとられておらず、その権利利益の手続的保護は申出を認めてされる処分等についてなされることとなる。

　本条は、本法の2015年改正により導入された。行審法の2015年改正に際し、行訴法の2004年改正で義務付け訴訟と差止訴訟が法定抗告訴訟化されたことを受けて不服申立てにも類似の制度の導入が検討された。非申請型の処分義務付けの手続は「処分の事前手続に関わる問題」で、それを行審法に定めれば、一つの処分に関し、行審法上の手続と本法等による手続が「並行・輻輳」して行われる可能性があって、その場合に「行政過程が複雑化し、実務に支障が生ずるおそれ」があり、また、不服申立てで仮の義務付けを認めれば「審理の遅延を招きかねない」などとされ（「見直し方針2013」）、本条が設けられた。他方、処分の差止めにかかる法整備は2015年改正では見送られた。

　なお、処分等の求めの適用除外は、本法の規定によるほか、個別法でも規定されている（破防36条の2、売春27条の2、国籍18条の2等。宇賀・行審法関連三法270頁以下参照）。

2　対象と申出適格（1項）

(1)　対　象

　処分等の求めの対象は、法令違反の事実の是正のためにされるべき処分等である。このうち行政指導は、対象となるものの「外延」を明確化するために（宇賀・行審法関連三法263頁）、法律に根拠となる規定が置かれるものに限定される。法令に違反する行為（不作為を含む）の解消のみならず、法令違反の事実によって生じた影響の除去や原状の回復、法令違反の再発防止を求めるものが対象となる（平26・11・28総管管第93号各府省等官房長等宛て総務省行政管理局長通知）。この点は、処分等が、法令違反の事実があることを要件とするか否かではなく、法令違

反の事実の是正を目的・内容とするかどうかによって判断されるべきである。他方、将来における法令違反の事実の発生の予防を目的・内容とする処分等は対象外である。

したがって、例えば、法令違反を理由とする業務停止・役員解任等の命令、許認可等の取消し（銀行27条等）、法令違反の是正に必要な措置を求める勧告（車両54条4項）は処分等の求めの対象となる。処分やその附款（条件など）、法令の形式をとらない基準の違反者に対する許認可等の取消しや業務・施設の改善命令等（旅館8条、騒音規制12条等）も、法令違反の事実の是正を求めるものと解されれば、処分等の求めの対象となる。また、本法でいう法令には憲法が含まれない（本法2条1号参照）が、例えば、「不当な差別的取扱い」に当たる運賃等の変更命令（道運9条6項2号等）は、根拠法律が不当な差別的取扱いを禁止する趣旨であれば、不当な差別的取扱いがされた事実は法令違反の事実ともいえるので、処分等の求めの対象となる。なお、同一の者が同一事実について複数の処分等を求めまたは処分と行政指導の双方を求めることも可能と解される（宇賀・行審法関連三法265頁～266頁参照）。

既にされた処分が違法状態にあることは法令違反の事実に当たると解してよかろうが、実務は、違法と思料される処分の取消処分を本条に基づき求めることは、処分取消しは取消訴訟等によるべきだから認められないとしている（総務省行政管理局長・前掲通知）。取消訴訟と異なり処分等の求めでは利益処分の相手方を保護する仕組みが採用されていないことと取消手続の交通整理の必要性に鑑みれば、この見解は、一応の合理性を有するが、取消訴訟の排他的管轄を処分等の求めに及ぼすものといえ理論的な正当化がむずかしい。この点の立法的解決が望まれる。

(2) 申出適格

何人も処分等の求めをすることができるため、国や地方公共団体などの行政主体による処分等の求めも可能と解されている（常岡孝好「行政手続法改正法案の検討」ジュリスト1371号〔2009年〕26頁等）。地方公共団体が国の行政庁等に処分等の求めをすることは地方自治の見地からは適切であると考えられるが、その逆は新たな国の関与を認めることともなり、本法上これを排除する理由は見当たらないものの、その活用には抑制的であるべきである。

3 申出（2項）

処分等の求めは、本条2項各号列挙の事項を記載した申出書を提出してすべき

ものとされる。記載事項のうち3号の事項は、相手方と概要を示すことで足り、例えば業務停止命令の期間や改善勧告の詳細な内容を示す必要はないと考えられる。2号と5号の事項は、合理的な根拠をもって具体的に記載すべきものとされる（総務省行政管理局長・前掲通知）が、処分等の求めは法令に違反する事実を知る者からの申出によって権限行使を促すものだから、行政庁等による必要な調査と判断が可能な程度に具体的に事実が摘示され処分等をなすべきと思料する理由が示されていれば足りると解すべきである（同旨、高木他・条解404頁〔高木光〕）。

申出は、必要な調査の結果、処分等がされてもそれにより申出人の権利義務に変動が生じないから処分を求める行為とはいえず、申請（2条3号）に該当しない。

4 必要な調査と処分等（3項）

行政庁等は、処分等の求めの申出が適法であるとき、必要な調査をし、その結果に基づき必要があると認めるときに処分等をしなければならない。申出が不適法である場合、必要な調査は行われない。申出書に不備がある場合も申出が不適法となるが、記載内容が具体性を欠くとか不備が軽微なものにすぎない場合、行政庁等が申出人に確認するなどして特段の支障のない限り必要な調査を実施すべきである。

必要があると認めるときとは、法令違反の事実が確認され当該権限の行使が法的に可能であること（要件該当性や比例原則適合性等）を前提に、当該権限を行使する必要があるとの判断（当該権限行使が義務化しているとの判断を含む）がされた場合を指す。申出書記載の処分等をする必要があると判断できない場合でも、行政庁等が職権で他の適切な措置を実施することも可能である。

行政庁等は申出に対する応答を義務付けられておらず、対応の結果を申出人に通知しあるいは一般に公表する必要はない。行政不服審査制度検討会の最終報告では対応の結果を申出人に通知することを義務付けるべきものとされていた（「検討会最終報告2007」）が、義務化すると「行政に過大な負担を課すことに」なり（「見直し方針2013」）、また「通常の処分で見られるような国民と行政機関の1対1の関係とは大きく異な」り「応答を義務づけること自体難しい」（第186回国会衆議院総務委員会議録21号12頁〔上川陽子総務副大臣〕）と考えられ義務とはされなかった（類似制度で通知義務を課すものとして独禁45条3項がある）。ただし、運用上は、申出人に通知するよう努めるべきであるとされている（総務省行政管理局長・前掲通知）。

申出に対する対応の結果には、それにより申出人の権利義務に変動が生じないので、処分性が認められない。法令違反の事実により被害を受ける者は、行政に対しては非申請型義務付け訴訟や国家賠償請求訴訟の利用が可能である。また、申出に対する対応としてされた処分等を申出人が争うことは否定されないと解すべきである。

なお、申出人は、個人情報については行政機関の保有する個人情報の保護に関する法律等により、申出が公益通報に当たるときは公益通報者保護法により、保護される。

［西田幸介］

第5章 届　　出

> **（届　出）**
> **第37条**　届出が届出書の記載事項に不備がないこと、届出書に必要な書類が添付されていることその他の法令に定められた届出の形式上の要件に適合している場合は、当該届出が法令により当該届出の提出先とされている機関の事務所に到達したときに、当該届出をすべき手続上の義務が履行されたものとする。

1　本条の趣旨

　行政庁に対する届出が国民の権利利益にとって申請に劣らず大きな意味をもっていることに鑑み、本条は、その公正な処理の確保を図るため、行政庁の側において届出を受け付けない等、私人による届出義務の履行に際して行政庁の意思や判断が働くかのような不適切な運用を排除する観点から、法令に定める形式上の要件に適合した届出については、当該届出が法令上の提出先機関の事務所に到達したときに当該届出の手続上の義務が履行されたものとする旨を定める。

　本条は、届出制が実際の運用において事実上許可制と同様の役割を果たしている場合が少なくないという内外からの批判に応えたものであり、規制緩和への運用面での対応という側面をも有するものとされている（宇賀・三法解説177頁～178頁参照）。

　なお、2003年に施行された行手通信利用法により、オンライン届出に関する手続が整備されたことに伴い、届出についても、本条と行手通信利用法の関連条文との関係についての整合的な解釈が求められることになる。

2　「法令に定められた届出の形式上の要件」

(1)　「届出」

　届出とは、私人の側からの行政庁に対する通知行為をいうが、本法は、本章に

いう「届出」を、「行政庁に対し一定の事項の通知をする行為（申請に該当するものを除く。）であって、法令により直接に当該通知が義務付けられているもの（自己の期待する一定の法律上の効果を発生させるためには当該通知をすべきこととされているものを含む。）」と定義している（2条7号。同号の解説〔芝池義一〕参照）。すなわち、本法は、行政庁への通知行為たる届出として、「事実行為としての届出（事実の通知である届出）」と「法効果を伴う届出」（同号かっこ書）という2種類のものを念頭に置いている（芝池義一「『行政手続法』における申請・届出に関する一考察」法学論叢139巻6号〔1996年〕14頁～15頁、同・総論136頁、同・読本200頁～202頁）。

なお、届出は、「行政庁に対し一定の事項の通知をする行為」であるという点では「申請」と同じであるが、行政庁に当該通知行為について諾否の応答を義務付けていないという点で申請とは異なるため、本法は、届出の定義において、申請に該当するものを除外している（佐藤編・自治体実務10頁～11頁〔田村達久〕、高橋・手続法138頁、140頁注(1)。これに対して、行政機関に届出の要件充足の有無についての条理上の応答義務の存在を認め、申請と届出の相違を審査の難易の違いに求める見解として、芝池・前掲論文19頁参照。なお、2条3号の解説〔芝池〕参照）。法令上の用語（届出、申請、通知、申告等）にかかわらず、前述の定義に該当する限り、当該行為は、本法にいう「届出」として取り扱われる。

ところで、行手通信利用法により、行政機関等は、届出（行手通信利用2条6号参照）のうち当該届出に関する他の法令の規定により書面等により行うこととしているものについて、当該法令の規定に関わらず、主務省令で定めるところにより、電子情報処理組織を使用して行わせることができる（同3条1項〔届出に係るオンライン化可能規定〕）。この規定は、国民に電子情報処理組織を使用して届出を行う権利を付与するものではない。宇賀・三法解説213頁）。同条項の規定により行われたオンライン届出については、書面等により行われたものとみなして、当該届出に関する法令の規定が適用される（同条2項〔書面みなし規定〕。宇賀・三法解説219頁～220頁参照。なお、同条4項〔署名等代替可能規定〕も参照）。オンライン届出の方法については、実務上行われている汎用受付等システムを用いたウェブ上での入力方式のみならず、同法上は、電子メールによる方式も認められると解される（米丸恒治「行政手続のオンライン化」争点92頁～93頁）。

(2) 「法令に定められた届出の形式上の要件」

法令に定められた「形式上の要件」とは、行政庁の意思や判断の介在する余地

のない法令上の要件をいう。届出の「実体上の要件」について行政庁が審査権限を有するか否かは、法律の定め方によるが、本法が念頭に置いている2種類の届出のうち、「事実の通知である届出」については、行政庁はその実体上の要件についての審査権限を有しない（芝池・総論137頁～138頁。なお、塩野・行政法Ⅰ340頁参照）。本条で例示されているもの以外の形式上の要件として、届出の方法（口頭・書面）、届出書の様式、届出書の数等がある（IAM・逐条解説行手法282頁）。ただ、例えば、添付書類の範囲等のように、法令により解釈の余地のない形で規定することが場合によっては困難なものもあり（高橋・手続法406頁）、この場合に、届出人と行政庁との間で、形式上の要件の存否をめぐって解釈の対立が生じる可能性がある（芝池・読本203頁～204頁参照）。

3　「法令により当該届出の提出先とされている機関の事務所に到達したとき」

(1)　「法令により当該届出の提出先とされている機関」

これは、届出書類等を実際に提出すべき行政庁の窓口となる機関である。法令上いわゆる経由機関（届出の最終提出先機関とは異なる中間の提出先機関〔地方支分部局等〕）が定められていない場合には、法令上の提出先機関は、行政庁である（IAM・逐条解説行手法282頁。なお、通達等により、内部的に地方支分部局〔下部機関〕が提出先とされている場合には、地方支分部局も提出先機関となる。塩野＝高木・条解359頁、152頁、146頁、高木他・条解413頁〔高木光〕、189頁〔須田守〕、175頁〔同〕参照）。法令上経由機関が定められている場合には、経由機関による進達の懈怠により届出の手続上の義務の不履行状態が継続するという事態を回避するため、経由機関の事務所に提出されたときに届出の手続上の義務が履行されたものと解すべきである（宇賀・三法解説178頁。裁判例として、文化財保護法103条〔現188条〕により都道府県教育委員会を経由機関とする文化庁長官への書類等の提出につき、同旨、福岡高那覇支判平9・11・20判時1646号54頁）。

(2)　「事務所に到達したとき」

「到達したとき」とは、届出が行政庁の事務所（または行政庁と異なる機関が当該届出の提出先とされている場合にはその機関の事務所）に物理的に到着し、了知可能な状態に置かれる時点をいう。この到達の要件が満たされるためには、当該事務所が受領した旨の意思表示（受付印の押印等）がなされることを要しない（IAM・逐条解説行手法282頁～283頁。なお、7条の解説2〔梶哲教〕参照）。

オンライン届出については、行政機関等の使用に係る電子計算機に備えられた

ファイルへの記録がされた時に、当該行政機関等に到達したものとみなされる（行手通信利用3条3項）。したがって、各府省の汎用受付等システムの場合は、届出のデータが行政機関等側のサーバーに記録され終わった段階で、また、電子メールによる届出の場合は、行政機関等の用いる電子メールサーバーにメールが受信されてファイルに記録されたときに、届出が到達したものとみなされる（米丸・前掲論文93頁。宇賀・三法解説216頁参照）。行政情報化の一環として法制化されたオンライン届出には、窓口での受理拒否等の事実上の行為が働く余地がなくなるという副次的効果もあるといわれる（塩野・行政法Ⅰ407頁参照）。届出の到達時期との関わりで、オンライン届出が期限内に到達していれば、添付書類が後日別送される場合であっても、届出の期限を徒過したことにはならない（宇賀・三法解説216頁）。なお、帰責事由のない届出人の保護の観点から、行政機関等側のサーバーの障害および届出人が利用するプロバイダや基幹ネットワークの障害により届出が期限内に到達しなかった場合には、障害回復後の届出を認め、これを期限内に到達したものとするという取扱いが求められる（米丸・前掲論文93頁。宇賀・三法解説232頁〜234頁参照。ほかに、いわゆる「日跨り問題」につき、宇賀・三法解説234頁参照）。

4 「当該届出をすべき手続上の義務が履行されたものとする」

(1) 本条における届出の効果

「届出をすべき手続上の義務」とは、所定の期限内に所定の事項を行政庁に通知すべき義務のことであり、当該「義務が履行されたものとする」とは、届出の形式上の要件が充足されており、かつ、それが提出先機関の事務所に到達した場合には、法令上義務付けられた通知行為が完了することを意味する。したがって、この場合には、行政庁その他の機関は届出がなかったものとして取り扱うことはできなくなる。具体的には、法令上の届出義務違反に対して罰則ないし許認可の取消し等の発動が予定されている場合には、この届出をすべき手続上の義務の履行により、届出人は、当該罰則ないし許認可の取消し等の発動を免れる。さらに、法効果を伴う届出の場合には、これにより自己の期待する法律上の効果を発生させることができる（高橋・手続法407頁）。

(2) 届出の個別法上の効果

届出義務には、この「手続上の義務」（通知行為を完了させる義務）のほかに、「実体上の義務」（真実の事柄を通知する義務）がある。本条は、このうち届出をすべ

き手続上の義務の履行について定めるにすぎない。したがって、この手続上の義務が履行されたとしても、それによって届出義務が尽くされたとみることはできない（IAM・逐条解説行手法284頁、宇賀・三法解説177頁、高橋・手続法407頁）。個別法律の規定で、届出の内容が真実であること（法令に違反していないこと）を届出の一定の法的効果発生の要件としているものがあるが、届出義務の手続的側面についてのみ定める本条は、もちろんこれらの規定を排除するものではない（IAM・逐条解説行手法283頁）。本条は、実体上の義務の履行については、これら個別法律の解釈に任せることとしている。すなわち、形式上の要件に適合した届出の到達により届出をすべき手続上の義務が履行されたとしても、当該届出の内容が事実または法令に違反している場合には、法令の定めるところにより、あるいは罰則が適用され、あるいは届出の実体的効果が発生しないものとされることになる（例、国籍13条に基づく国籍離脱の届出。宇賀・三法解説177頁、芝池・前掲論文19頁、同・読本204頁、IAM・逐条解説行手法287頁、仲・すべて76頁参照。日本国籍離脱の届出と告示が行われても、その後に国籍離脱の実体的要件〔外国国籍の保有〕の欠如が明らかになったときは、日本国籍離脱の効果は生じないとする裁判例として、東京地判平3・5・28行集42巻5号954頁参照）。

5　届出に関する本条の運用

(1)　届出に関する情報の提供

届出に関しても、申請に対する処分手続に準じて、情報の提供に関する何らかの規定（9条2項参照）を置くという立法政策も一応考えられるが、本条はその定めを置いていない。その理由は、申請に必要な情報の提供や教示のような規定を届出に準用すると、届出について行政指導を誘発することになり、かえって、申請に対する審査と同様な取扱いになるおそれがあるというものであった（仲・すべて185頁）。ただ、届出をしようとする者または届出人の求めがあれば、これに応じて、届出書の記載事項その他届出に必要な情報の提供に努めるべきである（宇賀・改革48頁、塩野＝高木・条解361頁～362頁参照）。この点につき、神奈川県行政手続条例は、届出人等の求めに応じ、「届出書の記載及び添付書類に関する事項その他の届出に必要な情報の提供に努めなければならない」と定めている（38条2項。同旨、福岡県行政手続条例35条2項、熊本県行政手続条例35条2項等）。

届出義務の履行に際しての情報提供との関わりで、「行政機関による法令適用事前確認手続」（ノーアクションレター制度）の指針（2001年閣議決定、2004年改定）

は、民間企業等の事業活動に係る法令の条項のうち、①当該条項が申請（本法2条3号）に対する処分の根拠を定めるものであって当該条項に違反する行為が罰則の対象となる場合、および②当該条項が不利益処分（同条4号）の根拠を定めるものである場合、にその対象を限定しているが、各府省（法務省を除く）は、その細則において、これら二つの場合に加えて、③当該条項が届出等の根拠を定めるものであって当該条項に違反する行為が罰則の対象になる場合を挙げている（例えば、国土交通省法令適用事前確認手続規則2条1項(2)参照。内閣府本府および防衛省は、対象法令とすべき所管法令がないとして同手続を導入していない。なお、宇賀克也『行政手続と行政情報化』〔有斐閣、2006年〕105頁、117頁参照）。

(2) 形式上の要件に不備のある届出に対する補正指導等

本条は、形式上の要件に適合した届出が到達したときの取扱いを規定したものであり、形式上の要件に適合していない届出については何ら規定していない。したがって、形式上の要件に適合していない届出が到達したとき、これをいかに取り扱うか（無届扱いにするか否か）については、個別法律の解釈に委ねられることになる（例えば、金商27条の8第3項・197条の2第3号・200条8号の規定によれば、同法は、形式上の不備のある公開買付届出書の提出を無届扱いしているものとは解されない。IAM・逐条解説行手法284頁参照）。当該届出の形式上の要件の充足の有無をめぐって届出人と行政庁との間で判断が異なる場合に、簡単に補正しうる軽微な瑕疵につき補正を求めず、届出期間を過ぎてから無届を理由として告発することは認められないと解される。このような場合には、行政庁は、形式上の要件に不備のある旨通知するかまたは補正を求めるという運用をすべきである。ただし、法令で添付が義務付けられていない書類の提出を行政指導により求めることは認められない（宇賀・改革49頁、156頁〜157頁。同旨、室井＝紙野編・行政手続131頁〜132頁〔本多滝夫〕）。

なお、届出の運用における透明性の向上を図るための方法の一つとして、個別法律上、届出に対応する行政庁の受理が規定されている場合には、当該届出には、申請に対する処分に準じた手続的規律を設ける措置を講ずべきことを提唱する見解がある（佐藤編・自治体実務163頁〜164頁〔田村〕。同旨、兼子・手続法62頁〜63頁）。これに対して、届出のうち、事前届出（一定の行為をしようとする場合にあらかじめ一定の事項を通知することが義務付けられているもの）については、申請の場合に準じて補正に関する規定を本法に置く必要性が乏しいとする見解がある（仲・す

べて75頁〜76頁。同旨、行政手続研究会編『明解行政手続の手引』〔新日本法規、1996年〕513頁〜514頁)。

　一方、条例のなかには、条例等に基づく届出につき、当該届出が形式上の要件に適合していない場合に、補正を求めることまたは通知(教示)をすることを義務付けているものがある。例えば、「必要な要件を具備するよう求めるものとする」もの(横浜市行政手続条例38条2項)、「速やかに当該届出をした者に対し補正を求めるものとする」もの(葛飾区行政手続条例38条)、「速やかにその旨を当該届出をした者に通知しなければならない」とするもの(滋賀県行政手続条例37条2項)等である(神奈川県行政手続条例も、立案過程において、一旦は形式上の要件の整わない届出につき補正を求める規定が盛り込まれたが、この場合に補正を求める規定を置くことは届出不受理の道を残すものとの誤解を生じかねないとの懸念から、この規定は、結局削除された。この経緯につき、出口裕明『行政手続条例運用の実務』〔学陽書房、1996年〕63頁〜64頁参照)。

　オンライン届出については、電子申告などのデータ自体に問題がなくとも、本人の電子証明書が失効していて、かつ、代理人がその検証を認められていない場合や、汎用受付等システムにおいて、電子署名、電子証明書、必要な添付ファイルが欠如していたり、添付された書類が行政機関等の指定したものでない結果、その処理ができない場合、ウィルス混入データが発見されてファイル(の一部)が削除された場合などにおいては、補正を求める取扱いがなされるべきであろう(米丸・前掲論文93頁。文字化け等により判読できない場合について、宇賀・三法解説232頁〜233頁参照)。

6　個別法律による本条の適用除外

　本条は、原則として、国税に関する届出にも適用される。もっとも、国税に関する届出で、経由機関を通じて提出すべきものとされているもののなかには、国税当局以外の者(源泉徴収義務者、金融機関等)が届出の経由機関とされている場合がある(例えば、非課税貯蓄申告書〔所税10条3項・4項〕、贈与税に係る障害者非課税信託申告書〔相税令4条の10第1項〕)。この場合には、届出が経由機関に提出されても本来の提出先である税務署長に現実に提出されるまでは、税務署長に対して届出があったとすることが適当でない(非課税枠の限度管理は税務署においてのみなしうる)との理由から、国税通則法74条の14第3項は、国税に関する法律に基づき国の機関以外の者が提出先とされている届出については、本条の適用を

除外している。ただ、この場合、国税に関する法律には、本条とほぼ同趣旨ともいえる特例規定が一般に置かれている。例えば、所得税法198条1項は、給与所得者の源泉徴収に関する申告書（扶養控除等申告書、配偶者控除等申告書および保険料控除申告書）がその提出の際に経由すべき給与等の支払者に受理されたときは、その日に所轄税務署長に提出されたものとみなす旨規定している（なお、申告書が所轄税務署長に提出されたときは、金融機関の営業所等においてその受理がされた日にその提出があったものとみなす旨規定する所税10条6項等参照）。したがって、その限りで、適用除外措置の実質的な影響は少ないといえる（この点で、国税通則法であえて適用除外規定を設ける必要性に疑問を呈する見解がある。中村芳昭「行政手続法の制定と税務行政手続」行財政研究23号〔1995年〕19頁、21頁～23頁。なお、宇賀・三法解説178頁～179頁参照）。

7 形式上の要件の存否と権利救済

(1) 届出の到達主義と受理の観念

従来、行政機関の窓口で、届出の受理の拒否、届出の返戻・放置・取下げ指導等の不適切な実務が存在していたことから、本条は、届出の本来の法的性格を明確化するとともに、届出の取扱いの公正化を図るために、届出の到達主義を定めている。すなわち、形式上の要件を具備した届出が提出先機関の事務所に到達したときに、法律上課された届出義務が履行されたこととなり、行政庁その他の機関は、当該届出がなかったものとして取り扱うことはできなくなる。そこで、本条の立法趣旨に鑑み、届出についても、申請の場合と同様に、受理の観念が否定されていると解する有力な見解がある（塩野・行政法Ⅰ320頁、340頁、宇賀・三法解説177頁、佐藤編・自治体実務162頁～163頁〔田村〕。ただし、この点に関する立法者意思は明確ではなく、少なくとも届出につき受理の観念が排除されているとの解釈は明示されていない、との指摘がある。高橋・手続法405頁参照）。

ただ、本条は形式上の要件に適合しない届出の取扱いについては規定を置いていないため、届出の形式上の要件の具備につき届出人と行政庁との間に見解の対立がある場合には、届出人は法令上の義務違反に対する制裁を受ける可能性にさらされ、または自己の期待する法律上の効果を受けることができなくなる。したがって、届出につき受理の観念を否定する見解においても、制裁が発動される前に届出人が適切に何らかの権利救済を受ける途を解釈上明らかにすることが必要となる（高橋・手続法404頁～405頁）。そこで、行政庁は、形式上の不備のある届

出については、7条の趣旨を生かして、補正指導を行い、届出人がこれに従わない場合には、速やかに形式上の不備のある旨を通知するという運用に努めるべきである（室井＝紙野編・行政手続132頁〔本多〕。同旨、塩野＝高木・条解361頁、高木他・条解415頁〔高木〕。申請について、7条の解説4〔梶〕参照。なお、届出についても、7条の定める審査・応答義務が妥当するはずだとの見解がある。芝池・前掲論文19頁～20頁参照）。

(2) 形式上の要件の具備をめぐる紛争とその解決方法

届出人と行政庁との間で前述の紛争が生じた場合、本条の趣旨および届出人の権利救済の観点から、いかなる訴訟形式が適切であろうか。これについては、①届出につき受理の観念を否定する立場から、本法のもとでは、届出の形式的要件不充足を理由とする不受理処分・却下処分を行う権限を行政庁は有しておらず、これら処分の取消訴訟ではなく、届出の存在・不存在を前提とした訴訟形式、例えば、届出義務履行確認を求める公法上の当事者訴訟の提起を認めるべきものとする見解（塩野・行政法Ⅰ341頁、小早川編・逐条研究83頁〔塩野宏・浜川清各発言〕、106頁〔塩野発言〕、塩野＝高木・条解362頁、高木他・条解416頁〔高木〕。ほかに、届出の有効を前提とした確認訴訟も挙げるものとして、本多滝夫「裁判例の分析からみた行政手続法の課題」ジュリスト1304号〔2006年〕46頁）、および②形式的要件が不備であるとの行政機関の意思表示を「一種の争訟上の不受理処分」（行訴法上の処分〔形式的行政処分〕）と解し、これに対する取消訴訟の提起を認める見解（小早川編・逐条研究82頁～83頁〔兼子仁発言〕、兼子・行政法学75頁。同旨、高橋・手続法405頁～406頁、444頁、兼子＝椎名編・手続条例40頁〔安達和志〕、岡田正則「なくせるか届出受理の拒否」法学セミナー1994年11月号59頁）がある。

このうち、②説は、取消訴訟の機能に対する積極的評価を前提に、届出人の権利救済の便宜の観点から、形式的要件が不備であるとの行政機関の意思表示を、あえて行訴法上の処分（形式的行政処分）と理解するものであり（同旨、稲葉一将「届出制の法理」争点75頁）、現行訴訟制度を前提とする限り、説得力のある見解ともいえよう。ただ、特に解釈論上の形式的行政処分概念については消極的な見解も有力であり、また、届出についての従前の不適切な運用を排除するという本条の立法趣旨からすれば、あえて②説のように構成することには疑問が残る（塩野＝高木・条解362頁～363頁、高木他・条解416頁〔高木〕参照）。本条は届出の到達主義を定めることによって受理の観念を排除しているものと理解した上で、①説

の挙げるような訴訟形式を認めていくべきであろう（なお、高橋・行政法79頁～80頁参照）。併せて、7条等の準用により不適切な運用を排除する仕組みを、立法上も解釈運用上も確立する必要がある（なお、届出制の立法課題について、稲葉・前掲論文75頁参照）。

　本法施行前の事件の裁判例では、産業廃棄物処理施設の設置届（なお、1991年廃棄物の処理及び清掃に関する法律の改正により現在は許可制）につき、周辺住民の同意書が添付されていないこと等を理由に県知事が受取りを拒否し返戻した行為を、設置届の受理の拒否処分として、取消訴訟の処分性を肯定したものがあるが（宇都宮地判平3・2・28行集42巻2号355頁）、この判決に対しては、届出につき受理の観念を排除する立場から批判がなされている（小早川編・逐条研究106頁〔小早川光郎・塩野各発言〕。一方、この判決に好意的な見解として、高橋・手続法409頁注(7)参照）。これに対して、受理の観念を否定する裁判例（鹿児島地判平6・6・17判例自治132号91頁）、届出の不受理は抗告訴訟の対象となる行政処分ではなく単なる事実上の行為にすぎないとする裁判例（東京地判平6・11・30判例自治143号36頁）もある。

　本法施行後においては、無償旅客自動車運送事業経営届出の返戻について届出の不受理処分の取消訴訟が提起された事件で、届出の根拠法令には届出についての実質的な審査をすることを前提とした規定が存在しないことから、届出の提出先機関の事務所への到達時に届出の効力が発生しており、返戻は事実上の行為にすぎず取消訴訟の対象となる処分には当たらないとして、訴えを却下した裁判例（MKタクシー事件＝名古屋地判平13・8・29判タ1074号294頁）、法律の定め方によって、届出をした者に対して、届出の実体的な要件が満たされていることを表示する行為を規定し、その表示行為に一定の法律上の効果を認めている場合には、これを処分とみることができ、その限りで、届出に対する処分としての受理が全く存在しえないわけではないとしつつ、鉄道事業法および同法施行規則の定め方によれば、運行計画の設定または変更の届出に対し、処分としての受理という行為を行うことは全く想定されていないとして、鉄道事業法17条の規定する運行計画変更の届出受理取消しの訴えを却下した裁判例（東京地判平20・1・29判時2000号27頁）がある。その一方で、宗教団体アレフ信者の転入届の不受理をめぐって、転入届不受理処分の取消訴訟により争われた一連の裁判があるが（名古屋地判平14・5・13判例自治234号10頁、東京高判平14・5・15判タ1119号160頁等。ほかに、転入

第 5 章　届出〔§37〕

届の不作為違法確認訴訟について、横浜地判平14・8・7判例自治239号 8 頁）、そのほとんどにおいて原告の請求が認容されている。最高裁も、住民基本台帳法の定める届出事項に係る事由以外の事由を理由として転入届を受理しないことは許されず、住民票を作成しなければならないとし（最判平15・6・26判時1831号94頁）、また、住民基本台帳法に基づき子に係る住民票の記載を求める父の「申出」との対比において、同法の規定による「届出」については、市町村長にこれに対する応答義務が課されている（同法施行令11条参照）と判示している（最判平21・4・17民集63巻 4 号638頁）。このように、一連の裁判例は、転入届の不受理について、これを本法上の「申請」に対する（住民票の記載）拒否処分と理解しているといえよう（この見解をとるものとして、塩野・行政法Ⅰ340頁、前田雅子・平成15年度重判解47頁。ただし、この拒否処分については、本法第 2 章の規定は適用されない〔住民台帳31条の 2〕。転入届〔住民台帳22条〕を本法にいう「届出」と解するものとして、塩野＝高木・条解36頁、高木他・条解34頁〔須田〕参照）。

〔髙橋正徳〕

第6章　意見公募手続等

> **（命令等を定める場合の一般原則）**
> **第38条**　命令等を定める機関（閣議の決定により命令等が定められる場合にあっては、当該命令等の立案をする各大臣。以下「命令等制定機関」という。）は、命令等を定めるに当たっては、当該命令等がこれを定める根拠となる法令の趣旨に適合するものとなるようにしなければならない。
> 2　命令等制定機関は、命令等を定めた後においても、当該命令等の規定の実施状況、社会経済情勢の変化等を勘案し、必要に応じ、当該命令等の内容について検討を加え、その適正を確保するよう努めなければならない。

1　本条の趣旨

本条は、命令等（2条の解説〔芝池義一〕を参照）の内容が適正であることを確保するために、命令等を定めるにあたっての一般原則として、命令等がその根拠法令の趣旨に適合すべきことを定め、加えて、命令等制定後に、命令等の規定の実施状況に対応し、また、社会経済情勢の変化に対応して、その内容について再検討すべき努力義務を命令等制定機関に課している。

第6章の定める意見公募手続は、広く意見や情報を収集してそれらを考慮することによって、よりよい内容の命令等を制定する仕組みと位置づけられる。

本条の規定は、3条2項・3項および4条4項によって第6章が適用除外される命令等には直接適用されないが、命令等制定に係わる一般原則を規定するものであるから、適用除外の命令等にもその性質に応じて本条の趣旨が及ぶ。なお、39条4項によって39条1項に定める意見公募手続の適用除外となる命令等については、本条が直接適用される。

2 根拠法令の趣旨の遵守（1項）

(1) 根拠となる法令の趣旨に適合すること

本条1項は、命令等が根拠法令の趣旨に適合することを要求する。法律による行政の原理の当然の帰結として、法律に反する命令等は、違法なものとして法的効力をもちえない（法律の優位の原則）。しかし、現実には、法律の趣旨に適合しない命令等が制定されることもある。そこで、根拠法令の趣旨に適合すべきことが確認された。行政手続法検討会報告（39条の解説1⑴〔黒川哲志〕参照）Ⅰ2ウ㈎は、命令等の制定について、「法律の規定に従い、法律の趣旨にのっとり、適切な形式によって行なわれなければならない」とした。

「根拠となる法令の趣旨」は、法令の委任に基づいて制定される命令等では、当該法令の委任規定の文言に限定されず、当該法令の属する関係法令体系の全体を視野に入れて導き出される。したがって、命令等が、根拠法令の文言に反しないだけでは、根拠法令の趣旨に適合したものとはならない。また、法律の明示の委任はないが特定の法律の執行のために制定される命令（執行命令）や審査基準・処分基準等についても、根拠条文や当該法令の規定の文言だけでなく、関係法令の全体をみることが必要である。法令の趣旨の理解には、関係法令の全体の構造に加えて、それらの制定過程での議論等の立法史等も考慮に入れるべきである。

(2) 命令等を違法とした裁判例

命令等が根拠法令の趣旨に反し違法とされた裁判例には、次のものがある。

幼年者接見不許可事件＝最判平3・7・9民集45巻6号1049頁は、旧監獄法50条の「接見ノ立会……其他接見……ニ関スル制限ハ命令ヲ以テ之ヲ定ム」との規定に基づいて制定された旧監獄法施行規則120条の「14歳未満ノ者ニハ在監者ト接見ヲ為スコトヲ許サス」との規定（1991年削除）を「法律によらないで、被勾留者の接見の自由を著しく制限するものであって、法50条の委任の範囲を超え」違法とした。

児童扶養手当打切事件＝最判平14・1・31民集56巻1号246頁は、児童扶養手当法4条1項5号の委任に基づく旧児童扶養手当法施行令1条の2第3号が児童扶養手当の支給対象として、「母が婚姻（……）によらないで懐胎した児童（父から認知された児童を除く。）」としたことについて、「父から認知された婚姻外懐胎児童を本件括弧書により児童扶養手当の支給対象となる児童の範囲から除外した

ことは法の委任の趣旨に反し、本件括弧書は法の委任の範囲を逸脱した違法な規定」とした。

最決平15・12・25民集57巻11号2562頁は、戸籍法50条2項の委任に基づいて子の名に用いることのできる常用平易な文字の範囲を定めた戸籍法施行規則60条について、社会通念上、明らかに常用平易である「曽」の字の使用を認めず、「法50条1項が許容していない文字使用の範囲の制限を加え」るものとして違法とした。

薬事法施行規則による医薬品のインターネット販売の制限が争われた最判平25・1・11民集67巻1号1頁は、薬事法改正の制定過程も検討した上で、「国会が新薬事法を可決するに際して第一類医薬品及び第二類医薬品に係る郵便等販売を禁止すべきであるとの意思を有していたとはいい難い」とし、「第一類医薬品及び第二類医薬品に係る郵便等販売を一律に禁止する旨の省令の制定までをも委任するもの」と解するのは困難として、施行規則を委任の範囲を逸脱する違法なものとした。法律の制定過程には多様な考え方が現れるので、どこに着目するべきかが重要となる。

そのほかに、農地法施行令16条4号を法の委任の範囲を越える無効なものとした最大判昭46・1・20民集25巻1号1頁および公務員について議員の解職請求代表者となることを禁止している公職選挙法施行令の規定を違法とした最判平21・11・18民集63巻9号2033頁もある。反対に、法解釈に関して見解の分れる法律に基づく命令等が委任の趣旨を越えないとした判決の代表的なものとして、刀剣類として日本刀のみの登録を認める銃砲刀剣類登録規則の規定が争われたサーベル登録拒否事件＝最判平2・2・1民集44巻2号369頁がある。

3 命令等制定後の見直し（2項）

(1) 社会経済情勢の変化への適合

命令等は、制定時には適正な内容であったとしても、時の経過につれて社会経済情勢が変化すると、規定の内容が法令およびその趣旨に適合しなくなる可能性がある。このように命令等の内容が適正さを失ってきた場合には、命令等の内容を見直して、時代に適合したものに改めることが必要である。そこで、本条2項は、命令等制定後も、命令等の規定が「社会経済情勢の変化等」により適正さを喪失していないかに気を配り、必要に応じて、命令等の内容に検討を加え、常にその適正を確保することを努力義務とした。

命令等の規定の「実施状況」を勘案すべきことも、規定されている。これは、行政リソースやその他の社会経済情勢などとの兼ね合いで、当該命令等が制定時に期待したようには機能しない場合に、必要に応じて命令等の内容を見直して、適正に機能することの確保を求めるものである。

本条2項が命令等の適正さを常に保つことを要求していることから、命令等の制定や改正を求める提案が国民からなされたときには、命令等制定機関が当該命令等に見直すべき点がないか積極的に検討することが期待される。命令等制定過程への国民の参加権を重視する立場からは、「行政立法の内容の適正を確保する努力義務を課しているが、これは、適切な場合、適正な内容の行政立法を制定すべき法的義務を課していると解することができ、この義務に対応して、市民に行政立法制定申出権が認められると解すべきである」と主張されている（常岡孝好『パブリック・コメントと参加権』〔弘文堂、2006年〕160頁）。

(2) 具体例

社会経済情勢の変化等のために時代遅れとなった命令等を違法とした判決として、例えば次のものがある。

筑豊じん肺訴訟＝最判平16・4・27民集58巻4号1032頁では、通産大臣（当時）による石炭鉱山保安規則の内容の見直しの遅れの違法性が争われた。判決は、「通商産業大臣は、遅くとも、昭和35年3月31日のじん肺法成立の時までに、前記のじん肺に関する医学的知見及びこれに基づくじん肺法制定の趣旨に沿った石炭鉱山保安規則の内容の見直しを」していれば、「それ以降の炭坑労働者のじん肺の被害拡大を相当程度防ぐことができたものということができる」としてこれを違法とした。

また、泉南アスベスト訴訟＝最判平26・10・9判時2241号13頁は、「労働大臣は、昭和33年頃以降、石綿工場に局所排気装置を設置することの義務付けが可能となった段階で、できる限り速やかに、旧労基法に基づく省令制定権限を適切に行使し、罰則をもって上記の義務付けを行って局所排気装置の普及を図るべきであった」として、「同年以降、労働大臣が上記省令制定権限を行使しなかったこと」が、違法になる余地を認定した。

4 命令等制定機関の特例（1項）

政令は、合議体としての内閣が、閣議により制定するものである。本条1項かっこ書は、政令のように閣議により命令等が定められる場合には、内閣ではなく、

行政手続法

当該命令等の立案を担当する大臣を命令等制定機関とした。意見提出手続閣議決定（39条の解説1(1)〔黒川〕参照）でも、実施主体として、「政令については、その事務を所掌する行政機関」とされていた。

[黒川哲志]

（意見公募手続）
第39条 命令等制定機関は、命令等を定めようとする場合には、当該命令等の案（命令等で定めようとする内容を示すものをいう。以下同じ。）及びこれに関連する資料をあらかじめ公示し、意見（情報を含む。以下同じ。）の提出先及び意見の提出のための期間（以下「意見提出期間」という。）を定めて広く一般の意見を求めなければならない。
2　前項の規定により公示する命令等の案は、具体的かつ明確な内容のものであって、かつ、当該命令等の題名及び当該命令等を定める根拠となる法令の条項が明示されたものでなければならない。
3　第1項の規定により定める意見提出期間は、同項の公示の日から起算して30日以上でなければならない。
4　次の各号のいずれかに該当するときは、第1項の規定は、適用しない。
　一　公益上、緊急に命令等を定める必要があるため、第1項の規定による手続（以下「意見公募手続」という。）を実施することが困難であるとき。
　二　納付すべき金銭について定める法律の制定又は改正により必要となる当該金銭の額の算定の基礎となるべき金額及び率並びに算定方法についての命令等その他当該法律の施行に関し必要な事項を定める命令等を定めようとするとき。
　三　予算の定めるところにより金銭の給付決定を行うために必要となる当該金銭の額の算定の基礎となるべき金額及び率並びに算定方法その他の事項を定める命令等を定めようとするとき。
　四　法律の規定により、内閣府設置法第49条第1項若しくは第2項若しくは国家行政組織法第3条第2項に規定する委員会又は内閣府設置法第37条若しくは第54条若しくは国家行政組織法第8条に規定する機関（以下「委員会等」という。）の議を経て定めることとされている命令等であっ

て、相反する利害を有する者の間の利害の調整を目的として、法律又は政令の規定により、これらの者及び公益をそれぞれ代表する委員をもって組織される委員会等において審議を行うこととされているものとして政令で定める命令等を定めようとするとき。
五　他の行政機関が意見公募手続を実施して定めた命令等と実質的に同一の命令等を定めようとするとき。
六　法律の規定に基づき法令の規定の適用又は準用について必要な技術的読替えを定める命令等を定めようとするとき。
七　命令等を定める根拠となる法令の規定の削除に伴い当然必要とされる当該命令等の廃止をしようとするとき。
八　他の法令の制定又は改廃に伴い当然必要とされる規定の整理その他の意見公募手続を実施することを要しない軽微な変更として政令で定めるものを内容とする命令等を定めようとするとき。

1　本条の趣旨

(1)　本条の趣旨

本条は、命令等を制定する一般的な手続として、意見公募手続を定め、行政機関が命令等を制定しようとする場合には、当該命令等の案や関連資料をあらかじめ公表して、広く国民からの意見や情報の提供を受け、提出された意見等を十分に考慮して意思決定を行うべきことを規定している。

意見公募手続は、1993年の本法制定時に将来の課題として積み残された行政立法手続について、1999年の閣議決定による「規制の設定又は改廃に係わる意見提出手続」（以下「意見提出手続閣議決定」という）に基づくパブリック・コメント手続の運用の経験を踏まえて、2005年の改正により法制度化されたものである。意見提出手続閣議決定は、行政内部で規律力をもつにとどまり、国民との関係で行政機関に法的義務を課すものではなかった。2004年にまとめられた総務大臣の諮問機関である行政手続法検討会の報告書を土台として、2005年の改正で意見公募手続が定められた。これにより、行政機関の法的義務として一般的な行政立法手続が確立された。

(2)　意見公募手続の制度目的と意義

2005年の改正では、1条の目的規定には、新たなものは加えられなかった。し

たがって、意見公募手続に関する規定も、「行政運営における公正の確保と透明性（行政上の意思決定について、その内容及び過程が国民にとって明らかであることをいう。…）の向上を図り、もって国民の権利利益の保護に資する」（1条）ことを、第一次的目的とする。しかし、行政手続法検討会報告Ⅰ2イが、「情報を収集することによる行政立法機関の判断の適正の確保の目的」と「判断の過程への国民の適切な参加の目的」に資するとしたように、国民の行政過程への参加の推進も意見公募手続には期待されている（この問題につき、高木他・条解420頁〔常岡孝好〕も参照）。

意見公募手続の意義に関して、提出意見が対立している場合に「圧倒的に少数意見であったとしてもそちらが採用される場合もありうるという性質の手続である」ことから、民意を反映した決定を行うための手続というよりも、決定についての「合理的な説明を行うための（説明責任をはたすための）手段である面が強い」と指摘される（豊島明子「パブリック・コメントの意義と課題」室井力編『住民参加のシステム改革』〔日本評論社、2003年〕189頁）。そして、「民意の反映のための民主的参加手続たりうるためには、何をもって民意の反映とするのかが問われなければならない」とされる（豊島・前掲論文194頁）。提出意見が適正に考慮されることが民意反映の大前提であり、42条はこの義務を明記したが、この実効性を確保するには、考慮義務違反という命令等の瑕疵を命令等の違法性の判断と関連させる努力が必要である。

2　意見公募手続という名称

本条の定める行政立法手続は、「意見公募手続」と命名されている。意見提出手続閣議決定の「意見提出手続」という名称は、「意見を提出することになる国民等を主体とする名称がよりふさわしいと考え」られて採用されたものであったが、本法の「意見公募手続」という名称は、「弁明の機会の付与」等と同様に行政機関の側からみた表現である。行政機関に対する行為規範を定める本法のスタイルに合わせて、「意見公募手続」とされた。

3　意見公募手続の法定（1項）

命令等制定機関が命令等を定めようとする場合には、命令等の案と関連資料をあらかじめ公示して、広く一般の意見を求めることが義務付けられた。意見提出手続閣議決定の下では意見提出手続の実施は法的義務ではなかったが、本条1項は、命令等制定機関が意見公募手続を実施すべきことを法的に義務付けている。

したがって、法律による適用除外に該当しないにもかかわらず、意見公募手続を実施しないで制定された命令等、あるいは実施されてもその手続に瑕疵がある命令等は違法なものとなる。

4 意見公募手続の対象（2項・4項）

(1) 「命令等」

意見公募手続の対象となる命令等は、内閣または国の行政機関が定めるものであって、法律に基づく命令（処分の要件を定める告示を含む）、審査基準、処分基準および行政指導指針である（2条8号）。ただし、3条2項および本条4項がいくつかの適用除外を設けている。

行政手続法検討会報告書Ⅰ2ウ(イ)は、「命令による定めであって、国民の権利義務について定めるもの」と「処分又は行政指導に際し行政機関が拠るべきこととされる基準、指針その他これに類するもの」を「規準」とし、「意見提出手続はこの規準を対象として義務付けをすることとする」とした。

審査基準、処分基準および行政指導指針は、通達や要綱と同じく行政内規の形式で発せられる講学上の「行政規則」に当たる。したがって、「規準」という概念による意見公募手続の適用範囲の確定は、講学上の「法規命令」と「行政規則」の区分にとらわれないものである（このような相対化について、平岡久『行政立法と行政基準』〔有斐閣、1995年〕および大橋洋一『行政規則の法理と実態』〔有斐閣、1989年〕参照）。なお、審査基準等を行政立法手続の対象とすることは、意見提出手続閣議決定1対象（考え方）(2)に基づいて既に実施されていた。

(2) 対象となる領域と行為形態

意見提出手続閣議決定は、規制に係るものを対象としていたが、本法の意見公募手続の対象領域は規制に限定されない。また、閣議決定による意見提出手続は、行政機関の意思表示という広範な態様が対象とされていたが、本法で意見公募手続の実施が義務付けられたのは、命令等のみである。ただし、行政機関が命令等以外の意思形成の過程で意見公募手続に準じた手続を実施することが妨げられるものではない。「むしろ、一層の推進、充実をすべきである」とされている（行政手続法検討会報告Ⅰ3イ(ア)）。実際には計画、報告書あるいはガイドラインなど多様な文書に対して、任意でパブリック・コメントが行われている。

なお、行政計画は、「命令等」の定義に当てはまれば、意見公募手続の義務付けの対象になる。

行政手続法

(3) 審査基準等の通達

　2005年改正前の本法では、「審査基準」および「処分基準」の作成主体は処分庁であったが、2005年改正後の本法では、このような限定はない。よって基準の作成主体を問わずにその内容と役割に従って、審査基準等であるか否かが決まる。したがって、上級行政機関が処分庁に対して発する通達が本法2条8号ロの審査基準に該当するのであれば、その制定には意見公募手続の実施が必要となる（原嶋清次「行政手続法の一部を改正する法律の概要」季刊行政管理研究111号〔2005年〕53頁参照）。

5 命令等の案および関連資料（1項・2項）

　命令等制定機関は、命令等を定めようとする場合に、当該命令等の案およびこれに関連する資料を、あらかじめ公示しなければならない。命令等の案については、かっこ書で、「命令等で定めようとする内容を示すものをいう」と説明されている。したがって、案等を条文の形式で公示する必要はない。

　本条2項は、公示される命令等の案について、「具体的かつ明確な内容のもの」であることを要求する。したがって、「公示される案が具体的かつ明確な内容のものでなければならないから、意見公募手続が実施されるのは、命令等制定機関内部における議論が相当進んだ段階になる。すなわち、抽象的な案に対して意見を求めるよりも、相当程度具体化された案に対して意見を求めるほうが生産的であるという判断によっている」とされる（宇賀克也「行政手続法改正の経緯・概要と地方公共団体の課題」自治研究81巻11号〔2005年〕15頁）。意見提出手続閣議決定2(1)（考え方）(1)は、「事案に応じ、いくつかの代替案を同時に示すことが有効であるときには、そのような方法で差し支えない」としていたが、意見公募手続においても、相当程度具体化されたものであれば、このようなやり方も許容される。

　命令等の題名および当該命令等を定める根拠となる法令の条項も、命令等の案の一部として明示されなければならない。法令の委任に基づく命令等の制定の場合には当該委任規定を、委任に基づくものではない場合には当該命令等の制定の原因となった法令の規定や制度を明示しなければならない。根拠法令の条項の明示は、命令等の案が根拠法令の趣旨に適合しているかを判断することを容易にする。

　「関連する資料」とは、命令等の案の趣旨・目的・背景、および当該命令等に

よって生じることが予測される影響の程度・範囲等を明らかにする資料である。予測される影響の程度・範囲等を明らかにする資料には、簡単な費用便益分析が含まれる。考慮された代替案についても、明らかにすることが有益である。国民が命令等の案の内容を理解できるように、工夫されたものであることが要請される。

6 意見提出期間（1項・3項）

意見公募手続における意見提出期間は、公示日より原則として30日以上でなければならない。ただし、40条1項は、30日未満の意見提出期間しか確保できない場合についての特例を規定する。意見提出期間を30日以上としたのは、意見提出手続閣議決定2(4)が、「意見・情報の提出に必要と判断される時間等を勘案し、1か月程度をひとつの目安として」いたのを考慮して定められたものである。行政手続法検討会報告Ⅰ2エ（説明）は、「国民の準備のための便宜を考慮し、意見提出手続を実施することを予告しておくことにも積極的に取り組むべきである」としていた。

7 意見提出権者の範囲（1項）

「広く一般の意見を求めなければならない」とされているように、意見提出できる者は限定されていない。すなわち、利害関係のあることは要求されていない。また、意見提出手続閣議決定の（考え方）(1)に、「国民等」には「内外の事業者等」を含む旨が示されていたが、これと同じく国内の者に限定しなかった。

意見提出権者の範囲を限定しないことは、幅広い意見や情報を収集して、命令等の内容の適正を確保するのに資する。ただし、意見提出権は、利害関係者には権利利益の防御手段としての意味をもち、国民には参政権の一種として機能する。

8 意見公募手続の適用除外（4項・3条2項・3項）

(1) 意見公募手続の適用除外

本条4項は、国民の権利義務に直接関わる命令等であっても、個別事案の具体的な事情のために意見公募手続を実施する必要性または合理性が認められない場合には、意見公募手続の実施義務を免除する。ただし、本項によって意見公募手続が実施されなかったときには、当該命令等の公布と同時期に、命令等の題名および趣旨、ならびに意見公募手続を実施しなかった旨およびその理由を明らかにしなければならない（43条5項）。意見公募手続の実施義務が免除されるのは以下の場合である。

(ア) 公益上、緊急に命令等を定める必要があるため、時間的に意見公募手続の実施が困難な場合（1号）。例えば災害対策基本法109条の緊急措置のための政令のように、災害時の緊急対策のために緊急迅速な決定が必要な場合や、法律が特定の短期日までに命令等の制定を要求している場合等が該当する。

(イ) 税や社会保険料等の金銭納付について定める法律が制定または改正されたときに、それに伴って必要となる納付額の算定の基礎となる金額・率・算定方法等に関する命令等を定める場合（2号）。これは、法律の制定または改正の国会審議に際して、命令等の案が公にされて国会審議されており、国会審議を優先させ、意見公募手続は不要と判断されたことによる。租税法律主義に配慮する形で、調整されたものである（参照、白岩俊「行政手続法の一部を改正する法律」ジュリスト1298号〔2005年〕65頁）。したがって、命令等の制定・改正が法律の制定や改廃に伴うのでなければ、適用除外にならない。

(ウ) 法律に根拠を有しないで、予算のみを根拠とする補助金の給付決定を行うために必要となる命令等の場合（3号）。具体的には、予算補助の補助金要綱が挙げられる。予算の単年度主義から、速やかな執行が要請されるためである。法律に根拠を有する補助金に係る命令等は、適用除外とされていない。なお、予算は国会の議決により成立するものなので、国会の意思を尊重するものでもある（宇賀・三法解説185頁）。

(エ) 法律の規定によって委員会等の議を経て定められることとされている命令等であって、相反する利害の調整を目的として、法律または政令の規定により、これらの利益代表と公益代表をメンバーとする委員会等で審議するものとして政令で定めている命令等を定めようとする場合（4号）。中央社会保険医療協議会や中央労働委員会のような三者委員会がこのような委員会等に当たる。法律が、利害の対立する当事者の交渉によって得られた合意事項を、そのまま命令等の内容にしようと意図している場合である。具体例は、行手令4条に示されている。

(オ) 他の行政機関が意見公募手続を実施して定めた命令等と実質的に同一の命令等を定めようとする場合（5号）。例えば、意見公募手続を実施して本省で処分の審査基準等に関わる通達を発し、処分庁である地方支分局長がその通達の内容をほぼそのまま審査基準として採用して命令等を制定する場合である（宇賀・三法解説185頁参照）。既に審査基準の内容について意見公募手続が実施されており、重複となるからである。

(カ) その他、技術的な読替えを定める命令等の制定の場合（6号）、命令等の根拠法令の規定の削除に伴って当然必要となる命令等の廃止の場合（7号）、他法令の制定または改廃に伴って当然必要となる規定の整理その他軽微な変更として意見公募手続を要しないと政令で定める場合（8号）。行政手続法検討会報告Ⅰ2ウ(ウ)でも、「用語の整理、条項の移動、他法令の改正に伴う整理等著しく軽微な内容の定めをする場合」には、「必要性又は合理性が認められず意見提出手続の義務付けを解除すべきである」とされていた。

9 3条による適用除外

(1) 命令等の内容および性質による適用除外

3条2項は、命令等に該当するものであっても、一定の内容や性質をもつものに対して、包括的に、第6章「意見公募手続等」の規定が適用されないとする。このようなものとして、①法律の施行期日政令、②恩赦に関する命令、③命令・告示の形式をとるが実質は処分に該当するもの、④法律の規定に基づいて施設、区間、地域等を指定する命令、⑤公務員の勤務条件を定める命令等、⑥公にされない審査基準・処分基準・行政指導指針が挙げられている。

(2) 地方公共団体への適用除外（3条3項）

3条3項は、地方公共団体の機関が命令等を定める行為について、第6章「意見公募手続等」の適用を排除している。国の法令の委任を受けた命令等の制定の場合にも、適用除外されることに注意が必要である。地方分権推進の観点から地方公共団体の自主性を尊重して、本法を直接適用しないこととした。その代わりに、46条で、命令等制定手続について、本法の規定の趣旨に則って、必要な措置を講ずるように努めることが要請されている。

(3) 行政内部あるいは行政体間の関係に関する命令等の適用除外

4条4項各号は、行政内部の組織や会計を規律する命令等、行政体間の関係を定める命令等、独立行政法人等の組織・管理・運営等を定める命令等について、第6章「意見公募手続等」を適用除外とする。国と地方公共団体との関係で注意が必要なのは、地方自治法245条の9に規定される「法定受託事務を処理するに当たりよるべき基準」（処理基準）が、実質的に審査基準・処分基準等の命令等に該当する場合である。これらが4条4項6号の「国と普通地方公共団体との関係」を定める命令等に該当するとされるのであれば（宇賀・前掲論文12頁参照）、意見公募手続の適用除外となる。たしかに、処理基準の制定は国による関与とし

て行われるので、このような解釈は条文に忠実である。しかし、各都道府県と住民との関係を定めるとき、処理基準が本号適用除外に当たるかについては議論の余地がある（IAM・逐条解説行手法128頁参照）。

[黒川哲志]

（意見公募手続の特例）
第40条 命令等制定機関は、命令等を定めようとする場合において、30日以上の意見提出期間を定めることができないやむを得ない理由があるときは、前条第3項の規定にかかわらず、30日を下回る意見提出期間を定めることができる。この場合においては、当該命令等の案の公示の際その理由を明らかにしなければならない。
2　命令等制定機関は、委員会等の議を経て命令等を定めようとする場合（前条第4項第4号に該当する場合を除く。）において、当該委員会等が意見公募手続に準じた手続を実施したときは、同条第1項の規定にかかわらず、自ら意見公募手続を実施することを要しない。

1　本条の趣旨

本条は、意見公募手続の特例として、二つのことを定めている。一つは、30日以上とすべき意見提出期間をやむをえない理由があるときには短縮することができること、もう一つは、意見公募手続に準じた手続を実施した委員会等の議を経て命令等を定めようとする場合に意見公募手続の重複を回避できることである。

2　意見提出期間の短縮の特例（1項）

意見提出期間は、30日以上でなければならない（39条3項）が、やむをえない理由のために30日の期間が確保できないこともある。例えば、一刻も早い規制の開始が求められていたり、命令等の制定期限が法定されていたりする場合がこれに当たる。このような場合に、30日未満の意見提出期間を設定することが許容される。改正省令の定めた規制の経過措置を定める再改正省令を改正省令の施行前に制定する必要があったときに、「再改正省令の制定の際、意見提出期間を30日より短縮したことにはやむを得ない理由があったと認めるのが相当」とした判決もある（東京地判平22・3・30民集67巻1号45頁）。ただし、30日を下回る意見提出

期間を設定した場合には、当該命令等の案の公示の際にその理由を明らかにすることが義務付けられる。意見提出期間が短縮された意見公募手続が実施される場合には、意見提出権者の検討時間を確保するために、意見公募手続の実施予告が一層望まれる。

3 委員会等が意見公募手続に準じた手続を実施したときの特例（2項）

命令等を制定する過程で、委員会等に諮問がなされることが少なくない。このとき、委員会等がパブリック・コメントを行うことがある。このパブリック・コメントが、具体的で明確な命令案および関連資料を示した上で、十分な意見提出期間を設定して、広く一般から意見を求める等、意見公募手続に準じる実質を有する場合がある。このような場合には、命令等の案に対する意見公募手続がなされたものとして取り扱うことが合理的なので、命令等制定機関が重ねて意見公募手続を実施することを要しないと規定されている。委員会等のパブリック・コメントが「意見公募手続に準じた手続」と評価されるためには、意見公募手続に関する主要な規定に従って実施されることが必要である（44条の準用規定参照）。

本条2項かっこ書によって除外されている39条4項4号に該当する場合、すなわち、法律の規定により利害調整のために三者構成をとる委員会等の議を経ることが義務付けられている命令等の場合には、委員会等でパブリック・コメント手続が実施されていなくても命令等制定機関による意見公募手続は不要であるが、それ以外の場合では、本条2項の特例が適用されるためには、委員会等において意見公募手続に準じた手続の実施が必要である。

［黒川哲志］

（意見公募手続の周知等）
第41条 命令等制定機関は、意見公募手続を実施して命令等を定めるに当たっては、必要に応じ、当該意見公募手続の実施について周知するよう努めるとともに、当該意見公募手続の実施に関連する情報の提供に努めるものとする。

---

1 本条の趣旨

本条は、より広範囲の人々が意見提出の機会をもてるように、意見公募手続が

実施されていることを事案に応じた態様で周知する努力義務を命令等制定機関に課すものである。多様な手段での広報が求められる。意見公募手続の実施に関連する情報としては、定めようとする命令等の題名、根拠法令等、命令等の案、意見公募の趣旨・目的・背景、意見公募の対象、資料の入手先、意見公募期間、問合せ先、意見の提出先・提出方法などが含まれる。また、国民が検討する十分な時間の確保のためにも、意見公募手続が行われる旨の情報も事前に提供されるべきである。

2 周知の方法

意見公募手続に関する公示は、「電子情報処理組織を使用する方法その他の情報通信の技術を利用する方法」(45条)で行われる。電子政府の総合窓口（e-Gov）のサイトに掲載するなど、インターネットを利用して公示することがこれに当たる。しかし、国民の中にはインターネットを利用しない者も少なくないので、これらの者への配慮が必要になる。そこで、案等の窓口での交付、意見公募手続実施の報道発表、新聞や雑誌等による広報、広報誌への掲載など、多様な手段で広報することが必要になる。

一般的な広報のほかに、当該命令等の制定に利害関係を有する者へ個別に連絡することが要求されるであろうか。意見提出手続閣議決定2(3)は、「専門家、利害関係人には、必要に応じ、適宜周知に努める」と規定していたが、本法には、利害関係人について、このような規定は存在しない。しかし、本条の「必要に応じて」の解釈として、強い利害関係をもつ者に個別の連絡をすることが要求されることもある。なお、相対立する利益がある場合には、どちらか一方にのみ連絡するのではなく双方に情報提供することが、公平の観点から要求される。

［黒川哲志］

（提出意見の考慮）

第42条 命令等制定機関は、意見公募手続を実施して命令等を定める場合には、意見提出期間内に当該命令等制定機関に対し提出された当該命令等の案についての意見（以下「提出意見」という。）を十分に考慮しなければならない。

1 本条の趣旨

本条は、命令等制定機関に提出意見を十分に考慮すべきことを命じる。ただし、十分な考慮を要求するのみであって、提出された多数意見を必ずしも採用する必要はない。

2 十分な考慮

提出された意見を十分に考慮すべきとは、個々の意見を真摯な検討の対象とすべきというにとどまり、命令等制定機関が提出意見に拘束されることを意味しない。提出意見に対する考慮のあり方について、「これは、提出意見の内容をよく考え、定めようとする命令等に反映すべきかどうか等について適切に検討しなければならないということであり、その『考慮』は、提出意見の内容に着目して行われるものであって、提出意見の多寡に着目するものではなく、まして、提出意見のうち多数意見を採用することを義務付けるものではない」と解されている（東京地判平22・3・30民集67巻1号45頁）。

意見公募手続の実施目的は、広く情報を収集することによって判断材料を得て、命令等制定機関の判断の適正を確保することであり、大切なのは、提出された意見の内容である。したがって、特定内容の意見が多数提出されても、あるいは唯1人によって提出されても、同じく一つの意見として取り扱われるのが合理的である。この点で、意見公募手続への参加は、情報提供参加としての性格が強く、純粋な意味での民意の反映のための参加ではない。

提出意見が真摯に考慮されたか、そして命令等の内容にどのように反映されたかは、43条1項4号に従って公示される「提出意見を考慮した結果（意見公募手続を実施した命令等の案と定められた命令等との差異を含む。）及びその理由」を見ることによって知ることができる。このことは、提出意見の取扱いをガラス張りにして国民によるチェックを可能とするので、提出意見の恣意的な取扱いを防止することが期待でき、提出意見を十分に考慮する義務の履行を確保する仕組みとなる。

重要な提出意見を考慮しないで命令等を制定することは、考慮すべき事項を考慮しないので、本条違反であるとともに、命令等制定機関が裁量を適切に行使しないものと評価される。

反対に、提出意見の考慮による原案修正の限界点も問題となる（参照、高木他・条解544頁〔常岡孝好〕）。なお、提出期間を途過して届いた提出意見を考慮するこ

とを禁ずるものではない。

［黒川哲志］

（結果の公示等）
第43条 命令等制定機関は、意見公募手続を実施して命令等を定めた場合には、当該命令等の公布（公布をしないものにあっては、公にする行為。第5項において同じ。）と同時期に、次に掲げる事項を公示しなければならない。
　一　命令等の題名
　二　命令等の案の公示の日
　三　提出意見（提出意見がなかった場合にあっては、その旨）
　四　提出意見を考慮した結果（意見公募手続を実施した命令等の案と定めた命令等との差異を含む。）及びその理由
2　命令等制定機関は、前項の規定にかかわらず、必要に応じ、同項第3号の提出意見に代えて、当該提出意見を整理又は要約したものを公示することができる。この場合においては、当該公示の後遅滞なく、当該提出意見を当該命令等制定機関の事務所における備付けその他の適当な方法により公にしなければならない。
3　命令等制定機関は、前2項の規定により提出意見を公示し又は公にすることにより第三者の利益を害するおそれがあるとき、その他正当な理由があるときは、当該提出意見の全部又は一部を除くことができる。
4　命令等制定機関は、意見公募手続を実施したにもかかわらず命令等を定めないこととした場合には、その旨（別の命令等の案について改めて意見公募手続を実施しようとする場合にあっては、その旨を含む。）並びに第1項第1号及び第2号に掲げる事項を速やかに公示しなければならない。
5　命令等制定機関は、第39条第4項各号のいずれかに該当することにより意見公募手続を実施しないで命令等を定めた場合には、当該命令等の公布と同時期に、次に掲げる事項を公示しなければならない。ただし、第1号に掲げる事項のうち命令等の趣旨については、同項第1号から第4号までのいずれかに該当することにより意見公募手続を実施しなかった場合にお

いて、当該命令等自体から明らかでないときに限る。
一　命令等の題名及び趣旨
二　意見公募手続を実施しなかった旨及びその理由

1　本条の趣旨

　本条は、命令等の制定により一連の手続が完了したときに、提出意見を考慮した結果およびその理由などを公示して、制定された命令等に至る判断過程を明らかにすべきことを規定している。当該命令等の各条項が採用された理由が説明されることによって、命令等制定における判断過程が衆目に晒されることになれば、恣意的取扱いも防止され、判断の公正の確保が期待される。
　結果として、命令等を定めないこととなった場合にも、その旨の公示が必要である。意見公募手続を実施しないで制定された命令等については、その命令等の趣旨および意見公募手続を実施しなかった理由を公示することが義務付けられる。

2　結果の公示（1項）

(1)　結果の公示とその時期

　命令等制定機関は、意見公募手続を実施して命令等を定めたときには、当該命令等の公布と同時期に、①命令等の題名、②命令等の案の公示日、③提出意見、および④提出意見を考慮した結果とその理由を公示しなければならない。
　結果の公示は、「規制の設定又は改廃に係わる意見提出手続」（1999年閣議決定）2(6)（考え方）(1)では、「原則として意思表示の時点までに行う」とされていた。これに対して、本条1項は、結果の公示と命令等の公布とを同時期とした。「同時期」とは、「同時」である必要はないが、提出意見の数や内容等を勘案して合理的な範囲内でなければならないことを意味している。ただし、結果の公示が命令等の公布よりも著しく遅れたり、意見提出期間の終了直後に命令等が制定され、時間的に見ても提出された意見が十分に考慮されていないと疑われることがあったりしたことから、結果の公示は、原則として、命令等の公布と同日またはそれ以前に行うことが運用ルールとされた。やむをえない理由により、結果の公示が命令等の公布よりも遅れる場合には、命令等の公布の際に、その理由および公示日の目途を明らかにしなければならない（参照、「行政手続法第6章に定める意見公募手続等の運用の改善について」〔平27・3・26総管管第29号各府省等官房長等宛て総務省行政管理局長通知〕）。

審査基準等のように公布をしない命令等の制定では、それらを公にするのと同時期に、本条1項に挙げられている事項を公示しなければならない。

(2) 提出意見

提出された意見を、そのまますべて公示するのが原則である。ただし、意見公募手続で大量の意見が提出された場合には、必要に応じて提出意見を整理・要約して公示することが許容される（本条2項）。反対に、提出意見がなかった場合には、提出意見がなかった旨を公示しなければならない。

(3) 提出意見を考慮した結果とその理由

命令等制定機関は提出意見を十分に考慮しなければならない（42条）が、これを担保するため、十分な考慮の結果とそのような結果に至った理由の公示が義務付けられている。これは、提出意見を踏まえた案の修正が無かったこと、あるいは提出意見の考慮によって「意見公募手続を実施した命令等の案と定められた命令等の差異」が生じたことの理由を含めた説明を要求するものである。本条の公示の意義として、行政手続法検討会報告（39条の解説1(1)〔黒川哲志〕参照）Ⅰ2オ（説明）は、「意見提出手続は、意見提出者に対し個別回答する手続ではないが、結果の公示により提出意見に対する行政立法機関の考え方が示され、国民にとって有益な情報が提供されることになる」としている。すなわち、行政立法過程の透明性が確保されることになる。

実務では、命令等制定機関が、提出意見あるいは同趣旨の提出意見を整理した意見の概要に対して、一つずつ検討を加えて採否を明らかにし、意見に対する「考え方」を示している。なお、提出された意見の重要度に応じて、理由の記述に粗密が生まれるのは認められる。

提出意見が命令等制定機関に採用される可能性があるのは、「当該意見が法令上の要考慮要素に言及し、それが行政立法の当初案において不当・安易に軽視ないし無視されていることを明らかにする」とき、あるいは「当該意見が法令上の要考慮要素でないものについて言及し、行政立法の当初案においてこれが過重に評価されていることを明らかにする」ときである（常岡孝好『パブリックコメントと参加権』〔弘文堂、2006年〕153頁）。

提出意見に対する十分な考慮が義務付けられるので、提出意見が意見公募の対象と無関係なものであったとしても、無関係な意見であるから採用しなかった旨を明示することが、考慮過程の透明化のためにも必要である。

裁判で命令等の違法性が争われたとき、命令等制定機関の判断過程を審査するにあたって、提出意見を考慮した結果とその理由の記述は、命令等の案および関連資料とともに、重要な判断材料を提供する。これにより、どのような事項がどのように考慮されたかが明らかになり、考慮すべき事項が適切に考慮されていたか、あるいは考慮してはいけない事項を考慮していたか等の審査が可能になる。

3　提出意見の整理または要約（2項）

意見公募手続では、提出意見の内容それ自体が重要である。したがって、提出意見を要約し、あるいは複数の同一趣旨の提出意見を一つに整理して公示することは、かえって提出意見の考慮の過程を見通しの良いものにする。行政手続法検討会報告Ⅰ2オ（説明）は、「提出意見の要約・整理を認めるのは、提出意見のすべての公示を義務づけても、大量の同種の提出意見がある場合などに実益が乏しいだけでなく、行政立法機関の過剰な負担や国民の不便を招くおそれがあることを考慮したものである」とする。ただし、提出意見を整理または要約して公示した場合には、適切に要約・整理されていることを確認できるように、命令等制定機関は、公示後遅滞なく、提出意見をその事務所における備付けなどの方法により公にしなければならない。

4　第三者利益の保護等（3項）

提出意見の公示等が個人情報や企業機密などの公表となり、第三者の利益を害するおそれのある場合がある。このような場合には、命令等制定機関は、提出意見の全部あるいは該当部分を除いて公示することができる。その他、情報公開法5条の不開示情報に該当して公にすることが公益上の支障を招く場合等の正当な理由のある場合も、同様である。

5　命令等を定めないとき（4項）

意見公募手続を実施した結果、当該命令等を制定しないという結論に至ることもある。また、提出意見を取り入れた結果、原案の大幅な修正に至り、公表した案とは正反対の内容や、案では扱われていない内容を含む規定となる等、公表された命令等案との同一性が失われることがある。このとき、修正後の命令等案は意見公募手続を一度も実施していない命令等案になるので、改めて意見公募手続を実施する必要性が生じる。これらの場合には、その旨と命令等の題名・命令等案の公示日を速やかに公示して、手続の完了を明確にすべきことが定められている。

また、命令等案との同一性が損なわれるに至ってはいないが、修正された命令等案について、再度、意見公募手続を実施することを命令等制定機関が決定した場合にも、その旨を速やかに公示して、従前の命令等案についての手続の完了を一旦明確にしなければならない。今行われている意見公募手続での命令等制定は一旦諦めて、次回の命令等制定手続で命令等を制定しようとするものであるから、「命令等を定めないこととした場合」に該当する。

以上の場合には、提出意見および提出意見を考慮した結果とその理由についての公示は義務付けられていないが、行政の説明責任の観点から、そのような判断に至った理由を明らかにすることが要請される。

提出された意見を取り入れて命令等案を修正して、再び、意見公募手続を実施することは、命令等制定機関と国民との健全なコミュニケーションとして、ポジティブに評価すべきである。

6 意見公募手続を実施しなかった命令等の趣旨の明示（5項）

意見公募手続の過程で命令等の根拠・趣旨・目的が明らかにされることで、命令等制定機関の説明責任が果たされるが、意見公募手続が実施されずに制定された命令等では、その機会がない。そこで、39条4項に該当することを理由として意見公募手続を実施せずに命令等を制定した場合には、命令等の公布と同時期に、題名・趣旨、意見公募手続を実施しなかった旨およびその理由を公示しなければならない。ここでの理由には、具体的な適用除外条項とこれに該当すると判断した根拠も含まれる。

ここでの趣旨の公示は、命令等の趣旨を明らかにする機会を確保することを目的とするものであるから、命令等自体からその趣旨の明らかな場合には、趣旨については別途明示する必要はない。また、意見公募手続を実施しなかった理由の公示を求めるのは、適用除外と判断した理由の説明を求め、その安易な利用を防止する役割も果たす。

［黒川哲志］

（準　用）
第44条　第42条の規定は第40条第2項に該当することにより命令等制定機関が自ら意見公募手続を実施しないで命令等を定める場合について、前条

第1項から第3項までの規定は第40条第2項に該当することにより命令等制定機関が自ら意見公募手続を実施しないで命令等を定めた場合について、前条第4項の規定は第40条第2項に該当することにより命令等制定機関が自ら意見公募手続を実施しないで命令等を定めないこととした場合について準用する。この場合において、第42条中「当該命令等制定機関」とあるのは「委員会等」と、前条第1項第2号中「命令等の案の公示の日」とあるのは「委員会等が命令等の案について公示に準じた手続を実施した日」と、同項第4号中「意見公募手続を実施した」とあるのは「委員会等が意見公募手続に準じた手続を実施した」と読み替えるものとする。

1 本条の趣旨

本条は、参与機関等となる委員会等が意見公募手続に準じた手続を実施する場合に、意見公募手続についての規定が準用されることを規定し、そのための条文の読替えを行う。

2 委員会等による準意見公募手続

40条2項は、委員会等の議を経て命令等を定める場合に、委員会等が意見公募手続に準じた手続を実施したときは、命令等制定機関自らが意見公募手続を重ねてする必要はない旨規定している。本条は、このとき委員会等が実施する手続に、意見公募手続の規定が準用されることを規定する。そして、そのための読替えをしている。ただし、命令等制定機関自身は、結果の公示を命令等の公布と同時期に行わなければならない。委員会等が提出意見を考慮した結果の公示等を独自に行っていても、命令等制定機関には42条の提出意見の考慮と43条の結果の公示等の義務を免れないことに注意が必要である。

[黒川哲志]

（公示の方法）

第45条 第39条第1項並びに第43条第1項（前条において読み替えて準用する場合を含む。）、第4項（前条において準用する場合を含む。）及び第5項の規定による公示は、電子情報処理組織を使用する方法その他の情報通信の技術を利用する方法により行うものとする。

> 2 前項の公示に関し必要な事項は、総務大臣が定める。

1 本条の趣旨
本条は、意見公募手続に関わる公示は、インターネットを利用して行うことを規定する。

2 インターネットによる公示
意見公募手続における命令等の案・関連資料の公示、意見公募手続の結果の公示、命令を定めないこととした旨の公示、および意見公募手続を実施しないで命令等を定めた場合の公示等について、電子情報処理システムとインターネットを利用することが定められた。政府のウェブサイトである「電子政府の総合窓口（e-Gov）」にパブリック・コメントのコーナーが設けられ、意見募集中案件、意見募集終了案件、結果公示案件、すべての案件に分類され、また、行政分野ごとあるいは府省ごとに検索しやすく整理されて、一覧性を確保して公示されている。

インターネットの利用は、国民にとってもアクセスが容易であり、行政機関にとっても低コストで効率的である。しかし、インターネットを利用しない国民も多数存在するので、これらの者への配慮が必要である。意見公募手続が公示されたことについて、多様な手段での広報と、命令等案や関連資料の紙媒体での提供も必要とされる。

［黒川哲志］

第7章　補　則

（地方公共団体の措置）
第46条　地方公共団体は、第3条第3項において第2章から前章までの規定を適用しないこととされた処分、行政指導及び届出並びに命令等を定める行為に関する手続について、この法律の規定の趣旨にのっとり、行政運営における公正の確保と透明性の向上を図るため必要な措置を講ずるよう努めなければならない。

1　本条の趣旨

本法3条3項は、条例または規則に基づく地方公共団体の機関の処分および地方公共団体の機関に対する届出ならびに法的根拠を問わず地方公共団体の機関のする行政指導および命令等を定める行為（以下では「処分等」という）について、本法が定める第2章「申請に対する処分」から第6章「意見公募手続等」までの規定の適用がないことを明らかにしているが、これは地方自治を尊重して本法の適用を除外するものである。しかし、3条3項によって本法の規定が適用除外された処分等についても、当然に公正性・透明性の確保が必要であると考えられることから、本条は、地方公共団体に対して、3条3項によって本法の規定が適用除外された処分等について、行政手続条例制定等の「必要な措置を講ずる」努力義務を定めている（第2章から第6章までの適用の範囲については、3条3項の解説〔本多滝夫・萩原聡央〕参照）。

2　必要な措置の期限と現状

本条は、「必要な措置を講ずる」べき期限を規定していない。このことは、本法の制定時から変化がない。当初、「しかるべき期間内に措置をとらないと違法である」かに関心が向けられた（佐藤編・自治体実務167頁〔田村達久〕、小早川編・逐条研究350頁〔高木光発言〕参照）。しかし、本条が地方公共団体の措置を一定の

期限を区切って行うことはもとより、「直ちに」や「遅滞なく」のような限定すら規定せず、地方公共団体の自主的判断に委ねていることから、先の一般的な努力義務規定のみから、地方公共団体の自主性判断が縛られ、一定期間経過後には未措置が本法違反になるとまではいえないであろう。もっとも、本法で要求されている措置の一部、とりわけ不利益処分に関する手続の一部は、憲法上の要求でもあり、本来、本法とは関わりなく、地方公共団体においても「行政手続の適正化」が図られるべきである（コンメ行政法Ⅰ〔初版〕247頁～248頁〔榊原秀訓〕参照）。

2005年3月末日現在の制定状況に関する総務省の調査（「地方公共団体における行政手続条例等の制定状況」）によれば、既に行政手続条例等の制定が、都道府県・政令指定都市で100％、政令指定都市を除く市区町村では99.4％となっている。

また、2015年1月5日現在の条例改正の対応状況に関する総務省の調査（「行政手続条例の制定状況に関する調査結果」）によれば、2014年の本法改正によって新設された行政指導の方式に関する35条2項、行政指導の中止等の求めに関する36条の2や処分等の求めに関する36条の3に対応する条文を置く改正については、いずれも90％以上の地方公共団体が改正ずみまたは改正予定となっている。さらに、意見公募手続制度については、2015年1月5日現在の制定状況等に関する総務省の調査（「意見公募手続の制定状況に関する調査結果」）によれば、政令指定都市、中核市や（廃止された）特例市においては、ほぼ100％の地方公共団体で制度が制定ずみであるのに対して、その他の市区町村においては、制定ずみは52.1％、検討中も7.9％にとどまっており、全体として、36.7％が制定の予定なしであり、意見公募手続の制度化は、少なくない地方公共団体において今後の課題として残っている。意見公募手続に関しては、意見公募手続が憲法上の要求といえるかも明確ではなく、「しかるべき期間内に措置をとらないと違法である」といった意見は出されていないようである。

3 範囲と法形式

(1) 範　囲

本条は、3条3項で本法の適用除外とされた処分等について地方公共団体に「必要な措置を講ずる」ことを期待するものである。しかし、地方公共団体は、その際に、本法において規律対象となっていない手続を独自に規定することも可能である。例えば、本法に意見公募手続等が定められる以前から、本法が行政立法手続や計画策定手続を規律の対象にしていないのは、立法時になお検討すべき

問題が多く残されており、将来の課題とされて規律が先送りにされたにすぎず、住民にとってはより身近であり、影響力が大きい地方公共団体でそれらの行政手続のあり方について議論がまとまった場合に、その措置を禁止する趣旨ではないと考えられていた（宇賀・三法解説194頁、仲・すべて116頁、自治体実務研究会・実務の手引215頁〜218頁参照。行政立法手続・計画策定手続以外について、兼子＝椎名編・手続条例16頁〜17頁〔兼子仁〕参照）。実際に、鳥取県行政手続条例38条は、本法に意見公募手続等を定める前から、執行機関の規則制定や審査基準の設定等に際して県民の意見の聴取を定めていた（この条例の限界については、宇賀克也『行政手続と行政情報化』〔有斐閣、2006年〕97頁参照）。

　また、本法がその規律対象としながら、同時にその3条1項において適用除外としている行為、例えば公務員や学生等に対する処分等についても、適用除外した理由が本法の定める一般的手続を適用することが適切ではないという判断によるにすぎないとすれば、それについて、地方公共団体独自の手続を定めることも、本法の禁止するところではないと考えられる。むしろ、手続の規定を禁じることが、憲法の「行政手続の適正化」の要請に照らせば、違憲の問題を生じさせることにもなろう（室井＝紙野編・行政手続37頁〜40頁〔室井力〕。阿部泰隆「行政手続条例の枠組み」都市問題85巻10号〔1994年〕37頁〜39頁、小早川編・逐条研究331頁〜334頁の議論〔室井力・小早川光郎・仲正・塩野宏各発言〕も参照）。

(2)　措置の法形式と単一性

　本条は、地方公共団体の措置について特定の法形式を要求していない。したがって、その法形式としては、条例以外にも規則や要綱を用いることが考えられる。しかし、その措置が住民の権利に関わるものであることからすれば、住民の権利の保障や、制定過程における公開での討論の保障等の点で条例を制定することが最も適切である。また、規則の場合には、地方公共団体全体の行政手続を規定するためには、執行機関ごとに複数の規則を必要とするが、条例の場合には、一つの条例で地方公共団体の行政手続を規定できるという利点も有する（兼子＝椎名編・手続条例8頁〜10頁〔兼子〕、佐藤編・自治体実務167頁〔田村〕、自治体実務研究会・実務の手引169頁）。実際にも、行政手続を制度化した地方公共団体が条例という形式を選択しているのもこのような点を考慮してのことであろう。

　本法と同じ範囲を規律する行政手続条例を制定する場合、個別行政領域ごとに複数の条例を制定するよりも、単一の統一的な条例を制定した方が、行政手続の

統一性・整合性が確保されやすいと考えられる（兼子＝椎名編・手続条例8頁〜9頁〔兼子〕）。しかし、本法が規律していない対象について手続を規定しようとする場合や、各行政領域に適合した特別な手続を規定しようとする場合には、単一の行政手続条例のなかに、特定の対象や領域に特別な行政手続を規定することは必ずしも望ましくはなく、複数の条例を制定した方がよい場合もあろう（室井＝紙野編・行政手続41頁注(12)〔室井〕、155頁〔紙野健二〕、佐藤編・自治体実務199頁〔佐藤英善〕）。

また、補助金等交付規則などの適用がなく、本法の規律対象外であることが前提となっている「自治体の貸付金・手当金支給を定める『助成要綱』に基づく申請と決定」のような「準申請処分」に対して、申請処分手続の準用といった本法が定める手続の拡大（兼子＝椎名編・手続条例16頁〔兼子〕）をするために、必要な措置を講じることを条例上明確にしておくといった対応（例えば、秋田市行政手続条例35条、中野区行政手続条例36条）のほかに、条例以外の形式で行政手続の制度化を図ることも考えられる。次の(3)で触れる意見公募手続の規律対象は別にして、その他の本法の規律対象外の行為に関して、条例制定について必ずしも十分な用意がなく、さしあたりは要綱を制定し、一定の経験の蓄積後にその条例化に踏み切ることもありうる。ともかく、条例化にこだわることによって、本法の規律対象外の行政活動を地方公共団体においても制度化の対象外に置くよりも、条例以外の形式によってでも制度化を図ることが選択されるべきである（室井＝紙野編・行政手続137頁〜138頁、202頁〜203頁〔榊原秀訓〕）。

なお、本法と同じ範囲を規律する行政手続条例を制定しようとする場合でも、例えば、役員の解任命令等に関する13条1項1号ハの規定のように、本法に規定されたものに対応するものが地方公共団体には関係がなく、条例で規定する意味がない場合がある。

(3) 意見公募手続における範囲と法形式

既に多数の地方公共団体において、行政手続条例とは別に、意見公募手続が制度化されている。しかし、本法においては、法規命令と審査基準・処分基準・行政指導指針が規律対象になるが、地方公共団体における意見公募手続においては、それらよりも条例案と計画案が規律対象とされるのが一般的である（宇賀・前掲書98頁）。条例案や計画案を意見公募手続の規律対象にすることは望ましいことであり、本法の規律対象となる行為とともに意見公募手続の規律対象にすること

が適切である（宇賀・前掲書99頁）。

　また、法形式をみると、2015年1月5日現在の制定状況等に関する先の総務省調査において、条例による制度化を行っている地方公共団体が22.3％、規則による制度化が3.3％、要綱、要領、指針等による制度化が79.6％と多数であった。意見公募の経験に乏しい場合、要綱の運営により改善点が明らかになってから条例化するといった選択も考えられないわけではないが（山本隆二郎「パブリックコメント手続の条例化」年報自治体法学19号〔2006年〕208頁）、民主主義的参加の保障のためには、条例化が適切であると考えられる（宇賀克也編著『改正行政手続法とパブリック・コメント』〔第一法規、2006年〕64頁〜65頁、鑓水三千男「行政手続法の一部改正とパブリックコメント制度条例化の諸問題」自治研究91巻12号〔2005年〕40頁〜41頁）。

4　行政手続条例の規定内容――上乗せと緩和
(1)　本法と行政手続条例の規定内容の一致

　行政手続条例を制定する場合、その内容をどのように規定することができるであろうか。この問題については、行政手続条例の規定内容を本法の規定内容と異なるものにすることが住民にとっては理解しにくく、納得しがたいことから、地方公共団体の特有の個性を尊重した手続条例を作る課題は、第2段階の立法課題とし、さしあたり統一的ルールを確保すべく、本法と同じ内容の行政手続条例をなるべく早く整備することを求める見解（磯部＝小早川編・自治体手続法303頁〜304頁〔出口裕明〕）や、独自の工夫を認めつつも、本法とのバランスに十分配慮することを求める見解も存在する（仲・すべて116頁）。

　住民からすれば、法律の適用がある場合と条例の適用がある場合で規定内容が異なることが理解しにくいことは否定できない。しかし、両者の内容を一致させる場合には、本法の規定内容を基準としてそれに行政手続条例の規定内容を合わせることしか方法がないわけではない。本法の適用がある場合でも、行政手続条例によって本法に上乗せすることが可能であるならば、結果的に行政手続条例の規定内容に統一できるわけであるから、まずその検討が必要である（室井＝紙野編・行政手続152頁〜155頁〔紙野〕）。

(2)　本法の適用がある場合

(ア)　「上乗せ」の許容

　まず、本法の適用がある場合の行政手続条例による「上乗せ」とは、公害防止

行政手続法

条例のように、規制の相手方に対して法律よりも強い規制を条例で加えることではなく、行政の相手方や第三者の権利利益を保障する方向での行政に対する義務の加重など、行政に対して法律よりも強い制限を課すことを意味している。したがって、行政手続条例を上乗せ適用することは、1条が定める行政の公正性・透明性の確保という趣旨に合致し、それを一層推進することになるのであって、このことを本法が禁止しているとは解されないのである（室井＝紙野編・行政手続37頁～40頁〔室井〕、兼子＝椎名編・手続条例14頁～16頁〔兼子〕）。

(ｲ) 法の体系の変更禁止

他方、本法の運用上の工夫や努力義務の付加は許容しつつ、本法の体系・趣旨を変更することは許されないとして、以下のような変更は許されないとする考えも示されている。すなわち、弁明となるところを聴聞とする、弁明において口頭で意見を述べる機会を保障する、聴聞を原則公開とする、法律では認められていない「反対利害関係人」たる参加人にも文書等閲覧権を認める、弁明においても法律では認められていない文書等閲覧権を認める、本法10条の適用される許認可等についての公聴会の開催を一律に義務付ける、拒否処分をする際に申請者の意見を聴くことを一律に義務付けるといったことである（塩野＝高木・条解372頁～373頁、高木他・条解600頁～601頁〔須田守〕、小早川編・逐条研究359頁〔塩野発言〕、阿部・前掲論文39頁も参照）。

このような主張は、「国家が利害を調整」して（阿部・前掲論文39頁）、また、「国家が関心を持って」（小早川編・逐条研究359頁〔塩野発言〕）、法の体系を決定した以上その変更を認めないというもののようである。しかし、この考え方が法の体系の変更を一切認めないものであるのかは明確ではない。弁明となるところを聴聞とすることは、「行政庁が相当と認めるとき」（13条1項1号ニ）に認められることになるが、例えば、拒否処分をする際に申請者の意見を聴く努力義務は認められているので（塩野＝高木・条解373頁、高木他・条解600頁〔須田〕）、このような明文規定が存在しない場合であっても、運用による対応が認められることになる。また、「一律」に義務付けることは認められないとする場合、特定範囲での義務付けは認められるようにも考えられる。

(ｳ) 行政の負担増加回避、裁量権の尊重、迅速性確保と「上乗せ」禁止

次に、法の体系の変更が禁止されているとする実質的理由は、行政の負担増加回避、裁量権の尊重、迅速性確保といったことではないかと思われる。ただし、

これらのことは、本法制定の背景としてはともかく、1条が定める行政の公正性確保・透明性向上や国民の権利利益の保護に照らして考える必要がある。行政にとっての負担は、行政手続条例によって、地方公共団体自らがその負担を負うことを認めている以上、変更禁止の理由とはなりにくいと考えられる。また、裁量権の尊重は、10条に関して活発に議論されているが、その規定が、裁量権を付与しているとまで解釈できるか問題である（小早川編・逐条研究360頁〔小早川光郎発言〕参照）。実体的規定と異なり、手続的規定の場合には、裁量権を認めないと、個々の事案における妥当性を確保できないという状況は限られ、また、積極的な手続的裁量が行使されなくても、実体的裁量以上に、違法性を問いにくいと思われる。実質的理由としては、迅速性確保、特に行政の相手方にとっての迅速性確保が最大のものではないかと考えられる。しかし、弁明手続における文書閲覧請求権のように、迅速性を損なうとは考えにくいものも存在する（阿部・前掲論文39頁参照）。また、10条に関して、迅速な処理を保障する趣旨とまで解することには疑問の余地があるといった指摘もなされており（室井＝紙野編・行政手続157頁〔紙野〕）、手続のあり方は、地方公共団体に委ねられているとも考えられる（小早川編・逐条研究361頁〔浜川清発言〕参照）。第三者の手続的権利の保障を充実することによって、行政の相手方に遅延をもたらすような場合であっても、極端な遅延をもたらし、その意味で比例原則に反するといったような場合はともかくとして、「上乗せ」が禁止されているとは考えられない。

　(エ)　地域性と「上乗せ」禁止

　また、「地域性」と関わりのない事項について特例的な規定を置くことによって、行政手続制度を殊更に複雑にすることは決して好ましい方向とはいえないとして、本法と同じ内容の行政手続条例であるならば、随所にみられる裁量的規定の活用を図ることによって運用上対処することを期待する見解もある（仲・すべて115頁～116頁）。しかし、行政手続条例の上乗せ適用の問題は、公害防止条例の上乗せ適用の問題とは異なり、上乗せ適用の際に公害防止条例と同じような意味での「地域性」が求められるべきではないであろう。上乗せ適用をした場合には、手続は統一的なものになるので、殊更に複雑になることもない。

　(オ)　本法を緩和する条例

　反対に、行政手続条例による本法の緩和（例、聴聞の対象を本法よりも狭く限定すること、審査基準や処分基準の設定義務を課さないこと）は、法律に基づいて行う

処分や届出については、国の機関が行うものであると、地方公共団体が行うものであるとを問わず、一義的・一律的に最低限の手続を定めることが本法の趣旨であると考えられるので、違法であると考えられる（室井＝紙野編・行政手続37頁〔室井〕、阿部・前掲論文39頁、宇賀・三法解説193頁、兼子＝椎名編・手続条例13頁〔兼子〕）。

(3) 本法の適用がない場合

(ア) 本法より厳しい条例と緩やかな条例

本法の適用がない場合には、本条が地方自治を尊重して、地方公共団体に公正性・透明性を確保するための措置の自主的整備を委ねたものであることから、地方公共団体が自主性・創意性を発揮して、本法と比較してより厳しい手続を定めることも当然に認められるべきものであるとする点で学説の見解は一致している。学説の見解が分かれているのは、本法より緩やかな条例を制定することが可能であるかである。

なお、本法を緩めた内容の行政手続条例の制定を認める現実的理由として、地方公共団体の規模の多様性を挙げる見解がある（宇賀・三法解説193頁）。小規模地方公共団体においては、固有条例に基づく処分はごく少数であるし、審査基準・処分基準等の設定に参考になる実例も少ないことも影響しよう（阿部・前掲論文30頁）。しかし、小規模地方公共団体に対しても、法律に根拠のある処分や届出の場合には、本法の適用があり、本法を緩めることはできない（前述(2)(オ)）。これに対し、行政指導に関しては本法の適用はなく、その規律は一般的に行政手続条例に委ねられるので、この緩和の問題は、行政指導に関してより大きな意味をもつ。そして、行政指導については一般的に行政手続条例が規律する以上、行政指導に関する行政手続条例の内容は、単に小規模の地方公共団体にとってだけではなく、大規模な地方公共団体にとっても、重要な意味をもつ。

(イ) 最低基準法説と標準法説

本法の適用がない場合にも、本法の適用がある場合と同様に、行政手続条例の内容が本法の内容よりも緩やかなものとすることができないとする見解として「最低基準法説」がある。この説は、本法の規定内容が透明・公正な行政手続の最低線的なレベルにとどめられており、地方公共団体の行政手続だからといって透明性・公正性がそれを下回ってよいという条理的根拠はなく、本法の規定を下回る条例では、「法律の趣旨にのっとり、……措置を講じ」たとはいえないとする。すなわち、本法の規定には条例に対する最低基準・ナショナルミニマムとしての

法原理の意味合いがあると主張する。また、行政指導については、指導要綱の公表や個別指導の請求文書制といった本法の規定（36条・35条3項）を排する理由はなく、行政指導への任意協力性と不履行制裁の禁止自体（32条）は行政指導の公理を確認した規定であるとする（兼子＝椎名編・手続条例7頁、12頁～13頁〔兼子〕、兼子仁「行政手続法の意義」公法研究56号〔1994年〕150頁）。

　これに対し、「標準法説」は、本法はあくまで標準法であり、行政手続条例の内容が本法の内容を緩めることも可能とする。「標準法説」によれば、「最低基準法説」のように、行政手続条例を制定する場合には、法律と同等またはそれよりもより厳しい手続規制以外は認められないとするのでは、3条3項で法律に基づく処分等と地方公共団体独自の条例・規則に基づく処分等や行政指導について、法律が異なった取扱いをし、法律に「準じ」ることすら求めずに、後者についての措置を地方公共団体に委ねた意味が全く失われてしまうのであって、地方自治を尊重するものとは考えられないとする（室井＝紙野編・行政手続34頁～35頁〔室井〕、阿部・前掲論文28頁～29頁、宇賀・三法解説193頁、塩野・行政法Ⅰ309頁、自治体実務研究会・実務の手引210頁）。

　もっとも、「標準法説」の場合にも、行政手続の保障が憲法上の要求であるとすれば、手続の内容がいかなるものでも足りるというわけではなく、一定の下限が存在することになるはずであり、また判例による制約もあるのであって、その規定の内容が完全に自由というわけではなく、それらの範囲内で、本法の内容を緩めた規定が可能であることになる（室井＝紙野編・行政手続35頁～36頁〔室井〕、阿部・前掲論文30頁～33頁、塩野・行政法Ⅰ309頁、本多滝夫「行政手続法と地方自治」日本地方自治学会編『行政手続法と地方自治』〔敬文堂、1996年〕43頁）。

　行政指導については、32条・33条・34条の定めるところは、その核心において、既存の学説・判例の説くところと基本的に同様であり、これらの規定をできるだけ弾力的かつ柔軟に解して地方公共団体の自主性・創意性を広く認めるとしても、おのずから限界がある。他方、35条・36条は、特別にこの法律が手続的規制を定めたものであって、従来の判例が必ずしも取り扱ってきたものではなく、地方公共団体の自主性は、なお広いものがある（室井＝紙野編・行政手続35頁～36頁〔室井〕、阿部・前掲論文31頁～32頁）。「最低基準法説」がいう「条理」も、憲法や判例が要求する内容として整理されるべきであり、本法の規定する内容が最低基準と説明するためには、それに相応しいだけの規定が本法の規定自体に存在しなけ

行政手続法

ればならないであろう。

5　行政手続条例における本法が規定する適用除外規定の適用

　本条を受けて現実に制定された行政手続条例のなかには、少数ながら、仙台市行政手続条例や和歌山市行政手続条例のように、適用除外の規定を置かない条例がみられる。それは、本法3条3項が、第2章から第6章までの規定の適用を排除していることから、3条1項の適用除外規定は、行政手続条例においても適用があると理解して、条例においてあえて適用除外の規定を置かなくても、3条1項各号の処分および行政指導は適用が除外されると解されているようである（宇賀・改革115頁、磯部=小早川編・自治体手続法325頁〔出口裕明〕、田所好美「行政手続条例の動向」自治研究71巻9号〔1995年〕99頁、森源二「行政手続法と地方公共団体（下）」地方自治577号〔1995年〕114頁～115頁参照）。しかし、3条3項は、本法の適用の範囲を限定するために、法律に根拠のある処分等について本法の処分等に関する規定の適用がないことを明らかにするために置かれた規定である。本法3条1項の適用除外は、政策的なものであって論理必然的に導かれるものではなく、先に検討したように、例えば本法の規定が適用除外されている公務員に関わる処分等について、地方公共団体が独自に行政手続を規定することが否定されているわけではない。したがって、条例の適用をするか否かは、当該地方公共団体における政策的判断に委ねられる。そして、適用除外をする場合には、条例自体において適用除外の規定を置く必要がある（同旨、南=高橋編・注釈387頁〔寺田友子〕）。そうでなければ、条例を適用しようとした場合に、単に適用除外規定を置かないこと以上の措置が必要になるが、本条の規定が自主条例にそこまで要求しているとは考えられず、条例で適用除外規定を認めないことは、一切の適用除外を置かないとの立法政策が採用されたと判断すべきである（室井=紙野編・行政手続143頁～144頁〔榊原〕）。

〔榊原秀訓〕

附　則

附　則（制定当時）抄

> （施行期日）
> 1　この法律は、公布の日から起算して1年を超えない範囲内において政令で定める日から施行する。
> （経過措置）
> 2　この法律の施行前に第15条第1項又は第30条の規定による通知に相当する行為がされた場合においては、当該通知に相当する行為に係る不利益処分の手続に関しては、第3章の規定にかかわらず、なお従前の例による。
> 3　この法律の施行前に、届出その他政令で定める行為（以下「届出等」という。）がされた後一定期間内に限りすることができることとされている不利益処分に係る当該届出等がされた場合においては、当該不利益処分に係る手続に関しては、第3章の規定にかかわらず、なお従前の例による。
> 4　前2項に定めるもののほか、この法律の施行に関して必要な経過措置は、政令で定める。

　本法制定時に附せられた本附則は、本法施行に伴って、従前、個別法によって定められていた事前通知や届出等の事前手続を本法上の制度に移行するための技術的な経過措置を定める。
　本附則1項は、本法が事前手続に関する一般法であり、広く周知する必要から、公布の日から起算して1年を超えない範囲で定める政令で定める日から施行することを規定する。なお、本項の「政令」として定められた「行政手続法の施行期日を定める政令（平成6年政令第302号）」によって、本法は、1994（平成6）年10月1日から施行されることとなった。
　次に本附則2項から4項は、本法施行前に行われた個別法上の事前通知、届出

について、本法との関係を規定するもので、本法施行前の個別法上の事前通知や一定の届出については「従前の例」によることとするとともに（2項・3項）、4項では、2項・3項以外に対応するべき事由があった場合に備え、政令で経過措置を置くことができるようにしている（小早川編・逐条研究371頁〔仲正発言〕）。

なお、条文は挙げないが、本法施行後、2005（平成17）年の改正までに、4つの附則が設けられている。この時期の附則は、一連の行政改革や行政手続のオンライン化といった近年の制度改正によって制定された法に伴う附則である。

具体的には、①1999（平成11）年「民法の一部を改正する法律の施行に伴う関係法律の整備等に関する法律」による本法の一部改正（19条2項〔除斥事由〕に関する改正）に伴う附則、②1999（平成11）年「中央省庁等改革関係法施行法」による本法の一部改正（2条5号イ〔「行政機関」の定義〕、3条1項8号〔適用除外〕の改正）に伴う附則、③2002（平成14）年「行政手続等における情報通信の技術の利用に関する法律の施行に伴う関係法律の整備等に関する法律」による8条1項（理由の提示）に関する改正、および35条3項2号（行政指導の方式35条4項2号）に関する改正に伴う附則、④2003（平成15）年「地方独立行政法人法の施行に伴う関係法律の整備等に関する法律」による本法の一部改正（3条1項9号〔適用除外〕に関する改正）に伴う附則である。

附　則（平成17年6月29日法律第73号）　抄

（施行期日）
第1条　この法律は、公布の日から起算して1年を超えない範囲内において政令で定める日から施行する。ただし、次条及び附則第8条の規定は、公布の日から施行する。

（経過措置）
第2条　この法律による改正後の行政手続法（以下「新法」という。）第2条第8号に規定する命令等（以下この条において「命令等」という。）を定める機関（以下この条において「命令等制定機関」という。）は、命令等を定めようとするときは、この法律の施行前においても、新法第6章の規定の例によることができる。この場合において、同章の規定の例により実施した手続は、新法の適用については、当該命令等制定機関が同章の規

定により実施したものとみなす。
　2　前項の規定の適用がある場合を除き、命令等制定機関がこの法律の施行の日から60日以内に定める命令等については、新法第6章の規定は、適用しない。

　本附則は、2005（平成17）年「行政手続法の一部を改正する法律」によって「意見公募手続」が導入された改正等に伴って設けられた附則である。具体的には、主に意見公募手続の導入等に関わって、本法1条（目的）の改正、同2条1号・5号イの改正および8号（定義）の追加、同3条1項4号・2項・3項（適用除外）の改正、同4条4項（国の機関に対する適用除外）の追加、同5条1項（審査基準）の改正、同12条1項（処分基準）の改正、同36条（複数の者を対象とする行政指導）の改正、2005年の本法改正前の「第6章　補則」を「第7章　補則」として章を動かすとともに、新たに「第6章　意見公募手続等」に関する規定（同38条から45条）を設ける改正に伴い、本附則が設けられた。
　本附則1条は、ただし書に定める例外を除いて相応の準備期間を設けるとの趣旨から政令に委任した期日から施行することを定めるものであり、「行政手続法の一部を改正する法律の施行期日を定める政令」（平成18年政令第17号）において、2006（平成18）年4月1日から施行するものとされた。
　本附則2条は、意見公募手続の適用に関する経過措置を定める趣旨であり、その1項は、本法改正前に「命令等制定機関」が命令等を定める場合、改正後の第6章の規定の適用があること、またその第6章を適用して命令等を定めた場合は、改正後の第6章が遡及適用されたとみなす旨定める。同2項は、命令等の立案から策定までの事務が施行日をまたぐ場合を念頭に置いたものであるが、上記1項において遡及適用された場合を除いて、改正法の施行から60日以内に策定される命令等については改正後の第6章の規定は適用されないものとした。
　なお、条文は挙げないが、2005年の本附則以降、2006（平成18）年6月「刑事施設及び受刑者の処遇等に関する法律の一部を改正する法律」による本法の一部改正（3条1項8号〔適用除外〕の改正）に伴う附則、および2006（平成18）年6月「証券取引法等の一部を改正する法律の施行に伴う関係法律の整備等に関する法律」による本法の一部改正（3条1項6号〔適用除外〕の改正）に伴う附則が設けられている。

行政手続法

> **附　則**（平成26年6月13日法律第69号）　抄
>
> **（施行期日）**
> **第1条**　この法律は、行政不服審査法（平成26年法律第68号）の施行の日から施行する。

　本附則における「この法律」とは、「行政不服審査法の施行に伴う関係法律の整備等に関する法律」（以下「整備法」という）のことである。すなわち2016（平成26）年の行審法の改正に伴い、整備法で他の法律も改正されたが、本附則は、整備法によって改正された他の法律も行審法の施行の日と同じ日に施行されること、を定めるものである。そして、この整備法54条によって本法も若干の点が改正された。
　具体的には、行審法の用語法と平仄を合わせるために、3条1項6号・同15号（適用除外）の一部改正、19条2項4号（除斥事由）の一部規定の改正、および27条ならびに27条1項の一部の改正、2項の削除およびそれに伴う同条の見出し（不服申立ての制限）の改正が行われた。特筆するべきは、27条の改正部分である。この整備法による改正前の27条2項は、聴聞を経てされた不利益処分については、原則、異議申立てができない旨定めていたが、改正によってこの規定が削除された（27条の解説4〔岡崎勝彦〕）。
　なお「行政不服審査法（……）の施行の日」は「平成28年4月1日」とされた（行政不服審査法の施行期日を定める政令〔平成27年政令第390号〕）ため、整備法による本法の改正も同日に施行された。

> **附　則**（平成26年6月13日法律第70号）　抄
>
> **（施行期日）**
> **第1条**　この法律は、平成27年4月1日から施行する。

　本附則における「この法律」とは、「行政手続法の一部を改正する法律」のことである。この法律では、改正前の同35条2項以下を1項ずつ繰り下げ、新しく35条2項として「行政指導の方式」を追加する改正（35条の解説4・5〔紙野健二〕）、

新たに36条の2（行政指導の中止の求め）を加える改正（36条の2の解説〔西田幸介〕）、および「第4章の2」として本法に36条の3（処分等の求め）を加える改正（36条の3の解説〔西田幸介〕）が行われた。本附則は、その施行日を2015（平成27）年4月1日と定めるものである。

〔庄村勇人〕

行政不服審査法

平成26年6月13日法律第68号
施行　平成28年4月1日

行政不服審査法 総説

1 行政上の不服申立制度

　本法は、行政上の不服申立制度に関する一般法である。行政庁の処分によって権利利益を侵害された国民を救済する制度としては、最終的には裁判があるが、より簡便な救済制度として行政上の不服申立ての制度がある。この制度は、行政庁の「処分又はその他公権力の行使に当たる行為」（1条2項。以下「処分」という）について、不利益を受けた国民が行政機関に不服を申し立て、その裁断によって自己の権利利益の救済を図るものである。

　行政上の不服申立ては、行政機関を裁断機関とする点で、同じく行政庁の処分に関する不服を裁判所に訴える行政事件訴訟のうちの抗告訴訟と異なる。また、審理の手続は、当事者主義に基づく裁判とは違い簡略なものを採用している。それでも、救済の機能でみると、裁判と共通する部分も多い。処分に関する代表的な抗告訴訟である取消訴訟（行訴3条2項）において原告は違法な処分の取消しを裁判所に求めるが、行政上の不服申立てにおいても同様であり、国民は裁断機関である行政機関に対して処分の取消しを求めることになる（ただし、行政上の不服申立てにおいては処分の変更を求めることが認められる場合がある）。また、申請に対する処分の不作為について、抗告訴訟における不作為の違法確認訴訟（行訴3条5項）と申請型義務付け訴訟（同法3条6項2号）と同様に、本法に基づく不服申立てにおいても同様の救済が用意されている（申請型義務付けについては2014年改正後の本法46条2項による）。

　行政上の不服申立制度において、不服申立てに基づく裁断機関の裁決（決定）は処分の効力を直接取り消す（または変更する）効果が認められ、取消訴訟における判決と同様の効果を有する。この点は、同じく処分を不服として行政機関に対して行う単なる苦情の申出と異なる。苦情の申出においては、苦情処理機関は処分等を行った関係行政機関に苦情を取り次ぐか、適当な措置を行うよう意見（勧告）を述べるのにとどまる。

行政不服審査法

　行政庁の処分について、行政事件訴訟とは別に、このような行政上の不服申立制度が設けられている主な理由は、それが救済制度として簡易で迅速なものであることに求めることができる。申し立てる側からいえば、申立ての方式が簡易であることから弁護士の助けを必要とせず、また費用もほとんどかからないため、裁判に比べて容易に行うことができる。そして、審理の方式が原則として書面審理によることとされ、当事者が弁論を応酬する手続がなく、また、裁断機関が行政機関（上級庁、処分庁または専門的第三者機関等）であることから、一般に裁判所に比べて関係する法令と制度に精通していて、判断が迅速になされるといえる。

　行政上の不服申立制度の必要性は、国民の側からだけではなく、公益上の理由ないしは行政の便宜という点からも認められる。租税や社会保険・社会福祉の分野では、処分を不服として裁判を提起する前に、あらかじめ行政上の不服申立てを行うべきこと（不服申立前置主義）が個別の法律によって要求されていることが少なくないが、それは、大量になされる処分について、不服申立てを通じて専門的な行政機関により事後的な審査を行わせることによって、裁判所に多数の事件が係属することを避ける役割がある。同時に、行政にとっては自己統制ないしは事後監督の機会を確保できるという意味もある。

　さらに、行政上の不服申立てに対する裁断機関の審査は、行政による自己統制の意義も有することで、裁判所による場合に比べてその審査の及ぶ範囲が広くなるという重要な特色を有する。裁判所は法を適用して法的な紛争を解決するものであり、例えば取消訴訟では、処分の適法・違法を判断できるにすぎず、行政庁の処分がその裁量権の範囲内にあって違法の問題を生じない場合には、裁量権の濫用といえる場合を除いて、裁判所はさらに進んで処分の当否を判断することができない。これに対して、不服申立ての裁断機関は、それ自体が行政機関であるところから、処分について、その適法・違法についてのみならず、当・不当についても判断することが認められている。本法で「違法又は不当な処分」などの表現が用いられている（1条1項・45条3項・47条・49条3項など）のは、これを示している。制度上は、裁判所によって救済できない事案についても、不服申立てによって救済ができることが予定されているのである。

　しかし、こうした行政上の不服申立制度の特徴または利点は、その反面として、制度の限界を意味してもいる。何よりも、行政機関自身が不服申立てを裁断するため、その判断の公正・中立性に多くを期待することはできず、不服申立てをす

る国民の側の意欲を削ぐことにもなる。例えば、上級庁に対して審査請求を行うとして、法解釈の面では処分をした行政庁（以下「処分庁」という）とその上級庁の間に不一致はないのが通例であるから、審査請求で処分庁の法解釈そのものを争う場合は救済を得ることは期待できず、事実認定や認定事実の評価を争う場合に上級庁による慎重な判断を通じて救済される余地があることになる。また、書面審理を原則とする簡易・迅速な審理手続は、反面において、申立人による主張・立証を必ずしも十分に保障するものとならないことを意味する。さらに、例外であるとはいえ多数の法律が義務付けている、裁判前の不服申立ての前置は、ときに国民の側に無用の負担を課し、救済の遅延を招くこともある。

2　行政上の不服申立制度の沿革

行政上の不服申立ての制度は、沿革的には行政による自己統制ないしは上級庁による事後的監督にその出発点を求めることができる。国によっては、法律の明示的な根拠に基づくことなく、上級庁の有する監督権の発動を求めるものとして行政上の不服申立てを認めるところがある（各国の類型について、南博方「行政争訟法総説」行政法大系(4)5頁以下参照）。また、ヨーロッパ大陸諸国でみられる行政裁判制度における取消訴訟の原型もこの上級庁（究極的には国王）の監督権としての取消権にあるといわれる。各国の歴史をみても、行政事件に関する裁判制度が整備された後も、行政上の不服申立制度は何らかの形でこれと併存するが、日本の場合、制度の導入当初においては、国民の権利利益の救済よりむしろ行政による自己統制の機会の確保に重点が置かれていた。

日本における近代的な行政上の不服申立制度は、1890年の旧訴願法（明治23年法律第105号）に基づく訴願の制度に始まる。同法は、同年に制定された旧行政裁判法（明治23年法律第48号）と一体となって明治憲法下の行政争訟制度を確立した。旧訴願法は訴願の対象として、租税賦課に関する事件、滞納処分に関する事件、営業免許の拒否・取消しに関する事件、水利・土木に関する事件、土地の官民有区分に関する事件、および地方警察に関する事件を列記し、その他の処分については法令に定めがない限り訴願を認めない、いわゆる制限列記主義を採用していた（旧訴願1条）。これらの訴願事項は、その意味が不明（雄川・争訟法237頁）ともされる「地方警察に関する事件」を除いて、同様に制限列記主義を採用していた行政裁判所への出訴事項（旧行政庁ノ違法処分ニ関スル行政裁判ノ件〔明治23年法律第106号〕）と同じであり、また、行政裁判所への訴えについては、訴願を行い

これに対する裁決を経た後でなければすることができないとする訴願前置主義が採用されていた（旧行政裁判17条1項）。このように、訴願は簡便な救済制度としての活用範囲が限られていることから、行政裁判所への訴えの前に強制される行政機関による事前審査としての側面が強い。

訴願制度には不備が多く、旧訴願法制定の1カ月余の後に発足した帝国議会をはじめ、その改正が繰り返し議論されたが（この間の経過については、田中＝加藤・解説2頁以下参照）、明治憲法下では、改正は実現しなかった。制度の不備として主に指摘されたのは、訴願の対象を列記して定める旧訴願法1条の規定や個別法により訴願を認める規定が明確性を欠くため訴願の可否に疑義を生ずることが多かったこと、行政組織が複雑化する中で裁決庁となる上級庁に当たる行政機関が不明確であったこと、旧訴願法の定める60日の訴願の提起期間（同法8条1項）とは別に個別法律が極端に短期の期間を定めることが少なくなかったこと、などである。そのほか、訴願の提起は処分庁を経由して上級庁（訴願裁決庁）に対して行うこととされていたため（旧訴願2条1項）、処分庁により訴願が妨げられるなどの弊害があったこと、口頭による審理（口頭審問）は裁決庁が必要と認める場合にのみ行われ（同法13条）、権利として保障されていなかったこと、訴願と行政訴訟の関係について、訴願前置を定める旧行政裁判法とは別に両者の選択やいずれか一方のみを認める個別法があったため統一性を欠いていたこと、なども制度の問題点として指摘された（参照、田中・行政法(上)226頁、雄川・争訟法131頁以下、田中＝加藤・解説6頁、南・前掲論文7頁）。法制度のみならず、解釈上も、職権主義による審理を理由に、訴願庁は訴願人に不利益に処分を変更する裁決ができるとするものがあるなど、救済制度としての位置づけが確立していなかった。

3 行政不服審査の制定

戦後、日本国憲法の制定に伴い、行政裁判所が廃止され一元的な司法裁判制度のもとで行政訴訟制度の改革が進められた。1948年に暫定的なものとして制定された行政事件訴訟特例法（昭和23年法律第81号）が訴願前置主義を維持したため、救済制度として問題があった訴願制度の改革が急がれた。1952年に政府は訴願制度の改正を決定し、改正作業のために臨時訴願制度改正委員を委嘱し、1954年には、改めて訴願制度調査会を設置し、同調査会は1960年に訴願制度改善要綱を内閣総理大臣に答申した。そして、1962年、行訴法（昭和37年法律第139号）の制定と前後して、行審法（昭和37年法律第160号。後述のとおり、2014年に全面改正される

が、同改正前の本法を、以下「旧法」という）が制定された（制定経過について参照、田中＝加藤・解説6頁以下、田中・行政法(上)227頁以下）。

旧法は、全体で3つの章と58カ条（附則を除く）からなっていた。

第1章「総則」では、国民の権利利益の救済を図ることを制度の目的として明確にする（1条）とともに、「行政庁の処分」に不服がある者は不服申立てができると定めて、一般概括主義の採用（4条）によりその対象を大幅に拡大するとともに、権力的な事実行為および申請に対する処分の不作為も対象となることを明定した（2条）。ただし、11号にわたって定める処分（4条ただし書）については対象から除外した。また、行政上の不服申立てとして、直近上級行政庁その他法定行政庁に対して行う審査請求と処分庁に対して行う異議申立ての2種類を定めるとともに、審査請求を経た後にする再審査請求を定めた（3条）。

第2章「手続」では、通則のほか、審査請求の手続を規定し、他の不服申立てについてはこれを準用するとともに若干の特別の定めを設けることとした。特に、申立てに基づく口頭審理の機会の保障（25条1項）や裁決における不利益変更の禁止（40条5項）を明文化するなど、権利救済制度としての手続の整備が図られた。

第3章「補則」では、異議申立てもしくは審査請求または他の法令に基づく不服申立てのどれを申し立てることができるか、不服を申し立てるべき行政庁および申立期間等を処分時に相手方に示すことを義務付ける教示の制度（57条）を定めた。

また、同年に制定された行訴法により、それまでの訴願前置主義が廃止され、法律に別の定めがない限り、処分に不服がある者は行政上の不服申立てを経ずに取消訴訟を提起できることになった（行訴8条1項）。

4　制度の運用状況

行政上の不服申立ては、提起が簡易であることもあって、各種の制度の時々の改変を不服として各地で一斉に行われることがあり（例えば、2014年度には、国民年金の特例水準解消を不服とするものが多数あり、国の処分に対する不服申立ての総件数は8万8,000余となっている）、その場合、認容率等も大きく変動するなど、申立件数と認容率の双方で、年度による偏差が大きい。その点を留保した上で、状況の一端を示すと次のとおりである（データは総務省の「行政不服審査法等の施行状況に関する調査結果」の各年度、国・地方公共団体版による）。

地方公共団体については、2008年度（総務省の調査で全団体が対象となった最古

行政不服審査法

の年度）は、総件数2万5,316、認容率4.2％、2011年度は、1万8,290、2.8％であり、認容率は漸減傾向にある。国については、2002年度は、総件数1万7,598、認容率17.5％、2008年度は、2万1,875、12.0％、2011年度は、3万22、10.6％であり、申立件数は漸増、認容率は漸減傾向にある。分野別でみると、不服申立前置のある租税、社会保険、生活保護等が大半を占めるが、地方公共団体では、情報公開・個人情報保護や道路交通法関係など任意の選択による申立てが次第に増加している。認容率の高い分野は、地方公共団体では情報公開（2011年度、7.8％）、個人情報保護（同、24.2％）、生活保護（同、15.0％）であり、国では租税関係（2011年度、異議申立て10.3％、審査請求17.4％）、労災関係（同、審査請求12.3％）、社会保険関係（同、8.7％）である（運用状況について参照、榊原秀訓「総務庁行政不服審査調査結果の分析」行財政研究30号〔1997年〕34頁以下、宮崎・行政争訟102頁以下など）。

　行政事件について、地方裁判所の新受件数は、年間おおよそ2,100件から2,500件（2006年から2015年、司法統計）で、原告である国民の勝訴率は10ないし17％（1996年から2000年、2002年最高裁調べ）である。また、民事訴訟である国家賠償請求訴訟については、国の法務省所管の新受件数は1,700件から1,900件であり、国民の勝訴率は10％程度といわれている（1995年から1999年、法務省調べ）。行政上の不服申立ては、一時は件数の減少傾向も指摘されたが（榊原・前掲論文、宮崎・行政争訟129頁以下参照）、国と地方公共団体を合わせて、4万件から5万件程度であり、その件数で行政事件と国家賠償事件をはるかに上回る。認容率では、年度や分野によって一定しないが、裁判以上に高い分野もある。その手続の簡略さと費用負担の少なさを考慮すれば、実効的な救済制度として着実に役割を果たしているといえる。

5　2014年の全面改正

　1993年の行手法の制定により処分等の手続における公正の確保と透明性の向上が図られ、2004年の行訴法の改正で新たな抗告訴訟と仮の救済制度の導入および出訴期間の延長などにより裁判上の国民の権利救済制度の充実が図られることで、旧法の諸々の問題点が改めて露呈することとなった。具体的には、第1に、行政上の不服申立ては、処分庁以外の行政庁が不服申立てを審査する審査請求と処分庁自らが審査する異議申立ての2種があるが、異議申立ての手続では審査請求において認められる弁明書と反論書の提出、提出物件の閲覧などの手続が省略されていた。第2に、行手法において、重大な不利益処分について主宰者による聴聞

および聴聞調書・意見書の作成の手続が採用されたが、審査請求においては、口頭意見陳述の機会を保障するにとどまっていた。学説等では、審査機関の第三者性の確保などが指摘されてきた（兼子・争訟法170頁以下、369頁参照）。第3に、2004年の行訴法の改正により、処分を知った日から3カ月であった出訴期間が6カ月に延長され、また、正当な理由による延伸が認められたが、旧法によれば不服申立期間は60日で、正当な理由による延伸は認められていなかった。同改正で行政事件訴訟については、事前の処分義務付け・差止訴訟を導入することで実効的な救済のための整備が進められ、不服申立てにおいても同様の対応が望まれた。さらに、行訴法は取消訴訟と不服申立ての自由な選択を原則としていたが、多くの個別法が出訴前の不服申立前置（ときには審査請求と再審査請求の2段階の）を義務付けていることで、迅速な救済が妨げられていたことも、個別法の問題ではあったが不服申立制度に関わる問題点であった。

　2006年10月に総務副大臣の主宰のもとに設置された行政不服審査制度検討会等の検討を踏まえ、不服申立ての審査請求への一元化と異議申立ておよび再審査請求の廃止、審理員による審理手続、審査請求期間の延長、申請型義務付け裁決、情報公開・個人情報保護審査会を統合して新設する行政不服審査会への諮問などを内容とする改正案（以下「08年法案」という）が2008年に国会に上程されたが、審議されないまま廃案となった。

　2014年の第186回国会に、改めて、旧法の全部改正案が提案された。改正案は、基本的に08年法案を踏襲しているが、再審査請求を部分的に復活させ、提出書類等の閲覧時の写し等の書面の交付を新たに追加し、行政不服審査会は情報公開・個人情報保護審査会と別に設置することとした。本法は、衆参両院の可決を経て同年6月13日に法律第68号として公布され、2016年4月1日に施行された。また、関連法の改正により、08年法案で見送られた個別法による不服申立前置の義務付けについても、これを定めた96法律のうち68法律の改正によって廃止ないし縮小され、異議申立てと審査請求または審査請求と再審査請求の二重の前置の義務付けはすべて解消された。ただ、不服申立件数の大半を占める社会保険、生活保護、租税、公務員等にかかる処分については、審査請求前置が残された。

　改正時に導入が検討された処分（申請に基づく処分を除く）および行政指導の義務付けならびに行政指導の差止めを求める手続は、本法ではなく、本法と同時に改正された行手法に盛り込まれた（同法36条の2・36条の3）。

6　本法の構成

2014年に全面改正された本法は、6つの章と87カ条（附則を除く）となった。

第1章「総則」では、行政上の不服申立てが「簡易迅速かつ公正な手続の下で」行われるべきこと（1条）、処分および処分の不作為に対する不服申立てが審査請求に一元化されること（2条・3条）、以前の異議申立てに代わる再調査の請求および再審査請求は法律の定めがある場合に任意の選択によりなしうること等を定める。処分の定義は行訴法および行手法と同一とされ（1条2項）、旧法における継続的な事実行為への言及は削除された。

適用除外については、本法に基づく処分が追加されたほかは、旧法のままである（7条1項）。

第2章「審査請求」は、審理員の指名、標準処理期間の制定等を定める「審査庁及び審理関係人」（第1節）、審査請求期間、請求の方式、執行停止等を定める「審査請求の手続」（第2節）、弁明書・反論書、口頭意見陳述、証拠書類等の提出、請求人等による質問、提出書類等の閲覧・交付請求等を定める「審理手続」（第3節）、全く新しい手続である「行政不服審査会等への諮問」（第4節）、申請に対する拒否処分や不作為に対して処分の義務付け等の措置を新たに定める「裁決」（第5節）の5節からなる。

第3章「再調査の請求」は、旧法における異議申立てが廃止され、それに代わって、処分庁以外の行政庁に対する審査請求に先立って、法律の定めがある場合に限り任意に行うことができる処分庁に対する不服申立てとして導入された再調査の請求に係る、請求期間、3月後の教示、決定等について定める。

第4章「再審査請求」は、旧法が認めた権限の委任に伴う再審査請求を削除して、法律が認める場合に限って審査請求の裁決に不服がある者が、任意に行うことができるものとして存続することになった再審査請求について、請求期間、裁決等の規定を置く。

第5章「行政不服審査会等」は、国の処分に対する審査請求について審査庁に答申する権限を有する行政不服審査会の設置および組織、調査審議の手続、また、地方公共団体に置かれる同様の機関の設置等について定める。

第6章「補則」は、処分時の教示義務、不服申立てに必要な情報の提供、不服申立ての処理状況の公表等を定める。

7 2014年改正と課題

　2014年改正で種類が審査請求に一元化され、審理員による審理手続、提出書類等の写しの交付請求、口頭意見陳述時の処分庁に対する質問などが制度化されたことで、それまでに増して公正で透明性の高い審査が期待できる。委員会や法律の定める第三者機関が審査庁になる場合を別にすれば、国の場合、最上級行政機関とされる大臣または庁の長官が審査庁となり、また、大臣等によって審理員が指名されることで、人材の養成、経験の蓄積および審理の充実が期待される。この場合、審理が中央省庁に集中することで国民に生ずるおそれがある地理的な不利益については、口頭意見陳述の場所を工夫するなど柔軟な行政運用によって解消する必要がある。また、行政不服審査会が関与することとなり、審査機関の第三者性ないし処分庁からの独立性の確保（兼子・争訟法170頁以下、369頁参照）は、ひとまず達成されたといえるが、独立性や手続の慎重さに力点を置くことで懸念される簡易・迅速さの後退（参照、塩野・行政法Ⅱ10頁）については、行政不服審査会への諮問を不要とする請求人の申出等により回避できよう。

　処分の事前と事後の手続という観点からみれば、2014年改正後の本法の手続は、指名された職員による審理、口頭意見陳述、物件・文書の閲覧、理由提示など、多くの点で行手法の定める手続と類似することになった。のみならず、口頭意見陳述である聴聞が限られた処分に適用される行手法とは異なり、本法では、審理員と口頭意見陳述はすべての処分を通じて採用され、また、行政不服審査会への諮問を導入したことで、審査請求の審理における公正や第三者性の確保は、行手法に先んじることとなった。旧法制定当時に「将来の課題」とされた、処分の事前と事後の手続である行政手続と不服申立制度を包括する「行政手続法」という統一法典の制定の課題（参照、田中・行政法(上)229頁注(2)。第１次臨調草案も不服審査手続を含んでいた）は、より現実的なものとなったといえる。

　本法に定める行政不服審査会が総務省に設置され、地方公共団体でも設置が進められている。国の場合、全省庁の事件を一つの審査会が審査するが、9名の委員のうち官僚出身者はわずかで大半が法曹または学者等である。審査庁による審査は、違法性審査とともに妥当性審査を含み、行政庁に裁量が認められている場合でも、審査庁は自ら公益判断を行い、いかなる処分をすべきかまたはすべきでないかを示して裁決する、いわゆる全面判断代置審査を行う。しかも、裁判のように当事者主義ではなく職権主義が原則とされ、職権探知もできる。国の処分庁

が、千数百の法律をそれぞれ所管する内閣府と11の省の各行政機関からなるとき、専門委員（71条）の支援を受けるとしても、3名のみが常勤で他は非常勤（68条2項）である審査会の委員の負担は、違法性審査のみを担当する裁判官に比べて、極めて大きい。公表が始まったばかりの地方公共団体の行政不服審査会の答申をみると、件数は少ないが、妥当性審査については審理員の意見を是とするにとどまるものが多い。行政不服審査会が妥当性審査を効果的に行うことができるかどうか、改正法の真価が問われる。

　本法をそのまま適用することが適切でない場合、国であれば、特別法を定めて立法的に問題を解決できるが、地方公共団体は条例によって法律の適用を除外することも特別の定めを置くこともできない。条例に基づく処分について、審理員による審理については、条例で適用しないことができるが、それ以外の審理手続で適用除外が認められるものは多くない。地方公共団体の不服申立てにおいて大きな割合を占める情報公開・個人情報関係事件では、インカメラ審理を行うこともあって、利害関係者の参加人としての参加（13条）、口頭意見陳述におけるすべての審理関係人の招集（31条2項）、提出書類等の審査請求人・参加人による閲覧請求（38条）などの手続が適切でない場合がある。また、地方公共団体の諮問機関にすぎない情報公開・個人情報保護審査会は、審理員または審査庁に代わって審理を行う権限を本法で認められていない。国は、情報公開・個人情報保護審査会設置法で本法の審理手続の多くを適用除外とし、特別の定めを設けてこうした不都合を解消しているが、地方公共団体は運用によって対応するしかない。2014年改正により本法はこれまでにない精緻な手続を設けたが、地方公共団体の自主性に委ねる余地をほとんど残さなかった結果、運用で柔軟性を確保することとなり、法律による救済制度としての厳格性が損なわれないか、懸念される。地方公共団体の自主性の尊重と柔軟な審理手続は今後の課題として残された。

　適用除外の見直しは、2014年改正でも見送られた。適用除外のうち特に問題となるのは、学生等、刑事施設等の被収容者、外国人（出入国に係る）に対する処分（行審7条8号・9号・10号）である。これらの処分は、行手法でも適用除外とされている（行手3条1項7号・8号・10号）ことから、「処分の事前又は事後のいずれかで手続保障を図るよう」個別法での検討が必要との留保を付して、適用除外を維持することが適切であるとされた（「検討会最終報告2007」）。このうち、被収容者（行手3条1項8号）については、刑事収容施設及び被収容者等の処遇に

関する法律（平成18年法律第58号による改正法）によって不服申立て（審査の申請）の手続が整備され、本法の一部が準用されている。しかし、外国人の出入国に関する裁決について、書面交付の定めがない個別法（入管49条3項・5項）の現状が判例によって肯定される（最判平18・10・5判時1952号69頁）など、他の分野については、公正かつ簡易な救済手続に関する法整備は放置されている。2014年改正本法と行手法の趣旨を踏まえて、個別法における不服申立てを含む手続保障の進展が期待される。

[浜川　清]

行政不服審査法

第1章 総　　則

> **（目的等）**
> **第1条**　この法律は、行政庁の違法又は不当な処分その他公権力の行使に当たる行為に関し、国民が簡易迅速かつ公正な手続の下で広く行政庁に対する不服申立てをすることができるための制度を定めることにより、国民の権利利益の救済を図るとともに、行政の適正な運営を確保することを目的とする。
> 2　行政庁の処分その他公権力の行使に当たる行為（以下単に「処分」という。）に関する不服申立てについては、他の法律に特別の定めがある場合を除くほか、この法律の定めるところによる。

1　本条の趣旨

本条は、本法の目的と本法が行政上の不服申立ての一般法であることを定めている。本法の2014年改正により、本法が「公正な手続」をその目的の一つとすることが本条1項に明示された。また、同改正により、従前の2条の定義規定が削除され、「処分」が本条1項で、「不作為」が3条で、それぞれ定義されることとなった。本法の定める「処分……に関する不服申立て」には、処分についてのもののみならず、「行政庁の不作為」（行審3条）についてのものが含まれる。

2　本法の目的

(1)　権利利益の救済と行政運営の適正化（1項）

本法は、「国民の権利利益の救済」とともに「行政の適正な運営」の確保を目的とする。前者は行政上の不服申立ての行政救済の側面を、後者は行政統制（ただし行政の自己統制）の側面を表現している。旧訴願法は行政統制を主眼としていたが、2014年改正前の本法の規定は行政救済の見地から整備されており（田中・行政法(上)232頁）、この点は、同改正後の本法でも同様である。この制度によ

る行政統制は行政救済を通して行われるから、両者は表裏の関係にある。

本法による不服申立ては、「国民」のためものとされるが、外国人（外国法人を含む）もこれを利用できる。他方、国の機関または地方公共団体その他の公共団体もしくはその機関は、「固有の資格」で相手方となる処分または不作為について、この制度を利用できない（7条2項。「固有の資格」については、7条の解説〔門脇美恵〕参照）。

本法による不服申立ては、何人でも利用できるわけではなく、「処分に不服がある者」（2条。5条1項も参照）、「申請をした者」（3条）および「裁決に不服がある者」（6条1項）に提起が許されるため、主観争訟に該当する（小早川＝高橋・条解6頁〔小早川光郎〕）。また、本法が行政救済を目的とするため、明文の定めはないが、本法による不服申立てには申立ての利益（訴えの利益に相当）が必要とされる。さらに、裁決による処分の不利益変更は禁止される（48条。59条3項も参照）。

(2) 違法性と不当性（1項）

行政上の不服申立てでは、処分または不作為の違法性と不当性が審査される。違法とは、行為または不行為（本法にいう不作為〔3条〕を含む）が法に違反していることを指し、それらが裁量権の逸脱または濫用に当たる場合を含む。不当とは、行政裁量が認められる場合であって、裁量権の逸脱または濫用に当たるとはいえないが、裁量権行使（権限を行使しないことを内容とする裁量判断を含む）が妥当性を欠くことをいい、これを裁判所は審査できない。すなわち、不当となるのは、例えば、要件裁量が認められ要件充足性の判断に誤りがある場合や効果裁量が認められる行為（行為をするか否かとその内容）または不行為の選択に誤りがある場合であって、その誤りが裁量権の逸脱または濫用に当たらないときである。裁量基準違反が不当とされることがあるが、少なくとも私人との関係では、当該行為または不行為が平等原則（憲法14条1項）または信義誠実の原則に反し違法となると解せば足りる。

不当性の審査が一般に困難であることが指摘されている（稲葉馨「行政法上の『不当』概念に関する覚書き」行政法研究3号〔2013年〕7頁以下）。審理員制度（28条以下）や行政不服審査会等への諮問制度（43条）を活用して不当性の審査が積極的に行われることが期待される。

(3) 簡易迅速性と公正性（1項）

「簡易迅速」な「手続」とは、行政上の不服申立ての手続が訴訟と比べて簡易迅速であるべきことを意味する。これ自体は理念を示したものだが、簡易性は職権審理（33条～36条）や手数料が不要とされること（ただし、38条4項・78条4項）などにより、迅速性は標準審理期間（16条）や審理手続の計画的進行（28条。37条も参照）などの定めによって、その実現に向けた配慮がなされている（16条の解説〔藤枝律子〕、37条の解説〔前田雅子〕参照）。

本法の2014年改正による「公正な」の文言追加は、行手法の制定（1993年）により行政手続（事前手続）の水準が向上し、行訴法の2004年改正により事後手続の改善が図られたことを踏まえ、「より客観的かつ公正な審理手続を定めるなど不服申立人の手続保障を強化」すべく（「検討会最終報告2007」）、審理員制度や行政不服審査会等への諮問制度が導入されたことに伴うものである（宇賀・行審法解説14頁）。

簡易迅速性と公正性は必ずしも両立しない（芝池・読本264頁～265頁）が、本法は、公正性の要請の実現を重視し、両者を同時に実現することを志向している（小早川＝高橋・条解3頁〔小早川光郎〕）。本法の2014年改正前には、行政救済は「究極的には、訴訟」によるべきだが、「より簡易迅速に処理できる手続」の途を「開いておくことが望まし」く、本法により旧訴願法の「手続の不備」を調え「できるだけ正確公正な判断」を可能としたとの説明がみられた（田中・行政法(上)233頁）。本法の2014年改正は後者の要請を推進したともいえるが、やや後退した簡易迅速性を運用によって補うことが期待される。

3 本法の対象

(1) 一般概括主義（1項）

本法は、それが「国民」に「広く……不服申立て」を認めるものであるとし（1項）、旧訴願法の概括列記主義を改め、処分または不作為であれば、広く一般に本法による不服申立ての対象とする一般概括主義を採用している（2条・3条）。一般概括主義の方が行政救済の点で優れているが、裁判を受ける権利（憲32条）と異なり、憲法上、行政上の不服申立ての権利は認められていないので、その採否は立法政策による（今村・入門210頁）。本法では、一般概括主義がとられているが、適用除外の定めがあり（7条）、また、処分または不作為に該当しない法規命令や行政指導などについては本法による不服申立てができない（なお、行手

36条の2・36条の3参照）。

(2) 処分の意義（2項）

本法上の「処分」には、行訴法・行手法上の処分と同じ定義がされている。2014年改正前の2条1項は、処分には「公権力の行使に当たる事実上の行為」（権力的事実行為）で、「人の収容、物の留置その他その内容が継続的性質を有するもの」を含むとしていた。これに対し、本法は、処分に権力的事実行為が含まれることを前提とする（46条1項・47条等参照）が、それに継続的性質を要求していない。行訴法の2004年改正で差止訴訟が法定抗告訴訟化され、行手法の2014年改正で処分等の求めの制度（36条の3）が導入されたため、両法律とも処分に含まれる権力的事実行為に継続的性質を要求していないと解される（宇賀・行審法解説13頁～14頁）。ただし、継続的性質を有しない権力的事実行為に対する行政上の不服申立ては、申立ての利益を欠き却下される。

4 一般法としての性格

本法は、行政上の不服申立ての一般法である（2項）。行政上の不服申立てに関する「特別の定め」は、法律でしなければならず、審査庁の特例を除き（4条柱書）、条例によることはできない（阿部泰隆『行政法再入門(下)〔第2版〕』〔信山社、2016年〕185頁）。

「特別の定め」の例として、①本法による不服申立てを排除するもの（例、特許195条の4、労組27条の26）、②特別の行政上の不服申立てを定めるもの（例、国公90条以下、税通75条以下、社審3条以下・32条以下〔健保189条1項、国年101条1項等も参照〕、地公49条の2以下、土地利用調1条・25条以下〔鉱業133条、森林190条1項等も参照〕、労組27条の15以下、労保審7条以下・38条以下〔労災38条1項、雇保69条1項も参照〕）、③本法による不服申立てについて手続上の特例を定めるもの（例、電波83条以下、特許91条の2）がある。

本法は、比較的広範な適用除外を定めつつ（7条）、これにより審査請求ができないとされた処分または不作為につき、その性質に応じた、特別の不服申立ての制度を設けることが妨げられないことを確認している（8条。8条の解説〔安田理恵〕参照）。この制度を設ける規定は、本条2項にいう「特別の定め」に当たり、法律によらなければならない。

［西田幸介］

行政不服審査法

> **（処分についての審査請求）**
> **第 2 条** 行政庁の処分に不服がある者は、第 4 条及び第 5 条第 2 項の定めるところにより、審査請求をすることができる。

1 本条の趣旨

本条は、処分に対する不服申立てにつき、4 条および 5 条 2 項の定めるところにより、審査請求をすることができることを定め、そのことによって処分の不服申立てを原則として審査請求に一元化するものである。

2 審査請求への一元化

旧行審法上の不服申立ては、処分庁・不作為庁（以下「処分庁等」）以外の行政庁（例えば直近上級行政庁）に対する審査請求と当該処分庁等に対する異議申立てに区別された。そして、審査請求の裁決に不服があるとき、個別法に定めがある場合には、さらにその上の上級行政庁に再審査請求をすることができた。このように不服申立ては異議申立て・審査請求・再審査請求の三種に分けられ、一定の場合に審査請求・再審査請求の二段階の仕組みが採用された。

旧行審法の審査請求と異議申立てでは審理段階での手続的保障が異なっており、異議申立てには処分庁が提出した弁明書に対する反論書の提出（同法23条）や処分庁が提出した書類等に対する閲覧請求権（同法33条 2 項）が認められていなかった（同法48条）。この差異は、上級行政庁の存否というある種の制度的偶然（組織編成や下級機関への権限の委任など）によるものにすぎず、それを理由に正当化することができない問題とされ、また、複数・多段階の不服申立制度は国民にとってわかりにくいとの批判もあった（「検討会最終報告2007」5 頁）。そこで、本法は、審査請求に原則として一元化することで、審査請求人の手続的保障を厚くするとともに制度の簡明化が目指された。

ただし、次の二つが補完として定められている。一つ目は「再調査の請求」（詳細は 5 条の解説〔下山憲治〕参照）であり、それは審査請求よりも簡略な手続によって事案や処分内容などを把握している処分庁が改めて見直すことで国民の権利利益の迅速な救済と審査請求の審査に当たる行政庁の負担軽減に資する場合であって、法律の定めがあるときに限って認められる。二つ目は「再審査請求」（詳細は 6 条の解説〔下山〕参照）であり、審査請求の手続的保障を厚くしてもなお存

在意義が認められ、法律の定めがあるときに限り認められる。

3　不服申立資格

本条は、不服申立てをすることができる資格（不服申立資格）については「行政庁の処分に不服がある者」と定めている。この不服申立資格に関し、いわゆる主婦連ジュース訴訟最高裁判決（最判昭53・3・14民集32巻2号211頁）は、「当該処分について不服申立をする法律上の利益がある者、すなわち、当該処分により自己の権利若しくは法律上保護された利益を侵害され又は必然的に侵害されるおそれのある者をいう」と判示し、この判示はその後、取消訴訟の原告適格についても適用されるようになった（コンメ行政法Ⅰ〔第2版〕350頁〔渡名喜庸安〕）。不服申立資格で特に問題となるのは処分の相手方以外の第三者であるが、2004年行訴法改正により第三者の原告適格の範囲も拡大しつつあり（コンメ行政法Ⅱ〔第2版〕9条の解説〔見上崇洋〕参照）、不服申立資格もそれに連動すべきものといえる（小早川＝高橋・条解21頁〔高橋滋〕）。

ただし、原告適格と不服申立資格を定める規定の文言や制度目的の相違から、不服申立資格は原告適格よりも広いと解釈する学説も有力である（例えば、福家＝本多編・改革86頁以下〔本多滝夫〕）。この見解によれば、審査請求前置主義が採用されている場合は一応措くとしても、国民の権利利益の救済のみではなく、「行政の適正な運営の確保」も目的とし、違法性のみではなく不当性も審査の対象とする本法のもとでは、法的利益侵害に限定されない公益違反を理由とする不服申立てが許容されるとする。不服申立制度の趣旨・目的等を踏まえれば、この有力説をも考慮して運用することが望まれる。

なお、本法は、国民が不服申立てをする制度を定め、国民の権利利益の救済を図ることを目的としているから、国による処分に対する地方公共団体の不服申立資格ないし許容性も問題となる（詳細は7条の解説〔門脇美恵〕参照）。

〔下山憲治〕

（不作為についての審査請求）
第3条　法令に基づき行政庁に対して処分についての申請をした者は、当該申請から相当の期間が経過したにもかかわらず、行政庁の不作為（法令に基づく申請に対して何らの処分をもしないことをいう。以下同じ。）が

ある場合には、次条の定めるところにより、当該不作為についての審査請求をすることができる。

1 本条の趣旨

本条は、法令に基づく申請に対して行政庁が相当の期間経過後も何らの処分をもしない不作為に対し、4条の定めるところにより、審査請求をすることができることを定め、前条と同様に審査請求への一元化の原則を明確にしたものである。

2 不作為の審査請求

旧行審法7条では、不作為の不服申立てとしては、事務処理促進の観点から異議申立てと審査請求の選択を不服申立人に認めていた。しかし、本条では、前条と同様の趣旨から、不作為については審査請求に一元化するとともに、さらに、本法では、不作為の審査請求に関し、紛争の一回的解決を図るため、申請型義務付け裁決（49条の解説〔佐伯祐二〕参照）が導入されている。なお、不作為に関し再調査の請求はできない（5条参照）。

旧行審法2条2項は、不作為の概念を「行政庁が法令に基づく申請に対し、相当の期間内になんらかの処分……をすべきに関わらず、これをしないこと」と定義していた。しかし、本条では、「すべき」との規範的要素を捨象し、客観的事実として不作為を位置づけている（宇賀・行審法解説20頁、IAM・逐条解説行審法24頁）。なお、申請に対する不作為とは異なるが、規制権限の不行使に対する非申請型義務付けの訴え（行訴3条6項1号）に対応する仕組みとして、一定の処分等を求める制度が行手法改正により導入されている（同法36条の3の解説〔西田幸介〕参照）。

不作為に対する審査請求の適法要件は、①申立人が法令に基づき行政庁に対して処分についての申請をした者（不服申立資格）であること、②当該申請から相当の期間が経過していること（49条1項の解説〔佐伯〕参照）、③行政庁の不作為が継続していることである。

3 不服申立資格

不作為の審査請求に関する不服申立資格は、法令に基づき行政庁に対して処分についての申請をした者であり、不作為の違法確認の訴えにかかる原告適格と同趣旨である（行訴37条）。それゆえ、法令に基づく申請がない場合には、審査請求は不適法として却下される。ただし、少数説ではあるが、法令に申請の定めがな

第1章 総則〔§4〕

い場合であっても、現実に処分その他の行為を申請した者であれば足りるとする説もある（コンメ行政法Ⅱ〔第2版〕・行訴法37条の解説〔大田直史〕参照）。

4 相当の期間

本条にいう「相当の期間」は、社会通念上、当該申請に基づく処分をするのに通常必要とされる期間である（南＝小高・注釈59頁）。そして、不服審査では違法性判断のみではなく、不当性判断も対象となる。その結果、行政庁の不作為が違法とまでは言えないものの、不当といえる場合には「相当の期間」が経過したと判断されることになる。つまり、行審法上の「相当の期間」は不作為違法確認訴訟における「相当の期間」（行訴3条5項）と比べると緩やかに判断されることになる。また、「相当の期間」経過の判断にあたって、適切に設定された「標準処理期間」（行手6条）は参考になるが、その経過が直ちに「相当の期間」経過となるわけではない。「相当の期間」は、申請の到達から起算され、判断基準時は審理手続終結時である。

〔下山憲治〕

（審査請求をすべき行政庁）
第4条 審査請求は、法律（条例に基づく処分については、条例）に特別の定めがある場合を除くほか、次の各号に掲げる場合の区分に応じ、当該各号に定める行政庁に対してするものとする。
一 処分庁等（処分をした行政庁（以下「処分庁」という。）又は不作為に係る行政庁（以下「不作為庁」という。）をいう。以下同じ。）に上級行政庁がない場合又は処分庁等が主任の大臣若しくは宮内庁長官若しくは内閣府設置法（平成11年法律第89号）第49条第1項若しくは第2項若しくは国家行政組織法（昭和23年法律第120号）第3条第2項に規定する庁の長である場合　当該処分庁等
二 宮内庁長官又は内閣府設置法第49条第1項若しくは第2項若しくは国家行政組織法第3条第2項に規定する庁の長が処分庁等の上級行政庁である場合　宮内庁長官又は当該庁の長
三 主任の大臣が処分庁等の上級行政庁である場合（前2号に掲げる場合を除く。）　当該主任の大臣

| 四　前3号に掲げる場合以外の場合　当該処分庁等の最上級行政庁 |

1　本条の趣旨

　本条は、審査請求への一元化に対応し、審査請求をすべき行政庁については、法律・条例に特別の定めがある場合はその定めるところによるほか、処分庁等に上級行政庁がない場合等には当該処分庁等とすること（1号）、庁の長が処分庁等の上級行政庁である場合には当該庁の長とすること（2号）、主任の大臣が処分庁等の上級行政庁であるときは当該主任の大臣とすること（3号）、そしてそれ以外の場合には最上級行政庁とすること（4号）を定めたものである。

2　審査請求の審査に当たる行政庁

　旧行審法5条では、原則として、処分庁に上級庁があるときに審査請求ができ、法律・条例に特別の定めがある場合を除き、直近上級行政庁に対して行うとされていた。上級行政庁とは、処分・不作為にかかる行政事務に関し、処分庁等を指揮監督する権限を有する行政庁をいう。

　本条では、法律・条例に特別の定めがある場合を除き、次の(1)の場合（本条1号）と(2)の場合（本条2号・3号）には、上級行政庁がある（例えば主任の大臣に対する内閣総理大臣〔内閣〕）としても主任の大臣や庁の長の権限（例えば、内閣府7条や行組10条以下）に照らして、また、事務遂行の自立性を尊重して、上級行政庁がない場合と同様に取り扱うこととしている。それ以外の場合は、最上級行政庁となる（本条4号）。

　(1)　地方公共団体の長や職権行使の独立性が保障されている内閣府および各省の外局として置かれる委員会、地方公共団体の長以外の執行機関（委員会および委員）のように処分庁等に上級行政庁がない場合には当該処分庁等が審査庁となる。そのほか、処分庁等が①主任の大臣、②宮内庁長官、③内閣府の外局として置かれる庁の長、④国務大臣が長である委員会に置かれる庁の長、⑤各省の外局として置かれる庁の長である場合には、処分庁等が審査庁となる。

　(2)　前記①〜⑤が処分庁等の上級行政庁であるときは、主任の大臣、宮内庁長官または当該処分庁の長が審査庁となる。

3　審査庁としての最上級行政庁

　処分庁等の最上級行政庁への審査請求に原則として一元化することとされた趣旨は、「行政手続法の施行により、処分についての判断の慎重・合理性を担保す

るための事前手続が整備されたことを踏まえ、内部基準等の合理性を含め公正な判断を行い得る」ことに求められている（「見直し方針2013」）。つまり、府省や地方公共団体のトップの審査を受ける機会の保障、不服審査の統一性確保、審査の中立公正性の追求がその趣旨である（宇賀・行審法解説28頁および小早川＝高橋・条解27頁〔高橋滋〕）。

　その一方で、国の行政庁による処分等に対する審査請求は、最上級行政庁ないし主務大臣・庁の長の所在する東京で審理が行われると審査請求人等の口頭意見陳述に要する時間面や費用面での負担も増加する（31条1項ただし書にも留意が必要である。31条の解説〔豊島明子〕参照）。他方、本法の目的である「簡易性」には、審査請求人の払うコストを最小にできるという意味も含まれている（福家＝本多編・改革130頁〔恒川隆生〕）。

〔下山憲治〕

（再調査の請求）
第5条　行政庁の処分につき処分庁以外の行政庁に対して審査請求をすることができる場合において、法律に再調査の請求をすることができる旨の定めがあるときは、当該処分に不服がある者は、処分庁に対して再調査の請求をすることができる。ただし、当該処分について第2条の規定により審査請求をしたときは、この限りでない。
2　前項本文の規定により再調査の請求をしたときは、当該再調査の請求についての決定を経た後でなければ、審査請求をすることができない。ただし、次の各号のいずれかに該当する場合は、この限りでない。
　一　当該処分につき再調査の請求をした日（第61条において読み替えて準用する第23条の規定により不備を補正すべきことを命じられた場合にあっては、当該不備を補正した日）の翌日から起算して3月を経過しても、処分庁が当該再調査の請求につき決定をしない場合
　二　その他再調査の請求についての決定を経ないことにつき正当な理由がある場合

1　本条の趣旨

本条は、法律が特に認める場合に限り、不服申立人の選択に基づき、処分に対する再調査の請求ができる旨を定め、再調査の請求を選択したときは、原則としてその決定を経た後でなければ審査請求をすることができないことを定めたものである。

2　再調査の請求

再調査の請求は、処分に対する不服が要件事実の認定の当否に関わり、かつ、それが大量となるものに関する、処分庁による簡易・迅速な見直し手続であり、審査請求への一元化の例外として認められた（「見直し方針2013」）。この再調査の請求は、審査請求よりも簡略な手続を通じて処分を見直すことにより、簡易・迅速な国民の権利利益の救済と審査庁の負担軽減を企図するもので、個別法で定められている場合に限り、認められている。その結果、具体的には国税通則法、関税法、とん税法、特別とん税法および公健法の5法律で導入された。

再調査の請求の対象は処分であり、不作為については新たに審査請求に先立って処分担当者等が見直す必要は乏しいため、本条で定められていない。また、「法律」の定めがあるときにのみ再調査の請求ができる。再調査の請求の意義と条例に基づく処分に対する不服申立件数という実態からみて必要性が高いとは認められなかったため（IAM・逐条解説行審法42頁以下）、再調査の請求を条例で定めることはできないとされた。

3　再調査の請求と審査請求

処分庁以外の行政庁に対して審査請求ができる場合であって、法律で再調査の請求ができると定められているときは、不服申立人はそのどちらかを選択できる。ただし、審査請求を選択した場合には再調査の請求をすることができない（本条1項）。その一方、再調査の請求を選択したときは、当該再調査の請求に係る決定を経た後でなければ審査請求はできない（本条2項）。ただし、再調査の請求をした日または再調査の請求の不備を補正した日の翌日から起算して3月を経過しても決定がない場合（同項1号）その他正当な理由がある場合（同項2号）には、決定を経なくても審査請求をすることができる。この最後の「正当な理由」がある場合とは、再調査の請求に係る決定を経るよう義務付ける合理性に乏しい場合であるとされている（IAM・逐条解説行審法41頁）。

4　異議申立制度との相違

再調査の請求では、簡易・迅速性が重視されたため、かつての異議申立てとは異なり、参考人の陳述および鑑定の要求（34条）、物件の提出要求（33条）、検証（35条）および審理関係人への質問（36条）は行えない（61条）。

[下山憲治]

（再審査請求）
第6条　行政庁の処分につき法律に再審査請求をすることができる旨の定めがある場合には、当該処分についての審査請求の裁決に不服がある者は、再審査請求をすることができる。
2　再審査請求は、原裁決（再審査請求をすることができる処分についての審査請求の裁決をいう。以下同じ。）又は当該処分（以下「原裁決等」という。）を対象として、前項の法律に定める行政庁に対してするものとする。

1　本条の趣旨

本条は、審査請求への一元化の例外として、法律の定めるときに限り、当該処分に対する裁決または再審査請求をすることができる処分を対象に再審査請求を認めるものである。

2　再審査請求制度

2008年の本法改正法案では、審査請求への一元化を貫徹するため再審査請求制度は廃止が予定されていた。しかし、2014年改正の本法により再審査請求制度が維持された理由として次の2点が挙げられている。まず、①市町村の処分に関し都道府県への審査請求・国への再審査請求の制度があり、審査庁を一つにすることに無理があることや事務の適正処理・全国的な統一性の確保などが必要であることである。また、②他の行政庁に再審査請求を行う仕組みがあるにもかかわらず廃止するのはかえって国民の手続的権利を奪ってしまう側面もあることなどの事情を踏まえ、手続的保障が手厚くされた審査請求の裁決を経てもなお意義があるものがあると認められたからである（「見直し方針2013」）。例えば社会保険審査会や労働保険審査会など、専門的判断を要する場合で第三者機関が審理するものは、その意義を踏まえ、②の視点が重視されたから再審査請求制度が存続された。

旧行審法8条によれば、再審査請求は、法律に再審査請求ができる旨を定めている場合以外にも、権限を委任した行政庁が審査請求に対する裁決をした場合などにも再審査請求ができる制度になっていた。これに対し、本法では、権限の委任があった場合にも審査請求をすべき行政庁に変更はないため、このような定めが本条では置かれていない（宇賀・行審法解説38頁）。

再審査請求は、法律に定める場合であって法定された行政庁に対してのみ行うことができる。再審査請求で違法不当を主張して争うことができる対象は、不服の対象である処分および審査請求に対する裁決である。なお、不作為については、仮に審査請求が認容されなくても、不作為状態が継続していれば審査請求をすることができること、また、認容された場合には一定の処分に関する措置（本法49条3項）が定められていることなどを理由として再審査請求を認める意義に乏しいため、本条で定められていない。また、審査請求が最上級行政庁に対して行われ、再審査請求を認める意義に乏しいため、条例に基づく再審査請求制度は認められていない（IAM・逐条解説行審法46頁以下）。

3　裁定的関与

前述の①の理由は、「裁定的関与」の扱いに関係する（小早川＝高橋・条解47頁以下〔髙橋滋＝田中良弘〕）。裁定的関与とは、地方公共団体が行った処分について国等に審査請求または再審査請求をすることができる制度であるが、地方公共団体の機関の処分について、本来国の機関は上級行政庁ではない。このため2014年の行審法改正に伴い裁定的関与の一部は廃止された（自治238条の7第1項・6項等の削除）が、法定受託事務に関する処分等について大臣等への審査請求（同255条の2第1項）のほか、再審査請求（同条第2項）や再々審査請求（同252条の17の4第5項～7項）などが新設された。このような措置は、新行審法の一つの柱である使いやすさ、わかりやすさとは逆行している感もある。裁定的関与は、地方分権の推進など大きな政策的判断を伴うものとされ、本法改正に伴う諸法律による整備対象とはされなかったが、今後、見直されるべき課題である。

　　　　　　　　　　　　　　　　　　　　　　　　　　　　［下山憲治］

（適用除外）
第7条　次に掲げる処分及びその不作為については、第2条及び第3条の

規定は、適用しない。
一　国会の両院若しくは一院又は議会の議決によってされる処分
二　裁判所若しくは裁判官の裁判により、又は裁判の執行としてされる処分
三　国会の両院若しくは一院若しくは議会の議決を経て、又はこれらの同意若しくは承認を得た上でされるべきものとされている処分
四　検査官会議で決すべきものとされている処分
五　当事者間の法律関係を確認し、又は形成する処分で、法令の規定により当該処分に関する訴えにおいてその法律関係の当事者の一方を被告とすべきものと定められているもの
六　刑事事件に関する法令に基づいて検察官、検察事務官又は司法警察職員がする処分
七　国税又は地方税の犯則事件に関する法令（他の法令において準用する場合を含む。）に基づいて国税庁長官、国税局長、税務署長、国税庁、国税局若しくは税務署の当該職員、税関長、税関職員又は徴税吏員（他の法令の規定に基づいてこれらの職員の職務を行う者を含む。）がする処分及び金融商品取引の犯則事件に関する法令（他の法令において準用する場合を含む。）に基づいて証券取引等監視委員会、その職員（当該法令においてその職員とみなされる者を含む。）、財務局長又は財務支局長がする処分
八　学校、講習所、訓練所又は研修所において、教育、講習、訓練又は研修の目的を達成するために、学生、生徒、児童若しくは幼児若しくはこれらの保護者、講習生、訓練生又は研修生に対してされる処分
九　刑務所、少年刑務所、拘置所、留置施設、海上保安留置施設、少年院、少年鑑別所又は婦人補導院において、収容の目的を達成するためにされる処分
十　外国人の出入国又は帰化に関する処分
十一　専ら人の学識技能に関する試験又は検定の結果についての処分
十二　この法律に基づく処分（第5章第1節第1款の規定に基づく処分を除く。）
2　国の機関又は地方公共団体その他の公共団体若しくはその機関に対する

> 処分で、これらの機関又は団体がその固有の資格において当該処分の相手方となるもの及びその不作為については、この法律の規定は、適用しない。

1 本条の趣旨

　本条は、本法の適用除外の範囲を定めるものである。すなわち、1項は一般概括主義に対する例外として審査請求を行うことができない処分およびその不作為の範囲を定め、2項は「国の機関又は地方公共団体その他の公共団体若しくはその機関」（以下「国の機関等」という）を名あて人とする一定の処分およびその不作為について本法の全面的な適用除外を定めるものである。

　旧法からの主な変更点は以下の2点である。

　第1に、旧法は不服申立ての対象外とするものを処分に限定していたが（旧行審4条1項柱書）、本条は処分だけではなくその不作為も本法の適用除外の対象とする。その理由は、不作為についての審査請求において、旧法は審査庁が認容裁決時に不作為庁に対して「なんらかの行為をすべきことを命ずる」こととし、事務処理の促進の観点を重視していたのに対して（旧行審51条3項）、本法は紛争の一回的解決の観点から、審査庁が「一定の処分をすべきもの」と認めるときには認容裁決時に不作為庁に対して「当該処分をすべき旨を命ずる」こととするため（49条3項柱書および1号）、処分だけではなくその不作為についても審査請求の適用除外の対象とする必要が生じたからである。

　第2に、本条は、国の機関等が「固有の資格」において相手方となる処分について、本法が全面的に適用除外となることを明文化した。

2　手続に特殊性を有する処分およびその不作為の適用除外（1項）

　本条1項は一般概括主義に対する例外としての適用除外事項を1号から12号において列挙する。すなわち、行政庁の処分およびその不作為に不服がある者は、本条1項の各号に該当しない限り、審査請求をすることができる。一般概括主義の例外はその範囲を合理的に限定解釈されなければならないという旧法についての指摘は（兼子・争訟法374頁）本項にも同様に妥当する。

　1号から11号の適用除外事項は、「慎重な手続によって行われた処分であるので、不服申立てを認めても結局は同じ結果になるものと予想されるもの」（1号～4号）、「審査法よりも慎重な手続によってその不服を処理することとされているもの」（5号～7号）および「処分の性格から審査法の手続による不服申立てを

認めるのが適当でないもの」（8号〜11号）の三つに類型化されることがある（田中＝加藤・解説54頁〜55頁）。しかし、適用除外理由の類型化による説明の定型化は、上記のとおり適用除外の合理性を個別に検討する上での妨げとなるので、以下では類型化は避け、各事項について説明する。

(1) 1号　本号は、国会または地方議会という立法（議事）機関の行為のうち、議員に対する懲戒処分など、その内容が実質的意味での行政に当たり「処分」たる性質を有するものについて、これが国会または地方議会という行政機関とは異なる機関により行われるものであることから、これを適用除外とする。例として、地方議会の議員に対する懲罰決議（最判昭26・4・28民集5巻5号336頁）および除名処分（最大判昭35・10・19民集14巻12号2633頁）がある。

(2) 2号　本号は、裁判所（憲64条の裁判官弾劾裁判所も含む〔田中＝加藤・解説48頁〕）の行為についても、前号と同様に「処分」に当たるものを適用除外とする。例として、本号でいう「裁判により……される処分」には宗教法人の解散命令（宗教81条）および過料の裁判（非訟120条）が、「裁判の執行としてされる処分」には過料の裁判の執行のために行う検察官の命令（非訟121条1項）がある（田中＝加藤・解説48頁）。

(3) 3号　本号は、行政機関の行う処分であるが、国会や地方議会の議決を経て、またはその同意・承認を得て行われるものであることから、1号に準じて、これを本法の適用除外とする。例として、人事官の任命・罷免（国公5条1項・8条3項）、人事委員会または公平委員会の委員の任命・罷免（地公9条の2第2項・6項）、日本銀行の役員の任命（日銀23条1項・2項）などがある。

(4) 4号　本号は、会計検査院が内閣に対し独立の地位を有し（憲90条、会検1条）、会計検査院の意思決定機関である検査官会議を構成する検査官が、国会の同意を経て内閣により任命され（会検4条1項）、在任中その身分を保障されることから（会検8条）、検査官会議が決する処分について、これを適用除外とする。検査官会議は、3人の検査官により構成される（会検2条）。検査官会議で決すべき事項（同11条）の例として、弁償責任の検定（予算執行職員4条1項）がある。

(5) 5号　本号は、行訴法4条前段に定めるいわゆる形式的当事者訴訟が認められる処分について、これを適用除外とする。その理由は、これらの処分について不服申立てを認めると、当該処分を当事者訴訟によって争うべきものとした法律の趣旨に反することになるからである。例として、損失補償の額の決定（文化

財41条2項）および裁決（道運69条5項）がある。

(6) 6号　本号は、刑事訴訟法上の準抗告手続（刑訴430条）等により刑事手続のなかで処理されることとされ、権利救済もこれに委ねた方が適切と考えられる処分について、これを適用除外とする。例として、差押状、記録命令付差押状または捜索状の執行中の当該場所への出入りの許可（刑訴112条1項）がある。

(7) 7号　本号は、その対象となる犯則事件の実質および刑事手続への移行可能性に着目して、犯則事件に関する法令に基づいてされる処分を刑事手続に準じて適用除外にする（南＝小高・注釈84頁）。「国税又は地方税の犯則事件に関する法令」に基づく処分の例として、通告処分（税通157条、関税146条）がある。「金融商品取引の犯則事件に関する法令」に基づく処分は、本号前段の処分と同じ類型の処分であり、従来はその適用除外事規定が個別法（証券取引法、金融先物取引法等）で定められていたが、事前の行政手続については一般法である行手法において適用除外とする旨が定められていること（行手3条1項6号）に照らして本号に定められた。

(8) 8号　本号は、児童、生徒および学生（以下「学生等」という）に対する処分が教育上の観点を考慮して行われるものであることから、当該分野においては行政庁と処分の名あて人との一般的関係において適用される本法を適用することは相応しくないとして、当該処分を適用除外とする。当該分野の性質上、処分の名あて人の有する権利の特質に応じた特別の不服申立制度の整備が要請される。本号にいう「学校」とは、学校教育法1条に規定する学校をいい、「講習所、訓練所又は研修所」とは、同法の適用がない各種の教育機関をいう（田中＝加藤・解説66頁～67頁）。本号の処分の例として、公立の高等学校長による生徒に対する退学処分（学教11条）、市町村教育委員会による児童の出席停止命令がある（学教35条1項）。

(9) 9号　本号は、処分の名あて人が特定の施設内に拘束されているという特殊な状況下において、収容目的または施設内の秩序維持もしくは管理運営上の必要のために、それに必要な限度で行われる処分について、これを本法の一般的な不服申立手続になじまないとして適用除外とする（IAM・逐条解説行審法61頁～62頁）。施設収容は一般の法律関係よりも強度の自由の制限が行われる場であるので、処分の名あて人の処遇の特殊性を考慮して、特別法において不服申立手続を整備することが要請される（鴨下守孝『全訂新行刑法要論』〔東京法令、2006年〕352

頁)。刑事収容施設及び被収容者等の処遇に関する法律における特別の不服申立手続(刑事収容275条〜283条)は、右要請の立法化であると解される。本号の処分の例として、受刑者に対する刑罰の執行(刑務所、少年刑務所、留置施設)、未決拘禁者等の身体の自由の拘束(拘置所、留置施設、海上保安留置施設)、保護処分を受けた少年に対する矯正教育の授与(少年院)、少年の資質の鑑別(少年鑑別所)、補導処分に付された満20歳以上の女子の更生のための補導(婦人補導院)がある。

(10) 10号　本号は、外国人の出入国または帰化に関する処分について、外国人の出入国および帰化に関する処分が外国人のみを対象とする出入国管理及び難民認定法や国籍法が用意する救済手続によって処理するのが適当であるという判断から、これを適用除外とする(南=小高・注釈86頁)。当該処分の適用除外の理由を、これらの処分が元来国家により自由に決定されうるものであるためとする見解がある(田中=加藤・解説70頁、小早川=高橋・条解59頁〔磯部哲〕)。しかし、本号の趣旨は、これらの処分が主務大臣の自由裁量行為であるという理由からではなく、国益の保持の見地に立って、国際情報、外交関係、国際礼譲など諸般の事情を斟酌し時宜に応じてされる必要があり、通常の裁量判断とは異なる特殊性がある点で(最大判昭53・10・4民集32巻7号1223頁参照)、本法が定める一般的な不服申立手続になじまないという判断に立ったものと解すべきであろう。申請に対する処分が法に従って適正に行われるべきは当然であり、処分に関する不服については、その性質に応じた特別の不服申立制度の整備が要請される(行審実務研究会・自治体サポート220頁〔小早川光郎〕)。本号の処分の例として、帰化の許可(国籍4条・9条)のほか、出入国に関する処分として、上陸の許可(入管9条1項等)、在留資格の変更の許可(同法20条1項)、在留期間の更新(同法21条1項)、出国の確認(同法25条1項)がある。なお、難民認定に関する処分は本号の対象ではない。

(11) 11号　本号は、試験・検定の結果についての処分を適用除外とする。その理由としては、第1に人の学識技能の測定はそれ自体が必ずしも容易ではないこと、第2に試験・検定の結果の判定が試験委員等の判定者の専門技術的裁量に委ねられる面が大きいこと、第3に試験・検定の結果についての処分を不服申立ての審理機関が審理することが容易でないことが挙げられる。もっとも、手続的瑕疵をもつ処分については、簡易迅速な権利利益の救済の観点から本法の適用を認める方が合目的的であろう(室井編・基本コンメ救済法87頁〔高木光〕、コンメ行政法Ⅰ〔第2版〕356頁〔渡名喜庸安〕)。なお、試験・検定の結果以外の事項も考慮

されて行われる処分は本号の対象ではないが、当該処分の不服の理由として試験・検定の結果の不服を主張することはできない（田中＝加藤・解説71頁～72頁）。

(12) 12号　本号は、①審査庁等の審理機関が行う決定・裁決などの処分および②審査請求手続の中で行われる個々の処分を適用除外とするもので、旧法4条1項柱書のかっこ内で定められていたものである。適用除外の理由は、①については既に審理機関の判断が示されているものであることから、不服申立ての審理の迅速化の要請に求められる。②については既に審理機関などが法に基づく判断を示していることのほか、終局的な判断である裁決を捉えて争うことも可能であるので、簡易迅速な救済の手続の要請に求められる（小早川＝高橋・条解60頁〔磯部哲〕）。①の処分の例として、審査庁が行う裁決（45条～47条・49条）、処分庁が行う再調査の請求の決定（58条・59条）、再審査庁が行う裁決（64条・65条）が、②の処分の例として、審理員が行う総代の互選命令（11条2項）、審理員が行う参加人の許可（13条1項）、審査庁が行う審査請求人の地位の承継の許可（15条6項）がある。

「第5章第1節第1款の規定に基づく処分」とは、行政不服審査会の設置および組織に関する処分である。例として、総務大臣による委員の任命（69条1項・2項）および罷免（69条3項・7項）、同大臣による専門委員の任命（71条2項）がある。これらの処分には、上記①および②の処分を適用除外とする理由が妥当しないので、適用除外の対象から外されている。

3　名あて人に特殊性を有する処分の適用除外（2項）

(1) 旧行審法との関係

旧行審法は「国民に対して」（旧行審1条）不服申立てを認めようとするものであるから、地方公共団体その他の公共団体（以下「公共団体」という）がその固有の資格において名あて人となる処分については、同法による不服申立てをすることはできないと解されていた（田中＝加藤・解説28頁）。そのような理解を前提として、旧行審法は処分庁の教示義務について定める規定（旧行審57条4項）において、公共団体が「固有の資格」で処分の相手方になる場合には、同規定が適用されないことを定めていた（田中＝加藤・解説241頁）。また、行手法も同様に、「国民の権利利益の保護に資することを目的とする」（行手1条）ことから、「国の機関又は地方公共団体若しくはその機関」が「固有の資格」において名あて人となる処分ならびに「固有の資格」においてすべきこととされている行政指導および

届出（行手4条1項）を適用除外とする。本法は、旧行審法の上記の考え方を前提としつつ、行手法との整合性を図るとともに、国の機関等相互間における処分についての本法の適用関係を明確にする観点から、本項において適用除外規定を置いている（IAM・逐条解説行審法64頁）。

なお、旧行審法において、公共団体が「固有の資格」において名あて人となる処分について、当該公共団体の不服申立資格は否定されるが、それ以外の「第三者」からの不服申立てのできる場合がありうるとする解釈があったが（小早川・講義下Ⅰ70頁）、それは本法の本条2項の立場ではないとする見解がある（行審実務研究会・自治体サポート225頁〔小早川光郎〕）。「第三者」の意味が必ずしも明らかではないが、この見解が、例えば都道府県知事が市町村に対して行う都市計画事業認可により直接的な影響を受ける当該事業地内の関係者の不服申立資格を否定する趣旨であれば、失当である。

(2) 「固有の資格」の意味

本項における「固有の資格」とは、旧行審法57条4項、行手法4条1項および地方自治法245条における「固有の資格」と同義であり、「一般私人が立ちえないような立場にある状態」（田中＝加藤・解説240頁）を意味する。

第1に、処分の名あて人が「国の機関又は地方公共団体その他の公共団体若しくはその機関」に限定されている場合には（例：普通地方公共団体に対する国または都道府県の関与〔自治245条〕、地方公共団体の組合の設立の許可〔同法284条2項・3項〕）、当該国の機関等は「固有の資格」において当該処分の相手方となるものに当たる。

第2に、国の機関等が処分の名あて人として限定されているわけではないが当該事務事業の原則的な担い手として想定されている場合にも、当該国の機関等は「固有の資格」において当該処分の相手方となるものに当たるものと解されるが（例：水道事業の認可および経営主体〔水道6条〕）、このような解釈を疑わしいとする説もある（行審実務研究会・自治体サポート226頁〜227頁〔小早川〕）。

もっとも、形式的には処分の名あて人が国の機関等に限定されていたり、規制の仕組みが国の機関等にのみ適用されていたりする場合であっても、それが単に規制の特例にすぎず、処分の効果においては国の機関等が実質的には私人と同様の立場に立つと解される場合には、当該国の機関等は「固有の資格」において当該処分の相手方となるものには当たらない。その例として、「免許」および「許

可」の読替えにとどまる「承認」(電波104条2項)、国等が建築主である場合における建築計画の「通知」に基づく建築確認(建基18条3項)がある。

なお、国の機関等が「固有の資格」において処分およびその不作為の相手方となるために本項により本法の適用が除外される場合であっても、地方自治法上の制度(国地方係争処理委員会への審査の申出〔自治250条の13～250条の18〕、自治紛争処理委員に対する審査請求等〔同251条の3〕)を利用することができる場合がある。また、国庫支出金の交付に関連する各種の処分についても、個別法に不服の申出をする制度が設けられている(補助金25条、地財20条の2)(行審実務研究会・自治体サポート226頁〔小早川〕)。

[門脇美恵]

(特別の不服申立ての制度)
第8条 前条の規定は、同条の規定により審査請求をすることができない処分又は不作為につき、別に法令で当該処分又は不作為の性質に応じた不服申立ての制度を設けることを妨げない。

---

1 本条の趣旨

本条は、7条で適用除外とされた処分または不作為であっても、別途、個別法令が不服申立制度を設けることができることの確認規定である。

2 適用除外となる処分または不作為と特別の不服申立制度

7条は、この1項が定めた範囲に属する処分またはその不作為について2条および3条が定める審査請求制度の適用を除外し、また、2項において「国の機関又は地方公共団体その他の公共団体若しくはその機関に対する処分で、これらの機関又は団体がその固有の資格において当該処分の相手方となるもの及びその不作為」について本法の規定の適用を除外している。しかし、7条が審査請求制度の適用を除外したりまた本法の規定の適用を除外している場合でも、個別法令が、別途、不服申立制度を設けることができることを確認したものが本条である。法令には一般的には法律のほかに命令(=法規命令)も含まれるところ、本条にいう「法令」に含まれる命令については法律の委任を要しない。なお、行政規則で定めることも妨げるものではない。

本条とは別に、1条2項もまた、個別法律が、本法の適用を除外して特別の不服申立制度を設けることを認めている。しかし、1条2項のもとでは、一般法である行審法の特別法に当たる個別法律には、本法が定める審査請求制度の適用を前提にその制度の一部について特例を設ける場合と、本法の適用を完全に除外して特別の不服申立制度を設ける場合とがありうる。一方、本条のもとでは、後者のみがありうることとなる。

3 「別に法令で」設けられた不服申立制度の例
(1) 7条1項で定められた適用除外処分に関する特別の不服申立制度

7条1項で定められた適用除外処分のうち、1号関連では、普通地方公共団体の機関がした処分（例、地方議会議員の懲罰決議および除名処分）について、総務大臣に対して行う「審決の申請」（自治255条の4）がある。

4号関連では、会計検査院による弁償責任の決定について、会計検査院に対して行う「再審の請求」（予算執行職員5条1項）がある。

5号関連では、損失補償額の決定について、防衛大臣に対して行う「異議の申出」（自衛105条7項、日本国とアメリカ合衆国との間の相互協力及び安全保障条約に基づき日本国にあるアメリカ合衆国の軍隊の水面の使用に伴う漁船の操業制限等に関する法律4条1項、日本国に駐留するアメリカ合衆国軍隊等の行為による特別損失の補償に関する法律3条1項）がある。

9号関連では、刑事施設の長の措置について、当該刑事施設の所在地を管轄する矯正管区の長に対して行う「審査の申請」（刑事収用157条1項）および法務大臣に対して行う「再審査の申請」（同法162条1項）がある。

11号関連では、農産物検査証明に関する措置について、農林水産大臣に対して行う「申出」（農産物検査33条1項）、輸出植物検査等について、植物防疫官に対して行う「再検査の申立て」（植物防疫36条2項）がある。

(2) 7条2項で定められた適用除外処分に関する特別の不服申立制度

7条2項で定められた適用除外処分のうち、国の関与のうち是正の要求、許可の拒否その他の処分その他公権力の行使について、普通地方公共団体の長その他の執行機関が国地方係争処理委員会に対して行う「審査の申出」（自治250条の13）、補助金等の交付に関する各省各庁の長の処分について、地方公共団体が各省各庁の長に対して行う「不服の申出」（補助金25条1項）がある。

4 「別に法令で」設けられたものには当たらない不服申立制度の例

例えば、学生に対して行われる一部の処分（7条1項8号）は、教育という当該分野の性質上、名あて人の権利利益の特質に応じた独自の事後手続をとることが望ましいとされ（7条の解説〔門脇美恵〕参照）、本法の適用が除外されている。しかし、本法以外の個別法令も、この種の処分について特別の不服申立制度を設けていない。この点について、学校教育法施行規則26条5項の趣旨に則れば、国立、公立、私立のいかんを問わず、学生の懲戒につき手続の整備が求められている。例えば、国立大学における学生に対する懲戒は、法人化前は処分であり大学管理規定において特別の不服申立制度が定められていたところ、法人化後は学生に対する処分たる性質を失ったが、なおも大学自主法である大学管理規定において懲戒に関する不服申立制度が存続している（市橋克哉「行政の変化と行政不服審査法」自治研究90巻12号〔2014年〕44頁～45頁参照）。

〔安田理恵〕

第2章　審査請求

第1節　審査庁及び審理関係人

（審理員）
第9条　第4条又は他の法律若しくは条例の規定により審査請求がされた行政庁（第14条の規定により引継ぎを受けた行政庁を含む。以下「審査庁」という。）は、審査庁に所属する職員（第17条に規定する名簿を作成した場合にあっては、当該名簿に記載されている者）のうちから第3節に規定する審理手続（この節に規定する手続を含む。）を行う者を指名するとともに、その旨を審査請求人及び処分庁等（審査庁以外の処分庁等に限る。）に通知しなければならない。ただし、次の各号のいずれかに掲げる機関が審査庁である場合若しくは条例に基づく処分について条例に特別の定めがある場合又は第24条の規定により当該審査請求を却下する場合は、この限りでない。
　一　内閣府設置法第49条第1項若しくは第2項又は国家行政組織法第3条第2項に規定する委員会
　二　内閣府設置法第37条若しくは第54条又は国家行政組織法第8条に規定する機関
　三　地方自治法（昭和22年法律第67号）第138条の4第1項に規定する委員会若しくは委員又は同条第3項に規定する機関
2　審査庁が前項の規定により指名する者は、次に掲げる者以外の者でなければならない。
　一　審査請求に係る処分若しくは当該処分に係る再調査の請求についての決定に関与した者又は審査請求に係る不作為に係る処分に関与し、若しくは関与することとなる者

二　審査請求人
三　審査請求人の配偶者、4親等内の親族又は同居の親族
四　審査請求人の代理人
五　前2号に掲げる者であった者
六　審査請求人の後見人、後見監督人、保佐人、保佐監督人、補助人又は補助監督人
七　第13条第1項に規定する利害関係人

3　審査庁が第1項各号に掲げる機関である場合又は同項ただし書の特別の定めがある場合においては、別表第1の上欄に掲げる規定の適用については、これらの規定中同表の中欄に掲げる字句は、それぞれ同表の下欄に掲げる字句に読み替えるものとし、第17条、第40条、第42条及び第50条第2項の規定は、適用しない。

4　前項に規定する場合において、審査庁は、必要があると認めるときは、その職員（第2項各号（第1項各号に掲げる機関の構成員にあっては、第1号を除く。）に掲げる者以外の者に限る。）に、前項において読み替えて適用する第31条第1項の規定による審査請求人若しくは第13条第4項に規定する参加人の意見の陳述を聴かせ、前項において読み替えて適用する第34条の規定による参考人の陳述を聴かせ、同項において読み替えて適用する第35条第1項の規定による検証をさせ、前項において読み替えて適用する第36条の規定による第28条に規定する審理関係人に対する質問をさせ、又は同項において読み替えて適用する第37条第1項若しくは第2項の規定による意見の聴取を行わせることができる。

1　本条の趣旨

2014年の本法改正では、行政不服審査における審理の公正という観点から、より中立的な立場で審理手続を主宰し、審査庁がすべき裁決について意見書を作成する審理員という職が設けられている（審理員制度）。同時に、審査請求人および参加人の手続的権利の拡充を図るために、審理員による審理手続（第2章第3節）において、口頭意見陳述の機会を対審的な構造とするほか（31条）、審査請求人等による提出書類等の閲覧請求権の範囲を拡大し、写しの交付請求権を導入する（38条）等の改正が行われている。

第2章　第1節　審査庁及び審理関係人〔§9〕

　以上の本法改正の趣旨に従い、本条では審理員に関して以下の規定が置かれている。すなわち、審理員の指名および通知（1項本文）、その指名を要しない場合（1項ただし書）、審理員の除斥事由（2項）、審理員の指名を必要とせず審査庁が審理手続を行う場合における本法の規定の適用関係および読替え（3項・別表第1）、ならびにこの場合に審査庁がその職員に一部の審理手続を行わせることができること（4項）である。

2　審理員の指名と、これを要しない場合（1項）

　審査請求がされたとき、審査庁（すなわち、4条または他の法律もしくは条例の規定により審査請求がされた行政庁。14条の規定により引継ぎを受けた行政庁を含む）は、審査庁に所属する職員の中から、第2章第3節28条以下に規定する審理手続（ならびに11条2項の総代の互選命令および13条1項・2項の参加人の許可等の手続）を行う者を、審理員として指名する（本条1項）。

　審査庁は、特定の職員を審理員に指名した上で、その旨を審査請求人および処分庁または不作為庁に通知しなければならない。審査庁となるべき行政庁は、審理員となるべき者の名簿をあらかじめ作成する努力義務を負う（17条）。この名簿が作成されている場合は、これに記載されている者の中から審理員を指名する。審査庁は、審理員を複数指名することができるが、その場合は、そのうち1人を、審理員が行う事務を総括する者として指定する（行審令1条1項）。

　審理員は、審査庁に所属する職員であることから審査庁の補助機関として位置づけられる（なお、弁護士など外部の有識者を非常勤職員または任期付職員として任用することも可能である）。他方で、本法により審理員に付与された権限（すなわち利害関係人の参加の許可、物件提出要求の許可および口頭意見陳述その他審理手続の主宰、ならびにこれを踏まえた審理員意見書の作成等を行う権限）は、審査庁の裁決権限とは区別されており、審理員が審査庁の指揮を受けず自己の名と責任においてこれを行使する。そのため、審理員を補助する職員が、審理員の権限に属する事務を行うことは許容されない。

　本法は、審理手続の公正を確保する審理員制度の趣旨を踏まえつつも、審理員の指名を要しない特例を認めている（本条1項ただし書）。なお、この場合は第2章第4節の行政不服審査会への諮問手続も適用されないことになる（43条1項柱書）。

　審理員の指名を要しない場合とは、第1に、第三者機関が審査庁である場合で

ある。こうした機関に該当するのは、内閣府・省に外局として置かれる委員会（内閣府49条1項・2項、行組3条2項）、内閣府・省・委員会・庁に置かれる審議会等（内閣府37条・54条、行組8条）、地方公共団体の執行機関である委員会・委員、附属機関として置かれる審議会等（自治138条の4第1項・3項）である（本条1項ただし書1号～3号）。これらの機関は、外部の有識者を構成員とする点で審理手続の中立・公正が担保され、また合議によって行政不服審査について慎重な判断を行うことが前提とされることから、審理員による審理手続を経る必要はないという理由による。

第2に、地方公共団体が、条例に基づく処分について、審理員制度の例外を認める特別の定めを条例に置く場合である（1項ただし書）。この規定を受けて地方公共団体は、情報公開条例や個人情報保護条例に基づく処分等に係る行政不服審査について、第三者機関である情報公開審査会や個人情報保護審査会等が実施機関の諮問を受けて審理を行う場合に、審理員制度の適用を除外する規定を条例に設けている。

第3に、審査庁が24条により審査請求を却下する場合である。すなわち、審査請求書が19条に違反するため、審査庁が23条に従い相当の期間を定めてその不備を補正するよう命じたにもかかわらず、審査請求人がその期間内に不備を補正しないとき（24条1項）、または審査請求が不適法であって補正できないことが明らかであるとき（同条2項）、審査庁は、第2章第3節の定める審理手続を経ないで、審査請求を却下することができる。24条2項に該当するのは、審査請求が法定の審査請求期間の経過後にされたことが明確であるような場合等が挙げられる。その一方で、審査請求適格など審査請求の要件について慎重な判断を要する場合は、これに該当しない（宇賀・行審法解説63頁参照）。

3　審理員の除斥事由（2項）

審理員は、中立的な立場で手続を主宰する点で、行手法19条の定める聴聞主宰者に類似する。本法は、本条2項で、審理員の除斥事由として、まず、行手法19条2項1号から6号に列挙されている聴聞主宰者の除斥事由と共通する事由を規定する。すなわち、審理員は、審査請求の事件に関して当事者その他一定の利害関係にある者以外の者でなければならないこと、具体的には、審査請求人（2号）、審査請求人の配偶者、四親等内の親族または同居の親族（3号）、審査請求人の代理人（4号）、前2号に掲げる者であった者（5号）、審査請求人の後見人、後

見監督人、保佐人、保佐監督人、補助人または補助監督人（6号）、13条1項に規定する利害関係人（7号）である。7号にいう利害関係人とは、審査請求人以外の者であって審査請求に係る処分または不作為に係る処分の根拠となる法令に照らし当該処分につき利害関係を有するものと認められるものを意味する（13条1項。利害関係人は審理員の許可を得て参加人となることができる）。

　注目されるのは、本法2014年改正により、それに加えて、審理員が中立・公正な立場での審理手続の主宰を実現するために、行手法にはない除斥事由が規定されている点である。すなわち、「審査請求に係る処分若しくは当該処分に係る再調査の請求についての決定に関与した者又は審査請求に係る不作為に係る処分に関与し、若しくは関与することとなる者」（本条2項1号）である。改正前は、原処分に関与した職員であっても、審査庁の補助機関として、審理手続の主宰や裁決書の起案等を行うことも否定していなかった点で、審理の公正さに問題を残していた。そこで本法は、1号の除斥事由を設け、処分担当と不服審査担当との職能分離を通じて公正な審理を実現しようとしている。

　1号の除斥事由は、個々の審査請求の事件ごとに判断することになるが、特に問題となるのが、審査請求に係る処分に関与した者に該当するか否かについてである。この点に関して、各行政機関の組織体制や事務処理過程が多様であることから、一律の基準を用いて判断するのは容易でない。当該処分の決定権者以外に、当該処分をするか否かについての審査または判断に関する事務（当該事案に係る調査の実施、当該処分の決定書の起案など）を行った者、当該処分に係る聴聞等の事前手続を行った者、当該事務を直接または間接に指揮監督した者、当該処分の決裁のための稟議書に押印した者、当該処分について協議を受けた者は、当該処分に係る所管部局に属していない者であっても、除斥事由が認められうる。他方で、当該処分の所管課に所属していてもこれに係る事務に全く関与していない者、当該処分の根拠法令等に関する照会を受けて一般的な情報提供をしたにとどまる者は該当しない（宇賀・行審法解説66頁参照）。結局のところ、1号該当性は、その職員が当該処分等に実質的にどのように関与したかが問われることになるが、各行政機関（特に地方公共団体）の規模や組織体制に応じて事情が大きく異なることから、それぞれの事務処理をめぐる実情を踏まえた審査庁の判断に委ねられるところが少なくない。

　除斥対象となる職員が審理員に指名されて審理手続を主宰した場合、本法の定

める審理員制度の趣旨および審理員の職責に照らすと、当該審査請求に係る裁決には瑕疵が認められうる。本法には審査請求人等からの除斥の申立てを認める規定はないが、審査庁は、審理員の指名後に当該審理員が本項各号の定める除斥事由のいずれかに該当することとなったときは、その指名を取り消さなければならないこと（行審令1条2項）に鑑みれば、審査請求人等からの除斥の申出を受けて職権で指名を取り消すという運用が考えられる（行審実務研究会・自治体サポート288頁〔本多滝夫〕も参照）。なお、審理員の補助職員についても、審理の公正という観点から、審理員の除斥事由に該当しない者であることが求められる。

4　審理員による審理手続の規定の適用関係・読替え（3項）

本条1項ただし書により審理員の指名を要しない場合であっても、審査庁が24条により審査請求を却下するとき以外は、審理員に固有の規定（すなわち、審理員名簿の作成・公表に係る17条、審理員による執行停止の意見書の提出に係る40条、審理員意見書の作成・提出に係る42条、裁決書への審理員意見書の添付に係る50条2項）を除き、審理員による審理手続に係る規定が適用される（本条3項）。

つまり、この場合は、審理員でなく、審査庁が審理を主宰する。そのため、適用される規定中の「審理員」を「審査庁」に読み替える定め（11条2項・13条1項・2項・28条・30条1項・2項・同条3項の一部・31条1項・同条2項の一部・同条3項〜5項・32条3項・33条〜37条・38条1項〜3項・5項・39条・41条1項・2項・同条3項の一部）とともに、審理員によることを前提とした各規定の文言について、これを審査庁による審理に即して読み替える旨の定め（25条7項・29条1項・2項・5項・30条3項の一部・31条2項の一部・41条3項の一部・44条・50条1項4号）が置かれている（本条3項・別表第1、行審令2条・別表第1）。

例えば口頭意見陳述を定める31条は、審査庁による審理に適用されることから、審査請求人または参加人から申立てがあった場合、審査庁は口頭意見陳述の機会を与えなければならない。それに伴い、同条1項から5項の各規定における「審理員」はすべて「審査庁」に読み替えられる。また、この手続を主宰する審査庁が処分庁等に当たる場合は、同条2項中の「審理関係人」とは審査請求人および参加人を意味することになる。

5　審査庁による審理手続（4項）

審理員の指名を要しない場合（本条1項ただし書）であっても、審理員による審理手続に係る規定が適用されることにより（3項）、審査庁が審理手続を主宰

する。ただ、審査庁は、自身ですべての審理手続を行うことは困難であるから、必要があると認めるときは、その職員に、審査請求人等の口頭意見陳述の聴取（31条1項）、参考人の陳述の聴取（34条）、検証（35条1項）、審理関係人に対する質問（36条）、および審理手続の申立てに関する意見の聴取（37条）を行わせることができる（本条4項。本規定は旧行審31条に概ね相当する）。

　審査庁が審理手続を主宰することになるのは、主に本条1項各号に掲げる委員会・審議会等が審査庁に当たる場合であり、この場合、4項に従い審査庁に代わって上記手続を主宰する職員は、審査庁の内部部局に属する職員に限られず、当該委員会・審議会等の構成員（委員等）もこれに該当する。そのほか、本項にいう「その職員」はより広く、審査庁の指揮監督下でその事務を補助する職員を意味するという見解がある。これによれば、国家公安委員会または都道府県公安委員会が審査庁である場合は、その事務を補佐する警察庁または都道府県警察の職員のほか、審査庁に置かれる審議会等の委員も、本条4項にいう「その職員」に含まれうる（宇賀・行審法解説71頁。IAM・逐条解説行審法84頁も参照）。

　4項にいう「その職員」は、審理員意見書の作成といった審査請求に係る判断を行う審理員とは異なり、上記手続を行うにとどまるが、同職員による審理手続の中立・公正を図るために2項各号が適用され、1号も含めて審理員と同様の除斥事由が妥当する（4項かっこ書）。また、審査庁が1項各号に掲げる委員会・審議会等であるときそれらの構成員である委員に上記の手続を行わせる場合は、2項1号の除斥事由に係る規定は適用されない（4項かっこ書）。これらの委員は第三者機関の構成員として、処分等に関与した場合でも、その専門性を踏まえて中立・公正に審理手続を行うことができるという理由による。

　以上述べたことは、1項ただし書により、地方公共団体において、諮問機関である情報公開審査会や個人情報保護審査会等の行う行政不服審査の審理に関して審理員制度を適用除外している場合にも妥当する。つまり、この場合も、3項により、審査庁が第2章第3節の定める審理手続を主宰することになる。そのため、審査庁による審理手続と情報公開審査会等による審理手続との関係をどのように整理するかという問題がある。条例に規定された後者の手続は、本法に基づく審理手続とは別異のものであるから、審査請求人等から改めて31条に基づき口頭意見陳述等の申立てがされたときは、本条3項により審査庁自らがこの手続を行わなければならないことになる（この点に関して、本法別表第1中の不服審理手続を原

則不適用とする解釈を示すものとして、兼子仁「情報不服審査会に対する行政不服審査法『読み替え』条項の適用問題」自治研究93巻1号〔2017年〕3頁。これに対して、国の行政文書の開示決定等に係る行政不服審査についても情報公開・個人情報保護審査会に諮問されるが、情報公開18条に、本法第2章第3節の審理員による審理手続の規定を適用しないという特別の定めが置かれている。行政個人情報42条も参照。利用請求に対する処分等に係る審査請求に関する公文書管理委員会への諮問手続についても同様の取扱いである。公文書管理21条2項参照）。

6 審理員制度の導入をめぐる留意点

本法が審理員制度を導入したことに伴い、次のような点が留意される。

まず第1に、審理員の除斥事由として審査請求に係る処分についての決定に関与した者等が挙げられたことにより（2項1号）、審理手続の中立・公正の確保という視点からどのような職員を審理員に指名するかを検討する上で、行政作用法上の権限配分に着目した行政庁を中心とする行政機関概念にとどまらず、当該処分等に係る行政組織内部の事務処理のあり様に対してより大きな関心が向けられることとなった。

本法改正の施行に際して、組織体制や事務分掌のあり様、事務処理の現状を勘案し、どのような職員を審理員に指名するかをめぐって議論が生じたところが少なくない。結果として、審理員として指名される（または審理員名簿に記載される）職員は、地方公共団体では相違が認められる。審理員の中立性をより重視すると、総務担当の部局、その中でも法制担当部署や、所管部局の総務担当部署に所属する職員を審理員に指名するのが望ましいといえる。もっともその反面、審理員となる職員の所属する部署が処分担当部局課から遠い場合、不服審査に係る処分等に関する専門知識・能力が必ずしも十分とはいえず、それゆえ、処分担当者の裁量的判断についてその不当性を判断できるかという問題がある。そこで、処分等に関する専門性を重視すると、処分担当課に所属するが処分に係る決裁ラインとは異なる係等に所属する職員を指名することが考えられる。この指名方法を採用する場合、職員数が多い都道府県や大規模市であれば本条2項1号の定める除斥事由への該当性はさほど問題にならないのに対して、職員数の多くない中小規模の地方公共団体は2項1号の除斥事由にどう対応するかという問題に直面する。こうした地方公共団体では、法務担当部署の職員が指名されるか、あるいは、法務担当職員が実際に処分に関与する案件が少なくないことを理由に、外部の弁護

士等を非常勤職員または任期付職員として任用するところがみられる（審理員の任命状況について、高橋滋「地方公共団体における行政不服審査法の運用について」自治研究93巻7号〔2017年〕29頁参照）。

　また、本法では、審理員をはじめ、審査庁および行政不服審査会が、行政不服審査体制全体の中でそれぞれ独立した立場で行政不服審査の事務を担うことが前提とされている。したがって、当該処分等に関与した職員、審理員となる職員およびその補助職員、行政不服審査会の事務を担当する職員、ならびに審査庁の裁決事務を担当する職員は、個別の審査請求の事件に即して分離することが望ましい。ただし、行政実務では、この点について、各行政機関が本法の趣旨に鑑み実情に応じて適切に配慮することに委ねられている（総務省行政管理局「行政不服審査法審査請求事務取扱マニュアル〔審査庁・審理員編〕」〔2016年1月〕35頁、150頁）。

　第2に、審理員制度の導入による審理手続の中立・公正の確保という観点からは、審理員が職権により入手した事実の取扱いが問題となる。その前提として、そもそも審理員が審理手続外で処分庁等とコミュニケーションをすることが許されるかという問題が指摘されていた。この点に関して、本法2014年改正の審議に際し、審理手続外における処分庁への質問、処分庁からの意見陳述や証拠提出は妥当ではないという考え方が示されている（第186回国会参議院総務委員会会議録第25号〔上村進政府参考人発言〕参照）。

　その上で、行政実務では、「審理員は、審理の公正性を確保するため、審理手続の過程で判明した裁決の内容についての判断に影響を及ぼし得る事実については、審理関係人への質問（第36条）を行うこと等により、審理関係人の主張及び反論が尽くされるよう配慮する必要があり、いずれかの審理関係人が了知し得ない事実に基づいて審理員意見書を作成することのないようにすること」を求める施行通知が出されている（「行政不服審査法及び行政不服審査法の施行に伴う関係法律の整備等に関する法律の施行について〔通知〕」〔平成28年1月29日総管管第6号〕参照）。この考え方を敷衍すると、審理員が職権で参考人の陳述・鑑定、検証または審理関係人に対する質問を行って新たに判明した事実について、審理関係人に了知させて、その主張および反論が尽くされるようにする必要がある（「審理手続における『提出書類等』などの取扱いに関する運用上の留意点について」平成28年8月25日総務省行政管理局行政手続室・総務省行政不服審査会事務局事務連絡は、当該事実に関する資料について、「不意打ち」を防止するため、審理員が審査請求人に対して情

報提供し、反論の機会を与えるなどの適切な対応をとるよう求めている）。そうすると、本法は、行政不服審査における職権主義を維持しつつ、審理員制度の導入により、審理員意見書作成の基礎となる事実を審査請求人等に開示することを原則とするものといえる（ただし、審査庁は裁決において審理員意見書と異なる判断をすることができ〔50条1項4号〕、これによれば審査庁が審理手続に現れなかった事実に基づいて不利益処分を維持しうる余地がなお残されていることについて、塩野・行政法Ⅱ40頁参照）。

第3に、審理員が審査庁の指揮を受けず独立してその権限を行使するという観点から、その判断のあり方をめぐる問題がある。審理員が審査庁の職員である以上、その権限を行使する上で上級行政機関の発出した通達等の内部基準に拘束されるのであれば、審理員制度は、事実認定が争点となる事件について法令および内部基準に適合した救済を図るにとどまるものになろう。

この点に関して、審理員は、内部基準と異なる判断に基づく審理員意見書を提出できるという考え方がある。その理由は、内部基準は行政組織の外部にいる者を拘束するわけではないこと、権利利益の救済を求める審査請求につき審理員は独立した立場で審理すること、審理員意見書は審査庁を拘束するものでないこと等である（宇賀・行審法関連三法94頁参照）。総務省もまた、実際の事案によっては原処分の根拠法令の趣旨に立ち返って、内部基準の合理性を検証し、異なる法令解釈により裁決を行うべき旨の意見書の提出も可能であるという考えを示している（第186回国会参議院会議録第26号12頁〔新藤義孝総務大臣発言〕。行審制度研究会編・ポイント解説49頁以下、橋本他・行政不服審査制度65頁〔橋本博之＝植山克郎〕、IAM・逐条解説行審法74頁も同旨）。

ただし、実際には、審査庁に所属する審理員が、審査庁など上級機関の発した内部基準に示された法令解釈や運用基準と異なる判断を行い、それを基に（自身の判断と異なる判断により裁決が行われることも見越して）審理員意見書を作成するのは容易でないという実情がみられる。審理員制度の導入が救済の実を上げるものとなりえたかどうかは、審理員意見書および裁決に示された具体的な判断を考慮に入れて分析評価することが求められよう。

〔前田雅子〕

> (法人でない社団又は財団の審査請求)
> 第10条　法人でない社団又は財団で代表者又は管理人の定めがあるものは、その名で審査請求をすることができる。

1　本条の趣旨

　本条は、法人ではない社団また財団のうち「代表者又は管理人の定めがあるもの」について、審査請求の当事者能力を有することを定める。その趣旨は、これら団体は、責任の所在も明確であり、団体としての活動が外部にその名を表示してなされると考えられるので審査請求の当事者能力を認めるところにある(旧行審10条と同趣旨。田中＝加藤・解説102頁、南＝小高・注釈121頁参照)。なお、本条による審査請求は、団体固有の利益のための審査請求であり、訴訟で言えば、多数人における集合的利益のためのいわゆる団体訴訟のようなものを念頭に置いているものではない。

2　「法人でない社団又は財団」

　「法人でない社団又は財団」とは、法人格なきすなわち権利能力なき社団または財団である。法人格をもたない種々の団体(社団または財団)であっても、社会において現実に活動する以上、他の団体や個人との間で紛争を生じさせ、その解決が必要になる。

3　「代表者又は管理人の定めがあるもの」

　団体の社会活動による他団体等との紛争発生と紛争解決の必要性からすると、団体自体を当事者とする紛争の解決が簡便であり手続の安定にも資するものであり、本条は、民事訴訟法29条にならい、代表者または管理人の定めがある団体については、審査請求の当事者能力を認めている。「一般社団法人及び一般財団法人に関する法律」(2008年12月施行)により、法人格の取得は以前より容易になっているが、法人格取得の一定ハードルがあることも事実であり、法人格取得を望まない団体もあろう。この点からも、本条の存在意義を確認することができる(宇賀・行審法解説74頁、また、行審実務研究会・自治体サポート302頁〔佐伯祐二〕、IAM・逐条解説行審法89頁も参照)。当然のことながら、審査請求の当事者能力と審査請求の当事者適格は区別される。

　　　　　　　　　　　　　　　　　　　　　　　　　　　　〔平田和一〕

> **（総　代）**
> **第11条**　多数人が共同して審査請求をしようとするときは、3人を超えない総代を互選することができる。
> 2　共同審査請求人が総代を互選しない場合において、必要があると認めるときは、第9条第1項の規定により指名された者（以下「審理員」という。）は、総代の互選を命ずることができる。
> 3　総代は、各自、他の共同審査請求人のために、審査請求の取下げを除き、当該審査請求に関する一切の行為をすることができる。
> 4　総代が選任されたときは、共同審査請求人は、総代を通じてのみ、前項の行為をすることができる。
> 5　共同審査請求人に対する行政庁の通知その他の行為は、2人以上の総代が選任されている場合においても、1人の総代に対してすれば足りる。
> 6　共同審査請求人は、必要があると認める場合には、総代を解任することができる。

1　本条の趣旨

本条は、共同で行われる審査請求（以下、共同審査請求とする）における総代について定める。本条の趣旨は、多数の当事者が関与する審査請求の審理手続の円滑・迅速な進行を確保することにある（旧行審11条と同趣旨。田中舘他・判例コンメ行審法120頁〔外間寛〕参照）。

2　総代の互選（1項）

(1)　共同審査請求（1項）

共同審査請求は、原則として手続を進める上での便宜のために認められる（田中＝加藤・解説104頁）。

本条は、どのような場合に「多数人が共同して審査請求」をすることができるかについて規定していない。この点、複数の処分について共同審査請求を認めることについては疑問が呈される（田中＝加藤・解説104頁、南＝小高・注釈122頁）が、同一の事実上および法律上の原因に基づく処分であるときには、画一的に処理する必要性にも鑑みて、共同審査請求を認めることができると解される（行審実務研究会・自治体サポート304頁〔佐伯祐二〕、田中＝加藤・解説104頁、南＝小高・注釈

122頁、室井編・基本コンメ救済法104頁〔岡崎勝彦〕）。

　共同審査請求は、画一的に処理されなければならないような場合に限られるべきとされる（橋本他・行政不服審査制度71頁〔橋本博之＝植山克郎〕、田中＝加藤・解説104頁、南＝小高・注釈123頁）。しかし、総代の役割から、共同審査請求の対象範囲を画することには疑問がある（室井編・基本コンメ救済法104頁〔岡崎〕参照）。

(2)　**互選**（1項）

　「互選」とは、選任権の要件と被選任権の要件とが一致する場合の選任である。総代の性質上、原則として審査請求人全員の同意を必要とすると解される（田中＝加藤・解説105頁、南＝小高・注釈124頁）。「多数人」とは、総代が3人を超えないとされていることから、4人以上である。

3　総代の互選命令（2項）

　総代の選任は共同審査請求人の任意に委ねられているが、審理手続上必要と認められる場合に、審理手続を主宰する審理員は、総代の互選を命じることができる。

　総代の互選命令は、すべての共同審査請求人に出されなければならない（南＝小高・注釈124頁）。互選命令が出されたにもかかわらず、これに従わないときの共同審査請求は、一般に、不適法な審査請求として却下すべきとされる（宇賀・行審法解説76頁、橋本他・行政不服審査制度72頁〔橋本＝植山〕、田中＝加藤・解説106頁）。しかし、共同審査請求自体は、総代を互選していなくとも適法に提起できるのであり、本条の趣旨からすれば、総代の互選命令に従わないことをもって当然に不適法な審査請求とすべきではない（行審制度研究会編・ポイント解説55頁～56頁、行審実務研究会・自治体サポート305頁〔佐伯〕）。総代が選出されないことによって審査請求の審理手続が公正・迅速に進行しないと認める場合には、当該審査請求を分離し、あるいは併合すべきであろう（南＝小高・注釈124頁、行審制度研究会編・ポイント解説56頁）。

4　総代の権限（3項）

　本項は、審理手続上のさまざまな障害が生じることを防ぐため、総代の権限を明確にしている（田中＝加藤・解説106頁、南＝小高・注釈122頁）。

　取下げが権限から除かれているのは、手続を終了させる重大な行為であるため、共同審査請求人がそれぞれの判断で行うべきものと考えられるからである（田中＝加藤・解説106頁～107頁、南＝小高・注釈125頁）。

5 共同審査請求人の権限行使権限の制限（4項）・共同審査請求人に対する行政庁の通知等（5項）

本条4項・5項の規定は、総代制度を設けた趣旨を十分に活用し、審理手続の促進を図るために置かれている（田中＝加藤・解説107頁）。

6 総代の解任（6項）

この解任は、本人の同意を除く全員の同意を必要とすると解される（田中＝加藤・解説107頁、南＝小高・注釈124頁、橋本他・行政不服審査制度73頁〔橋本＝植山〕、行審制度研究会編・ポイント解説57頁、IAM・逐条解説行審法93頁、小早川＝高橋・条解91頁〔大橋真由美〕）。

［平田和一］

（代理人による審査請求）
第12条 審査請求は、代理人によってすることができる。
2 前項の代理人は、各自、審査請求人のために、当該審査請求に関する一切の行為をすることができる。ただし、審査請求の取下げは、特別の委任を受けた場合に限り、することができる。

---

1 本条の趣旨

本条は、代理人による審査請求について定める。本条の趣旨は、代理人の権限を画一的に定め、手続の迅速化を図ることにある（旧行審12条と同趣旨。田中＝加藤・解説108頁参照）。

2 代理人（1項）

本条でいう「代理人」とは、審査請求人＝本人との間の委任契約に基づく任意代理人が予定されているものといえる。

いかなる者を幾人代理人に選任するかは専ら審査請求人の意思によるべきものである（旧行審12条に関する、東京地判昭49・6・27行集25巻6号694頁参照）。

本条は、審査請求の代理人の資格を制限しておらず、弁護士、税理士等の士業としての資格を有することは必要ではない。しかし、弁護士法72条により弁護士のほか、不服申立事件に関して、業としての代理を行うことができるのは、弁護士、司法書士、土地家屋調査士、税理士、弁理士、社会保険労務士等特定の「士」

業に限られている。この点、2014年の行政書士法の改正により、「特定行政書士」には、行政書士として関与した事案について不服申立ての代理が認められることとなった（行書1条の3第1項2号・2項。なお、行政書士の代理権承認の意義等につき、阿部泰隆「改正行政不服審査法の検討（二）」自治研究91巻4号〔2015年〕22頁～23頁参照）。

3 代理人の権限（2項）

本条2項は、本来、委任の内容によって決まる代理人の権限内容を、審理手続を迅速に進めるという要請から画一的に定めている（田中＝加藤・解説109頁）。取下げは、審査請求人に重大な影響を及ぼすものであり、その判断を十分尊重すべきであるので、それを行うには特別の委任に基づくことが必要である（本条2項）。

〔平田和一〕

（参加人）
第13条 利害関係人（審査請求人以外の者であって審査請求に係る処分又は不作為に係る処分の根拠となる法令に照らし当該処分につき利害関係を有するものと認められる者をいう。以下同じ。）は、審理員の許可を得て、当該審査請求に参加することができる。
2 審理員は、必要があると認める場合には、利害関係人に対し、当該審査請求に参加することを求めることができる。
3 審査請求への参加は、代理人によってすることができる。
4 前項の代理人は、各自、第1項又は第2項の規定により当該審査請求に参加する者（以下「参加人」という。）のために、当該審査請求への参加に関する一切の行為をすることができる。ただし、審査請求への参加の取下げは、特別の委任を受けた場合に限り、することができる。

---

1 本条の趣旨

本条は、審査請求手続への参加について定める。内容的には、旧行審法24条が規定していない利害関係人の定義、代理人に関する規定が置かれている。その趣旨は、公正な審理手続の一環として、審査請求の結果により直接影響を受ける利害関係人を参加人として審査請求に参加させ、十分な主張・立証の機会を与える

ことにより、利害関係人の権利利益を保護するとともに適正な審理の実現を図るところにある。

参加人は、意見書の提出（30条2項）、口頭意見陳述権（31条1項）等、審査請求人とほぼ同等の手続的権利を有している（なお、参加人は、審査請求の取下げ、執行停止の申立てをすることはできない）。

2　利害関係人（1項）

本条1項は、審査請求の結果により直接影響を受ける利害関係人につき、行手法17条1項を参考にその定義規定を置いている。この利害関係人には、審査請求人と相反する利害関係を有する者（あるいは有することとなるもの）のみならず利害を同一にする者（あるいは同一にすることとなる者）も含まれる（「コンメ行政法Ⅰ〔第2版〕」438頁〔岡崎勝彦〕、宇賀・行審法解説80頁、行審実務研究会・自治体サポート320頁〔佐伯祐二〕、行審制度研究会編・ポイント解説63頁、橋本他・行政不服審査制度75頁〔橋本博之＝植山克郎〕小早川＝高橋・条解98頁〔大橋真由美〕、IAM・逐条解説行審法96頁～97頁）。利害関係の有無は、「処分の根拠となる法令に照らし」て、すなわち根拠法令の解釈により判断されるものであり、利害関係について明文で規定されている場合に限られないと解される（小早川＝高橋・条解98頁〔大橋〕）。

3　審理員の参加の許可（1項）

審理員は、利害関係人であれば、原則申請は許可するべきで、不許可の判断においては、本条の趣旨を十分に考慮した上で、迅速な審理の遂行への障害を判断すべきである。

4　審理員の職権による利害関係人への参加の求め（2項）

審理員が、適正な審理の実現の観点から必要と判断した場合に、利害関係人に、職権で参加を求めることができる。

5　代理人（3項・4項）

利害関係人の便宜のため、12条と同様の趣旨から代理人に関する規定が設けられている。代理人による参加の取下げが、特別の委任を受けた場合に限定されているのも、12条における審査請求の取下げの場合と同様の理由からである。

〔平田和一〕

第 2 章　第 1 節　審査庁及び審理関係人〔§14〕

> **（行政庁が裁決をする権限を有しなくなった場合の措置）**
> **第14条**　行政庁が審査請求がされた後法令の改廃により当該審査請求につき裁決をする権限を有しなくなったときは、当該行政庁は、第19条に規定する審査請求書又は第21条第 2 項に規定する審査請求録取書及び関係書類その他の物件を新たに当該審査請求につき裁決をする権限を有することとなった行政庁に引き継がなければならない。この場合において、その引継ぎを受けた行政庁は、速やかに、その旨を審査請求人及び参加人に通知しなければならない。

1　本条の趣旨

本条は、個別の審査請求の係属中に法令の改廃により行政庁が裁決権限を失い、別の行政庁に権限が移された場合における、その審査請求に関する事務の引継ぎについて定める。

2　行政庁相互間での引継ぎの義務と必要な措置

従前の審査庁であった行政庁は、「審査請求書又は……審査請求録取書及び関係書類その他の物件」を、新たに審査庁となる行政庁に引き継がなければならない。また、新たに審査庁となる行政庁は、引継ぎのあった旨を、審査請求人と参加人に対して速やかに通知しなければならない。これらの措置が両者の行政庁にとって義務的とされているのは、引継ぎ以後の審理、および審査請求人や参加人が行う主張・立証について、支障が及ばないようにするためである。例えば、法令の改正により、「当該処分庁等の最上級行政庁」（ 4 条 4 号）が従前の行政庁Ａから行政庁Ｂとなり、これに伴い、行政庁Ｂが新たな審査庁となることがあるが、このような改正は、審査請求をなしている国民にとってはわかりやすいものではない。

以上は、旧行審法38条と同趣旨である。加えて、審理員制度の導入に伴い、新たに審査庁となる行政庁が審理員の指名などの措置をとるべきことについては、本法 9 条 1 項柱書本文、およびその解説（〔前田雅子〕）を参照。

［佐伯祐二］

(審理手続の承継)
第15条　審査請求人が死亡したときは、相続人その他法令により審査請求の目的である処分に係る権利を承継した者は、審査請求人の地位を承継する。
2　審査請求人について合併又は分割(審査請求の目的である処分に係る権利を承継させるものに限る。)があったときは、合併後存続する法人その他の社団若しくは財団若しくは合併により設立された法人その他の社団若しくは財団又は分割により当該権利を承継した法人は、審査請求人の地位を承継する。
3　前2項の場合には、審査請求人の地位を承継した相続人その他の者又は法人その他の社団若しくは財団は、書面でその旨を審査庁に届け出なければならない。この場合には、届出書には、死亡若しくは分割による権利の承継又は合併の事実を証する書面を添付しなければならない。
4　第1項又は第2項の場合において、前項の規定による届出がされるまでの間において、死亡者又は合併前の法人その他の社団若しくは財団若しくは分割をした法人に宛てて された通知が審査請求人の地位を承継した相続人その他の者又は合併後の法人その他の社団若しくは財団若しくは分割により審査請求人の地位を承継した法人に到達したときは、当該通知は、これらの者に対する通知としての効力を有する。
5　第1項の場合において、審査請求人の地位を承継した相続人その他の者が2人以上あるときは、その1人に対する通知その他の行為は、全員に対してされたものとみなす。
6　審査請求の目的である処分に係る権利を譲り受けた者は、審査庁の許可を得て、審査請求人の地位を承継することができる。

1　本条の趣旨

本条は、旧行審法37条とほぼ同様の文言により、包括承継の場合の手続(1項～5項)、および特定承継の場合の手続(6項)を定めている。審査請求人の死亡、合併などがあったときに審査請求の手続を終了させることは、審査請求人やその権利を承継した者の権利救済の観点からは必ずしも適当とはいえないからである。

2 審査請求人の死亡による承継（1項）

自然人たる審査請求人が死亡した場合には、相続人その他法令により審査請求の目的である処分に係る権利を承継した者は審査請求人の地位を承継する。該当者が複数であっても構わない（本条5項参照）。

「法令により審査請求の目的である処分に係る権利を承継した者」の例として、国家公務員共済組合法44条により受給権者における支払未済の給付の権利を承継した者を挙げることができる。同条は、「受給権者が死亡した場合において、その者が支給を受けることができた給付でその支払を受けなかったものがあるときは、これをその者の配偶者、子、父母、孫、祖父母、兄弟姉妹又はこれらの者以外の三親等内の親族であって、その者の死亡の当時その者と生計を共にしていたもの（……）に支給する」と定めている。したがって支払未済の給付にかかる審査請求を受給権者がしていた場合において、同受給権者が死亡したときは、これらの者が審査請求人の地位を承継することになる。

生活保護受給権については、保護の要否および程度が世帯を単位として定められること（生活保護10条）に照らして、世帯の代表者である受給者が死亡したとき、その者と同一世帯で生計を一にしていた者が、生活保護受給権を承継すると解される。したがって、生活保護法10条は本項にいう「法令」に該当し、生活保護の変更・廃止処分に係る審査請求において、審査請求人が死亡したときは、同一世帯で生計を一にしていた者が審査請求人の地位を承継する（南＝小高・注釈168頁、小早川＝高橋・条解104頁〔大橋真由美〕、IAM・逐条解説行審法102頁）。

3 合併等による承継（2項）

審査請求人である法人その他の社団または財団に合併があった場合には、合併後存続し、または合併により設立された法人その他の社団もしくは財団は審査請求人の地位を承継する。また、審査請求人の分割があった場合には、2項のかっこ書により、審査請求の目的である処分に係る権利を承継させる分割に限り、分割により当該権利を承継した法人に、審査請求人の地位の承継が認められる。

なお、「その他の社団若しくは財団」には、法人格のない社団または財団も含まれる（10条を参照）。

4 地位の承継の届出（3項）

審査請求人の地位を承継した相続人その他の者または法人その他の社団もしくは財団（以下では、承継者という）は、審査請求人の地位を承継した旨を「書面で」

審査庁に届け出なければならない。届出を義務付けているのは、承継により新たに審査請求人の地位に就いた者によってその旨を審査庁に了知せしめることで、地位の承継の不知によって生じかねない、審理の遅滞などを回避するためである。このように本項の届出は専ら審理の便宜に資するためのものであるから、届出の有無は、審査請求人の地位の承継の効力の発生を左右するものではない。添付すべき書面としては、死亡による権利の承継の事実を証するものとしては戸籍謄本等、分割による権利の承継の事実を証する書面としては分割契約書等、合併の事実を証する書面としては合併契約書、合併の登記簿謄本等がある（宇賀・行審法解説85頁）。他に株主総会における合併・分割承認決議録の写しも考えられる（南＝小高・注釈247頁）。

5　地位の承継があった場合の通知の効力（4項）

届出がなされる前に死亡者または合併前の法人その他の社団もしくは財団もしくは分割をした法人等の被承継者に宛ててなされた通知が承継者に到達したときには、当該通知は、承継者に対してなされたものとして効力を有する。届出がされる前に承継の事実を知らない審査庁等が被承継者宛てにした通知は、既に承継の効果が生じている以上、効力を有せず、仮に当該通知が承継者に到達しても、当該承継者にも通知の効力は生じないということでは、審理手続を遅延させることになるからである。（田中＝加藤・解説180頁、南＝小高・注釈247頁、室井編・基本コンメ救済法142頁〔村上武則〕）。

旧行審法37条4項では、「通知その他の行為」と規定されていたが、本項は「到達したとき」の効力に関するものであるため、本項では、単に「通知」と規定している（IAM・逐条解説行審法103頁）。

6　複数の承継者がいる場合の通知等の効力（5項）

承継者が2人以上である場合に、そのすべての者に対して通知等をしなければ審理手続が進まないこととなると、審理の遅延につながりうる。そこで、このような場合には、承継者の1人に対してされた通知等は、全員に対してされたものとみなすこととしている。このことは、本法制定以前に（訴願に関して）、既に裁判例の認めてきたところであった（高松高判昭28・10・20行集4巻10号2238頁）。

7　特定承継の場合（6項）

審査請求の目的である処分に係る権利を譲り受けた者が審査請求人の地位を承継する特定承継の場合には、審査請求人の地位を、審査庁の許可を得た上で承継

することができる。1項および2項に規定する一般承継の場合とは異なり、特定承継の場合には、承継原因（権利の譲受け）によって当然に審査請求人の地位を承継するものではなく、承継関係について争いが生ずるおそれもあることから、審査請求人の地位の承継について明確にするために、審査庁の許可を受けなければならないこととしている（田中 = 加藤・解説181頁、南 = 小高・注釈169頁）。

審査請求人の地位の承継の許否判断は、審査請求人適格の有無の判断（24条）と同じ次元であることから、審理員ではなく、審査庁に、特定承継の許否の判断権が与えられている（宇賀・行審法解説86頁）。

[藤枝律子]

（標準審理期間）
第16条 第4条又は他の法律若しくは条例の規定により審査庁となるべき行政庁（以下「審査庁となるべき行政庁」という。）は、審査請求がその事務所に到達してから当該審査請求に対する裁決をするまでに通常要すべき標準的な期間を定めるよう努めるとともに、これを定めたときは、当該審査庁となるべき行政庁及び関係処分庁（当該審査請求の対象となるべき処分の権限を有する行政庁であって当該審査庁となるべき行政庁以外のものをいう。次条において同じ。）の事務所における備付けその他の適当な方法により公にしておかなければならない。

---

1 本条の趣旨

本条は、審査庁となるべき行政庁は審査請求がその事務所に到達してから当該審査請求に対する裁決をするまでに通常要すべき標準的な審理期間を定めるとともにこれを公にするよう努力することを定める。

旧行審法は、不服申立ての審理期間を定めていなかった。これに対し、本法は、行手法6条の申請に対する処分に対する標準処理期間の制度を参考にして、標準的な審理期間の設定・公表を努力義務とすることを規定した。審査請求は、簡易迅速かつ公正な手続により国民の権利利益の救済を図る制度であることから、審理の遅延を防止し、国民の迅速な救済を実現することを目的として新たに設けられたものである。

2 審理期間の設定

本条において、「審理期間」とは「審査請求がその事務所に到達してから当該審査請求に対する裁決をするまでに要すべき（……）期間」である。裁決までの期間であるから、行政不服審査会等への諮問に要する期間も含まれる（橋本他・行政不服審査制度16頁〔橋本博之＝植山克郎〕）。

また、行手法6条は、申請の提出先とされている機関の事務所を経由してから処分庁の事務所に申請が到達するまでの標準的な期間も定めるように努力義務を課しているが、本条には、それに対応する定めはない。処分庁等を経由してなされた審査請求（21条1項）の場合には、処分庁等は、直ちに、審査請求書または審査請求録取書を審査庁となるべき行政庁に送付しなければならないので（同条2項）、処分庁等に審査請求がされてから審査庁となるべき行政庁に送付されるまでの標準的な期間を定める必要はないと考えられたからである（宇賀・行審法解説84頁）。

また、標準審理期間の設定は、審査請求がなされる前に行われるものであるから、審査庁ではなく、「審査庁となるべき行政庁」という文言が用いられている。

3 「通常要すべき標準的な期間」

「通常要すべき」とは、当該審査請求の態様と審査庁の審理体制が通常であることを前提とした上で必要となるとの意味である（IAM・逐条解説行審法107頁）。

「標準的な期間」とは、簡易迅速かつ公正な審理を実現すべきであるとの趣旨に照らして、合理的な期間であると考えられ、審査請求の大半が処理できる期間であればよい（宇賀・行審法解説88頁）。標準審理期間は、あくまでも審査請求の審理期間の目安として定められるものであり、設定された標準審理期間内に裁決しなければならない義務を審査庁に課すものではない。したがって、その期間の経過をもって直ちに不作為の違法取消原因となる裁決固有の瑕疵に当たることにはならない。しかし、期間設定の努力義務に理由なく従わないときには、行手法の標準処理期間と同様に、行政苦情処理や行政監察等の対象になると考えられる（塩野・行政法Ⅰ319頁）。

4 標準審理期間を設定する努力義務

行政不服審査制度における審理は、申請に対する処分だけでなく、不利益処分をも対象とし、さまざまな理由で不服が申し立てられ、審理すべき案件の内容も単純なものから複雑なものまで多種多様であることから、標準審理期間の設定に

ついては、審査庁に努力義務を課すにとどまっている（「検討会最終報告2007」15頁〜16頁）。

5 公にしておく方法

「公にしておく」方法に関する規定は、行手法上の申請に対する処分の審査基準（行手5条3項）および標準処理期間（同法6条）に関する規定（同法5条3項および6条）においても用いられているので、公にしておく方法もまた、これらの場合と同様であると考えられる（小早川＝高橋・条解108頁〔大橋真由美〕）。具体的方法の選択は、審査庁の判断に委ねられるが、実際には、審査庁のウェブサイトへの掲載が多くなると思われる。なお、本条は、再調査の請求および再審査請求についても準用される（61条・66条）。

〔藤枝律子〕

（審理員となるべき者の名簿）
第17条 審査庁となるべき行政庁は、審理員となるべき者の名簿を作成するよう努めるとともに、これを作成したときは、当該審査庁となるべき行政庁及び関係処分庁の事務所における備付けその他の適当な方法により公にしておかなければならない。

---

1 本条の趣旨

本条は、審査庁となるべき行政庁は、審理員となるべき者の名簿の作成するよう努めるとともに、これを作成したときは、公にする義務を負うことを定める。

審理員は審理手続において、重要な役割を担うことから、その審理員候補者の名簿をあらかじめ作成し公にしておくことは、審理員の指名手続の公正さおよび透明性をより向上させることにつながるという意味がある。公にしておく具体的な方法は、第16条の標準審理期間に関するものと同じである（16条の解説5〔藤枝律子〕を参照）。

2 要綱案との異同

要綱案においては、審理員の指名の基準を定め、これを公にしておく義務を審査庁に課し、さらに、指名基準については、処分に関する手続に関与した者以外の者の中から審理員を指名することその他必要な事項を定めることとしていた。

しかし本法では、その代わりに審理員名簿に関する規定が置かれることになった。その理由として、「審査請求に係る処分若しくは当該処分に係る再調査の請求についての決定に関与した者又は審査請求に係る不作為に係る処分に関与し、若しくは関与することとなる者」（9条2項1号）が審理員の除斥要件の一つとして規定されたため、審理員の指名基準の意義が低下したということが挙げられる（宇賀克也「行政不服審査法・行政手続法改正の意義と課題」ジュリスト1360号〔2008年〕6頁）。

3　「審理員となるべき者の名簿」作成の努力義務

　審査庁となるべき行政庁は、審理員候補者名簿を作成している場合には、当該名簿に記載された者のうちから審理員を指名することになる（9条1項柱書）が、本条は審理員となるべき者の名簿の作成を努力義務にとどめている。処分や不服申立ての審査の実績がない行政庁もあり、このような行政庁に対しても審理員となるべき者の名簿の作成を義務付けることは適切ではないと考えられるためである（宇賀・行審法解説88頁）。したがって、審査庁となるべき行政庁が名簿を作成していなかったとしても、これが直ちに審査庁となるべき行政庁の義務違反となるわけではない。しかし、前条の標準審理期間設定の努力義務と同様に、行政苦情処理や行政監察等の対象にはなりうる（16条の解説3〔藤枝律子〕を参照）。なお、審理員候補者については、研修等により専門性を高めることや行政機関の外部の者を非常勤職員等として任用することも、審理員制度の効果的運用に資することになろう（横浜市では、5名の弁護士を審理員候補者名簿に登載している〔身分は、総務局法制課の非常勤特別職員〕。この方式は今のところあまりとられていないようであるが、今後の普及が期待される）。

〔藤枝律子〕

第2節　審査請求の手続

> **（審査請求期間）**
> **第18条**　処分についての審査請求は、処分があったことを知った日の翌日から起算して3月（当該処分について再調査の請求をしたときは、当該再調査の請求についての決定があったことを知った日の翌日から起算して1月）を経過したときは、することができない。ただし、正当な理由があるときは、この限りでない。
> 2　処分についての審査請求は、処分（当該処分について再調査の請求をしたときは、当該再調査の請求についての決定）があった日の翌日から起算して1年を経過したときは、することができない。ただし、正当な理由があるときは、この限りでない。
> 3　次条に規定する審査請求書を郵便又は民間事業者による信書の送達に関する法律（平成14年法律第99号）第2条第6項に規定する一般信書便事業者若しくは同条第9項に規定する特定信書便事業者による同条第2項に規定する信書便で提出した場合における前2項に規定する期間（以下「審査請求期間」という。）の計算については、送付に要した日数は、算入しない。

1　本条の趣旨

本条は、処分についての審査請求期間について定める。その趣旨は、取消訴訟の出訴期間と同様に、行政上の法律関係の安定を確保するために、処分の効力を一定期間の経過により（一般には、早期に）確定させることにある。これは、行政の円滑な運営と第三者・利害関係者の保護に資するものである。期間の徒過後になされた審査請求は不適法却下となる（45条1項）。本条は、取消訴訟の出訴期間の定めとともに行政行為の不可争力の実定法上の根拠でもある。不作為についての審査請求には期間制限がないので、「処分についての」審査請求と明記されている。

2 主観的審査請求期間（1項）

(1) 起算日「処分があったことを知った日の翌日」（1項本文）

「処分があったこと」とは、処分または決定が、告知により外部に表示され、その効力を発生したことをいう。処分の告知とは、社会通念上処分を相手方において了知できる客観的状況に置くことである（南＝小高・注釈135頁）。

処分があったことを「知った日」について、最高裁は、当事者が書類の交付、口頭の告知その他の方法により、処分の存在を「現実に知った日」のことで、抽象的な知りうべかりし日ではないとする（最判昭27・11・20民集6巻10号1038頁。出訴期間に関するもの）。他方、学説においては、この最高裁（前掲・最判昭27・11・20）に言及しつつ、処分が、社会通念上、関係者において知りうべき状態に置かれたときは、特別の事情がない限り、これを知ったものと解すべきとするものも多い（雄川・争訟法189頁、田中＝加藤・解説114頁、田中・行政法(上)256頁注(1)）。この点、最高裁（前掲・最判昭27・11・20）も、一定の事情のもとで（処分を記載した書類が当事者の住所に送達される等）、社会通念上処分のあったことが当事者の知りうべき状態に置かれたときは、反証のない限りその処分のあったことを知ったものと推定することができるとしており（最高裁によれば、その間不在であって、現実には知らなかったことが認定されれば、この推定は覆される）、具体的判断において、学説と歩調を合わせているともいえる。いずれせよ、現在、学説においては、一般に、この最高裁の枠組みをもって、「知った日」とする説明が定着している（塩野・行政法Ⅱ98頁、行審実務研究会・自治体サポート352頁〔北島周作〕、橋本他・行政不服審査制度85頁〔橋本博之＝植山克郎〕、行審制度研究会編・ポイント解説79頁等）。争訟の機会の適正な確保という点からすると、審査請求人の事情を考慮する、最高裁の枠組みが一応合理的であろう。なお、推定を認めない場合として、正当な理由なく処分通知書の受領を拒絶した場合であっても、一定の事情のもとで当該受領拒絶をもって「知った日」とはいえないとするもの（福岡地判平21・3・17判タ1299号147頁）、出訴期間にかかる事案であるが、郵便が配達された日に本人が旅行で不在であった場合（前掲・最判昭27・11・20、東京高判昭51・10・28訟月22巻13号3029頁〔同居の使用人が受領〕）がある。その他、出張等で当事者が不在の場合、処分の相手方本人の代理権限を有する者、同居者等本人のために一般郵便物について受領権限を有している者に配達された場合にも本人が知ったものと解される（大阪高判昭37・7・31訟月8巻9号1422頁〔代理権限を有する者〕、最判昭

第2章　第2節　審査請求の手続〔§18〕

55・1・11税資110号1頁〔同居の妻〕、東京地判昭61・3・28判時1204号90頁〔守衛〕、等を参照）。

　なお、最高裁は、処分が個別の通知ではなく告示をもって多数の関係権利者等に画一的に告知される場合には、そのような告知方法がとられている趣旨に鑑みて、「処分があったことを知った日」は、告示があった日を「知った日」と解する（最判平14・10・24民集56巻8号1903頁）。

　審査請求期間は、処分があったことを知った日の「翌日」から起算される。期間保障の必要性から、民法140条と同様に初日不算入の原則がとられている。

　審査請求期間の満了日が祝祭日・日曜日その他の休日であるときは、その翌日をもって満了日と解される（行民142条、なお、民訴95条参照）。

(2)　期間　「3月」または再調査の請求がなされた場合の「1月」（1項本文）

　旧行審法において、60日であった主観的審査請求期間は、本条1項により、3カ月に延長され、再調査の請求の決定後の主観的審査請求期間については、異議申立ての決定を経た場合の30日（旧行審14条1項）と同様、その決定を知った日の翌日から起算して1カ月（規定上月単位で統一）とされた（再調査の請求の主観的請求期間は3カ月であり、再調査の決定があったことを知った日は、処分があったことを知った日から相当経過していると考えられる）。

㋐　3カ月

　審査請求期間をどれだけにするかは、立法政策の問題であるが、処分の効果の早期安定という行政上の要求と、期間を可能な限り長くして国民の権利利益の保護に寄与しようとする要求を調和させなければならない（雄川・争訟法188頁、田中＝加藤・解説112頁、南＝小高・注釈132頁）。それゆえ、その期間が著しく不合理で、実質上審査請求の拒否と等しい結果となる定めは容認されるべきでない（南＝小高・解説132頁）。旧行審法の60日は、平均的日本人にとっては短すぎるという批判も有力であった（阿部泰隆『行政救済の実効性』〔弘文堂、1985年〕242頁参照）。この点、国民の権利利益の救済を受ける機会の適切な確保の見地からの期間の延長の必要性、そしてその具体的期間としての3カ月の妥当性が、行審法改正の作業の中で確認され（「検討会最終報告2007」13頁、2008年法案、「見直し方針2013」12頁）、3カ月が本条においても規定されるに至った。

　2004年の改正により延長された取消訴訟の出訴期間（行訴14条1項）と同様審査請求期間を6カ月にすべきであるとの見解（「研究会報告書2006」13頁、日本弁護

士連合会「行政不服審査制度に関する日弁連改正案〔行政活動是正請求法案（仮称）（2007年）〕4頁～5頁、行財政総合研究所・行政不服審査法研究会「総務省・行政不服審査制度検討会『中間とりまとめ』に対する『意見・提言』」行財政研究65号〔2007年〕21頁など）も根強いなか、3カ月が選択された理由は、①審査請求は、訴訟費用を納付するものではないなど訴訟より簡易に行うことができ、訴訟のように準備に相当の期間を要するものではないこと、主観的審査請求期間の長期化は、②処分の効力の早期安定を損ない、③事情の変更等により正確な事実認定が困難になるなど審査請求の審理の遅延を招き、審査請求人の利益を損なうおそれもあること、④（審査請求前置主義がとられている場合、実質的に出訴期間が短くなるという問題と関わって）裁決後に訴訟の準備をする期間は確保されており、審査請求にさほどの準備期間はいらず、仮に審査請求書に不備があっても補正の制度があることに照らせば、3カ月が相当であり、審査請求前置である場合にも出訴の機会を不当に制約するものではないこと、⑤例外要件の「正当な理由」への緩和、審査請求前置の大幅見直しにより行政実務に相当の影響が及ぶ可能性があること、にある（「見直し方針2013」第2の4、12頁～13頁参照）。この点、①の「準備」について、一般論としてはこれを肯定するが、審査請求事案は多様であり、かなりの準備期間を要するものもあり、個別分野ごとの検証により個別法で期間延長を考えるべきである（宇賀・行審法解説94頁）、また、審査請求においても裁判なみの準備が必要である（阿部泰隆「改正行政不服審査法の検討(2)」自治研究91巻4号〔2015年〕18頁）との指摘がある。②について、これが妥当するのは、審査請求前置の場合に限られること（なお、ここでは、早期安定が、出訴期間を実質的に短くするという問題には触れられていない）、③について、主観的審査請求期間を取消訴訟の出訴期間より短くする理由とはならないことも指摘されている（宇賀・行審法解説94頁）。④は「早期安定」、⑤は、「審査庁の合理的負担」（橋本他・行政不服審査制度86頁〔橋本＝植山〕）に軸足を置いた理由ともいえる。6カ月にすることも考えられてしかるべきである。

　特別法による例外もある（期間の短縮を許容する基準について、訴願制度調査会による「訴願制度改善要綱」〔第5の5〕〔1960年〕を参照）。この点「検討会最終報告2007」14頁は、期間短縮の特例の定めは、それを正当化する特段の理由が真に認められる場合に限定されることが適切としている。このような例外を認める例として、国税通則法77条2項（1カ月）、地方自治法143条4項（21日）、土地収用法

130条2項（30日）、等がある。
　(ｲ)　正当な理由（1項ただし書）
　「正当な理由」は、「やむをえない理由」よりは広い概念と解される（田中＝加藤・解説121頁、南＝小高・注釈147頁）。
　旧行審14条1項は、主観的審査請求期間の例外事由を、民事訴訟法97条の不変期間不遵守についての規定にならい、天災その他「やむをえない理由」があるときと規定し、同条2項で、この理由による審査請求は、その理由がやんだ日の翌日から起算して1週間以内にしなければならないと規定していた。
　「やむをえない理由」とは、裁判例では、一般に審査請求人が審査請求をするにつき通常用いられると期待される注意をもってしても避けることのできない客観的な事由を意味するとされていた（東京地判昭45・5・27行集21巻5号836頁、津地判平7・5・11判例自治147号82頁）。すなわち、単に審査請求人の主観的な事情では足りず、客観的障害が存することを要していた（東京地判昭53・2・16訟月24巻5号1143頁）。裁判例は、一般に、客観的事情の要件について、厳格に解する傾向にあり、「やむをえない理由」があったと認められる例は少なく、この理由による救済の実効性は高いとはいえなかった。
　救済の実効性の点からは、教示制度との関係も議論の対象となっていた。最高裁は、処分庁が教示義務を怠っても、審査請求期間は延長されず（最判昭48・6・21訟月19巻10号51頁）、教示義務を怠った場合の救済規定は、不服申立期間の進行を止めるという救済方法を採用したものと解すべき根拠はないとしている（最判昭61・6・19判時1206号21頁）。したがって、行政庁が教示義務に違反して審査請求期間を教示しなかったことにより審査請求人が審査請求期間を誤信しても、それは、所詮、法の不知に起因するものというべきであり「やむをえない理由」に当たらないとされていた（前掲・東京地判昭45・5・27、同旨、前掲・津地判平7・5・11）。
　この点、法の不知は許されないとの法格言が通用する場合は限定的に考えられるべきであり、行政法規に関する一般市民の法の不知はできるだけ救済することが必要である。この観点から、教示をしないと行政庁が不利になるシステムをつくるべきであるとの主張がなされていた（阿部・前掲書250頁～252頁）。
　行審法改正の動向の中で、「検討会最終報告2007」14頁は、上記裁判例の傾向、不教示の場合の救済の必要性を念頭に置いて、「やむをえない理由」から「正当

な理由」に改正することを提言し（行財政総合研究所・行政不服審査法研究会「総務省・行政不服審査制度検討会『中間とりまとめ』に対する『意見・提言』」行財政研究65号〔2007年〕21頁も参照)、「見直し方針2013」おいてもこの例外を認める要件の緩和が明示され、本法で、行訴法14条1項ただし書と同様、「正当な理由」の実現をみた。国民の権利利益の救済の観点において、旧行審法のもとでの不教示と誤った教示の救済の不均衡の是正、例外の許容の柔軟な解釈の可能性（主観的事情等の解釈）の観点からも妥当である。

「正当な理由」とは、行訴法14条の「正当な理由」と同義と考えられる。上記の点を前提にすれば、不教示、誤った長期の審査請求期間の教示により審査請求人が正しい審査請求期間を知ることができなかった場合を含むものである。この点、不教示等の場合であって、他の方法でも知ることができなかった場合をいう、あるいは含むとの見解（宇賀・行審法解説96頁、橋本他・行政不服審査制度87頁〔橋本＝植山〕、IAM・逐条解説行審法117頁、小早川＝高橋・条解116頁〔磯部哲〕）があるが、これが、他の方法で知ることができたかの審査に過度に大きな意味をもたせるとするなら疑問である（審査請求人がこの処分のあったことを処分後まもなく知ったと推認できる場合に「正当な理由」理由に当たらないとする裁判例として、長崎地判昭51・6・28行集27巻6号950頁がある）。

主観的審査請求期間の例外を、不変期間不遵守ではなく、「正当な理由」に求めることから、旧行審法14条2項は、削除され、また、法定期間よりも長い審査請求期間を教示した場合は、「正当な理由」で救済されるため、その救済規定であった旧行審法19条も削除された。

3　客観的審査請求期間（2項）

本条2項は、処分の相手方が処分を知っていたか否かにかかわらない、客観的審査請求期間について定める。しかし、一般に、行政処分の多くが相手方に到達して初めて効力を生じることから、処分の公示送達の場合はともかく、処分当時海外に居住していたというような特殊な例を除き、処分の相手方に対しこの1年間の規定が適用される場合は多くない（田中＝加藤・解説120頁～121頁、南＝小高・注釈146頁～147頁、田中舘他・判例コンメ行審法134頁〔外間寛〕）。

1年の客観的審査請求期間には、「処分があった日」の当日は算入されない（民140条参照）。期間は「正当な理由」が存する場合に限って延長される（2項ただし書）。

本項は、旧行審法14条3項を維持したものである。

4　発信主義

審査請求は郵便でもすることができるが、審査請求書を郵便または特別法で定める信書便で提出した場合に、送付に要した日数は審査請求期間に算入されない。出訴期間の遵守について到達主義をとる行訴法、また、同じ到達主義をとる民法97条1項とは異なり、発信主義がとられている。これは、審査請求期間が比較的短いため、審査請求人のためになされた配慮規定と位置づけられる（田中＝加藤・解説122頁）。

〔平田和一〕

（審査請求書の提出）

第19条　審査請求は、他の法律（条例に基づく処分については、条例）に口頭ですることができる旨の定めがある場合を除き、政令で定めるところにより、審査請求書を提出してしなければならない。

2　処分についての審査請求書には、次に掲げる事項を記載しなければならない。
　一　審査請求人の氏名又は名称及び住所又は居所
　二　審査請求に係る処分の内容
　三　審査請求に係る処分（当該処分について再調査の請求についての決定を経たときは、当該決定）があったことを知った年月日
　四　審査請求の趣旨及び理由
　五　処分庁の教示の有無及びその内容
　六　審査請求の年月日

3　不作為についての審査請求書には、次に掲げる事項を記載しなければならない。
　一　審査請求人の氏名又は名称及び住所又は居所
　二　当該不作為に係る処分についての申請の内容及び年月日
　三　審査請求の年月日

4　審査請求人が、法人その他の社団若しくは財団である場合、総代を互選した場合又は代理人によって審査請求をする場合には、審査請求書には、

第2項各号又は前項各号に掲げる事項のほか、その代表者若しくは管理人、総代又は代理人の氏名及び住所又は居所を記載しなければならない。
5　処分についての審査請求書には、第2項及び前項に規定する事項のほか、次の各号に掲げる場合においては、当該各号に定める事項を記載しなければならない。
　一　第5条第2項第1号の規定により再調査の請求についての決定を経ないで審査請求をする場合　再調査の請求をした年月日
　二　第5条第2項第2号の規定により再調査の請求についての決定を経ないで審査請求をする場合　その決定を経ないことについての正当な理由
　三　審査請求期間の経過後において審査請求をする場合　前条第1項ただし書又は第2項ただし書に規定する正当な理由

1　本条の趣旨

　本条は、書面主義の原則および審査請求書の記載事項について定める。審査請求の審理の正確さと迅速性の確保に資する、適式な審査請求がなされるための規定である。
　本条は、旧行審法9条・15条・49条の規定を、本法による「審査請求への一元化」に合わせた内容とし、まとめて規定したものである。

2　書面主義（1項）

　本条1項は、書面主義の原則を定め、例外として口頭による審査請求の余地を認めている。これは、旧行審法9条1項と同様である。
　書面申立主義の原則の採用の理由は、①書面による方が口頭によるよりも「簡易迅速の趣旨」に合うこと、②書面によることによって、不服申立ての内容が明確になり、陳情との区別も可能になること、③書面によって明確を期することが、あとの手続の混乱による遅延を避けることができること、④行政作用は千差万別であり、口頭による申立ての原則を採用することはかえって手続を遅延させること、等である（田中＝加藤・解説98頁〜99頁、南＝小高・注釈115頁、田中舘他・判例コンメ行審法113頁〔外間寛〕参照）。
　旧行審法は、正副2通の審査請求書の提出に関する細目事項規定していたが（正副2通の提出の義務付け等〔旧行審9条2項・3項・4項〕、審査請求書への押印〔同15条4項〕）、本法は、これを政令に委任している（本条1項）。この点、制度の利

用者からすると、これらの定めを法律で規定しておくことの方が便宜である。

3　法律（または条例）に定めがある場合の口頭による審査請求（1項）

　旧行審法で導入された、例外としての口頭による審査請求は、「権利利益の救済制度としてふさわしい手続規定を整備することによって『簡易迅速な手続による国民の権利利益の救済を図る』という同法の根本趣旨を実現しようとする」規定の一つに位置づけられている（田中二郎「行政争訟制度の改正」法律時報34巻10号〔1962年〕9頁）。個別の法律（または条例）に規定がない限り、口頭による審査請求は不適法である。

　この例外を認めている例として、国家公務員共済組合法103条1項、国民健康保険法99条等がある。

4　記載事項

　審査請求書に記載することが必要とされている事項（必要的記載事項）を記載せず、または十分な記載をしていないときは、審査庁は補正できるものについては補正を命じなければならない（23条）。

(1)　処分についての審査請求書（2項）

(ｱ)　「審査請求人の氏名又は名称及び並び住所又は居所」（2項1号）

　本法では、旧行審法15条1項1号において必要的記載事項であった「年齢」は記載事項とされず、同1号において記載事項として規定されていなかった「名称」、「居所」が「氏名」、「住所」と選択的なものとして付加された。審査請求の要件として成年であることは要求されておらず、また、審査請求の要件の充足、審査請求人の特定のためには、「氏名又は名称」、「住所又は居所」等他の記載事項で足りることなどから、年齢は除外された（行審実務研究会・自治体サポート371頁〔北山周作〕、宇賀・行審法解説100頁、橋本他・行政不服審査制度90頁〔橋本博之＝植山克郎〕）。居所が付加されたのは、住所をもたない審査請求人のためである。

(ｲ)　「審査請求に係る処分の内容」（同2号）

　審査請求の対象となる処分を特定するための記載事項である。

(ｳ)　審査請求に係る処分等があったことを知った年月日（同3号）

　審査請求期間の起算日を特定し、主観的審査請求期間が遵守されているか否かを判断するために必要な記載事項である。

(ｴ)　審査請求の趣旨および理由（同4号）

　「趣旨」は当該請求の結論であり（審査庁にいかなる処置を求めるのかを明らかに

すること)、「理由」はそれを裏づける根拠である(田中＝加藤・解説124頁、小早川光郎「審査請求の趣旨と理由」法学教室143号〔1992年〕106頁～107頁)。訴訟における請求の趣旨および原因に対応する(民訴133条2項2号)。「趣旨」については、審査請求書の記載から、審査請求人が何を求めているかを汲みとることができれば足りると解される(田中舘他・判例コンメ行審法150頁〔外間〕)。「理由」についても、厳格に明確な内容の記載を必要とするのではなく、審査庁は、その真意を汲みとり、審査の対象とするべきであろう。

審査請求では、民事訴訟におけるような処分権主義は採用されておらず、審理の対象は審査請求書に記載された審査請求の趣旨に拘束されないが、審査請求人が処分に対する不服申立てとして審査請求を求めていることについては、審査請求書に明示される必要がある(橋本他・行政不服審査制度91頁〔橋本＝植山〕、小早川＝高橋・条解120頁〔磯部哲〕、IAM・逐条解説行審法124頁)。

審査請求書の記載事項には、処分の内容、処分があったことを知った日、審査請求の年月日という訴訟要件に関わる記載事項の項目がある。それ以上に、「趣旨及び理由」の中で、例えば、不服申立適格、処分性など訴訟要件に関して言及することが要求されるということはない(審査請求人の負担の面からいっても要求されるべきではない)。ここでのそれらの記載の有無とそれらが口頭意見陳述の対象となるか否かは別個の問題である。

　(オ)　処分庁の教示の有無およびその内容(同5号)

行政庁は、不服申立てをすることができる処分をする場合に審査請求期間等の教示義務がある(82条)。行政庁が教示義務を怠った場合、行政庁の処分に不服がある者は、83条による不服申立てが可能であり、また、不教示による審査請求間徒過の場合、18条1項ただし書の「正当な理由」によって救済される。

本号は、不教示や不適切な教示の場合の救済の必要性を判断するために必要な記載事項である。

　(カ)　審査請求の年月日(同6号)

審査請求が、審査請求期間を徒過しているか、審査請求から裁決までの期間が標準処理期間内か否かを確認するために記載事項とされている。

　(2)　不作為についての審査請求書(3項)

本項1号は、本条2項1号と同内容の記載事項であり、必要的記載事項である。「当該不作為に係る処分についての申請の内容」(本条3項2号)は、審査請求の

第2章　第2節　審査請求の手続〔§20〕

内容を特定するための、「審査請求の年月日」(本条3項2号)は、審査請求から裁決までの期間が標準処理期間を超えていないかどうかを判断するための必要的記載事項である(不作為については、審査請求期間は問題とならない)。

(3)　「代表者若しくは管理人、総代又は代理人の氏名及び住所又は居所」(4項)

代表者等は、審査請求の審理手続に直接に関与するので、審査請求書でその氏名および住所または居所を明示することが要求される。

(4)　処分についての審査請求書の特例的記載事項(5項1号～3号)

再調査の請求をしたときは、その決定を経た後でなければ、審査請求を行うことができないが、当該処分につき再調査の請求をした日の翌日から起算して3カ月を経過しても、処分庁が当該再調査の請求につき決定しない場合等一定の要件を充足すれば、その決定をまたず、審査請求を行うことができる(5条2項1号・2号)。当該審査請求がこの要件を充足した適法なものであるかどうかを判定するために、「再調査の請求をした年月日」(本条5項1号)、「その決定を経ないことについての正当な理由」(同2号)に定める事項の記載が要求されている。また、期間経過後に審査請求をする場合には、この例外に該当するか否かの審査が必要になるため、「正当な理由」を記載事項としている(同3号)。

〔平田和一〕

（口頭による審査請求）
第20条　口頭で審査請求をする場合には、前条第2項から第5項までに規定する事項を陳述しなければならない。この場合において、陳述を受けた行政庁は、その陳述の内容を録取し、これを陳述人に読み聞かせて誤りのないことを確認し、陳述人に押印させなければならない。

1　本条の趣旨

本条は、他の法律の定めにより例外的に口頭による審査請求ができる場合の手続について定める。旧行審法16条と同様の規定である。その趣旨は、口頭による審査請求に関する手続を整備し、審理手続を円滑に進行させるところにある(田中＝加藤・解説127頁、南＝小高・注釈155頁)。

2 陳　述

審査請求人は、口頭で審査請求をする場合には、19条2項から5項までに規定する事項を行政庁に陳述しなければならない。陳述の相手方となる行政庁は、本来は、審査庁である。しかし、審査請求は処分庁等を経由してもできるから（21条1項）、この場合には審査庁でなく、処分庁等に対して陳述を行う。

3　審査請求録取書

本条は、「陳述を受けた行政庁」が録取等を行う義務についても規定する。「陳述を受けた行政庁」（審査庁または処分庁等）は、陳述内容を録取して審査請求録取書を作成し、その正確を期すため陳述人に誤りのないことを確認し押印させねばならない。「陳述を受けた行政庁」は、作成した審査請求録取書の写しを作成し、また、処分庁等が審査庁である場合を除きその写しを処分庁等に送付する（審査庁から指名された審理員には、29条1項により、写しの処分庁等への送付義務がある）。

［平田和一］

（処分庁等を経由する審査請求）
第21条　審査請求をすべき行政庁が処分庁等と異なる場合における審査請求は、処分庁等を経由してすることができる。この場合において、審査請求人は、処分庁等に審査請求書を提出し、又は処分庁等に対し第19条第2項から第5項までに規定する事項を陳述するものとする。
2　前項の場合には、処分庁等は、直ちに、審査請求書又は審査請求録取書（前条後段の規定により陳述の内容を録取した書面をいう。第29条第1項及び第55条において同じ。）を審査庁となるべき行政庁に送付しなければならない。
3　第1項の場合における審査請求期間の計算については、処分庁に審査請求書を提出し、又は処分庁に対し当該事項を陳述した時に、処分についての審査請求があったものとみなす。

1　本条の趣旨

本条は、「処分庁等」を経由する審査請求について定める。本条は、審査請求人の自由な意思によって、審査請求を処分庁等を経由して行うことを認めている。

本条の趣旨は、審査請求人に処分庁等を経由してする審査請求権を付与し（長崎地判平6・1・19判タ868号164頁参照）、審査請求人の便宜を図ることにある（旧行審17条と同趣旨。田中舘他・判例コンメ行審法154頁〔外間寛〕参照。なお、旧行審法が「経由」による審査請求を導入した経緯について、コンメ行政法Ⅰ〔第2版〕419頁〜420頁〔平田和一〕参照）。

2　処分庁等経由による審査請求（1項）

本条は、「処分庁」ではなく「処分庁等」と規定し、「処分庁」経由を規定する旧行審法17条と異なり、不作為庁経由の審査請求も認め、また、「することもできる」から「することができる」と文言を改正している。

本条による審査請求は、審査請求人の便宜のためである。さらに敷衍すれば「経由方式」には「処分庁を経由して審査請求することができることはわかりやすさの点で申立人の側にメリットがある」ということにもなる（行審実務研究会・自治体サポート378頁〔北島周作〕）。

本条による審査請求は、審査請求による処分庁等への審査請求書の提出、または（口頭で審査請求をすることができる旨の定めがある場合の）審査請求人の20条の規定による陳述によって行われる（本条1項後段）。

なお、個別の法律で処分庁等の経由を義務付けるもの（不登156条、供1条ノ5など）、処分庁等以外の行政庁を経由することができるとするもの（売春28条、更生93条）がある。

3　審査請求書等の審査庁への送付（2項）

審査請求書等の送付については、審査庁への送付が遅滞するなどして審査請求人の権利救済の障害とならないよう、「直ちに」送付することとされている。

処分庁等に、審査請求が形式的要件を充足しているかどうかの審査権はない。処分庁が、審査請求を審査庁に取り次がず、その請求書の受理を拒否することは、本条の受理・送付義務に違反し、審査請求人の処分庁等を経由してする審査請求権を侵害するものであり違法である（前掲・長崎地判平6・1・19）。

4　審査請求期間の計算（3項）

審査請求期間内に、審査請求書の提出または陳述があれば、処分庁の本条法定の書類の送付の遅延等にかかわりなく、審査請求は適法になされたものと扱われる。この措置は、処分庁の経由を認める以上、また、審査庁への審査請求について発信主義が採用されている（18条3項）こととの均衡からも当然のことである

行政不服審査法

(田中＝加藤・解説131頁、南＝小高・注釈160頁、室井編・基本法コンメ救済法119頁〔紙野健二〕参照)。

［平田和一］

(誤った教示をした場合の救済)
第22条　審査請求をすることができる処分につき、処分庁が誤って審査請求をすべき行政庁でない行政庁を審査請求をすべき行政庁として教示した場合において、その教示された行政庁に書面で審査請求がされたときは、当該行政庁は、速やかに、審査請求書を処分庁又は審査庁となるべき行政庁に送付し、かつ、その旨を審査請求人に通知しなければならない。
2　前項の規定により処分庁に審査請求書が送付されたときは、処分庁は、速やかに、これを審査庁となるべき行政庁に送付し、かつ、その旨を審査請求人に通知しなければならない。
3　第1項の処分のうち、再調査の請求をすることができない処分につき、処分庁が誤って再調査の請求をすることができる旨を教示した場合において、当該処分庁に再調査の請求がされたときは、処分庁は、速やかに、再調査の請求書（第61条において読み替えて準用する第19条に規定する再調査の請求書をいう。以下この条において同じ。）又は再調査の請求録取書（第61条において準用する第20条後段の規定により陳述の内容を録取した書面をいう。以下この条において同じ。）を審査庁となるべき行政庁に送付し、かつ、その旨を再調査の請求人に通知しなければならない。
4　再調査の請求をすることができる処分につき、処分庁が誤って審査請求をすることができる旨を教示しなかった場合において、当該処分庁に再調査の請求がされた場合であって、再調査の請求人から申立てがあったときは、処分庁は、速やかに、再調査の請求書又は再調査の請求録取書及び関係書類その他の物件を審査庁となるべき行政庁に送付しなければならない。この場合において、その送付を受けた行政庁は、速やかに、その旨を再調査の請求人及び第61条において読み替えて準用する第13条第1項又は第2項の規定により当該再調査の請求に参加する者に通知しなければならない。
5　前各項の規定により審査請求書又は再調査の請求書若しくは再調査の請

> 求録取書が審査庁となるべき行政庁に送付されたときは、初めから審査庁となるべき行政庁に審査請求がされたものとみなす。

1　本条の趣旨

　本条は、処分庁が審査請求または再調査の請求について誤った教示をした場合において、教示を信頼して審査請求や再調査の請求をした国民に不利益を及ぼさないための救済措置について定める（教示制度について詳細には、本法82条の解説〔野呂充〕を参照）。

　本条が救済の対象とするのは、審査請求ができる処分につき、誤って審査請求をすべき行政庁でない行政庁に審査請求するように教示した場合、再調査の請求ができない処分につき、誤って再調査の請求ができると教示した場合、および、再調査の請求ができる処分につき、誤って審査請求もできることを教示しなかった場合である。

　本条は、旧行審法18条に対応する規定であるが、異議申立制度の廃止と再調査の請求制度の新設に伴う内容上の改正が行われている。なお、旧行審法19条は、処分庁が誤って法定期間より長い期間を審査請求期間として教示した場合の救済について定めていたが、2014年改正により削除された。2014年改正後の本法においては、このような場合、主観的審査請求期間を徒過したことにつき本法18条1項ただし書にいう「正当な理由」があるものとして救済できるという理由によるものである（行審制度研究会編・ポイント解説231頁）。

　本条は、審査請求および再調査の請求を念頭に置いた救済について定めるため、第6章に置かれた82条（教示義務）および83条（教示をしなかった場合の救済）とは異なり、本法に基づかない不服申立てには適用されない。ただし、他の法律に基づく不服申立てに本条が準用されることがある（自園63条2項、鉱業134条2項、農地53条4項、森林190条2項、採石39条2項、海岸39条の2第2項、地すべり等防止50条2項）。本条が準用されない不服申立てについては、誤った教示を信頼して不服申立てをしたことをもって不服申立期間を徒過したことにつき正当な理由があるとして救済すべきである（田中＝加藤・解説133頁）。

2 審査請求をすべき行政庁を誤って教示した場合（1項・2項）

(1) 誤って教示された行政庁に審査請求がされた場合の当該行政庁の義務（1項）

審査請求ができる処分について、処分庁が誤って審査請求をすべき行政庁でない行政庁を審査請求をすべき行政庁として教示し、国民が教示に従って書面で審査請求をしたとき、本条による救済の対象となる。審査請求をすべき行政庁として教示された行政庁以外の審査権限のない行政庁に審査請求をしたとき（田中＝加藤・解説25頁、宇賀克也「教示制度」行政法大系(4)62頁）や、教示された行政庁に口頭で審査請求がされたとき（宇賀・行審法関連三法62頁）は、本条による救済の対象にならない。後者が救済の対象とされていないのは、審査請求がされた処分と関係のない行政庁に、陳述を受けてその内容を録取する義務を課すことは適当でないと考えられたためであり、この場合は、教示された行政庁は、審査庁となるべき行政庁にまたは処分庁を経由して審査請求をするよう教示すべきである。

審査請求がされた行政庁は、速やかに、審査請求書を処分庁または審査庁となるべき行政庁に送付し、その旨を審査請求人に通知しなければならない。「速やかに」という文言は、21条2項の「直ちに」よりは緩やかな義務を定めたものである（宇賀・行審法解説111頁）。審査請求人への通知の形式の定めはないが、明確を期しまたは後日の紛争を避けるために、書面で行うべきである（南＝小高・注釈163頁、宇賀・行審法解説112頁）。

(2) 審査請求がされた行政庁からの送付を受けた処分庁の義務（2項）

1項の規定により処分庁に審査請求書が送付されたときは、処分庁は、これを、速やかに、審査庁となるべき行政庁に送付するとともに、その旨を審査請求人に通知しなければならない。

3 誤って再調査の請求ができると教示した場合（3項）

審査請求ができる処分のうち、再調査の請求ができるのは、個別法律で定めがある場合に限られるところ（5条1項）、再調査の請求ができない処分について、処分庁が誤って再調査の請求ができると教示し、国民が当該処分庁に再調査の請求をしたとき、本条による救済の対象となる。

この場合、処分庁は、速やかに、再調査の請求書または再調査の請求録取書を、審査庁となるべき行政庁に送付するとともに、その旨を再調査の請求人に通知しなければならない。再調査の請求書または再調査の請求録取書とは、審査請求書

(19条)または口頭による審査請求の録取書(20条後段)を再調査の請求に準用したものである(61条)。

4 再調査の請求ができる処分につき、誤って審査請求ができることを教示しなかった場合(4項)

再調査の請求ができる処分(5条1項)につき、処分庁が誤って審査請求もできることを教示せず、国民が当該処分庁に再調査の請求をした場合において、再調査の請求人が、再調査の請求に代えて審査請求をすることを希望する申立てをしたとき、本条による救済の対象になる(本条4項)。再調査の請求人の申立てが要件とされているのは、再調査の請求も適法であるから、請求人が希望をした場合にのみ審査請求に読み替えることとしたためである。

なお、誤った教示を受けた再調査の請求人が自ら審査請求もできることを知ることは通常困難であるから、処分庁が再調査の請求書から教示の誤りに気づいたときは、本条による救済措置について請求人に教示すべきである(宇賀・行審法解説114頁)。

再調査の請求人からの申立てがあったときは、処分庁は、速やかに、再調査の請求書または再調査の請求録取書および関係書類その他の物件を審査庁となるべき行政庁に送付しなければならない。また、送付を受けた行政庁は、速やかに、その旨を再調査の請求人および当該再調査の請求の参加人に通知しなければならない。再調査の請求の参加人とは、審査請求の参加人(13条1項・2項)を再調査の請求に準用したものである(61条)。本条1項から3項と異なり、「関係書類その他の物件」の送付義務や、参加人への通知義務が定められているのは、再調査の請求の審理開始後に本条4項による申立てがされる可能性があるからである。

5 送付の効果(5項)

本条1項から4項までの規定により、審査庁となるべき行政庁への送付がされたときには、初めから審査庁となるべき行政庁に適法な審査請求がされたものとみなされる。「初めから」とされているのは、審査請求期間についての不利益が生じないようにするためである。また、教示の誤りによって生じた審査請求書等の記載の過誤等については、補正を命じる必要はない(田中=加藤・解説133頁、南=小高・注釈165頁)。

本条4項による申立てがされたときに、再調査の請求の手続が既に進行していた場合、当該再調査の請求の手続を審理員が主宰する審査請求の手続とみなすべ

きでない（宇賀・行審法解説117頁）。

［野呂　充］

> **（審査請求書の補正）**
> **第23条**　審査請求書が第19条の規定に違反する場合には、審査庁は、相当の期間を定め、その期間内に不備を補正すべきことを命じなければならない。

1　本条の趣旨

本条は、不適法な審査請求の補正について定めた規定である。

審査請求が不適法であるときは、審査庁はこれを却下することになる（45条1項および49条1項）。しかし、すぐに却下するのでは、簡易迅速かつ公正な手続のもとで国民の権利利益の救済を図るという本法の目的を著しく損ねることになる。そこで、本条は、補正が可能な形式的不備については補正命令を出すことを審査庁に義務付け、補正があればこれを適法な審査請求と認めることによって、国民の権利利益の「実質的な」（行審実務研究会・自治体サポート399頁）救済を図ることとしている。

旧行審法21条は「審査請求が不適法であって補正することができるもの」と定めるのみで、いかなる不備が「補正することができるもの」かについては明確な定めがなかった。これに対し、本条は、その内容を明示した点に意義がある。

行手法7条が、申請の記載事項等に不備がある場合に補正を求めるか拒否処分をするかを行政庁の裁量に委ねるものとしているのに対し（その理由について、行手法7条の解説3(3)〔梶哲教〕を参照）、行審法のもとでは、補正が可能な場合には補正を命じなければならないから、補正を命ずることなく却下した裁決は違法である（津地判昭51・4・8行集27巻4号516頁）。これに対し、例えば、「処分庁の教示の有無及びその内容」（19条2項5号）について記載が不十分であるが、審査庁において処分の書面によりその事実が明らかであるような「審査上何らの障害がない場合」には、簡易迅速な救済という観点からも、補正を求める必要はないと解される（南＝小高・注釈183頁、コンメ行政法Ⅰ〔第2版〕21条の解説2〔岡崎勝彦〕）。

2　補正命令の対象

「審査請求が第19条の規定に違反する場合」とは、第19条2項から5項までに定める審査請求人の氏名等の必要的記載事項に記載漏れや不十分な記載がある場合である（19条の解説4〔平田和一〕を参照）。また、例えば代理人の資格を証する書類など、行審令4条3項が定める必要書類の添付がない場合も補正命令の対象となる（宇賀・行審法解説118頁～119頁）。

3　期間の指定と補正命令の効果

本条にいう「相当の期間」とは、補正をするため社会通念上必要とされる合理的な期間をいい、個別の事情により判断されるべきものである。審理の迅速性を図る観点から、こうした期間を指定することが定められている。

「相当の期間」内に補正が行われれば、当初から適法な審査請求があったものとみなされる。

審査請求人が指定した期間内に補正に応じない場合には、審査庁は審査請求を却下できる（24条1項）。

ただし、指定した期間が不十分なものであれば、補正がされなかったことを理由として行う却下裁決は違法となる。こうした場合には、当該指定期間経過後も相当な期間内に補正することが許される（コンメ行政法Ⅰ〔第2版〕21条の解説2〔岡崎〕）。

［大沢　光］

（審理手続を経ないでする却下裁決）
第24条　前条の場合において、審査請求人が同条の期間内に不備を補正しないときは、審査庁は、次節に規定する審理手続を経ないで、第45条第1項又は第49条第1項の規定に基づき、裁決で、当該審査請求を却下することができる。
2　審査請求が不適法であって補正することができないことが明らかなときも、前項と同様とする。

1　本条の趣旨

本条は、審理手続を経ないで却下裁決を行うことができる場合を定めた規定で

ある。審査請求は、不適法であってもそのまま当然に失効するわけではなく、却下裁決を要する（45条1項および49条1項）。

本条は、23条との関係で、審理手続を経ずに却下することができる場合を、①審査請求人が補正命令に従わない場合（1項）および②審査請求が不適法かつ補正不可能であることが明白である場合（2項）の二つに整理し、いずれにも該当しない場合は「審理員の指名及び第3節の手続」に入ることを明らかにしたものであり、旧行審法には存在しなかった。

こうした条文の構造からすれば、1項および2項に該当するかどうか明らかではない場合には、審理員による審理手続を経た上で、却下裁決ではなく棄却裁決を下すべきであると解される（行審実務研究会・自治体サポート413頁。同旨、宇賀・行審法解説121頁、橋本他・行政不服審査制度103頁〔橋本博之＝植山克郎〕）。

2　審査請求人が23条に基づき指定された期間内に不備を補正しないとき（1項）

旧行審法21条においても、期間を定めて補正命令を下したにもかかわらず審査請求人がこれに従わない場合には却下裁決ができると解されていた。

本項はこの点を明確にしたものである（期間の指定については、23条の解説3〔大沢光〕を参照）。

3　審査請求が不適法であって補正することができないことが明らかなとき
（2項）

例えば、審査請求書の記載から審査請求期間を徒過していることが明白であり、かつ、同期間の経過について「正当な理由」がないことが明らかな場合等は、審査請求が不適法であって、かつ、補正することができないことが明らかであるから、却下裁決を行うことができる。これに対し、「正当な理由」があるかどうかが明らかではない場合や、審査請求人適格や審査請求の対象性の有無が具体的な審理を経なければ判断できないような場合には、審理員を指名し、第2章第3節による審理員による審理手続を経る必要がある（小早川＝高橋・条解135頁〔磯辺哲〕）。

〔大沢　光〕

（執行停止）

第25条　審査請求は、処分の効力、処分の執行又は手続の続行を妨げない。

> 2 処分庁の上級行政庁又は処分庁である審査庁は、必要があると認める場合には、審査請求人の申立てにより又は職権で、処分の効力、処分の執行又は手続の続行の全部又は一部の停止その他の措置（以下「執行停止」という。）をとることができる。
> 3 処分庁の上級行政庁又は処分庁のいずれでもない審査庁は、必要があると認める場合には、審査請求人の申立てにより、処分庁の意見を聴取した上、執行停止をすることができる。ただし、処分の効力、処分の執行又は手続の続行の全部又は一部の停止以外の措置をとることはできない。
> 4 前2項の規定による審査請求人の申立てがあった場合において、処分、処分の執行又は手続の続行により生ずる重大な損害を避けるために緊急の必要があると認めるときは、審査庁は、執行停止をしなければならない。ただし、公共の福祉に重大な影響を及ぼすおそれがあるとき、又は本案について理由がないとみえるときは、この限りでない。
> 5 審査庁は、前項に規定する重大な損害を生ずるか否かを判断するに当たっては、損害の回復の困難の程度を考慮するものとし、損害の性質及び程度並びに処分の内容及び性質をも勘案するものとする。
> 6 第2項から第4項までの場合において、処分の効力の停止は、処分の効力の停止以外の措置によって目的を達することができるときは、することができない。
> 7 執行停止の申立てがあったとき、又は審理員から第40条に規定する執行停止をすべき旨の意見書が提出されたときは、審査庁は、速やかに、執行停止をするかどうかを決定しなければならない。

1 本条の趣旨

本条が設ける執行停止制度は、本法が係争処分について執行不停止原則を採用していること（本条1項）の反面として、国民の権利救済の実効性を保つために設けられたものであって（本条2項）、その停止決定は審査庁が係争処分についての終局判断をなすまでの間、審査請求人の権利保全の必要があると認めるときに（本条3項）、暫定的措置としてなす付随的処分である（岐阜地判昭54・12・19行集30巻12号2040頁）。審査請求が提起されても係争処分の効力、執行、手続の続行は止まらないとする執行不停止原則は、旧訴願法時代からとられている原則であり

（旧訴願12条）、本法もこれを踏襲している。しかし、旧訴願法の訴願人が行政庁の恩恵により処分の執行を延期してもらう地位に置かれており、国民の権利救済の精神からかけ離れたものとなっていたことを反省して（南＝小高・注釈233頁参照）、本法は、審査請求人に執行停止申立権を与え（本条2項）、その申立てがあったときは、審査庁は速やかに執行停止をするかどうかを決定しなければならないと定めており（本条7項）、審査請求人の権利保全の必要性にも一定配慮した制度に改められている（今村成和「損失補償」行政法講座(3)307頁～308頁）。

なお、本条（2項を除く）は、再審査請求についても準用される（本法66条1項）。また、本法は審理員制度を新たに設けたが、本条が定める執行停止については従前どおり審査庁が行うものとしている。

2 執行不停止原則

本法が執行不停止原則をとる根拠は、かつては、行政処分それ自身が公定力または執行力を有することに求められたが（田中二郎『行政法総論』〔有斐閣、1957年〕276頁）、今日では、執行不停止原則をとるかどうかは専ら立法政策の問題とされ、濫訴の誘発を予防し、行政の停廃や行政運営の不当阻害を防ぐという、係争処分の実効面を考慮した政策的判断の結果として説明されている（南＝小高・注釈234頁、田中＝加藤・解説149頁～150頁参照）。この行政権の保護を優先させた本法の政策的判断に対しては、それが行政権の過度の保護に傾きがちなことに注意が喚起されたり（室井編・基本コンメ救済法137頁〔永良系二〕参照）、行政機関が審査をする場合には、処分の性質、停止の社会的影響を裁判所より容易かつ正確に判断できることから、むしろ執行停止を原則とすべきであると主張されたりしており（市原昌三郎「行政の内部的統制」『岩波講座現代法4 現代の行政』〔岩波書店、1966年〕236頁参照）、学説のなかには批判的な見解も多い。

本法改正を検討する総務省に設けられた行政不服審査制度検討会においても、①行政不服審査の迅速な処理手続の要請との調整や、執行不停止原則をとる行訴法を含む全体の見直しの必要が生じるため、執行停止原則の導入に慎重な意見がある一方で、②訴訟の場合と違い不服審査の場合には、執行停止の原則化を検討すべきという意見や、③行訴法に合わせる必要はなく、事情裁決を防ぐためなど事例によっては執行停止を原則とすべきという意見が述べられていた（第4回行政不服審査制度検討会〔2007年1月16日〕提出の資料4「前回（第3回）の議論における指摘事項」3頁参照）。そして、「現行法どおり、執行不停止の原則を維持し、執

行停止の原則を必要と認めるときは個別法において特例として認めてはどうか（国税通則法第105条第1項、土地改良法第87条第9項等参照）」（第4回行政不服審査制度検討会〔2007年1月16日〕提出の資料3「主な論点に関する検討の方向性（第3回検討会終了時点）」12頁参照）という議論の方向が示されていた。この点で、少なくとも、2014年改正においては、従来の執行不停止原則と並んで、個別法で執行停止原則をとる場合もあることを明文で確認して、その活用を促すべきであった。

しかし、執行不停止原則は、改められることなく維持されたのであった。そのため、執行不停止原則は、「これでは、権利救済は画餅に帰す」、「国家権力行使の基本ルールである比例原則に反する」といった批判に、引き続きさらされている（阿部泰隆「改正行政不服審査法の検討〔四・完〕」自治研究91巻6号〔2015年〕10頁以下参照）。

たしかに、審査請求の提起は執行停止の効果を有しないため、審査請求がなされていても処分庁は係争処分の執行を行うことができ、滞納処分の審査請求中に処分庁がその手続を続行することも認められている（札幌高判昭40・12・24下民集16巻12号1827頁、東京地判昭52・3・23訟月23巻3号533頁）。しかし、実際の運用においては、審査請求が上級行政庁に提起されている場合、執行停止の申立てがなくても、処分庁は、上級行政庁に気がねしてか、処分の執行や手続の続行については審査庁である上級行政庁の裁決が出るまで停止することも多いといわれている。例えば、しばしば、土地区画整理の仮換地処分に対して審査請求が提起されておれば換地処分は裁決が出るまで見合わせられ、所得税の更正処分・加算税賦課処分に審査請求が提起されておれば滞納処分は裁決が出るまで行われていない（例えば、審査請求の裁決後に差押処分がなされたため、更正処分取消訴訟の段階で初めて滞納処分の執行停止を求めた例として、神戸地決昭41・12・26行集17巻12号1420頁、大阪高決昭43・12・14行集19巻12号1917頁）。審査請求を行っていても、その段階では執行停止の申立てがなされないで、取消訴訟の段階に至って初めて執行停止の申立てが行われる場合が多く、本法の執行停止制度は行訴法のそれと比較して利用が少ないといわれているが、その原因の一つは、この事実上の執行停止にある。

3　他の法律に特別の定めがある執行停止制度

本法は、他の法律に定めがあれば、本法の不服申立ての仕組みではない特別のそれを設けたり、本法の適用を除外したりすることを認めており（本法1条2項）、執行停止制度についても、他の法律がいくつかの例外を置いている。

行政不服審査法

(1) その一つは、本法の執行停止制度の水準は維持した上で、何らかの特例を付加するものである。

①本法では審査庁が処分庁の上級行政庁または処分庁以外の場合、職権による執行停止は認められていないが（本条3項）、この上級行政庁または処分庁以外の審査庁にも職権で執行停止を行うことが認められている場合がある（中央更正保護審査会について、更生94条および売春28条2項）。

②本法では執行停止決定の内容を審査請求人自身に通知することも明示的には定められていないが、執行停止決定をしたときに、審査請求人等への通知はもちろんのこと、第三者保護のためその旨を公示することまで求められる場合がある（鉱業130条、採石38条、砂利30条3項、金属鉱害対策35条）。さらに、裁定の申請の執行停止に関して、この執行停止決定をしたときの事件関係人等への通知および公示だけでなく、執行停止決定に先立ち、本法には定められていない事件関係人の意見聴取も求められる場合がある（土地利用調整27条5項・6項・7項）。

③電波監理審議会の議に付した事案に係る処分につき執行停止の申立てがあったときには、この電波監理審議会への諮問が求められる（電波93条の5、放送180条。なお、議会への諮問を要求するものとして、自治231条の3第7項）。

④本法では不服申立てが提起されても処分の執行や手続の続行は妨げられない。しかし、国税および地方税関係処分に対して不服申立てが提起されたときには、差押えまでの執行と手続は認められる。しかし、換価手続の執行は停止され（税通105条1項、地税19条の7第1項）、必要な場合、徴収が猶予され（税通105条2項・4項）、第三者の財産の場合、差押動産等の搬出は停止される（税徴172条、地税19条の8）。また、分担金・使用料・過料等の滞納処分については、差押物件の公売が停止される（自治231条の3第10項）。そして、土地改良事業計画に対し審査請求があった場合には、そのすべてについて農水大臣または都道府県知事による裁決がなければ、当該土地改良事業計画による工事に着手してはならないとされ（土地改良87条9項）、手続の続行が停止する。

(2) 次に、個別の実定法で本法の執行停止制度の水準を切り下げるものもあり、それらは、国民の身近な権利利益に関わり、紛争も多い領域であり、かつ本法の水準を切り下げなければならない合理的理由も見出しがたいものであって、問題が多い。

①健康保険法、船員保険法、厚生年金保険法、石炭鉱業年金保険法、国民年金

法の規定による審査請求および再審査請求の事件を取り扱う社会保険審査官および社会保険審査会は、前述の各法律が執行停止制度を含む本法の第2章の不適用を定めたことを受けて、審査請求人の申立てによる執行停止の途を閉ざし、その職権による執行停止のみができると定められている（社審10条1項・35条1項）。また、労働者災害補償保険法および雇用保険法の事件を取り扱う労働保険審査官および労働保険審査会も、社会保険審査官等の場合と同様に、職権による執行停止のみができると定められている（労保審14条1項・50条）。なお、国家公務員共済組合法および地方公務員等共済組合法の規定による同種の審査請求の事件を取り扱う国家公務員共済組合審査会および地方公務員共済組合審査会の場合は、本法の執行停止制度の適用がある（国公共済103条1項、地公共済117条1項）。本法が設けた執行停止制度の水準を満たさないこうした個別法の特例については、本法の改正とあわせて見直しを行うべきであったが、見送られている（前田雅子「行政不服審査制度改革に関する論点の検討」ジュリスト1324号〔2006年〕13頁参照）。

さらに、②国家公務員法および地方公務員法がいずれも執行停止制度を含む本法の第2章の不適用を定めるものの（国公90条3項、地公49条の2第3項）、二つの法律のなかにはもちろん、人事院規則13-1「不利益処分についての審査請求」のなかにも執行停止制度は盛り込まれていないため、公務員の不利益処分についての審査請求の事件を取り扱う人事院公平委員会および人事委員会または公平委員会には、不利益処分の執行停止を行う権限が授けられていない。

そこで、もし、①②の事件で処分の執行を停止する必要がある場合には、当該事件に関わる実定法が審査請求前置主義の原則をとっていることから（例えば、健保192条、労災40条、国公92条の2、地公51条の2）、その例外を定めた行訴法8条2項2号が定める「処分、処分の執行又は手続の続行により生ずる著しい損害を避けるため緊急の必要があるとき」、または3号が定める「その他裁決を経ないことにつき正当な理由があるとき」に当該事件が当たるとして、審査請求を経ることなく、直接、処分取消訴訟を裁判所に提起するとともに、行訴法25条2項に基づく執行停止の申立てを行わなければならない（無職となり給与所得を失うことになれば、原告およびその家族の生活が困窮することは明らかである等の事情を考慮して、行訴8条2項2号に基づいて、原告が公平委員会への審査請求手続を前置せずに処分取消しの訴えを提起できる旨判示するものとして、旭川地判平25・9・17判時2213号125頁）。

4 執行停止制度があっても審査請求を省き、直接裁判所へ執行停止を申し立てる傾向

前掲・旭川地判平25・9・17の事件で、審査請求前置主義があるにもかかわらず、裁判所への直接的な執行停止の申立てがなされたのは、審査請求の段階で審査請求人が執行停止の申立てをなすことを実定法が認めていないためであった。しかし、審査請求前置主義の原則がとられている場合で、本条が設ける執行停止制度が利用できるときであっても、処分の執行を停止する必要があると考える者は、上記3(2)①②で取り上げた事件と同様に、当該事件が行訴法8条2項2号または3号の事由に当たるとして、審査請求とそれに付随して申し立てることができる執行停止制度を省いて直接裁判所に取消訴訟と執行停止を申し立てることが多い。裁判例には、こうした裁判所への直接的な執行停止の申立てを積極的に認める判断を示す場合がしばしばある。

例えば、教員組合の定期大会開催のためになされた公の施設の使用許可の取消処分に関わる事件について、かつて不服申立前置主義がとられていたが（1999年改正前の自治244条の4第1項・256条）、不服を申し立ててその判断をまった上で訴えを提起しているのでは権利救済上間に合わないときは、行訴法8条2項2号の事由に該当するとして、本法に基づく執行停止の申立てができることもこの結論を左右するものではないと判示し（東京高決平3・7・20判タ770号165頁、京都地決平2・2・20判時1369号94頁）、やはり、かつて不服申立前置主義がとられていた（1999年改正前の自治256条）地方議会議員の除名処分に関わる事件について、行訴法8条2項2号および3号の事由に該当するとして、審決の申請（1999年改正前の自治255条の3）を経ることなく裁判所に執行停止の申立てを行うことを認めている（高知地決昭57・1・20判タ464号137頁、大阪地決昭44・9・20判時570号29頁）。また、住民基本台帳法8条に基づく住民票消除処分に関する事件や（福島地決昭54・4・2行集30巻4号705頁）、建築確認に関する事件でも（神戸地決昭60・5・21判タ564号236頁）、行訴法8条2項2号・3号の事由に該当するとして、裁判所への直接的な執行停止の申立てが認められている。この点で、直接裁判所に訴えないで、審査請求で建築確認を争った「府中マンション事件」（提訴前に解決）は、審査請求制度が国民の権利を保護する上で機能不全を起こしていることを、現実問題としてよく示している。この事件では、審査請求を省いて裁判所へ直接執行停止の申立てをせず、原則どおり、審査請求前置主義に従って建築審査会へ審査請求をし

ている。しかし、裁決まで半年近くの時間を要した結果、この間に、建築工事が進捗して完成した建物がありこれを除去するには大きな損失が生じること、多数の入居契約も締結されてこれを解約すると多数の紛争が生じること等を理由に挙げ、建築確認については違法と判断されたが、「公共の福祉」に反すると述べて審査請求自身は棄却するという事情裁決（本法2014年改正前の40条6項〔現行法45条3項〕）が行われている（五十嵐敬喜＝小川明雄『建築紛争――行政・司法の崩壊現場』〔岩波新書、2006年〕42頁～64頁参照）。

　さらに、自由選択主義がとられている場合には、国民・住民は自らの判断で、審査請求とそれに付随して申し立てる本条の執行停止制度を利用する途も自由に選択できるのであるが、例えば、デモ行進に関する公安委員会の条件付き許可および一部不許可処分に関わる事件判決にみられるように、処分の執行を停止する必要があると考える者で、この手段を選ぶ者はなく、直接、裁判所に取消訴訟と執行停止を申し立てる途を選択するのが通例である。国でさえ、自らが地方公共団体の処分の執行停止を求める立場に立たされた際には、審査請求と本条の執行停止の申立ての途ではなく、直接、裁判所に取消訴訟と執行停止の申立てを提起する途を選択している（建築確認に関わる公文書の全面公開決定に対して、国は直接裁判所に執行停止を申し立てた〔那覇地決平元・10・11判時1327号14頁〕）。したがって、本条の執行停止制度があまり利用されないことの原因としては、前述の事実上の執行停止という行政の運用と並んで、このように、処分の執行の停止を求める者が、行訴法8条2項2号および3号の事由に該当する事件であると解して、あるいは、自らの自由選択として、本条の執行停止制度を経ることなく、直接裁判所に執行停止を申し立てる場合が多いことにもある。これは、本条の執行停止制度に内在する問題というよりも、むしろ、本法の不服申立てを取り扱う行政に対して、国民・住民はもちろん国さえも自らの権利救済のための機関とはみなしておらず、裁判所ほどの信頼を置いていないことの結果であろう。

　なお、普天間代替基地のための辺野古埋立工事に係る岩礁破砕許可に関連して、沖縄県知事は、許可を得ずに岩礁破砕行為が行われた蓋然性が高いと判断して、海底の現状変更行為の停止を求める指示を行ったが、沖縄防衛局長は、この指示が処分に当たるとして、審査請求を行うともに、当該指示処分の効力の停止を申し立てている（2015年3月24日、なお、審査庁である農林水産大臣は、2015年3月30日、当該申立てを認容して執行停止決定を行っている）。岩礁破砕許可を定める沖縄県漁

業調整規則39条の事務が、水産資源保護法4条2項が規律する国の第1号法定受託事務であり、この第1号法定受託事務にあっては、審査請求が農林水産大臣宛てにできることから（自治255条の2第1号、いわゆる裁定的関与の仕組みである）、沖縄防衛局長は、これまでのように、審査請求とその手続による執行停止を経ることなく直接裁判所に提訴する方法を用いないで、国の行政機関である沖縄防衛局長にとって、より「信頼」のおける同じ国の行政機関である農林水産大臣宛てに、審査請求と執行停止を申し立てたのであった。

　国民にとって実効的な仮の権利救済制度ではなかったことから、これまであまり利用されず重視されてこなかった本条の執行停止制度は、「国が意に沿わない地方公共団体の第1号法定受託事務の執行を当面封じ込めるための、きわめて効果的な手続」（畠山武道「米軍普天間飛行場の辺野古移設問題」法律時報87巻7号〔2015年〕3頁参照）として、にわかにその効用を発揮し始めたのであった。この点で、本条の執行停止制度は、本件においては、行政争訟を用いた国民の権利救済の仕組みから、地方公共団体に対する行政争訟を用いた国の監督（関与）の仕組みへと変身したとみることができるだろう。そして、「その矛盾と不合理がいっそう明らかになった」という点で、裁定的関与に対する批判は、より説得的なものとなっている（畠山・前掲論文3頁、国の関与の仕組みへと変身した本条の執行停止制度について、これを「国の行政争訟的関与」とみるものとして、白藤博行「辺野古新基地建設問題における国と自治体との関係」法律時報87巻11号〔2015年〕119頁参照）。

5　執行停止の内容

　本条の執行停止によってとられる措置は、次のものが定められている（本条2項）。

　第1に、「処分の効力」の停止があり、これは、形成的な効力をもつ処分の効力を停止させてその後は処分がなかったものと同じような効果を与えるものである。このなかには、法人の設立認可のような行為だけでなく、次の「処分の執行」になじまない非代替的作為義務や不作為義務を課す下命行為も含まれる。この措置は、下記の第2から第4に挙げる措置で目的を達することができる場合にはすることができないと定められている（本条6項）。

　第2に、「処分の執行」の停止があり、これは、行政代執行等、行政が処分の内容を実現することを停止させるもので、作為義務を課す処分がこれに当たる。

　第3に、「手続の続行」の停止があり、これは、当該処分を前提としてそれに

続く処分をさせないようにすることである。例えば、土地収用法の事業認定の執行停止によって後続の収用手続の進行を差し止める場合がこれに当たる。

　第4に、「その他の措置」があるが、これは、原処分に代わる仮の処分をすることによって、原処分の効力や執行の停止と同じ効果を生ぜしめるための措置である。例えば、営業許可取消処分に代えて一定期間の営業停止処分をする場合がこれに当たる。これは、処分庁の上級行政庁または処分庁である審査庁だけが行いうる措置であり（本条2項）、処分庁の上級庁または処分庁以外の審査庁や執行停止の申立てのあった裁判所にはなしえないものである（本条3項、行訴25条2項）。たしかに、形式的には処分の効力が停止されたのと同じ効果があるが、仮とはいえ、別の処分が代わりになされてその不利益効果が新たに及んでいることを考えるならば、原処分の効力や執行の停止で目的が達せられるのであればそれを用い、執行停止制度を用いて当該措置をとることは慎重であるべきである（田中＝加藤・解説152頁参照。積極的に解するものとして、室井編・基本コンメ救済法138頁〔永良〕参照）。

6　執行停止の手続および要件

(1)　手　続

　執行停止の申立ては、審査請求人に与えられた権利であり、申立てがあれば、審査庁は、「速やかに」その申立てを認めるかどうかについての判断を下し（本条7項）、通知する義務がある（田中＝加藤・解説152頁、室井編・基本コンメ救済法139頁〔永良〕参照）。当該申立てが審査請求人の権利であることを前提とすれば、明文の規定がなくとも通知は当然のことであり、通知は望ましい努力義務（南＝小高・注釈237頁参照）ではない。また、同様に、そこに理由を付記することも義務であると解すべきである（明文規定のないことを根拠に、理由を付さない決定も許容されると解するものとして、行政不服審査実務研究会編著『地方公共団体 行政不服審査の実務と裁決例集』〔第一法規、加除式〕1・1277頁参照）。なお、処分庁の上級行政庁または処分庁である審査庁には、審査請求人の申立てによる場合だけでなく、職権によっても執行停止をなしうる権限が与えられている（本条2項）。上級行政庁たる審査庁がこの権限をもつのは、上級行政庁が一般的監督権を有し、当該処分に係る事務について一般的に行政責任をもつと考えられていることによる（田中＝加藤・解説151頁参照）。本法2014年改正で、処分庁の上級行政庁だけでなく、処分庁もまた、執行停止の申立てがあった場合に加えて、職権でも執行停止

を行うことができるようになった。これは、当該処分に係る行政事務につき一般的に行政責任を有していることに照らして認められたものであるとされる（橋本他・行政不服審査制度105頁〔橋本博之＝植山克郎〕参照）。

(2) 要　件

(ア)　審査請求人が執行停止の申立てをした場合に、執行停止をするかどうかは審査庁の判断によるが、「重大な損害を避けるため緊急の必要があると認めるとき」（積極要件）には、必ず執行を停止しなければならない（本条4項）。2004年行訴法改正によって、同法25条2項の「回復の困難な」が「重大な」に改められ、新たに第3項が設けられ、「重大な損害」を生ずるか否かを判断するにあたっての考慮事項が設けられたことにならって、本法2004年改正でも、4項の「回復困難な」を、行訴法25条2項と同じ「重大な」に改め、そして、第5項を新設して「重大な損害」の有無を判断するための考慮事項として、行訴法25条3項と同一の事項を盛り込んだ。

行訴法改正では、従前の「回復困難な損害」という概念が、金銭的補償を受けることによって償えるかどうかという要素に引きずられて、過度に厳格に解釈されがちであったことを改めて、損害の回復の困難性など損害の性質のみによって判断するのではなく、損害の程度や処分の内容および性質などを総合的に考慮して、執行停止の要否を決めることができるようにすることで、厳格だった執行停止要件を緩和することが目指された（コンメ行政法Ⅱ〔第2版〕296頁〔市橋〕参照）。本法改正も、こうした行訴法改正にあわせて行われたものであることからすれば、当然、行訴法改正による執行停止要件の緩和と同じねらいをもって改正されたものである。したがって、本法が定める「重大な損害」およびその考慮事項は、行訴法25条2項および3項が定めるそれと同じ意味である。

なお、行訴法25条2項および3項が定める「重大な損害」およびその考慮事項の意味については、次のように解釈されている（コンメ行政法Ⅱ〔第2版〕296頁～298頁〔市橋〕参照）。

まず、「重大な損害」の有無を判断するための第一次的考慮事項として設けられた「損害の回復の困難の程度」とは、「回復は容易でないとみられる程度」（圏央道あきる野インターチェンジ事件＝東京地決平15・10・3判時1835号34頁）、あるいは、金銭賠償の実効性の程度をみて、「重大な損害」の有無を判断するための考慮要素の一つにするものである（小早川光郎＝高橋滋編『詳解改正行政事件訴訟法』

〔第一法規、2005年〕222頁〔斉藤誠〕参照）。

　次に、第二次的考慮事項の一つとして設けられた「損害の性質及び程度」のうち、「損害の性質」の勘案とは、例えば、開発許可、土地収用の事業認定による金銭的損害、または、それに伴う環境悪化による非金銭的損害といった損害そのものの性質をみることである。そして、「損害の程度」の勘案とは、執行停止がなされないために処分の結果生じる損害の規模をみることである（福井秀夫他『新行政事件訴訟法──逐条解説とQ&A』〔新日本法規、2004年〕356頁参照）。

　第3に、もう一つの第二次的考慮事項として設けられた「処分の内容及び性質」のうち、「処分の内容」の勘案とは、処分を行うことによって得られる利益（公益、公共の秩序等）がどのようなものか、処分を行う緊急性・必要性がどの程度あるかなどをみて処分の内容を検討することである。そして、「処分の性質」の勘案とは、処分を即時に行わなければ事後的に同様の効果を得ることがどの程度困難になるか、処分が地域住民等法律上の利益を有する第三者を含む多数の関係者に対して、どのような性質を有する利益をどの程度及ぼすか等をみることである。

　このように、「重大な損害」が生ずるか否かは、考慮事項の考慮・勘案を通した総合的な利益衡量による判断となり、この結果、損害の重大性は、かつての規定であった損害の回復困難性よりも相対的なものとなった。実際に、事案の実情に応じた柔軟な運用によって、これまで難しかった処分の執行停止が可能になれば、執行が止まらないために既成事実の形成により、処分の違法、不当の宣言にとどまる事情裁決（行審40条6項〔当時、現行法45条3項〕）と損害賠償による金銭的救済のみに帰結した事例（東京地判平17・11・21判時1915号34頁〔前述の「府中事件」に関する事情裁決後の国家賠償事件である〕、横浜地判平16・4・7判例自治256号34頁）でも、早期の執行停止によって、処分を取り消して原状回復ができるようになるだろう。

　ただし、上述の要件を満たす場合であっても、以下に掲げる要件のどれかに当たる場合には（消極要件）、執行停止をする必要がないことも定めている（本条4項ただし書）。これらに該当する場合には、行訴法の同種の要件（行訴25条4項）と同様に、執行停止をしてはならないと解する説もあるが（南＝小高・注釈238頁参照）、それは二つの法律の文言の違いを看過するものである（室井編・基本コンメ救済法138頁〔永良〕参照）。

(イ) 第1に、「公共の福祉に重大な影響を及ぼすおそれがあるとき」である。これは、執行停止が公共の福祉に及ぼす影響と審査請求人が処分の執行によって被る損害とを比較衡量して、後者を犠牲にしてでも前者を保護しなければならないという判断に達する場合であって、審査請求人の個別的・具体的な損害と比較して、それを凌駕しうる公共の福祉に及ぼす影響とは、一般的・抽象的なものでは足りず、同様に、個別的・具体的な影響でなければならない。なお、「重大な損害」が生ずるか否かを判断するために新たに設けられた考慮事項、特に、「処分の内容及び性質」が積極的に勘案されるようになると、その際に、公益や多数関係者の諸利益が勘案されるため、この「公共の福祉に重大な影響を及ぼすおそれ」という消極要件に該当するとして、これのみを根拠として執行停止の申立てを退ける事例は、今後はほとんど想定できなくなるだろう。

(ウ) なお、旧行審法34条4項では、「処分の執行若しくは手続の続行ができなくなるおそれがあるとき」という消極要件があった。処分そのものが公益を追求する目的で行われるものであるから、その実現が不可能となる場合には執行停止すべきでないとの趣旨から設けられた要件であるといわれていたが（田中＝加藤・解説153頁参照）、行訴法25条の執行停止制度にはない本条に固有の要件であったため、処分の執行や手続の続行が不可能となる場合に、一般的・抽象的な公益目的の追求を根拠に、なぜ一律に執行不停止としうるのかに関する合理的説明は見出せないものであった。そこで、2014年改正において、この消極要件が、行政救済法としての本法の趣旨に合わないこと、そして、行訴法25条4項にはないことに鑑みて、本条から削除されている（宇賀・行審法解説124頁参照）。

(エ) 第2に、「本案について理由がないとみえるとき」である。執行停止が本案の主張が通ることを前提とするものであることから設けられた要件であり、本案請求に理由がないことが明らかな場合——審査請求人の主張が明らかに理由がない場合および処分に何らの瑕疵もないことが明らかな場合——に限って執行不停止とすべきである。処分の適法性が一応でも疎明された場合も執行不停止とすべきと解する意見もあるが（南＝小高・注釈239頁参照）、時間的余裕がなく限られた資料に基づいて判断することを強いられる状態にあることを考えると、処分の適法性を明確に確定できないのであれば、割り切って本案の審査に委ね、この要件は満たされないと解すべきである。

7　執行停止の決定

　申立ての要件を欠いたり、前述の諸要件を満たさなかったりして、執行停止をする必要がない場合、審査庁は、申立てを却下する。一方、審査庁が、執行停止をする必要があると認めた場合には、前述の「処分の効力、処分の執行又は手続の続行の全部又は一部の停止（その他の措置、これについては、本条3項の場合は除かれる）」（本条2項・3項）を速やかにとらなければならない。執行停止には、「一部の停止」も含まれている。処分の内容が可分のとき、執行停止を必要とする限度に応じて、その一部だけの停止をすることもできるのである。その他、執行を停止すべき時期・期間・方法などについて、審査庁は、裁量により事案の必要に応じてこれを定めることができる（南＝小高・注釈241頁）。

　なお、2014年本法改正によって審理員制度が設けられたことに伴い（9条参照）。審理員は、執行停止の申立てがあった場合または職権で、執行停止を行う必要があると判断したときは、本法40条に基づいて執行停止をすべき旨の意見書を審査庁に提出できることとなった。

〔市橋克哉〕

（執行停止の取消し）
第26条　執行停止をした後において、執行停止が公共の福祉に重大な影響を及ぼすことが明らかとなったとき、その他事情が変更したときは、審査庁は、その執行停止を取り消すことができる。

1　本条の趣旨

　本条は、執行停止の取消しについて定めている。執行停止の決定がなされた後に、状況が変化することがあり、そのなかには、執行停止をそのまま続けることが適切でなかったり、執行停止をした時点で存在していた要件事実が消滅したりするものもあって、このような場合にいたっても、なお、執行停止決定を存続させることは、執行停止制度の趣旨に反することから、執行停止後の事情変更による取消しを定めたものである。

　なお、本条も、再審査請求に準用される（本法66条1項）。

2　執行停止の取消要件等

　執行停止決定の前から既に停止のための要件事実が欠けていたが、それが決定後に判明したり、そのことを証する資料が発見されたりした場合には、審査庁は職権で執行停止決定を取り消すことができる。また、「その他事情が変更したとき」にも、職権で執行停止を取り消すことができる。この「その他事情が変更したとき」とは、執行停止の決定の後に、執行停止の積極要件に係る事実が消滅したり、消極要件に係る事実が発生したりして、この二つの要件に係る事実の発生・変更・消滅が起こっている状態を意味する。

　なお、消極要件に係る事実の発生のうち「本案について理由がない」ことが明らかになったときには、この執行停止決定の取消しではなく、本案の裁決による棄却がなされ、また、本案について裁決があった場合には、執行停止は当然その効力を失うため、本条による取消しを行う必要はない（南＝小高・注釈242頁参照。なお、この注釈では、裁決が確定したときも執行停止決定を取り消す場合と考えられている）。

　これらの執行停止決定の取消しは、決定後その効果が存続する限りいつでも行うことができるが、審査請求人の申立てを一度は認容した執行停止決定を職権で一方的に取り消すものであることを考えると、本条の取消要件は、厳格に解さなければならない（室井編・基本コンメ救済法139頁～140頁〔永良系二〕参照）。また、執行停止決定の場合と同様、それを取り消す際にも、その理由を付記して審査請求人に通知しなければならない（室井編・基本コンメ救済法140頁〔永良〕参照。通知を努力義務とするものとして、南＝小高・注釈243頁参照）。

　なお、本条においても、本法改正前、旧行審法35条に規定されていた「処分の執行若しくは手続の続行を不可能とすることが明らかとなったとき」という要件は、25条4項ただし書から「処分の執行若しくは手続の続行ができなくなるおそれがあるとき」が削除されたのと同一の理由から削除されている（本法25条の解説6(2)ウ〔市橋克哉〕）。

〔市橋克哉〕

（審査請求の取下げ）
第27条　審査請求人は、裁決があるまでは、いつでも審査請求を取り下げ

ることができる。
2　審査請求の取下げは、書面でしなければならない。

1　本条の趣旨

本条は、審査請求の取下げとその形式について規定する。旧行審法39条と同文であるが、旧39条が「処分についての審査請求」の節に置かれ、旧52条2項により「不作為についての審査請求」に準用されていたのに対し、本条は、後者の審査請求（本法3条）にも当然に適用される。

2　審査請求の取下げの要件と効果

審査請求人は、裁決があるまではいつでも審査請求を取り下げることができるが（1項。代理人による取下げについては、12条2項の解説〔平田和一〕を参照）、後で争いが起こらないよう、口頭による取下げはできず、書面でしなければならない（2項）。取り下げられると、その効果として、審査請求は初めからなかったものとみなされる（田中＝加藤・解説185頁）。このような解釈は、訴えの取下げに関する民訴法262条1項にならうものであるが、審査請求の取下げについては、同法261条2項（相手方の同意の必要）に対応する要件は設けられていない（宇賀・行審法解説128頁）。これは、①民事訴訟の被告の場合と異なり、判決に対応する裁決まで手続の続行を求める行政庁の利益を保護する必要はないこと、②処分庁または不作為庁が審査庁を兼ねる場合もあり（4条1号）、このときには当事者たる「相手方」に相当するものを観念しがたいこと、によるのであろう。

審査請求人が翻意して再び審査請求をなすことは、本条では禁じられていないが、処分についての審査請求の場合、審査請求期間の制限（18条1項）があるので、改めて審査請求をしても、通常は不適法となろう。また、出訴期間の制限により（行訴14条参照）、取下げの後に処分の取消訴訟を提起することも不可能な場合が多いだろう。出訴期間の制限をクリアしても、個別の法律上、審査請求前置の要求がかかる場合には（行訴8条1項ただし書を参照）、裁決を経ていない段階で、処分の取消訴訟の提起のためには例外的な事情が必要となる（行訴8条2項2号・3号を参照）。ただ、争訟の途は閉ざされても、事実上の和解として、審査請求の取下げに応えて処分庁が職権で処分を取り消しもしくは変更し、または審査庁である上級庁が処分庁に処分の取消し・変更を命じることはありうる。なお、不作為についての審査請求の場合は、取下げの後に再び同様の審査請求がなされたと

して、前回はまだ「相当の期間」（3条・49条1項）の経過がなかったが、2回目にはこの要件が満たされている、という事案もありえよう。

［佐伯祐二］

第3節　審理手続

> **（審理手続の計画的進行）**
> **第28条**　審査請求人、参加人及び処分庁等（以下「審理関係人」という。）並びに審理員は、簡易迅速かつ公正な審理の実現のため、審理において、相互に協力するとともに、審理手続の計画的な進行を図らなければならない。

1　本条の趣旨

2014年の本法改正は、行政不服審査における審理の公正を意図して、審理手続を主宰する審理員制度を導入し、対審的な口頭意見陳述の機会をはじめ、従前よりも審査請求人等の手続保障を拡充している。その反面で、より慎重に審理が行われる結果、簡易迅速な手続による国民の権利利益の救済という本法の目的（1条）から乖離するおそれがある。審理手続の公正とともに迅速性を実現するためには、審理を計画的に進めることが必要となる。そしてこれを実現するためには、審理手続の当事者の協力が不可欠となる。

そこで、本法は、新たに、審理手続について定める第2章第3節の冒頭に位置する本条で、審理関係人および審理員が、審理において相互に協力するとともに、審理手続の計画的な進行を図る責務を定めている。なお、16条は、審査請求から裁決までに通常要する標準的な期間（標準的審理期間）を定める努力義務および公表義務を、審査庁となるべき行政庁に課しているが、本条とは別に、同規定もまた審理の促進を図るものとなりうる。

2　審理関係人

本条にいう審理関係人とは、審査請求人、参加人、および処分庁または不作為庁をいう。つまり、処分庁または不作為庁は、審査請求人や参加人と並んで、審理手続における審理関係人という立場で、審理において協力する責務を負うのである。本条に類似した規定として、「裁判所及び当事者は、適正かつ迅速な審

の実現のため、訴訟手続の計画的な進行を図らなければならない」と定める民事訴訟法147条の2等が挙げられる。

3　本条の趣旨を具体化する本法の規定

審理手続の計画的な進行を図る本条の趣旨を具体化する規定として、以下の規定が挙げられる。すなわち、審理関係人それぞれによる主張および証拠の提出について審理員が相当の期間を定めたときは、その期間内に提出することを求める29条以下、ならびに、とりわけ事件が複雑である等の場合に、審理員が審理関係人から、31条から36までの審理手続の申立てに関する意見を聴取する手続を設ける37条である。さらに、41条2項柱書では、審理関係人が、所定の期間内に物件を提出しないなど、審理手続の計画的な進行を図る責務を履行していないと認められる場合、審理員の裁量で審理手続を終結することができることが規定されている。

［前田雅子］

（弁明書の提出）

第29条　審理員は、審査庁から指名されたときは、直ちに、審査請求書又は審査請求録取書の写しを処分庁等に送付しなければならない。ただし、処分庁等が審査庁である場合には、この限りでない。

2　審理員は、相当の期間を定めて、処分庁等に対し、弁明書の提出を求めるものとする。

3　処分庁等は、前項の弁明書に、次の各号の区分に応じ、当該各号に定める事項を記載しなければならない。

一　処分についての審査請求に対する弁明書　処分の内容及び理由

二　不作為についての審査請求に対する弁明書　処分をしていない理由並びに予定される処分の時期、内容及び理由

4　処分庁が次に掲げる書面を保有する場合には、前項第1号に掲げる弁明書にこれを添付するものとする。

一　行政手続法（平成5年法律第88号）第24条第1項の調書及び同条第3項の報告書

二　行政手続法第29条第1項に規定する弁明書

> 5　審理員は、処分庁等から弁明書の提出があったときは、これを審査請求人及び参加人に送付しなければならない。

1　本条の趣旨

　本条は、審査請求の対象となる処分に係る処分庁等（処分庁および不作為庁をいう。以下同じ）による弁明書の提出について定める。本条は、当事者主義のより一層の強化という観点から、旧行審法22条のもとで争われていた弁明書の提出要求義務だけでなく、弁明書の記載事項および添付書類の内容を明示しこれらも義務付けた点に意義がある。

　本条の趣旨は、処分庁等に対し、弁明書の提出により自らの処分を正当と弁明する機会を付与する一方で、審査請求人に対し、処分庁の弁明内容を知る機会を与えることによって、以後の審理手続における攻撃・防御を十分に尽くさせようとするところにある。

2　審査請求書等の写しの送付（1項）

　審理員は、審査庁から指名されたときは、審理の迅速性を図る観点から、「直ちに」審査請求書または審査請求録取書の写しを処分庁等に送付しなければならない（行審令4条および5条も参照）。ただし、処分庁等が審査庁である場合には、既に審査庁の立場でこれらの書類の提出を受けているから、審理員に送付義務はない。

3　弁明書の提出要求（2項）

(1)　弁明書提出を求める審理員の義務

　旧行審法22条1項は、「審査庁は、……弁明書の提出を求めることができる」と定めており、当該規定は審査庁の裁量を認めるものと解されていた。そこで、例えば審査庁の調査で足りるとき等、審査庁が処分の理由を了知しうるような場合はあえてその提出を求めずに審理を行っても差し支えないと解されていた（行政実例につき、コンメ行政法Ⅰ〔第2版〕22条の解説2〔岡崎勝彦〕を参照）。

　これに対し、審査請求人から弁明書の提出の要求があった場合、審査庁は処分庁等に対して提出を求める義務があるかという問題をめぐっては見解の対立があり、裁判例は否定するものが多かった一方で、学説の多くはこれを肯定していた（判例の状況につき、田中舘他・判例コンメ行審法170頁以下、学説の状況につき、小早川＝高橋・条解166頁〔友岡史仁〕を参照）。

本項は、審査請求人からの提出要求にかかわらず、処分庁等に対する弁明書の提出要求を審理員に義務付け、従来の見解の対立に終止符を打った。

(2) 処分庁等の弁明書作成義務

処分庁等の弁明書の作成・提出義務については、旧行審法同様、本条においても定めがない。

そこで、審理員による弁明書提出の求めがあっても、処分庁等が弁明書を作成せず、審理員の職権調査を待つにとどめることは許されるか、という問題が依然として存在する。

本法が、審理員制度を設け、公正・妥当な手続の実現を目指して対審的構造を基本とした趣旨に鑑みれば、処分庁等には審理員の弁明書提出要求に応ずる義務があると解すべきであろう（同旨、小早川＝高橋・条解165頁〔友岡〕、行審実務研究会・自治体サポート466頁。28条に照らし誠実に対応すべきことを説くものとして、宇賀・行審法関連三法69頁、橋本他・行政不服審査制度113頁〔橋本博之＝植山克郎〕）。

なお、処分庁等から弁明書が提出されなかった場合には、審理員は審理手続を終結させることができる（41条2項イ。41条の解説3(1)(2)〔野田崇〕を参照）。

4 弁明書の内容（3項）

(1) 本項の趣旨

本項は、弁明書に記載すべき事項を明らかにした規定である。審査請求の対象が処分である場合には、処分の内容および理由（1号）を、不作為である場合には、処分をしていない理由に加え、予定される処分の時期、内容および理由（2号）を、それぞれ記載しなければならない。

旧行審法22条においては、弁明書に記載すべき事項が明らかではなく、いかなる内容を記載すべきかについては処分庁の裁量に委ねられていた（そのことによる「限界」について、田中舘他・判例コンメ行審法171頁を参照）。本項の趣旨は、弁明書の内容を明示することにより、審理員が処分の違法性または不当性の有無の判断を具体的に行えるようにするとともに、審査請求人および参加人が処分庁の主張に対する反論を適切に行えるようにすることにある。

そこで、提出された弁明書に必要的記載事項が記載されていなかった場合や、（記載が）不十分と解されるような場合には、審理員には、処分庁等に対し補正を求める等（宇賀・行審法解説135頁）、本項の趣旨が実現されるような運用が求められる。

(2) 処分についての審査請求の場合（1号）

本号においては、処分の理由の記載がどの程度行われるべきかが問題となる。

(ア) 処分時に十分な理由が示されていれば、弁明書においてそのことを再度記載すれば足りる。「十分な」理由といえるのはどの程度かという問題については、行手法上の理由の程度に係る解釈が当てはまる（行手法8条の解説2および4ならびに同法14条の解説3〔いずれも久保茂樹〕を参照）。審査基準および処分基準が公表されている場合には、これらの基準の適用関係についても明示すべきである（宇賀・行審法解説136頁）。

(1)の趣旨に照らせば、弁明書の記載が「処分段階で示された処分の内容及び理由のとおり」というのでは足りず、処分時の理由を記載した書面を添付すべきである（同旨、小早川＝高橋・条解168頁〔友岡〕）。このことは、審査請求人が処分の第三者であった場合に、審査請求人に攻撃・防御を尽くさせるためにも重要である（行審実務研究会・自治体サポート467頁）。

(イ) 処分時の理由が不十分であったときは、処分庁等はより詳細に説明する必要がある。審査請求書または審査請求録取書に具体的に処分の違法性または不当性について記載がある場合には、これに対応する形で、処分が違法または不当ではないことを示す根拠または事実を処分時よりも具体的に示す必要がある（同旨、宇賀・行審法解説136頁）。

ただし、審査請求人が審査請求書または審査請求録取書において主張した理由に対応すべき事項を超えて「新たな処分」の内容および理由を提示することは、(1)の趣旨に照らして認められない（小早川＝高橋・条解168頁〔友岡〕。仮に、弁明書における理由の差替えが認められると解される場合には、その程度については(ア)が当てはまる。処分理由の差替えの許容性については、行手法8条の解説8および行手法14条の解説7〔いずれも久保〕を参照）。

なお、事前手続における理由の提示（付記）の意義を失わせることに変わりはないから、弁明書において理由を追完しても、瑕疵の治癒は認められない（最判昭47・12・5民集26巻10号1795頁）。

(3) 不作為についての審査請求の場合（3項2号）

「処分をしていない理由」として、申請がどのような段階にあり、なぜ処分をしていないのか等、個別の案件に応じた具体的な内容が記載されるべきである。「予定される処分の時期、内容及び理由」としては、その段階の調査・審査の程

度に応じた記載で足りると解される（行審実務研究会・自治体サポート468頁）。

5　添付すべき書面（4項）

本項は、弁明書に添付すべき書面を明示する規定である。不利益処分に係る事前手続の段階における審査請求人および処分庁の主張等が記載された聴聞調書および報告書または弁明書を審理手続の最初の段階で示させることで、審査請求の内容や論点等につき審理員の理解に資する趣旨と解される（宇賀・行審法解説137頁）。

弁明書の提出時に、少なくとも当該処分の理由となる事実を証する必要最低限度の証拠書類等を審理員に提出すべきとの見解がある（中村・自治体ポイント53頁）。処分庁等は、審理手続の過程において、こうした証拠書類等を「随時」提出することができるが（32条2項）、審理の迅速性を図る観点からは、できるだけ弁明書に添付して提出すべきであろう。

弁明書の提出を求める段階における、審理員の職権証拠調べの権限（33条）の積極的活用も考えられてよい。

6　審査請求人および参加人への送付（5項）

(1)　本項の趣旨

本項は、処分庁等から弁明書が提出されたときは、審査請求人および参加人にこれを送付する義務を定める（行審令6条も参照）。対審的構造のもとにおいて、処分庁等から主張・説明を受ける手続の透明性を確保するため、審理を主宰する審理員を通じて審査請求人および参加人に弁明書の内容を知らしめる趣旨である（宇賀・行審法解説137頁）。

旧行審法22条5項ただし書は、「審査請求の全部を容認すべきときは、この限りでない」と定めていた。

本法においては、審理員が請求内容をすべて認容する意見書を作成しても（42条）、審査庁はこれに従う義務はないこと、また、事案の審理は審理員を主宰とする対審的構造を基本として行われるべきことから、こうした例外は認められない。

旧行審法においては、参加人への弁明書の送付は定められていなかった。本法が、参加人にも意見書提出権を保障し（30条2項）、処分庁と審査請求人以外の第三者である参加人にも弁論書を送付することを審理員に義務付けたのは、「三面関係における紛争の有効な解決機能」に鑑み、第三者の参加手続を整備拡充する

第2章　第3節　審理手続〔§30〕

点にあった（前田雅子「行政不服審査法改正の論点」法律時報86巻5号〔2014年〕87頁）。

　審理員が弁論書を送付しない場合や、そもそも処分庁に対し弁論書の提出を要求しない場合には、審査請求人および参加人は審理員に対して弁明書の送付を要求でき、審理員はこれに応じなければならないと解される（行審実務研究会・自治体サポート479頁）。これに応じずに審理を進め、審理手続を終結させた場合には、裁決は違法となろう。

(2)　送付すべき弁明書の範囲

　弁論書に添付された書類は送付すべきか。添付書類は処分庁の提出した証拠等と同様に閲覧・謄写請求の対象とされていることに鑑みれば（38条1項）、原則として、審理員は、弁明書を送付する段階で添付書類を併せて送付する必要はないと解される（宇賀・行審法関連三法70頁、中村・自治体ポイント52頁）。もっとも、審査請求人の反論書提出権の保障および審理の迅速性を図る観点からは、審理員の判断において、審査請求人や事務処理上の負担の程度等個別の事情を考慮し、添付書類を送付するか、または、こうした書類の提出を受けたことを審査請求人および参加人に通知する（中村・自治体ポイント55頁）といった運用上の配慮が求められよう。

〔大沢　光〕

（反論書等の提出）

第30条　審査請求人は、前条第5項の規定により送付された弁明書に記載された事項に対する反論を記載した書面（以下「反論書」という。）を提出することができる。この場合において、審理員が、反論書を提出すべき相当の期間を定めたときは、その期間内にこれを提出しなければならない。

2　参加人は、審査請求に係る事件に関する意見を記載した書面（第40条及び第42条第1項を除き、以下「意見書」という。）を提出することができる。この場合において、審理員が、意見書を提出すべき相当の期間を定めたときは、その期間内にこれを提出しなければならない。

3　審理員は、審査請求人から反論書の提出があったときはこれを参加人及び処分庁等に、参加人から意見書の提出があったときはこれを審査請求人及び処分庁等に、それぞれ送付しなければならない。

1　本条の趣旨

本条は、弁明書に対する審査請求人による反論書および参加人による意見書の審理員への提出権を定める規定である。

審査請求人の反論書提出権を認める趣旨は、審査請求人が納得しうる十分な主張・立証を尽くすことにより、公正・妥当な審理に資することにある。旧行審法は審査請求人の反論書提出権を認めるのみであったが、本法は、参加人の意見書提出権をも認めることで、参加人の手続上の地位を強化するとともに、審理の充実に資することを企図している。

2　審査請求人の反論書提出権（1項）

審査請求人は反論書を提出することができる権利を有するのであって、義務ではない。したがって、提出する必要がなければ出す必要はない。

審理員は、相当の期間を定めて反論書の提出を求めることができる（「相当の期間」指定の目的、内容等については、23条の解説3〔大沢光〕参照）。

反論書が期間経過後に提出された場合でも、手続上支障がない限り、審理員はこれを判断の資料とすべきと解される（同旨、行審実務研究会・自治体サポート481頁）。

なお、指定期間経過後に提出がなされなかった場合、審理手続が終結されることがある（41条2項1号ロ）。ただし、審理員が定めた期間が不十分であって反論書（または意見書）が提出できず、それによって審査請求が棄却されることになった場合には、裁決は違法となる（コンメ行政法Ⅰ〔第2版〕23条の解説2〔岡崎勝彦〕）。

「弁明書に記載された事項」について反論がなされていない場合や反論が審査請求の理由の繰返しにすぎない場合には、審理の充実・促進の観点から、審理員は審査請求人に対し補正を求めることができる。

反論書には、記載された事柄を根拠付ける資料等が添付できる（32条1項）。十分な反論が行われるためには、物件の提出要求申立権（33条）および閲覧権（38条）等の保障が重要となる（32条および33条の解説〔豊島明子〕ならびに38条の解説〔野田崇〕を参照）。

3　参加人の意見書提出権（2項）

本項は、審理手続の参加人の審査請求に係る事件に関する意見書提出権を定める。

旧行審法においては、参加人は口頭意見陳述権および証拠書類等の提出権を保障されていたが（旧行審25条および26条）、自己の主張に係る書面の提出権については規定がなかった。本項の趣旨は、①争点の明確化や審理の充実・促進に資する、②第三者の参加手続の拡充を図る、③請求をすべて認容する場合であっても、参加人が反対意見を述べている場合には行政不服審査会への諮問義務は免除されないことから（43条の解説3(3)〔深澤龍一郎〕を参照）、参加人の主張を書面において明らかにする（宇賀・行審法解説140頁）という点にある。

期間の指定その他の事柄については、2で述べた点が当てはまる。

4　審査請求人・参加人・処分庁等への送付（3項）

本項は、旧法には定めのなかった反論書および意見書の送付について定める（行審令7条も参照）。対審的構造のもとで審理手続の透明性を図るためには、審理員を通じて、提出された弁論書、反論書および意見書の相互の送付をすることが適切だからである。

こうした観点からすれば、審査関係人が複数おり、そのうち1名のみが反論書または意見書を提出した場合でも、すべての審査関係人にこれを送付しなければならないと解される（宇賀・行審法関連三法72頁）。

〔大沢　光〕

（口頭意見陳述）
第31条　審査請求人又は参加人の申立てがあった場合には、審理員は、当該申立てをした者（以下この条及び第41条第2項第2号において「申立人」という。）に口頭で審査請求に係る事件に関する意見を述べる機会を与えなければならない。ただし、当該申立人の所在その他の事情により当該意見を述べる機会を与えることが困難であると認められる場合には、この限りでない。
2　前項本文の規定による意見の陳述（以下「口頭意見陳述」という。）は、審理員が期日及び場所を指定し、全ての審理関係人を招集してさせるものとする。
3　口頭意見陳述において、申立人は、審理員の許可を得て、補佐人とともに出頭することができる。

4 口頭意見陳述において、審理員は、申立人のする陳述が事件に関係のない事項にわたる場合その他相当でない場合には、これを制限することができる。
5 口頭意見陳述に際し、申立人は、審理員の許可を得て、審査請求に係る事件に関し、処分庁等に対して、質問を発することができる。

1　本条の趣旨

本条は、審査請求人または参加人の申立てがあった場合の口頭意見陳述の機会付与義務とその実施方法を定める。口頭意見陳述に関しては書面審理主義と口頭審理主義の関係が従来から論じられてきたが（南＝小高・注釈195頁〜198頁）、本条は、旧行審法25条1項本文のような書面審理原則には触れず、全審理関係人（審理関係人には、審査請求人、参加人、処分庁および不作為庁が含まれる。本法28条）の招集義務（2項）と申立人の質問権（5項）を新設し、口頭意見陳述の根拠規定に純化されている。審理員の指揮下で審査請求人と処分庁等を対峙させる対審構造が採用された結果、旧法に比べ、口頭審理主義の要素が強められている。

2　口頭意見陳述の機会付与義務（1項）

審査請求人または参加人から申立てがあれば、審理員は、陳述の機会付与義務を負い（1項）、申立てがあるのに機会を付与せずに行われた裁決は違法となる（長崎地判昭44・10・20行集20巻10号1260頁）。ただし、矯正施設に収容され相当の期間にわたり出所の見込みがない場合（橋本他・行政不服審査制度119頁〔橋本博之＝植山克郎〕、宇賀・行審法解説137頁）のような、申立人に物理的制約が存する場合（小早川＝高橋・条解174頁〔友岡史仁〕）には、この義務を免れうる（1項ただし書）。なお、旧法下で、処分を正当とする実体的心証を既に得ているとの理由による申立ての拒否は許されないとの裁判例（東京地判昭45・2・24行集21巻2号362頁）があるが、上述の場合（1項ただし書）のほかは機会付与義務を負うから、このような拒否は現行法下でも許されない。

陳述の対象について本条は、「審査請求に係る事件に関する意見」と規定し、このような文言を有しない旧法と対照的である。旧法下では陳述の対象に審査請求の適法要件が含まれるかをめぐり見解が分かれていたが、本条が「審査請求に係る事件」と明記したことにより、広く当該「事件」について陳述可能である旨が明らかにされたと解される（小早川＝高橋・条解176頁〔友岡〕）。実際、不服申

立適格等の要件審理が大きな争点となる場合があること（芝池・救済法186頁）も踏まえると、このような解釈が妥当と考えられ、したがって、審査請求の適法要件に関する陳述も当然に認められ、陳述が内容上制約されるのは本条4項の場合に限られると解される。

3 口頭意見陳述の実施方法（2項～5項）

(1) 審理員の権限

審理員は、①期日・場所の指定（2項）のほか、②補佐人を伴っての出頭の許否（3項）、③陳述内容の制限（4項）、④処分庁等への質問の許否（5項）の判断権をもつ。このうち③は法定要件に即した判断が求められ、①、②および④は、その判断基準の定めがなく、審理員の裁量的判断に委ねられる。その判断は、「簡易迅速かつ公正な手続」（1条・28条）に照らし妥当なものであることが求められ、迅速性を過大に考慮する一方で公正性を軽んじるようなことは許されない。

(2) すべての審理関係人の招集と、期日・場所の指定（2項）

2014年改正は、審理の対審化のための制度を導入した。その一つが、陳述への全審理関係人の招集である。これにより陳述は、審理関係人が一堂に会する手続となった。ただしこれは、陳述の公開制をとるものではない。全審理関係人の招集は、本条5項の質問権行使の実効性を担保するとともに、審理員の質問権行使（本法36条）による審理の充実を図るものである（橋本他・行政不服審査制度119頁〔橋本＝植山〕、IAM・逐条解説行審法178頁）。陳述の期日・場所は、審理員が指定し、申立人が正当な理由なくその期日・場所に現れなければ審理手続を終結できるが（41条2項2号）、申立人の手続的権利保障のため、申立人が出席可能な期日・場所を指定する配慮が求められる。この点に関わって、本法施行令は、遠隔地に居住する審理関係人があるとき等において、映像等の送受信による通話の方法を用いることも認めている（行審令8条）。

(3) 補佐人（3項）

申立人は、審理員の許可があれば、補佐人とともに口頭意見陳述に出頭できる。補佐人の制度は、行手法の聴聞においても採用されており、行政の事前・事後手続の当事者を補佐する者として、同様の性格を有する。

「補佐人」について、自然科学・人文科学等の専門知識をもつ者として申立人を援助しうる第三者と解する立場（田中＝加藤・解説156頁、橋本他・行政不服審査制度120頁〔橋本＝植山〕）もあるが、このような者に限らず、申立人が言語障害者

や外国人である場合に陳述の補佐を行う者(南=小高・注釈208頁、宇賀・行審法解説138頁)や、申立人が法人である場合の事務担当者のように、陳述を円滑に行いがたい事情を抱えた申立人を広く援助しうる者を含むと解すべきである。このように、申立人が意見陳述を円滑に行えるよう援助しうる者であればよいから、その配偶者、親子等の親族や、友人等も含むと解して差し支えない(行手法20条3項の解説4〔榊原秀訓〕参照)。したがって、補佐人の出頭は、申立人の「精神的・肉体的その他諸状況から判断して、審理の進行上必要と認められる場合には、当然に許可すべき」(南=小高・注釈208頁)である。補佐人は、申立人の陳述を補佐する限り、陳述対象となるあらゆる事項について発言できるが、申立人の意に反して発言することは許されない(橋本他・行政不服審査制度120頁〔橋本=植山〕)。

(4) 陳述内容の制限(4項)

審理員は、陳述内容の制限を加えうる。具体的には、陳述が当該事件に無関係な事柄に及ぶ場合のほか、手続の目的に反する陳述を行う場合、既にした陳述と同旨の陳述を繰り返す場合等が想定される。審理員は、これらの場合には、審理の充実と迅速性の双方に照らして必要と認めるときは、陳述を制止することによりその場を指揮し、申立人の陳述を制限することができる。

(5) 申立人の質問権(5項)

申立人の処分庁等への質問権は、全審理関係人の招集義務(2項)と並んで、手続の対審構造を基礎づけるものとして2014年改正で新設された。質問権は、陳述対象(1項本文)と同様、「審査請求に係る事件」に関する事項を広く含む。手続の対審性は、事件の当事者双方が攻撃防御を繰り返す当事者主義的手続によって実現され、質問権はその一環である。このような質問権の趣旨に照らし、処分庁等が行う回答はその場でされるべきであり、回答に調査を要する(橋本他・行政不服審査制度121頁〔橋本=植山〕、宇賀・行審法解説139頁、IAM・逐条解説行審法181頁)ために即答不能な場合に限り、後に書面で回答することが許されると解すべきであろう。ただし、このような場合も、可及的速やかな回答が求められる(宇賀・行審法解説139頁)。また、当該事件と無関係な質問や同内容の質問の反復が不当に多数回にわたり繰り返される等、質問権の濫用に当たると認められる場合には、審理員は、質問者の発言を制限できる。

質問権は審理員の許可を得て行使されるものであるから、審理員は、手続の迅

速性確保のため、申立人に対して、事前に質問内容を書面で提出するよう求める運用を行うことも可能である。ただし、この場合において、質問内容の事前提出がないことを理由として口頭意見陳述の際の質問を拒否することは許されない（伊藤健次編著『Q&A行政不服審査制度の解説』〔ぎょうせい、2016年〕132頁）。

〔豊島明子〕

（証拠書類等の提出）
第32条　審査請求人又は参加人は、証拠書類又は証拠物を提出することができる。
2　処分庁等は、当該処分の理由となる事実を証する書類その他の物件を提出することができる。
3　前2項の場合において、審理員が、証拠書類若しくは証拠物又は書類その他の物件を提出すべき相当の期間を定めたときは、その期間内にこれを提出しなければならない。

1　本条の趣旨

本条は、審査請求人または参加人（以下「審査請求人等」という）に自らの主張の裏づけとなる証拠書類と証拠物の提出権を認め、処分庁または不作為庁（以下「処分庁等」という）にも処分の理由となる事実を証する書類その他物件（以下「事実を証する書類等」という）の提出を認める。旧法は、審査請求人等の証拠書類または証拠物（以下「証拠書類等」という）の提出について期限の定めを置く一方（旧行審26条ただし書）、処分庁等にはこのような制限を課さず（旧行審33条1項）、手続の迅速性と公正性の両面で均衡を欠いていたが、本条はこの点を改めている。審査請求人等の証拠書類等提出は、自己の主張を補完して請求趣旨を明確化し、手続の公正性確保にも資するから、可能な限り保障されなければならない。

2　証拠書類等の提出権（1項）と処分庁等が行う書類等提出（2項）

審査請求人等の証拠書類等の提出は、自ら任意に行うものであり、手続上認められた権利である。提出できるのは、書類のほかあらゆる物件にわたる。具体的な物件としては、映像や音声等が保存された電磁的記録などが挙げられる。処分庁等の提出する事実を証する書類等は、次条に基づく審理員の求めによっても提

行政不服審査法

出されうるが、手続の迅速性の観点から、まずは本条に基づき処分庁等自らによって提出されるべきものである。

3 「相当の期間」（3項）

審査請求人等が提出する証拠書類等、および処分庁等が提出する事実を証する書類等は、原則として手続の過程で随時に提出可能であるが、審理員が「提出すべき相当の期間」を定めた場合には、この期間内に提出しなければならず、期間経過後の提出は拒否できる。「相当の期間」は、証拠書類等および事実を証する書類等の準備や提出のために社会通念上要すると思料されるものでなければならず、社会通念に照らして短すぎる場合には、証拠調べ不十分ゆえに当該裁決が違法とされうる（旧法26条においてこのような事態が生じた際にこれを違法と解するものとして、南＝小高・注釈212頁、田中＝加藤・解説157頁、コンメ行政法Ⅰ〔第2版〕444頁〔岡崎勝彦〕）。本条に基づき提出された書類等について審査請求人等は、閲覧等の請求権を保障される（38条）。

また、本法は、審理員が必要な審理を終えたと認める場合に、審理手続を終了するものとしているが（41条1項）、この場合のほか、審理員は、「相当の期間」内に証拠書類等および事実を証する書類等の提出がされない場合において、さらに一定の期間を示して提出を求めてもなお提出がされないときも、審理手続を終結できる（41条2項1号ニ）。

［豊島明子］

（物件の提出要求）
第33条 審理員は、審査請求人若しくは参加人の申立てにより又は職権で、書類その他の物件の所持人に対し、相当の期間を定めて、その物件の提出を求めることができる。この場合において、審理員は、その提出された物件を留め置くことができる。

---

1 本条の趣旨

本条は、審理員が、審査請求人または参加人（以下「審査請求人等」という）からの申立てを受けた場合において、前条に基づき審査請求人、参加人、処分庁および不作為庁から提出された書類や物件以外にも、書類その他の物件（以下「書

類等」という）の所持人に対し書類等の提出を求めることができる旨を定めるとともに、審理員自らが必要と認めた場合にはその職権によっても書類等の提出を求めることができる旨を定める。本条は、前条に基づくもの以外にも書類等の提出を可能にするものであり、これにより審理の充実が図られうる。本条から36条までの各規定は、審査請求人等の申立てによる当事者主義の審理手続と並んで、職権主義による審理を採用しており、審理に用いる証拠や事実に係る情報を職権で収集する権限を審理員に与えている。

2　審査請求人等の「申立てにより又は職権で」

本条は、審理員が書類等の提出を求めうる場合として、審査請求人等からの申立てによる場合と職権による場合を定める。提出を求めるか否かは審理員の裁量的判断によるため、審査請求人等から申立てがあっても、審理員はこれに応ずる義務を必ずしも負わないが、手続の迅速性と公正性に照らし適切な判断が求められる。申立てに対しては必ず判断が示されるべきであり（橋本他・行政不服審査制度123頁〔橋本博之＝植山克郎〕）、これを拒否する際には、審査請求人等の手続的権利保障に配慮し、その旨が通知されるべきである。

3　「所持人」と「相当の期間」

「所持人」には、審査請求人、参加人、処分庁および不作為庁というあらゆる審理関係人とそれ以外の第三者が広く含まれる。審理員の要請に法的拘束力はなく、所持人がこれに応じるかは任意である。ただし、あらゆる審理関係人は、審理について審理員との間で相互協力の義務を負うのであるから（本法28条）、審理員の求めには原則として応じるべきである。

審理員は、書類等の提出を求める際、前条3項と同様に、「相当の期間」内に行うよう求めうるが、その際には、手続の迅速性の観点と社会通念上相当と認められる提出に要する期間とを考慮した、適切な期間設定が求められる（前条の解説3〔豊島明子〕参照）。なお、「相当の期間」内に物件の提出がされない場合において、さらに一定の期間を示して提出を求めてもなお提出がないときは、審理手続を終結できる（本法41条2項1号ホ）。

4　提出物件の留置

審理員は、提出された物件を、審理に必要とされる期間、留め置くことができる。ただし上述のように所持人が提出要請に応ずるかは任意でありこれを強制することはできないことも踏まえ、留置期間中に所持人から返却の求めがある場合

には、所持人の意向も考慮しつつ、必要に応じて複写等の措置を講じた上で、これに応じるべきである。

5 審理員による職権証拠調べと職権探知主義

審理員の職権による証拠調べについては、これが職権探知をも認める趣旨かが問題となる。職権探知は、弁論主義に対する審理方式で、審理関係人が主張していない事実を職権で探知し証拠調べすることを認めるものである。職権探知までは認められないとなれば、審理員は、審理関係人が主張した事実についてのみ職権で調査できる。旧訴願法下での判例が職権探知を認める一方(最判昭29・10・14民集8巻10号1858頁、最判昭49・4・18訟月20巻11号175頁)、学説も、積極に解する立場が支配的である(塩野・行政法Ⅱ27頁、宇賀・概説Ⅱ61頁～62頁)。このような判例・学説状況や、職権探知が行政運営の適正確保に果たしうる機能に照らせば、職権探知は肯定されるべきものである。しかし、職権探知は、審理員による恣意的運用や審理関係人に対し不意打ちとなる懸念もある。このため、新たに得られた事実について、審理関係人に対する質問(36条)によって反論の機会を与える等(橋本他・行政不服審査制度125頁〔橋本=植山〕)の運用上の配慮が求められる。この点に関して、地方税法の固定資産評価審査委員会による職権調査の結果が口頭審理に上程されないまま判断の基礎とされ審査請求が棄却されたことにつき違法はないとした判例(最判平2・1・18民集44巻1号253頁)がある。その論拠は、審査申出人が「調査に関する記録を閲覧し、これに関する反論、証拠を提出することができる」ことであった。本件は行審法に関する判例ではないが、職権調査の結果が審理手続において一定の反論の機会に付されるべきことを求めたものと見ることが可能であり、参考になる。

［豊島明子］

(参考人の陳述及び鑑定の要求)

第34条　審理員は、審査請求人若しくは参加人の申立てにより又は職権で、適当と認める者に、参考人としてその知っている事実の陳述を求め、又は鑑定を求めることができる。

1　本条の趣旨

　本条は、審理員が、審理の参考になると思料される証拠等の収集のため、審査請求人または参加人の申立てを受け、または自らの判断により、適当と認める者を参考人として、事実の陳述と、鑑定を求めうる旨を定める。審査庁の職員である審理員は、当該処分に通じる者としての実務上の専門性をもつ反面、手続の公正を図る上での専門性に関しては十分とは言いがたく、手続への専門的知見の導入は重要である。

2　「参考人」による「事実の陳述」と「鑑定」

　「参考人」は、当該事件に利害関係のない第三者から事件について参考となるべき陳述等を聴く必要があると思料される場合における、当該第三者である。参考人は、「知っている事実の陳述」を行い、「鑑定」を行うことができる。審理員は、参考人に「知っている事実の陳述」を求める場合において、当該参考人自らが直接見聞する等して経験したことにより認識した事実を述べるよう求めることができるが、当該参考人が抱く意見を求めることはできない。したがって、審理員は、仮に参考人が意見を述べることがあっても、これを判断の参考にすべきではない（田中＝加藤・解説160頁、IAM・逐条解説行審法189頁、橋本他・行政不服審査制度124頁〔橋本博之＝植山克郎〕）。

　「鑑定」とは、特別の学識経験によって知りうる法則その他の専門的知識、または当該事件にその法則等を当てはめて得られた判断ないし結論である。したがって、鑑定を求められた参考人は、専門的知見に基づく意見を述べることが事柄の性質上当然に許容され、これとともに、自己の判断ないし結論を述べることができる。

3　「審査請求人若しくは参加人の申立てにより又は職権で」

　前条と同様、審理員が参考人への要請を行うか否かは裁量的判断によるため、審査請求人または参加人からの申立てがある場合でも審理員はこれに応ずる義務を必ずしも負わず、手続の迅速性と公正性に照らし妥当な判断をすべきこととなる。申立ての拒否に際して通知がなされるべきことも、前条と同様である。また、審理員の職権行使については、職権行使の結果得られた陳述や鑑定結果に対し、審理関係人の反論の機会の保障が講じられるべきである（前条の解説5も参照）。

〔豊島明子〕

> **(検　証)**
> **第35条**　審理員は、審査請求人若しくは参加人の申立てにより又は職権で、必要な場所につき、検証をすることができる。
> 2　審理員は、審査請求人又は参加人の申立てにより前項の検証をしようとするときは、あらかじめ、その日時及び場所を当該申立てをした者に通知し、これに立ち会う機会を与えなければならない。

1　本条の趣旨

本条は、審理員が、審査請求人もしくは参加人の申立てまたは職権により、審理に必要と思料される場所について、その現場の状況等を確かめるための検証を行う権限を定め、審査請求人または参加人の申立てを受けて実施する検証について、その実施の手続を定める。

2　「検証」（1項）

「検証」とは、直接に五官の作用によって目的物たる事物の性質形状について証拠資料を得る、証拠調べの方法の一つである。本条に基づく検証の対象は「場所」であり、審理員は、必要と認める場所について実際の状況を確認し、審理の参考に供するための情報を収集できる。

審査請求人または参加人の申立てに応じるか否か、また、職権による検証を行うか否かは、審理員の裁量に委ねられ、手続の迅速性や公正性に照らし、適切な判断が求められる。

3　申立てによる検証の実施手続（2項）

審理員は、審査請求人または参加人の申立てにより検証を行おうとする際には、事前の手続として、当該申立てをした者に検証の日時・場所を通知する義務を負う。その際、現実に立ち会うことが可能な日時・場所が指定されなければならず、これにより、当該申立てをした者に検証への立会権が保障されることになる。しかし、通知を受けたにもかかわらず、当該申立てをした者が所定の期日・場所に現れない場合には、その権利を放棄したものとして、その者が立ち会わないままでの検証を実施して差し支えない。

［豊島明子］

> **(審理関係人への質問)**
> **第36条** 審理員は、審査請求人若しくは参加人の申立てにより又は職権で、審査請求に係る事件に関し、審理関係人に質問することができる。

1 本条の趣旨

本条は、審理員に、「審理関係人」に質問する権限を付与する。「審理関係人」とは、審査請求人、参加人、処分庁および不作為庁である（本法28条）。審理員の質問権は、事実関係の把握や、審理関係人の主張が不明瞭ゆえにその趣旨の確認を要する場合等に、審査請求人もしくは参加人からの申立てまたは審理員の職権により行使され、迅速な審理の促進や、審理の充実に資するものである。旧法では「審尋」の文言が用いられていたが（旧行審30条）、2014年改正の際、行手法20条4項等と同様の「質問」の文言に改められた。

2 質問の相手方

質問の相手方は「審理関係人」であり、審査請求人または参加人に限っていた旧法より広く、処分庁または不作為庁（以下「処分庁等」という）も含む。したがって、審査請求人や処分庁等の主張が不明瞭で双方の主張が噛み合わない等の場合には、質問権行使の結果、争点の明確化が図られることとなる。

3 質問権行使の方法・時期

質問の方法・時期については定めがなく、審理員の判断により、口頭・書面のいずれの方法によっても随時行いうるが、書面による場合は、日程調整等の必要がないため、手続の迅速化に資する面があろう。一方、口頭による場合には、審理の充実化・効率化の観点から、口頭意見陳述（31条1項）の席上で申立人に陳述を促し、申立人以外の審理関係人に当該陳述への弁明を求める等の質問権行使が考えられる。また、口頭での質問は、口頭意見陳述とは別に期日を指定して行うこともできる。どのような方法で行うかは、手続の簡易迅速性と公正性の観点から、そのつど、適切な方法が選択されなければならない。

また、審査請求人または参加人からの質問権行使の申立てに応じるか否か、また、職権による質問権を行使するか否かは、前3条と同様、審理員の裁量に委ねられ、権限行使の結果新たに得られた事実等がある場合には、33条・34条と同様、当該事実等が不利益となる審理関係人への不意打ちを避けるため、反論の機会を

行政不服審査法

与える等の運用上の配慮が求められる。

[豊島明子]

（審理手続の計画的遂行）
第37条　審理員は、審査請求に係る事件について、審理すべき事項が多数であり又は錯綜(そう)しているなど事件が複雑であることその他の事情により、迅速かつ公正な審理を行うため、第31条から前条までに定める審理手続を計画的に遂行する必要があると認める場合には、期日及び場所を指定して、審理関係人を招集し、あらかじめ、これらの審理手続の申立てに関する意見の聴取を行うことができる。
2　審理員は、審理関係人が遠隔の地に居住している場合その他相当と認める場合には、政令で定めるところにより、審理員及び審理関係人が音声の送受信により通話をすることができる方法によって、前項に規定する意見の聴取を行うことができる。
3　審理員は、前2項の規定による意見の聴取を行ったときは、遅滞なく、第31条から前条までに定める審理手続の期日及び場所並びに第41条第1項の規定による審理手続の終結の予定時期を決定し、これらを審理関係人に通知するものとする。当該予定時期を変更したときも、同様とする。

1　本条の趣旨

本条は、審理員が、審査請求に係る事件について、審理すべき事項が多数であり、または錯綜しているなど事件が複雑であることその他の事情により、31条から36条までに定められた審理手続を計画的に遂行する必要があると認める場合に、期日および場所を指定して審理関係人（すなわち、審査請求人、参加人、および処分庁または不作為庁。28条）を招集し、これらから審理手続の申立てに関する意見の聴取を行うことができること（1項）、審理関係人が遠隔地に居住している場合その他相当と認める場合には、音声の送受信による通話方法で1項の意見聴取を行うことができること（2項）、1項および2項の意見聴取を行ったときは遅滞なく、上記の審理手続の期日および場所ならびに41条1項に基づく審理手続の終結の予定時期を決定し、これらを審理員が審理関係人に通知すること（3項）を

規定する。

2　審理手続の申立てに関する審理関係人の意見聴取（1項）

　2014年の本法改正は、行政不服審査における審理の公正を意図して、審理員制度を導入し、審査請求人および参加人の手続保障を拡充すると同時に、新たに、審理の迅速さを図るための工夫を講じている。その一つが、審理関係人および審理員が審理において相互に協力するとともに、審理手続の計画的な進行を図る責務を有することを定める28条である。本条は、その具体化として特に事件が複雑である等の場合に、審理員が31条から36条までの審理手続（すなわち、口頭意見陳述〔31条〕、証拠書類等の提出〔32条〕、物件の提出要求〔33条〕、参考人の陳述および鑑定の要求〔34条〕、検証〔35条〕および審理関係人への質問〔36条〕）の申立ての有無・内容等に関して審理関係人の意見を聴取する手続について規定する。「検討会最終報告2007」では、「第3章　第3　争点及び証拠の整理」で本条に相当する考え方が示されていた。

　本条の定める意見聴取手続は、審理関係人の申立てによるものでなく、審理員が、迅速かつ公正な審理を行う観点から、職権で行うものである。意見聴取手続を行うことができる場合として本条1項で例示されている、「審理すべき事項が多数であり又は錯綜しているなど事件が複雑であること」とは、審査請求の趣旨および理由が多岐にわたっているような場合、また、「その他の事情」とは、審査請求の趣旨および理由が不明瞭である場合が含まれる。こうした場合には、処分庁の弁明書、審査請求人の反論書（および参加人がいる場合はその意見書）といった書面のみでは、審理関係人の主張が明確にならないことが少なくない。そこで、審理員が、審理の対象となる事項を明らかにして争点を整理し、どのような審理手続を実施する必要があるかを判断できるようにするために、本条に基づく意見聴取手続が設けられている。

　なお、本条の規定は、審理計画について定める民事訴訟法147条の3第1項、すなわち「裁判所は、審理すべき事項が多数であり又は錯そうしているなど事件が複雑であることその他の事情によりその適正かつ迅速な審理を行うため必要があると認められるときは、当事者双方と協議をし、その結果を踏まえて審理の計画を定めなければならない」という規定に類似する（そのほか、公判前整理手続について定める刑訴316条の3も参照）。

3 意見聴取の方法（1項）

　本条1項に規定する意見聴取は、審理員および審理関係人が指定の期日・場所に参加して行われる。ただし、31条に基づく口頭意見陳述は「全ての審理関係人を招集してさせるもの」である一方、本条に基づく意見聴取は、「審理関係人を招集」という文言からも、必ずしもすべての審理関係人を招集することを前提としたものではない。

　審理員は、審理関係人の都合等を事前に確認し、審理関係人が出頭可能な期日・場所で意見聴取を行う。ただし、招集した審理関係人の全員が出頭しなくても、出頭した審理関係人によって意見聴取手続を実施することができる場合は、改めて意見聴取手続を実施する必要はない。

　本条の意見聴取手続を行う時期は、個々の審査請求に関する事件に応じた審理員の判断に委ねられる。通例は、処分庁からの弁明書、審査請求人からの反論書（および参考人がいる場合はその意見書）が提出された後に行われることが多いと考えられる。

　意見聴取手続では、審理員は、31条から36条までに定められた審理手続について、これらの申立ての意向、内容および理由等を審理関係人に質問し、審理関係人はこれらについて口頭で意見を述べる。ただし、審理員は、聴取した意見に拘束されるものではない。

　審理員は、この聴取手続を通じて、争点を整理して審理関係人の主張の趣旨または立証する事項を明らかにした上で、これらの手続の採否、実施の日時・順序、さらに審理手続の終結予定日を事前に定めた審理計画を立てることで、審理手続を迅速に進めることができる。

　本条に基づく意見聴取の対象となる事項は、審理手続の申立てに関する審理関係人の意見であり、31条に基づく口頭意見陳述と異なり、審査請求に係る事件についての意見ではない。

　ただし、「検討会最終報告2007」の第3章第3では、審理員は、審査請求人に審査請求の趣旨および理由を明確にさせて、処分庁に処分の理由を説明させるなどの方法により、事件の争点および証拠を整理するものとし、また、審査請求人は、口頭意見陳述と同様に、審理員の許可を得て、処分の内容および理由に関し処分庁に対し質問を発することができることとするという考え方が示されていた。本法のもとでは、本条の意見聴取手続に際して、審理員が、審理関係人の主

張および立証事項の内容を明確にして争点および証拠を整理するため、審査請求の事件に関する主張の趣旨・内容等についての質問（36条）を行うことが考えられる。

4 電話での意見聴取手続（2項）

本条2項は、審理関係人のいずれかが意見聴取手続を行う場所から遠隔の地に居住している場合、その他相当と認める場合（例えば、審理関係人が病気や障害等により出席することが困難である、または出席を望まない場合）、政令で定めるところにより、電話による通話で意見聴取を行うことを可能にしている。意見聴取を電話による通話で行うかどうかは、審理員の裁量に委ねられる。

2項に基づき政令への委任を受けて、行審令9条は、「審理員は、法第37条第2項の規定による意見の聴取を行う場合には、通話者及び通話先の場所の確認をしなければならない」と規定する。これは、民事訴訟法170条3項本文の委任に基づき、「……裁判所又は受命裁判官は、通話者及び通話先の場所の確認をしなければならない」と定める民事訴訟規則88条2項に類似する。通話者は審理員が電話で通話をする相手方であり、これが審理関係人であることを確認しなければならない。通話先の場所は、通話時に通話者が所在する場所であり、審理員はこれを確認することも義務付けられる。

2項による意見聴取は、審理員と審理関係人が電話で通話する方法による。審理員と審理関係人の一部のみとの通話も認められる。例えば、審理員が指定した場所に処分庁が出頭して口頭で意見を述べるとともに、審査請求人が審理員と電話での通話において意見を述べるという聴取方法も可能である。

5 意見聴取後の通知（3項）

審理員は、意見聴取を行ったときは、その結果を踏まえ、遅滞なく、どの審理手続を実施するか、実施する審理手続の期日および場所、ならびに41条1項による審理手続の終結の予定時期を決定し、これらの事項をすべての審理関係人に通知する（本条3項）。これらの事項を審理関係人に周知することで、審理における審理関係人の協力を得て（28条）、審理手続を計画的に進めることができる。

以上に先立ち、審理員は、意見聴取の記録を作成し、審理関係人から聴取した意見の要旨のほか、審理員が審理関係人に質問したときはその質問と回答の要旨等を記載する。この記録は、審理員意見書の提出の際に併せて審査庁に提出される事件記録（41条3項）に含まれる（行審令15条1項5号）。

行政不服審査法

　審理手続の期日および場所とは、口頭意見陳述、参考人の陳述および鑑定の要求、検証、審理関係人への質問の手続については、それを実施する期日および場所、また、証拠書類等の提出や物件の提出要求については、これらを提出すべき相当の期間の終期である。
　審理手続の終結の予定時期は、41条1項による審理手続の終結であって、審理関係人から物件が期限までに提出されないこと等を理由とする同条2項による審理手続の終結はこれに当たらない。なお、審理手続の集結の予定時期はあくまで予定であるから、それまでに審理を終結する義務を審理員に課すものではない。
　審理員は、審理計画を変更したこと等に伴い、審理手続の終結の予定時期を変更したときは、変更後の予定時期を審理関係人に通知しなければならない。

〔前田雅子〕

（審査請求人等による提出書類等の閲覧等）
第38条　審査請求人又は参加人は、第41条第1項又は第2項の規定により審理手続が終結するまでの間、審理員に対し、提出書類等（第29条第4項各号に掲げる書面又は第32条第1項若しくは第2項若しくは第33条の規定により提出された書類その他の物件をいう。次項において同じ。）の閲覧（電磁的記録（電子的方式、磁気的方式その他人の知覚によっては認識することができない方式で作られる記録であって、電子計算機による情報処理の用に供されるものをいう。以下同じ。）にあっては、記録された事項を審査庁が定める方法により表示したものの閲覧）又は当該書面若しくは当該書類の写し若しくは当該電磁的記録に記録された事項を記載した書面の交付を求めることができる。この場合において、審理員は、第三者の利益を害するおそれがあると認めるとき、その他正当な理由があるときでなければ、その閲覧又は交付を拒むことができない。
2　審理員は、前項の規定による閲覧をさせ、又は同項の規定による交付をしようとするときは、当該閲覧又は交付に係る提出書類等の提出人の意見を聴かなければならない。ただし、審理員が、その必要がないと認めるときは、この限りでない。
3　審理員は、第1項の規定による閲覧について、日時及び場所を指定する

ことができる。
4 第1項の規定による交付を受ける審査請求人又は参加人は、政令で定めるところにより、実費の範囲内において政令で定める額の手数料を納めなければならない。
5 審理員は、経済的困難その他特別の理由があると認めるときは、政令で定めるところにより、前項の手数料を減額し、又は免除することができる。
6 地方公共団体（都道府県、市町村及び特別区並びに地方公共団体の組合に限る。以下同じ。）に所属する行政庁が審査庁である場合における前2項の規定の適用については、これらの規定中「政令」とあるのは、「条例」とし、国又は地方公共団体に所属しない行政庁が審査庁である場合におけるこれらの規定の適用については、これらの規定中「政令で」とあるのは、「審査庁が」とする。

1 本条の趣旨

審査請求人や参加人が審理員による審理において効果的な主張・立証を行うためには、審査請求の対象となっている処分がいかなる事実に基づいているのかを知る必要がある（「検討会最終報告2007」28頁）。そのため本条は、審査請求人および参加人に、審理手続が終結するまでの間、審理員に提出された提出書類等の閲覧および写しの交付を請求する権利を与えている。

2 閲覧請求の対象

(1) 概　要

審理手続においては、審理関係人からそれぞれの主張を述べた書面（弁明書、反論書、意見書）と証拠資料が提出される。それらのうち、主張に係る書面は審理関係人へ送付される（29条5項・30条3項）が、証拠資料は、請求に応じて開示される（参照、添田徹郎＝駒碕弘『Q&A行政不服審査法』〔有斐閣、2015年〕62頁）。

閲覧請求の対象となる「提出書類等」とは、証拠資料として審理員に提出された物件であり、弁明書に添付されるもの（①）と、別途提出されるもの（②③）とがある。具体的には、①聴聞において聴聞主宰者が作成した聴聞調書および報告書（行手24条1項・3項）ならびに不利益処分の名あて人となるべき者が提出した弁明書（行手29条1項）、②審査請求人または参加人が任意に提出した証拠書類または証拠物（32条1項）、ならびに処分庁等が任意に提出した、当該処分の理由

となる事実を証する書類その他の物件（同条2項）、③審理員が審査請求人もしくは参加人の申立てによりまたは職権で、所持人に提出を求めた書類その他の物件（33条）である。「処分庁から提出された書類その他の物件」の閲覧を認めていた旧行審法33条2項と比較すると、閲覧対象が拡大された。

(2) 調査メモ等

旧行審法下では、審査庁が職権で取り寄せた書類等、および審査庁の職員が作成した調査メモ等の閲覧対象性に争いがあり、概ね否定的に解されていた（塩野・行政法Ⅱ29頁以下）。これらのうち前者は、上記③により対象とされたが、調査メモ等については明確な規定がないため、閲覧の可否は審理員の裁量的判断による（行審実務研究会・自治体サポート531頁〔北村和生〕）。他方で、そもそも本法において審理員は両当事者の主張等を聴いて公平に判断する役割であるから、処分庁と審理員とのインフォーマルな接触や、そのような場で処分庁が説明を行うことは許されず、したがって審理員が処分庁や第三者のところへ行ってメモを作成することは想定されないとの指摘がある（宇賀克也＝前田雅子＝大野卓「〈鼎談〉行政不服審査法全部改正の意義と課題」行政法研究7号〔2014年〕27頁〔大野発言〕）。

(3) 電磁的記録

電磁的記録の閲覧等は、コンピュータ処理されるものに限定されている。行手通信利用法3条1項の規定により電子情報処理組織を使用して申請等がなされる場合を念頭に置いた規定である（橋本他・行政不服審査制度135頁以下〔橋本博之＝植山克郎〕）。電磁的記録に関しては、電子計算機による情報処理の用に供されるものに限定している立法例（環境配慮促進2条4項、行手通信利用2条5号、行手35条4項2号、海洋汚染9条の14第1項等）と、そのような限定をしていない立法例（特定秘密保護3条2項1号、公文書管理2条4項、統計2条11項、行政個人情報4条柱書、情報公開2条2項等）とがある。前者は、情報処理の方法に着目した規定であるのに対して、後者は情報それ自体を、その存在形式を問わずに規律している。本条の定める閲覧制度が、情報公開制度と同様に、行政機関（審理員）の保有する情報の開示の制度であること（行手法上の文書閲覧について、芝池・総論315頁）に着目すると、閲覧対象となる電磁的記録を電子計算機による情報処理の用に供されるものへ限定することには疑問が残る。

3 写しの交付

(1) 写しの交付を求める権利の付与

本条は、提出書類等の閲覧のみならず、当該書類の写しまたは当該電磁的記録のプリントアウトの交付を求める権利をも付与している。旧行審法33条は閲覧のみを認め、写しの交付は規定していなかった。行手法18条1項も閲覧のみを定めている。もっとも、謄写を法律上定めていないのは、対象となる書類が大量にわたる場合の事務負担の増大を懸念したためであって、謄写が禁止されていたわけではないので、謄写は裁量に委ねられると解されていた（IAM・逐条解説213頁以下）。本条ではこの点は、過大な事務負担は本条1項後段にいう閲覧を拒否する「正当な理由」に該当しうるものと整理され（「見直し方針2013」11頁）、手続の公平性と審査請求人等の利便性のために謄写も認められた（添田徹郎「『行政不服審査制度の見直し方針』について」季刊行政管理研究143号〔2013年〕37頁、41頁）。

(2) 手数料の徴収（4項）

写しの交付については、実費の範囲内で政令の定める手数料が徴収される。審理員は、経済的困難その他特別の理由があると認めるときは、手数料の減免をすることができる（5項）。手数料の額や手数料減免の詳細は政令で定められる。しかし、審査庁が地方公共団体に属する行政庁である場合や、国・地方公共団体に属さない行政庁（民間団体）である場合に、政令で手数料徴収のあり方を定めることは適切ではない（橋本他・行政不服審査制度138頁〔橋本＝植山〕）ため、当該地方公共団体ないし民間団体が自ら判断することができるよう、必要な読み替え規定が置かれている（6項）。

4 閲覧等の拒否

(1) 閲覧を拒否する「正当な理由」

審理員は、第三者の利益を害するおそれがあると認めるとき、その他正当な理由があるときには、閲覧等を拒否することができる。行手法18条1項後段、旧行審法33条2項後段と同様の規定である。「正当な理由」が肯定されるのは、第三者のプライバシー、および行政上の秘密であって審査請求人および一般人に知られないことについて客観的に相当な利益が存在する場合、および正当な防御権の行使としてではなく行政を混乱に陥れようとするような意図でなされる閲覧請求など権利濫用に当たるような場合である（大阪地判昭44・6・26行集20巻5＝6号769頁）。さらに、対象となる書類が大量であるために審理員の事務負担が膨大となる場合にも「正当な理由」が認められる（橋本他・行政不服審査制度136頁以下〔橋本＝植山〕）。以上の「正当な理由」と、情報公開法（条例）の定める非開示事由

との関係が問題となるが、第三者のプライバシー、営業秘密については、両者は一致するだろう。それに対して、審査請求人の権利利益を保護するために有効な主張・立証を可能ならしめるという、本法の閲覧制度の制度趣旨を踏まえると、行政上の秘密を理由とする閲覧拒否が認められる範囲は、情報公開制度におけるよりも狭くなるだろう（行審実務研究会・自治体サポート532頁〔北村和生〕。行手法上の文書閲覧についてであるが、芝池・総論317頁、宇賀・行審法解説143頁以下）。

(2) 第三者の意見聴取（2項）

審理員が提出書類等を閲覧させ、または写しを交付しようとするときには、あらかじめ、当該書類等の提出人の意見を聴かなければならない（2項）。これは第三者の利益を害するおそれの有無を審理員が適切に判断するための手続である（橋本他・行政不服審査制度137頁〔橋本＝植山〕）。もっとも、本項による意見聴取により提出された意見は、閲覧の可否に関する審理員の判断を拘束するものではない（宇賀・行審法解説168頁、橋本他・行政不服審査制度137頁〔橋本＝植山〕）。

審理員が意見聴取を不要と判断した場合には、意見聴取を行わないことができる（ただし書）。

5 閲覧（不）許可決定に対する訴訟

本条に基づいて審理員が行う、提出書類等の閲覧または写しの交付に関する処分に対しては、本法に基づく審査請求をすることができない（7条1項12号）（宇賀・行審法解説51頁）。取消訴訟の可否について明文規定はないが、簡易迅速な権利救済のために本法に基づく処分に対しては審査請求が排除されていること（橋本他・行政不服審査制度59頁〔橋本＝植山〕）に鑑みると、取消訴訟も排除されるものと考えられる。審査請求人に対する閲覧不許可決定は、審査請求の棄却裁決取消訴訟において裁決固有の瑕疵として主張されうる（宇賀・Q&A新しい行審法147頁）ので、審査請求人から救済の機会を奪うことにはならない。それに対して提出書類等の閲覧を通じてその利益を害されるおそれのある第三者の救済が問題となる。7条1項12号の趣旨は、審査請求手続において行われる個々の処分に関する争いを裁決取消訴訟に集約させることにより、審査請求の簡易迅速性を保つことにあるので（7条の解説2(12)〔門脇美恵〕）、裁決取消訴訟を提起しえない第三者には、7条の適用除外規定は適用されないと考えるべきであろう（参照、行手法18条の解説3(5)〔久保茂樹〕）。さらに、プライバシーや営業上の秘密は、一旦開示されると救済困難であるから、この点からも閲覧許可決定に対する第三者の争訟

提起の可能性を認めるべきである（宇賀・Q&A新しい行審法147頁）。

[野田　崇]

> **（審理手続の併合又は分離）**
> **第39条**　審理員は、必要があると認める場合には、数個の審査請求に係る審理手続を併合し、又は併合された数個の審査請求に係る審理手続を分離することができる。

1　本条の趣旨

　数個の審査請求がなされている場合に、審理を促進し、手続を効率化するために、それらの審査請求に係る審理手続を併合することが合理的である場合がある。そのような審理の促進・手続の効率化のために、本条は、審理員が必要があると認めるときに、審査請求に係る審理手続を併合できることを定める。また、反対に、同じく審査庁が必要があると認めるときに、既に併合された数個の審査請求に係る審理手続を分離することができることを定める。旧行審法36条と同様の趣旨の規定である。

2　審理手続の併合

(1)　審理手続の併合の「必要があると認める」場合

　「審理手続を併合」するのは、手続を併合することによって、審理の公正性を損なうことなく、迅速性・効率性が得られるからである。したがって、審理手続を併合する「必要があると認める」のは、数個の審査請求が、同一の事案または相互に関連する事案についてなされている場合や同一の処分庁によって行われた処分に関わる場合であり（南＝小高・注釈243頁）、相互に関連性をもたないような審査請求は、併合されるとかえって審理を遅延させるであろうから、併合がなされるべきではない。また、いたずらに多数の審査請求に係る審理手続が併合されても審理の遅延を招くおそれがあるので、適当と考えられる数についてのみ併合されることになる（室井編・基本コンメ救済法140頁〔村上武則〕、中村博「公平審査」実務民訴講座(9)131頁も参照）。

　併合がなされる具体例として、①ある審査請求と当該審査請求の対象とされた処分とともに一個の手続を構成する他の処分についての審査請求（例えば、差押

処分についての審査請求と同一物件に対する公売処分についての審査請求）、②同一の処分について数人がそれぞれ提起した数個の審査請求（例えば、建築許可処分により権利を侵害されたとする当該建築物の付近住民がそれぞれなした数個の審査請求）、③ある審査請求と関連する他の審査請求（例えば、ある年度の法人事業税更正処分についての審査請求と当該法人に対する次年度の法人事業税決定処分についての審査請求）等が考えられる（相良＝渡辺編・ハンドブック100頁〔河島新＝渡邉司〕）。

(2) 審理手続の併合の手続等と審理員の指名

審理手続の併合は、審理員が「必要があると認める場合」に職権で行われるため、審査請求人から審理手続の併合の申立てがあったときでも、必ずしもその申立てどおりにはならない。審査請求人からの申立ては、審理員の権限発動の一つの契機にとどまる（南＝小高・注釈243頁～244頁。中村・前掲論文131頁も参照）。

なお、取消訴訟をみると、行訴法16条～19条1項の規定による併合は、そのイニシアティブを専ら当事者に委ねるものであるが、本条は、審理員にその判断を委ねるものである。もっとも、取消訴訟においても、異論はあるものの、訴訟指揮権を根拠に、民事訴訟法152条1項の例による弁論の併合や弁論の分離ができると考えられる（南博方ほか編『条解行政事件訴訟法〔第4版〕』〔弘文堂、2014年〕425頁～427頁〔市村陽典〕、コンメ行政法Ⅱ〔第2版〕234頁〔磯村篤範＝野呂充〕）。

実務上、審査庁は、審理員の指名にあたっては、審理手続の併合の可能性等も考慮して指名を行うことが望まれるとされている（IAM・逐条解説行審法218頁、橋本他・行政不服審査制度130頁〔橋本博之＝植山克郎〕）。

(3) 審理手続の併合の効果等

審理手続の併合により、①当該審査請求の一つの参加人であった者は、併合された審査請求においても参加人の地位を得ることになり、それに伴う各種の権限（31条～36条・38条）が付与される、②併合前の審査請求について提出された証拠書類などの物件は、併合された審理手続に係る共通した審理資料となる、③弁明書等の提出書類もすべて共通の審理資料となるといった効果が発生すると指摘されている（宇賀・行審法解説179頁、小早川＝高橋・条解208頁〔友岡史仁〕）。

審理手続が併合されたときは、当該併合事案の請求人は、11条を準用して、そのうちから総代を選出することができる（南＝小高・注釈244頁。中村・前掲論文131頁も参照）。

併合された審理手続に対する裁決は、それぞれの審査請求について行われるが、

同一の審査請求人による審査請求については、単一の裁決書にそれぞれの主文を併記し、理由の付記を共通にすることができる（南＝小高・注釈244頁）。

3　審理手続の分離

審査庁は、既に併合されている審査請求の審理手続について、必要があると認めるときは、職権により、審理手続を分離することができる。

審理手続の分離には、①併合された数個の審理手続のうち、既に審理の尽くされたものがあるときに、他の審理の終了をまたずに速やかに最終判断を示す必要があると認められる場合、②審理手続の併合をしたが、併合して審理することがかえって審理の促進を防げることになると認めて行う「審理の併合決定の取消し」の場合がある（田中＝加藤・解説177頁、南＝小高・注釈244頁、相良＝渡辺編・ハンドブック100頁～101頁〔河島＝渡邉〕、室井編・基本コンメ救済法140頁〔村上〕）。

4　その他

明文の定めはないが、手続的保障のために、審理員が審理手続の併合または分離を決定した場合は、その旨を当該審査請求人、参加人および処分庁に通知すべきである（南＝小高・注釈244頁、相良＝渡辺編・ハンドブック101頁〔河島＝渡邉〕、室井編・基本コンメ救済法140頁〔村上〕）。

〔榊原秀訓〕

（審理員による執行停止の意見書の提出）
第40条　審理員は、必要があると認める場合には、審査庁に対し、執行停止をすべき旨の意見書を提出することができる。

1　本条の趣旨

本条は、審理員が必要と認める場合に、審査庁に対し、職権により、執行停止すべき旨の意見書を提出しうる旨を定めている。本条による意見書制度が、審査請求人の権利保全のための執行停止を柔軟に認める趣旨で導入されたものであること（小早川＝高橋・条解211頁〔小幡純子〕）、本条が「執行停止をすべき旨の意見書」の提出の制度であることに鑑みると、執行停止を取り消すべき旨の意見書を提出することはできない（橋本他・行政不服審査制度140頁〔橋本博之＝植山克郎〕、宇賀・行審法解説180頁）。

2　意見書の法的性質

意見書が提出された場合、審査庁は速やかに、執行停止をするかどうかを決定しなければならない（25条7項）が、審査庁は意見書の内容には拘束されない（橋本他・行政不服審査制度140頁〔橋本＝植山〕）。

3　「必要があると認める場合」

審理員が執行停止をすべき旨の意見書を提出するのは、「必要があると認める場合」である。審理員は、権利利益救済の必要性、本案における請求認容の可能性等を総合考慮して、執行停止を行う必要があると認める場合に、意見書を提出する（橋本他・行政不服審査制度140頁〔橋本＝植山〕、小早川＝高橋・条解211頁〔小幡〕）。一般的には、審査請求人は審査請求と同時に執行停止を申し立てるものと想定される。その場合、審査庁は、審理員を指名する前に執行停止の可否を判断するものと思われる（宇賀・行審法解説180頁）。したがって、審理員が意見書の提出を検討するのは、審査庁が執行停止の必要を一旦は否定した場合である。そのような場合であっても、審理手続の進行とともに、審理員が執行停止の必要性を認識するに至る場合がありうる。例えば、審理手続の進行過程において、審理員が、「処分、処分の執行又は手続の続行により生ずる重大な損害を避けるために緊急の必要があると認める」（25条4項）に至ったような場合に、意見書を提出することが考えられる。そのような「緊急の必要」があるとまではいえないような場合であっても、行政不服審査制度における執行停止は訴訟におけるそれよりも柔軟に行いうるものであること（「検討会最終報告2007」30頁）に鑑みると、審理員は、審査請求人の権利利益救済の必要性を考慮して必要と認めるときには、意見書を提出することができる（宇賀・行審法解説180頁、小早川＝高橋・条解211頁〔小幡〕）。また、意見書は審理員が職権で提出するものであるから、審査請求人が執行停止を申し立てていない場合であっても、審理員は意見書を提出することができる（小早川＝高橋・条解211頁〔小幡〕）。

〔野田　崇〕

（審理手続の終結）

第41条　審理員は、必要な審理を終えたと認めるときは、審理手続を終結するものとする。

第2章　第3節　審理手続〔§41〕

> 2　前項に定めるもののほか、審理員は、次の各号のいずれかに該当するときは、審理手続を終結することができる。
> 一　次のイからホまでに掲げる規定の相当の期間内に、当該イからホまでに定める物件が提出されない場合において、更に一定の期間を示して、当該物件の提出を求めたにもかかわらず、当該提出期間内に当該物件が提出されなかったとき。
> 　　イ　第29条第2項　弁明書
> 　　ロ　第30条第1項後段　反論書
> 　　ハ　第30条第2項後段　意見書
> 　　ニ　第32条第3項　証拠書類若しくは証拠物又は書類その他の物件
> 　　ホ　第33条前段　書類その他の物件
> 二　申立人が、正当な理由なく、口頭意見陳述に出頭しないとき。
> 3　審理員が前2項の規定により審理手続を終結したときは、速やかに、審理関係人に対し、審理手続を終結した旨並びに次条第1項に規定する審理員意見書及び事件記録（審査請求書、弁明書その他審査請求に係る事件に関する書類その他の物件のうち政令で定めるものをいう。同条第2項及び第43条第2項において同じ。）を審査庁に提出する予定時期を通知するものとする。当該予定時期を変更したときも、同様とする。

1　本条の趣旨

本条は、審理員による審理手続の終結に関する原則（1項）と、その例外（2項）を定めると同時に、その旨を審理関係人に通知する制度（3項）について定めている。

2　審理手続の終結の原則（1項）

審理員は、「必要な審理」を終えたと認めた時点で、審理手続を終結する権限を与えられている。ここでいう「必要な審理」とは、審査請求の対象となった処分の「違法又は不当」性（1条1項）の有無に関して審理員が意見書（42条1項）を作成しうる程度の心証を得るために必要な審理（行審実務研究会・自治体サポート553頁〔本多滝夫〕）である。審理員はそのような意味で必要な審理を尽くさなければならないので、口頭意見陳述の申立て（31条1項）があったにもかかわらず、その機会を与えないままに審理を終結することは許されない（橋本他・行政不服

審査制度141頁〔橋本博之＝植山克郎〕、宇賀・行審法解説182頁）。

「必要な審理を終えた」と判断される時点として、上述のような心証を得た場合のほか、心証を形成するには至っていなくても、判断をするために必要となる資料がすべてそろい、もはや40条までに定める手続を行う必要はないと認められるに至った場合が考えられる（小早川＝高橋・条解213頁〔添田徹郎〕）。いずれにせよ、個々の審理員の主観的判断であるという意味で、「必要な審理を終えた」との判断に関して審理員には一定の裁量が認められることになる。それに対して、「必要な審理を終えた」と判断した場合、簡易迅速な権利利益救済を目的とする（1条）本法の趣旨に鑑みて、また審理手続終結の判断につき審理員に裁量を認めている本条2項との対比（宇賀・行審法解説182頁）からも、審理員は審理手続を終結しなければならない（行政実務研究会・自治体サポート555頁〔本多〕）。

3　審理手続の終結の例外（2項）

(1)　概　要

審理手続は処分の違法性ないし不当性の有無を審理するために行われるので、その点に関する審理員の意見を形成するために必要な審理が尽くされなければならない。しかし、本法は「簡易迅速」な権利利益救済をも目的としており（1条1項）、審理関係人は、簡易迅速な審理の実現へ協力することが求められている（28条）。そのため、例えば一定の物件の提出を審理員から求められたにもかかわらずそれを提出しないなど、審理関係人に迅速な審理の実現を妨げるような行為があった場合には、必要な審理が尽くされたとは認められない場合であっても、審理手続を終結することができる。ただし、本条2項は審理員に対して審理を終結する権限を与えているにとどまる。本項各号の要件が満たされた場合であってもなお、事件の内容や審理の状況によっては審理を継続する必要のある場合が考えられるので、本項は審理を終結することを義務付けているのではない（宇賀・行審法解説182頁、橋本他・行政不服審査制度142頁〔橋本＝植山〕）。審理員は、審理の状況や審理関係人の事情など諸般の事情を総合考慮して審理手続を終結するか否かを裁量的に判断する（宇賀・行審法解説182頁）。

(2)　物件が再度の提出期限までに提出されなかった場合（1号）

対象となる物件は、イ．弁明書（29条2項）、ロ．反論書（30条1項前段）、ハ．意見書（30条2項前段）、ニ．「証拠書類または証拠物」（32条1項）、「当該処分の理由となる事実を証する書類その他の物件」（32条2項）、およびホ．「書類その

他の物件」(33条前段)である。これらのうち、弁明書および「書類その他の物件」は当初から審理員が「相当の期間」として定める一定の期限内に提出が求められるのに対して、それ以外の物件についてはいずれも、審理員が「相当の期間を定めたときは」その期限内に提出することが求められている(32条3項を参照)。この期間内に提出されなかった場合、審理員は再度の提出期限を設定し、その期限内に提出されなかった場合に、審理手続を終結しうる。

　この期限が設定されていなかった場合の本号の適用が問題となるが、それぞれの物件を提出するのに合理的に必要と考えられる期間を経過してもそれらが提出されない場合には、必要な審理が尽くされたのであれば、1項に基づいて審理を終結することができる。それ以外の場合、「相当の期間」が指定され、かつ、その期間内に物件が提出されなかったことを前提とする本項を適用して審理手続を終結することはできない。

(3)　口頭意見陳述に出頭しない場合(2号)

　審査請求人および参加人は、口頭意見陳述を申し立てることができる(31条1項)。申立人が、正当な理由なく、指定された期日に指定された場所(31条2項)へ出頭しなかった場合、申立人が口頭意見陳述の権利を放棄したものとみなして、審理員は審理手続を終結することができる。

　行手法23条1項は、当事者等が聴聞期日に「正当な理由」なく出頭しなかった場合には聴聞を終結しうるものとしているが、この「正当な理由」は、天災や交通機関の途絶等申立人の責に帰すべからざる理由、または入院や海外出張等出頭しないことがやむをえないと認められる事情を指すと解されている(IAM・逐条解説行手法222頁以下)。しかし本号にいう「正当な理由」は、申立人の責に帰すべからざる理由に限られるものと思われる(IAM・逐条解説行審法224頁)。行政手続の適正化を通じた国民の権利利益の保護を目的としている行手法にあって、不利益処分を行う際の相手方への告知・聴聞は憲法上の要請であるとされる(宇賀・概説Ⅰ430頁)。それに対して、審査請求制度は簡易迅速な救済を与えることを目的とする制度である。また、職権で開始される不利益処分手続と異なり、本法の定める審理手続は審査請求を受けて開始され、口頭意見陳述も審査請求人等の申出に応じて実施される。このような制度趣旨の違いと、口頭意見陳述実施の決定権の所在の違いに着目すると、口頭意見陳述の期日に出頭しないことはより厳しく評価されるのではないかと考えられる。

3 審理員意見書等の提出時期の通知（3項）

　審理員は、審理手続の透明性と審理の迅速性を確保する観点から、審理手続を終結したときは、速やかに、審理関係人に対し、その旨を通知しなければならない（3項前段）。通知の内容は、審理手続が終結した旨、および審理員意見書（42条1項）と事件記録を審査庁に提出する予定時期である。事件記録とは、審査請求書、弁明書その他審査請求に係る事件に関する書類その他の物件のうち政令で定めるものをいう（本条3項かっこ書）。「政令で定めるもの」は行審令15条1項で定められている。具体的には、審査請求録取書（20条）、行手法24条1項の調書および同条3項の報告書ならびに行手法29条1項の弁明書（29条4項）、反論書（30条1項）、意見書（30条2項）、口頭意見陳述（31条）もしくは個別法の規定により審理員が審査請求人に対して行った意見聴取（行審令15条2項各号）の記録、陳述もしくは鑑定（34条）、検証（35条1項）、質問（36条）および意見の聴取（37条1項・2項）の記録、審査請求人または参加人が提出した証拠書類または証拠物（32条1項）、処分庁が提出した書類その他の物件（32条2項）、審理員による提出要求に応じて提出された書類その他の物件（33条）が定められている。予定時期を変更したときは、その旨を審理関係人に通知しなければならない（3項後段）。審理手続の終結は審理関係人の手続的権利の行使に関わるので、終結時点を明確にする必要がある。そのため、通知は原則として書面で行われなければならない（行審実務研究会・自治体サポート58頁〔本多〕）。

4　行手法の聴聞調書と事件記録の違い

　行手法による聴聞の場合、聴聞主宰者は、聴聞の審理の経過を記録した聴聞調書を作成し、その中で、不利益処分の原因となる事実に対する当事者および参加人の陳述の要旨を明らかにする（行手24条1項）。本法はそのような意味での調書の作成を予定しておらず、審理関係人の陳述の要旨は、次条の定める審理員意見書の内容となる。また、本条3項の定める事件記録は、審理手続において収集された書類等の物件を取りまとめたものであり、審理員が新たに作成するものではない。

5　審理終結の効果

　審理手続が終結すると、それ以降、審理員は審理手続上の行為をすることができなくなる。具体的には、審理員は、口頭意見陳述の申立て（31条1項）、「証拠書類又は証拠物」の提出（32条1項）、「当該処分の理由となる事実を証する書類

第2章　第3節　審理手続〔§42〕

その他の物件」の提出（32条2項）、参加人の陳述および鑑定の要求（34条）、検証の申立て（35条1項）、質問の申立て（36条）、提出書類等の閲覧（38条1項）を認めてはならず、またそれらの行為を職権で行うことも許されない（行審実務研究会・自治体サポート554頁〔本多〕）。

[野田　崇]

（審理員意見書）
第42条　審理員は、審理手続を終結したときは、遅滞なく、審査庁がすべき裁決に関する意見書（以下「審理員意見書」という。）を作成しなければならない。
2　審理員は、審理員意見書を作成したときは、速やかに、これを事件記録とともに、審査庁に提出しなければならない。

1　本条の趣旨

本条は、審理員による審理員意見書の作成と、その提出について定めている。審理員制度は審査請求の審理をより客観的かつ公正なものとするために導入されたので、審理員による審理の結果は審査庁による裁決に反映されなければならない。そのため、審理員は、審理手続から得られた心証に基づいて、審査請求が認容されるべきであるか否かに関する意見書を作成すると同時に、事件記録をまとめ、審査庁に提出しなければならない。

2　審理員意見書の作成（1項）

(1)　審理員意見書の作成

審理員は、審理の結果を踏まえて、遅滞なく審理員意見書を作成しなければならない。審理員意見書とは、審査庁がすべき裁決に関する意見書である。記載事項は法定されていないが、次に述べるように審理員意見書が裁決案になることを踏まえると、裁決の記載事項（50条1項）にならって、主文、事案の概要、審理関係人の主張の要旨、裁決の理由を記載することが望ましい（IAM・逐条解説行審法227頁）。

(2)　審理員意見書の性格

審理員意見書は審査庁に対して拘束力をもたない（橋本他・行政不服審査制度

154頁〔橋本博之＝植山克郎〕）が、審査庁の内部の報告文書にすぎないということはできない。第1に、審理員は審査庁に所属する職員であり（9条1項）、中立性が保障されているわけではないが、行手法における聴聞主宰者とは異なり、審査請求の対象となっている処分に関与した職員が排除されている（9条2項）など、少なくとも事案との関係で一定の距離が確保されるよう配慮はされている。このような、一定の第三者性を備えた審理員が、審査請求人等の参加権が保障された手続を経て意見書を作成する。第2に、行政不服審査会等に諮問される場合（43条1項）には、諮問書には審理員意見書が添付される（43条2項）と同時に、審理関係人に対して送付され（43条3項）、諮問されなかった場合には裁決書に審理員意見書が添付される（50条2項）。行手法上の聴聞報告書については当事者および参加人に閲覧請求が認められる（行手24条4項）にとどまるのと比較すると、より対外性を帯びた文書であると言える。第3に、行政不服審査会等における審査対象は当該処分ないし不作為の違法性ないし不当性の有無であって、審理員意見書の妥当性ではない（行審実務研究会・自治体サポート613頁〔山本隆司〕）ものの、行政不服審査会等による審査は、原則的には審理員が行った審理の適正性をめぐるものとなろう（宇賀・行審法解説207頁、橋本他・行政不服審査制度147頁〔橋本＝植山〕）。第4に、審査庁が審理員意見書に示された結論とは異なる内容の裁決を行う際には、その理由を裁決中に示さなければならない（50条1項4号）。さらに、意見書の内容に着目すると、行手法上の聴聞報告書（行手24条3項）が「不利益処分の原因となる事実に対する当事者等の主張に理由があるかどうかについての意見」を記載するものであり、処分のあり方についての意見を述べるのではない（なされるべき処分の内容に関する意見を記載することは禁止されていないが、処分庁がそれを参酌することは法律上求められていない。参照、芝池・総論306頁）のに対して、審理員意見書は「審査庁がすべき裁決」に関する意見を記載するものであり、したがって事実認定のみならず、結論まで審査庁に提示するものである。これらを併せ考えると、審理員意見書は、行手法における聴聞報告書と異なり法文上は「参酌」も求められていないが、そこからの逸脱が原則的には想定されない（参照、行審実務研究会・自治体サポート・831頁〔山本〕）という意味で、裁決案であると言えよう（宇賀・行審法解説187頁、橋本他・行政不服審査制度144頁〔橋本＝植山〕、添田徹郎＝駒崎弘『Q&A行政不服審査法』〔有斐閣、2015年〕65頁。反対、行審実務研究会・自治体サポート569頁〔本多〕）。

3　審査庁への提出（2項）

　審理員は、審理員意見書を作成したら速やかに事件記録とともに審査庁へ提出しなければならない。これらの提出は、審理員意見書の作成ほどには時間を要しないと思われるので、「速やかに」提出すべきこととされている。

〔野田　崇〕

第4節　行政不服審査会等への諮問

〔行政不服審査会等への諮問〕
第43条　審査庁は、審理員意見書の提出を受けたときは、次の各号のいずれかに該当する場合を除き、審査庁が主任の大臣又は宮内庁長官若しくは内閣府設置法第49条第1項若しくは第2項若しくは国家行政組織法第3条第2項に規定する庁の長である場合にあっては行政不服審査会に、審査庁が地方公共団体の長（地方公共団体の組合にあっては、長、管理者又は理事会）である場合にあっては第81条第1項又は第2項の機関に、それぞれ諮問しなければならない。
一　審査請求に係る処分をしようとするときに他の法律又は政令（条例に基づく処分については、条例）に第9条第1項各号に掲げる機関若しくは地方公共団体の議会又はこれらの機関に類するものとして政令で定めるもの（以下「審議会等」という。）の議を経るべき旨又は経ることができる旨の定めがあり、かつ、当該議を経て当該処分がされた場合
二　裁決をしようとするときに他の法律又は政令（条例に基づく処分については、条例）に第9条第1項各号に掲げる機関若しくは地方公共団体の議会又はこれらの機関に類するものとして政令で定めるものの議を経るべき旨又は経ることができる旨の定めがあり、かつ、当該議を経て裁決をしようとする場合
三　第46条第3項又は第49条第4項の規定により審議会等の議を経て裁決をしようとする場合
四　審査請求人から、行政不服審査会又は第81条第1項若しくは第2項の機関（以下「行政不服審査会等」という。）への諮問を希望しない旨の申出がされている場合（参加人から、行政不服審査会等に諮問しないことについて反対する旨の申出がされている場合を除く。）
五　審査請求が、行政不服審査会等によって、国民の権利利益及び行政の

第 2 章　第 4 節　行政不服審査会等への諮問〔§43〕

> 　　運営に対する影響の程度その他当該事件の性質を勘案して、諮問を要しないものと認められたものである場合
> 　六　審査請求が不適法であり、却下する場合
> 　七　第46条第1項の規定により審査請求に係る処分（法令に基づく申請を却下し、又は棄却する処分及び事実上の行為を除く。）の全部を取り消し、又は第47条第1号若しくは第2号の規定により審査請求に係る事実上の行為の全部を撤廃すべき旨を命じ、若しくは撤廃することとする場合（当該処分の全部を取り消すこと又は当該事実上の行為の全部を撤廃すべき旨を命じ、若しくは撤廃することについて反対する旨の意見書が提出されている場合及び口頭意見陳述においてその旨の意見が述べられている場合を除く。）
> 　八　第46条第2項各号又は第49条第3項各号に定める措置（法令に基づく申請の全部を認容すべき旨を命じ、又は認容するものに限る。）をとることとする場合（当該申請の全部を認容することについて反対する旨の意見書が提出されている場合及び口頭意見陳述においてその旨の意見が述べられている場合を除く。）
> 2　前項の規定による諮問は、審理員意見書及び事件記録の写しを添えてしなければならない。
> 3　第1項の規定により諮問をした審査庁は、審理関係人（処分庁等が審査庁である場合にあっては、審査請求人及び参加人）に対し、当該諮問をした旨を通知するとともに、審理員意見書の写しを送付しなければならない。

1　本条の趣旨

　本条は、審査庁が審理員意見書の提出を受けたときに原則として行政不服審査会等への諮問を義務付けるとともに、例外的に諮問が不要となる場合を規定し、さらに諮問およびそれに伴う手続を定める。

　行政不服審査は、旧行審法では「簡易迅速な手続」（旧行審1条）であることが意図されていたのに対し、本法では「簡易迅速」に加えて「公正な手続」であることが意図されている（1条）。行政不服審査の公正性を担保するための制度の一つが、審理員（9条）による審理であるが、審理員は、審査庁（すなわち、法律・条例に特別の定めがある場合を除くと、処分庁・不作為庁自身またはその上級行政庁。

4条）に所属する職員であるため、公正性の観点からは、なお不十分な点がある。具体的に、審理員は「最終的には内部基準等に拘束されること」（「見直し方針2013」8頁）、審理員が「将来、同種の処分を行う立場に立ちうる場合には、中立性の確保という面で問題が残る」（宇賀・概説Ⅱ59頁）ことが指摘されている。そこで、本法は、行政不服審査の公正性をより一層実現するため、審理員による審理手続に加え、第三者機関である行政不服審査会等（行政不服審査会〔67条～73条の解説（林晃大）を参照〕および81条1項・2項の機関〔81条の解説（山田健吾）を参照〕）への諮問手続を導入した。

2　諮問の義務（1項柱書）

(1)　審査庁は、「審理員意見書の提出を受けたときは」原則として行政不服審査会等への諮問を要求されるため、こうした原則によれば、行政不服審査は最終的な裁決に至るまでに、①審理員による審理→②審査庁による（多少の）審理→③行政不服審査会等の調査審議という三層構造をとることになる。このように、行政不服審査会等の調査審議は、審理員による審理を前提としたものであり、一般的にいうと、覆審的に行われるのではなく、審理員による審理の過誤・欠落を補正する形で行われる（「見直し方針2013」8頁、宇賀・行審法解説191頁。行政不服審査会での調査審議の手続については、74条～79条の解説〔稲葉一将〕を参照）。

(2)　三層構造の行政不服審査は、手続の公正性に資する一方で、手続の簡易迅速性（簡易迅速な国民の権利救済）を損なうおそれがある（芝池・読本273頁～274頁。大橋真由美『行政による紛争処理の新動向』〔日本評論社、2015年〕76頁～80頁も参照）。そこで、本条1項各号のいずれかに該当する場合には、行政不服審査会等への諮問は例外的に不要となる。この場合でも、文理上は諮問をするかどうかの裁量が残るが、この裁量は裁決の時期に関する規定（44条の解説〔湊二郎〕を参照）により制約される。

(3)　国レベルでは、審査庁が大臣、長官（宮内庁長官、内閣府49条1項・2項、行組3条2項）である場合には、行政不服審査会に諮問しなければならない。審査庁が大臣、長官である場合とは、法律・条例に特別の定めがある場合を除くと、大臣、長官自身が処分庁・不作為庁である場合とそれらの下級機関が処分庁・不作為庁である場合とがある。

他方で、審査庁が9条1項1号・2号所定の委員会（内閣府49条1項・2項、行組3条2項）または審議会等（内閣府37条・54条、行組8条）である場合には、諮

問は不要である（なお、人事院〔国公3条〕が審査庁となる場合には、行審法第2章の規定は適用除外である〔同法90条3項〕）。さらに、国会、裁判所、会計検査院の機関が審査庁となることも考えられないわけではない（例：国財18条6項に基づく行政財産の使用または収益の許可について）が、こうした場合にも、諮問は不要である（これらの趣旨につき、宇賀・行審法解説192頁～193頁）。

(4) 地方レベルでは、審査庁が地方公共団体（38条6項を参照）の長、地方公共団体の組合の長、管理者または理事会である場合には、81条1項・2項の機関に諮問しなければならない。審査庁が地方公共団体の長等である場合とは、法律・条例に特別の定めがある場合を除くと、地方公共団体の長等自身が処分庁・不作為庁である場合とそれらの下級機関が処分庁・不作為庁である場合とがある。

これに対し、審査庁が9条1項3号所定の委員会・委員（自治138条の4第1項）または附属機関（同3項）である場合には、諮問は不要であり、さらに、審査庁が地方公共団体の議会である場合にも、同様である（その趣旨につき、宇賀・行審法解説194頁）。なお、地方公共団体の組合の理事会も、委員会などと同様に合議制行政機関ではあるが、一般の合議制行政機関とは異なり、公正かつ慎重な判断を確保するためというよりも、「より円滑に組合を運営すること」（松本英昭『新版逐条地方自治法〔第8次改訂版〕』〔学陽書房、2015年〕1622頁）を目的として設置されるものであるため、諮問が要求されたと解される（宇賀・行審法解説196頁も参照）。

(5) 国・地方レベルとは別に、民間団体（例：日本弁護士連合会）が審査庁となる場合にも、行政不服審査会等への諮問は不要である（その趣旨につき、宇賀・行審法解説194頁）。

(6) 以上のように審査庁が義務付けられるのは、行政不服審査会等への「諮問」である。立法実務上、「諮問」とは「法的には、審議機関の議決にそのままの形では拘束されない」（法制執務研究会編『新訂ワークブック法制執務』〔ぎょうせい、2010年〕685頁）ことを意味し、本法が行政不服審査会等の答申とは異なる内容の裁決がされる余地を認めている（50条1項4号を参照）ことから、行政不服審査会等は、意見が法的拘束力を有する参与機関ではなく、法的拘束力を有しない諮問機関である。立法論的には、行政不服審査会等を参与機関（さらには、裁決機関）として位置づけることもありうるが、参与機関が第三者機関のメリット（上記1を参照）を発揮して、裁量基準の適用方法だけではなく基準自体の不当性を

審査すると、第三者機関の公益判断が最終的に通用することになりかねず、行政の民主的正統性の観点からは問題が生じる（すなわち、行政の公益判断について、処分庁・不作為庁やその上級行政庁ではなく、第三者機関が説明責任を負うべき立場に立たされる。第三者機関を裁決機関として位置づけることに対する異論を整理したものとして、久保茂樹「行政不服審査」新構想Ⅲ177頁を参照。なお、碓井光明『行政不服審査機関の研究』〔有斐閣、2016年〕260頁も参照）。これと比較すると、諮問機関である行政不服審査会等が裁量基準の不当性について意見を述べることは、問題が小さい（一般論として、第三者機関が不当性の審査をなしうることについては、久保・前掲論文181頁～182頁、稲葉馨「行政法上の『不当』概念に関する覚書き」行政法研究3号〔2013年〕41頁～44頁を参照）。

　行政不服審査会等は諮問機関であるとはいえ、審査庁が諮問を行わないことは、裁決の取消事由であり（最判昭50・5・29民集29巻5号662頁）、審査庁が諮問を行ったとしても答申を無視して裁決を行えば、同様と解される。この点は、裁決書に記載される理由（50条の解説2〔佐伯祐二〕を参照）から判断されることになるであろう。

3　諮問が例外的に不要な場合（1項各号）

⑴　審査請求の対象である処分または審査請求に対する裁決のいずれかの段階において、本法以外の法律または政令（条例に基づく処分については、条例）に基づき、①国レベルの委員会・審議会等（9条1項1号・2号）、②地方レベルの委員会・委員・附属機関（同項3号）、③地方公共団体の議会、④これらの機関に類するものとして政令で定めるもの（行審令17条1項・2項を参照）が関与した場合には、諮問は不要である（本項1号・2号）。これは、手続の重複を回避するためである（芝池・読本274頁注⑿、橋本他・行政不服審査制度149頁〔橋本博之＝植山克郎〕、宇賀・行審法解説197頁～200頁）。

㋐　①～④の機関による関与の態様は、これらの機関の「議を経る」、「議を経て」というものである。立法実務上、「議を経て」という語は、比較的拘束力が強く（法制執務研究会編・前掲書685頁）、これによれば、諮問が不要となるのは、これらの機関が参与機関である場合だけではないかが問題となる。しかし、裁決の段階で参与機関が法的拘束力を有する答申をする場合、さらなる諮問はもともと無意味であるし、公正かつ慎重な判断を行う合議制行政機関であるという点で参与機関と諮問機関に違いはないので、これらの機関が諮問機関である場合にも、

行政不服審査会等への諮問は不要である。

　(イ)　公正かつ慎重な判断を行うという点に若干疑問があるのは、③地方公共団体の議会（例：自治231条の3第7項・244条の4第2項）である（立法論も含めて、宇賀・行審法解説199頁を参照）。そこで、裁決段階で議会への諮問が法的義務である場合において、任意に審査請求人の求めに応じ、議会より先に、81条1項・2項の機関に諮問をすることも考えられる。二つの答申が存し、場合によっては矛盾するという問題が生じるが、議会が諮問機関である以上、81条1項・2項の機関の答申は考慮禁止事項に当たるまい。

　(ウ)　諮問が不要となるためには、処分または裁決の段階で①～④の機関の関与が実際にあったことが必要であり（「かつ、当該議を経て当該処分がされた場合」、「かつ、当該議を経て裁決をしようとする場合」）、関与がなければ、諮問が要求される。これらの機関による関与が法的義務であるときに、この義務の懈怠が行政不服審査会等への諮問により治癒されるかどうかという問題があるが、一般的にいえば、これを認めると法定の手続の軽視につながりかねないので、安易に認めるべきではない。

　(2)　申請拒否処分または不作為についての審査請求を認容し、処分庁・不作為庁の上級行政庁である審査庁が一定の処分をすべき旨を命じ、または、処分庁・不作為庁である審査庁が一定の処分をする段階で、46条3項または49条4項の規定に基づき、①～④の機関が関与した場合には、諮問は不要である（3号）。これも1号・2号と同様の趣旨である（橋本他・行政不服審査制度149頁〔橋本＝植山〕、宇賀・行審法解説201頁～202頁）。

　(3)　審査請求人が、行政不服審査会等への諮問を希望しない旨の申出をした場合には、諮問は不要である（4号）。本法の第1の目的は行政救済であり、これは、審査請求人の意思を尊重したものである（「見直し方針2013」9頁）。他方で、参加人（13条）が、反対する旨の申出をした場合には、諮問が必要である。この点で、行手法上の申請に対する処分手続（特に行手8条・10条を参照）と比較し（芝池・総論325頁を参照）、本法は、第三者利害関係人の法的地位を強く保護している。

　(4)　行政不服審査会等が、諮問を不要と認めた場合には、諮問は不要である（5号）。このように、行政不服審査会等は、裁量的に諮問を拒否する権限を有している。諮問の要否を判断するための主な考慮事項は、「国民の権利利益及び行政の運営に対する影響の程度」であり、具体例を挙げると、法令・裁量基準・先

例の規律により、審理員による審理と異なる判断を行う見込みが低いとき（宇賀・行審法解説204頁、IAM・逐条解説行審法242頁〜243頁、小早川＝高橋・条解227頁〔添田徹郎〕）には、この影響が小さい一方で、審査請求の対象が不利益処分（特に行手法13条1項1号に該当する処分）であるときや、裁量基準自体の違法性・不当性が争われているときには、影響が大きいといえる。仮に行政不服審査会等による案件処理が遅滞していても、こうした事実は、4号において審査請求人が考慮すれば足り、これを理由として本号のハードルを下げることは他事考慮であろう。

(5) 審査請求が不適法であり、却下する場合には、諮問は不要である（6号）。審査請求が不適法であるかどうかが微妙な場合には、審査請求人の権利保護のためには諮問すべきであるから、9条1項ただし書の解釈（9条の解説2〔前田雅子〕を参照）と同様、これは、審査請求が不適法であることが明白な場合に限られると解される（行審制度研究会編・ポイント解説146頁〜147頁）。ただし、適法な審査請求について審査庁が誤って却下した場合には、諮問をしたか否かに関わりなく、却下裁決は違法となるため、この議論が実益を有しうるのは、国賠法1条1項の過失（職務行為基準説においては違法性）の認定の場面である。

(6) 審査請求を全部認容する場合には、諮問は不要である（7号・8号）。これは、本法の第1の目的が行政救済であるからであるが、他方で、参加人が、意見書または口頭意見陳述において、全部認容に反対する旨の意見を表明した場合には、やはり諮問が必要である。審査請求を一部認容する場合は、本号の対象外である（橋本他・行政不服審査制度151頁〜152頁〔橋本＝植山〕）が、参加人が一部認容に反対する旨の意見を表明しない限り、本号とのバランス上、行政不服審査会等は、認容部分について判断すべきではない（松倉佳紀「行政不服審査法の改正」自治研究91巻1号〔2015年〕11頁、宇賀・行審法解説203頁〕）。

また、法律・条例の特別の定めにより審査庁が処分庁・不作為庁でもその上級行政庁でもないため、申請拒否処分を全部取り消し、または、不作為の違法・不当を宣言するが、46条2項各号または49条3項各号の措置をとる権限を有しない場合も、本号の対象外である。しかし、さらなる諮問は審査請求人の権利保護に資するものではないので、こうした場合には、行政不服審査会等が本項5号に基づく裁量を行使し、諮問を拒否すべきである（IAM・逐条解説行審法245頁〜246頁、小早川＝高橋・条解228頁〔添田〕）。

4　諮問およびそれに伴う手続（2項・3項）

　行政不服審査会等の調査審議は、審理員による審理を前提としたものであるため、審査庁は、諮問をするときに、審理員意見書および事件記録（41条3項・42条1項を参照）の写しを添えてしなければならず（本条2項）、さらに、審査庁以外の審理関係人（28条を参照）にも、諮問をした旨を通知し、審理員意見書の写しを送付しなければならない（本条3項）。行政不服審査会の調査審議において、審査請求人・参加人は審査関係人（74条を参照）となり、審査庁に当たらない処分庁・不作為庁も調査の対象になることがある（74条の解説2〔稲葉一将〕を参照）からである。

〔深澤龍一郎〕

第5節 裁　　決

> **（裁決の時期）**
> 第44条　審査庁は、行政不服審査会等から諮問に対する答申を受けたとき（前条第1項の規定による諮問を要しない場合（同項第2号又は第3号に該当する場合を除く。）にあっては審理員意見書が提出されたとき、同項第2号又は第3号に該当する場合にあっては同項第2号又は第3号に規定する議を経たとき）は、遅滞なく、裁決をしなければならない。

1　本条の趣旨

　本条は、審査請求に対する裁断行為である裁決の時期について定めている。審査庁は、行政不服審査会等から諮問に対する答申を受けた後、遅滞なく裁決をするのが基本である。旧行審法においては、審理員による審理手続や行政不服審査会等への諮問の仕組みがなく、裁決の時期に関する規定もなかった。

2　裁決の時期

(1)　行政不服審査会等への諮問が行われた場合

　審査庁は、本法43条1項の規定により行政不服審査会等への諮問をした場合には、この諮問に対する答申を受けて裁決をする。

(2)　行政不服審査会等への諮問を要しない場合

　本法43条1項1号または4号～8号のいずれかに該当することにより行政不服審査会への諮問を要しない場合には、審査庁は、審理員意見書の提出を受けて裁決をする。本法43条1項2号または3号に該当する場合には、審査庁は、当該各号に定める審議会等の議を経た上で、その結果を踏まえて裁決をする。

3　遅滞なく裁決をする義務

(1)　答申書・審理員意見書の拘束力

　審査庁は、審理員意見書または行政不服審査会等もしくは審議会等の答申書と異なる内容の裁決をすることも認められている（50条1項4号参照）。審査庁は、

これらの答申書や審理員意見書の内容には拘束されない。答申書と審理員意見書の内容が異なる場合、第三者機関の答申書が優先するものとする立法政策も考えられるが、本法はそのような制度を採用していないと解される。

行手法は、行政庁が不利益処分の決定をするときには、調書（行手24条1項）の内容および報告書（行手24条3項）に記載された主宰者の意見を十分に参酌しなければならないと定めている（行手26条）。この場合、行政庁は調書にない事実を根拠にすることは認められず、通例はこの事実に関する主宰者の意見に厳格に拘束されると解されている（芝池・総論306頁、行手26条の解説2〔榊原秀訓〕）。それに対して本法にはこのような規定はない。旧行審法下においては、審査庁は当事者が主張しない事実を職権で探知して（職権探知）、裁決の基礎とすることができると考えられていた（旧訴願法のもとで職権探知を認めた判例として、最判昭29・10・14民集8巻10号1858頁）。本法が審査庁による職権探知を禁止しているとはいえないが、当事者の主張しない事実に基づいて処分を維持する裁決をしようとする場合には、審査請求人に反論の機会が与えられなければならない（宇賀・概説Ⅱ62頁、小早川・講義下Ⅰ92頁、久保茂樹「行政不服審査」新構想Ⅲ180頁）。

(2) 「遅滞なく」の意義

審査庁が答申書や審理員意見書とは異なる内容の裁決をすることも認められている以上、答申書等の提出を受けた審査庁が常に直ちに裁決をする義務を負うとはいえない。審査庁が独自調査を行うことも禁止されていない（宇賀・行審法解説211頁）。合理的な理由のない裁決の遅延が許されないことは当然である。裁決の不作為は不作為違法確認訴訟（行訴3条5項）の対象となる（旧行審法下の事例につき、小早川＝高橋・条解230頁〔大江裕幸〕）。

(3) 補助機関の関与

本法には、処分に関与した者が裁決に関与することを禁止する明文の規定はない。しかしながら、審理員の除斥事由を定めた9条2項1号の趣旨（9条の解説3〔前田雅子〕を参照）に鑑みれば、処分に関与した者が裁決に関与することは許されないと解される（宇賀・行審法関連三法108頁）。

〔湊　二郎〕

> **(処分についての審査請求の却下又は棄却)**
> **第45条** 処分についての審査請求が法定の期間経過後にされたものである場合その他不適法である場合には、審査庁は、裁決で、当該審査請求を却下する。
> 2 処分についての審査請求が理由がない場合には、審査庁は、裁決で、当該審査請求を棄却する。
> 3 審査請求に係る処分が違法又は不当ではあるが、これを取り消し、又は撤廃することにより公の利益に著しい障害を生ずる場合において、審査請求人の受ける損害の程度、その損害の賠償又は防止の程度及び方法その他一切の事情を考慮した上、処分を取り消し、又は撤廃することが公共の福祉に適合しないと認めるときは、審査庁は、裁決で、当該審査請求を棄却することができる。この場合には、審査庁は、裁決の主文で、当該処分が違法又は不当であることを宣言しなければならない。

1 本条の趣旨

本条は、処分についての審査請求が不適法である場合の却下裁決、理由がない場合の棄却裁決および棄却裁決の一種としての事情裁決について定めている。旧行審法40条1項・2項・6項とほぼ同様の規定である。

2 却下裁決（1項）

審査請求が不適法である場合、審査庁は裁決で当該審査請求を却下する。本条1項は、処分についての審査請求が不適法である場合の例として、審査請求期間（18条）経過後になされたものである場合を挙げている。その他不適法である場合としては、審査請求の対象とされた行為が処分（1条2項）に当たらない場合、審査請求人適格（2条）がない場合、審査請求の利益がない場合、審査請求書の記載に不備があり、審査請求人が補正命令に従わない場合（24条1項）、教示の懈怠（83条）や教示の誤り（22条）がないにもかかわらず、審査請求をすべき行政庁（4条）以外の行政庁に審査請求がなされた場合等がある。

3 棄却裁決（2項）

審査請求は適法であるが、理由がない場合には、審査庁は裁決で当該審査請求を棄却する。処分についての審査請求が理由がない場合とは、審査請求に係る処

分が違法でも不当でもない場合である（違法性と不当性につき、1条の解説2(2)〔西田幸介〕を参照）。従来から、審査庁は審査請求人の主張する理由と異なる理由によって審査請求を棄却することも可能であり（東京高判昭48・3・14行集24巻3号115頁参照）、他方で審査庁は審査請求人の主張する違法または不当事由が存在しないことを認定すれば棄却裁決をすることができると考えられてきた（コンメ行政法Ⅰ〔第2版〕479頁〔佐伯祐二〕）。本法はこれらの点について従前の取扱いを変更するものではないと解される（宇賀・行審法解説213頁、IAM・逐条解説行審法255頁、小早川＝高橋・条解235頁〔大江裕幸〕）。

4　事情裁決（3項）

(1)　意　義

旧行審法においても、処分が違法または不当であるが、これを取消しまたは撤廃することにより公の利益に著しい障害を生ずる場合において、審査請求人の受ける損害の程度、その損害の賠償または防止の程度および方法その他一切の事情を考慮した上で、処分を取り消しまたは撤廃することが公共の福祉に適合しないと認めるときは、審査庁が当該審査請求を棄却する裁決（事情裁決）をすることが認められていた（40条6項前段）。本条3項前段もこれと実質的に同様である（処分の「撤廃」については47条の解説3(2)〔湊二郎〕を参照）。

(2)　事情裁決の要件

事情裁決の要件は、取消訴訟における事情判決の要件（行訴31条1項前段）とほぼ共通であるが、事情裁決は、処分が不当である場合においても可能である。「公の利益に著しい障害を生ずる場合」とは、審査請求人個人の利益に対立する意味での公益ないし社会的利益の侵害の程度が高い場合を意味する（南＝小高・注釈269頁、小早川＝高橋・条解236頁〔大江〕）。例えば、許可を受けてダムが建設された後に、その許可が違法または不当として取り消されることにより、ダムを撤去しなければならなくなるような事態が生ずる場合が考えられる。考慮されるべき「一切の事情」には、処分を受けた第三者（例えばダム建設者）の行う損害軽減施設の設置等も含まれるが、審査庁が裁決で参加人その他の第三者に対して救済措置を命ずることは予定されていない（コンメ行政法Ⅰ〔第2版〕484頁〔佐伯〕）。事情裁決をするためには、公益と私益を比較衡量した結果、処分の取消し・撤廃が「公共の福祉に適合しない」と認められることが必要であり、公益上の障害が著しい場合においても直ちに事情裁決をすることは許されない（IAM・逐条解説

行政不服審査法

行審法256頁)。

(3) 違法または不当の宣言

　旧行審法においても、事情裁決をする場合には、審査庁は裁決で当該処分が違法または不当であることを宣言しなければならなかった（40条6項後段）。しかしながら、これを裁決の主文で宣言しなければならないことは規定されていなかった。それに対して取消訴訟における事情判決では、係争の処分または裁決が違法であることを判決の主文で宣言すべきものとされており（行訴31条1項後段）、この判決が確定したときには、当該処分または裁決が違法であることについて既判力を生ずる（杉本良吉「行政事件訴訟法の解説（2・完）」法曹時報15巻4号〔1963年〕528頁）。本条3項後段は、事情裁決の場合にも、審査庁は、裁決の主文で当該処分が違法または不当であることを宣言しなければならないものとした。旧行審法のもとにおいても、処分の違法が裁決本文に掲げられることによって、事情裁決が確定すると、処分の違法の点について裁決の効力が生ずると解されていた（南＝小高・注釈270頁）。したがって、処分が違法であることを宣言した事情裁決が確定した場合には、当該処分が違法であることを前提として国家賠償を求めることが可能となる（IAM・逐条解説行審法257頁、小早川＝高橋・条解237頁〔大江〕）。

〔湊　二郎〕

（処分についての審査請求の認容）

第46条　処分（事実上の行為を除く。以下この条及び第48条において同じ。）についての審査請求が理由がある場合（前条第3項の規定の適用がある場合を除く。）には、審査庁は、裁決で、当該処分の全部若しくは一部を取り消し、又はこれを変更する。ただし、審査庁が処分庁の上級行政庁又は処分庁のいずれでもない場合には、当該処分を変更することはできない。

2　前項の規定により法令に基づく申請を却下し、又は棄却する処分の全部又は一部を取り消す場合において、次の各号に掲げる審査庁は、当該申請に対して一定の処分をすべきものと認めるときは、当該各号に定める措置をとる。

　一　処分庁の上級行政庁である審査庁　当該処分庁に対し、当該処分をす

べき旨を命ずること。
　二　処分庁である審査庁　当該処分をすること。
3　前項に規定する一定の処分に関し、第43条第1項第1号に規定する議を経るべき旨の定めがある場合において、審査庁が前項各号に定める措置をとるために必要があると認めるときは、審査庁は、当該定めに係る審議会等の議を経ることができる。
4　前項に規定する定めがある場合のほか、第2項に規定する一定の処分に関し、他の法令に関係行政機関との協議の実施その他の手続をとるべき旨の定めがある場合において、審査庁が同項各号に定める措置をとるために必要があると認めるときは、審査庁は、当該手続をとることができる。

1　本条の趣旨

　本条は、処分（事実上の行為を除く）についての審査請求が理由がある場合の取扱いについて定めている。本条1項は、審査請求の認容裁決として、取消裁決および変更裁決について定めている。本条2項以下は、申請拒否処分を裁決で取り消す場合において、審査庁が、当該申請に対して一定の処分をすべきものと認めるときの取扱いについて定めている。旧行審法においては、審査庁が申請に対して一定の処分をすべきものと認めるときの取扱いについて定めた規定はなかった。

2　処分（事実上の行為を除く）についての審査請求の認容裁決（1項）

(1)　狭義の処分

　本条1項は、処分（1条2項）の中に事実上の行為が含まれることを前提として、本条および本法48条においては、そのような広義の処分から事実上の行為を除いたものを処分と呼ぶものとしている（狭義の処分）。本法には、事実上の行為を定義した規定はないものの、一般に事実行為とは、外部に対する行為であるが、直接法的効果を生じさせない行為をいう（コンメ行政法Ⅰ〔第2版〕338頁〔渡名喜庸安〕、塩野・行政法Ⅱ110頁）。したがって本条が対象とする狭義の処分は、「公権力の主体たる国または公共団体が行う行為のうち、その行為によって、直接国民の権利義務を形成しまたはその範囲を確定することが法律上認められているもの」（最判昭39・10・29民集18巻8号1809頁）に相当するといえる。以下では、このような狭義の処分を単に処分という。

行政不服審査法

(2) 審査請求が理由がある場合

処分についての審査請求が理由がある場合とは、当該処分が違法または不当である場合をいう。このような場合、事情裁決（45条3項）をすることもできるときもあるが、事情裁決の要件が満たされなければ、審査庁は認容裁決をしなければならない。

審査庁は、審査請求人が主張しない違法または不当事由に基づいて認容裁決をすることもできる（コンメ行政法Ⅰ〔第2版〕480頁〔佐伯祐二〕、橋本他・行政不服審査制度160頁〔橋本博之＝植山克郎〕、小早川＝高橋・条解240頁〔大江裕幸〕）。

(3) 取消裁決

処分についての審査請求の認容裁決のうち、取消裁決は、当該処分を全部取り消す裁決と当該処分の一部を取り消す裁決に区別される。違法または不当な処分は取り消されるべきであるが、違法または不当事由がある部分を他の部分から分割して取り消すことができる場合には、前者の部分のみを取り消す裁決がなされる。一部取消しの例としては、課税処分のうち違法な部分の取消し（減額）や、処分の付款だけの取消しがある（コンメ行政法Ⅰ〔第2版〕480頁〔佐伯〕）。

(4) 変更裁決

処分を変更する裁決は、審査庁が処分庁の上級行政庁である場合または処分庁である場合に限り認められる（46条1項ただし書）。旧行審法においても、処分庁の上級行政庁である審査庁が裁決で処分を変更すること（40条5項）、処分庁が異議申立てに対する決定で処分を変更すること（47条3項）が認められていた。もっとも、そこでいう処分の変更の内容は必ずしも明らかではなかった。営業許可取消処分を営業停止処分に変更するといった質的変化を伴うものはこれに当たると解されていたが（宇賀・概説Ⅱ72頁）、申請拒否処分を申請認容処分に変更することができるかどうかについては議論があった（肯定説として、小早川・講義下Ⅰ79頁。否定説として、コンメ行政法Ⅰ〔第2版〕482頁〔佐伯〕）。これに関して本条2項は、申請拒否処分を取り消す裁決をする場合に、処分庁の上級行政庁である審査庁が当該処分庁に対して当該申請に対して一定の処分をすべき旨を命ずることや、処分庁である審査庁が当該処分をすることを認めている。したがって、本条1項の変更裁決によって申請拒否処分を申請認容処分に変更することはできないと解される。

3 申請に対する一定の処分に関する措置（2項）

(1) 意　義

　申請拒否処分の全部または一部を裁決で取り消す場合において、①処分庁の上級行政庁である審査庁は、当該申請に対して一定の処分をすべきものと認めるときは、当該処分庁に対し、当該処分をすべき旨を命ずる措置をとり（本条2項1号）、②処分庁である審査庁が、当該申請に対して一定の処分をすべきものと認めるときは、当該処分をする措置をとる（本条2項2号）。申請拒否処分を取り消す裁決がなされた場合、処分庁は裁決の趣旨に従い改めて申請に対する処分をしなければならず（52条2項）、これによって申請認容処分がなされることもあるが、再度申請拒否処分がなされる可能性も排除されない。本条2項各号に定める措置は、より確実な救済を審査請求人に与える点で意義があり、申請認容処分がなされた場合には審査請求人の救済は全うされる。

(2) 一定の処分をすべきものと認めるとき

　「一定の」処分とは何かについては規定されていない。処分庁の上級行政庁である審査庁が当該処分庁に対して命ずる一定の処分は、一般論としては、当該処分の根拠法令および社会通念により定まるというほかない（宇賀・行審法解説218頁、IAM・逐条解説行審法261頁）。許可をすべきことを命じつつ、許可に条件を付するかどうかについては処分庁に委ねることも禁止されていない。特定の処分をすべき旨を命ずることも当然可能である。処分庁である審査庁がする一定の処分は、内容不特定なものであってはならず、必然的に特定の処分になる。

　行訴法37条の3第6項前段は、取消訴訟と申請型義務付け訴訟が併合提起された場合に、審理の状況その他の事情を考慮して、取消訴訟についてのみ終局判決をすることにより迅速な解決に資すると認めるときは、取消訴訟についてのみ終局判決をすることができるものとしている。本法には明文の規定はないものの、処分庁の上級行政庁である審査庁が、審理の状況等を考慮して、取消裁決のみをすることにより迅速な解決に資すると認めるときに、取消裁決のみをすることも禁止されていないと解される（宇賀・行審法解説218頁、小早川＝高橋・条解243頁〔大江裕幸〕。49条の解説5(3)〔佐伯祐二〕も参照）。

(3) 措置と裁決の関係

　本条1項は、審査請求が理由がある場合の裁決として、取消裁決と変更裁決のみを掲げており、同条2項は裁決の語を用いていない。このような文理および条

文構造からすれば、本条2項各号に定める措置は、裁決そのものとは別の措置として位置づけられていると解される（橋本他・行政不服審査制度162頁〔橋本＝植山〕。それに対して中村・自治体ポイント80頁は、上級行政庁による申請認容命令裁決が認められているとする。49条の解説5(1)〔佐伯〕も参照）。このように解する場合、本条2項1号に定める措置は、上級行政庁が一般的な指揮監督権の行使として処分庁に対してする命令にほかならないことになる（橋本他・行政不服審査制度165頁〔橋本＝植山〕、宇賀・行審法解説218頁）。同号に定める措置が裁決とは区別される理由として、裁決は処分庁を名あて人とするものではないという点を指摘する説があるが（橋本他・行政不服審査制度163頁〔橋本＝植山〕、宇賀・行審法関連三法111頁）、処分庁に対する命令が必然的に裁決の内容から除外されるとはいえない（旧行審法40条4項・5項は、処分庁に対する命令を裁決で宣言するものとしていた）。

本条2項各号に定める措置が裁決には含まれないとすると、厳密な意味では、審査請求人は審査請求の趣旨として当該措置を求めることはできないことになる。もっとも、申請拒否処分に不服のある審査請求人が申請認容処分を求めるのは当然のことである（「検討会最終報告2007」39頁は、争訟の一回的解決の観点から、申請にかかる一定の処分を求める審査請求を認めることとしていた）。審査請求人が同項各号に定める措置を求めた場合でも、そのことを理由として審査請求を不適法としてはならない。審査請求人が当該措置を求めた場合において、取消裁決をするときは、審査庁は当該措置をとるかどうかについて裁決の理由で言及するべきである。審理員意見書や行政不服審査会等の答申において当該措置をとるべき旨を言及することも当然可能である（IAM・逐条解説行審法263頁、宇賀・行審法関連三法111頁）。

4　一定の処分に関する手続（3項・4項）

法令の定めにより、行政庁が申請認容処分をしようとする場合には、審議会の意見を聴いたり、関係行政機関と協議したりすることが義務付けられていることがある（例えば、就学前の子どもに関する教育、保育等の総合的な提供の推進に関する法律17条3項～5項）。このような仕組みがとられている場合において、審査庁が本条2号各号に定める措置をとるために必要があると認めるときには、審査庁が、審議会等の議を経ること、関係行政機関との協議の実施その他の手続をとることができるものとされている（本条3項・4項）。本条4項にいう「その他の手続」としては、利害関係人の意見聴取や公聴会の開催等が考えられる（宇賀・行審法

解説223頁、IAM・逐条解説行審法266頁）。

　処分庁が法令で義務付けられている諮問や協議等の手続をとった上で申請拒否処分をした場合において、審査庁が改めて当該手続をとるかどうかは、審査庁の裁量判断に委ねられていると解される（行審実務研究会・自治体サポート644頁〔徳本広孝〕）。それに対して、申請拒否処分をする場合には審議会の議を経る必要がないことから、処分庁が審議会に諮問することなく申請拒否処分をした場合において、審査庁が審議会の議を経ずに本法2項各号に定める措置をとることは、審議会への諮問を要求した法令の趣旨に反するおそれがある（宇賀・行審法関連三法112頁、IAM・逐条解説行審法265頁）。処分庁が申請認容処分をしようする場合にとるべき諮問や協議等の手続をとることなく申請拒否処分をした場合において、審査庁が本条2項各号に定める措置をとるときには、審査庁は本条3項・4項に基づいて当該手続をとらなければならないと解される。

〔湊　二郎〕

〔事実上の行為についての審査請求の認容〕
第47条　事実上の行為についての審査請求が理由がある場合（第45条第3項の規定の適用がある場合を除く。）には、審査庁は、裁決で、当該事実上の行為が違法又は不当である旨を宣言するとともに、次の各号に掲げる審査庁の区分に応じ、当該各号に定める措置をとる。ただし、審査庁が処分庁の上級行政庁以外の審査庁である場合には、当該事実上の行為を変更すべき旨を命ずることはできない。
　一　処分庁以外の審査庁　当該処分庁に対し、当該事実上の行為の全部若しくは一部を撤廃し、又はこれを変更すべき旨を命ずること。
　二　処分庁である審査庁　当該事実上の行為の全部若しくは一部を撤廃し、又はこれを変更すること。

1　本条の趣旨

　本条は、事実上の行為についての審査請求の認容裁決について定めている。これに関する旧行審法の規定（40条4項・5項・47条4項）と基本的には同様であるが、全く同一というわけではない。

2　事実上の行為についての審査請求が理由がある場合

(1)　事実上の行為

本法は事実上の行為を定義していない。もっとも本条にいう事実上の行為は、処分（1条2項）に含まれることが前提となっているから、公権力の行使の性質を有するものに限られる。「行政庁の一方的意思決定に基づき、特定の行政目的のために国民の身体、財産等に実力を加えて行政上必要な状態を実現させようとする権力的行為」（杉本良吉「行政事件訴訟法の解説(1)」法曹時報15巻3号〔1963年〕367頁）がこれに当たる。旧行審法は、「公権力の行使に当たる事実上の行為で、人の収容、物の留置その他その内容が継続的性質を有するもの」を事実行為と呼んでいたが（2条1項）、本法にはこのような規定はない。継続的性質を有することは、本法にいう事実上の行為の要素ではないと解される（宇賀・行審法解説14頁、行審実務研究会・自治体サポート658頁〔徳本広孝〕。1条の解説3(2)〔西田幸介〕も参照）。

(2)　審査請求が理由がある場合

事実上の行為についての審査請求が理由がある場合とは、当該事実上の行為が違法または不当である場合をいう。この場合、事情裁決（45条3項）をすることもできるときもあるが、事情裁決の要件が満たされなければ、審査庁は認容裁決をしなければならない。

3　認容裁決

(1)　違法または不当の宣言

認容裁決においては、審査庁は、当該事実上の行為が違法または不当である旨を宣言する。事情裁決の場合（45条3項後段）と同様に、裁決の主文で違法または不当を宣言しなければならないと解される。

(2)　事実上の行為の撤廃または変更に関する措置

旧行審法は、事実行為についての審査請求に理由があるときは、①審査庁は、処分庁に対し当該事実行為の全部または一部を撤廃すべき旨を命ずるとともに、裁決でその旨を宣言すること（40条4項）、②処分庁の上級行政庁である審査庁は、処分庁に対し当該事実行為を変更すべきことを命ずるとともに裁決でその旨を宣言することもできること（40条5項本文）、事実行為についての異議申立てに理由があるときは、処分庁は、当該事実行為の全部もしくは一部を撤廃し、またはこれを変更するとともに、決定でその旨を宣言すること（47条4項本文）を定めていた。旧行審法は、事実行為については「取消し」の用語が必ずしも適切ではな

い点を考慮して（南＝小高・注釈263頁）、事実行為は「撤廃」の対象になるものとしていた。本条に定める仕組みも基本的には同様であるが、事実上の行為の撤廃または変更に関する措置を裁決で宣言するという定めはない。しかしながら、当該措置が裁決の主文に記載されなければ、認容裁決と事情裁決の区別が不分明なものとなり適切でない。事実上の行為についての審査請求の認容裁決の主文には、当該事実上の行為の撤廃または変更に関する措置をとることについても記載すべきである。

〔湊　二郎〕

（不利益変更の禁止）
第48条　第46条第1項本文又は前条の場合において、審査庁は、審査請求人の不利益に当該処分を変更し、又は当該事実上の行為を変更すべき旨を命じ、若しくはこれを変更することはできない。

1　本条の趣旨

本条は、審査請求人の救済を重視して、処分を審査請求人の不利益に変更することを禁止するものである。旧行審法にも同様の規定があった（40条5項ただし書・47条3項ただし書・同条4項ただし書）。

2　不利益変更禁止の内容

本条によって禁止されるのは、①46条1項本文に基づいて、審査庁が裁決で処分（事実上の行為を除く）を審査請求人の不利益に変更すること、②47条の規定により、処分庁の上級行政庁である審査庁が、処分庁に対して事実上の行為を審査請求人の不利益に変更すべき旨を命ずること、③47条の規定により、処分庁である審査庁が事実上の行為を審査請求人の不利益に変更することである。審査請求人に対する不利益処分が軽すぎると判断される場合においても、審査庁が当該処分をより重い不利益処分に変更することは許されず、棄却裁決をすべきことになる（宇賀・行審法関連三法114頁、小早川＝高橋・条解249頁〔大江裕幸〕）。審査庁が原処分とは異なる理由で棄却裁決をすることは、上記①～③のいずれにも該当せず、本条によって禁止されるとはいえない。

〔湊　二郎〕

> **(不作為についての審査請求の裁決)**
> **第49条** 不作為についての審査請求が当該不作為に係る処分についての申請から相当の期間が経過しないでされたものである場合その他不適法である場合には、審査庁は、裁決で、当該審査請求を却下する。
> 2 不作為についての審査請求が理由がない場合には、審査庁は、裁決で、当該審査請求を棄却する。
> 3 不作為についての審査請求が理由がある場合には、審査庁は、裁決で、当該不作為が違法又は不当である旨を宣言する。この場合において、次の各号に掲げる審査庁は、当該申請に対して一定の処分をすべきものと認めるときは、当該各号に定める措置をとる。
> 　一　不作為庁の上級行政庁である審査庁　当該不作為庁に対し、当該処分をすべき旨を命ずること。
> 　二　不作為庁である審査庁　当該処分をすること。
> 4 審査請求に係る不作為に係る処分に関し、第43条第1項第1号に規定する議を経るべき旨の定めがある場合において、審査庁が前項各号に定める措置をとるために必要があると認めるときは、審査庁は、当該定めに係る審議会等の議を経ることができる。
> 5 前項に規定する定めがある場合のほか、審査請求に係る不作為に係る処分に関し、他の法令に関係行政機関との協議の実施その他の手続をとるべき旨の定めがある場合において、審査庁が第3項各号に定める措置をとるために必要があると認めるときは、審査庁は、当該手続をとることができる。

1　本条の趣旨

本条は、不作為についての審査請求に対する審査庁の最終的判断である裁決に関する規定である。

2　却下裁決（1項）

(1)　却下の要件一般

却下の裁決は、審査請求が「不適法である場合」になされる。不作為についての審査請求が適法となる要件、言い換えると、本条2項・3項による裁決に至る

ための要件は、①4条各号の定める行政庁に審査請求がなされていること（3条も参照）、②審査請求書の記載に不備がないこと（19条3項・4項。同23条による補正命令に応じて補正がなされた場合を含む）のほか、③申請人が「法令に基づき……処分についての申請」（3条）をした上で審査請求人となっていること、④「申請から相当の期間が経過」していること、などである（③④については、3条およびその解説〔下山憲治〕も参照）。本条1項は、上の④が欠ける場合、すなわち「審査請求が……申請から相当の期間が経過しないでされたものである場合」を、不適法な申立ての例としている。

(2) 相当の期間

「相当の期間」の経過は、不作為の違法確認の訴え（行訴3条5項）においては本案の認容要件であるが（コンメ行政法Ⅱ〔第2版〕54頁〔岡村周一〕）、不作為についての審査請求においては、申立ての適法要件とされている。この違いは、混乱を招きかねず、本来好ましいものではないが、旧行審法51条1項の却下規定についても、同様に解されていた（コンメ行政法Ⅰ〔第2版〕511頁〔佐伯祐二〕、行政実務研究会・自治体サポート664頁〔徳本広孝〕。異なる解釈としては、小早川・講義下Ⅰ101頁）。もっとも、本法3条がかっこ書で定義する「不作為」は、申請の翌日からでも成立する状態であり（3条の解説〔下山〕、橋本他・行政不服審査制度44頁〔橋本博之＝植山克郎〕を参照。旧行審法2条2項の定義とは異なる）、改正の際には、この成立を申立ての適法要件に含めつつ、「相当の期間」は専ら本案の違法または不当事由として整理する選択も可能であった。申請処理を急がせる者が不服申立てを濫用することが懸念されたのかもしれないが、上記の違いには、注意を要する。

「相当の期間」経過の判断については、その処分をなすのに通常必要な期間を基準とし、その期間を過ぎた場合の不作為は原則として違法だが、これを正当とする特段の事情があるときは例外として違法ではない、という裁判例（不作為の違法確認訴訟の本案判断に関する東京地判昭39・11・4行集15巻11号2168頁。より新しくは、東京地判平16・10・1判タ1200号155頁を参照）が参考となる（宇賀・行審法解説228頁。ただし、行訴法の場合とは違い、本法では、通常必要な期間が「相当な期間」に当たると解すべきことについては、次項の解説を参照。また、宇賀・行審法解説19頁が指摘するように、不作為の不当が認容理由になる場合、違法の場合よりも、その期間は一般に短いものでなければならない）。行手法6条の標準処理期間は、「相当の期

間」経過についての有力な判断資料となる（本書同条の解説〔梶哲教〕も参照）。「相当の期間」経過を判断する時点は、裁決時（審理手続の終結時）である（旧行審法下の解釈につき、田中＝加藤・解説223頁）。

3　棄却裁決（2項）

棄却の裁決は、「審査請求が理由がない場合」、すなわち不作為が違法または不当ではない場合になされる。前項で「相当の期間」経過が審査請求の適法要件とされていることとあわせて考えると、本条2項で「理由がない場合」とは、処分をなすのに通常必要な期間（前項の意味での「相当の期間」）を経過した不作為の状態にもかかわらず、その不作為を正当化する特段の事情がある場合を指すと解される（宇賀・行審法解説228頁、行政実務研究会・自治体サポート666頁〔徳本〕、橋本他・行政不服審査制度171頁〔橋本＝植山〕、IAM逐条解説行審法275頁も同趣旨である。旧行審法51条2項に関する同様の解釈について、コンメ行政法Ⅰ〔第2版〕513頁〔佐伯〕）。もし、前項の「相当の期間」の意味を、不作為の違法確認訴訟の請求認容要件と同じと解すると、その意味での「相当の期間」の経過（＝「通常必要な期間の経過」＋「特段の事情の不存在」）がない事例は、審査請求に関する他の適法諸要件を満たしていても前項で却下されることになり、本項による棄却裁決の余地はなくなってしまう。審査庁は、棄却裁決の理由（50条1項4号）においては、上の特段の事情を具体的に示さなければならない。

この「特段の事情」を実際に認めた裁判例・裁決例は見当たらないようである。今後、問題の申請案件の内容・性質など、関連する諸事情の類型化ないし具体化が、違法の場合と不当の場合の区別可能性も含めて問われる。

4　認容裁決（3項柱書前段）

「不作為についての審査請求が理由がある場合」とは、適法要件を満たす審査請求において、不作為が違法または不当である、つまり、「相当の期間」を経過した不作為を正当化する特段の事情がない場合である。この場合、審査庁は、「裁決で、当該不作為が違法又は不当である旨を宣言」し、あわせて「一定の処分をすべきものと認めるとき」には、本条3項1号・2号の区分に応じて措置をとる（「一定の処分」の意義については、46条2項の解説〔湊二郎〕を参照）。

本項は、行訴法3条6項2号・37条の3で導入された申請型義務付けの訴えを参考に、旧行審法では明示されていなかった救済の態様を本法46条2項とともに新設したものである（立案過程の議論として、「研究会報告書2006」14頁、「研究会中

間とりまとめ2007」8頁～9頁、「検討会議最終報告2007」38頁～40頁を参照）。旧行審法の立案関係者は、不作為についての審査請求の目的は不作為状態の解消に尽きると理解し、申請の許否に関する具体的な判断は不作為庁がなすべきとしていた（加藤泰守「行政庁の不作為に対する救済」行政法講座(3)138頁～139頁参照）。同法の解釈論としては、申請拒否処分や申請に対する不作為が争われた場合において、審査庁が処分庁に対して裁決で申請認容の義務付けができるかどうか、議論が分かれていたが、これを認める裁判例や裁決例は見当たらなかった（コンメ行政法Ⅰ〔第2版〕513頁～514頁〔佐伯〕）。このような旧来の状況に照らすと、行審法が明文で新たな救済態様を認めた意義は大きい。

5　上級庁による義務付けのあり方（3項柱書後段・1号）**および不作為庁による措置**（3項2号）

(1)「当該〔一定の〕処分をすべきものと命ずる」「措置」（本条3項1号）は、本法46条2項1号の場合と同様、裁決とは別に、上級庁による指揮監督権限の行使として発動される、との解釈が有力である（例えば、橋本他・行政不服審査制度162頁～163頁、171頁～172頁〔橋本＝植山〕）。この扱いは、申請型義務付け判決が主文で申請の全部または一部認容の処分を処分庁に命じるのとは異なる。①上級庁である審査庁は処分庁を「審理関係人」（28条かっこ書）の1人として扱うとはいえ、この場合の処分庁は、裁判所から見た当事者の1人とは異なるという理解や、②本条3項柱書前段が「裁決」で「〔違法または不当と〕宣言する」としつつ、同後段は「措置」を「裁決で」行うとはしていないことが、上の解釈の根拠であろう（旧行審40条各項が「裁決で」というとき、それは裁決主文を意味していた）。

もっとも、上の解釈は、立案過程で公表された資料に現れていない点で、疑問の余地がある。前出4で引いた報告書類は、いずれも裁決自体による義務付けに言及している（2014〔平成26〕年の総務省資料「行政不服審査制度の見直し方針と20年法案との比較〔主なもの〕」1頁の図表が、本法の法案は「審査請求を認容する場合に、申請を認容するか拒否するかを判断し、裁決で、一定の処分をすべき旨を命ずることができる」とする点では「〔平〕20年法案と同じ」、と述べる点も参照）。本法46条2項1号の場合と同様、裁決主文による義務付けを否定する解釈は、当然とまではいえない（本書同条の解説3(3)〔湊〕も参照。宇賀・Q&A新しい行審法164頁～165頁、行政実務研究会・自治体サポート667頁〔徳本〕も、結論は同趣旨と読める）。

ただし、上の解釈は、①上級庁である審査庁は、一定の処分を命じる措置につ

いて裁決の理由中で言及することが望ましいこと、②処分庁である審査庁が「当該〔一定の〕処分」（本条3項2号）を行う場合、裁決書と同じ書面でその申請認容処分をする旨併記しても支障ないこと、を指摘している（橋本他・行政不服審査制度162頁〜163頁〔橋本＝植山〕）。このような扱いが確立されるならば、解釈の対立には、実際上あまり意味がなくなるであろう。裁決の記載事項は次条1項各号以外にも許されるので（次条の解説2(4)〔佐伯〕を参照）、例えば、上記①の措置については、「〔一定の〕処分」を命じる（または、別途命じる）旨を、形式上、主文とは別としても、主文に続けて併記することも可能であろう。重要であるのは、義務付けの内容を、審査請求人はもちろん、広くそれ以外の者も理解できるよう、裁決書の中で明示すべきことである。将来、情報公開請求により指揮監督文書の部分開示を得るまでもなく、義務付けの動向を検証できることが強く望まれる（85条の解説〔石塚武志〕も参照）。

(2) 「一定の処分」のうちに申請拒否も含まれるかどうか、議論がある。不作為に関わる申請型義務付けの訴え（行訴37条の3第1項1号）であれば、棄却を超えて申請全部拒否を義務付ける判決は許されない。これに対し、有力な説は、本条3項の「一定の処分」には申請拒否処分が含まれるとする（宇賀・行審法解説229頁）。その論拠は、①紛争の一回的解決の要請は、審査請求人に有利な最終解決のみを意味しないこと、②申請拒否の命令（本項1号）または申請拒否の実行（同号）により、不作為は解消されるのだから、その限りでは状況が審査請求人に有利に変動すること、に求められるのであろう。

この説は、不作為庁の上級庁である審査庁が申請一部拒否（一部認容）処分を命じる場合も想定していると思われるが、この場合は、義務付けの申立ての一部認容として、許容性に異論はなかろう。これに対し、全部拒否処分の命令まで肯定することには、申請型義務付け判決を参考とした立法経緯から、疑問の余地はある。しかし、問題の申請に関する処分の根拠法令と事実関係により、全部拒否が処分庁の法的義務となる場合は考えうる。また、上級庁ではなく不作為庁が審査庁となる場合には、「当該〔一定の〕処分」（本項2号）に全部拒否処分が含まれうることを否定する理由はない。

(3) 審査庁が不作為庁の上級庁である場合は、処分根拠法令と事案に応じ、不作為の違法または不当の宣言（確認）にとどめ、「一定の処分をすべきもの」とまではいまだ認められない趣旨の認容裁決をなすことができる（行訴37条の3第

6項と対照。宇賀・行審法解説230頁、橋本他・行政不服審査制度171頁〜172頁〔橋本＝植山〕)。審査庁が不作為庁である場合は、「一定の処分」の範囲を認容裁決段階で絞り込めないことは考えにくい。いずれにせよ、不作為庁は特定の処分をもって不作為を解消しなければならない。本項2号は、旧行審法47条3項本文により処分庁がなしうると解された決定（コンメ行政法Ⅰ〔第2版〕482頁〔佐伯〕）に対応する措置を、明文で認めたものであり、申請に対する処分権限をもつ処分庁にとって当然の事柄を確認している。

(4)　なお、本項は、本来は申請認容処分を求める趣旨の「審査請求が理由がある」場合の裁決に関する規定であるので、全部拒否処分を命じる趣旨を含む裁決は、認容裁決の中でも特殊な性質をもつものである。不作為庁が同様の処分を行う趣旨を含む裁決の場合も、不服申立係属中の拒否処分の発動は申立ての対象の消滅を意味し、その却下事由となること、また、審査請求人にとってほとんどメリットがない裁決であることからすると、認容裁決としてはやはり特殊である。

6　「審査請求に係る不作為に係る処分」に関する手続（4項・5項）

この処分は、不作為を解消する処分、つまり申請に応答する処分一般を指す。前項各号の措置に先立つ時点では、処分は何も行われていないから、「審議会等の議」や「関係行政機関との協議の実施その他の手続」は、いまだ着手されていないか、審議または協議等の途中か、どちらかである（これらの手続の例については、46条3項・4項の解説4〔湊〕を参照）。上の処分の根拠法律などが、その処分についてこれらの手続の履践を要求している場合、本条は、46条3項・4項と同様、審査庁はその手続をとることが「できる」と定める。審議会の答申等を経ることが、文言上義務的ではない趣旨は、必ずしも明らかではないが（旧行審47条3項ただし書が、所定の場合に、審議会等の答申を経ることを処分庁に義務付けていたことと対照）、一つには、上記の手続を経なくとも、通例、審理員や行政不服審査会等による関与が裁決ひいては上記の処分の内容に反映することが予定されているためではないか（審議会等の議を経た処分については、行政不服審査会等への諮問は必要ない。43条1項1号を参照）。なお、審議会等の議を経る必要がない典型としては、既に諮問を受けている審議会等自身が審理を違法または不当に長引かせている例が考えられる（行政実務研究会・自治体サポート668頁〔徳本〕の説明に拠る）。

〔佐伯祐二〕

> **(裁決の方式)**
> **第50条** 裁決は、次に掲げる事項を記載し、審査庁が記名押印した裁決書によりしなければならない。
>   一　主文
>   二　事案の概要
>   三　審理関係人の主張の要旨
>   四　理由（第１号の主文が審理員意見書又は行政不服審査会等若しくは審議会等の答申書と異なる内容である場合には、異なることとなった理由を含む。）
> 2　第43条第１項の規定による行政不服審査会等への諮問を要しない場合には、前項の裁決書には、審理員意見書を添付しなければならない。
> 3　審査庁は、再審査請求をすることができる裁決をする場合には、裁決書に再審査請求をすることができる旨並びに再審査請求をすべき行政庁及び再審査請求期間（第62条に規定する期間をいう。）を記載して、これらを教示しなければならない。

1　本条の趣旨

　裁決の方式に関する旧行審法41条は、裁決書に主文があることを当然として条文には明示せず、同条１項は記載事項としては理由付記についてだけ規定していたが、本条は、記載事項の種別をより詳しく示している。

2　裁決書の必要的記載事項一般（１項）

　(1)　「主文」（本条１項１号）は、判決の主文（民訴253条１項１号）に対応し、裁決の結論を示す。例えば、「～の審査請求を」「却下する」・「棄却する」、「～の処分を取り消す」、「～の不作為は違法である」、などである。

　(2)　「事案の概要」（本項２号）、「審理関係人の主張の要旨」（本項３号。「審理関係人」の語義については、28条を参照）は、旧行審法41条１項では裁決の「理由」に含まれた内容である。一般に行政処分の理由提示は、適用法条やその当てはめと、前提となる具体的な事実を明らかにするものでなければならないが（本書の行手法８条・14条の解説〔久保茂樹〕を参照）、このことは、裁決の理由にも妥当する。さらに裁決は、審査請求人の主張を考慮して行われなければならないので、

その理由説明のためには、審査請求人が主張する事由に対応して、主文に到達した推論過程を明らかにしなければならない（旧行審法に関する最判昭37・12・26民集16巻12号2557頁、最判昭54・4・5訟月25巻8号2237頁を参照）。この旧法以来の要請に応えるよう、上記の「事実の概要」、「審理関係人の主張の要旨」に続く「理由」（本項4号）の記載が求められる。その内容は、関連する法令解釈の適否判断や、概要にとどまらない事実認定に及びうる。

審査請求の審理段階での処分理由の追加・差替えについては、抗告訴訟の審理における問題と同様であるので（コンメ行政法Ⅰ〔第2版〕486頁〜488頁〔佐伯祐二〕）、行訴法の解説に譲る（コンメ行政法Ⅱ〔第2版〕109頁〜112頁〔曽和俊文〕を参照）。

(3) 本条1項4号のかっこ書は、審理員・行政不服審査会制度の新設に伴う定めであり、審査庁がこのどちらかの機関の結論をとらない場合において、自らの結論を正当化するための理由を明示することを要求する。審査会等に諮問があった場合、審理員意見書・審査会等の答申書の写しは審査請求人や参加人に送付されるが（43条3項・79条・81条3項。諮問がなく、したがって答申書もない場合の意見書については、本条解説の3を参照）、この意見書・答申書の内容が審査庁を法的に拘束することは予定されていない（審理員は審査庁の補助機関であり、審査会等の答申についても審査庁への拘束を認める規定はない）。しかし、意見書や答申書の内容が審査庁により考慮されなければ制度の意味がなくなることから、審査庁による慎重な考慮が現実に担保されるよう、本号かっこ書が設けられている。

(4) なお、裁決書の記載は、文字どおり本項にいう事項に限られるものではなく、ほかにも、裁決の年月日、審査請求人の名前などの関連する情報を含む。前条3項各号の措置については、裁決とは別の文書で行い記録するだけでなく、裁決の主文または理由に併記する等の形式により、裁決書中の適切な箇所に記載すべきである（49条の解説5(1)〔佐伯〕を参照）。

3 審理員意見書の添付（2項）

行政不服審査会等への諮問がない場合（43条1項各号）については、審理員意見書の写しの送付に関する43条3項の適用がない。しかし、この場合も、裁決主文が意見書の内容と「異なることとなった」理由（1項4号かっこ書）を審査請求人や参加人が理解するためには、意見書を知ることが不可欠である。そのため、51条2項・4項による裁決書謄本の送付により、上の場合にも審査請求人や参加人が意見書の写しを入手して裁決との異同を知りうるよう、本条2項で手当てが

なされている。

4　再審査請求の教示（3項）

　再審査請求ができる場合は、個別の法律により例外的に定められている（6条1項の解説〔下山憲治〕を参照）。本項は、処分に関する一般的な教示（82条1項）とは別立ての規定であり、①処分について裁決が行われ、②その裁決またはその処分について再審査請求が可能な場合、③裁決書に、再審査請求が可能である旨と、再審査請求を申し立てる行政庁、および再審査請求期間とを記載して教示することを、審査庁の義務としている。この教示の誤りまたは欠落の事例があれば、解釈論上、22条1項・2項・5項および83条の準用を認め、また、教示の誤りに由来する申立期間の徒過については62条1項の「正当な理由」を認めるべきである。

〔佐伯祐二〕

（裁決の効力発生）

第51条　裁決は、審査請求人（当該審査請求が処分の相手方以外の者のしたものである場合における第46条第1項及び第47条の規定による裁決にあっては、審査請求人及び処分の相手方）に送達された時に、その効力を生ずる。

2　裁決の送達は、送達を受けるべき者に裁決書の謄本を送付することによってする。ただし、送達を受けるべき者の所在が知れない場合その他裁決書の謄本を送付することができない場合には、公示の方法によってすることができる。

3　公示の方法による送達は、審査庁が裁決書の謄本を保管し、いつでもその送達を受けるべき者に交付する旨を当該審査庁の掲示場に掲示し、かつ、その旨を官報その他の公報又は新聞紙に少なくとも1回掲載してするものとする。この場合において、その掲示を始めた日の翌日から起算して2週間を経過した時に裁決書の謄本の送付があったものとみなす。

4　審査庁は、裁決書の謄本を参加人及び処分庁等（審査庁以外の処分庁等に限る。）に送付しなければならない。

1 本条の趣旨

本条は、裁決の効力発生に必要な送達について定め（1項～3項）、次に、効力発生の要件ではないが、参加人と処分庁への通知についても規定する（4項）。書面による行政処分の送達と効力発生に関する定めは一般法になく、個別法律にもないのが通例であり、本条は、裁決について特に規定している。なお、判決とは異なり、裁決の言渡しはない（民訴250条および刑訴333条～337条と対照）。

2 送達の相手方・方法、効力発生

(1)「送達を受けるべき者」（本条2項）の第1は、審査請求人である（本条1項）。第2に、処分の相手方以外の者が適法に審査請求をして、全部または一部の認容の裁決（46条1項・47条）を得た場合には、その処分（47条については事実上の行為）の相手方も「送達を受けるべき者」となる（本条1項かっこ書）。このかっこ書に当たる場合、審査請求人「及び」相手方に送達された時に効力が発生するので、その時点は、これら二者のうちどちらかが遅れて送達を受けた時である（宇賀・行審法解説236頁）。

(2) 送達は原則として、「裁決書の謄本を送付することによってする」（本条2項本文）。「謄本」とは、「原本と同一の文字、符号を用い、原本の内容を完全に写し取った書面をいう」（田中＝加藤・解説204頁）。元来は筆写を想定した語であるが、現在では電磁的処理によるコピー以外には考えにくい（「総務省関係法令に係る行政手続等における情報通信の技術の利用に関する法律施行規則」3条・5条および別表は、郵送に代えて電子情報処理組織を使用した裁決書通知を認める）。送達は郵送によるのが通例であろうが、審査庁の補助機関が書面を直接手渡すこともできる。現実に受け取る者は、「送達を受けるべき者」本人であることが望ましいが、同居者などでもよいと解される（民訴106条が参考になる）。

これに対し、送達を受けるべき者の所在が合理的な調査を経ても不明であるなどの事情により、謄本の送付が不可能な場合は、本条3項の定める公示送達による（本条2項ただし書）。本条2項・3項は、旧行審法42条2項・3項と同様の文言を用いている。行政機関が管理するホームページに掲示する方法による公示は、認められていない。公示における裁決の特定のためには、裁決書の転載は必要なく、審査請求人が公示を見たとき自らに関わる裁決と知りうる摘要があれば足りる。審査請求人の氏名、審査請求書上の住所、審査請求の日付けを示す書式例があるが（関哲夫『行政不服審査法』〔酒井書店、2005年〕146頁～147頁）、情報公開

法5条1号の趣旨を考慮し、事案の概要記述を工夫することにより審査請求人らが見れば識別可能なようにできるのであれば、個人の氏名・住所は略すべきである（同号イの「法令の規定により又は慣行として公にされ」る例外と解するにしては、本法本条の規定は明確でなく、また、旧行審法の下で慣行があったとしても、再考されるべきである。85条の解説〔石塚武志〕も参照）。

（3）裁決書の謄本は、参加人と（審査庁以外の）処分庁等（4条1号）にも送付されなければならない（本条4項）。参加人は裁決を考慮して何らかの争訟を提起することがあり、また、審査庁でない処分庁等も審理関係人（28条）の1人であるから、この二者への送付は当然である。

〔佐伯祐二〕

（裁決の拘束力）
第52条　裁決は、関係行政庁を拘束する。
2　申請に基づいてした処分が手続の違法若しくは不当を理由として裁決で取り消され、又は申請を却下し、若しくは棄却した処分が裁決で取り消された場合には、処分庁は、裁決の趣旨に従い、改めて申請に対する処分をしなければならない。
3　法令の規定により公示された処分が裁決で取り消され、又は変更された場合には、処分庁は、当該処分が取り消され、又は変更された旨を公示しなければならない。
4　法令の規定により処分の相手方以外の利害関係人に通知された処分が裁決で取り消され、又は変更された場合には、処分庁は、その通知を受けた者（審査請求人及び参加人を除く。）に、当該処分が取り消され、又は変更された旨を通知しなければならない。

1　本条の趣旨

裁決が「関係行政庁を拘束する」力を拘束力といい、本条1項はこれを一般的に規定し、2項は申請に対する処分に関する拘束力の働き方の具体例を示している。本条3項・4項は、裁決後に処分庁がなすべき周知または通知の措置について定める。

2 拘束力の意義

(1) 「関係行政庁」の意義

「関係行政庁」に当たるのは、第1に、「処分庁およびそれと一連の上下の関係にある行政庁ならびに当該処分に関係をもった行政庁」（旧行審法43条1項に関する田中＝加藤・解説208頁）である。これには、異なる行政体に属する行政庁も含まれる（例えば、県の建築主事による建築確認拒否処分が建築審査会によって取り消された場合において、建基93条により確認について同意権限をもつ市町村の消防長）。審査庁が処分庁とは上下の関係に立たない場合にも（例えば、建基78条以下の建築審査会が審査庁となる場合）、本条が拘束の根拠となる。第2に、専ら取消し・変更の裁決に関する旧行審法43条1項と異なり、本条1項は不作為についての審査請求に関する49条の裁決にも適用されるので（旧行審法52条2項が、取消裁決の拘束力に関する43条を「不作為についての審査請求」には準用していないことと対照）、本法の「関係行政庁」には、49条にいう不作為庁やその上級庁も含まれることになる。

(2) 拘束力の意義

処分の取消しを求める審査請求の場合、裁決は、その主文で処分を取り消すと述べることにより、当然に処分の効力を失わせるが（裁決の形成力）、この形成力だけでは審査請求人の救済にとって必ずしも十分ではない。取消裁決の後に、行政庁、特に処分庁が裁決の趣旨に反した行動をとると、裁決が実質的に無意味となるおそれがある。裁決の拘束力は、このような事態が生じないよう、裁決の趣旨（すなわち、裁決の主文およびこれを根拠付ける具体的理由）に従った行動を以後の「関係行政庁」に義務付ける効力であり、取消判決の拘束力（行訴33条）と同様のものである。

また、本条1項の拘束力は、事実上の行為についての審査請求の認容裁決（本法47条）、および申請に対する一定の処分の義務付けを求める審査請求の認容裁決（46条2項・49条3項）にも備わる（不作為の違法確認訴訟や申請型義務付け訴訟への、行訴33条の準用については、行訴38条1項を参照）。これらの場合において、審査庁が処分庁や不作為庁の上級庁であるときは、裁決の具体的理由が、処分庁や不作為庁を拘束するだけでなく、措置をとる上級庁（46条2項1号・47条1号・49条3項1号）自身も拘束する。審査庁が処分庁または不作為庁と一致するときには、処分庁または不作為庁が自己の裁決の趣旨に拘束されることになる（これ

に対し、旧行審法48条は、処分庁による自己拘束は自明としてか、異議申立ての決定につき、裁決の拘束力に関する旧43条を準用していない。前述のように、不作為についての審査請求に関わる旧行審法52条2項も、同50条2項・51条3項の規定で十分と見てか、やはり裁決の拘束力の規定を準用していない）。本法46条2項1号・47条1号・49条3項1号の命令「措置」が、裁決主文とは別個の記載によるとしても（49条の解説5⑴〔佐伯〕を参照）、これらの「措置」は、裁決理由による拘束を受けていると解すべきである。

3　拘束力の内容

本条の拘束力の内容については、旧行審法以来、立法過程での議論と制定後の裁判例ともに乏しく、学説上は、行訴法に準じて考えれば足りるとされることが多い。参考となる行訴法の解釈の詳細は、コンメ行政法Ⅱ（第2版）363頁～367頁の解説（山下竜一）に譲る。

⑴　本条1項により、取消しの裁決を受けた処分庁は、同一の事実関係の下、同一の理由では同一の処分を反復できない。したがって不利益処分の取消しの場合、裁決理由次第では裁決後の処分のやり直しが不可能なときがあり、他方、例えば比例原則違反を理由とする取消しに対しては、処分庁は適法な軽い処分を行うか処分を全く断念するかを選択することになる。

申請に対する処分の取消裁決については次項によるため、本項は、それ以外の種別の作為・不作為をめぐる認容裁決に関する一般的規定である。ただ、法的行為である不利益処分についての変更裁決の場合は、審査庁が裁決主文自体で新たな処分を行うので（46条1項の本文とただし書を参照）、拘束力によるまでもない。

⑵　本条2項による拘束としては、①処分庁は、申請認容の処分が手続の違法または不当を理由に取り消されたときは、違法または不当とされた手続によらないで処分をやり直さなければならない。これは、申請人以外の第三者が申請認容処分の取消しの裁決を得た場合において、やり直しにより、その第三者に前よりは有利な処分が行われる可能性のあるときである。また、②処分庁は、申請拒否の処分が取り消された場合は、違法または不当とされた実体的理由または手続によらないで処分をやり直さなければならない。

4　公示または関係人への通知の措置

本条3項・4項は、前条により裁決を告知される者以外の私人に取消し・変更の裁決を告知すべき場合について定める点で、審査請求人の救済を第1の目的と

する本条1項・2項と異なる。法令の規定により公示され、または利害関係人に通知されていた処分が、取消し・変更される場合、同様の方式で告知が行われるべきことは当然である。

5 裁決のその他の効力

(1) 裁決によって不利益を被る者は、裁決の効力を否定するためには、原則としてその取消訴訟によらなければならない（裁決の公定力。ただし、元の処分の取消判決を得て棄却裁決を意味のないものとしてしまう場合は別である。塩野・行政法Ⅱ35頁を参照）。本法に行訴法32条（取消判決等の第三者効）に相当する規定がないのは、裁決の公定力が当然に手続外の第三者にも及ぶためである。

(2) 行訴法14条の定める出訴期間を経過すると、裁決の取消しの訴えは不適法となる（裁決の不可争力）。本条3項・4項による公示・通知が重要であるのは、一つには、取消し・変更の裁決が取消訴訟で争われることになる場合である。

(3) 審査庁は、一旦送達された裁決については、原則としてこれを自ら取消しまたは変更することができない（裁決の不可変更力）。裁決には裁判判決に類似する性質があることから、審査庁に慎重な判断を強いるために、この不可変更力は異論なく認められている（旧訴願法下の判例として、最判昭29・1・21民集8巻1号102頁）。訂正可能な例外は、計算違いや誤記などの明白な誤りに限るべきである（民訴257条が参考になる。これ以外の訂正を認めるためには、法律の規定を要する）。

[佐伯祐二]

（証拠書類等の返還）
第53条 審査庁は、裁決をしたときは、速やかに、第32条第1項又は第2項の規定により提出された証拠書類若しくは証拠物又は書類その他の物件及び第33条の規定による提出要求に応じて提出された書類その他の物件をその提出人に返還しなければならない。

---

1 本条の趣旨

本条は、審査庁や審理員に提出されていた証拠書類等を審査庁は裁決後速やかに返還すべきことを定める。

2 返還の必要性および裁決前の返還の許容性

　審査庁の側としては、審理に妨げのある場合を別として、返還についての差障りは考えにくい。返還により、審査庁や審理員は保管の負担から解放され、提出者はその書類等を別の用途に使うことができる。また、返還について法律の根拠が必要とは考えられない。審理のための保管の必要がなくなった書類等を裁決前に返還することは妨げられない（すなわち本条は、返還の最終期限を定める）と解される（旧行審44条に関する南＝小高・注釈300頁）。

　　　　　　　　　　　　　　　　　　　　　　　　　　　　　　　［佐伯祐二］

第3章　再調査の請求

> **（再調査の請求期間）**
> **第54条**　再調査の請求は、処分があったことを知った日の翌日から起算して3月を経過したときは、することができない。ただし、正当な理由があるときは、この限りでない。
> 2　再調査の請求は、処分があった日の翌日から起算して1年を経過したときは、することができない。ただし、正当な理由があるときは、この限りでない。

1　本条の趣旨

本条は、再調査の請求ができる期間について定める。再調査の請求は個別の法律が定める場合にのみすることができるが（5条1項）、その請求期間に関しては、別段の定めがない限り本条が適用される。再調査の請求期間は審査請求期間に合わせているが（18条1項・2項参照）、それは再調査の請求と審査請求の選択可能性（5条1項参照）を確保する意味ももつ。例えば、もし再調査の請求期間が審査請求期間よりも短かった場合、両者の選択が可能なのは実質的には再調査の請求期間に限られるからである。

2　本条の内容

(1)　主観的請求期間（1項）

旧行審法は、主観的な異議申立期間を原則として60日とし、「やむをえない理由があるとき」に限って例外が認められるとしていたが（旧行審45条・48条が準用する14条1項ただし書）、本法は再調査の請求の主観的請求期間を3カ月に延ばすとともに、「正当な理由があるとき」にその例外を認めている。

本条1項の解釈は、18条1項の場合と同様である（ただし、行審実務研究会・自治体サポート173頁〔稲葉馨〕を参照）。

(2) 客観的請求期間（2項）

本条2項が定める再調査の請求の客観的請求期間については、旧行審法の客観的な異議申立期間（旧行審48条が準用する14条3項）と同じように、原則として1年とされ、さらに「正当な理由があるとき」はその例外が認められる。

本条2項の解釈は、18条2項の場合と同様である。

(3) 発信主義

61条が18条3項を準用しているので、再調査の請求期間の計算においては、再調査の請求書の送付に要した日数は算入されず、発信主義がとられている。

(4) 再調査の請求期間徒過の効果

再調査の請求期間を過ぎて行われた再調査の請求は、不適法なものとして却下される。この場合、審査請求期間も本条と同じように定められているので、審査請求もできない。

［長谷川佳彦］

（誤った教示をした場合の救済）

第55条 再調査の請求をすることができる処分につき、処分庁が誤って再調査の請求をすることができる旨を教示しなかった場合において、審査請求がされた場合であって、審査請求人から申立てがあったときは、審査庁は、速やかに、審査請求書又は審査請求録取書を処分庁に送付しなければならない。ただし、審査請求人に対し弁明書が送付された後においては、この限りでない。

2 　前項本文の規定により審査請求書又は審査請求録取書の送付を受けた処分庁は、速やかに、その旨を審査請求人及び参加人に通知しなければならない。

3 　第1項本文の規定により審査請求書又は審査請求録取書が処分庁に送付されたときは、初めから処分庁に再調査の請求がされたものとみなす。

1　本条の趣旨

本条は、22条と並んで、処分庁が誤った教示をした場合の救済について定めることで、教示の誤りによる不利益が請求人に転嫁されないようにするものである

(教示制度については82条の解説〔野呂充〕を参照)。

2 救済の要件（1項）

(1) 救済の対象

本条の適用が問題になるのは、個別の法律で再調査の請求が認められている場合である（5条1項参照）。そして、本条による救済の要件として、まず、次の(ア)・(イ)が定められている。

(ア) 「誤って再調査の請求をすることができる旨を教示しなかった場合」

審査請求ができる旨のみが教示された場合に加えて、不服申立てができる旨の教示が全く行われなかった場合もこれに該当する。いずれの場合も、再調査の請求をすることができる旨の教示はないからである。

(イ) 「審査請求がされた場合」

これには、①審査請求をすべき行政庁に直接に審査請求がされた場合のほか、②21条に基づき処分庁を経由して審査請求がされた場合、および③22条・83条により審査請求がされたものとみなされる場合が当たる（宇賀・行審法解説244頁以下、IAM・逐条解説行審法300頁以下）。

このほか、審査請求をすべき行政庁の教示がない場合において、処分庁以外の審査権限を有しない行政庁に審査請求がされたとき、83条による救済を受けられないが、審査請求人が誤った教示のために再調査の請求ができると知らなかったことに変わりはない。そのような場合に関して、立法論としては83条による救済の対象を広げることが考えられるが（83条の解説2〔野呂〕を参照）、運用上も、審査請求を受けた行政庁が、不服のある処分に係る行政事務を担当する行政庁であれば、本条に準じた処理をすることが望まれる。

(2) 審査請求人の申立て

さらに、本条による救済が行われるのは、審査請求人の申立てがあったときに限られる。審査請求人の意思を問わず、審査請求を一律に再調査の請求として扱うことは、再調査の請求と審査請求が選択可能であるという趣旨（5条1項参照）に反するからである。

ただし、審査請求人の申立てが認められるのは、審査請求人に弁明書が送付されるまでである（本条1項ただし書）。審査請求の審理手続が進んでから再調査の請求への移行を認めると、当該再調査の請求に対する決定に不服がある場合、請求人は再び審査請求ができるので、審査請求の審理手続が反復されることになり

かねないからである（橋本他・行政不服審査制度186頁以下〔橋本博之＝植山克郎〕、宇賀・行審法解説246頁）。

なお、審査請求人が適時に申立てができるようにするために、審査庁としては、審査請求書または審査請求録取書（以下では「審査請求書等」という）に記載された処分庁の教示の内容（19条2項5号参照）を確認し、その誤りが判明したときは、速やかに再調査の請求が可能である旨を審査請求人に通知すべきである。

3 救済措置の内容

(1) 審査請求書等の送付・審査請求人等への通知（1項・2項）

救済の要件を満たした場合について、本条1項・2項は、処分庁への審査請求書等の送付義務と審査請求人・参加人（以下では「審査請求人等」という）への通知義務を定める（本条1項・2項にいう「速やかに」の意味については、22条の解説2〔野呂〕を参照）。

22条4項と比べると、本条1項の送付義務は「関係書類その他の物件」を対象としていない。これは、本条により再調査の請求に移行する場合、審査請求の審理手続が進んでいないからであると考えられる。もっとも、審査請求書等以外の書類その他の物件があるときは、それらも併せて処分庁に送付すべきである（小早川＝高橋・条解280頁〔竹野下喜彦〕）。

本条2項が通知義務を課しているのは、審査請求人等が再調査の請求への移行を知らずに、誤って従前の審査庁に書類を提出するなどの不都合が生じないようにするためである（橋本他・行政不服審査制度187頁〔橋本＝植山〕、IAM・逐条解説行審法302頁）。通知がされたにもかかわらず、審査請求人等がなお誤って従前の審査庁に書類を提出しようとするとき、審査庁としては、当該書類は処分庁に提出すべきと指導することが望ましい（通知の形式に関しては22条の解説2〔野呂〕を参照）。

(2) 送付の効果（3項）

審査請求書等の送付の効果を定める本条3項により、まず、当初の審査請求が審査請求期間内に行われていれば（18条1項・2項の「正当な理由」が認められた場合も含む）、再調査の請求期間内に再調査の請求が行われたものとみなされる。また、送付された審査請求書等は標題や審査請求先の行政庁の表示などが誤っているが、補正を命じる必要はない（橋本他・行政不服審査制度187頁〔橋本＝植山〕）。

〔長谷川佳彦〕

（再調査の請求についての決定を経ずに審査請求がされた場合）
第56条 第５条第２項ただし書の規定により審査請求がされたときは、同項の再調査の請求は、取り下げられたものとみなす。ただし、処分庁において当該審査請求がされた日以前に再調査の請求に係る処分（事実上の行為を除く。）を取り消す旨の第60条第１項の決定書の謄本を発している場合又は再調査の請求に係る事実上の行為を撤廃している場合は、当該審査請求（処分（事実上の行為を除く。）の一部を取り消す旨の第59条第１項の決定がされている場合又は事実上の行為の一部が撤廃されている場合にあっては、その部分に限る。）が取り下げられたものとみなす。

1　本条の趣旨
本条は、５条２項ただし書により、再調査の請求に対する決定を経ずに審査請求がされた場合の扱いを定める。本条は、2014年改正前の国税通則法110条２項を参考にして設けられた（小早川＝高橋・条解282頁〔竹野下喜彦〕）。

2　再調査の請求のみなし取下げ（本条本文）
５条２項ただし書各号に該当する場合、例外的に再調査の請求に対する決定を経ずに審査請求を行うことができる。この場合において、請求人が審査請求をしたとき、審査庁の判断を求めていると考えられる以上、再調査の請求について審理を続ける意味は乏しい。そこで、本条本文は再調査の請求は取り下げられたものとみなしている。

3　取消し・撤廃決定が下された場合（本条ただし書）
再調査の請求に対して、処分・事実上の行為の取消し・撤廃決定が下されても、それが請求人に送達されるまでには一定の時間を要するので、その間に請求人が５条２項ただし書に基づいて審査請求を行うことがありうる。この場合、救済の目的が達成されている以上、再調査の請求が取り下げられたものとみなして審査請求の手続を行うことは、請求人の利益に反するし、再調査の請求での審理も無駄になる（小早川＝高橋・条解283頁〔竹野下〕。なお、申請拒否処分の取消決定により、処分庁は申請認容処分をすると考えられる）。処分・事実上の行為の一部について取消し・撤廃決定が下されたときも、その限りで同様の事態になる。そこで、本条ただし書は、以上の場合には取消し・撤廃決定が下された範囲で、審査請求が取

り下げられたものとみなしている。

なお、変更決定の送達までに請求人が5条2項ただし書により審査請求を行った場合、変更決定によって救済の目的が達成されたと考えるかどうかは請求人次第であることからすると、本条を適用するのは適切でなく、請求人が変更決定の送達を受けてから審査請求を取り下げるか否かを判断すべきだろう。

[長谷川佳彦]

> (3月後の教示)
> 第57条　処分庁は、再調査の請求がされた日（第61条において読み替えて準用する第23条の規定により不備を補正すべきことを命じた場合にあっては、当該不備が補正された日）の翌日から起算して3月を経過しても当該再調査の請求が係属しているときは、遅滞なく、当該処分について直ちに審査請求をすることができる旨を書面でその再調査の請求人に教示しなければならない。

1　本条の趣旨

本条は、再調査の請求をした日（再調査請求書の不備につき補正命令が下された場合は、当該不備を補正した日）の翌日から3カ月を経過しても決定がない場合には、決定を経ることなく審査請求をすることができるとする5条2項1号の規定を受けて、上記起算日から3カ月経過した時点での処分庁の教示義務を定める。

本条に基づく教示の第一義的な意義は再調査請求人が審査請求の機会を失することを防ぐことであろうが、それに加えて、3カ月という期間を処分庁に意識させることによって審査の迅速化に仕えるという意義も認められる。

2　教示の要件・内容等

(1)　教示義務の発生要件

教示義務の発生要件は、再調査の請求がされた日（再調査請求書の不備につき補正命令が下された場合は、当該不備が補正された日）の翌日から起算して3カ月を経過しても当該再調査の請求が係属していること（以下「3カ月要件」という）である。したがって、この期間内に決定が下された場合または請求が取り下げられた場合には、教示は不要である。

第 3 章　再調査の請求〔§57〕

(2)　教示の時期

教示は、上記 3 カ月要件が満たされたのち「遅滞なく」行われなければならない。3 カ月要件が満たされる前に教示を行ったとしても、本条にいう教示とはいえず、改めて教示を行う必要がある。

(3)　教示すべき事項

再調査の請求に対する決定に際しての教示においては、①再調査の請求に係る処分につき審査請求をすることができる旨、②審査請求をすべき行政庁、③審査請求期間を教示しなければならない（60条 2 項）。これに対して、本条においては、必要的教示事項として「直ちに審査請求をすることができる旨」が定められているにすぎない。

しかし、再調査請求人の便宜を考慮すると、併せて「審査請求をすべき行政庁」も教示することが望ましい（小早川＝高橋・条解285頁〔竹野下喜彦〕を参照）。たしかに、処分の相手方に対しては処分時に「不服申立てをすべき行政庁」が教示される（82条 1 項）が、処分の相手方ではない者が再調査の請求をする可能性は否定できない。また、処分時に教示したことについては改めて教示をする必要がないという説明は、再調査の請求に対する決定に際しての教示において「審査請求をすべき行政庁」も必要的教示事項とされていることと矛盾する。

なお、5 条 2 項 1 号に基づく審査請求については期間の制限がない（18条 1 項・2 項を参照。再調査の請求をした場合は、それに対する決定が下されない限り、審査請求期間は進行しない）ので、本条に基づく教示については、「審査請求期間」の教示はそもそも問題とならない。

3　教示の懈怠または誤りの場合の救済

本条に基づく教示が行われなかったときの救済については、特別の規定は置かれていない。なお、前記のとおり、「審査請求をすべき行政庁」を教示することが望ましいが、誤った行政庁を教示した場合は、22条 1 項・2 項・5 項による救済が可能であると解する。たしかにこれは法律上教示が義務付けられた事項ではないが、再調査請求人の信頼保護の観点からは、誤った教示に従った者に対する救済が必要であることは否定できない。なお、22条 1 項は、同項にいう教示を処分時の教示（82条）に限定していない。

〔岩本浩史〕

> **(再調査の請求の却下又は棄却の決定)**
> **第58条** 再調査の請求が法定の期間経過後にされたものである場合その他不適法である場合には、処分庁は、決定で、当該再調査の請求を却下する。
> 2　再調査の請求が理由がない場合には、処分庁は、決定で、当該再調査の請求を棄却する。

1　本条の趣旨

本条は、再調査の請求に対する却下および棄却の決定について定める。審査請求に対する裁決に関する45条1項および2項とほぼ同じ文言であるが、却下事由については差異がある。

2　却下の決定（1項）

再調査の請求が不適法である場合、却下決定が下される。その例として明記されているのは①再調査請求期間（54条）を徒過した場合であるが、その他の例として、②再調査の請求の対象となる処分（5条1項本文）に対する請求でない場合、③再調査の請求の対象となる処分について審査請求をした後、再調査の請求をした場合（5条1項ただし書）、④請求人が請求適格を欠く場合（すなわち、5条1項における「処分に不服がある者」に該当しない場合）、⑤再調査の請求の実益を欠く場合、⑥再調査請求書に記載事項の不備があり、かつ、相当の期間内に補正がされない場合（61条により準用される23条および24条参照）がある。

なお、61条により24条が準用されるため、上記の⑥の場合および再調査請求が不適法であって補正することができないことが明らかである場合は、処分庁は審理手続を経ることなく（したがって、例えば、口頭意見陳述の機会を与えることなく）却下決定を行うことができる。

3　棄却の決定（2項）

棄却決定が下されるのは、再調査の請求に理由がない場合、すなわち、処分が違法でも不当でもない場合である（違法および不当につき、1条の解説〔西田幸介〕を参照）。

4　事情決定制度の否定

審査請求についての事情裁決（45条3項）に相当する規定は、再調査の請求については置かれていない。また、45条3項は再調査の請求に準用されていない

(61条)。旧行審法においては、審査請求における事情裁決の規定が異議申立てに準用されていたので（旧行審48条・40条6項）、2014年の改正において、意識的に再調査の請求については事情決定の制度が排除されたことになる。その理由として、①再調査の請求が簡略な手続であること、および②その対象が要件事実の認定の当否に係る不服申立てが大量になされるもの等に限られることから、事情決定の制度の必要性がないと説かれる（橋本他・行政不服審査制度191頁〔橋本博之＝植山克郎〕。宇賀・行審法解説252頁も同旨）。しかし、この理由づけは必ずしも明快ではないと思われる。おそらく、課税処分などの再調査請求の対象となる処分については、類型的に、それを取り消しまたは撤廃することにより公の利益に著しい障害を生ずる場合はありえないと認識されているのではないか。

5　決定の法的性質

再調査の請求は行訴法3条3項の「不服申立て」に、再調査の請求に対する決定は同項の「決定」に当たると解される。したがって、再調査の請求に対する決定は抗告訴訟の対象となり、その結果、取消訴訟の利用強制や出訴期間制限に服することになる（公定力および不可争力の肯定）。なお、本法7条1項12号により、再調査の請求に対する決定について審査請求を行うことはできない。

却下および棄却の決定については、国民に対する義務賦課行為といえないから、その強制執行を論じる余地はない（執行力の否定）。

問題は不可変更力の有無である。不可変更力が認められる処分の範囲については、諸説ある（参照、芝池・総論152頁〜153頁）。例えば、審理手続において利害関係者の主張・反論の提出機会が十分にあり（利害関係者の主張・反論の機会保障）、かつ、紛争から中立な第三者が判断する仕組みがとられていること（判定者の第三者性保障）を、不可変更力を認めるにあたって要請する見解がある（中川丈久・行政百選Ⅰ149頁）。この立場からすれば、再調査の請求に対する決定の不可変更力は否定されるであろう（少なくとも、「判定者の第三者性」を欠くため）。

しかし、再調査の請求が処分に対する不服申立て（82条1項）であり、再調査の請求に対する決定が、当該不服申立てに対する処分庁の段階における最終的判断であることを考慮すると、やはり争訟裁断的行為として、不可変更力を承認すべきであろう。

なお、最高裁は、旧行審法上の異議申立てに対する決定に不可変更力を認めている（最判昭42・9・26民集21巻7号1887頁）。　　　　　　　　　〔岩本浩史〕

> **（再調査の請求の認容の決定）**
> **第59条** 処分（事実上の行為を除く。）についての再調査の請求が理由がある場合には、処分庁は、決定で、当該処分の全部若しくは一部を取り消し、又はこれを変更する。
> 2 事実上の行為についての再調査の請求が理由がある場合には、処分庁は、決定で、当該事実上の行為が違法又は不当である旨を宣言するとともに、当該事実上の行為の全部若しくは一部を撤廃し、又はこれを変更する。
> 3 処分庁は、前2項の場合において、再調査の請求人の不利益に当該処分又は当該事実上の行為を変更することはできない。

1 本条の趣旨

本条は、再調査の請求に対する認容の決定について定める。再調査の請求の対象が法行為たる処分（「事実上の行為」を除いた処分）であるか、事実行為たる処分（「事実上の行為」）であるかによって、処分庁のとるべき措置が異なるため、両者が区別されている。

2 認容の決定

(1) 認容事由

認容決定が下されるのは、再調査の請求に理由がある場合、すなわち、処分に違法または不当の瑕疵がある場合である（違法および不当につき、1条の解説〔西田幸介〕を参照）。

(2) 決定内容

法行為たる処分について請求に理由がある場合、処分庁は、処分の全部もしくは一部の取消しまたは変更の決定を行う（1項）。

事実行為たる処分について請求に理由がある場合、処分庁は、①当該事実行為が違法または不当である旨を宣言するとともに、②当該事実行為の全部もしくは一部の撤廃または変更の決定を行う（2項）。

(3) 不利益変更の禁止（3項）

変更決定を行う場合は、再調査請求人にとって不利益な変更を行うことはできない。

行政不服審査制度が国民（正確には不服申立人）の権利利益の救済を目的とし

たこと（1条）に対応する規定である。

3 その他

決定の法的性質については前条の解説〔岩本浩史〕を参照。なお、認容決定のうち、法行為たる処分の変更決定については、それが新たな義務賦課行為であり、強制執行の法律上の根拠が存する限りで、執行力を認めることができる（塩野・行政法Ⅱ35頁も参照）。

〔岩本浩史〕

（決定の方式）
第60条 前2条の決定は、主文及び理由を記載し、処分庁が記名押印した決定書によりしなければならない。
2 処分庁は、前項の決定書（再調査の請求に係る処分の全部を取り消し、又は撤廃する決定に係るものを除く。）に、再調査の請求に係る処分につき審査請求をすることができる旨（却下の決定である場合にあっては、当該却下の決定が違法な場合に限り審査請求をすることができる旨）並びに審査請求をすべき行政庁及び審査請求期間を記載して、これらを教示しなければならない。

---

1 本条の趣旨

本条は、再調査の請求に対する決定の方式および決定の際の教示義務について定める。

2 決定の方式（1項）

決定は、口頭ではなく書面（決定書）により行われねばならず、決定書には、決定の主文および理由の記載と処分庁の記名押印を要する。事案の概要や審理関係人の主張の要旨を記載する必要がないという点で、審査請求に対する裁決書（50条1項参照）より簡略化されている。

3 教示（2項）

(1) 教示義務および教示の方法

処分庁は、再調査の請求に対する決定を行うにあたっては、請求を全面的に認容する決定（再調査の請求に係る処分の全部を取り消し、または撤廃する決定）を行

う場合を除き、審査請求に関する教示義務を負う。

この教示は、決定書に必要事項を記載するという方法によりなされなければならない。

(2) 教示すべき事項

教示すべき事項は、①再調査の請求に係る処分につき審査請求をすることができる旨、②審査請求をすべき行政庁、③審査請求期間である。

ただし、①については、却下決定の場合、「却下の決定が違法な場合に限り審査請求をすることができる旨」を示す必要がある。

この限定の前提には、却下決定が適法な場合（つまり、再調査の請求が不適法な場合）は、もはや5条2項本文の「再調査の請求についての決定を経た」とはいえず、審査請求の適法要件を欠くことになるという理解があると解される。

しかし、本法において再調査請求前置主義はとられていないのであり、審査請求の前に処分庁の実体判断を経ることは必ずしも必要でない。処分に不服のある者は、最初から審査請求を選択することが可能である。それでは、一旦再調査の請求を選択した場合にはそれが適法であることを本法が要請する理由は何か。それは、再調査の請求が不適法である場合は、当初の審査請求期間（一般的には、処分があったことを知った日の翌日から起算して3カ月〔18条1項〕）が経過したにもかかわらず審査請求に対処する負担を審査庁に課すことが適切ではないという点に尽きると思われる。

すなわち、18条によると、再調査の請求をしたときは、審査請求期間は再調査の請求についての決定があったことを知った日（または決定があった日）から改めて進行するのであり、結果として、当初の審査請求期間を超えた時点において審査請求がなされる可能性がある。しかし、そのようないわば審査請求期間の「延長」は、再調査の請求を適法に行った者に対して例外的に認められるにすぎないというのが、本法の立場であろう。

そうであるならば、再調査の請求に対する却下決定が下された後、当初の審査請求期間内で審査請求がなされた場合（なお、18条で定められた、再調査の請求をした場合の審査請求期間内であることを要する）は、当該却下決定が適法であることを理由に審査請求を却下することは疑問である。たしかに、再調査の請求が不適法であるのに審査請求が適法であるというケースは多くはないだろうが、皆無とはいえない（再調査の請求の対象にはならないが審査請求の対象となる処分につい

て、再調査の請求が行われた場合など)。また、当初の審査請求期間において審査請求がなされることは、審査庁にとって過大な負担とはいえない。実際、再調査請求人は、当該期間内であれば、決定が下されるまではいつでも請求を取り下げて(61条により準用される27条)、審査請求に切り替えることができると解されている(宇賀・行審法解説33頁)。

以上のように考えると、却下決定に関する前記教示は、再調査請求人に誤解を与えるおそれがあろう。

(3) 教示の懈怠または誤りの場合の救済

本条による教示の懈怠または誤りは、18条1項ただし書・2項ただし書にいう「正当な理由」の判断において考慮されるべきである。なお、審査請求すべき行政庁の誤りについては、22条1項・2項・5項による救済が可能であると解する。22条1項は、同項にいう教示を処分時の教示(82条)に限定してはいないからである。

[岩本浩史]

(審査請求に関する規定の準用)

第61条 第9条第4項、第10条から第16条まで、第18条第3項、第19条(第3項並びに第5項第1号及び第2号を除く。)、第20条、第23条、第24条、第25条(第3項を除く。)、第26条、第27条、第31条(第5項を除く。)、第32条(第2項を除く。)、第39条、第51条及び第53条の規定は、再調査の請求について準用する。この場合において、別表第2の上欄に掲げる規定中同表の中欄に掲げる字句は、それぞれ同表の下欄に掲げる字句に読み替えるものとする。

---

1 本条の趣旨

本条は、審査請求に関する規定のうち再調査の請求に準用される規定を示すとともに、準用にあたっての読替えについて定める。審査請求と再調査の請求の間には不服申立制度として共通する点が多いことから、準用される規定は少なくないが、両者には制度上異なる点もあるため、準用に際して字句の読替えが必要となる。そこで、別表第2が設けられている。

行政不服審査法

2 準用される規定

準用される規定は次のとおりである。

9条4項（職員による意見聴取）、10条（法人でない社団または財団の審査請求）、11条（総代）、12条（代理人による審査請求）、13条（参加人）、14条（行政庁が裁決をする権限を有しなくなった場合の措置）、15条（審理手続の承継）、16条（標準審理期間）、18条3項（審査請求期間への郵送日数の不算入）、19条（審査請求書の提出。ただし、3項〔不作為についての審査請求書〕ならびに5項1号・2号〔再調査の請求についての決定を経ないで審査請求をする場合の記載事項〕を除く）、20条（口頭による審査請求）、23条（審査請求書の補正）、24条（審理手続を経ないでする却下裁決）、25条（執行停止。ただし、3項〔処分庁の意見を聴取して行う執行停止〕を除く）、26条（執行停止の取消し）、27条（審査請求の取下げ）、31条（口頭意見陳述。ただし、5項〔処分庁等に対する質問権〕を除く）、32条（証拠書類等の提出。ただし、2項〔処分庁等の提出権〕を除く）、39条（審理手続の併合または分離）、51条（裁決の効力発生）、53条（証拠書類等の返還）。

準用に際しては、別表第2により読替えが指示されているが、それ以外にも、準用の性質上当然に読み替わる部分がある。例えば、「審査請求」は「再調査の請求」に、「審査庁」は「処分庁」に、「裁決」は「決定」に読み替わる。

別表第2による読替えの大半は、①審査請求において「審理員」の権限とされているものを、再調査の請求において「処分庁」の権限とするための読替え、②再調査の請求は処分の不作為を対象としないため、審査請求における処分の不作為に関する規定部分を除外するための読替え、③再調査の請求に準用されない条項を除外するための読替え、④審査請求において審査庁と処分庁が異なる場合に関する規定部分を、再調査の請求において除外するための読替え等、容易に理解できるものであるが、いくつか解説が必要なものも存在する。

まず、9条4項についてであるが、審査請求においては、「前項〔9条3項〕に規定する場合」、すなわち審査庁が委員会等である場合などに限り、審査庁の職員に所定の審理手続を行わせることができると定められている。しかし、このような限定は、本来審理員が行うべき審理手続を、審理員の指名を要しない場合に限り、例外的に審査庁の職員に行わせるために加えられているものである。これに対し、再調査の請求においてはそもそも審理員制度の適用がないので、この限定は別表第2による読替えにおいて除外されている。したがって、処分庁が委員

会等でなくても、処分庁の職員に意見聴取をさせることが可能である。

同じく9条4項について、審査請求においては、審理手続を行わせることができる職員について除斥事由が定められている。すなわち、9条2項各号に掲げる者（処分に関与した職員、審査請求人の親族など）に審理手続を行わせることはできない。その理由は、「審理手続の公正さを害するおそれがある」からであると説明されている（IAM・逐条解説行審法84頁）。これに対して、再調査の請求においては、別表第2による読替えにより当該除斥事由の規定部分が除外されている。したがって、処分に関与した職員や、再調査の請求人の親族なども意見聴取担当職員になりうる。その理由として、「処分担当者等が簡易迅速な手続で処分を見直すという再調査の請求の趣旨」が挙げられている（IAM・逐条解説行審法317頁）。

次に25条7項（執行停止の決定時期）についてであるが、審査請求においては、審査請求人から執行停止の申立てがあったときのみならず、審理員から執行停止をすべき旨の意見書が提出されたときも、審査庁は速やかに執行停止をするかどうか決定しなければならないと定められている。これに対して、再調査の請求においては審理員制度の適用がないので、後者のケースは読替えにあたり除外されている。

3　準用されない規定

審査請求に関する規定であるが再調査の請求に準用されない規定は、大別すると、①審査請求に固有の規定であるため性質上準用できないもの（例、審理員制度や行政不服審査会制度の適用を前提とする規定）、②再調査請求につき特別の規定が置かれているため準用する必要のないもの（例、裁決に関する規定）、③再調査の請求の手続を審査請求の手続よりも簡略化するという制度設計を理由に準用されないもの（例、物件の提出要求〔33条〕や参考人の陳述および鑑定の要求〔34条〕など）、に分類できるように思われる。

〔岩本浩史〕

行政不服審査法

第4章　再審査請求

> （再審査請求期間）
> **第62条**　再審査請求は、原裁決があったことを知った日の翌日から起算して1月を経過したときは、することができない。ただし、正当な理由があるときは、この限りでない。
> 2　再審査請求は、原裁決があった日の翌日から起算して1年を経過したときは、することができない。ただし、正当な理由があるときは、この限りでない。

1　本条の趣旨

本条は、6条1項が定める再審査請求について、申立期間の制限とその例外について定める。

2　主観的請求期間と客観的請求期間

再審査請求の申立期間も、審査請求の申立期間と同様、主観的請求期間（1項）と客観的請求期間（2項）に分けて定められている（主観的請求期間と客観的請求期間については、18条の解説2および3〔平田和一〕を参照）。ただ、主観的請求期間については、処分についての審査請求では、「3月」（18条1項）と定められているのに対し、再審査請求については本条1項は「1月」と短縮している。これは、再審査請求の申立てが、審査請求を経たのちになされるものであり、審査請求の起算日である「処分があったことを知った日」（同項）からは既に相当の期間が経過していることと、審査請求の段階で論点および争点が絞られ、証拠書類等の準備も整っていると考えられることによる（再審査請求の主観的請求期間を30日と定めていた旧行審法53条の趣旨につき、田中＝加藤・解説227頁を参照）。なお、行訴法が定める処分の取消訴訟について、同法14条1項が6ヵ月の出訴期間を設ける一方、控訴期間については、同法7条による民事訴訟法285条1項により2

週間であることからしても、本条が定める「1月」は準備期間として短いものではないといえる。

3 正当な理由

審査請求と同様に、主観的請求期間、客観的請求期間とも「正当な理由」がある場合には、同期間を徒過しても、例外的に再審査請求を行うことが可能である(「正当な理由」の具体的内容については、18条の解説2および3〔平田和一〕を参照)。

[南川和宣]

> **(裁決書の送付)**
> **第63条** 第66条第1項において読み替えて準用する第11条第2項に規定する審理員又は第66条第1項において準用する第9条第1項各号に掲げる機関である再審査庁(他の法律の規定により再審査請求がされた行政庁(第66条第1項において読み替えて準用する第14条の規定により引継ぎを受けた行政庁を含む。)をいう。以下同じ。)は、原裁決をした行政庁に対し、原裁決に係る裁決書の送付を求めるものとする。

1 本条の趣旨

本条は、再審査請求の審理員が、審査請求の裁決書の提出を審査庁に求める権限をもつことを定めるとともに、提出を求めることを審理員に対して義務付ける規定である。なお、旧行審法は、「裁決書の送付を求めることができる」(旧行審54条)としていたが、本条は「求めるものとする」と定めることで、原則として義務付ける規定に改められた。

2 裁決書の重要性

審査請求の手続においては、処分庁に弁明書の提出を求める規定があるが(29条2項)、再審査請求手続にはなく、その代わりに、審理員は審査庁に対し裁決書の送付を要求するものとしている。なお、再審査請求において、審理員の指名を要しない場合には、再審査庁がこれを行う。裁決書には、事案の概要、審理関係人の主張の要旨のほか、理由も記載されていることから(50条1項)、再審査請求の審理に必要なものであり、また、審理の迅速化にも資すると考えられる。

[南川和宣]

行政不服審査法

> **(再審査請求の却下又は棄却の裁決)**
> 第64条　再審査請求が法定の期間経過後にされたものである場合その他不適法である場合には、再審査庁は、裁決で、当該再審査請求を却下する。
> 2　再審査請求が理由がない場合には、再審査庁は、裁決で、当該再審査請求を棄却する。
> 3　再審査請求に係る原裁決（審査請求を却下し、又は棄却したものに限る。）が違法又は不当である場合において、当該審査請求に係る処分が違法又は不当のいずれでもないときは、再審査庁は、裁決で、当該再審査請求を棄却する。
> 4　前項に規定する場合のほか、再審査請求に係る原裁決等が違法又は不当ではあるが、これを取り消し、又は撤廃することにより公の利益に著しい障害を生ずる場合において、再審査請求人の受ける損害の程度、その損害の賠償又は防止の程度及び方法その他一切の事情を考慮した上、原裁決等を取り消し、又は撤廃することが公共の福祉に適合しないと認めるときは、再審査庁は、裁決で、当該再審査請求を棄却することができる。この場合には、再審査庁は、裁決の主文で、当該原裁決等が違法又は不当であることを宣言しなければならない。

1　本条の趣旨

本条は、再審査庁が再審査請求に対して却下裁決と棄却裁決を行う場合について定める。

2　却下裁決（1項）

却下裁決は、再審査請求を適法ならしめる要件（不服申立要件）を欠く場合になされる（1項）。

具体的には、本条で例示されている再審査請求の請求期間を徒過して請求がなされた場合のほか、不服申立ての利益が事後的に消滅した場合、再審査庁を誤っている場合などが考えられる。

3　棄却裁決（2項・3項）

棄却裁決は、請求に理由がない場合になされる（2項）。再審査請求は、「原裁決（再審査請求をすることができる処分についての審査請求の裁決をいう。以下同じ。）

又は当該処分(以下「原裁決等」という。)を対象として」(6条2項)申し立てることができるので、請求に理由がない場合とは、原裁決または原処分が違法・不当のいずれにも当たらない場合、すなわち瑕疵がない場合である。

ただし、原裁決を対象とした再審査請求においては、審査請求の審理に手続上の瑕疵があるなどして原裁決が違法ないし不当であっても、原処分には何ら瑕疵がない場合が考えられるが、このような場合にも棄却裁決がなされる(3項)。この点、立法論としては、原裁決の瑕疵を理由に、再審査請求において認容裁決を行うこととし、原裁決たる審査請求の棄却裁決を取り消す方法も考えられるところである。しかし、審査請求の裁決をやり直したとしても、原処分自体には瑕疵がない以上、結局のところ再度の審査請求および再審査請求において棄却裁決が出されることになることから、本条が規定された(なお、本条3項と同様の内容をもつ旧行審55条の趣旨につき、田中=加藤・解説229頁参照)。したがって、再審査庁が原処分の瑕疵を認めない限り、再審査請求における認容裁決はなされないことになる。もっとも、審査請求に裁決固有の瑕疵があると考える者は、行訴法3条3項に基づき裁決の取消訴訟を提起した上で、裁決固有の瑕疵を争うことができ、同法には本条3項のような規定がないことから、原処分に違法がなくても、裁決に固有の違法があれば、請求認容判決(取消判決)を得ることができる。

4 事情裁決(4項)

審査請求と同様、再審査請求についても、事情裁決の制度が採用されている(事情裁決については、45条の解説4〔湊二郎〕を参照)。

[南川和宣]

(再審査請求の認容の裁決)
第65条 原裁決等(事実上の行為を除く。)についての再審査請求が理由がある場合(前条第3項に規定する場合及び同条第4項の規定の適用がある場合を除く。)には、再審査庁は、裁決で、当該原裁決等の全部又は一部を取り消す。
2 事実上の行為についての再審査請求が理由がある場合(前条第4項の規定の適用がある場合を除く。)には、裁決で、当該事実上の行為が違法又は不当である旨を宣言するとともに、処分庁に対し、当該事実上の行為の

> 全部又は一部を撤廃すべき旨を命ずる。

1　本条の趣旨

本条は、再審査庁が再審査請求に対して認容裁決を行う場合とその具体的な方法について定める。

2　処分（事実上の行為を除く）および裁決についての認容裁決（1項）

処分（事実上の行為を除く）および裁決を対象とした再審査請求に理由がある場合、再審査庁は認容裁決を行う。ただし、認容裁決の内容は、「当該原裁決等の全部又は一部を取り消す」（1項）ことに限られ、審査請求の認容裁決で認められている変更裁決（46条1項本文）や一定の処分に関する措置（同条2項）をとることはできない。これは再審査庁が、原則として処分庁・裁決庁との関係で上級行政庁には当たらず、審査請求における審査庁のように指揮監督権限を通じた処分内容の変更を行う権限を有していないことによる。

3　事実上の行為についての認容裁決（2項）

事実上の行為を対象とした再審査請求についても、理由がある場合には、認容裁決がなされる。ただし、認容裁決の内容は、「処分庁に対し、当該事実上の行為の全部又は一部を撤廃すべき旨を命ずる」（2項）ことに限られ、審査請求の認容裁決で認められる「変更すべき旨を命ずる」（47条1号）ことは認められない。これも1項と同様、再審査庁が、処分庁・裁決庁との関係で上級行政庁に当たらないことが念頭に置かれているからである。

［南川和宣］

> （審査請求に関する規定の準用）
> 第66条　第2章（第9条第3項、第18条（第3項を除く。）、第19条第3項並びに第5項第1号及び第2号、第22条、第25条第2項、第29条（第1項を除く。）、第30条第1項、第41条第2項第1号イ及びロ、第4節、第45条から49条まで並びに第50条第3項を除く。）の規定は、再審査請求について準用する。この場合において、別表第3の上欄に掲げる規定中同表の中欄に掲げる字句は、それぞれ同表の下欄に掲げる字句に読み替えるものとする。

第 4 章　再審査請求〔§66〕

> 2　再審査庁が前項において準用する第 9 条第 1 項各号に掲げる機関である場合には、前項において準用する第17条、第40条、第42条及び第50条第 2 項の規定は、適用しない。

1　本条の趣旨
本条は、再審査請求に対する、審査請求に関する規定（第 2 章）の準用について定める。なお、再審査請求は、本条の準用規定と62条から65条までの規定により、審理員による審理（9 条）を中心にした審査請求とほぼ同様の手続により行われる。

2　準用される規定
準用される規定は次のとおりである。

9 条（審理員。ただし、3 項〔第三者機関が裁決機関となる場合の特例〕を除く）、10条（法人でない社団または財団の再審査請求）、11条（総代）、12条（代理人による審査請求）、13条（参加人）、14条（行政庁が裁決をする権限を有しなくなった場合の措置）、15条（審理手続の承継）、16条（標準審理期間）、17条（審理員となるべき者の名簿）、18条 3 項（審査請求期間への郵送日数の不算入）、19条（審査請求書の提出。ただし、3 項〔不作為についての審査請求書〕および 5 項 1 号・2 号〔再調査の請求についての決定を経ないで審査請求をする場合の記載事項〕を除く）、20条（口頭による審査請求）、21条（処分庁等を経由する審査請求）、23条（審査請求書の補正）、24条（審理手続を経ないでする却下裁決）、25条（執行停止。ただし、2 項〔処分庁の上級行政庁または処分庁である審査庁による執行停止〕を除く）、26条（執行停止の取消し）、27条（審査請求の取下げ）、28条（審理手続の計画的進行）、29条 1 項（審査請求書または審査請求録取書の写しの送付）、30条（反論書等の提出。ただし、1 項〔反論書の提出〕を除く）、31条（口頭意見陳述）、32条（証拠書類等の提出）、33条（物件の提出要求）、34条（参考人の陳述および鑑定の要求）、35条（検証）、36条（審理関係人への質問）、37条（審理手続の計画的遂行）、38条（審査請求人等による提出書類等の閲覧等）、39条（審理手続の併合または分離）、40条（審理員による執行停止の意見書の提出）、41条（審理手続の終結。ただし、2 項 1 号イ〔弁明書の提出〕およびロ〔反論書の提出〕を除く）、42条（審理員意見書）、44条（裁決の時期）、50条（裁決の方式。ただし、3 項〔教示〕を除く）、51条（裁決の効力発生）、52条（裁決の拘束力）、53条（証拠書類等の返還）。

なお、再審査庁が第三者機関（9条1項各号に掲げる機関）である場合には、審査請求の場合と同様、上記準用規定のうち、17条・40条・42条および50条2項（審理員意見書の添付）の規定は準用されない（本条2項）。

準用に際しては、別表第3により読替えが指示されているが、それ以外にも、準用の性質上当然に読み替わる部分がある。例えば、「審査請求」、「審査庁」、「審査請求人」および「共同審査請求人」は、「再審査請求」、「再審査庁」、「再審査請求人」および「共同再審査請求人」にそれぞれ読み替えられることになる。

次に、別表第3による読替えも、その大半は、①再審査請求が個別の法律において定められた場合にしか行えないこと（6条1項）、および再審査請求をすべき行政庁も個別の法律で定められること（同条2項）に伴う読替え、②再審査請求が不作為を対象とせず（6条1項）、条例に基づく処分についても条例で再審査請求を定めることが認められていないため、それらに関する規定部分を除外するための読替え、③再審査請求が処分に対しても、原裁決に対してもなすことができること（6条2項）に伴う読替え、④再審査請求においては、審査請求とは異なり、再審査請求の対象となる処分や裁決の権限を有する行政庁が当該再審査庁となるべき行政庁と一致することがないため、それに関する規定部分を除外するための読替え、⑤審査請求にかかる規定のなかには再審査請求に準用されない規定があり（例、行政不服審査会等への諮問制度）、また62条から65条において特別の規定が置かれていることから、前者に関係する規定を除外し、後者に対応するための読替え等、容易に理解できるものであるが、以下では、再審査庁が第三者機関である場合にかかる読替えについて解説する。

まず、審査請求手続においては審理員による審理が原則であり、例外的に第三者機関が審査庁となる場合には、審査庁が審理員を指名せず審理を行う。そして、9条3項はその場合の審理手続を定めるにあたり、審理員による審理手続の別表第1による読替えと適用除外を用いる方法を採用している。一方、再審査請求においても、審理員による審理が原則であり、第三者機関が再審査庁となる場合には、再審査庁が審理員を指名せず審理を行うことになる点で審査請求と変わりがない。そこで、その場合の審理手続の定め方について、他の条文と同様に審査請求に係る9条3項を準用して読替規定を別表第3に掲げる方法が考えられるところである。しかし、その方法では、別表第1が掲げる読替規定により読み替えられた同項を、さらに別表第3の読替規定により読み替えることになるため、条文

の構造が複雑になり、わかりにくい。そこで、再審査請求において第三者機関が再審査庁になる場合には、9条3項の準用を除外した上で、代わりに審理員による審理に係る個々の条文についての読替規定を別表第3に掲げることで、審査請求における審理員による個々の審理手続をダイレクトに第三者機関が再審査庁となる再審査請求に準用する方法が採用されている（宇賀・行審法解説271頁）。これにより、例えば、第2章の規定における「審理員」（13条1項等）は、すべて「審理員又は委員会等である再審査庁」に読み替えられる。また、29条1項や41条3項等も、別表第3によりダイレクトに読み替えられる。これらの読替えは、審査請求手続と再審査請求手続との間の内容的な相違によるものではなく、単に立法技術上の観点からなされたものである。

3 準用されていない規定

審査請求に関する規定であるが再審査請求に準用されない規定は、①62条〜65条までにおいて特別の規定が設けられている事項に関するものか、②再審査請求の性質上準用することが適当でないもの（例、不作為の審査請求に関する規定、不利益変更禁止に関する規定等）が主であり、容易に理解できるものであるが、解説が必要なものもある。

まず、9条3項は、審査庁が第三者機関である場合の読替規定であるが、再審査請求においては、2で述べたように立法技術上の観点から、本条1項自体に読替規定を置き、同条2項で適用除外を定めることで、9条3項と同じ内容を定めている。誤った教示をした場合の救済に関する22条については、準用が不適当というわけでも、同条に対応する特別の規定が別途あるわけでもないが、再審査請求は、「法律に再審査請求をすることができる旨の定めがある場合」（6条1項）に、「法律に定める行政庁に対してするものとする」（同条2項）と定められており、通常、再審査庁等も法律に明示され、教示の解怠が問題となる場合は考えにくいことから、準用されていないと思われる。弁明書に関する29条2項ないし5項および反論書に関する30条1項（さらに、両者につき、41条2項イおよびロ）は、63条が定める裁決書の送付要求制度が機能的にみてこれに相当することから（63条の解説2〔南川和宣〕を参照）、準用されていない。また、行政不服審査会等への諮問に関する第2章第4節の規定も準用がない。立法論としては、再審査請求においても第三者機関の判断を経る手続を採用することも考えられるところであるが、審査請求において既に1度第三者機関の判断を経ていることから、不要と判

行政不服審査法

断されたと思われる。

［南川和宣］

第5章　行政不服審査会等

第1節　行政不服審査会

第1款　設置及び組織

> **（設　置）**
> **第67条**　総務省に、行政不服審査会（以下「審査会」という。）を置く。
> 2　審査会は、この法律の規定によりその権限に属させられた事項を処理する。

1　本条の趣旨

　本条は、行政不服審査会（以下、審査会）の総務省への設置、およびその所掌事務について定める。審査会は、諮問案件（43条1項）について調査審議などを行うために、2014年改正によって新たに設置されたものであり、「審議会等」（行組8条）に当たる。

2　行政不服審査会の設置（1項）

　審査会は、「客観性・公正さを確保する観点から、各府省の分野を横断して審理する統一的な機関」（「検討会最終報告2007」42頁）として、総務省に設置される。総務省への設置理由は、①審査会が本法のもとでの一般的諮問機関であるため、本法を所管する総務省への設置が適切であること、②府省横断的な行政運営の管理は内閣の所掌事務とも位置づけることができるが、内閣および内閣総理大臣を補佐する役割を担う総務省への設置が適切であることが挙げられる（宇賀・行審法解説275頁参照）。

　他方、本法と同様に総務省が所管する情報公開法のもとでの情報公開・個人情

報保護審査会（以下、情報公開等審査会）が立法時に総務省ではなく内閣府に設置されていた（現在は総務省）のは、情報公開等審査会を内閣府の長としての内閣総理大臣のもとに置くことにより、その権威を確保し、新たに導入された情報公開制度を円滑に発展させるという意図があったためであるが、本法は半世紀を超える運用実績があることから、内閣総理大臣の権威に依拠しなくても適切に機能することが期待できるものとして、情報公開等審査会とは異なり、総務省に設置されている（宇賀・行審法解説276頁参照）。

3 所掌事務（2項）

審査会は、本法によりその権限に属させられた事項を処理するが、これは諮問案件について調査審議し、答申を行うことを意味する。

2008年法案においては、本審査会と情報公開等審査会が共に府省横断的な諮問機関であることなどを理由に（宇賀・行審法解説277頁参照）、情報公開法等の権限に属させられた事項を処理することも本審査会の所掌事務とすることで、情報公開等審査会の本審査会への統合が予定されていた。しかしながら、情報公開等審査会の専門的な調査審議機能が損なわれ、情報公開等に係る政策が後退することへの懸念が示されたこと（宇賀・行審法解説277頁参照）や、特定秘密保護法の成立に基づく情報公開法改正を念頭に入れた政策的判断（櫻井敬子「行政不服審査会〔仮称〕の作り方」自治実務セミナー53巻3号〔2014年〕10頁参照）などを理由に、本法では統合は行われなかった。

〔林　晃大〕

（組　織）

第68条　審査会は、委員9人をもって組織する。

2　委員は、非常勤とする。ただし、そのうち3人以内は、常勤とすることができる。

---

1 本条の趣旨

本条は、審査会の委員構成について定める。

2 委員数（1項）

審査会では、3名の委員で構成される合議体で調査審議を行うこととしており

(72条1項)、この合議体を三つ構成することが念頭に置かれている(橋本他・行政不服審査制度202頁〔橋本博之 = 植山克郎〕参照)。

3 常勤委員と非常勤委員(2項)

委員は、原則として非常勤とされるが、合議体の会議以外の期間においても調査等ができるよう、委員のうち3人以内は常勤とすることができる。これは、審議会等の委員は原則非常勤とし、特段の必要がある場合に常勤とすることができる(「審議会等の整理合理化に関する基本的計画」〔1999年4月27日閣議決定〕)とする方針を踏まえたものである。

〔林　晃大〕

(委　員)
第69条　委員は、審査会の権限に属する事項に関し公正な判断をすることができ、かつ、法律又は行政に関して優れた識見を有する者のうちから、両議院の同意を得て、総務大臣が任命する。
2　委員の任期が満了し、又は欠員を生じた場合において、国会の閉会又は衆議院の解散のために両議院の同意を得ることができないときは、総務大臣は、前項の規定にかかわらず、同項に定める資格を有する者のうちから、委員を任命することができる。
3　前項の場合においては、任命後最初の国会で両議院の事後の承認を得なければならない。この場合において、両議院の事後の承認が得られないときは、総務大臣は、直ちにその委員を罷免しなければならない。
4　委員の任期は、3年とする。ただし、補欠の委員の任期は、前任者の残任期間とする。
5　委員は、再任されることができる。
6　委員の任期が満了したときは、当該委員は、後任者が任命されるまで引き続きその職務を行うものとする。
7　総務大臣は、委員が心身の故障のために職務の執行ができないと認める場合又は委員に職務上の義務違反その他委員たるに適しない非行があると認める場合には、両議院の同意を得て、その委員を罷免することができる。
8　委員は、職務上知ることができた秘密を漏らしてはならない。その職を

> 退いた後も同様とする。
> 9　委員は、在任中、政党その他の政治的団体の役員となり、又は積極的に政治運動をしてはならない。
> 10　常勤の委員は、在任中、総務大臣の許可がある場合を除き、報酬を得て他の職務に従事し、又は営利事業を営み、その他金銭上の利益を目的とする業務を行ってはならない。
> 11　委員の給与は、別に法律で定める。

1　本条の趣旨
本条は、委員の任命、任期、罷免、服務規律、給与について定める。

2　任命（1項）
(1)　適格性

審査会は公正・中立な調査審議を行う機関であるため、委員も公正な判断ができる者でなければならない。さらに、委員は、行政処分等の違法・不当を判断することになるので、法律の専門家や行政に精通した者が就くことが望ましい。なお、両議院における附帯決議は、権利救済の実効性確保のため、適切な人材の選任に配意するよう要求している。

(2)　任命手続

中立性が要求される委員について、民主的統制を通して任命権者による恣意的な任命を回避するため、その任命を国会同意人事とし、両議院の同意が必要であるとする。

3　任命の特例（2項・3項）
委員の任期が満了したり、欠員が生じた場合、国会の閉会や衆議院の解散を理由に両議院の同意を得ることができないときには調査審議が滞るおそれがある。そのようなときは、例外的に、総務大臣は両議院の同意なく委員を任命することができる。この場合、総務大臣は両議院の事後的な承認を得なければならず、承認が得られない場合には、委員が職務を継続することは望ましくないため、総務大臣は当該委員を罷免しなければならない。

4　任期（4項・5項・6項）
委員の任命が国会同意人事とされている他の審議会等を参考に、任期は3年とされている（例外として本附則4条）。また、委員の再任も認められている。なお、

任期満了時に後任者が不在である場合は、調査審議が滞らないよう、当該委員は後任者が任命されるまで引き続き職務を行う。

5　罷免（7項）

委員が心身の故障のため職務を執行できないとき、または委員たるに適しない非行があったときには、総務大臣は当該委員を罷免することができる。ただし、任命が国会同意人事であるため、罷免についても両議院の同意を得ることが必要である。これには、民主的統制を通して総務大臣による恣意的な罷免を回避することで、公正・中立性を確保し、委員の身分保障を徹底するという目的がある。

6　守秘義務（8項）

国会同意人事によって任命される委員は、特別職の国家公務員に該当する（国公2条3項9号）ため、一般職の職員を対象とする守秘義務規定（国公100条1項）の適用を受けないが、調査審議の過程において秘密情報に接する可能性があることから、守秘義務が課されている。

7　政治的行為の禁止および他の職務への従事制限（9項・10項）

委員は特別職の国家公務員であるため、一般職の職員を対象とする政治的行為の禁止規定（国公102条）および兼業等の制限規定（国公103条・104条）の適用を受けないが、職務に専念し、公正・中立の立場から調査審議を行う必要があることから、政治的行為および他の職務への従事が制限されている。なお、他の職務への従事は、総務大臣の許可があれば可能である。

8　給与（11項）

委員の給与は、特別職の職員の給与に関する法律で定められる。

〔林　晃大〕

（会　長）

第70条　審査会に、会長を置き、委員の互選により選任する。

2　会長は、会務を総理し、審査会を代表する。

3　会長に事故があるときは、あらかじめその指名する委員が、その職務を代理する。

行政不服審査法

1　本条の趣旨
本条は、審査会の会長の選任、職務、代理について定める。

2　会長の選任方法（1項）
会長は委員の互選により選任する。これは会長の選任に関する原則（「審議会等の整理合理化に関する基本的計画」〔1999年4月27日閣議決定〕）を踏まえたものである。

3　職務（2項）
会長は、審査会の所掌事務全体を総理し、審査会を代表する。審査会の代表とは、審査会の議決に従い、対外的に審査会を代表するという意味であり、会長が単独で審査会の権限を行使するという趣旨ではない（宇賀・行審法解説285頁参照）。なお、調査審議について、会長は他の委員と同等の立場で合議体（72条）に参加する。

4　代理（3項）
会長が病気や海外出張等により事務を処理できないときには、あらかじめ会長が指名する委員が代理する。

〔林　晃大〕

（専門委員）
第71条　審査会に、専門の事項を調査させるため、専門委員を置くことができる。
2　専門委員は、学識経験のある者のうちから、総務大臣が任命する。
3　専門委員は、その者の任命に係る当該専門の事項に関する調査が終了したときは、解任されるものとする。
4　専門委員は、非常勤とする。

1　本条の趣旨
本条は、審査会に専門委員を設置することができること、専門委員の任命、解任、および専門委員を非常勤とすることを定める。

2　専門委員の設置（1項）
審査会は広範な行政領域にわたる諮問案件について調査審議を行うため、限ら

れた人数の委員のみでは的確に対応することが困難な場合が想定される。そのため、専門的知識を有する者を臨機的に調査に活用するため、専門委員を置くことができる。

3 任命、解任（2項・3項）

専門委員は、学識経験者のうちから、総務大臣が任命する。しかし、職員OBが専門委員に任命された場合には、公正性の点で問題が発生するおそれがある（福家＝本多編・改革147頁〔榊原秀訓〕参照）。なお、専門委員の任期は定められていないが、専門の事項に関する調査が終了したときは解任される。

4 非常勤（4項）

専門委員は、臨機的に任命され、調査終了後は解任されるため、原則どおり非常勤とされる。

〔林　晃大〕

（合議体）
第72条 審査会は、委員のうちから、審査会が指名する者3人をもって構成する合議体で、審査請求に係る事件について調査審議する。
2　前項の規定にかかわらず、審査会が定める場合においては、委員の全員をもって構成する合議体で、審査請求に係る事件について調査審議する。

---

1 本条の趣旨

本条は、調査審議を行う合議体の構成について定める。

2 3人で構成する合議体（1項）

効率性向上のため、諮問案件についての調査審議は、委員の中から審査会が指名する3人で構成される合議体により行う。なお、ここでの議決が審査会としての議決となる。

3 委員全員で構成する合議体（2項）

調査審議は前項に基づき3人で行われることを基本とするが、合議体の意見が過去の行政不服審査会の答申に反する場合など、委員全員で調査審議を行う方が適当な場合に、例外的にそれを可能とする。

〔林　晃大〕

> **(事務局)**
> **第73条** 審査会の事務を処理させるため、審査会に事務局を置く。
> 2 事務局に、事務局長のほか、所要の職員を置く。
> 3 事務局長は、会長の命を受けて、局務を掌理する。

1 本条の趣旨

本条は、審査会に事務局を設置すること、事務局の職員、事務局長の職務について定める。

2 事務局の設置（1項）

審査会の公正性・中立性を確保するためには、その事務を処理する組織が審査庁からの独立性を有することが適当である上、資料収集等の事務量は相当多くなることが想定される（宇賀・行審法解説291頁参照）ため、審査会は独自の事務局を設置する。

3 事務局長および職員（2項）

事務局には事務局長および職員が配置される。本法施行令には、事務局長は、関係のある他の職を占める者をもって充てられるものとされており（24条1項）、事務局の組織については、事務局に課を置くこと（同条2項）、その他事務局の内部組織の細目は総務省令で定めること（同条3項）が規定されている。なお、本法施行令24条3項のいう総務省令である行政不服審査会事務局組織規則によると、事務局には総務課および審査官1人を置くこととされ（1条）、総務課の所掌事務、審査官の職務についても同規則に規定されている。

4 事務局長の職務（3項）

事務局長は、審査会の会長の命を受けて、事務局の所掌事務を掌理する。

［林　晃大］

第2款　審査会の調査審議の手続

> **（審査会の調査権限）**
> **第74条**　審査会は、必要があると認める場合には、審査請求に係る事件に関し、審査請求人、参加人又は第43条第1項の規定により審査会に諮問をした審査庁（以下この款において「審査関係人」という。）にその主張を記載した書面（以下この款において「主張書面」という。）又は資料の提出を求めること、適当と認める者にその知っている事実の陳述又は鑑定を求めることその他必要な調査をすることができる。

1　本条の趣旨

本条は、行政不服審査会が行使する調査権限の根拠を定める。審査庁から行政不服審査会への諮問においては、審理員意見書および事件記録（審査請求書および弁明書のほか政令で定められる物件のこと。41条3項）の写しが添付されるが（43条2項）、審査請求に係る事件について調査審議を行う行政不服審査会が、これらの添付書類だけでは不十分であると判断した場合においては、行政不服審査会に独自の調査権限がなければ、十分な調査審議は行われえない。このため、行政不服審査会は、審査関係人（審査請求人、参加人または審査庁）に主張を記載した書面（主張書面）または資料の提出を求め、行政不服審査会が適当と認める者に事実の陳述または鑑定を求め、その他必要な調査をすることができる。

2　審査関係人

審査関係人には審査庁が含まれる。審査庁と行政不服審査会とが一体的な関係にある場合には、論理的には、審査関係人には審査庁が含まれない。しかし、審査請求に係る事件を調査審議する行政不服審査会が、審査庁の主張に拘束されるようでは、行政不服審査会の存在理由はない。この意味において、審査庁の諮問機関である行政不服審査会は審査庁から独立していなければならない。行政不服審査会と審査庁とが独立した関係にあるということは、審査庁の側からすれば、審査関係人に審査請求人とともに審査庁も含まれるべきことになる。

審理関係人（28条）とは異なり、審査関係人には処分庁が含まれていない。た

だし、行政不服審査会は、処分庁に対しても、後述する「必要な調査」権限を行使できる。

3 調査権限行使の要件と内容

審理員による審理ののちに行政不服審査会による調査審議が行われる。審理員による審理が不十分であると行政不服審査会が判断する場合（必要があると認める場合）には、本条の調査権限が行使される。例えば、審査請求人の主張は審査請求書に記載されており、審査請求書の写しは行政不服審査会への諮問において添付されるが、これに記載された内容だけでは不十分であると行政不服審査会が判断する場合には、審査請求人に対して主張が明らかになるような書面の提出を求めることになる。また、審理員も事実の陳述または鑑定を求めることができるので（34条）、審理員がこれらの活動を行っていた場合には、行政不服審査会は、審理員意見書の内容に疑問が生じたときに、この疑問を解消するために本条の調査（事実の陳述または鑑定を求めること）を行うことになる。本条の「必要な調査」の一例は、処分庁や関係行政機関に対して、資料の作成提出および説明を求めることである。

[稲葉一将]

（意見の陳述）
第75条 審査会は、審査関係人の申立てがあった場合には、当該審査関係人に口頭で意見を述べる機会を与えなければならない。ただし、審査会が、その必要がないと認める場合には、この限りでない。
2 前項本文の場合において、審査請求人又は参加人は、審査会の許可を得て、補佐人とともに出頭することができる。

---

1 本条の趣旨

本条は、審理手続における口頭意見陳述とは別に行政不服審査会による調査審議においても、審査関係人の申立てがあった場合には、行政不服審査会が当該審査関係人に口頭で意見を述べる機会を保障しなければならないことを定める。この目的は、審査関係人による口頭による主張・立証の機会を保障すること、およびこれを通じて行政不服審査会による審議を適正なものとすることである。

2　本条による口頭意見陳述の特徴

　本条と同様の規定は31条にも置かれている。すなわち、審理員による審理においても、審理員は、審査請求人または参加人の申立てがあった場合には口頭意見陳述の機会を保障しなければならない（31条）。補佐人の規定も、この審理員による審理と本条による行政不服審査会による審議とで、異なるところはない（31条3項・本条2項）。

　ただし、本条と31条とは、いくつかの点で異なる。第1に、口頭意見陳述の申立てをするのは、本法31条においては審査請求人または参加人であるが、本条においては審査関係人であり、ここには審査庁も含まれる。この特徴は74条の解説2（稲葉一将）で述べたとおりである。第2に、本条においては行政不服審査会が「必要がないと認める場合」には、審査関係人は、口頭で意見を述べる機会を保障されない。次の第3点とも関わって、迅速性を有する調査審議が求められる本条においては、行政不服審査会が審査請求人の主張を認容する判断をした場合にまで、審査請求人による口頭意見陳述を認めるべき必要はない（宇賀・行審法解説297頁）。第3に、31条2項（すべての審理関係人の招集）および5項（申立人による処分庁等に対する質問）の規定と本条とを比べると、本条ではすべての審査関係人の招集は予定されていないし、審査請求人による質問の機会も、制度的に保障されていない。

〔稲葉一将〕

（主張書面等の提出）

第76条　審査関係人は、審査会に対し、主張書面又は資料を提出することができる。この場合において、審査会が、主張書面又は資料を提出すべき相当の期間を定めたときは、その期間内にこれを提出しなければならない。

1　本条の趣旨

　本条は、審査関係人が、行政不服審査会に対して主張書面または資料を提出できることを定める。この目的は、審査関係人に書面提出による主張・立証の機会を保障すること、およびこれを通じて行政不服審査会による審議を適正なものとすることである。

2 主張書面等の提出権

本条の目的は、主として審査関係人による主張・立証の機会を保障することであるから、適正な審議を行うという目的のために行政不服審査会の調査権限を定める74条とは別に、本条が置かれている。

3 相当の期間

簡易迅速な権利利益救済という本法が有する目的を実現するためには、行政不服審査会による調査審議が遅延すべきではない。そこで、本条により行政不服審査会は、主張書面または資料を提出すべき期間を定める権限を有する。行政不服審査会が設定できる「相当の期間」は、一般的には、主張書面等の提出のために社会通念上必要と認められる期間のことである。しかし、調査審議の迅速性が行政不服審査会において考慮されるべきであるとしても、調査審議の迅速性が重視されることによって審査関係人の権利利益が救済されない場合は、個別的にはありうる。行政不服審査会によって設定された提出期間が短期間であったために、例えば審査請求人が主張書面や資料を提出できず、十分な主張・立証を行えなかったような場合には、期間の相当性の欠落が裁決固有の瑕疵を構成することになる（宇賀・行審法解説299頁）。

［稲葉一将］

（委員による調査手続）
第77条 審査会は、必要があると認める場合には、その指名する委員に、第74条の規定による調査をさせ、又は第75条第1項本文の規定による審査関係人の意見の陳述を聴かせることができる。

---

1 本条の趣旨

本条は、合議体である行政不服審査会が、迅速な調査審議を行うために、その指名する委員に調査を行わせる権限の根拠を定める。

2 必要があると認める場合

本条により、行政不服審査会は、合議により指名した委員に調査を行わせることができる。例えば、総務省に置かれた行政不服審査会の住所地から遠く離れた場所に生活する者が、行政不服審査会による合議の都合にあわせて移動しなけれ

ばならない負担を軽減するために、委員が赴いて調査を行う場合が、この一例である（橋本他・行政不服審査制度212頁〔橋本博之＝植山克郎〕、宇賀・行審法解説299頁）。委員による調査は、行政不服審査会が「必要があると認める場合」に限定されている。

3 委員が行う調査活動

行政不服審査会が必要と認める場合において、その指名する委員に行わせる調査は、74条の規定による調査（審査関係人に対する主張書面または資料の提出の求め、行政不服審査会が適当と認める者に対する事実の陳述または鑑定の求め、その他必要な調査）または75条1項本文の規定による調査（審査関係人による口頭意見陳述の聴取）である。

〔稲葉一将〕

（提出資料の閲覧等）

第78条 審査関係人は、審査会に対し、審査会に提出された主張書面若しくは資料の閲覧（電磁的記録にあっては、記録された事項を審査会が定める方法により表示したものの閲覧）又は当該主張書面若しくは当該資料の写し若しくは当該電磁的記録に記録された事項を記載した書面の交付を求めることができる。この場合において、審査会は、第三者の利益を害するおそれがあると認めるとき、その他正当な理由があるときでなければ、その閲覧又は交付を拒むことができない。

2 審査会は、前項の規定による閲覧をさせ、又は同項の規定による交付をしようとするときは、当該閲覧又は交付に係る主張書面又は資料の提出人の意見を聴かなければならない。ただし、審査会が、その必要がないと認めるときは、この限りでない。

3 審査会は、第1項の規定による閲覧について、日時及び場所を指定することができる。

4 第1項の規定による交付を受ける審査請求人又は参加人は、政令で定めるところにより、実費の範囲内において政令で定める額の手数料を納めなければならない。

5 審査会は、経済的困難その他特別の理由があると認めるときは、政令で

> 定めるところにより、前項の手数料を減額し、又は免除することができる。

1　本条の趣旨

　本条は、審査関係人が、行政不服審査会に提出された主張書面もしくは資料の閲覧または主張書面もしくは資料の写しの交付を求めることができると定める（電磁的記録については、記録された事項が行政不服審査会の定める方法により表示されたものの閲覧または記録された事項が記載された書面の交付）。審査関係人が、行政不服審査会に提出された資料に記載された主張内容や主張の基礎となる事実を知ることにより、これらに対する審査関係人それぞれの主張の準備も可能となる。このような意味において、審査関係人が十分に主張・立証できるようにするために、主張書面や資料の閲覧または写しの交付を求める機会が審査関係人に保障されている。閲覧請求権の行使を保障していた旧行審法とは異なり、本法は、38条および本条により閲覧のみならず写しの交付請求権の行使を保障するものである。

2　閲覧または写しの交付請求の対象（1項）

　閲覧または写しの交付請求の対象となるのは、行政不服審査会に「提出」された主張書面または資料である。これらの主張書面または資料は、74条に基づき行政不服審査会が審査関係人に提出を求めたもの、および76条に基づき審査関係人が行政不服審査会に提出したものである。

3　閲覧または写しの交付の拒否事由（1項）

　本条に基づく提出資料の閲覧または写しの交付の請求は、審査関係人（74条の解説〔稲葉一将〕を参照）にだけ保障されている。これは審査関係人による主張・立証のための手段であるから、本条に基づく請求と情報公開法に基づく何人による行政文書の開示請求とは、それぞれの目的が異なる。また、本条に基づく提出資料の閲覧または写しの交付の請求の場合には行政不服審査会が、情報公開法に基づく行政文書の開示請求の場合には行政機関の長が、それぞれ請求の許否を判断する。このため、行政不服審査会と行政機関の長との判断は、必ずしも一致しない。しかし、制度の目的や判断主体が違うとしても、閲覧・写しの交付や開示が許容されるべきではないプライバシー性を有する情報のように、情報の性質は、制度の違いとはかかわりなく変わらない。本条に基づく提出資料の閲覧または写しの交付の請求と情報公開法に基づく行政文書の開示請求とで、例えば第三者の個人情報の閲覧やこれの写しの交付の許否判断が異なるべきではない。

第5章　第1節　第2款　審査会の調査審議の手続〔§78〕

　本条1項により、行政不服審査会は、第三者の利益を害するおそれがあると認めるとき、その他正当な理由があるときには、提出資料の閲覧または写しの交付を拒否できる。この文言は、旧行審法33条2項と同様である（なお、本条1項の規定は、本法38条1項および行手18条1項のそれと同様である）。第三者の利益を害するおそれがあると認めるときは、第三者の個人に関する情報を侵害するおそれがあるときや第三者たる事業者の営業秘密を漏洩するおそれがあるときのことである。その他正当な理由があるときは、一度公にされると行政の事務事業の適正な遂行に支障を及ぼすおそれがあるときのことである（橋本他・行政不服審査制度214頁〔橋本博之＝植山克郎〕、宇賀・行審法解説302頁）。詳しくは38条1項の解説（野田崇）を参照。

　なお、本条1項には、情報公開法6条のような部分開示に関する規定は置かれていないが、提出資料の一部に行政不服審査会が閲覧または写しの交付を拒否できる情報が記載されている場合でも、これと関係がない部分の閲覧または写しの交付を拒否できない。これは旧行審法のもとでも存在していた考え方である（裁判例として、大阪地判昭45・10・27行集26巻9号1185頁を参照）。

4　閲覧または写しの交付の手続（2項・3項）

　提出資料の閲覧または写しの交付の許否を判断する行政不服審査会は、閲覧させ、または写しを交付しようとする場合には、提出資料の提出人の意見を聴取しなければならない。しかしこの意見聴取は必ず行われなければならない手続ではない。提出人の権利保護ではなく閲覧または写しの交付の許否判断を適正なものとするために、行政不服審査会が必要性を肯定する場合にのみ、提出資料の提出人の意見が聴取される。また、閲覧の場合には、行政不服審査会は日時および場所を指定することができる。なお、本条2項および3項の文言は、本法38条2項および3項のそれと同様である。

5　手数料（4項・5項）

　閲覧のみの場合には手数料納付義務は発生しない。これは、旧行審法33条2項および行手法18条1項と同様である。

　本条1項の写しの交付も閲覧と同様に審査請求人等の主張・立証の機会を保障するための、つまり権利利益救済のための手段であるから、写しの交付の場合も税金で負担すべきであるとも考えられるが、本条は、写しの交付について手数料を徴収することとしている。これは情報公開法16条との均衡が図られた結果であ

る（宇賀・行審法解説305頁）。なお、本条4項および5項の文言は、本法38条4項および5項のそれと同様である。

[稲葉一将]

> （答申書の送付等）
> 第79条　審査会は、諮問に対する答申をしたときは、答申書の写しを審査請求人及び参加人に送付するとともに、答申の内容を公表するものとする。

1　本条の趣旨

本条は、行政不服審査会が答申書の写しを審査請求人および参加人に送付するとともに、答申の内容（答申書そのものではない）を公表しなければならないことを定める。

答申書の写しの送付は、審査請求人および参加人の意見が答申書において反映されたのかどうかを審査請求人および参加人が確認できるようにするためのものである。答申書と裁決書との違いも確認できる（50条1項4号を参照）。

答申の内容の公表は、国民一般に対して、行政不服審査会が審査請求に係る事件について調査審議を遂行したことを明らかにするとともに、調査審議を通じて確認された審査請求に係る行政運営の問題点や課題を知らせることを目的とするものである。

2　答申の内容の公表と個人情報保護

審査請求に関する事実のうち一般に他人に知られたくない私事に属する情報は、個人情報保護の観点から公表されてはならない。このことは答申の内容の公表においても妥当する。公表されるべき答申の「内容」は一義性を欠いており、行政不服審査会がこの内容を判断することになるが、答申の内容を公表する目的は前述したとおりであるから、国民一般に対して提供すべきでない情報は、行政不服審査会によって答申の内容から除外されなければならない。これは、一般的には、情報公開法等の法制度における不開示（とされなければならない）情報のことである。

なお、本条は答申内容の公表の仕方を定めていない。実務では、総務省のウェブサイトに設けられた「行政不服審査裁決・答申検索データベース」において、

答申の内容が公表されている。

［稲葉一将］

第3款　雑　則

> **（政令への委任）**
> **第80条**　この法律に定めるもののほか、審査会に関し必要な事項は、政令で定める。

1　本条の趣旨

本条は、行政不服審査会に関し、本法が定める事項以外に必要な事項を政令の形式で定めることを規定する。

2　審査会に関し必要な事項

本法は、行政不服審査会について、その設置および組織（67条～73条）ならびに調査審議手続（74条～79条）に関する事項を明定している。これに加えて、本法は、審査関係人（74条）が審査会に提出した主張書面および資料の写し（電磁的記録に記録されている場合は記録された事項を記載した書面）の交付に係る手数料の額や納付方法（78条4項）および同手数料を減額または免除する額や減免手続（78条5項）につき、政令に委任している。

本条は、以上の事項以外で審査会に関し必要な事項を執行命令に包括的に委任し、それを政令の形式（憲73条6号、内11条）で定めることを規定する。本条に基づき、施行令は、合議体（本法72条）の議決方法（令20条）、審査会の調査審議手続の併合または分離（令21条）、審査会に提出された主張書面や資料等の閲覧等（令23条）審査会の事務組織（令24条）について定めている。施行令は、このほか、審査会の調査手続に関し必要な事項を、会長が審査会に諮って定めると規定する（令25条）。

［山田健吾］

第2節　地方公共団体に置かれる機関

〔地方公共団体に置かれる機関〕
第81条　地方公共団体に、執行機関の附属機関として、この法律の規定によりその権限に属させられた事項を処理するための機関を置く。
2　前項の規定にかかわらず、地方公共団体は、当該地方公共団体における不服申立ての状況等に鑑み同項の機関を置くことが不適当又は困難であるときは、条例で定めるところにより、事件ごとに、執行機関の附属機関として、この法律の規定によりその権限に属させられた事項を処理するための機関を置くこととすることができる。
3　前節第2款の規定は、前2項の機関について準用する。この場合において、第78条第4項及び第5項中「政令」とあるのは、「条例」と読み替えるものとする。
4　前3項に定めるもののほか、第1項又は第2項の機関の組織及び運営に関し必要な事項は、当該機関を置く地方公共団体の条例（地方自治法第252条の7第1項の規定により共同設置する機関にあっては、同項の規約）で定める。

1　本条の趣旨
本条は、地方公共団体が、本法に基づく諮問を調査審議し答申を行う執行機関の附属機関を設置すべきことを定める。

2　地方公共団体に設置される執行機関の附属機関
(1)　本条1項に基づく執行機関の附属機関（1項）
(ア)　執行機関の附属機関の設置
本法は、裁決手続過程を客観的かつ公正なものとし、裁決の内容を妥当なものとするために、審理員意見書に示された事実認定や法令解釈の当否または適否、審理手続の瑕疵の有無を含めた、審査請求に対する審査庁の判断の当否について、審査庁が、諮問機関に諮問することを義務付けているが（43条1項）、本条は、国

の諮問機関である行政不服審査会（67条１項）とは別に、地方公共団体（38条６項）について、「この法律の規定によりその権限に属させられた事項を処理するため」に執行機関の附属機関（自治138条の４第３項）として、常設の諮問機関を設置することを義務付けている。

　本条１項は、諮問機関を執行機関の附属機関として設置することを義務付けているが、これ以外に設置形態について具体的に規定してはいない。また、本条は、行政不服審査会の設置および組織に係る規定（67条～73条）を準用せず、同４項で、地方公共団体が諮問機関の組織等を条例または規約で定めることを認めている。本条が諮問機関の設置形態や組織を具体的に規定していないのは、不服申立ての件数、委員の確保の可否や事務組織の編成等が、地方公共団体ごとに一様ではないため、設置形態を含めた組織のあり方を地方公共団体の判断に委ねているからである（宇賀・行審法解説310頁～311頁、小早川＝高橋・条解377頁〔斎藤誠〕、行審実務研究会・自治体サポート942頁〔山本隆司〕、橋本他・行政不服審査制度219頁〔橋本博之＝植山克郎〕）。この点、「見直し方針2013年」も地方公共団体の自立性を確保する観点から、諮問機関の組織のあり方について地方公共団体の自由度をより高めるべきことを指摘していた（10頁）。したがって、地方公共団体は、本条１項に基づく諮問機関を独任制の機関として設置することも可能である（小早川＝高橋・条解376頁～377頁〔斎藤〕。行審実務研究会・自治体サポート943頁〔山本〕は、独任制の機関とする場合でも、複数の委員を任命し合議の手続を採用するべきとする。洞澤秀雄「地方自治体における行政不服審査法」法律時報86巻５号〔2014年〕103頁は本条に基づく諮問機関につき「合議制があるべき姿」という）。また、執行機関の他の附属機関と統合し、これに「この法律によりその権限に属させられた事項」を処理させることも認められる（宇賀・行審法解説150頁、橋本他・行政不服審査制度218頁〔橋本＝植山〕参照）。地方公共団体が、本条１項の諮問機関を単独で設置できない場合には、地方自治法上の広域連携制度を活用することもできる。具体的には、本条１項の諮問機関の共同設置（自治252条の７第１項）、同諮問機関に係る事務の委託（同法252条の14第１項）、同諮問機関に係る事務の代替執行（同法252条の16の２第１項）、一部事務組合または広域連合（同法284条）に同諮問機関を設置することである（宇賀・行審法解説311頁、小早川＝高橋・条解377頁～378頁〔斉藤〕、IAM・逐条解説行審法363頁～364頁、橋本他・行政不服審査制度219頁～220頁〔橋本＝植山〕。広域連携制度を用いる場合の運用上の課題につき、行審実務研究会・自治体サ

第5章　第2節　地方公共団体に置かれる機関〔§81〕

ポート944頁～945頁〔山本〕参照）。これらの広域連携制度を活用する場合、複数の地方公共団体間で一つの諮問機関が設置されることになるので、審査請求人によっては諮問機関へのアクセスが容易ではない場合が想定される。地方公共団体は、審査請求人の手続的権利（本条3項・75条、78条参照）を実質的に保障しうるように諮問機関の運営方法等を工夫する必要がある。

　(イ)　諮問機関の所掌事務

　本条1項は、地方公共団体に置かれる諮問機関の所掌事務を、行政不服審査会のそれと同様に、「この法律の規定によりその権限に属させられた事項を処理する」（67条2項）と規定する。したがって、本条1項の諮問機関は、審査庁である地方公共団体の長からの諮問を受け（43条1項）、審査請求案件について調査審議を行い、答申を審査庁に提出する（44条1項）事務を担当する。

(2)　事件ごとに地方公共団体に置かれる諮問機関（2項）

　本条2項は、地方公共団体が、「不服申立ての状況等に鑑み」て、本条1項に基づく諮問機関や地方自治法に基づく広域連携制度を活用して同機関を常設することが「不適当又は困難である」と判断する場合に、条例で定めるところにより、審査請求ごとに、執行機関の附属機関として、諮問機関を臨時に置くことができると規定する。この諮問機関も、本条1項に基づくそれと同様の所掌事務を担当する（2項）。不服申立ての件数が極めて少なく諮問機関を常設する必要性がない場合や委員の確保が極めて困難である場合等が、「不適当又は困難」な場合に該当する（宇賀・行審法解説311頁、小早川＝髙橋・条解378頁〔斎藤〕、橋本他・行政不服審査制度218頁〔橋本＝植山〕参照）。

　地方公共団体は、本条2項に基づく諮問機関を設置する場合には、国民の実効的な権利救済を適時に行うために、事件ごとに条例を定めるのではなく（橋本他・行政不服審査制度219頁〔橋本＝植山〕）、あらかじめ組織や運営方法等を条例で定めておく必要がある。本条2項に基づく諮問機関を設置する場合にも、本条1項に基づく諮問機関の場合と同様に地方自治法上の広域連携制度を活用することが可能である（宇賀・行審法解説312頁、小早川＝髙橋・条解378頁〔斎藤〕）。

3　地方公共団体に置かれる機関の組織および運営と調査審議手続

(1)　諮問機関の調査審議手続（3項）

　本条の諮問機関には、行政不服審査会の調査審議手続に係る規定が準用される（3項）。これは、本法が国の機関の処分等と地方公共団体のそれの双方に一律に

適用されることから、調査審議手続の適正さと公正性につき、国と地方公共団体の双方の裁決手続過程において同程度のものを保障しようとする趣旨である（宇賀・行審法解説312頁～313頁参照）。

(2) 諮問機関の組織および運営（4項）

本条は、1項または2項に基づき設置される諮問機関の組織および運営については、行政不服審査会の設置および組織に係る規定（67条～73条）を準用せず、同機関を置く地方公共団体が条例または規約で定めると規定する（4項）。

本条4項は、諮問機関の組織のあり方や運営方法につき、地方公共団体の判断に委ねているが、本法が国および地方公共団体の双方の裁決手続過程に一律に適用される以上、諮問機関は、審理員による事実認定や法令解釈の当否または適否、審理手続の瑕疵の有無について判断しうる専門性を備えた組織でなければならないし（小早川＝高橋・条解379頁～380頁〔斉藤〕参照）、調査審議手続の適正さおよび公正性を確保しうるような運営がなされなければならない。例えば、国の行政不服審査会で用いられる専門委員（71条）と同様の委員を諮問機関に置くことや（小早川＝高橋・条解382頁〔斉藤〕）、本条の諮問機関の委員を、行政不服審査会の委員と同様に「法律又は行政に関して優れた識見を有する者」（69条1項）から選任すること（小早川＝高橋・条解379頁～380頁〔斉藤〕）、調査審議手続の客観性や公正性をより高めるために、住民を委員に任命することが考えられる（洞澤・前掲論文103頁、小早川＝高橋・逐条380頁～382頁〔斉藤〕参照）。

〔山田健吾〕

第6章 補　則

> **（不服申立てをすべき行政庁等の教示）**
> **第82条**　行政庁は、審査請求若しくは再調査の請求又は他の法令に基づく不服申立て（以下この条において「不服申立て」と総称する。）をすることができる処分をする場合には、処分の相手方に対し、当該処分につき不服申立てをすることができる旨並びに不服申立てをすべき行政庁及び不服申立てをすることができる期間を書面で教示しなければならない。ただし、当該処分を口頭でする場合は、この限りでない。
> 2　行政庁は、利害関係人から、当該処分が不服申立てをすることができる処分であるかどうか並びに当該処分が不服申立てをすることができるものである場合における不服申立てをすべき行政庁及び不服申立てをすることができる期間につき教示を求められたときは、当該事項を教示しなければならない。
> 3　前項の場合において、教示を求めた者が書面による教示を求めたときは、当該教示は、書面でしなければならない。

1　本条の趣旨

本条は、処分庁による不服申立ての教示の義務がいかなる場合に生じ、いかなる内容の教示をしなければならないのかを定める。本条は、旧行審法57条に対応するものであるが、公共団体が固有の資格で相手方となる処分への適用除外を定めていた旧行審法57条4項は、本法7条2項に吸収される形で削除されている。

2　不服申立てができる処分をする場合の教示義務（1項）

(1)　教示義務の対象となる処分

本条1項は、審査請求、再調査の請求および他の法令に基づく不服申立て（1条の解説4〔西田幸介〕を参照）を「不服申立て」と総称した上で、この意味での

不服申立てをすることができる処分について教示義務を定める。本条は本法に基づかない不服申立てにも適用されるため、一般的教示制度を定めたものといわれる。ただし、再審査請求の教示は、本条によらず、50条3項により、審査請求の裁決に記載して行うこととされている。

　申請を全部認容する処分や相手方にいかなる不利益も与えない処分については教示の義務はない（田中＝加藤・解説236頁、南＝小高・注釈337頁～338頁）。また、旧行審法制定時においては、書面でする処分のみについて教示義務が定められていたが、行手通信利用法の制定に伴う2002年の行審法改正により、処分がオンラインで行われる場合にも教示義務があることを明らかにするため、口頭でする処分のみ教示義務が生じないという規定に改められている（本条1項ただし書）。したがって、処分に当たる事実行為をする場合でも、児童の一時保護（児福33条）のように書面で通知される場合には教示をすべきである（事実行為についても教示義務を認める見解として、晴山一穂「教示制度」福家＝本多編・改革178頁、行審実務研究会・自治体サポート973頁〔戸部真澄〕）。

　公示による処分については、処分の公示の際にあわせて教示をすべきである（座談会「行政不服審査法の実施状況とその問題点の解明について」時の法令484＝485号〔1964年〕92頁〔加藤泰守発言〕、室井編・基本コンメ救済法173頁〔稲葉馨〕）。最高裁は、建築基準法46条1項に基づく壁面線の指定について、特定の個人または団体を名あて人とする処分ではないという理由で教示義務を否定するが（最判昭61・6・19判時1206号21頁）、疑問がある（同旨、阿部泰隆『事例解説行政法』〔日本評論社、1987年〕215頁）。

(2) 教示の相手方

　本項による教示義務は処分の名あて人に対してのみ生じる。処分の第三者については、その範囲や所在を確定・調査するのが困難であるという理由で（加藤泰守「教示制度の採用」時の法令352号〔1960年〕35頁）、本条2項により第三者の側から教示を求めることができるにとどめられている。第三者が不服申立資格を有することにつき争いがなく、教示の方法についても支障の少ない処分（例えば建築基準法による建築確認）については、個別法律で第三者への教示義務を規定することが望ましい。

(3) 教示の内容

　第1に、不服申立てができることを示さなければならない。その際、不服申立

ての種類を明らかにすることが望ましく、審査請求と再調査の請求をすることができるときはその旨を明らかにすべきである。第2に、不服申立てをすべき行政庁を明らかにしなければならない。処分庁である場合は「処分庁」といえば足りる（田中＝加藤・解説237頁、宇賀克也「教示制度」行政法体系(4)56頁）。第3に、不服申立てをすることができる期間を示さねばならない。18条のように主観的期間と客観的期間があるときには、両者のうち先に徒過する方を教示すれば足りる。本項による教示は処分時に行うものであるから通常は主観的期間のみを教示すればよいが（田中＝加藤・解説238頁、南＝小高・注釈340頁）、処分の通知が受領されないおそれがあるような場合は客観的出訴期間も教示すべきである。

(4) 教示の方法

行訴法の2004年改正に伴う本法改正により、教示を書面で行うことが義務付けられた。実際に教示が行われても相手方がこれに気づかなければ無意味であるから、処分書に記載する場合には、活字の大きさ、色、記載する場所などについて、教示をわかりやすくするための工夫も必要である（阿部泰隆『行政救済の実効性』〔弘文堂、1985年〕244頁以下）。

(5) 教示の時期

教示は処分をするときに行わねばならず、誤って行わなかった場合には速やかに教示をして追完しなければならない（田中＝加藤・解説238頁）。

3 利害関係人が教示を求めた場合の教示義務（2項・3項）

(1) 利害関係人

ここでいう利害関係人に当たるのは、処分の名あて人または処分について利害関係を有する第三者であって、処分が行われる際に本条1項による教示を受けなかった者である。利害関係を有する第三者の範囲は、不服申立資格を有する者であるといわれているが（田中＝加藤・解説239頁、南＝小高・注釈342頁、田中館他・判例コンメ行審法325頁〔小高剛〕）、本項による教示義務は不服申立てができない場合にも存するから、請求人が当該処分について何らかの利害関係を有することを疎明した場合には教示義務が生じると解すべきである。

(2) 教示の対象となる処分

教示義務の対象となる処分は、口頭の処分、不服申立てができない処分を含むあらゆる処分である（田中＝加藤・解説239頁）。処分に当たるかどうかに争いのある行為について、行政庁が処分に該当しないと考える場合にも、不服申立ての可

(3) 教示の内容

教示の内容は、第1に、不服申立てができる処分であるかどうか、第2に、不服申立てができるときには、不服申立てをすべき行政庁、第3に、不服申立てをすることができる期間である。

(4) 教示の方法および時期

教示の方法について定めはないが、書面で行うことが望ましい。また、書面による教示の請求を受けたときは書面で行わなければならない（本条3項）。時期としては、請求を受けたときに速やかに行わねばならない（田中＝加藤・解説240頁）。

4　教示義務違反の効果

教示の懈怠や誤りなどの教示義務違反があった場合について、本法83条・22条が救済措置を定めているが、処分自体は違法にならないと解されている（加藤泰守「行政不服審査法」法律時報34巻10号〔1962年〕52頁、南＝小高・注釈335頁、宇賀・前掲論文61頁、64頁、東京高判昭55・12・24行集31巻12号2675頁、仙台高秋田支判平2・7・27行集41巻6＝7号1269頁）。

　　　　　　　　　　　　　　　　　　　　　　　　　　　　　　［野呂　充］

（教示をしなかった場合の不服申立て）

第83条　行政庁が前条の規定による教示をしなかった場合には、当該処分について不服がある者は、当該処分庁に不服申立書を提出することができる。

2　第19条（第5項第1号及び第2号を除く。）の規定は、前項の不服申立書について準用する。

3　第1項の規定により不服申立書の提出があった場合において、当該処分が処分庁以外の行政庁に対し審査請求をすることができる処分であるときは、処分庁は、速やかに、当該不服申立書を当該行政庁に送付しなければならない。当該処分が他の法令に基づき、処分庁以外の行政庁に不服申立てをすることができる処分であるときも、同様とする。

4　前項の規定により不服申立書が送付されたときは、初めから当該行政庁に審査請求又は当該法令に基づく不服申立てがされたものとみなす。

> 5　第3項の場合を除くほか、第1項の規定により不服申立書が提出された
> ときは、初めから当該処分庁に審査請求又は当該法令に基づく不服申立て
> がされたものとみなす。

1　本条の趣旨

本条は、行政庁が82条による教示をしなかった場合の救済について定める。旧行審法58条に対応する規定であり、82条と同様に、本法以外の法令に基づく不服申立てにも適用される。

2　教示をしなかった場合の救済

(1)　処分庁への不服申立書の提出

行政庁が教示をしなかった場合には、不服申立人は処分庁に不服申立書を提出することができる（本条1項）。「教示をしなかった」とは、教示が不適切で不服申立庁がわからない場合を含む（室井編・基本コンメ救済法176頁〔稲葉馨〕）。処分庁以外の審査権限を有しない行政庁に不服申立てをした者は本条による救済を受けることができない（田中＝加藤・解説25頁、南＝小高・注釈346頁）。立法論としては、例えば、「当該処分にかかる行政事務を担当する他の行政庁」（訴願制度改善要綱第6第2項）に対して不服申立てがされた場合にも救済を広げるべきである（阿部泰隆『行政救済の実効性』〔弘文堂、1985年〕250頁）。

不服申立書の記載事項については19条（5項1号・2号を除く）が準用される（本条2項）。

(2)　不服申立書の送付とその効果

本条1項により、処分庁が不服申立書の提出を受けた場合には、不服申立ての対象とされた処分が、処分庁以外の行政庁に不服申立てをすることができる処分であるとき、処分庁は、速やかに、不服申立書を当該行政庁に送付しなければならない（本条3項）。本条3項による送付がされたときは、初めから当該行政庁に不服申立てがされたものとみなされる（本条4項）。

本条1項により、処分庁に不服申立書が提出された場合に、処分庁が不服申立てをすべき行政庁に当たるときは、初めから処分庁に不服申立てがされたものとみなされる（本条5項）。

3　本条による救済の限界

既に述べたように、処分庁以外の審査権限を有しない行政庁に不服申立てをし

た場合には救済されない。また、不服申立てができる処分につき教示がされなかった場合において、法定期間が徒過してから不服申立てをした場合には、徒過したことにつき旧行審14条1項にいう「やむをえない理由」があるとはいえないとされる（最判昭48・6・21訟月19巻10号51頁）。18条1項は、旧行審法14条1項の「やむをえない理由」を「正当な理由」に改めており、この要件を満たすと解して救済すべきである（阿部・解釈学Ⅱ352頁）。

[野呂　充]

（情報の提供）
第84条　審査請求、再調査の請求若しくは再審査請求又は他の法令に基づく不服申立て（以下この条及び次条において「不服申立て」と総称する。）につき裁決、決定その他の処分（同条において「裁決等」という。）をする権限を有する行政庁は、不服申立てをしようとする者又は不服申立てをした者の求めに応じ、不服申立書の記載に関する事項その他の不服申立てに必要な情報の提供に努めなければならない。

1　本条の趣旨

本条は、「不服申立て」につき「裁決等」を行う権限を有する行政庁に対し、不服申立てをしようとする者または不服申立てをした者の求めに応じて、不服申立てに必要な情報を提供する努力義務を課すものである。

本法には教示制度につき定める82条、審査請求書に不備がある場合の補正命令につき定める23条があるが、不作為についての不服申立てに関しては行政庁に教示義務が課されていない。また、実際に不服申立てを行う上では、不服申立手続に関するより詳細な情報が提供されることが便宜である。このため、申請に対する処分手続に関し情報提供の努力義務を定める行手法9条を参考として（「見直し方針2013」13頁）、本法の2014年改正の際に本条の規定が設けられた。

2　不服申立てに必要な情報の提供

(1)　情報提供を行うべき行政庁

本条による情報提供は、「不服申立て」につき「裁決等」をする権限を有する行政庁によって行われる。本条および次条にいう「不服申立て」には、本法によ

る審査請求、再調査の請求、再審査請求のほか、他の法令に基づく不服申立て（1条2項の解説〔西田幸介〕参照）が含まれ、これらにつき裁決、決定その他の処分（本条および次条で「裁決等」と呼ばれる）を行う権限を有する行政庁が、本条により情報提供を行うべきこととなる。地方公共団体の機関などが不服申立てにつき裁決等を行う権限を有する場合にも、本条が適用される。

(2) 情報提供の時期・内容

本条による情報提供は、不服申立てをしようとする者または不服申立てをした者からの求めに応じて行われるとされており、不服審査手続開始の前後を通じて行われうる。

提供されるべき情報は、「不服申立書の記載に関する事項その他の不服申立てに必要な情報」である。不服申立てをしようとする者に対しては、不服申立書の記載の程度、標準審理期間、審理手続の基本的な流れ、不服申立人に認められる手続的権利などに関して情報を提供することが考えられる。不服申立てをした者に対しては、反論書の提出や口頭意見陳述に関する具体的な手続・方式、手続の進行・終結に要する期間などに関して情報を提供することが考えられる。

(3) 情報提供の努力義務

本条により課されているのは、情報提供の努力義務である。しかし、特段の支障がないにもかかわらず求められた情報の提供が行われないならば、本条に照らして違法と評価される場合がありえよう（同旨、行審実務研究会・自治体サポート1005頁〔戸部真澄〕）。不服申立てにかかる情報提供に関するものではないが、情報公開請求をしようとする者に対する情報提供（情報公開22条）の求めに対し拒絶の回答を行ったことが違法とされたものとして、東京地判平21・5・25LEX/DB25450924がある。

〔石塚武志〕

（公　表）

第85条　不服申立てにつき裁決等をする権限を有する行政庁は、当該行政庁がした裁決等の内容その他当該行政庁における不服申立ての処理状況について公表するよう努めなければならない。

1 本条の趣旨

本条は、不服申立てにつき裁決等を行う権限を有する行政庁に対し、裁決等の内容その他不服申立ての処理状況について公表する努力義務を課すものである。

本条の規定内容は、2014年改正によって本法に取り入れられた。2014年の本法改正の背景として、行政の公正・透明性確保のための法制度の整備が指摘されるが(「研究会報告書2006」1頁)、本条が定める公表も、不服審査制度の運用状況に関する説明責任を果たすこと、不服審査制度の透明性を高め行政に対する国民の信頼を確保することに資する(「見直し方針2013」13頁)。また、行政不服申立てをしようとする者にとっては、裁決等の内容や不服申立ての処理状況が公表されることによって、予測可能性が高まることとなる。本条が定める公表により、本法の2014年改正によって取り入れられた諸制度に関する検証を含め、行政不服審査の理論的検討が促されることも期待される(宇賀・行審法解説326頁参照)。

2 裁決等の内容その他不服申立ての処理状況の公表

(1) 公表の主体

本条による公表は、不服申立てにつき裁決等をする権限を有する行政庁によって行われる。「不服申立てにつき裁決等をする権限を有する行政庁」の意義は、84条2(1)の解説(石塚武志)に同じである。

(2) 公表の内容

本条は、公表の内容につき、「裁決等の内容」および「不服申立ての処理状況」を挙げる。「裁決等の内容」については、個人情報などの保護に配慮しつつ、裁決等の具体的な内容が公表されることが有益である。「不服申立ての処理状況」については、処分の根拠法条ごとに、不服申立件数・処理件数、審理期間、裁決等の内容別(認容、棄却、却下)の割合、執行停止の申立数と認容割合などを公表することが考えられる(なお、79条の解説〔稲葉一将〕も参照)。

(3) 公表の努力義務

公表の方法について本条は具体的には規定していないが、ウェブサイトや広報、パンフレット類への掲載が考えられる。本条が規定する情報につき知りうべき状態にされるだけでなく、国民一般に向けられた積極的な公表措置となるよう配慮すべきである(行審実務研究会・自治体サポート1008頁〔戸部真澄〕参照)。

〔石塚武志〕

> **(政令への委任)**
> **第86条** この法律に定めるもののほか、この法律の実施のために必要な事項は、政令で定める。

1 本条の趣旨

本条は、本法の実施に必要な事項を、政令の形式で定めるよう委任するものである。本条は、講学上の執行命令の根拠規定であり、本条の委任に基づく政令の規定で国民の権利や義務を新たに創設することはできない。

2 政令への規定の委任

本法の実施にかかる政令が、「行政不服審査法施行令」(平成27年政令第391号)である。

本条の委任に基づくものとして、行審令では、審査請求人が複数おり総代が選出されていない場合や参加人がいる場合に弁明書、反論書、意見書を合計人数分提出すべきこと(行審令6条1項・7条1項)、遠隔地に居住する審理関係人がいる場合などに映像等の送受信による通話により口頭意見陳述期日における審理をなしうること(同令8条)などが規定されている(宇賀・行審法解説328頁参照)。

なお、行審令のいくつかの規定で総務省令による規定への委任が行われているほか、行審令27条は、行審法および行審令の実施のために必要な手続その他の事項につき一般的に総務省令に規定を委任している。

〔石塚武志〕

> **(罰 則)**
> **第87条** 第69条第8項の規定に違反して秘密を漏らした者は、1年以下の懲役又は50万円以下の罰金に処する。

1 本条の趣旨

本条は、行政不服審査会委員および同委員であった者の守秘義務違反に対する罰則を定めるものである。行政不服審査会委員は特別職国家公務員となり、国家公務員法の定める守秘義務違反に対する罰則規定が適用されないため(国公2条

5項)、本条により守秘義務遵守の担保が図られている。

2　行政不服審査会委員および元委員の守秘義務違反に対する罰則

　行政不服審査会委員および同委員であった者は、職務上知りえた秘密を漏らしてはならない（本法69条8項）。この守秘義務に対する違反があった場合、本条により、1年以下の懲役または50万円以下の罰金に処せられる。

　本条が定める罰則の内容は、一般職国家公務員の守秘義務違反に対する罰則（国公109条12号）、情報公開・個人情報保護審査会委員の守秘義務違反に対する罰則（情報審18条）などと同じものである。

〔石塚武志〕

附　則

附　則

> （施行期日）
> 第1条　この法律は、公布の日から起算して2年を超えない範囲内において政令で定める日から施行する。ただし、次条の規定は、公布の日から施行する。
>
> （準備行為）
> 第2条　第69条第1項の規定による審査会の委員の任命に関し必要な行為は、この法律の施行の日前においても、同項の規定の例によりすることができる。
>
> （経過措置）
> 第3条　行政庁の処分又は不作為についての不服申立てであって、この法律の施行前にされた行政庁の処分又はこの法律の施行前にされた申請に係る行政庁の不作為に係るものについては、なお従前の例による。
> 第4条　この法律の施行後最初に任命される審査会の委員の任期は、第69条第4項本文の規定にかかわらず、9人のうち、3人は2年、6人は3年とする。
> 2　前項に規定する各委員の任期は、総務大臣が定める。
>
> （その他の経過措置の政令への委任）
> 第5条　前2条に定めるもののほか、この法律の施行に関し必要な経過措置は、政令で定める。
>
> （検　討）
> 第6条　政府は、この法律の施行後5年を経過した場合において、この法律の施行の状況について検討を加え、必要があると認めるときは、その結果に基づいて所要の措置を講ずるものとする。

2014（平成26）年の本法の改正に伴って設けられた本附則は、旧行審法上の諸制度からの円滑な移行を図るために必要な技術的な経過措置を定めたものである。

 本附則1条は、本法を、その公布の日から起算して2年を超えない範囲において政令で定める日から施行することを規定する。これは、本法が行政上の不服申立てに関する一般法であり、国・地方公共団体のさまざまな処分に適用されること、2014年の改正が不服申立ての種類の変更、審査手続の改正等「全部改正」という形をとっており、準備期間の確保や国民への周知を図る等の観点から、行政不服審査会の委員の任命等の行為を除き（本附則2条）、公布の日から2年を超えない日という期間を設けたものである。なお、本条の「政令」として定められた「行政不服審査法の施行期日を定める政令（平成27年政令第390号）」において、本法は2016（平成28）年4月1日から施行されることとされた。

 ただ、施行前に行われた処分の取扱いについては、旧行審法の施行や2005（平成17）年行訴法改正の際とは異なり、「従前の例」によって対応されることとなった（本附則3条）。これは、不服の申立先の変更などによる混乱を避けることが望ましいとの理由による（宇賀・行審法解説333頁）。

 次に、本附則4条では、本法施行後最初に任命される審査会の委員の任期に差を設けるものであるが、その委員の任期に差を設ける趣旨は、委員全員が一気に入れ替わることを避け、審査会の調査審議の実質を維持するためである（小早川＝高橋・条解402頁〔近藤寿喜〕）。

 本附則5条は、同3条・同4条以外の必要な経過措置について政令に委任するが、2014年の本法施行時点で、本条に基づき規定された経過措置はない。

 本附則6条は、施行後5年で本法の施行状況につき政府が必要な検討を行うべきことを規定している。2014年本法改正で重視された審理の「公正性の確保」（「見直し方針2013」）の要請は実現できているのか、またその改正で若干後退した「簡易迅速」な救済（本法1条）の要請についてはどのような運用状況か等、注視していく必要があろう。

〔庄村勇人〕

別　表

別表第1（第9条関係）

第11条第2項	第9条第1項の規定により指名された者（以下「審理員」という。）	審査庁
第13条第1項及び第2項	審理員	審査庁
第25条第7項	執行停止の申立てがあったとき、又は審理員から第40条に規定する執行停止をすべき旨の意見書が提出されたとき	執行停止の申立てがあったとき
第28条	審理員	審査庁
第29条第1項	審理員は、審査庁から指名されたときは、直ちに	審査庁は、審査請求がされたときは、第24条の規定により当該審査請求を却下する場合を除き、速やかに
第29条第2項	審理員は	審査庁は、審査庁が処分庁等以外である場合にあっては
	提出を求める	提出を求め、審査庁が処分庁等である場合にあっては、相当の期間内に、弁明書を作成する
第29条第5項	審理員は	審査庁は、第2項の規定により
	提出があったとき	提出があったとき、又は弁明書を作成したとき
第30条第1項及び第2項	審理員	審査庁
第30条第3項	審理員	審査庁
	参加人及び処分庁等	参加人及び処分庁等（処分庁等が審査庁である場合にあっては、参加人）
	審査請求人及び処分庁等	審査請求人及び処分庁等（処分庁等が審査庁である場合にあっては、審査請求人）

行政不服審査法

第31条第1項	審理員	審査庁
第31条第2項	審理員	審査庁
	審理関係人	審理関係人（処分庁等が審査庁である場合にあっては、審査請求人及び参加人。以下この節及び第50条第1項第3号において同じ。）
第31条第3項から第5項まで、第32条第3項、第33条から第37条まで、第38条第1項から第3項まで及び第5項、第39条並びに第41条第1項及び第2項	審理員	審査庁
第41条第3項	審理員が	審査庁が
	終結した旨並びに次条第1項に規定する審理意見書及び事件記録（審査請求書、弁明書その他審査請求に係る事件に関する書類その他の物件のうち政令で定めるものをいう。同条第2項及び第43条第2項において同じ。）を審査庁に提出する予定時期を通知するものとする。当該予定時期を変更したときも、同様とする	終結した旨を通知するものとする
第44条	行政不服審査会等から諮問に対する答申を受けたとき（前条第1項の規定による諮問を要しない場合（同項第2号又は第3号に該当する場合を除く。）にあっては審理員意見書が提出されたとき、同項第2号又は第3号に該当する場合にあっては同項第2号又は第3号に規定する議を経たとき）	審理手続を終結したとき
第50条第1項第4号	理由（第1号の主文が審理員意見書又は行政不服審査会等若しくは審議会等の答申書と異なる内容である場合には、異なることとなった理由を含む。）	理由

1　本別表の趣旨

　本法は、審査庁が委員会等である場合には、審査庁が審理員によらずに自ら審理することとしているが、本法9条3項は、審理員による審理手続を原則的に規定している本法第2章中の審理手続等についての諸規定のうち関係規定に所要の変更を加えて、審査庁自らが審理する場合についても、この変更した規定を適用することとする（いわゆる変更適用）とともに、この場合に審理員が審理手続を行うことを前提にしている規定は適用しないこととしている（適用除外）。

　本別表は、本法9条3項を受けて、審査請求において審理員による審理手続に

よらない場合の審査庁の審理手続について変更適用による読替え（適用読替え）を別表の形式において規定したものである。

この解説において「委員会等」は、別表第3第9条第4項の項において「第1項各号に掲げる機関である再審査庁」に「委員会等である再審査庁」の略称を与えていることに照らして、「第9条第1項各号に掲げる機関」を指すこととする。なお、本則において「〔第9条〕第1項各号に掲げる機関」の文言に「委員会等」の略称を用いていないのは、この文言に「第66条第1項において準用する」（63条）、「前項において準用する」（66条2項）といった準用規定の条項名を引用する形容句が付せられているからであろう。

なお、表・別表の縦の区切りを「項」という（この解説の別表は横書きにしているため、項は横の区切りとなる）ので、例えば、別表第1の冒頭の項は「別表第1第11条第2項の項」と表示することになる。

2　準用と適用

(1)　準用と適用

別表第1は本法9条3項の変更適用規定を、別表第2は本法61条の準用規定を、別表第3は本法66条1項の準用規定をそれぞれ受けて、それぞれその読替えを別表の形式において規定したものである。ここで準用と適用の法理について、3つの別表を理解するのに必要な限度で整理する（準用と適用の意義、法理等については、法制執務研究会編『新訂ワークブック法制執務』〔ぎょうせい、2007年〕191頁以下、718頁以下、榊原志俊「立法技術に関する研究Ⅴ──適用と準用に関する諸問題」愛知学院大学論叢「法学研究」58巻1号＝2号〔2017年〕57頁以下を参照）。

準用とは、その規定の本来の目的とする対象（本来対象）とは異なる別異の対象（別異対象）に、その規定に必要な変更を加えて、その規定を当てはめることをいう。これに対して、適用とは、その規定が定める本来対象に、その規定に変更を加えることなく、その規定を当てはめることをいう。このように準用と適用とは、規定を当てはめる対象の観点から区分され（別異対象か本来対象か）、また、規定のあり方の観点から区別される（規定が変更されるか変更されないか）。

適用のうちには、何らかの政策的配慮からその規定の一部に変更（読替え）を加えて、その規定を本来対象に当てはめる変更適用（読替適用ともいう）というものが存在する。準用と変更適用とは、規定が変更される点では相違しないが、当てはめの対象の点で異なることになる（変更適用について、法制執務研究会・前

掲書196頁、733頁、榊原・前掲論文67頁以下参照)。

(2) 準　用

準用は、法条の長大化、繰返化を避けるために、他の対象に関する規定を便宜借用する立法技術であり、したがって、準用規定によって、借用された別異対象に係る被準用規定が準用箇所に所要の変更を加えた規定（変更規定）として観念的に措定されていると把握すべきものである（榊原・前掲論文89頁参照）。準用は法条の簡素化、効率化に資するために立法技術の観点から用いられる便利な技法であって、長大化、繰返化を厭わなければ、準用規定を設けなくともすむというだけのものである。

準用には、読替規定が置かれることがある。この準用読替えは、準用関係をわかりやすくするための手法であって、疑問なく被準用規定に変更が加えられるような部分については、読替規定を置く必要はない。準用読替規定を設けるまでもなく、当然に疑問なく読み替えることができる読替えを当然読替えという。当然読替えが可能な規定中の字句には読替規定は置かれない（法制執務研究会・前掲書193頁、榊原・前掲論文94頁参照）。このような準用読替規定の文言は「読み替えるものとする」という定型的な表現で結ぶこととされている（法制執務研究会・前掲書193頁、733頁参照）。

(3) 適　用

適用は、その規定が定める本来対象に、その規定に変更を加えることなく、その規定を当てはめるものであるから、適用規定は実在するものでなくてはならない。しかし、本来対象に規定をそのまま当てはめるという適用の定義は当然のことを述べているにすぎず、この定義だけから意味のある法理を導き出すことは困難である。

本来対象の中には細区分や下位区分をすることができる事項から成るものがある。このような細区分された事項（細区分対象）にも規定をそのまま当てはめることができる場合がある。このような機能は、当てはめの観点からみれば、対象を限定していることになる。この対象を限定する作用によって、適用はある規定の細区分対象への当てはめを分別的、選別的に発動させることができることになる。この対象を分別する作用によって、適用は本来対象への当てはめを精密化、複雑化することができることになる（榊原・前掲論文70頁以下・74頁参照）。このように適用規定は、実在する規定がどのような対象（細区分対象）に当てはめられ

るかを明らかにするものとして設定されるのである。

(4) 変更適用

変更適用も適用の一種であるので、変更規定を細区分対象に当てはめることができる。

変更適用は、法令の規定に直接の変更を加えるもの、すなわち変更規定を実在的に設定するものであるから、規定を変更する部分については必ず読替え（適用読替え）を行わなければならない（榊原・前掲論文68頁、92頁参照）。したがって、適用読替えにおいては、準用読替えにおけるような当然読替えというものは存在しない。また、適用読替規定においては、「とする」と明確に規範性を付与する文言で結ぶこととされている（法制執務研究会・前掲書197頁、733頁参照）。

変更適用は、ある変更規定がどのような対象（本来対象・細区分対象）に当てはめられるかを明らかにするものであり、準用におけるように変更規定の観念的な措定の問題ではなく、変更規定の実在的な設定の問題である。

3 変更適用と適用読替え

変更適用は、本来対象に属するある事項についての規定を変更して、本来対象に属する他の事項に、この変更された規定を当てはめることである。これを9条3項についてみれば、審査請求に対する審査庁の審査（本来対象）は、審理員の審理による場合と審理員の審理によらない場合（それぞれ本来対象に属する細区分された事項）とがあるが、本法は、審理員の審理による方式を審査請求に対する審査庁の審査の方式として原則的に規定しているところ、審理員の審理による方式に関する規定に所要の変更（読替え）を加えて（例えば、規定中の「審理員」という字句を「審査庁」という字句に読み替える）、審理員の審理によらない場合（すなわち、審査庁が自ら審理する場合）にも、その変更された規定を当てはめるというものである。

9条3項の適用読替えの文言は「読み替えるものとし」としており、変則的である。適用読替えであっても、読替えが表・別表形式による場合には、「読み替えるものとする」という文言が用いられることがある。そのような用法が立法技術上どのような場合に用いられるかは明らかではないが、次項（9条4項）において、変更適用の対象となる規定を引用する場合の定型的な文言である「読み替えて適用する」が用いられていることに合せて、9条3項の読替規定の文言においても「読み替えるものとし（とする）」と結んだものと考えられる。

4　本別表の形式

本法9条3項の適用読替えは、該当する条項が多数に及ぶため、別表の形式によっている（準用読替えの表化について法制執務研究会・前掲書226頁参照）。なお、同項自体において変更適用の対象となる条項名を掲げていないのは、別表形式によったからである（対象条項名は別表の上欄（左欄）に掲げられる）。

適用読替えの対象となる条項は本別表の上欄（左欄）に掲げる規定であり、中欄の読み替えられる字句は概ね「審理員」またはこれに関連した字句であり、下欄（右欄）の読み替える字句は概ね「審査庁」またはこれに関連した字句である。読替えの内容としてはさほど複雑ではない。その具体的内容については、9条3項の解説（前田雅子）を参照。

[榊原志俊]

別表第2（第61条関係）

第9条第4項	前項に規定する場合において、審査庁	処分庁
	（第2項各号（第1項各号に掲げる機関の構成員にあっては、第1号を除く。）に掲げる者以外の者に限る。）に、前項において読み替えて適用する	に、第61条において読み替えて準用する
	若しくは第13条第4項	又は第61条において準用する第13条第4項
	聴かせ、前項において読み替えて適用する第34条の規定による参考人の陳述を聴かせ、同項において読み替えて適用する第35条第1項の規定による検証をさせ、前項において読み替えて適用する第36条の規定による第28条に規定する審理関係人に対する質問をさせ、又は同項において読み替えて適用する第37条第1項若しくは第2項の規定による意見の聴取を行わせる	聴かせる
第11条第2項	第9条第1項の規定により指名された者（以下「審理員」という。）	処分庁
第13条第1項	処分又は不作為に係る処分	処分
	審理員	処分庁
第13条第2項	審理員	処分庁
第14条	第19条に規定する審査請求書	第61条において読み替えて準用する第19条に規定する再調査の請求書
	第21条第2項に規定する審査請求録取書	第22条第3項に規定する再調査の請求録取書

別　表

第16条	第4条又は他の法律若しくは条例の規定により審査庁となるべき行政庁（以下「審査庁となるべき行政庁」という。）	再調査の請求の対象となるべき処分の権限を有する行政庁
	当該審査庁となるべき行政庁及び関係処分庁（当該審査請求の対象となるべき処分の権限を有する行政庁であって当該審査庁となるべき行政庁以外のものをいう。次条において同じ。）	当該行政庁
第18条第3項	次条に規定する審査請求書	第61条において読み替えて準用する次条に規定する再調査の請求書
	前2項に規定する期間（以下「審査請求期間」という。）	第54条に規定する期間
第19条の見出し及び同条第1項	審査請求書	再調査の請求書
第19条第2項	処分についての審査請求書	再調査の請求書
	処分（当該処分について再調査の請求についての決定を経たときは、当該決定）	処分
第19条第4項	審査請求書	再調査の請求書
	第2項各号又は前項各号	第2項各号
第19条第5項	処分についての審査請求書	再調査の請求書
	審査請求期間	第54条に規定する期間
	前条第1項ただし書又は第2項ただし書	同条第1項ただし書又は第2項ただし書
第20条	前条第2項から第5項まで	第61条において読み替えて準用する前条第2項、第4項及び第5項
第23条（見出しを含む。）	審査請求書	再調査の請求書
第24条第1項	次節に規定する審理手続を経ないで、第45条第1項又は第49条第1項	審理手続を経ないで、第58条第1項
第25条第2項	処分庁の上級行政庁又は処分庁である審査庁	処分庁
第25条第4項	前2項	第2項
第25条第6項	第2項から第4項まで	第2項及び第4項
第25条第7項	執行停止の申立てがあったとき、又は審理員から第40条に規定する執行停止をすべき旨の意見書が提出されたとき	執行停止の申立てがあったとき
第31条第1項	審理員	処分庁
	この条及び第41条第2項第2号	この条
第31条第2項	審理員	処分庁
	全ての審理関係人	再調査の請求人及び参加人

第31条第3項及び第4項	審理員		処分庁
第32条第3項	前2項		第1項
	審理員		処分庁
第39条	審理員		処分庁
第51条第1項	第46条第1項及び第47条		第59条第1項及び第2項
第51条第4項	参加人及び処分庁等（審査庁以外の処分庁等に限る。）		参加人
第53条	第32条第1項又は第2項の規定により提出された証拠書類若しくは証拠物又は書類その他の物件及び第33条の規定による提出要求に応じて提出された書類その他の物件		第61条において準用する第32条第1項の規定により提出された証拠書類又は証拠物

1 本別表の趣旨

本法61条は、処分庁に対する再調査の請求について、審査請求に関する規定のうち必要な条項を個別的に準用し、これに伴い読替規定を別表の形式で設定することとしている。

本別表は、本法61条を受けて、再調査の請求についての準用読替規定を別表の形式において規定したものである。

2 準用と準用読替え

再調査の請求は、本来対象である審査請求に対して別異対象の関係に立ち、したがって、再調査の請求と審査請求との間に準用関係を認めることができる（準用について別表第1の解説2〔榊原志俊〕参照）。本法61条は、再調査の請求の手続について、審査請求手続の規定を借用して、この規定に所要の変更を加えて、これを再調査の請求の手続に当てはめる準用関係を規定するものである。

準用読替えにおいて当然読替えができる字句には読替規定を置く必要はない（当然読替えについて別表第1の解説2(2)〔榊原〕参照）。例えば、「審査請求」「審査請求人」という字句の「再調査の請求」「再調査の請求人」という字句へのそれぞれの読替えは、当然読替えとして本別表において読み替えられる字句として掲げられていない。したがって、例えば、本別表第2第9条第4項の項において、多くの読替えの字句が掲げられているが、当然読替えの対象となる「審査請求人」という字句は読み替えられる字句として本別表中に掲げられていない。また、61条において被準用条項として掲げられていても、読み替えられる字句が当然読替えの部分だけから成るため、読替えの本別表において項として立てられていな

い条項もある（これを条についてみると、10条・12条・15条・26条・27条である）。

3　9条各項の準用関係

再調査の請求においては、審査請求手続のうち必要な限度で所要の規定を準用することとしているが、審理員による審理手続も審理員によらない審査庁の審理手続もとるものではない。したがって、9条1項・2項の審理員の規定も、同条3項の委員会等についての変更適用の規定も準用する余地はなく、61条はこれらの規定を準用していない（委員会等の略称について別表第1の解説1〔榊原〕参照）。

これに対して、61条は9条4項を準用しているが、これは次のような理由に基づく。再調査の請求においても、処分庁はその職員に請求人、参加人からの口頭意見陳述の聴取だけはさせることができるとする必要がある。そこで、委員会等である審査庁が自ら審理する場合にその職員にさせることができる手続を定める9条4項のうちから、口頭意見陳述に関する31条1項の規定に係る部分だけを再調査の請求においても整合的に準用することができるように、大幅な読替えを行う。すなわち、本別表第2第9条第4項の項の読替規定において、31条1項の規定の引用文言を準用関係に読替えにおいて変更し（「読み替えて適用する」の字句を「読み替えて準用する」の字句に読み替える）、また、職員の除斥事由を除外するために除斥事由に関する字句を読替えにおいて削除し、さらに、9条4項の規定するその他の条項（34条・35条1項・36条・37条1項・2項）の字句を読替えにおいて削除している（読替えには字句改正における改め文方式のような字句の改正、追加、削除といった機能はないので、読替えにおいて変更する場合に限らず、読替えにおいて追加する、読替えにおいて削除するという形式を採ることになる）。

4　本別表の形式

本法61条の準用読替えは、該当する条項が多数に及ぶため、別表の形式によっている。

準用の対象となる条項は61条に列記された条項に限られるが、読み替えられる字句が当然読替えの部分だけから成る条項は本別表の項として立てられることはない（上記2参照）。

準用読替えの対象となる条項は本別表の上欄（左欄）に掲げる条項であり、中欄の読み替えられる字句は「審理員」「審査請求書」等の字句であり、下欄（右欄）の読み替える字句は「処分庁」「再調査の請求書」等の字句である。その具体的内容については、61条の解説（岩本浩史）を参照。　　　　　　　　　　〔榊原志俊〕

別表第3（第66条関係）

第9条第1項	第4条又は他の法律若しくは条例の規定により審査請求がされた行政庁（第14条の規定により引継ぎを受けた行政庁を含む。以下「審査庁」という。）	第63条に規定する再審査庁（以下この章において「再審査庁」という。）
	この節	この節及び第63条
	処分庁等（審査庁以外の処分庁等に限る。）	裁決庁等（原裁決をした行政庁（以下この章において「裁決庁」という。）又は処分庁をいう。以下この章において同じ。）
	若しくは条例に基づく処分について条例に特別の定めがある場合又は第24条	又は第66条第1項において読み替えて準用する第24条
第9条第2項第1号	審査請求に係る処分若しくは	原裁決に係る審査請求に係る処分、
	に関与した者又は審査請求に係る不作為に係る処分に関与し、若しくは関与することとなる者	又は原裁決に関与した者
第9条第4項	前項に規定する場合において、審査庁	第1項各号に掲げる機関である再審査庁（以下「委員会等である再審査庁」という。）
	前項において	第66条第1項において
	適用する	準用する
	第13条第4項	第66条第1項において準用する第13条第4項
	第28条	同項において読み替えて準用する第28条
第11条第2項	第9条第1項の規定により指名された者（以下「審理員」という。）	第66条第1項において読み替えて準用する第9条第1項の規定により指名された者（以下「審理員」という。）又は委員会等である再審査庁
第13条第1項	処分又は不作為に係る処分の根拠となる法令に照らし当該処分	原裁決等の根拠となる法令に照らし当該原裁決等
	審理員	審理員又は委員会等である再審査庁
第13条第2項	審理員	審理員又は委員会等である再審査庁
第14条	第19条に規定する審査請求書	第66条第1項において読み替えて準用する第

別表

			19条に規定する再審査請求書
		第21条第2項に規定する審査請求録取書	同項において読み替えて準用する第21条第2項に規定する再審査請求録取書
第15条第1項、第2項及び第6項		審査請求の	原裁決に係る審査請求の
第16条		第4条又は他の法律若しくは条例	他の法律
		関係処分庁（当該審査請求の対象となるべき処分の権限を有する行政庁であって当該審査庁となるべき行政庁以外のものをいう。次条において同じ。）	当該再審査請求の対象となるべき裁決又は処分の権限を有する行政庁
第17条		関係処分庁	当該再審査請求の対象となるべき裁決又は処分の権限を有する行政庁
第18条第3項		次条に規定する審査請求書	第66条第1項において読み替えて準用する次条に規定する再審査請求書
		前2項に規定する期間（以下「審査請求期間」という。）	第50条第3項に規定する再審査請求期間（以下この章において「再審査請求期間」という。）
第19条の見出し及び同条第1項		審査請求書	再審査請求書
第19条第2項		処分についての審査請求書	再審査請求書
		処分の内容	原裁決等の内容
		審査請求に係る処分（当該処分について再調査の請求についての決定を経たときは、当該決定）	原裁決
		処分庁	裁決庁
第19条第4項		審査請求書	再審査請求書
		第2項各号又は前項各号	第2項各号
第19条第5項		処分についての審査請求書	再審査請求書
		審査請求期間	再審査請求期間
		前条第1項ただし書又は第2項ただし書	第62条第1項ただし書又は第2項ただし書
第20条		前条第2項から第5項まで	第66条第1項において読み替えて準用する前条第2項、第4項及び第5項
第21条の見出し		処分庁等	処分庁又は裁決庁

第21条第1項	審査請求をすべき行政庁が処分庁等と異なる場合における審査請求は、処分庁等	再審査請求は、処分庁又は裁決庁
	処分庁等に	処分庁若しくは裁決庁に
	審査請求書	再審査請求書
	第19条第2項から第5項まで	第66条第1項において読み替えて準用する第19条第2項、第4項及び第5項
第21条第2項	処分庁等	処分庁又は裁決庁
	審査請求書又は審査請求録取書(前条後段	再審査請求書又は再審査請求録取書(第66条第1項において準用する前条後段
	第29条第1項及び第55条	第66条第1項において読み替えて準用する第29条第1項
第21条第3項	審査請求期間	再審査請求期間
	処分庁に	処分庁若しくは裁決庁に
	審査請求書	再審査請求書
	処分についての審査請求	再審査請求
第23条(見出しを含む。)	審査請求書	再審査請求書
第24条第1項	審理手続を経ないで、第45条第1項又は第49条第1項	審理手続(第63条に規定する手続を含む。)を経ないで、第64条第1項
第25条第1項	処分	原裁決等
第25条第3項	処分庁の上級行政庁又は処分庁のいずれでもない審査庁	再審査庁
	処分庁の意見	裁決庁等の意見
	執行停止をすることができる。ただし、処分の効力、処分の執行又は手続の続行の全部又は一部の停止以外の措置をとることはできない	原裁決等の効力、原裁決等の執行又は手続の続行の全部又は一部の停止(以下「執行停止」という。)をすることができる
第25条第4項	前2項	前項
	処分	原裁決等
第25条第6項	第2項から第4項まで	第3項及び第4項
	処分	原裁決等
第25条第7項	第40条に規定する執行停止をすべき旨の意見書が提出されたとき	第66条第1項において準用する第40条に規定

別表

		する執行停止をすべき旨の意見書が提出されたとき（再審査庁が委員会等である再審査庁である場合にあっては、執行停止の申立てがあったとき）
第28条	処分庁等	裁決庁等
	審理員	審理員又は委員会等である再審査庁
第29条第1項	審理員は	審理員又は委員会等である再審査庁は、審理員にあっては
	審査請求書又は審査請求録取書の写しを処分庁等に送付しなければならない。ただし、処分庁等が審査庁である場合には、この限りでない	委員会等である再審査庁にあっては、再審査請求がされたときは第66条第1項において読み替えて準用する第24条の規定により当該再審査請求を却下する場合を除き、速やかに、それぞれ、再審査請求書又は再審査請求録取書の写しを裁決庁等に送付しなければならない
第30条の見出し	反論書等	意見書
第30条第2項	審理員	審理員又は委員会等である再審査庁
第30条第3項	審理員は、審査請求人から反論書の提出があったときはこれを参加人及び処分庁等に	審理員又は委員会等である再審査庁は
	これを審査請求人及び処分庁等に、それぞれ	、これを再審査請求人及び裁決庁等に
第31条第1項から第4項まで	審理員	審理員又は委員会等である再審査庁
第31条第5項	審理員	審理員又は委員会等である再審査庁
	処分庁等	裁決庁等
第32条第2項	処分庁等は、当該処分	裁決庁等は、当該原裁決等
第32条第3項及び第33条から第37条まで	審理員	審理員又は委員会等である再審査庁
第38条第1項	審理員	審理員又は委員会等である再審査庁
	第29条第4項各号に掲げる書面又は第32条第1項若しくは第2項若しくは	第66条第1項において準用する第32条第1項

		若しくは第2項又は
第38条第2項、第3項及び第5項、第39条並びに第41条第1項	審理員	審理員又は委員会等である再審査庁
第41条第2項	審理員	審理員又は委員会等である再審査庁
	イからホまで	ハからホまで
第41条第3項	審理員が	審理員又は委員会等である再審査庁が
	審理手続を終結した旨並びに次条第1項	審理員にあっては審理手続を終結した旨並びに第66条第1項において準用する次条第1項
	審査請求書、弁明書	再審査請求書、原裁決に係る裁決書
	同条第2項及び第43条第2項	第66条第1項において準用する次条第2項
	を通知する	を、委員会等である再審査庁にあっては審理手続を終結した旨を、それぞれ通知する
	当該予定時期	審理員が当該予定時期
第44条	行政不服審査会等から諮問に対する答申を受けたとき（前条第1項の規定による諮問を要しない場合（同項第2号又は第3号に該当する場合を除く。）にあっては審理員意見書が提出されたとき、同項第2号又は第3号に該当する場合にあっては同項第2号又は第3号に規定する議を経たとき）	審理員意見書が提出されたとき（委員会等である再審査庁にあっては、審理手続を終結したとき）
第50条第1項第4号	第1号の主文が審理員意見書又は行政不服審査会等若しくは行政不服審議会等の答申書と異なる内容である場合には	再審査庁が委員会等である再審査庁以外の行政庁である場合において、第1号の主文が審理員意見書と異なる内容であるときは
第50条第2項	第43条第1項の規定による行政不服審査会等への諮問を要しない場合	再審査庁が委員会等である再審査庁以外の行政庁である場合
第51条第1項	処分	原裁決等
	第46条第1項及び第47条	第65条
第51条第4項	及び処分庁等（審査庁以外の処分庁等に限る。）	並びに処分庁及び裁決庁（処分庁以外の裁決庁に限る。）
第52条第2項	申請を	申請若しくは審査請求を

	棄却した処分	棄却した原裁決等
	処分庁	裁決庁等
	申請に対する処分	申請に対する処分又は審査請求に対する裁決
第52条第3項	処分が	原裁決等が
	処分庁	裁決庁等
第52条第4項	処分の	原裁決等の
	処分が	原裁決等が
	処分庁	裁決庁等

1 本別表の趣旨

本法66条1項は、再審査請求について、審査請求に関する本法第2章の条項を包括的に準用し（ただし、準用することができない規定は個別的に除外する）、これに伴い、読替規定を別表の形式で設定することとしている。

本別表は、本法66条1項を受けて、再審査請求についての準用読替えを別表の形式において規定したものである。

2 準用と準用読替え

再審査請求は、本来対象である審査請求に対して別異対象の関係に立ち、したがって、再審査請求と審査請求との間に準用関係を認めることができる（準用について別表第1の解説2〔榊原志俊〕参照）。本法66条1項は、再審査請求の手続について、審査請求手続の規定を借用して、この規定に所要の変更を加えて、これを再審査請求手続に当てはめる準用関係を規定するものである。

66条1項における準用読替えについても、「審査庁」「審査請求人」等の字句の「再審査庁」「再審査請求人」等の字句へのそれぞれの読替えは、当然読替えとして本別表には掲げられていない（当然読替えについて別表第1の解説2(2)〔榊原〕参照）。また、66条1項において被準用条項として掲げられていても（もっとも、包括的に準用された本法第2章の条項から不準用の条項を除外した条項である）、読み替えられる字句が当然読替えの部分だけから成る条項については、本別表の項として立てられていない（このような条項のうち条についてみると、10条・12条・26条・27条・40条・42条・53条である）。

3 9条3項の不準用と読替え操作

再審査請求については、審理員による審理手続も、委員会等である審査庁における審理員によらない審理手続のいずれもとることとしている（委員会等の略称

について別表第1の解説1〔榊原〕参照)。したがって、審査請求に係る審理員に関する規定は再審査請求に単純に準用すれば足りるが、委員会等である審査庁における審理員によらない審理手続に関する規定は9条3項の適用読替規定を準用すべきことになる。しかし、66条1項は9条3項を準用していない。その理由は、9条3項の適用読替規定を準用してその読替規定を設けることとすると、孫準用におけると同様に複雑な読替えとなるため、同項は準用しないこととしたからであろう(孫準用について法制執務研究会編『新訂ワークブック法制執務』〔ぎょうせい、2007年〕719頁参照)。この点について、本別表第3第9条第4項の項における読替えにおいて、「第1項各号に掲げる機関である再審査庁」を「委員会等である再審査庁」と定義した上で、本別表の中で「審理員」を「審理員又は委員会等である再審査庁」と直接読み替える(11条2項・13条1項・2項・28条等の項)ことにより、9条3項を介在させることなく、審理員が審理する場合と委員会等である再審査庁が自ら審理する場合とを一括して読み替えている。

4　本別表の形式

　本法66条1項の準用読替えは、該当する条項が多数に及ぶため、別表の形式によっている。

　準用の対象となる条項は66条1項に包括的に規定された条項(不準用条項を除いた本法第2章の条項)に限られるが、読み替えられる字句が当然読替えの部分だけから成る条項は本別表の項として立てられることはない(上記2参照)。

　準用読替えの対象となる条項は本別表の上欄(左欄)に掲げる条項であり、中欄の読み替えられる字句は「処分庁」「審査請求書」「審理員」等の字句であり、下欄(右欄)の読み替える字句は「裁決庁」「再審査請求書」「審理員又は委員会等である再審査庁」等の字句である。その具体的内容については、66条1項の解説(南川和宣)を参照。

〔榊原志俊〕

資　　料

行政手続法施行令（平成6年政令第265号）

行政手続法の施行に当たって（平成6年9月13日総管第211号）

聴聞の運用のための具体的措置について（平成6年4月25日総管第102号）

行政手続法第6章に定める意見公募手続等の運用の改善について
（平成27年3月26日総管管第29号）

行政手続法の一部を改正する法律の施行について（平成26年11月28日総管管第93号）

行政不服審査法施行令（平成27年政令第391号）

行政不服審査法施行規則（平成28年総務省令第5号）

行政不服審査法及び行政不服審査法の施行に伴う関係法律の整備等に関する法律の施行について（平成28年1月29日総管管第6号）

行政不服審査法〔旧法〕（昭和37年9月15日法律第160号）

訴願法（明治23年10月10日法律第105号）

行政手続法施行令（平成6年政令第265号）

　内閣は、行政手続法（平成5年法律第88号）第4条第2項第2号、第13条第2項第5号及び第19条第1項の規定に基づき、この政令を制定する。

（申請に対する処分及び不利益処分に関する規定の適用が除外される法人）
第1条　行政手続法（以下「法」という。）第4条第2項第2号の政令で定める法人は、外国人技能実習機構、危険物保安技術協会、行政書士会、漁業共済組合連合会、軽自動車検査協会、健康保険組合、健康保険組合連合会、原子力損害賠償・廃炉等支援機構、広域的運営推進機関、広域臨海環境整備センター、港務局、小型船舶検査機構、国民健康保険組合、国民健康保険団体連合会、国民年金基金、国民年金基金連合会、国家公務員共済組合、国家公務員共済組合連合会、市街地再開発組合、自動車安全運転センター、司法書士会、社会保険労務士会、住宅街区整備組合、商工会連合会、水害予防組合、水害予防組合連合、税理士会、石炭鉱業年金基金、全国健康保険協会、全国市町村職員共済組合連合会、全国社会保険労務士会連合会、地方公務員共済組合、地方公務員共済組合連合会、地方公務員災害補償基金、地方住宅供給公社、地方道路公社、地方独立行政法人、中央職業能力開発協会、中央労働災害防止協会、中小企業団体中央会、土地開発公社、土地改良区、土地改良区連合、土地家屋調査士会、土地区画整理組合、都道府県職業能力開発協会、日本行政書士会連合会、日本銀行、日本下水道事業団、日本公認会計士協会、日本司法書士会連合会、日本商工会議所、日本税理士会連合会、日本赤十字社、日本土地家屋調査士会連合会、日本弁理士会、日本水先人会連合会、農業共済組合、農業共済組合連合会、農水産業協同組合貯金保険機構、防災街区整備事業組合、水先人会、預金保険機構及び労働災害防止協会とする。

（不利益処分をしようとする場合の手続を要しない処分）
第2条　法第13条第2項第5号の政令で定める処分は、次に掲げる処分とする。
　一　法令の規定により行政庁が交付する書類であって交付を受けた者の資格又は地位を証明するもの（以下この号において「証明書類」という。）について、法令の規定に従い、既に交付した証明書類の記載事項の訂正（追加を含む。以下この号において同じ。）をするためにその提出を命ずる処分及び訂正に代えて新たな証明書類の交付をする場合に既に交付した証明書類の返納を命ずる処分
　二　届出をする場合に提出することが義務付けられている書類について、法令の規定に従い、当該書類が法令に定められた要件に適合することとなるようにその訂正を命ずる処分

（職員以外に聴聞を主宰することができる者）

資料

第3条 法第19条第1項の政令で定める者は、次に掲げる者とする。
　一　法令に基づき審議会その他の合議制の機関の答申を受けて行うこととされている処分に係る聴聞にあっては、当該合議制の機関の構成員
　二　保健師助産師看護師法（昭和23年法律第203号）第14条第2項の規定による処分に係る聴聞にあっては、准看護師試験委員
　三　歯科衛生士法（昭和23年法律第204号）第8条第1項の規定による処分に係る聴聞にあっては、歯科衛生士の業務に関する学識経験を有する者
　四　医療法（昭和23年法律第205号）第24条第1項、第28条又は第29条第1項若しくは第2項の規定による処分に係る聴聞にあっては、診療に関する学識経験を有する者

（意見公募手続を実施することを要しない命令等）
第4条 法第39条第4項第4号の政令で定める命令等は、次に掲げる命令等とする。
　一　健康保険法（大正11年法律第70号）第70条第1項（同法第85条第9項、第85条の2第5項、第86条第4項、第110条第7項及び第149条において準用する場合を含む。）及び第3項、第72条第1項（同法第85条第9項、第85条の2第5項、第86条第4項、第110条第7項及び第149条において準用する場合を含む。）並びに第92条第2項（指定訪問看護の取扱いに係る部分に限り、同法第111条第3項及び第149条において準用する場合を含む。）の命令等
　二　船員保険法（昭和14年法律第73号）第54条第2項（同法第61条第7項、第62条第4項、第63条第4項及び第76条第6項において準用する場合を含む。）及び第65条第10項（同法第78条第3項において準用する場合を含む。）の命令等
　三　労働基準法（昭和22年法律第49号）第32条の4第3項及び第38条の4第3項の命令等
　四　労働者災害補償保険法（昭和22年法律第50号）第7条第2項第2号及び第3号並びに第3項、第8条第2項、第8条の2第1項第2号（同号の厚生労働省令に係る部分に限る。）、第2項各号（同法第8条の3第2項において準用する場合を含む。）及び第3項（同法第8条の2第4項（同法第8条の3第2項において準用する場合を含む。）及び第8条の3第2項において準用する場合を含む。）、第8条の3第1項第2号（同号の厚生労働省令に係る部分に限り、同法第8条の4において準用する場合を含む。）、第12条の2、第12条の7、第12条の8第3項第2号及び第4項、第13条第3項（同法第22条第2項において準用する場合を含む。）、第14条第2項（同法第22条の2第2項において準用する場合を含む。）、第14条の2（同法第22条の2第2項において準用する場合を含む。）、第15条第1項、第15条の2（同法第22条の3第3項において準用する場合を含む。）、第16条の2第1項第4号（同法第22条の4第3項において準用する場合を含む。）、第17条（同法第22条の5第2項において準用する場合を含む。）、第18条の2（同法第23条第2項において準用する場合を含む。）、第19条の2（同法第24条第2項において準用する場合を含む。）、第20条、第22条第1項、第25条、第

26条第1項及び第2項第1号、第27条、第28条、第29条第2項、第31条第1項から第3項まで、第33条第1号、第3号及び第5号から第7号まで、第34条第1項第3号（同法第36条第1項第2号において準用する場合を含む。）、第35条第1項、第37条、第46条、第47条、第49条第1項、第50条、第58条第1項、第59条第2項及び第3項（同法第62条第3項において準用する場合を含む。）、第60条第2項、第3項（同法第63条第3項において準用する場合を含む。）及び第4項（同法第63条第3項において準用する場合を含む。）、第61条第1項、第64条第2項並びに別表第1各号（同法第22条の3第3項、第22条の4第3項及び第23条第2項において準用する場合を含む。）の命令等

五　国民健康保険法（昭和33年法律第192号）第40条第2項（同法第52条第6項、第52条の2第3項、第53条第3項及び第54条の3第2項において準用する場合を含む。）及び第54条の2第10項（同法第54条の3第2項において準用する場合を含む。）の命令等

六　労働保険の保険料の徴収等に関する法律（昭和44年法律第84号）第2条第2項、第4条の2、第7条第3号及び第5号、第8条第1項、第9条、第11条第3項、第12条第2項、第3項及び第5項、第12条の2、第13条、第14条第1項、第14条の2第1項、第15条第1項及び第2項、第16条（同法附則第5条において準用する場合を含む。）、第17条第2項（同法第20条第4項及び第21条第3項において準用する場合を含む。）、第18条、第19条第1項、第2項、第5項及び第6項、第20条第1項（同条第2項において準用する場合を含む。）及び第3項、第21条の2、第22条第5項（同項の第1級保険料日額、第2級保険料日額及び第3級保険料日額の変更に係る部分に限る。）、第33条第1項、第36条、第39条、第42条並びに第45条の2の命令等

七　高年齢者等の雇用の安定等に関する法律（昭和46年法律第68号）第22条第4号、第24条第1項第3号及び第25条第1項（同項の計画に係る部分に限る。）の命令等

八　雇用の分野における男女の均等な機会及び待遇の確保等に関する法律（昭和47年法律第113号）第10条第1項、第11条第2項、第11条の2第2項及び第13条第2項の命令等

九　雇用保険法（昭和49年法律第116号）第10条の4第1項、第13条第1項及び第3項、第18条第3項、第20条第1項（同項の厚生労働省令で定める理由に係る部分に限る。）及び第2項（同項の厚生労働省令で定める理由に係る部分に限る。）、第22条第2項、第24条の2第1項（同項第2号の厚生労働大臣が指定する地域に係る部分を除く。）、第25条第1項（同項の政令で定める基準に係る部分に限る。）及び第3項、第26条第2項、第27条第1項（同項の政令で定める基準に係る部分に限る。）及び第2項、第29条第2項、第32条第3項（同法第37条の4第6項及び第40条第4項において準用する場合を含む。）、第33条第2項（同法第37条の4第6項及び第40条第4項において準用する場合を含む。）、第37条の3第1項、第38条第1項第2号、第39条第1項、第52

資料

条第2項（同法第55条第4項において準用する場合を含む。）、第56条の3第1項（同項の厚生労働省令で定める基準に係る部分及び同項第2号の就職が困難な者として厚生労働省令で定めるものに係る部分に限る。）、第61条の4第1項（同項の厚生労働省令で定める理由に係る部分に限る。）並びに第61条の6第1項（同項の厚生労働省令で定める理由に係る部分に限る。）の命令等並びに同法の施行に関する重要事項に係る命令等

十　高齢者の医療の確保に関する法律（昭和57年法律第80号）第71条第1項（同項の療養の給付の取扱い及び担当に関する基準に係る部分に限る。）、第74条第4項、第75条第4項、第76条第3項及び第79条第1項（指定訪問看護の取扱いに係る部分に限る。）の命令等

十一　労働者派遣事業の適正な運営の確保及び派遣労働者の保護等に関する法律（昭和60年法律第88号）第4条第1項第3号、第35条の4第1項並びに第40条の2第1項第2号、第4号及び第5号の命令等

十二　育児休業、介護休業等育児又は家族介護を行う労働者の福祉に関する法律（平成3年法律第76号）第2条第1号及び第3号から第5号まで、第5条第2項、第3項第2号及び第4項第2号、第6条第1項第2号（同法第12条第2項、第16条の3第2項及び第16条の6第2項において準用する場合を含む。）及び第3項、第7条第2項及び第3項（同法第13条において準用する場合を含む。）、第8条第2項及び第3項（同法第14条第3項において準用する場合を含む。）、第9条第2項第1号、第12条第3項、第15条第3項第1号、第16条の2第1項及び第2項、第16条の5第1項及び第2項、第16条の8第1項第2号（同法第16条の9第1項において準用する場合を含む。）、第3項（同法第16条の9第1項において準用する場合を含む。）及び第4項第1号（同法第16条の9第1項において準用する場合を含む。）、第17条第1項第2号（同法第18条第1項において準用する場合を含む。）、第3項（同法第18条第1項において準用する場合を含む。）及び第4項第1号（同法第18条第1項において準用する場合を含む。）、第19条第1項第2号（同法第20条第1項において準用する場合を含む。）及び第3号（同法第20条第1項において準用する場合を含む。）、第3項（同法第20条第1項において準用する場合を含む。）並びに第4項第1号（同法第20条第1項において準用する場合を含む。）、第23条第1項から第3項まで、第25条並びに第28条の命令等並びに同法の施行に関する重要事項に係る命令等

十三　短時間労働者の雇用管理の改善等に関する法律（平成5年法律第76号）第15条第1項の命令等

2　法第39条第4項第8号の政令で定める軽微な変更は、次に掲げるものとする。
　一　他の法令の制定又は改廃に伴い当然必要とされる規定の整理
　二　前号に掲げるもののほか、用語の整理、条、項又は号の繰上げ又は繰下げその他の形式的な変更

附　則　（略）

資料

行政手続法の施行に当たって
(平成6年9月13日総管第211号・各省庁事務次管等あて総務事務次官通知)

　第128回国会において成立し、平成5年11月12日に公布された行政手続法(平成5年法律第88号。以下「法」という。)は、今般、行政手続法の施行期日を定める政令(平成6年政令第302号)により、平成6年10月1日から施行されることになりました。
　法は、我が国の行政運営における公正の確保、透明性の向上等を求める内外からの要請にこたえるため、臨時行政改革推進審議会の答申(平成3年12月12日)に基づき、行政庁の処分、行政指導及び届出に関する手続に関し、共通する事項を定めることによって、行政運営における公正の確保と透明性の向上を図り、もって国民の権利利益の保護に資することを目的として制定されたものであります。
　このような法の趣旨及び目的を踏まえ、法の施行に当たっての考え方を左記のとおり取りまとめましたので、法の施行に当たっては、これらについて格段の御配慮をお願いします。
　なお、貴管下各機関及び所管特殊法人等に対しても周知方御手配いただきますようお願いいたします。

記

第一　総則的事項
　一　行政処分と行政指導との区分の考え方
　　1　法令で使われている行政上の行為を示す用語からは、それが「処分(不利益処分)」に当たるか行政指導に当たるか判別できないものがあるが、どちらに該当するかによって、課される手続内容が異なるので、各法令ごとにその区分を明確にした上で、国民の権利利益を損なうことのないよう適切に対処する必要があること。
　　2　法令の規定に基づき行われる行政庁の行為が「処分」に当たるか否か(相手方が行政庁の求める作為又は不作為を行う義務を負うか否か)の最終的な判断は、当該行為を規定する個別法の解釈により行われるものであるが、参考のため、判断に際しての考え方の大筋を示すと以下のとおりであること。
　　(1)　処分性の有無について、法令の規定により明確に判断できる場合は、それによって区分すること(2(2)参照)。また、明確に判断できない場合には、2(3)に該当する場合を除き、原則として処分性を有しないものと解すること。これは、処分が国民の権利義務に変動を与える行為であることから、このような場合において積極的に処分と解することは適当でないためである。
　　(2)　法令の規定上処分性の有無について判断できる規定がある場合
　　　ア　処分性があると解されるもの
　　　　a　行政庁の求めに従わない、あるいは応じない場合に、罰則による制裁を課し得るもの。

b　「求める」に該当する用語が、「命ずる」「させる」等と規定されるもの（処分性を有しないとする特別の理由があるものを除く。例：相手方の意向の打診をするために行われる補正命令（行政不服審査法第21条））
　　　c　「求める」に該当する用語が、「指示する」「求める」「要求する」等と規定されるものであって、以下のもの
　　　　①　行政庁の行為について不服申立てができる旨や当該行為を「処分」とする明示的な規定があるもの
　　　　　（例）道路の原状回復措置の指示（道路法第40条第2項、第71条第5項）
　　　　②　行政庁の行為に従わなければならない旨の義務、その他相手方に義務を課し、その権利を制限することとなる法的効果についての規定があるもの
　　　　　（例）重要文化財の管理に関する必要な指示（文化財保護法第30条、第31条第1項）
　　　　　　　委託運送業務の実施の要求（郵便物運送委託法第8条第1項）
　　　　③　行政庁の行為に従わない場合には、そのことを直接の理由にして不利益処分による制裁を課しうるもの
　　　　　（例）法律等に違反した場合の必要な指示（建設業法第28条第1項～第3項）
　　　　④　条文の規定振りからみて、当該行為を処分と解さないと、整合性のある解釈がなし得ないもの
　　　　　（例）薬剤による防除等措置の指示（森林病害虫等防除法第7条）
　　イ　処分性を有しないと解されるもの
　　　a　「求める」に該当する用語が、「勧告する」「助言する」「指導する」「依頼する」「要請する」と規定されるもの
　　　　（処分性を有すると解される特別の理由があるものを除く。）
　　　b　行政庁の行為（指示）に従わない場合に、改めて、同一内容の作為又は不作為を求める命令をすることができることとされている当該「指示」
　　　　　（例）特定物資の売渡し指示（生活関連物資等の買占め及び売惜しみに対する緊急措置に関する法律第4条第1項、第2項）
　　　c　行政庁の行為に従わない場合の最終担保措置が「その旨の公表」にとどまるもの
　　　　　（例）見やすい表示をすべき指示（国民生活安定緊急措置法第6条第2項、第3項）
　　　d　協力、援助のような本来的に相手方の自発的な意思にゆだねられるべき行為を求めるもの
(3)　法令の規定上、処分性の有無について判断できる規定はないが、処分性を有すると解される場合

資料

　① 許認可等権限に基づく監督を受ける者に対して、法目的を達成するために一定の改善を求める「指示」
　（例）温泉利用施設の管理者に対する改善指示（温泉法第12条、第15条）
　② 災害等の発生又は拡大を防止するため、物理的な危険が切迫している状況の下で必要な対策を講ずることを求める「指示」
　（例）災害の発生防止等に必要な措置をとるべき旨の指示（河川法第52条）

二　国、地方公共団体等に対して行う処分等への適用の考え方（第4条関係）

　　処分については、本法が一般国民の権利利益の保護を目的としていることから、国や地方公共団体がその固有の資格において処分の相手方となる場合には、国民と同様に取り扱うことは適当でないため、第4条第1項で適用除外としている。また、特殊法人、これに類するいわゆる認可法人等（同条第2項）及び行政上の事務を代行して行う指定機関（同条第3項）に該当するものについても、国や地方公共団体に準じて取り扱うことが適当と判断されたところである。

　　これに対し、行政指導については、国や地方公共団体に対しては、固有の資格において相手方となるものかどうかの区分が困難であること等から適用除外としているところである。他方、特殊法人や指定機関などについては、行政指導がこれらの特別の法人との特別な監督関係に基づいて行われることとされているものではないことから本法の規定を適用することとしている。ただし、行政指導の相手方たる地方公共団体又はその機関が固有の資格において行動しているものではない（一般国民と同様な立場で行動している）ことが明らかである場合には、行政指導の透明性、公平性の確保を図る法の趣旨を踏まえ、国の機関は、例えば、当該地方公共団体又はその機関から行政指導の書面の交付を求められた場合にはこれを交付するなど、法第4章に定める手続に従って行うよう努めること。

第二　申請に対する処分関係

一　審査基準の設定（第5条第1項・第2項関係）

　1　許認可等の要件は、当該許認可等の内容に応じ様々であるが、行政庁の判断過程の透明性を向上させることが、行政運営における公正を確保し、処理の迅速化、円滑化に資するとの観点から本条が置かれていることを踏まえて、審査基準を作成すること。

　2　個々の申請に対して、それを許諾するか拒否するかを判断するための行政庁の基準を明らかにすることが求められているので、審査基準の作成に当たっては、申請者等が当該許認可等を得るに当たって何を準備して申請をすれば良いかが分かるかどうかという観点からその内容をできる限り具体化するよう努めること。

　3　行政庁に裁量が与えられている場合には、裁量権行使に当たっての行政庁の考え方が具体的に明らかにされることが重要であって、処理を画一化すること自体が目的ではないので、個々の申請についての当てはめ基準の作成が困難である場合であ

っても、審査に当たって、どのような要素が考慮されるのか、個々の要素はどの程度の評価を与えられることになるのかといったことをできる限り示しておくことが必要であること。

　　　例えば、「実務経験」という指標で説明すると、許認可等を付与するに当たって実務経験が必須の条件である場合には、〇年以上というように定量的に定めることが最も望ましいが、他の条件が同一であれば実務経験の有無が考慮されるという場合には、そのこと自体、あるいは経験年数が多い方が有利かどうかといったことを明らかにすることが求められている。
　　4　審査基準は、許認可等を付与する権限を有する行政庁（処分庁）において定めるものであるが、地方公共団体等同一の許認可等について多数の処分庁が存在する場合には、法令所管省庁においても、地域の事情等も考慮しつつ、できる限りその参考となる指針を処分庁である地方公共団体等に示すことが望ましいこと。
　二　標準処理期間の設定（第6条、第9条関係）
　　1　標準処理期間を設定する場合において、経由機関、協議機関があるときには、処分庁で審査する期間のほか、それぞれの機関で要する期間を定め、それぞれの期間を明らかにした上で、全体としての処理に要する期間を定めること。
　　2　標準処理期間を算定するに当たっては、
　　　(1)　適法な申請を前提に定めるものであるから、形式上の不備の是正等を求める補正に要する期間は含まれないものとすること。
　　　(2)　適正な申請の処理に際しても、審査のため、相手方に必要な資料の提供等を求める場合にあっては、相手方がその求めに応答するまでの期間は含まれないものとすること。
　　3　標準処理期間の定め方は、日、月等をもって、具体的な期間として定めることが望ましいが、そのような設定が困難な場合には、一定の幅をもった期間として定められないかどうか、あるいは、申請内容を類型化して区分することによって、その区分ごとに定められないかどうかなど、当該許認可等の性質に応じた工夫をすることによってできる限り申請の処理に要する目安として何らかの期間を示すよう努めること。
　　4　地方公共団体等同一の許認可等について多数の処分庁が存在する場合において、その審査がいずれの処分庁においても同一の期間に終了すると見込まれるものであるときは、法令所管省庁においても、あらかじめ一応の目安を示すなど、標準処理期間の設定が円滑に行われるよう努めるものとすること。
　　5　標準処理期間は、申請の処理の目安として定められるものであり、その期間の経過をもって直ちに「不作為の違法」に当たるということにはならないが、申請者からの照会に対しては、迅速な処理に努めていることが理解されるよう、第9条第1項の規定の趣旨に沿って適切に対応すること。

資料

三　審査基準及び標準処理期間の公表（第5条、第6条関係）
　1　審査基準を公にするに当たっては、審査基準が、申請により求められた許認可等をするかどうかをその法令の定めに従って判断するために必要とされる基準であることから、当該法令に規定されている条文やその解釈に関する文書を併せて申請者等に示すことができるようにしておくこと。
　2　審査基準が、法の施行日において公にできないものについては、その理由が「行政上特別の支障があるとき」に該当することによるものか、あるいは、従来より審査実績がないなど止むを得ない事情があって、施行時点では具体化できないことによるものか、いずれにしてもその間の事情を、また、公にできる場合においても、基準として十分に具体化することが困難なものについては、その理由を、申請者等に説明できるよう、関係窓口の職員に対してその徹底を図ること。
　3　公にされている審査基準を変更する場合の国民への周知については、その審査基準が一般的に定着している場合には、単に事務所に備え付けている関係文書の差し替えといった方法だけでなく、関係者への情報提供などの方法により積極的に国民が知りうるような措置を講ずることが望ましいこと。
　4　標準処理期間の設定が困難である場合には、その理由を申請者等に対して説明できるよう、関係窓口の職員等に対してその徹底を図ること。
四　申請に対する審査、応答（第7条関係）
　1　申請が行政庁の事務所に到達したときは、当該申請が形式上の要件に適合しないものであっても、行政庁は、その補正を求めることによって審査を継続する意思があるのか、あるいは、求められた許認可等を拒否することによって審査を打ち切るのか、いずれかの対応を明確にしなければならない。これは、申請の的確かつ迅速な処理を確保することをねらいとするものであるので、申請が受付窓口において適切に処理されるよう関係職員に対してその趣旨の徹底を図ること。
　2　法令において経由機関に関する規定が置かれている場合には、申請者が直接行政庁に対して申請することが許されなくなるものも多いので、申請者の手続上の権利を保障しようとする法の趣旨にかんがみ、申請がなされたにもかかわらず経由機関において申請の処理が遅延するような不適切な事態を招かないよう、以下の点に留意すること。
　　①　経由機関が処理に要する期間を行政庁において明確に示すこと。
　　②　当該許認可等を行う行政庁は、経由機関について標準処理期間を設定した趣旨にかんがみ、やむを得ない事情がない限り当該処理期間内に処理を終えるよう経由機関に対して徹底するとともに、処理が遅延していることを知ったときは、遅滞なく申請書を送付させるなど必要な措置をとること。
五　拒否処分をする場合の理由の提示（第8条関係）
　1　申請により求められた許認可等を拒否する処分をする場合に示す理由については、

許認可等の性質、その根拠法令や審査基準の内容や具体性によりその程度は異なるものと考えられ、許認可等の性質、当該法令の趣旨、目的に照らして判断されるべきであるが、どのような事実を基に拒否処分が行われるのか申請者において十分認識し得る程度に示すこと。
2　第8条第2項は、処分が書面により行われるか口頭により行われるかは、当該処分を規定する法令において決められるべきものとの考え方の下に、処分が書面で通知されても、その理由が口頭で示されるだけでは、判断の慎重、合理性を担保し、併せて処分の相手方に対して事後の便宜に資するという趣旨が損なわれるおそれがあることから規定しているものである。したがって、本条をもって、処分を口頭で行うことが容認される根拠とすることのないよう留意すること。
六　申請者以外の者の利害の考慮（第10条関係）
　　現行の法令では、許認可等を行うに当たって、関係者の意見を聴取する具体的な方法についての規定がない場合であっても、当該法令において申請者以外の者の利害を考慮すべきことが許認可等の要件とされているときには、行政庁が許認可等を行うかどうかの判断に際しては、関係者から意見聴取に努める実益のないときや関係者からの意見聴取に努めることが他の公益との比較衡量上不適切と考えられるとき、あるいは、行政効率を著しく阻害すると考えられるときなどを除き、行政庁がその判断に当たっての必要な情報を収集するために必要に応じ関係者の意見を聴取することが望ましいとの観点から、行政庁に努力義務を課すこととしたものである。
　　したがって、円滑な行政運営を確保するため、本条の立法趣旨を踏まえ、行政庁において申請事案ごとにそれぞれの事情を十分考慮して適切に判断される必要があること。

第三　不利益処分関係
一　処分基準の設定（第12条関係）
1　処分基準の設定については、一般に処分に関する行政庁の裁量が比較的広く、また、処分の原因となる事実の反社会性や処分の名あて人となるべき者の情状等を個別の事案ごとにどう評価するのかといった問題もあるので、努力義務としているが、その設定に当たっては、基本的には、「第二　申請に対する処分関係　一　審査基準の設定（第5条第1項・第2項関係）」に準じて、その運用を行うこと。
2　処分基準を公にしておくことについては、これにより脱法的な行為が助長される場合も想定されるので努力義務としているものであるが、処分基準の設定も含めて、法の趣旨を十分に踏まえ、適切な対応に努めること。
二　聴聞手続又は弁明手続の選択（第13条関係）
1　不利益処分の名あて人となるべき者について弁明の機会の付与の手続を執った場合にあって、その結果として、第13条第1項第1号イからハまでに掲げる処分を行うことが相当であると判断し、当該処分をしようとするときには、改めて聴聞手続

資料

を執る必要があること。
2 処分の原因となる事実が発生した場合に、その事実に基づいて、第13条第1項第1号イからハまでに掲げる処分を行うこととするか、又は同号イからハまでに掲げる処分以外の処分を行うこととするかについて、あらかじめ予定できない事情がある場合には、聴聞手続を執ることが適当であること。

三 不利益処分をする場合の理由の提示（第14条関係）
1 不利益処分をする場合の理由の提示については、基本的には、「第二 申請に対する処分関係 五 拒否処分をする場合の理由の提示（第8条関係）」に準じて、その運用を行うこと。
2 不利益処分をする場合に名あて人の所在が判明しないときにおけるその処分の理由の通知の取扱いについては、処分に関する慎重な判断を担保し、及び名あて人の事後救済手続上の便宜を図るという本条の趣旨にかんがみ、処分の通知を公示の方法により行う際に、あわせて、その理由をいつでも名あて人に提示する旨を公示しておくこと。

四 事前通知（第15条、第30条、第31条関係）
1 聴聞又は弁明の機会の付与の通知において記載する「不利益処分の原因となる事実」については、不利益処分の名あて人となるべき者等が防御権の行使の準備を行う上で欠かせないものであり、名あて人となるべき者の防御権を保障する趣旨が損なわれないよう事実の概要を具体的に記載すること。
2 「聴聞に関する事務を所掌する組織の名称及び所在地」については、聴聞を行うに当たり、不利益処分の名あて人となるべき者等が文書等の閲覧（第18条関係）や関係人の参加許可（第17条関係）等に関して連絡、照会を行う相手先として記載する趣旨であり、具体的な対応が可能となるよう、行政庁の聴聞事務担当課又は室等の組織の名称及び所在地を記載すること。
3 不利益処分の名あて人となるべき者の所在が判明しない場合に第15条第3項（第31条において準用する場合を含む。）に規定する公示の方法により通知を行うに当たっては、掲示を始めた日から2週間を経過したときに当該通知がその者に到達したものとみなされることにかんがみ、通知において記載する聴聞の期日又は弁明の機会の付与の日時については、掲示を始めた日から数えて、2週間に同条第1項に規定する相当な期間を加えた日数を下回って設定してはならないこと。
4 不利益処分の名あて人となるべき者が聴聞の期日の変更を申し出ることは、第15条第1項の趣旨から、十分許容されるものであること。したがって、その申出に理由があれば、行政庁は、申出に係る必要な調整に努め、その結果聴聞の期日を変更することとなれば、その期日を当該名あて人となるべき者等に通知することとすること。
5 第13条第1項第1号ハに該当する不利益処分に係る聴聞において第15条第1項の

通知を行った場合には、当該処分において解任し又は除名すべきこととされている役員等がその通知を受けた者とみなされ、当事者の地位を取得することとなることにかんがみ、その者の聴聞に関する手続への参加が円滑に確保されるよう、行政庁は、当該役員等に対し参考までに連絡を行い、又はその通知を受けた当事者に対し、速やかに通知の内容を当該役員等に対し連絡するよう指導すること。
五 関係人の聴聞に関する手続への参加（第17条関係）
 1 聴聞に関する手続に参加することを希望する者がいわゆる「関係人」に当たるかどうかを認定するに際しては、その者が予定される不利益処分につき自ら利害関係を有する旨を行政庁に対して疎明することとする手続が必要になると考えられるが、その疎明手続及び主宰者による参加許可手続については、聴聞の期日までに十分な時間的余裕を持って行うこと。また、その者の申請があった時に、既に聴聞の期日までの時間的余裕がない場合にあっては、できる限り速やかにこれらの手続を行うものとし、聴聞規則等において当該申請の期限を設けることとしている場合であっても、その期限を経過してなされた申請を速やかに処理することにより対応できるときにまで拒否することのないよう留意すること。

 　　主宰者が関係人に対して聴聞に関する手続に参加することを求める場合にあっても、同様に、聴聞の期日までに十分な時間的余裕を持ってその求めを行うこと。
 2 関係人の認定に当たっては、第18条の文書等の閲覧手続及び第24条第3項の報告書作成手続を適切かつ円滑に進めるため、その者が自己の利益を害されることとなる関係人か否かについても判断しておくこと。
六 文書等の閲覧（第18条関係）
 1 不利益処分の原因となる事実を証する資料の閲覧に当たっては、適宜、資料目録を作成しその内容を相手方に教示するなど、関係者の資料の閲覧が円滑に進められるよう配慮すること。
 2 資料の閲覧を許可することにより第三者の利益を害するおそれがあるなど正当な理由があるとして、その閲覧を拒む場合にあっては、拒む理由となる部分以外の関係のない部分まで閲覧を拒むことはできないこと。したがって、閲覧請求の対象となる資料の全てについて閲覧を拒む理由があると判断するのでなければ、支障がある部分を伏せるなどして閲覧させることが適当であること。
 3 聴聞の期日における審理の過程で資料の閲覧請求があった場合に、その資料の閲覧を認めるべきにもかかわらず当該期日において閲覧させないときには、改めて聴聞の期日を定め、それまでの間にその資料を閲覧させる必要があること。
 4 資料の閲覧について日時及び場所を指定する場合にあっては、聴聞の期日における当事者等の防御権の行使の準備を妨げることのないよう、十分な時間的余裕を持って指定すること。
 5 本条は、資料の閲覧に際して、閲覧請求対象資料の複写を行うことまで保障する

趣旨ではないが、他方で、複写を禁止するものでもないので、閲覧請求者から資料の複写の申出があれば、その資料の保全状態やその閲覧に係る申出者の便宜又は設備の設置状況等を参酌しつつ、行政庁の裁量により適切に対処すること。

七 主宰者の指名（第19条関係）
1 主宰者の指名については、主宰者による関係人の参加許可等の事務が円滑に進められるよう、聴聞の通知の時までにこれを行うものとすること。
2 主宰者を指名して以降、当該主宰者が第19条第2項各号のいずれかに該当するに至ったときは、速やかに、新たな主宰者を指名すること。
3 本条は、不利益処分を行う立場にある課等の責任者を主宰者に指名することを排除するものではないが、当該行政庁の組織等の態様等に応じ、当該責任者以外の職員を主宰者に充てることが可能である場合にあっては、国民の聴聞運営への理解に資する観点からは、当該責任者以外の職員を主宰者に指名するなど配慮することが望ましいと考えられること。

なお、運用上、主宰者を補佐する職員を置いて補助的な業務（調書等の作成に関する経過の記録等）を行わせる場合には、同様の観点から、その聴聞に係る事案の調査検討に携わった職員以外の職員を充てるよう配慮すること。

八 聴聞の進行（第20条、第21条関係）
1 当事者等の質問について主宰者の許可によることとしているのは、質問権が濫用されることとなれば、聴聞の審理の円滑かつ適切な進行が妨害されることとなるおそれがあることを配慮したものであり、当事者等の質問権を不当に制限することがあってはならないこと。
2 補佐人の出頭許可については、当事者等の防御権の適正な行使又は聴聞の審理の円滑な進行の上で必要と認められる場合には、法の趣旨から、当然にそれを許可することが必要であると解されること。

また、補佐人の許可の手続については、「五 関係人の聴聞に関する手続への参加（第17条関係） 1」に準じて、その運用を行うこと。
3 第20条第4項は当事者等の主張の内容等をより明らかなものとし、もって当事者等の権利利益の保護に資するとの趣旨で規定するものであるので、主宰者は、同項の規定により、不利益処分の原因となる事実を立証することとなる証拠書類等の提出まで促すことができるものではないこと。
4 聴聞においては、特定の分野において専門的知識を有する第三者等のいわゆる参考人等からの意見聴取の手続まで定めているものではないが、必要に応じ、聴聞に係る事案に関し参考人等からの意見聴取を行い、もって適正な審理に資することとすることまで排除するものではないこと。
5 陳述書及び証拠書類等の提示の方法については、当該陳述書等又はその写しを提示する方法によることとなるが、陳述書については、提示を求める者が了解する場

合には、口頭でこれを読み上げることもできると解されること。
　6　陳述書の提示については、陳述書はその提出者の意見陳述に代わるものと位置付けられるので、原則として主宰者はこれを拒むことはできないものと解されるが、証拠書類等については、これを提示することにより提出者又は第三者の正当な利益を害するおそれがある場合には、その部分について提示を拒むこととしてもやむを得ないものと解されること。
九　聴聞の続行と終結（第22条、第23条関係）
　1　続行期日の指定に関し、なお聴聞を続行する必要があるかどうかの判断については、当該事案について当事者等の防御権を保障する上でその意見陳述等の機会が十分に与えられたかどうか、また、当該不利益処分の原因となる事実について当事者等の主張に根拠があるかどうかについて判断する上で、なお当事者等の意見陳述等を促す必要があるかどうか等の観点に照らし、法の趣旨を十分に踏まえてこれを行うこと。
　2　当事者が聴聞の期日に出頭しなかった場合には、第23条に該当する場合を除き、その当事者に意見陳述等の機会を与えるため、改めて聴聞の期日を定めることとなるが、その場合には、第22条の規定の適用を受け、聴聞の期日の指定等については同条に定める手続によることとなること。
　3　当事者に代わり、その代理人が聴聞の期日に出頭し、若しくは陳述書若しくは証拠書類等を提出し、又は参加人に代わり、その代理人が聴聞の期日に出頭した場合にあっては、その当事者又は参加人については第23条の適用はないこと。
　4　第23条第2項は、やむをえない理由により当事者の聴聞の期日への出頭が相当期間見込めないにもかかわらず、その当事者が自らの口頭により意見陳述をあくまで求めるなどしてその陳述書又は証拠書類等を提出しようとしないことが、一方で、処分により確保されるべき公益を不当に害するおそれがあることに配慮したものである。本規定の適用に当たっては、当事者の権利利益を不当に損ない、聴聞本来の趣旨を没却することのないよう、当事者の意向、状況等について慎重に検討を行い判断を行うこと。
十　聴聞調書及び報告書の作成等（第24条関係）
　1　調書は、行政庁が不利益処分の決定についての事実認定を行う上で、重要な基礎となるものであり、適正な事実認定に十分に資することとなるよう、当事者及び参加人の陳述の要旨は的確に記載すること。
　　また、当事者等から提出された証拠書類等とその当事者等が行った陳述との関係が明確なものとなるよう、証拠書類等と陳述内容との対応関係を明らかにしておくこと。
　2　調書及び報告書の行政庁への提出に当たっては、あわせて、当事者等から提出された証拠書類等を添付すること。

3 主宰者は、聴聞の審理（陳述書等に基づくものを含む。）の結果を踏まえ、法により授権された権能の下、主宰者としての責任において報告書を作成するものであること。
　なお、報告書の具体的な記載方法については、特に制約があるものではないが、例えば、次のような例が考えられる。
① 当事者等の主張に理由がないことが明白であるとの心証を抱いた場合
「～なので、当事者等の～の主張には理由がないものと考える。」
② 客観的・明白な証拠はない（行政庁が保有する証拠書類等と当事者等が提出した証拠書類等と整合しないような場合。以下同じ。）が心証として理由がないと考えられる場合
「～の観点からみれば、当事者等の～の主張には理由がないのではないかと考える。」
③ 客観的・明白な証拠はないが心証として理由があると考える場合
「～の観点からみれば、当事者等の～の主張には理由があるのではないかと考える。」（又は、「～の点については、行政庁が保有する証拠書類等では十分に証明されないのではないか。」という書き方もありうると考えられる。）
④ 当事者等の主張に理由があることが明白であるとの心証を抱いた場合
「～なので、当事者等の～の主張には理由があるものと考える。」
　また、聴聞の審理の場で、当事者等が、例えば、「（不利益処分の原因となる事実の存在自体は認めた上で）～という事情があるので、処分は勘弁してほしい。」といういわゆる情状に関する事実を述べることを排除する趣旨ではないので、その情状事実に理由があると思料するときは、例えば、「処分に当たっては、～の点についても参酌願いたい。」旨の意見を記載することもできる。
4 調書及び報告書は、聴聞の終結後速やかに行政庁に提出されることとなるが、特に続行期日が定められた場合における第一回目等の聴聞の期日に係る調書については、その作成後行政庁に提出するまでの間は、主宰者において適切に管理が行われること、また、その間、その閲覧の求めがあったときには主宰者がこれに対応すべきものである旨留意を要すること。

十一　聴聞の再開（第25条関係）
　「聴聞の終結後に生じた事情」とは、聴聞の終結後に、不利益処分の原因となる事実については行政庁が新たな証拠書類等を得た場合等を指すものであること。

十二　不利益処分の決定（第26条関係）
　行政庁は、不利益処分の決定をするときは、法第26条で規定するとおり、聴聞の審理の結果を踏まえ作成される調書及び報告書を参酌してこれを行うものである。とはいえ、聴聞の趣旨を踏まえれば、聴聞の審理の対象となった不利益処分の原因となる事実以外の事実（以下「新事実」という。）に基づいて不利益処分をすることがあっ

てはならず、新事実を原因として不利益処分をしようとするときは、改めて当該新事実について聴聞を行うことが必要であること。
十三　その他
1　口頭による弁明の機会の付与を行う場合にあっては、口頭によるやりとりを行う権利まで保障する趣旨ではないものの、弁明を受ける行政庁の職員は、法の趣旨を十分に踏まえ、不利益処分の名あて人となるべき者の権利の行使を不当に損なうことのないよう、真摯な対応に心掛けること。
2　口頭による弁明の機会の付与を行う場合にあっても、法の趣旨を確保していく上で、弁明を受ける職員は、その弁明内容を的確に記録し、適切な管理に努めることとし、また、法の趣旨からは、その者が書面で提出することを希望すれば当然これは許容すべきであると解されること。
3　第27条第2項ただし書の規定は、第15条第3項の規定による掲示を行った結果、その聴聞の期日までの間に不利益処分の名あて人となるべき者が同項に規定する書面（聴聞通知）の交付を受けた場合にあっては、適用されないこと。

第四　行政指導関係
一　行政指導の明確原則と書面の交付（第35条関係）
1　行政指導については従来から、とかく不透明、不明確との強い批判があることを踏まえ、第35条第1項において、それが口頭によると書面によるとを問わず、その趣旨、内容、責任者が明確に示されなければならないという明確原則を定め、その具体化の方法として、求めに応じて書面を交付することとしている。このような法の趣旨を行政指導に携わる者に十分徹底させる必要があること。
2　第35条第2項に規定する書面の交付に際しては、行政指導の内容等を書面で明らかにすることが相手方の協力を得るためにも有益であることにも十分留意し、書面の作成に当たっては、具体的かつ分かりやすく記述すべきものであること。
　なかでも、行政指導に対しては一般にその責任の所在が不明確であることについての批判が強いことから、誰が当該行政指導を行うことを決定した者であるかを示す「責任者」を明示することが重要であり、当該「責任者」が特定できるよう具体的な職名等を明記する必要があること。
3　第35条第2項に規定する「行政上特別の支障」に該当するか否かについては、基本的にはケースバイケースの判断によるものであり、行政指導を行った当該行政機関において判断することとなるが、既に口頭で行った行政指導についてこれをそのまま書面化するものであることから、これを拒み得る「行政上特別の支障」とは、口頭で趣旨、内容、責任者を明らかにすることはできても、書面を交付することによってその内容が一般に明らかになり、行政目的の実現が妨げられるおそれを生ずる場合などに限られるものであり、法の趣旨を損なう運用が行われることのないよう留意すること。

4　広範多岐な行政分野において様々な形で行われている行政指導について、一律に書面化を義務付けることは困難であり、行政運営の効率性とのバランスを考慮した結果、その端緒を「相手方から求められたとき」としたものであり、相手方からの求めがあれば、行政上特別の支障がない限り、できるだけ速やかに書面を交付すべきことは当然である。ただし、第35条第3項に規定する場合のように、行政指導の明確化という本制度の趣旨に照らし、相手方からの書面の請求に応ずる必要がないケースについてまで書面交付を義務付ける趣旨ではないこと。

二　行政指導の指針の策定、公表（第36条関係）
　1　策定、公表すべき「共通してその内容となるべき事項」とは、いわゆる「行政指導の指針」であって、申請に対する処分における審査基準、不利益処分における処分基準に該当するものであり、個々の行政指導を行う場合の行政機関の基本的な考え方を明確に示すことにより、行政指導の透明性・公平性を確保し、もって、国民の行政に対する信頼の確保に寄与するという本条の趣旨を踏まえて、その策定に当たること。
　2　「共通してその内容となるべき事項」としては、おおむね、①当該行政指導を行う趣旨（目的）、②その対象となり得る者の範囲又は該当する行為、③その対象となる者に対して求めることとなる作為又は不作為の内容及び④当該行政指導を行う場合の責任者に関することが必要であること。
　3　行政指導については、法令にその根拠となる規定が置かれ当該行政指導の趣旨等が明確になっているものもあるものの、一般にはどのような行政指導が行われるのかは国民にとって必ずしも明確ではない。このため、策定当初における行政指導の指針の周知に際しては、事案に応じて、関係者への情報提供などの方法により積極的な公表措置を講ずる必要があること。

三　業界団体に対する行政指導
　業界団体に対してその傘下の事業者に対する指導を求める行為は、当該団体に対する行政指導に該当するので、第35条の適用を受け、当該団体からの求めがあれば書面を交付する必要があること、また、その内容が、行政機関が事業者に対する行政指導を行う場合の指針となるべきものであるときは、第36条の適用をも受け、同条の規定に従い公表する必要があること。

聴聞の運用のための具体的措置について
(平成6年4月25日総管第102号・各省庁官房長等あて総務庁行政管理局長通知)

　貴職におかれましては、行政手続法(平成5年法律第88号。以下「法」という。)及び行政手続法の施行に伴う関係法律の整備に関する法律(平成5年法律第89号)の施行に向けて鋭意御準備されているところと存じます。
　この度、関係機関における法の施行のための円滑かつ適切な準備の実施に資するため、別紙1及び2のとおり取りまとめましたので、通知いたします。
　つきましては、左記の事項について、ご配慮をお願いいたします。
記

1　法の施行については、本年10月1日の施行に向けて準備方お願いしているところであり、その準備に遺漏なきよう、所要の措置を講ずること。
2　貴管下各機関及び所管特殊法人に対しても、周知方御手記いただくこと。

(別紙1)
聴聞の運用のための具体的措置を講ずる際の基本的な考え方
1　趣旨
　各省庁、地方公共団体等が、行政手続法(平成5年法律第88号。以下「法」という。)第3章第2節に規定する聴聞の手続を具体的に運用する上での規則等(以下「聴聞規則等」という。)の制定等の措置を講ずるに当たって、その制定形式(例えば、各行政庁ごとに聴聞規則等の制定等の措置を講ずるのか、又は法令ごとに当該措置を講ずるのか等)の在り方について法で規定しているものではない。
　しかしながら、その結果、聴聞規則等の制定等の措置が各省庁、地方公共団体等間で秩序なくなされ、その形式がまちまちなもの(例えば、一方では法令単位で、他方では行政庁単位で)となることが前提にされれば、各省庁、地方公共団体等において聴聞規則等の制定等の作業を進め、また、聴聞を円滑に運用する上で支障を来すおそれもあること(特に地方公共団体においては、各省庁ごとの制定形式がまちまちとなれば、聴聞規則等の制定等の作業及び実際の運用に支障を来しかねないこと。)から、そのようなことのないよう基本的な考え方を示すものである。
2　基本的な考え方
  (1)　聴聞の運用は、各行政庁に課せられた事務であり、各省庁、地方公共団体等において、その運用は行政庁自らの責務として行なわなければならないことから、聴聞の運用に当たって遺漏なきよう、原則として、各省庁の行う処分については各省庁で、各地方公共団体等の行う処分については各地方公共団体等でそれぞれに聴聞規則等を設けておくことが必要である。
  (2)　地方公共団体において聴聞規則等を設ける場合にあっては、教育委員会、公安委員会等の委員会(地方自治法第180条の5)は、地方公共団体の長と同様、執行機関と

資料

して位置付けられており、また、特別な性格を持つ事務を行うものであるため、委員会が行う処分に係る聴聞規則等については、地方公共団体の長たる執行機関が設ける聴聞規則等とは区別して扱うことも考えられる。
　したがって、委員会が行う処分に係る聴聞規則等については、その処分の性格等を踏まえ、当該法令所管庁において、関連法令を通じた統一的な聴聞規則等を設ける必要があるかどうか判断する必要がある。
(3)　複数の行政庁の処分が法令に規定されている場合に、各行政庁を通じた統一的な手続として当該処分に係る聴聞の手続を定めることが特に必要であると判断されるときには、当該法令所管庁において、各省庁、地方公共団体等ごとに設けた聴聞規則等とは別に、当該処分に係る聴聞の統一的な手続を設けることが考えられる。
　なお、このような取扱いが具体的に生かされるよう、(1)で記した各省庁、地方公共団体等ごとに聴聞規則等の制定等の措置を講ずるに当たっては、当該規則等において、例えば「法令（規則等を含む。）に特別の定めがある場合には、その定めるところによる。」旨の規定を設けておくことが考えられる。
　（備考）法令ごとに聴聞規則等の制定等の措置を講ずることとする場合との比較について
　── 地方公共団体の長たる執行機関の聴聞実施に際して ──
　各行政庁ごとに聴聞規則等の制定等の措置を講ずることとする以外の方法として、法令ごとに当該措置を講ずることとする方法が考えられるが、両者の長短を検討してみても、
①　聴聞手続については、法第3章第2節においてかなり具体的かつ共通的に規定されていることから、仮に、法令ごとの特徴を踏まえ規定する必要があるとしても、その運用のための詳細な手続まで原則として法令ごとに定めるものとする実益は一般的に乏しいものと考えられること、
②　法令ごとに聴聞規則等を設け、それがまちまちなものとなる場合には、特に都道府県等地方公共団体にあっては、同一の地方公共団体において、様々な法令に応じた聴聞規則等ごとに異なった聴聞運用を行わなければならず、その運用に混乱を来すおそれがあること、
③　法第3条第2項により、法の一部の運用が除外されている処分等についても、法第38条において、必要な措置を講ずる努力義務を地方公共団体ごとに課していることから、地方公共団体にあっては、法の対象となる処分についての実施手続（聴聞規則等）の制定形式も基本的には同様のものとする（地方公共団体単位で定める）
ことが（将来）全体として円滑な運用に資するものと期待できると考えられること、などの事情があるので、各省庁、地方公共団体等ごとに聴聞規則等の制定等の措置を講ずることが適当であると考えられる。

(別紙2)
聴聞の運用のための具体的措置に関する指針
Ⅰ　趣旨
　　本指針は、各省庁、地方公共団体等が、行政手続法（平成5年法律第88号。以下「法」という。）第13条第1項の規定に基づき聴聞を行うに当たり、法第3章第2節に規定する聴聞の手続を具体的に運用する上での規則等（以下「聴聞規則等」という。）の制定等の措置を講ずる際の参考に資するため取りまとめたものである。
　　については、「聴聞の運用のための具体的措置を講ずる際の基本的な考え方」も参照の上、また、必要に応じ、関連法令に規定する処分の性格、手続の実態等も踏まえ、各省庁、地方公共団体等において聴聞規則等の制定等の措置を講ずることとされたい。
　　なお、本指針において使用する用語であって、法において使用する用語と同一のものは、これと同一の意味において使用するものとする。
Ⅱ　指針
　第一　他の法令に定めがある場合の取扱い
　　　聴聞の手続に関しこの規則に規定する事項について、他の法令に特別の定めがある場合は、その定めるところによる。
　第二　聴聞の期日の変更
　　1　行政庁が法第15条第1項の通知（同条第3項の規定により通知をした場合を含む。）をした場合において、当事者は、やむを得ない理由がある場合には、行政庁に対し、聴聞の期日の変更を申し出ることができる。
　　2　行政庁は、前項の申出により、又は職権により、聴聞の期日を変更することができる。
　　3　行政庁は、前項の規定により聴聞の期日を変更したときは、速やかに、その旨を当事者及び参加人（その時までに法第17条第1項の求めを受諾し、又は同項の許可を受けている者に限る。）に通知しなければならない。
　第三　関係人の参加許可の手続
　　1　法第17条第1項の規定による許可の申請については、関係人は、聴聞の期日の日前までに、その氏名、住所及び当該聴聞に係る不利益処分につき利害関係を有することの疎明を記載した書面を主宰者に提出してこれを行うものとする。
　　2　主宰者は、その参加を許可したときは、速やかに、その旨を当該申請者に通知しなければならない。
　第四　文書等の閲覧の手続
　　1　法第18条第1項の規定による閲覧の求めについては、当事者又は当該不利益処分がされた場合に自己の利益が害されることとなる参加人（以下この条において「当事者等」という。）は、その氏名、住所及び閲覧をしようとする資料の標目を記載した書面を行政庁に提出してこれを行うものとする。ただし、聴聞の期日における

資料

審理の進行に応じて必要となった場合の閲覧については、口頭で求めれば足りる。
2 　行政庁は、閲覧を許可したときは、その場で閲覧させる場合を除き、速やかに、閲覧の日時及び場所を当該当事者等に通知しなければならない。この場合において、行政庁は、聴聞の審理における当事者等の意見陳述の準備を妨げることがないよう配慮するものとする。
3 　行政庁は、聴聞の期日における審理の進行に応じて必要となった資料の閲覧の請求があった場合に、当該審理において閲覧させることができないとき（法第18条第1項後段の規定による拒否の場合を除く。）は、閲覧の日時及び場所を指定し、当該当事者等に通知しなければならない。この場合において、主宰者は、法第22条第1項の規定に基づき、当該閲覧の日時以降の日を新たな聴聞の期日として定めるものとする。

第五　主宰者の指名の手続
1 　法第19条第1項の規定による主宰者の指名は、聴聞の通知の時までに行うものとする。
2 　主宰者が同条第2項各号のいずれかに該当するに至ったときは、行政庁は、速やかに、新たな主宰者を指名しなければならない。

第六　補佐人の出頭許可の手続
1 　法第20条第3項の規定による許可の申請については、当事者又は参加人は、聴聞の期日の　日前までに、補佐人の氏名、住所、当事者又は参加人との関係及び補佐する事項を記載した書面を主宰者に提出してこれを行うものとする。ただし、法第22条第2項（法第25条後段において準用する場合を含む。）の規定により通知された聴聞の期日に出頭させようとする補佐人であって既に受けた許可に係る事項につき補佐するものについては、この限りでない。
2 　主宰者は、補佐人の出頭を許可したときは、速やかに、その旨を当該当事者又は参加人に通知しなければならない。
3 　補佐人の陳述は、当該当事者又は参加人が直ちに取り消さないときは、自ら陳述したものとみなす。

第七　聴聞の期日における陳述の制限及び秩序維持
1 　主宰者は、聴聞の期日に出頭した者が当該事案の範囲を超えて陳述するとき、その他議事を整理するためにやむを得ないと認めるときは、その者に対し、その陳述を制限することができる。
2 　主宰者は、前項に規定する場合のほか、聴聞の審理の秩序を維持するため、聴聞の審理を妨害し、又はその秩序を乱す者に対し退場を命ずる等適当な措置をとることができる。

第八　聴聞の期日における審理の公開
1 　行政庁は、法第20条第6項の規定により聴聞の期日における審理の公開を相当と

認めたときは、聴聞の期日及び場所を公示するものとする。この場合において、あわせて、当事者及び参加人（その時までに法第17条第1項の求めを受諾し又は同項の許可を受けている者に限る。）に対し、速やかに、その旨を通知するものとする。

第九　陳述書の提出の方法等

1　法第21条第1項の規定による陳述書の提出は、提出する者の氏名、住所、聴聞の件名及び当該聴聞に係る不利益処分の原因となる事実その他当該事案の内容についての意見を記載した書面により行うものとする。

第一〇　聴聞調書及び報告書の記載事項

1　聴聞調書には、次に掲げる事項（聴聞の期日における審理が行われなかった場合においては、第4号に掲げる事項を除く。）を記載し、主宰者がこれに記名押印しなければならない。

一　聴聞の件名
二　聴聞の期日及び場所
三　主宰者の氏名及び職名
四　聴聞の期日に出頭した当事者及び参加人又はこれらの者の代理人若しくは補佐人（以下この項において「当事者等」という。）並びに行政庁の職員
五　聴聞の期日に出頭しなかった当事者等及び当該当事者にあっては、出頭しなかったことについての正当な理由の有無
六　当事者等及び行政庁の職員の陳述の要旨（提出された陳述書における意見の陳述を含む。）
七　証拠書類等が提出されたときは、その標目
八　その他参考になるべき事項

2　聴聞調書には、書面、図面、写真その他主宰者が適当と認めるものを添付して調書の一部とすることができる。

3　報告書には、次に掲げる事項を記載し、主宰者がこれに記名押印しなければならない。

一　意見
二　不利益処分の原因となる事実に対する当事者等の主張
三　理由

第一一　聴聞調書及び報告書の閲覧の手続

1　法第24条第4項の規定による閲覧の求めについては、当事者又は参加人は、その氏名、住所及び閲覧をしようとする聴聞調書又は報告書の件名を記載した書面を、聴聞の終結前にあっては聴聞の主宰者に、聴聞の終結後にあっては行政庁に提出してこれを行うものとする。

2　主宰者又は行政庁は、閲覧を許可したときは、その場で閲覧させる場合を除き、速やかに、閲覧の日時及び場所を当該当事者又は参加人に通知しなければならない。

資料

Ⅲ　備考

　　各省庁、地方公共団体等が聴聞規則等の制定等の措置を講ずるに当たって、Ⅱで示した指針の内容以外にも、例えば、利害関係人の参加のための公示の手続、参考人等の出頭の求めの手続など、関連法令に規定する処分の性格、手続の実態等に応じ必要と考えられる手続があれば、適宜、必要な手続を講ずることとされたい。

行政手続法第6章に定める意見公募手続等の運用の改善について
(平成27年3月26日総管管第29号・各府省等官房長等あて総務省行政管理局長通知)

　行政手続法（平成5年法律第88号。以下「法」という。）第6章に定める意見公募手続等（以下単に「意見公募手続」という。）の実施については、「行政手続法第6章に定める意見公募手続等の運用について」（平成18年3月20日付け各府省等官房長等宛て総務省行政管理局長通知）等に基づき運用いただいているところです。

　しかしながら、依然として、結果の公示が命令等の公布よりも著しく遅れる事例や、意見提出期間の終了直後に命令等を制定しようとする事例があることが、報道や国会審議において指摘されるとともに、当局の施行状況調査結果や自民党行政改革推進本部の調査結果においても一部にそのような運用実態が認められるところです。このような状況は、提出された意見を十分に考慮していない、意見公募手続を軽視している等の疑念を招きかねず、意見公募手続の制度趣旨に照らせば、命令等の制定過程における公正の確保と透明性の向上をより一層図っていくことが必要と考えられます。

　今後の意見公募手続の実施に当たっては、より適正な運用を確保する観点から、下記により運用していただくようにお願いします。また、内部部局、地方支分部局など貴管下の命令等制定機関に対する周知もお願いいたします。

記

1．結果の公示
(1) 結果の公示は、原則として、命令等の公布（公布をしないものにあっては、公にする行為。以下同じ。）と同日又はそれ以前に行うこととする。

(2) やむを得ない理由により、結果の公示が命令等の公布よりも遅れる場合には、命令等の公布の際に、その理由及び公示日の目途を明らかにすることとする。

　　やむを得ない理由がある場合としては、例えば、施行日が法定されている命令等や、災害対応を始め早急に公布する必要がある命令等であって、施行通知など施行のための準備が多忙である一方で、予想を超える大量の意見が提出されたため当該意見の整理・要約に時間を要すること等から結果の公示が遅れるような場合が考えられるが、こうした場合でも、結果の公示をできる限り早く行うよう努める。

　　なお、単に提出意見が多数であり検討に時間を要することは、やむを得ない理由には該当せず、その場合には結果の公示に合わせて命令等を公布すればよいことに留意する。

(3) 公益上緊急に命令等を定める必要のある場合を始め法第39条第4項各号に該当することにより意見公募手続を実施せずに命令等を定めた場合における命令等の題名及び趣旨等の公示（法第43条第5項）についても、上記.及び.と同様の対応をとることとする。

資料

2．提出意見の考慮
(1) 意見提出期間終了後の命令等を定める時期
　ア　命令等制定機関は、原則として、意見提出期間の終了から命令等の公布までに、少なくとも次の期間を確保することとする。
　　・提出意見が10件以下の場合　　　　　2日
　　・提出意見が11件以上50件以下の場合　　4日
　　・提出意見が51件以上100件以下の場合　 8日
　　・提出意見が101件以上の場合　　　　　14日
　イ　ただし、例えば、同内容の意見が多数であり考慮すべき実質的な事項数が少ない場合や、提出意見の大半が意見提出期間の開始直後に提出された場合等において、提出意見を十分に考慮した上で、アに掲げる期間よりも短期間で命令等を公布するときは、結果の公示の際に、その理由を明らかにすることとする。
　　　なお、命令等の施行すべき日が差し迫っている一方で、予想を超える大量の意見が提出されること等により、結果的にアに掲げる期間よりも短期間で命令等を公布せざるを得ない場合があり得るが、こうした場合も、提出意見を十分に考慮するための期間を確保したことについて合理的に説明できる必要があることに留意する。
　ウ　なお、アに掲げる期間は、あくまで意見提出期間の終了から命令等の公布までの最小限の期間であり、各命令等制定機関は、提出意見の内容等の個別の事情に応じて、提出意見を十分に考慮するために必要な期間を確保する必要がある。
(2) 多数の意見が提出された案件については国民の関心が高いものと考えられ、提出意見が十分に考慮されたかどうかの確認をより慎重に行うこととする。少なくとも提出意見が多数（100件以上）に上る案件については、命令等の制定に当たり、提出意見を考慮した結果について、大臣、副大臣又は大臣政務官の確認を得ることとする。
　　ただし、決裁権者が事務レベルであるものについては、決裁権者の確認を得るとともに、提出意見の内容の重要性等に応じ、大臣、副大臣又は大臣政務官の確認を得ることとする。

3．その他の事項
(1) 結果の公示の方法の見直し
　　次のとおり、e-Gov（電子政府の総合窓口）における結果の公示を充実することとする。
　①　次のとおり、e-Govのシステム上の対応を行う。
　　ア　一覧画面の表示項目に、命令等の公布日・提出意見数を追加する。
　　イ　案件ごとの詳細画面の表示項目に、提出意見数・提出意見の反映の有無を追加する。
　②　結果の公示が命令等の公布より遅れた場合や、上記2.アに掲げる期間よりも短い期間で命令等を公布した場合には、その理由を案件ごとの詳細画面の備考欄に記

載する。
③ 提出意見に対する考え方（提出意見を考慮した結果及びその理由）を明らかにする資料において、命令等に反映された意見が容易に判別できるよう表示する。
　また、当該資料について、提出意見を十分に考慮したことにつき疑念を招くことのないよう、丁寧に記載するよう努める。
(2) チェック体制の整備
　意見公募手続に係る一連の手続が遺漏なく行われるよう、命令等制定機関において、例えば、決裁過程の中で立案担当課室以外の課室がチェックする等の方法により、内部チェック体制の構築に努める。
4．適用等
(1) 適用
　本通知は、平成27年4月1日以降に意見公募手続を開始する案件から適用する。ただし、3.①については、e-Govのシステム上の対応が可能となった時点で実施することとし、具体的な期日・対応要領については、別途連絡する。
　なお、平成27年3月31日以前に意見公募手続を開始した案件についても、可能な限り、1から3までに沿った対応をとることが望ましい。
(2) フォローアップ
　総務省（行政管理局）は、意見公募手続の適正な運用に資するため、施行状況調査の実施等により、運用状況をフォローアップする。

資料

行政手続法の一部を改正する法律の施行について
(平成26年11月28日総管管第93号・各府省等官房長等あて総務省行政管理局長通知)

　第186回国会で成立し、平成26年6月13日に公布された行政手続法の一部を改正する法律（平成26年法律第70号。以下「改正法」という。）は、平成27年4月1日から施行されます。
　改正法は、法令に違反する事実の是正のための処分又は行政指導を求めることができる「処分等の求め」の手続や、法律の要件に適合しない行政指導の中止等を求めることができる「行政指導の中止等の求め」の手続を新設すること等により、行政運営における公正の確保と透明性の向上を図り、もって国民の権利利益の保護に資することを目的として制定されたものです。
　このような趣旨及び目的を踏まえ、改正法による改正後の行政手続法（平成5年法律第88号。以下「法」という。）の運用に当たっては下記事項に御留意いただくとともに、貴管下各機関及び所管独立行政法人等に対しても周知いただきますよう、お願いいたします。

記

1．法第35条第2項（行政指導の方式）
(1) 趣旨
　　本項は、許認可等をする権限又は許認可等に基づく処分をする権限を有する行政機関が行政指導をする際に、当該権限を行使し得る旨を示すときは、行政指導に携わる者は、その相手方に対して、当該権限の根拠となる法令の条項や当該権限の行使が当該条項に規定される要件に適合する理由等を示さなければならないこととすることにより、行政指導の手続の透明性を高め、法第34条に規定する不適切な行政指導を防止し、もって行政指導の相手方の権利利益の保護を図ることを目的とするものである。

(2) 対象となる場合
　　本項の「権限を行使し得る旨を示すとき」とは、当該行政指導をする時点において既に当該権限を行使することが可能である場合に、当該権限を行使し得る旨を示すときのほか、当該行政指導に従わないときに法令上当該権限を行使することができることとされている場合に、当該権限を行使し得る旨を示すときも含まれるものである。

(3) 行政指導の相手方に示す事項及び方法
　ア　本項各号に掲げる事項については、当該行政指導の相手方が、当該権限の根拠及び要件並びに当該権限を行使し得る理由を明確に認識し得るよう具体的に示される必要がある。例えば、当該権限を行使する具体的な要件が非常に多岐にわたる場合や下位法令等に規定されている場合には、本項第3号の「当該権限の行使が前号の要件に適合する理由」として、これらの要件のうち当該権限を行使し得る根拠となる要件に適合する理由が具体的に示される必要がある。
　（注）具体的には、

「あなたの◇◇という行為が、…法第▽条の規定に違反することが認められたため、◆◆業務の運営の改善措置を講ずるよう指導します。
　また、この指導に従わず、業務の運営の改善が確認できない場合や、再び違反行為があった場合には、以下のとおり、◆◆業務に関する許可が取り消される場合があります。
(1)　許可取消処分の権限を行使し得る根拠となる法令の条項（行政手続法第35条第2項第1号）…法第○条
(2)　上記の条項に規定する要件（行政手続法第35条第2項第2号）…法第○条第△号の政令で定める技術的基準に適合しないこと
(3)　当該権限の行使が上記の要件に適合する理由（行政手続法第35条第2項第3号）あなたの◇◇という行為が、許可取消処分の要件である…法第○条第△号の政令で定める技術的基準のうち…施行令第●条第▲号に定める「□□」という類型に該当しないため」
といった示し方が考えられる。
　　イ　本項各号に掲げる事項について、各事項をそれぞれ分けて示すか各事項を一括して示すかは任意であるが、当該行政指導の相手方がこれらの事項を明確に認識し得ることが必要である。
　　ウ　本項各号に掲げる事項を相手方に示す方法については、個別の事案に応じて各行政機関において適切に判断するものであるが、法第35条第3項の規定により、口頭で示した場合において、相手方から書面の交付を求められたときは、当該行政指導に携わる者は、行政上特別の支障がない限り、本項各号に掲げる事項を記載した書面を交付しなければならない。

2．法第36条の2（行政指導の中止等の求め）

(1)　趣旨

　「行政指導の中止等の求め」は、法令に違反する行為の是正を求める行政指導であって、その根拠や要件が法律に規定されているものについては、当該行政指導の相手方に大きな事実上の不利益が生ずるおそれがあることに鑑み、相手方からの申出を端緒として、当該行政指導をした行政機関が改めて調査を行い、当該行政指導がその要件を定めた法律の規定に違反する場合には、その中止その他必要な措置を講ずることとすることにより、行政運営における公正の確保と透明性の向上を図り、もって当該行政指導の相手方の権利利益の保護を図ることを目的とするものである。

(2)　対象となる行政指導

　実際に行われる個々の行政指導が「行政指導の中止等の求め」の対象となるか否かについては、各行政機関において、以下の点を踏まえつつ、個別の事例ごとに、申出の具体的内容や当該行政指導の内容、社会通念等に照らして、適切に判断する必要がある。

資料

ア 「法令に違反する行為の是正を求める行政指導」とは、法令（※）に違反する行為自体の中止や適法な状態へ回復する措置その他の法令に違反する行為を改めただすことを内容とする行政指導をいい、具体的には、法令に違反する行為をした者に対して行われる次のような行政指導を指す。

・法令に違反する行為（法令に規定されている義務又は要件に反する行為をいう。）自体の解消を内容とするもの
・法令に違反する行為自体は終了しているが、当該行為によって生じた影響の除去又は原状の回復を内容とするもの
・法令に違反する行為自体は終了しているが、当該行為の再発防止を内容とするもの

※「法令」とは、法第2条第1号に規定する「法令」であり、具体的には、法律、法律に基づく命令（告示を含む。）、条例及び地方公共団体の執行機関の規則（規程を含む。）をいう。

　なお、個々の行政指導が本条の対象となるか否かについては、当該行政指導の法律上の要件が「必要があると認めるとき」とされている場合など、法令に違反する行為があることが明文上の要件とされていない場合も含めて、法令に違反する行為を改めただすことを内容とする行政指導か否かという観点から、個別の事案ごとに判断する。

イ 「その根拠となる規定が法律に置かれているもの」とは、行政指導を行う権限及びその要件が法律に規定されているものをいい、行政機関の任務又は所掌事務を定める規定に基づいて行われる行政指導は含まない。

ウ 本条第1項ただし書の「弁明その他意見陳述のための手続を経て」とは、当該行政指導を行うことについて、その相手方となるべき者が意見を陳述する機会が付与されたことをいう。

　これには、法定された弁明手続に限らず、運用上、当該行政指導を行うことについて、その相手方となるべき者の意見を聴取する機会を付与した場合も含まれるが、行政指導の相手方となるべき者に対し、書面などにより、行おうとする行政指導の内容及びその理由（根拠条項、原因となる事実等）を明らかにした上で、当該行政指導を行うことについて意見を陳述する機会が付与されたものである必要があり、行おうとする行政指導の内容等を明らかにすることなく、単に当該行政指導の原因となるべき事実の有無について意見を聴取したにとどまる場合などは、該当しない。

　また、行政指導の相手方となるべき者に対し、社会通念上、意見を陳述するために十分な期間を定めて意見陳述の機会を付与したにもかかわらず、正当な理由なく何ら意見が提出されなかった場合などは、「意見陳述のための手続を経て」に含まれる。

　なお、「弁明その他意見陳述のための手続」の方法については、特に限定はない。

(3) 申出書の提出に関する行政機関の対応
　ア　申出書の書式については、法令上の定めはなく、申出人は任意の書式により申出をすることが可能である。
　　　なお、各行政機関において、申出人の便宜等のため、参考となる「様式」を作成し、公にすることも考えられるが、その「様式」を用いていないことを理由に、不利益な取扱いをしてはならない。
　イ　本条第2項第5号の「当該行政指導が前号の要件に適合しないと思料する理由」については、例えば、行政指導の要件に適合するという行政機関の判断が誤っていることや、当該行政指導が事実誤認に基づくものであることを具体的かつ合理的に示すなど、「要件に適合しない」と考える具体的かつ合理的な根拠を示す必要がある。
　ウ　申出書の記載が具体性を欠いていても、申出の対象となる具体的な行政指導が特定され、当該申出を受けた行政機関が「必要な調査」その他の本条第3項に規定する措置をとるに当たって特段の支障が生じない場合には、相手方からの申出を端緒として行政指導をした行政機関が改めて調査を行うという本制度の趣旨に照らし、「必要な調査」を行う等の本条第3項に規定する対応をとるべきである。
　　　一方、申出書の記載が具体性を欠いており、申出の対象となる具体的な行政指導が特定されない場合であっても、行政指導がされた際に申出書の記載事項である「当該行政指導がその根拠とする法律の条項」（本条第2項第3号）や「前号の条項に規定する要件」（同項第4号）がその相手方に具体的に示されていなかったため、当該申出をしようとする際に具体的に記載することが困難であった事案が想定される。このような事案については、当該申出を受けた行政機関が当該申出書の記載が具体性を欠いていることを理由に、不適法な申出として取り扱うことは許されず、申出人に当該行政指導の内容を確認するなどの対応をとるべきである。
　　　なお、本条に定める手続の円滑な運用の観点も踏まえ、行政指導に携わる者は、「当該行政指導がその根拠とする法律の条項」や「前号の条項に規定する要件」を具体的に示すよう努めるべきである。
　エ　例えば、「○○大臣」や「□□官」がした行政指導について、これらの者の所属する「○○省」宛てに申出書が提出された場合など、申出書に軽微な記載上の誤りがあっても、申出を受けた行政機関が「必要な調査」その他の本条第3項に規定する措置をとるに当たって特段の支障が生じない場合には、上記ウと同様に、不適法な申出として取り扱うことなく、「必要な調査」を行う等の本条第3項に規定する対応をとるべきである。
(4) 申出を受けた行政機関の対応
　ア　本条第3項の「必要な調査」とは、当該行政指導の根拠となる法律に規定する要件に違反するか否か、違反がある場合はその違反の内容及び程度等を確認し、どのような是正手段が適切かを判断するのに必要な調査をいう。その具体的な内容及び

手法については、申出の具体的内容や当該行政指導の内容、社会通念等に照らして、各行政機関において適切に判断する必要がある。

なお、各行政機関は申出書を受けて当該行政指導の根拠となる法律に規定する要件に違反するか否か確認する必要があるが、申出書の記載に具体性がなく、その確認が困難な場合や、既に詳細な調査を行っており、事実関係が明らかで申出書の記載によってもそれが揺るがない場合などは、各行政機関の判断により、改めて「必要な調査」を行わない場合もあり得る。

イ 「当該行政指導の中止その他必要な措置」とは、当該行政指導がその根拠となる法律の規定に違反する場合に、その是正のために必要となる措置をいい、当該行政指導の内容やその相手方が受けた不利益の内容等に応じ、適切な措置を講ずる必要がある。

当該行政指導が継続している場合には、一般に、その中止又は変更の措置を講ずる必要があると考えられるが、行政指導がされたことを公表することにより相手方が社会的信用の低下等の不利益を受けている場合には、併せて当該行政指導が違法であった旨を公表し、相手方の社会的信用を回復すること等が考えられる。

ウ 申出を受けて行政機関が行う「必要な調査」等の対応については、手続の公正性の観点から、当該行政指導に実質的に関与した職員や当該行政指導について利害関係を有する職員以外の職員が行うことが望ましい。

エ 申出を受けた行政機関の対応の結果については、法律上、申出を受けた行政機関に申出人に対する通知義務を課すこととはしていないが、各行政機関は、行政指導の相手方の権利利益の保護等に資する観点から、行った調査の結果、講じた措置の有無やその内容など、申出を受けた対応の結果について、申出人に通知するよう努めるべきである。

3．法第36条の3（処分等の求め）

(1) 趣旨

「処分等の求め」は、処分をする権限を有する行政庁又は行政指導をする権限を有する行政機関が、法令に違反する事実を知る者からの申出を端緒として、必要な調査を行い、その結果に基づき必要があると認めるときは、その是正のための処分又は行政指導を行うこととすることにより、行政運営における公正の確保と透明性の向上を図り、もって国民の権利利益の保護に資することを目的とするものである。

(2) 対象となる処分又は行政指導

申出人から求められた個々の処分又は行政指導が「処分等の求め」の対象となるか否かについては、各行政庁又は行政機関において、以下の点を踏まえつつ、個別の事例ごとに、申出の具体的内容や当該処分又は行政指導の内容、社会通念等に照らして、適切に判断する必要がある。

ア 「法令に違反する事実」とは、法令に規定されている義務又は要件に反する事実

をいい、「法令に違反する事実がある場合」とは、申出の時点において法令に違反する行為又は状態が反復継続している場合に限らず、申出の時点では法令に違反する行為又は状態自体は終了している場合も含まれる。具体的な法令に違反する事実の発生を前提とせずに、将来における法令に違反する事実の発生を未然に防止することを内容とする処分又は行政指導は、「法令に違反する事実」が存在しないため、本条の対象とならない。
　イ　「その是正のためにされるべき処分又は行政指導」とは、法令に違反する事実自体の解消や適法な状態へ回復する措置その他の法令に違反する事実を改めただすことを内容とする処分又は行政指導をいい、具体的には、法令に違反する事実を生じさせた者等に対して行われる次のような処分又は行政指導を指す。
　　・法令に違反する事実自体の解消を内容とするもの
　　・法令に違反する事実によって生じた影響の除去又は原状の回復を内容とするもの
　　・法令に違反する作為又は不作為の再発防止（業務停止命令や許認可等の取消し、課徴金の納付命令などを含む。）を内容とするもの
　　　なお、個々の処分又は行政指導が本条の対象となるか否かについては、当該処分又は行政指導の法律上の要件が「必要があると認めるとき」とされている場合など、法令に違反する事実があることが明文上の要件とされていない場合も含めて、法令に違反する事実を改めただすことを内容とする処分又は行政指導か否かという観点から、個別の事案ごとに判断する。
　ウ　行政庁がした処分を違法であると思料して求める当該処分の取消しについては、行政事件訴訟法の取消訴訟又は行政不服審査法の不服申立て等によることとなり、本条の対象とはならない。
　エ　「行政指導（その根拠となる規定が法律に置かれているものに限る。）」とは、行政指導を行う権限及びその要件が法律に規定されているものをいい、行政機関の任務又は所掌事務を定める規定に基づいて行われる行政指導は含まない。
　オ　なお、独立行政法人その他の法人であっても、上記イに該当し得る処分を行う権限を法令上付与されている場合には、行政庁に当たるものとして、「処分等の求め」を受ける対象に含まれる。
(3) 申出書の提出に関する行政庁又は行政機関の対応
　ア　申出書の書式については、法令上の定めはなく、申出人は任意の書式により申出をすることが可能である。
　　なお、各行政庁又は行政機関において、申出人の便宜等のため、参考となる「様式」を作成し、公にすることも考えられるが、その「様式」を用いていないことを理由に、不利益な取扱いをしてはならない。
　イ　申出は、同一の事実について一の処分又は行政指導しか求めることができないものではなく、申出人が一通の申出書に同一の事実についてとり得る複数の処分又は

資料

　　　行政指導を併記して、それらのいずれかをすることを求める旨を記載することも可能である。
　　ウ　本条第2項第2号の「法令に違反する事実の内容」や第5号の「当該処分又は行政指導がされるべきであると思料する理由」については、合理的な根拠をもって客観的にその旨を考えられる理由が具体的に記載されている必要がある。
　　エ　例えば、法令上、「○○大臣」や「□□官」の権限とされている処分又は行政指導について、これらの者の所属する「○○省」宛てに申出書が提出された場合など、申出書に軽微な記載上の誤りがあっても、申出を受けた行政庁又は行政機関が「必要な調査」その他の本条第3項に規定する措置をとるに当たって特段の支障が生じない場合には、法令に違反する事実を知る者からの申出を端緒として行政庁又は行政機関が必要な調査を行うという本制度の趣旨に照らし、不適法な申出として取り扱うことなく、「必要な調査」を行う等の本条第3項に規定する対応をとるべきである。
　　オ　上記エのほか、処分の権限を有さない行政庁又は行政指導の権限を有さない行政機関に申出がなされた場合には、当該申出を受けた行政庁又は行政機関は、申出先となる行政庁又は行政機関（処分の権限を有する行政庁又は行政指導の権限を有する行政機関）を確認して、申出人に対して情報を提供するよう努めるべきである。
　(4)　申出を受けた行政庁又は行政機関の対応
　　　申出を受けた行政庁又は行政機関は、必要な調査を行わなければならず、当該行政庁又は行政機関は、当該調査の結果に基づき必要があると認めるときは、求められた処分又は行政指導をしなければならない。
　　ア　本条第3項の「必要な調査」とは、法令に違反する事実があるか否か、違反がある場合はその違反の内容及び程度等を確認し、どのような是正手段が適切かを判断するのに必要な調査をいう。その具体的な内容及び手法については、申出の具体的内容や当該処分又は行政指導の内容、社会通念等に照らして、各行政庁又は行政機関において適切に判断する必要がある。
　　　なお、各行政庁又は行政機関は申出書を受けて法令に違反する事実があるか否かを確認する必要があるが、申出書の記載に具体性がなく、その確認が困難な場合や、既に詳細な調査を行っており、事実関係が明らかで申出書の記載によってもそれが揺るがない場合などは、各行政庁又は行政機関の判断により、改めて「必要な調査」を行わない場合もあり得る。
　　イ　「必要があると認めるとき」とは、必要な調査の結果に基づき、法令に違反する事実があり、その是正のために処分又は行政指導をする必要があると当該行政庁又は行政機関が認めるときを指す。
　　　他方、必要な調査を行った結果、次のいずれかに該当する場合など、「必要があると認めるとき」に該当しない場合には、求められた処分又は行政指導を行わない

こととなる。この場合において、各行政庁又は行政機関の判断に応じて、法令に違反する事実の是正のために、求められた処分又は行政指導に代わって、別のより適切な措置を講ずることが適当であると認められる場合には、当該措置を講ずるべきである。
・求められた処分又は行政指導が、その本来の目的やその根拠となる法令の規定の趣旨等に合致しない場合
・求められた処分又は行政指導により、法令に違反する事実が是正されることに伴う利益に比べて、その相手方の受ける不利益が著しく大きい場合

ウ　申出を受けた行政庁又は行政機関の対応の結果については、法律上、申出を受けた行政庁又は行政機関に申出人に対する通知義務を課すこととはしていない。他方、各行政庁又は行政機関は、申出人の便宜等の観点も踏まえ、当該処分又は行政指導の相手方となるべき者の正当な利益が損なわれる場合や事務処理上著しい負担が生じる場合等を除き、行った調査の結果、講じた措置の有無やその内容など、申出を受けた対応の結果について、申出人に通知するよう努めるべきである。

エ　申出人の氏名等の個人情報は、もとより行政機関の保有する個人情報の保護に関する法律（平成15年法律第58号）等に基づき適切に管理されるべきものであるが、当該申出人が処分又は行政指導の相手方に特定された場合には、当該申出人が不利益を受けるおそれがあるため、特に申出人の個人情報の管理を徹底し、申出人の個人情報が漏えいすることがないよう万全を期す必要がある。

　また、労働者が、その労務提供先における法令に違反する事実の是正のための処分又は行政指導を求める申出をした場合において、当該申出が公益通報者保護法（平成16年法律第122号）の「公益通報」に該当するときは、当該申出人は同法による保護を受けることになる。

資料

行政不服審査法施行令（平成27年政令第391号）

　内閣は、行政不服審査法（平成26年法律第68号）第19条第1項（同法第61条、第66条第1項及び第83条第2項において準用する場合を含む。）の規定並びに同法第37条第2項、第38条第4項及び第5項並びに第41条第3項（これらの規定を同法第66条第1項において準用する場合を含む。）、第43条第1項第1号及び第2号、第78条第4項及び第5項、第80条並びに第86条の規定に基づき、この政令を制定する。

目次
　第1章　審査請求（第1条―第17条）
　第2章　再調査の請求（第18条）
　第3章　再審査請求（第19条）
　第4章　行政不服審査会（第20条―第25条）
　第5章　補則（第26条・第27条）
　附　則

第1章　審査請求
（審理員）
第1条　審査庁は、行政不服審査法（以下「法」という。）第9条第1項の規定により2人以上の審理員を指名する場合には、そのうち1人を、当該2人以上の審理員が行う事務を総括する者として指定するものとする。
2　審査庁は、審理員が法第9条第2項各号に掲げる者のいずれかに該当することとなったときは、当該審理員に係る同条第1項の規定による指名を取り消さなければならない。
（法第9条第3項に規定する場合の読替え等）
第2条　法第9条第3項に規定する場合においては、別表第1の上欄に掲げる規定の適用については、これらの規定中同表の中欄に掲げる字句は、それぞれ同表の下欄に掲げる字句とし、前条、第15条及び第16条の規定は、適用しない。
（代表者等の資格の証明等）
第3条　審査請求人の代表者若しくは管理人、総代又は代理人の資格は、次条第3項の規定の適用がある場合のほか、書面で証明しなければならない。法第12条第2項ただし書に規定する特別の委任についても、同様とする。
2　審査請求人は、代表者若しくは管理人、総代又は代理人がその資格を失ったときは、書面でその旨を審査庁（審理員が指名されている場合において、審理手続が終結するまでの間は、審理員）に届け出なければならない。

3 　前2項の規定は、参加人の代表者若しくは管理人又は代理人の資格について準用する。この場合において、第1項中「次条第3項の規定の適用がある場合のほか、書面」とあるのは「書面」と、「第12条第2項ただし書」とあるのは「第13条第4項ただし書」と、前項中「審査請求人」とあるのは「参加人」と、「、総代又は」とあるのは「又は」と読み替えるものとする。

（審査請求書の提出）

第4条　審査請求書は、審査請求をすべき行政庁が処分庁等でない場合には、正副2通を提出しなければならない。

2 　審査請求書には、審査請求人（審査請求人が法人その他の社団又は財団である場合にあっては代表者又は管理人、審査請求人が総代を互選した場合にあっては総代、審査請求人が代理人によって審査請求をする場合にあっては代理人）が押印しなければならない。

3 　審査請求書の正本には、審査請求人が法人その他の社団又は財団である場合にあっては代表者又は管理人の資格を証する書面を、審査請求人が総代を互選した場合にあっては総代の資格を証する書面を、審査請求人が代理人によって審査請求をする場合にあっては代理人の資格を証する書面を、それぞれ添付しなければならない。

4 　第1項の規定にかかわらず、行政手続等における情報通信の技術の利用に関する法律（平成14年法律第151号。以下「情報通信技術利用法」という。）第3条第1項の規定により同項に規定する電子情報処理組織を使用して審査請求がされた場合（審査請求をすべき行政庁が処分庁等でない場合に限る。）には、第1項の規定に従って審査請求書が提出されたものとみなす。

（審査請求書の送付）

第5条　法第29条第1項本文の規定による審査請求書の送付は、審査請求書の副本（法第22条第3項若しくは第4項又は第83条第3項の規定の適用がある場合にあっては、審査請求書の写し。次項において同じ。）によってする。

2 　前条第4項に規定する場合において、当該審査請求に係る電磁的記録については、審査請求書の副本とみなして、前項の規定を適用する。

（弁明書の提出）

第6条　弁明書は、正本並びに当該弁明書を送付すべき審査請求人及び参加人の数に相当する通数の副本を提出しなければならない。

2 　前項の規定にかかわらず、情報通信技術利用法第3条第1項の規定により同項に規定する電子情報処理組織を使用して弁明がされた場合には、前項の規定に従って弁明書が提出されたものとみなす。

3 　法第29条第5項の規定による弁明書の送付は、弁明書の副本によってする。

4 　第2項に規定する場合において、当該弁明に係る電磁的記録については、弁明書の副本とみなして、前項の規定を適用する。

資料

(反論書等の提出)
第7条 反論書は、正本並びに当該反論書を送付すべき参加人及び処分庁等の数に相当する通数の副本を、法第30条第2項に規定する意見書(以下この条及び第15条において「意見書」という。)は、正本並びに当該意見書を送付すべき審査請求人及び処分庁等の数に相当する通数の副本を、それぞれ提出しなければならない。
2　前項の規定にかかわらず、情報通信技術利用法第3条第1項の規定により同項に規定する電子情報処理組織を使用して反論がされ、又は意見が述べられた場合には、前項の規定に従って反論書又は意見書が提出されたものとみなす。
3　法第30条第3項の規定による反論書又は意見書の送付は、反論書又は意見書の副本によってする。
4　第2項に規定する場合において、当該反論又は当該意見に係る電磁的記録については、反論書又は意見書の副本とみなして、前項の規定を適用する。

(映像等の送受信による通話の方法による口頭意見陳述等)
第8条 審理員は、口頭意見陳述の期日における審理を行う場合において、遠隔の地に居住する審理関係人があるとき、その他相当と認めるときは、総務省令で定めるところにより、審理員及び審理関係人が映像と音声の送受信により相手の状態を相互に認識しながら通話をすることができる方法によって、審理を行うことができる。

(通話者等の確認)
第9条 審理員は、法第37条第2項の規定による意見の聴取を行う場合には、通話者及び通話先の場所の確認をしなければならない。

(交付の求め)
第10条 法第38条第1項の規定による交付の求めは、次に掲げる事項を記載した書面を提出してしなければならない。
　一　交付に係る法第38条第1項に規定する書面若しくは書類(以下「対象書面等」という。)又は交付に係る同項に規定する電磁的記録(以下「対象電磁的記録」という。)を特定するに足りる事項
　二　対象書面等又は対象電磁的記録について求める交付の方法(次条各号に掲げる交付の方法をいう。)
　三　対象書面等又は対象電磁的記録について第14条に規定する送付による交付を求める場合にあっては、その旨

(交付の方法)
第11条 法第38条第1項の規定による交付は、次の各号のいずれかの方法によってする。
　一　対象書面等の写しの交付にあっては、当該対象書面等を複写機により用紙の片面又は両面に白黒又はカラーで複写したものの交付
　二　対象電磁的記録に記録された事項を記載した書面の交付にあっては、当該事項を用紙の片面又は両面に白黒又はカラーで出力したものの交付

三　情報通信技術利用法第4条第1項の規定により同項に規定する電子情報処理組織を使用して行う方法

（手数料の額等）

第12条　法第38条第4項（同条第6項の規定により読み替えて適用する場合を除く。）の規定により納付しなければならない手数料（以下この条及び次条において「手数料」という。）の額は、次の各号に掲げる交付の方法の区分に応じ、当該各号に定める額とする。
　一　前条第1号又は第2号に掲げる交付の方法　用紙1枚につき10円（カラーで複写され、又は出力された用紙にあっては、20円）。この場合において、両面に複写され、又は出力された用紙については、片面を1枚として手数料の額を算定する。
　二　前条第3号に掲げる交付の方法　同条第1号又は第2号に掲げる交付の方法（用紙の片面に複写し、又は出力する方法に限る。）によってするとしたならば、複写され、又は出力される用紙1枚につき10円
2　手数料は、審査庁が定める書面に収入印紙を貼って納付しなければならない。ただし、次に掲げる場合は、この限りでない。
　一　手数料の納付について収入印紙によることが適当でない審査請求として審査庁がその範囲及び手数料の納付の方法を官報により公示した場合において、公示された方法により手数料を納付する場合（第3号に掲げる場合を除く。）
　二　審査庁の事務所において手数料の納付を現金ですることが可能である旨及び当該事務所の所在地を当該審査庁が官報により公示した場合において、手数料を当該事務所において現金で納付する場合（次号に掲げる場合を除く。）
　三　情報通信技術利用法第3条第1項の規定により同項に規定する電子情報処理組織を使用して法第38条第1項の規定による交付を求める場合において、総務省令で定める方法により手数料を納付する場合

（手数料の減免）

第13条　審理員は、法第38条第1項の規定による交付を受ける審査請求人又は参加人（以下この条及び次条において「審査請求人等」という。）が経済的困難により手数料を納付する資力がないと認めるときは、同項の規定による交付の求め1件につき2千円を限度として、手数料を減額し、又は免除することができる。
2　手数料の減額又は免除を受けようとする審査請求人等は、法第38条第1項の規定による交付を求める際に、併せて当該減額又は免除を求める旨及びその理由を記載した書面を審理員に提出しなければならない。
3　前項の書面には、審査請求人等が生活保護法（昭和25年法律第144号）第11条第1項各号に掲げる扶助を受けていることを理由とする場合にあっては当該扶助を受けていることを証明する書面を、その他の事実を理由とする場合にあっては当該事実を証明する書面を、それぞれ添付しなければならない。

（送付による交付）

資料

第14条 法第38条第1項の規定による交付を受ける審査請求人等は、同条第4項の規定により納付しなければならない手数料のほか送付に要する費用を納付して、対象書面等の写し又は対象電磁的記録に記録された事項を記載した書面の送付を求めることができる。この場合において、当該送付に要する費用は、総務省令で定める方法により納付しなければならない。

2 国に所属しない行政庁が審査庁である場合における前項の規定の適用については、同項中「総務省令で」とあるのは、「審査庁が」とする。

(事件記録)

第15条 法第41条第3項の政令で定めるものは、次に掲げるものとする。

一 審査請求録取書
二 法第29条第4項各号に掲げる書面
三 反論書
四 意見書
五 口頭意見陳述若しくは特定意見聴取、法第34条の陳述若しくは鑑定、法第35条第1項の検証、法第36条の規定による質問又は法第37条第1項若しくは第2項の規定による意見の聴取の記録
六 法第32条第1項又は第2項の規定により提出された証拠書類若しくは証拠物又は書類その他の物件
七 法第33条の規定による提出要求に応じて提出された書類その他の物件

2 前項第5号の「特定意見聴取」とは、審査手続において審理員が次に掲げる規定による意見の聴取を行った場合における当該意見の聴取をいう。

一 外国為替及び外国貿易法（昭和24年法律第228号）第56条第1項
二 肥料取締法（昭和25年法律第127号）第34条第2項（同法第33条の5第4項において準用する場合を含む。）
三 火薬類取締法（昭和25年法律第149号）第55条第1項
四 漁船法（昭和25年法律第178号）第48条第1項
五 文化財保護法（昭和25年法律第214号）第156条第1項
六 鉱業法（昭和25年法律第289号）第126条（採石法（昭和25年法律第291号）第38条、砂利採取法（昭和43年法律第74号）第30条第3項及び金属鉱業等鉱害対策特別措置法（昭和48年法律第26号）第35条において準用する場合を含む。）
七 採石法第34条の5第1項
八 高圧ガス保安法（昭和26年法律第204号）第78条第1項
九 税理士法（昭和26年法律第237号）第35条第3項
十 航空機製造事業法（昭和27年法律第237号）第20条第1項
十一 輸出入取引法（昭和27年法律第299号）第39条の2第1項
十二 飼料の安全性の確保及び品質の改善に関する法律（昭和28年法律第35号）第63条

第1項

十三　有線電気通信法（昭和28年法律第96号）第10条第1項（同法第11条において読み替えて準用する場合を含む。）

十四　商工会議所法（昭和28年法律第143号）第83条第1項

十五　武器等製造法（昭和28年法律第145号）第30条第1項

十六　臨時船舶建造調整法（昭和28年法律第149号）第6条第1項

十七　ガス事業法（昭和29年法律第51号）第184条第1項

十八　家畜取引法（昭和31年法律第123号）第31条第1項

十九　工業用水法（昭和31年法律第146号）第27条第1項

二十　工業用水道事業法（昭和33年法律第84号）第26条第1項

二十一　小売商業調整特別措置法（昭和34年法律第155号）第20条第1項

二十二　商工会法（昭和35年法律第89号）第59条第1項

二十三　割賦販売法（昭和36年法律第159号）第44条第1項

二十四　電気用品安全法（昭和36年法律第234号）第51条第1項

二十五　電気事業法（昭和39年法律第170号）第110条第1項

二十六　液化石油ガスの保安の確保及び取引の適正化に関する法律（昭和42年法律第149号）第92条第1項

二十七　砂利採取法第39条第1項

二十八　電気工事業の業務の適正化に関する法律（昭和45年法律第96号）第31条第1項

二十九　熱供給事業法（昭和47年法律第88号）第30条第1項

三十　石油パイプライン事業法（昭和47年法律第105号）第38条第1項

三十一　消費生活用製品安全法（昭和48年法律第31号）第50条第1項

三十二　化学物質の審査及び製造等の規制に関する法律（昭和48年法律第117号）第51条第1項

三十三　揮発油等の品質の確保等に関する法律（昭和51年法律第88号）第22条第1項

三十四　日本国と大韓民国との間の両国に隣接する大陸棚だなの南部の共同開発に関する協定の実施に伴う石油及び可燃性天然ガス資源の開発に関する特別措置法（昭和53年法律第81号）第46条第1項

三十五　深海底鉱業暫定措置法（昭和57年法律第64号）第38条第1項

三十六　電気通信事業法（昭和59年法律第86号）第171条第1項

三十七　特定物質の規制等によるオゾン層の保護に関する法律（昭和63年法律第53号）第28条第1項

三十八　資源の有効な利用の促進に関する法律（平成3年法律第48号）第38条第1項

三十九　計量法（平成4年法律第51号）第164条第1項

四十　特定有害廃棄物等の輸出入等の規制に関する法律（平成4年法律第108号）第18条第1項

資料

　　四十一　民間事業者による信書の送達に関する法律（平成14年法律第99号）第40条第1項
3　法第42条第2項の規定による事件記録（審査請求書、弁明書、反論書及び意見書に限る。）の提出は、審査請求書、弁明書、反論書又は意見書の正本によってする。
4　第4条第4項、第6条第2項又は第7条第2項に規定する場合において、当該審査請求、当該弁明、当該反論又は当該意見に係る電磁的記録については、それぞれ審査請求書、弁明書、反論書又は意見書の正本とみなして、前項の規定を適用する。

（審理員意見書の提出）
第16条　審理員は、法第42条第2項の規定により審理員意見書を提出するときは、事件記録のほか、法第13条第1項の許可に関する書類その他の総務省令で定める書類を審査庁に提出しなければならない。

（審議会等）
第17条　法第43条第1項第1号の政令で定めるものは、次のとおりとする。
　　一　公認会計士法（昭和23年法律第103号）第46条の11に規定する資格審査会
　　二　地方社会保険医療協議会
　　三　司法書士法（昭和25年法律第197号）第67条に規定する登録審査会
　　四　港湾法（昭和25年法律第218号）第24条の2に規定する地方港湾審議会
　　五　土地家屋調査士法（昭和25年法律第228号）第62条に規定する登録審査会
　　六　行政書士法（昭和26年法律第4号）第18条の4に規定する資格審査会
　　七　税理士法第49条の16に規定する資格審査会
　　八　土地区画整理法（昭和29年法律第119号）第71条の4に規定する土地区画整理審議会
　　九　社会保険労務士法（昭和43年法律第89号）第25条の37に規定する資格審査会
　　十　都市再開発法（昭和44年法律第38号）第7条の19、第43条及び第50条の14に規定する審査委員並びに同法第59条に規定する市街地再開発審査会
　　十一　大都市地域における住宅及び住宅地の供給の促進に関する特別措置法（昭和50年法律第67号）第60条に規定する住宅街区整備審議会
　　十二　密集市街地における防災街区の整備の促進に関する法律（平成9年法律第49号）第131条、第161条及び第177条に規定する審査委員並びに同法第190条に規定する防災街区整備審査会
　　十三　弁理士法（平成12年法律第49号）第70条に規定する登録審査会
　　十四　マンションの建替え等の円滑化に関する法律（平成14年法律第78号）第37条、第53条及び第136条に規定する審査委員
　　十五　裁判外紛争解決手続の利用の促進に関する法律（平成16年法律第151号）第10条に規定する認証審査参与員
　　十六　郵政民営化委員会

十七　地方年金記録訂正審議会
2　法第43条第1項第2号の政令で定めるものは、裁判外紛争解決手続の利用の促進に関する法律第10条に規定する認証審査参与員とする。

第2章　再調査の請求
第18条　第3条、第4条第2項及び第3項並びに第8条の規定は、再調査の請求について準用する。この場合において、別表第2の上欄に掲げる規定中同表の中欄に掲げる字句は、それぞれ同表の下欄に掲げる字句に読み替えるものとする。

第3章　再審査請求
第19条　第1章（第2条、第6条、第15条第1項第2号及び第3号並びに第2項並びに第17条を除く。）の規定は、再審査請求について準用する。この場合において、別表第3の上欄に掲げる規定中同表の中欄に掲げる字句は、それぞれ同表の下欄に掲げる字句に読み替えるものとする。
2　再審査庁が法第66条第1項において準用する法第9条第1項各号に掲げる機関である場合には、前項において読み替えて準用する第1条、第15条（第1項第2号及び第3号並びに第2項を除く。）及び第16条の規定は、適用しない。

第4章　行政不服審査会
（議事）
第20条　法第72条第1項の合議体は、これを構成する全ての委員の、同条第2項の合議体は、過半数の委員の出席がなければ、会議を開き、議決することができない。
2　法第72条第1項の合議体の議事は、その合議体を構成する委員の過半数をもって決する。
3　法第72条第2項の合議体の議事は、出席した委員の過半数をもって決し、可否同数のときは、会長の決するところによる。
4　委員又は専門委員は、自己の利害に関係する議事に参与することができない。
（調査審議の手続の併合又は分離）
第21条　行政不服審査会（以下「審査会」という。）は、必要があると認める場合には、数個の事件に係る調査審議の手続を併合し、又は併合された数個の事件に係る調査審議の手続を分離することができる。
2　審査会は、前項の規定により、事件に係る調査審議の手続を併合し、又は分離したときは、審査関係人にその旨を通知しなければならない。
（映像等の送受信による通話の方法による意見の陳述等）
第22条　第8条の規定は、法第75条第1項の規定による意見の陳述について準用する。この場合において、第8条中「審理員は」とあるのは「審査会は」と、「審理を」とあ

資料

るのは「調査審議を」と、「審理関係人」とあるのは「審査関係人」と、「、審理員」とあるのは「、委員」と読み替えるものとする。
（提出資料の交付）
第23条 第10条から第14条まで（第12条第2項第1号及び第14条第2項を除く。）の規定は、法第78条第1項の規定による交付について準用する。この場合において、第10条第1号中「第38条第1項」とあるのは「第78条第1項」と、「書面若しくは書類」とあるのは「主張書面若しくは資料」と、「対象書面等」とあるのは「対象主張書面等」と、同条第2号及び第3号並びに第11条第1号中「対象書面等」とあるのは「対象主張書面等」と、第12条第1項中「第38条第4項（同条第6項の規定により読み替えて適用する場合を除く。）」とあるのは「第78条第4項」と、「以下この条及び次条において」とあるのは「以下」と、同条第2項中「審査庁」とあり、並びに第13条第1項及び第2項中「審理員」とあるのは「審査会」と、第14条第1項中「同条第4項の規定により納付しなければならない手数料」とあるのは「手数料」と、「対象書面等」とあるのは「対象主張書面等」と読み替えるものとする。
（審査会の事務局長等）
第24条 審査会の事務局長は、関係のある他の職を占める者をもって充てられるものとする。
2 審査会の事務局に、課を置く。
3 前項に定めるもののほか、審査会の事務局の内部組織の細目は、総務省令で定める。
（審査会の調査審議の手続）
第25条 この政令に定めるもののほか、審査会の調査審議の手続に関し必要な事項は、会長が審査会に諮って定める。

第5章　補則

（不服申立書）
第26条 法第83条第2項において法第19条（第5項第1号及び第2号を除く。）の規定を準用する場合には、同条第1項中「審査請求は、他の法律（条例に基づく処分については、条例）に口頭ですることができる旨の定めがある場合を除き」とあるのは「不服申立て（第82条第1項に規定する不服申立てをいう。以下同じ。）は」と、同条第2項第1号中「審査請求人」とあるのは「不服申立人」と、同項第2号中「審査請求」とあるのは「不服申立て」と、同項第3号中「審査請求に係る処分（当該処分について再調査の請求についての決定を経たときは、当該決定）」とあるのは「不服申立てに係る処分」と、同項第4号及び第6号中「審査請求」とあるのは「不服申立て」と、同条第4項中「審査請求人」とあるのは「不服申立人」と、「審査請求を」とあるのは「不服申立てを」と、「第2項各号又は前項各号」とあるのは「第2項各号」と、同条第5項第3号中「審査請求期間」とあるのは「不服申立てをすることができる期間」と、「審査請求を」と

あるのは「不服申立てを」と、「前条第１項ただし書又は第２項ただし書に規定する」とあるのは「当該期間内に不服申立てをしなかったことについての」と読み替えるものとする。
2 　第４条第２項及び第３項の規定は、法第83条第１項の不服申立書について準用する。この場合において、これらの規定中「審査請求人」とあるのは「不服申立人」と、「審査請求を」とあるのは「不服申立てを」と読み替えるものとする。

（総務省令への委任）
第27条　この政令に定めるもののほか、法及びこの政令の実施のために必要な手続その他の事項は、総務省令で定める。

附　則

この政令は、法の施行の日（平成28年４月１日）から施行する。

附　則　（平成29年３月23日政令第40号）　抄
（施行期日）
第１条　この政令は、第５号施行日（平成29年４月１日）から施行する。

附　則　（平成29年７月28日政令第208号）　抄
（施行期日）
1 　この政令は、平成30年４月１日から施行する。

別表第１　（第２条関係）

第３条第２項	審査庁（審理員が指名されている場合において、審理手続が終結するまでの間は、審理員）	審査庁
第６条第１項	提出しなければ	提出し、又は作成しなければ
第６条第２項	弁明がされた	弁明がされ、又は情報通信技術利用法第６条第１項の規定により弁明に係る電磁的記録が作成された
	提出された	提出され、又は作成された
第７条第１項	参加人及び処分庁等	参加人及び処分庁等（処分庁等が審査庁である場合にあっては、参加人）
	審査請求人及び処分庁等	審査請求人及び処分庁等（処分庁等が審査庁である場合にあっては、審

資料

第8条		査請求人）
	審理員	審査庁
	審理関係人がある	審理関係人（処分庁等が審査庁である場合にあっては、審査請求人及び参加人。以下この条において同じ。）がある
第9条並びに第13条第1項及び第2項	審理員	審査庁

別表第2（第18条関係）

第3条第1項	法	法第61条において準用する法
第3条第2項	審査庁（審理員が指名されている場合において、審理手続が終結するまでの間は、審理員）	処分庁
第4条第2項	審査請求書	再調査の請求書
第4条第3項	審査請求書の正本	再調査の請求書
第8条	審理員は	処分庁は
	審理関係人がある	再調査の請求人又は参加人がある
	審理員及び審理関係人	処分庁並びに再調査の請求人及び参加人

別表第3（第19条関係）

第1条第1項	第9条第1項	第66条第1項において読み替えて準用する法第9条第1項
第1条第2項	法	法第66条第1項において読み替えて準用する法
第3条第1項	法	法第66条第1項において読み替えて準用する法
第4条の見出し	審査請求書	再審査請求書
第4条第1項	審査請求書は、審査請求をすべき行政庁が処分庁等でない場合には	再審査請求書は

第4条第2項及び第3項	審査請求書	再審査請求書
第4条第4項	場合(審査請求をすべき行政庁が処分庁等でない場合に限る。)	場合
	審査請求書	再審査請求書
第5条の見出し	審査請求書	再審査請求書
第5条第1項	第29条第1項本文	第66条第1項において読み替えて準用する法第29条第1項本文
	審査請求書の送付	再審査請求書の送付
	審査請求書の副本(法第22条第3項若しくは第4項又は第83条第3項の規定の適用がある場合にあっては、審査請求書の写し。次項において同じ。)	再審査請求書の副本
第5条第2項	審査請求書	再審査請求書
第7条の見出し	反論書等	意見書
第7条第1項	反論書は、正本並びに当該反論書を送付すべき参加人及び処分庁等の数に相当する通数の副本を、	法第66条第1項において読み替えて準用する
	処分庁等の数に相当する通数の副本を、それぞれ	裁決庁等の数に相当する通数の副本を
第7条第2項	反論がされ、又は意見が	意見が
	反論書又は意見書	意見書
第7条第3項	法	法第66条第1項において読み替えて準用する法
	反論書又は意見書	意見書
第7条第4項	当該反論又は当該意見	当該意見
	反論書又は意見書	意見書
第8条	審理員は	審理員(再審査庁が法第66条第1項において準用する法第9条第1項各号に掲げる機関である場合にあって

資料

		は、再審査庁。以下同じ。)は
第9条	法	法第66条第1項において読み替えて準用する法
第10条及び第11条	第38条第1項	第66条第1項において読み替えて準用する法第38条第1項
第12条第1項	第38条第4項(同条第6項	第66条第1項において準用する法第38条第4項(法第66条第1項において準用する法第38条第6項
第12条第2項第3号	第38条第1項	第66条第1項において読み替えて準用する法第38条第1項
第13条第1項及び第2項	法	法第66条第1項において読み替えて準用する法
	審査請求人等	再審査請求人等
第13条第3項	審査請求人等	再審査請求人等
第14条第1項	第38条第1項	第66条第1項において読み替えて準用する法第38条第1項
	審査請求人等	再審査請求人等
	同条第4項	法第66条第1項において準用する法第38条第4項
第15条第1項	第41条第3項	第66条第1項において読み替えて準用する法第41条第3項
	審査請求録取書	再審査請求録取書
	若しくは特定意見聴取、	、法第66条第1項において読み替えて準用する
	法第35条第1項	同項において読み替えて準用する法第35条第1項
	第36条	第66条第1項において読み替えて準用する法第36条
	法第37条第1項	同項において読み替えて準用する法第37条第1項
	第32条第1項	第66条第1項において準用する法第32条第1項
	第33条	第66条第1項において読み替えて準用する法第33条

第15条第3項		法	法第66条第1項において準用する法
		審査請求書、弁明書、反論書	再審査請求書
第15条第4項		、第6条第2項又は	又は
		当該審査請求、当該弁明、当該反論	当該再審査請求
		審査請求書、弁明書、反論書	再審査請求書
第16条		第42条第2項	第66条第1項において準用する法第42条第2項
		第13条第1項	第66条第1項において読み替えて準用する法第13条第1項

資料

行政不服審査法施行規則（平成28年総務省令第5号）

　行政不服審査法施行令（平成27年政令第391号）第8条（同令第18条、第19条第1項及び第22条において準用する場合を含む。）、第12条第2項第3号及び第14条第1項（これらの規定を同令第19条第1項及び第23条において準用する場合を含む。）並びに第16条（同令第19条第1項において準用する場合を含む。）の規定に基づき、行政不服審査法施行規則を次のように定める。

（映像等の送受信による通話の方法による口頭意見陳述等）
第1条　行政不服審査法施行令（以下「令」という。）第8条（令第18条及び第19条第1項において読み替えて準用する場合を含む。）に規定する方法によって口頭意見陳述の期日における審理を行う場合には、審理関係人（行政不服審査法（平成26年法律第68号。以下「法」という。）第9条第3項に規定する場合において処分庁等が審査庁であるときにあっては審査請求人及び参加人、再調査の請求にあっては再調査の請求人及び参加人。以下この条において同じ。）の意見を聴いて、当該審理に必要な装置が設置された場所であって審理員（法第9条第3項に規定する場合にあっては審査庁、再調査の請求にあっては処分庁、再審査庁が法第66条第1項において準用する法第9条第1項各号に掲げる機関である場合にあっては再審査庁）が相当と認める場所を、審理関係人ごとに指定して行う。

（手数料の納付）
第2条　令第12条第2項第3号（令第19条第1項において読み替えて準用する場合を含む。以下この条において同じ。）に規定する総務省令で定める方法は、同号に規定する交付の求めにより得られた納付情報により納付する方法とする。ただし、審査庁又は再審査庁は、次に掲げる方法により納付させることが適当と認めるときは、当該納付情報により納付する方法に加え、次に掲げる方法を指定することができる。
　一　審査庁又は再審査庁が指定する書面に収入印紙を貼って納付する方法
　二　令第12条第2項第1号（令第19条第1項において準用する場合を含む。）の規定による公示をした審査庁又は再審査庁にあっては、行政機関の保有する情報の公開に関する法律等に基づく手数料の納付手続の特例に関する省令（平成13年財務省令第10号）別紙書式の納付書により納付する方法
　三　令第12条第2項第2号（令第19条第1項において準用する場合を含む。）の規定による公示をした審査庁又は再審査庁にあっては、当該審査庁又は再審査庁の事務所（当該公示に係るものに限る。）において現金で納付する方法
　2　前項の規定にかかわらず、審査庁又は再審査庁は、同項本文に規定する方法によるこ

とができないときは、令第12条第2項第3号に規定する方法として、前項各号に掲げる方法を指定することができる。
（送付に要する費用の納付方法）
第3条 令第14条第1項（令第19条第1項において読み替えて準用する場合を含む。）に規定する総務省令で定める方法は、次に掲げる方法とする。
一 郵便切手又は総務大臣が定めるこれに類する証票で納付する方法
二 行政手続等における情報通信の技術の利用に関する法律（平成14年法律第151号）第3条第1項の規定により同項に規定する電子情報処理組織を使用して法第38条第1項（法第66条第1項において読み替えて準用する場合を含む。）の規定による交付の求めをした場合において、当該求めにより得られた納付情報により納付する方法

（審理員意見書の提出）
第4条 令第16条（令第19条第1項において読み替えて準用する場合を含む。）に規定する総務省令で定める書類は、次に掲げるもの（電磁的記録を含み、事件記録に該当するものを除く。）とする。
一 審理関係人その他の関係人から審理員に対して行われた法第13条第1項（法第66条第1項において読み替えて準用する場合を含む。次号において同じ。）の許可の申請その他の通知
二 審理員が審理関係人その他の関係人に対して行った法第13条第1項の許可その他の通知
三 その他審理員が必要と認める書類

（行政不服審査会の調査審議の手続についての準用）
第5条 第1条の規定は法第75条第1項の規定による意見の陳述について、第2条（第1項第2号を除く。）及び第3条の規定は法第78条第1項の規定による交付について、それぞれ準用する。この場合において、次の表の上欄に掲げる規定中同表の中欄に掲げる字句は、それぞれ同表の下欄に掲げる字句に読み替えるものとする。

第1条	第8条（令第18条及び第19条第1項において読み替えて準用する場合を含む。）	第22条において読み替えて準用する令第8条
	審理を	調査審議を
	審理関係人（行政不服審査法（平成26年法律第68号。以下「法」という。）第9条第3項に規定する場合において処分庁等が審査庁であるときにあっては審査請求人及び参加人、再調査の請求にあっては再調査の請求人及び参加人。以下この条において同じ。）	審査関係人
	審理に	調査審議に
	審理員（法第9条第3項に規定する場合にあっては	

資料

	審査庁、再調査の請求にあっては処分庁、再審査庁が法第66条第1項において準用する法第9条第1項各号に掲げる機関である場合にあっては再審査庁	行政不服審査会
	審理関係人ごとに	審査関係人ごとに
第2条第1項	第12条第2項第3号（令第19条第1項において読み替えて準用する場合を含む。以下この条において同じ。）	第23条において準用する令第12条第2項第3号
	審査庁又は再審査庁は	行政不服審査会は
	次に	第1号又は第3号に
	審査庁又は再審査庁が	行政不服審査会が
	第12条第2項第2号（令第19条第1項において準用する場合を含む。）	第23条において読み替えて準用する令第12条第2項第2号
	審査庁又は再審査庁に	行政不服審査会に
	当該審査庁又は再審査庁	行政不服審査会
第2条第2項	審査庁又は再審査庁	行政不服審査会
	第12条第2項第3号	第23条において準用する令第12条第2項第3号
	前項各号	前項第1号又は第3号
第3条	第14条第1項（令第19条第1項において読み替えて準用する場合を含む。）	第23条において読み替えて準用する令第14条第1項

附　則　抄

（施行期日）

第1条　この省令は、法の施行の日（平成28年4月1日）から施行する。

行政不服審査法及び行政不服審査法の施行に伴う関係法律の整備等に関する法律の施行について

(平成28年1月29日総管管第6号・各府省事務次官等あて総務事務次官通知)

　第186回国会において成立し、平成26年6月13日に公布された行政不服審査法（平成26年法律第68号。以下「新行審法」という。）及び行政不服審査法の施行に伴う関係法律の整備等に関する法律（平成26年法律第69号。以下「整備法」という。）については、行政不服審査法の施行期日を定める政令（平成27年政令第390号）により、本年4月1日から施行することとされました。
　新行審法は、行政庁の処分その他公権力の行使に当たる行為（以下「処分」という。）に関する不服申立ての制度について、公正性や利便性の向上等を図る観点から、現行の行政不服審査法（昭和37年法律第160号。以下「旧行審法」という。）の全部を改正するものです。
　また、整備法は、新行審法の施行に伴う所要の規定の整備を行うとともに、いわゆる「不服申立前置」について、不服申立件数が大量にあるもの等を除き廃止する等の措置を講ずるものです。
　ついては、これまでに情報提供を行っている新行審法及び整備法の内容について十分御理解されるとともに、下記事項に御留意の上、その円滑な施行に向け、格別の御配慮をお願いします。また、貴管下各機関及び所管独立行政法人等に対しても、この旨周知願います。

記

第1　新行審法に関する事項

　新行審法により、旧行審法の内容が変更され、又は新たに追加される主な事項は以下のとおりであり、新行審法の施行に当たっては、これらの事項について特に御留意願いたい。

1. 審査請求をすべき行政庁（第4条関係）

　　新行審法においては、旧行審法における異議申立てを廃止し、不服申立ての種類を原則として審査請求に一元化するとともに、審査請求をすべき行政庁について、法律（条例に基づく処分については、条例）に特別の定めがある場合を除き、次のとおりとされたことから、各行政庁は適切に対応すること。

　(1) 処分庁等に上級行政庁がある場合

　　　処分をした行政庁又は不作為に係る行政庁（以下「処分庁等」という。）に上級行政庁があるときは、当該処分庁等の最上級行政庁

　(2) 処分庁等に上級行政庁がない場合

　　　当該処分庁等

2. 審理員（第9条等関係）

　(1) 審理員制度は、処分に関する手続に関与していない等一定の要件を満たす職員

資料

が審査請求の審理手続を行うことを法律上担保し、審理の公正性及び透明性を高めることにより、審査請求人の手続的権利を保障するとともに、従前以上に行政の自己反省機能を高め、国民の権利利益の救済及び行政の適正な運営を確保するとの新行審法の目的を達成するため、新たに導入されたものである。

　この趣旨を踏まえ、審査庁は、審理員として審理手続を行う者について、第9条第2項各号に掲げる者に該当するものではないことを十分確認すべきものであること。

(2)　審査庁は、審理員に指名された者が審理手続を適正かつ円滑に行うことができるよう、第17条に規定する審理員となるべき者等に対し、適時に、審理手続を行うに当たって必要となる知見の習得を促すこと等の配慮をすること。

3．審査請求期間（第18条関係）

審査請求期間については、旧行審法第14条第1項における60日から、3月に延長されたこと。

また、その例外については、個々の事案に応じて適切な救済が図られるよう、「正当な理由がある場合」に認められるものとされ、例えば、旧行審法第14条第1項ただし書に規定する場合又は旧行審法第19条に規定する場合については、いずれも「正当な理由がある」ものとして救済されるものとなること。

4．弁明書等の提出（第29条及び第30条関係）

審査請求に係る事案の概要、原処分がされた理由等を把握するとともに、審理の公正性及び透明性を確保するため、審理員は、処分庁等に弁明書の提出を求め、提出された弁明書を審査請求人及び参加人に送付しなければならないものとされたこと。

また、審査請求人及び参加人から提出された反論書及び意見書についても、審理員は、反論の機会を与えるため、他の審理関係人に送付しなければならないものとされたこと。

5．審査請求人等による提出書類等の閲覧等（第38条関係）

処分がいかなる根拠に基づいてされたものであるかについて知る機会を保障するため、審査請求人又は参加人が審理手続において閲覧を求めることができる対象について、処分庁から提出された書類その他の物件（旧行審法第33条）に加え、新たに、処分庁等以外の所持人から提出された書類その他の物件も含めるものとするとともに、併せて、審査請求人又は参加人は、これらの書類その他の物件について、閲覧に加え、写し等の交付も求めることができるものとされたこと。

6．審理手続の終結及び審理員意見書（第41条及び第42条関係）

審理員は、審理の公正性を確保するため、審理手続の過程で判明した裁決の内容についての判断に影響を及ぼし得る事実については、審理関係人への質問（第36条）を行うこと等により、審理関係人の主張及び反論が尽くされるよう配慮する必

要があり、いずれかの審理関係人が了知し得ない事実に基づいて審理員意見書を作成することのないようにすること。
  7．適切な教示等（第82条及び第83条関係）
    不服申立ての種類の変更、不服申立期間の延長等の改正に係る処分について、行政庁は、当該改正の内容に則し、不服申立ての種類、不服申立先、不服申立期間等について適切な教示を行うこと。
    なお、処分庁が処分時に教示を行わず、当該処分庁に当該処分についての不服申立書が提出された場合であって、法令上、当該処分庁以外の行政庁に審査請求又は他の法令に基づく不服申立てをすることができるときは、旧行審法第58条第3項とは異なり、当該処分庁に対し再調査の請求をすることができる場合を含め、当該処分庁は、当該行政庁に不服申立書を送付し、当該行政庁は、初めから当該行政庁に対する適法な不服申立てがされたものとして取り扱うものとされたこと。
  8．不服申立てをしようとする者等への情報の提供（第84条関係）
    行政不服審査法その他の法令に基づく不服申立てが円滑になされるよう、行政庁は、不服申立てをしようとする者又は不服申立てをした者の求めに応じ、不服申立てに必要な情報の提供に努めなければならないこと。
  9．裁決等の内容等の公表（第85条関係）
    不服申立制度の運用状況について国民に対する説明責任を果たすとともに、不服申立てをしようとする者の予見可能性を高め、国民の権利利益の適切な救済に資するため、不服申立てにつき裁決等をする権限を有する行政庁は、裁決等の内容その他当該行政庁における不服申立ての処理状況についての情報の提供に努めなければならないこと。
    また、総務省において、裁決等の内容についての国民への一元的な情報提供及び各行政庁の利便性の向上を図るため、「裁決・答申データベース」を構築するものとしているところ、各行政庁は、当該データベースを利活用することにより、第85条に基づく公表を行うことを検討いただきたいこと。
  10．新行審法の規定の適用に関する事項（附則第3条関係）
    新行審法の規定は、その施行後にされた行政庁の処分又はその施行後にされた申請に係る不作為についての不服申立てについて適用されることから、処分を行う行政庁及び不服申立先となる行政庁は適切に対応すること。

第2　整備法に関する事項

整備法は、新行審法の施行に伴い、関係する361の法律を改正するものであるところ、その施行に当たっては、以下の事項について特に御留意願いたい。
  1．整備法の規定の適用（附則第5条関係）
    整備法の規定は、特別の定めがない限り、その施行後にされた行政庁の処分又はその施行後にされた申請に係る不作為についての不服申立てについて適用されるこ

資料

とから、処分を行う行政庁及び不服申立先となる行政庁は適切に対応すること。
2．不服申立前置に係る改正に関する経過措置（附則第6条関係）
　いわゆる不服申立前置（法律の規定により不服申立てに対する行政庁の裁決、決定その他の行為を経た後でなければ訴えを提起できないこととされるものをいう。）の廃止等に係る規定の適用に当たっては、次の点に留意すること。
(1)　整備法の施行により当該裁決等を経ることなく訴えを提起することができるものとなる事項については、施行前に当該事項についての不服申立期間を経過したものを除き、施行後は、当該裁決等を経ることなく、訴えを提起することができること。
(2)　整備法の施行前は異議申立ての決定を経た後でなければ取消しの訴えを提起することができないものとされた処分その他の行為であって、施行によりその不服申立前置の対象が異議申立てから審査請求に改められるものについて、施行前に異議申立てがされ、施行後も当該異議申立てが処分庁に係属している場合には、施行後は、当該異議申立ての決定を経た後には当該処分等についての取消しの訴えを提起することができること。
　なお、整備法附則第5条の規定によりなお従前の例によることとされる場合を含めるものとされたため、整備法の施行前にされた処分等について、施行後に施行前の規定に基づき異議申立てがされた場合についても、同様の取扱いとなること。
(3)　整備法の施行により裁決主義（処分等について取消しの訴えを提起することを認めず、処分等についての不服申立ての裁決についてのみ取消しの訴えを提起することを認めるものをいう。）が廃止され、処分等についての取消しの訴えを提起することができるものとなった事項について、施行前に提起された裁決の取消しの訴えについては、行政事件訴訟法（昭和37年法律第139号）第10条第2項の規定にかかわらず、処分等の違法を取消しの訴えの理由とすることができること。

行政不服審査法〔旧法〕（昭和37年9月15日法律第160号）

施　　　行　昭和37年10月1日
全部改正　平成26年6月13日（平成26年法律第68号）

目次
　第1章　総則（第1条—第8条）
　第2章　手続
　　第1節　通則（第9条—第13条）
　　第2節　処分についての審査請求（第14条—第44条）
　　第3節　処分についての異議申立て（第45条—第48条）
　　第4節　不作為についての不服申立て（第49条—第52条）
　　第5節　再審査請求（第53条—第56条）
　第3章　補則（第57条・第58条）
　附　則

第1章　総　　則
（この法律の趣旨）
第1条　この法律は、行政庁の違法又は不当な処分その他公権力の行使に当たる行為に関し、国民に対して広く行政庁に対する不服申立てのみちを開くことによって、簡易迅速な手続による国民の権利利益の救済を図るとともに、行政の適正な運営を確保することを目的とする。
2　行政庁の処分その他公権力の行使に当たる行為に関する不服申立てについては、他の法律に特別の定めがある場合を除くほか、この法律の定めるところによる。
（定　義）
第2条　この法律にいう「処分」には、各本条に特別の定めがある場合を除くほか、公権力の行使に当たる事実上の行為で、人の収容、物の留置その他その内容が継続的性質を有するもの（以下「事実行為」という。）が含まれるものとする。
2　この法律において「不作為」とは、行政庁が法令に基づく申請に対し、相当の期間内になんらかの処分その他公権力の行使に当たる行為をすべきにかかわらず、これをしないことをいう。
（不服申立ての種類）
第3条　この法律による不服申立ては、行政庁の処分又は不作為について行なうものに

資料

あっては審査請求又は異議申立てとし、審査請求の裁決を経た後さらに行なうものにあっては再審査請求とする。

2　審査請求は、処分をした行政庁（以下「処分庁」という。）又は不作為に係る行政庁（以下「不作為庁」という。）以外の行政庁に対してするものとし、異議申立ては、処分庁又は不作為庁に対してするものとする。

（処分についての不服申立てに関する一般概括主義）

第4条　行政庁の処分（この法律に基づく処分を除く。）に不服がある者は、次条及び第6条の定めるところにより、審査請求又は異議申立てをすることができる。ただし、次の各号に掲げる処分及び他の法律に審査請求又は異議申立てをすることができない旨の定めがある処分については、この限りでない。

一　国会の両院若しくは一院又は議会の議決によって行われる処分
二　裁判所若しくは裁判官の裁判により又は裁判の執行として行われる処分
三　国会の両院若しくは一院若しくは議会の議決を経て、又はこれらの同意若しくは承認を得た上で行われるべきものとされている処分
四　検査官会議で決すべきものとされている処分
五　当事者間の法律関係を確認し、又は形成する処分で、法令の規定により当該処分に関する訴えにおいてその法律関係の当事者の一方を被告とすべきものと定められているもの
六　刑事事件に関する法令に基づき、検察官、検察事務官又は司法警察職員が行う処分
七　国税又は地方税の犯則事件に関する法令（他の法令において準用する場合を含む。）に基づき、国税庁長官、国税局長、税務署長、収税官吏、税関長、税関職員又は徴税吏員（他の法令の規定に基づき、これらの職員の職務を行う者を含む。）が行う処分
八　学校、講習所、訓練所又は研修所において、教育、講習、訓練又は研修の目的を達成するために、学生、生徒、児童若しくは幼児若しくはこれらの保護者、講習生、訓練生又は研修生に対して行われる処分
九　刑務所、少年刑務所、拘置所、留置施設、海上保安留置施設、少年院、少年鑑別所又は婦人補導院において、収容の目的を達成するために、これらの施設に収容されている者に対して行われる処分
十　外国人の出入国又は帰化に関する処分
十一　専ら人の学識技能に関する試験又は検定の結果についての処分

2　前項ただし書の規定は、同項ただし書の規定により審査請求又は異議申立てをすることができない処分につき、別に法令で当該処分の性質に応じた不服申立ての制度を設けることを妨げない。

（処分についての審査請求）

第5条　行政庁の処分についての審査請求は、次の場合にすることができる。

一　処分庁に上級行政庁があるとき。ただし、処分庁が主任の大臣又は宮内庁長官若し

くは外局若しくはこれに置かれる庁の長であるときを除く。
　二　前号に該当しない場合であって、法律（条例に基づく処分については、条例を含む。）に審査請求をすることができる旨の定めがあるとき。
2　前項の審査請求は、同項第１号の場合にあっては、法律（条例に基づく処分については、条例を含む。）に特別の定めがある場合を除くほか、処分庁の直近上級行政庁に、同項第２号の場合にあっては、当該法律又は条例に定める行政庁に対してするものとする。

（処分についての異議申立て）
第６条　行政庁の処分についての異議申立ては、次の場合にすることができる。ただし、第１号又は第２号の場合において、当該処分について審査請求をすることができるときは、法律に特別の定めがある場合を除くほか、することができない。
　一　処分庁に上級行政庁がないとき。
　二　処分庁が主任の大臣又は宮内庁長官若しくは外局若しくはこれに置かれる庁の長であるとき。
　三　前２号に該当しない場合であって、法律に異議申立てをすることができる旨の定めがあるとき。

（不作為についての不服申立て）
第７条　行政庁の不作為については、当該不作為に係る処分その他の行為を申請した者は、異議申立て又は当該不作為庁の直近上級行政庁に対する審査請求のいずれかをすることができる。ただし、不作為庁が主任の大臣又は宮内庁長官若しくは外局若しくはこれに置かれる庁の長であるときは、異議申立てのみをすることができる。

（再審査請求）
第８条　次の場合には、処分についての審査請求の裁決に不服がある者は、再審査請求をすることができる。
　一　法律（条例に基づく処分については、条例を含む。）に再審査請求をすることができる旨の定めがあるとき。
　二　審査請求をすることができる処分につき、その処分をする権限を有する行政庁（以下「原権限庁」という。）がその権限を他に委任した場合において、委任を受けた行政庁がその委任に基づいてした処分に係る審査請求につき、原権限庁が審査庁として裁決をしたとき。
2　再審査請求は、前項第１号の場合にあっては、当該法律又は条例に定める行政庁に、同項第２号の場合にあっては、当該原権限庁が自ら当該処分をしたものとした場合におけるその処分に係る審査請求についての審査庁に対してするものとする。
3　再審査請求をすることができる処分につき、その原権限庁がその権限を他に委任した場合において、委任を受けた行政庁がその委任に基づいてした処分に係る再審査請求につき、原権限庁が自ら当該処分をしたものとした場合におけるその処分に係る審査請求

資料

についての審査庁が再審査庁としてした裁決に不服がある者は、さらに再審査請求をすることができる。この場合においては、当該原権限庁が自ら当該処分をしたものとした場合におけるその処分に係る再審査請求についての再審査庁に対して、その請求をするものとする。

第2章 手　続
第1節 通　則
（不服申立ての方式）
第9条　この法律に基づく不服申立ては、他の法律（条例に基づく処分については、条例を含む。）に口頭ですることができる旨の定めがある場合を除き、書面を提出してしなければならない。
2　不服申立書は、異議申立ての場合を除き、正副2通を提出しなければならない。
3　前項の規定にかかわらず、行政手続等における情報通信の技術の利用に関する法律（平成14年法律第151号。第22条第3項において「情報通信技術利用法」という。）第3条第1項の規定により同項に規定する電子情報処理組織を使用して不服申立て（異議申立てを除く。次項において同じ。）がされた場合には、不服申立書の正副2通が提出されたものとみなす。
4　前項に規定する場合において、当該不服申立てに係る電磁的記録（電子的方式、磁気的方式その他人の知覚によっては認識することができない方式で作られる記録であって、電子計算機による情報処理の用に供されるものをいう。第22条第4項において同じ。）については、不服申立書の正本又は副本とみなして、第17条第2項（第56条において準用する場合を含む。）、第18条第1項、第2項及び第4項、第22条第1項（第52条第2項において準用する場合を含む。）並びに第58条第3項及び第4項の規定を適用する。

（法人でない社団又は財団の不服申立て）
第10条　法人でない社団又は財団で代表者又は管理人の定めがあるものは、その名で不服申立てをすることができる。

（総　代）
第11条　多数人が共同して不服申立てをしようとするときは、3人をこえない総代を互選することができる。
2　共同不服申立人が総代を互選しない場合において、必要があると認めるときは、審査庁（異議申立てにあっては処分庁又は不作為庁、再審査請求にあっては再審査庁）は、総代の互選を命ずることができる。
3　総代は、各自、他の共同不服申立人のために、不服申立ての取下げを除き、当該不服申立てに関する一切の行為をすることができる。
4　総代が選任されたときは、共同不服申立人は、総代を通じてのみ、前項の行為をすることができる。

5 共同不服申立人に対する行政庁の通知その他の行為は、2人以上の総代が選任されている場合においても、1人の総代に対してすれば足りる。

6 共同不服申立人は、必要があると認めるときは、総代を解任することができる。

(代理人による不服申立て)

第12条 不服申立ては、代理人によってすることができる。

2 代理人は、各自、不服申立人のために、当該不服申立てに関する一切の行為をすることができる。ただし、不服申立ての取下げは、特別の委任を受けた場合に限り、することができる。

(代表者の資格の証明等)

第13条 代表者若しくは管理人、総代又は代理人の資格は、書面で証明しなければならない。前条第2項ただし書に規定する特別の委任についても、同様とする。

2 代表者若しくは管理人、総代又は代理人がその資格を失ったときは、不服申立人は、書面でその旨を審査庁(異議申立てにあっては処分庁又は不作為庁、再審査請求にあっては再審査庁)に届け出なければならない。

第2節 処分についての審査請求

(審査請求期間)

第14条 審査請求は、処分があったことを知った日の翌日から起算して60日以内(当該処分について異議申立てをしたときは、当該異議申立てについての決定があったことを知った日の翌日から起算して30日以内)に、しなければならない。ただし、天災その他審査請求をしなかったことについてやむをえない理由があるときは、この限りでない。

2 前項ただし書の場合における審査請求は、その理由がやんだ日の翌日から起算して1週間以内にしなければならない。

3 審査請求は、処分(当該処分について異議申立てをしたときは、当該異議申立てについての決定)があった日の翌日から起算して1年を経過したときは、することができない。ただし、正当な理由があるときは、この限りでない。

4 審査請求書を郵便又は民間事業者による信書の送達に関する法律(平成14年法律第99号)第2条第6項に規定する一般信書便事業者若しくは同条第9項に規定する特定信書便事業者による同条第2項に規定する信書便で提出した場合における審査請求期間の計算については、送付に要した日数は、算入しない。

(審査請求書の記載事項)

第15条 審査請求書には、次の各号に掲げる事項を記載しなければならない。

一 審査請求人の氏名及び年齢又は名称並びに住所
二 審査請求に係る処分
三 審査請求に係る処分があったことを知った年月日
四 審査請求の趣旨及び理由
五 処分庁の教示の有無及びその内容

資料

六　審査請求の年月日
2　審査請求人が、法人その他の社団若しくは財団であるとき、総代を互選したとき、又は代理人によって審査請求をするときは、審査請求書には、前項各号に掲げる事項のほか、その代表者若しくは管理人、総代又は代理人の氏名及び住所を記載しなければならない。
3　審査請求書には、前2項に規定する事項のほか、第20条第2号の規定により異議申立てについての決定を経ないで審査請求をする場合には、異議申立てをした年月日を、同条第3号の規定により異議申立てについての決定を経ないで審査請求をする場合には、その決定を経ないことについての正当な理由を記載しなければならない。
4　審査請求書には、審査請求人（審査請求人が法人その他の社団又は財団であるときは代表者又は管理人、総代を互選したときは総代、代理人によって審査請求をするときは代理人）が押印しなければならない。

（口頭による審査請求）
第16条　口頭で審査請求をする場合には、前条第1項から第3項までに規定する事項を陳述しなければならない。この場合において、陳述を受けた行政庁は、その陳述の内容を録取し、これを陳述人に読み聞かせて誤りのないことを確認し、陳述人に押印させなければならない。

（処分庁経由による審査請求）
第17条　審査請求は、処分庁を経由してすることもできる。この場合には、処分庁に審査請求書を提出し、又は処分庁に対し第15条第1項から第3項までに規定する事項を陳述するものとする。
2　前項の場合には、処分庁は、直ちに、審査請求書の正本又は審査請求録取書（前条後段の規定により陳述の内容を録取した書面をいう。以下同じ。）を審査庁に送付しなければならない。
3　第1項の場合における審査請求期間の計算については、処分庁に審査請求書を提出し、又は処分庁に対し当該事項を陳述した時に、審査請求があったものとみなす。

（誤った教示をした場合の救済）
第18条　審査請求をすることができる処分（異議申立てをすることもできる処分を除く。）につき、処分庁が誤って審査庁でない行政庁を審査庁として教示した場合において、その教示された行政庁に書面で審査請求がされたときは、当該行政庁は、すみやかに、審査請求書の正本及び副本を処分庁又は審査庁に送付し、かつ、その旨を審査請求人に通知しなければならない。
2　前項の規定により処分庁に審査請求書の正本及び副本が送付されたときは、処分庁は、すみやかに、その正本を審査庁に送付し、かつ、その旨を審査請求人に通知しなければならない。
3　第1項の処分につき、処分庁が誤って異議申立てをすることができる旨を教示した場

合において、当該処分庁に異議申立てがされたときは、処分庁は、すみやかに、異議申立書又は異議申立録取書（第48条において準用する第16条後段の規定により陳述の内容を録取した書面をいう。以下同じ。）を審査庁に送付し、かつ、その旨を異議申立人に通知しなければならない。
4　前3項の規定により審査請求書の正本又は異議申立書若しくは異議申立録取書が審査庁に送付されたときは、はじめから審査庁に審査請求がされたものとみなす。

第19条　処分庁が誤って法定の期間よりも長い期間を審査請求期間として教示した場合において、その教示された期間内に審査請求がされたときは、当該審査請求は、法定の審査請求期間内にされたものとみなす。

（異議申立ての前置）

第20条　審査請求は、当該処分につき異議申立てをすることができるときは、異議申立てについての決定を経た後でなければ、することができない。ただし、次の各号の一に該当するときは、この限りでない。
　一　処分庁が、当該処分につき異議申立てをすることができる旨を教示しなかったとき。
　二　当該処分につき異議申立てをした日の翌日から起算して3箇月を経過しても、処分庁が当該異議申立てにつき決定をしないとき。
　三　その他異議申立てについての決定を経ないことにつき正当な理由があるとき。

（補　正）

第21条　審査請求が不適法であって補正することができるものであるときは、審査庁は、相当の期間を定めて、その補正を命じなければならない。

（弁明書の提出）

第22条　審査庁は、審査請求を受理したときは、審査請求書の副本又は審査請求録取書の写しを処分庁に送付し、相当の期間を定めて、弁明書の提出を求めることができる。
2　弁明書は、正副2通を提出しなければならない。
3　前項の規定にかかわらず、情報通信技術利用法第3条第1項の規定により同項に規定する電子情報処理組織を使用して弁明がされた場合には、弁明書の正副2通が提出されたものとみなす。
4　前項に規定する場合において、当該弁明に係る電磁的記録については、弁明書の正本又は副本とみなして、次項及び第23条の規定を適用する。
5　処分庁から弁明書の提出があったときは、審査庁は、その副本を審査請求人に送付しなければならない。ただし、審査請求の全部を容認すべきときは、この限りでない。

（反論書の提出）

第23条　審査請求人は、弁明書の副本の送付を受けたときは、これに対する反論書を提出することができる。この場合において、審査庁が、反論書を提出すべき相当の期間を定めたときは、その期間内にこれを提出しなければならない。

（参加人）

資料

第24条 利害関係人は、審査庁の許可を得て、参加人として当該審査請求に参加することができる。

2 審査庁は、必要があると認めるときは、利害関係人に対し、参加人として当該審査請求に参加することを求めることができる。

（審理の方式）

第25条 審査請求の審理は、書面による。ただし、審査請求人又は参加人の申立てがあったときは、審査庁は、申立人に口頭で意見を述べる機会を与えなければならない。

2 前項ただし書の場合には、審査請求人又は参加人は、審査庁の許可を得て、補佐人とともに出頭することができる。

（証拠書類等の提出）

第26条 審査請求人又は参加人は、証拠書類又は証拠物を提出することができる。ただし、審査庁が、証拠書類又は証拠物を提出すべき相当の期間を定めたときは、その期間内にこれを提出しなければならない。

（参考人の陳述及び鑑定の要求）

第27条 審査庁は、審査請求人若しくは参加人の申立てにより又は職権で、適当と認める者に、参考人としてその知っている事実を陳述させ、又は鑑定を求めることができる。

（物件の提出要求）

第28条 審査庁は、審査請求人若しくは参加人の申立てにより又は職権で、書類その他の物件の所持人に対し、その物件の提出を求め、かつ、その提出された物件を留め置くことができる。

（検　証）

第29条 審査庁は、審査請求人若しくは参加人の申立てにより又は職権で、必要な場所につき、検証をすることができる。

2 審査庁は、審査請求人又は参加人の申立てにより前項の検証をしようとするときは、あらかじめ、その日時及び場所を申立人に通知し、これに立ち会う機会を与えなければならない。

（審査請求人又は参加人の審尋）

第30条 審査庁は、審査請求人若しくは参加人の申立てにより又は職権で、審査請求人又は参加人を審尋することができる。

（職員による審理手続）

第31条 審査庁は、必要があると認めるときは、その庁の職員に、第25条第1項ただし書の規定による審査請求人若しくは参加人の意見の陳述を聞かせ、第27条の規定による参考人の陳述を聞かせ、第29条第1項の規定による検証をさせ、又は前条の規定による審査請求人若しくは参加人の審尋をさせることができる。

（他の法令に基づく調査権との関係）

第32条 前5条の規定は、審査庁である行政庁が他の法令に基づいて有する調査権の行

使を妨げない。
（処分庁からの物件の提出及び閲覧）
第33条 処分庁は、当該処分の理由となった事実を証する書類その他の物件を審査庁に提出することができる。
2 審査請求人又は参加人は、審査庁に対し、処分庁から提出された書類その他の物件の閲覧を求めることができる。この場合において、審査庁は、第三者の利益を害するおそれがあると認めるとき、その他正当な理由があるときでなければ、その閲覧を拒むことができない。
3 審査庁は、前項の規定による閲覧について、日時及び場所を指定することができる。
（執行停止）
第34条 審査請求は、処分の効力、処分の執行又は手続の続行を妨げない。
2 処分庁の上級行政庁である審査庁は、必要があると認めるときは、審査請求人の申立てにより又は職権で、処分の効力、処分の執行又は手続の続行の全部又は一部の停止その他の措置（以下「執行停止」という。）をすることができる。
3 処分庁の上級行政庁以外の審査庁は、必要があると認めるときは、審査請求人の申立てにより、処分庁の意見を聴取したうえ、執行停止をすることができる。ただし、処分の効力、処分の執行又は手続の続行の全部又は一部の停止以外の措置をすることはできない。
4 前2項の規定による審査請求人の申立てがあった場合において、処分、処分の執行又は手続の続行により生ずる重大な損害を避けるため緊急の必要があると認めるときは、審査庁は、執行停止をしなければならない。ただし、公共の福祉に重大な影響を及ぼすおそれがあるとき、処分の執行若しくは手続の続行ができなくなるおそれがあるとき、又は本案について理由がないとみえるときは、この限りでない。
5 審査庁は、前項に規定する重大な損害を生ずるか否かを判断するに当たっては、損害の回復の困難の程度を考慮するものとし、損害の性質及び程度並びに処分の内容及び性質をも勘案するものとする。
6 第2項から第4項までの場合において、処分の効力の停止は、処分の効力の停止以外の措置によって目的を達することができるときは、することができない。
7 執行停止の申立てがあったときは、審査庁は、すみやかに、執行停止をするかどうかを決定しなければならない。
（執行停止の取消し）
第35条 執行停止をした後において、執行停止が公共の福祉に重大な影響を及ぼし、又は処分の執行若しくは手続の続行を不可能とすることが明らかとなったとき、その他事情が変更したときは、審査庁は、その執行停止を取り消すことができる。
（手続の併合又は分離）
第36条 審査庁は、必要があると認めるときは、数個の審査請求を併合し、又は併合さ

資料

れた数個の審査請求を分離することができる。
（手続の承継）
第37条 審査請求人が死亡したときは、相続人その他法令により審査請求の目的である処分に係る権利を承継した者は、審査請求人の地位を承継する。
2 審査請求人について合併又は分割（審査請求の目的である処分に係る権利を承継させるものに限る。）があったときは、合併後存続する法人その他の社団若しくは財団若しくは合併により設立された法人その他の社団若しくは財団又は分割により当該権利を承継した法人は、審査請求人の地位を承継する。
3 前2項の場合には、審査請求人の地位を承継した相続人その他の者又は法人その他の社団若しくは財団は、書面でその旨を審査庁に届け出なければならない。この場合には、届出書には、死亡若しくは分割による権利の承継又は合併の事実を証する書面を添付しなければならない。
4 第1項又は第2項の場合において、前項の規定による届出がされるまでの間において、死亡者又は合併前の法人その他の社団若しくは財団若しくは分割をした法人にあててされた通知その他の行為が審査請求人の地位を承継した相続人その他の者又は合併後の法人その他の社団若しくは財団若しくは分割により審査請求人の地位を承継した法人に到達したときは、これらの者に対する通知その他の行為としての効力を有する。
5 第1項の場合において、審査請求人の地位を承継した相続人その他の者が2人以上あるときは、その1人に対する通知その他の行為は、全員に対してされたものとみなす。
6 審査請求の目的である処分に係る権利を譲り受けた者は、審査庁の許可を得て、審査請求人の地位を承継することができる。
（審査庁が裁決をする権限を有しなくなった場合の措置）
第38条 審査庁が審査請求を受理した後法令の改廃により当該審査請求につき裁決をする権限を有しなくなったときは、当該行政庁は、審査請求書又は審査請求録取書及び関係書類その他の物件を新たに当該審査請求につき裁決をする権限を有することになった行政庁に引き継がなければならない。この場合においては、その引継ぎを受けた行政庁は、すみやかに、その旨を審査請求人及び参加人に通知しなければならない。
（審査請求の取下げ）
第39条 審査請求人は、裁決があるまでは、いつでも審査請求を取り下げることができる。
2 審査請求の取下げは、書面でしなければならない。
（裁　決）
第40条 審査請求が法定の期間経過後にされたものであるとき、その他不適法であるときは、審査庁は、裁決で、当該審査請求を却下する。
2 審査請求が理由がないときは、審査庁は、裁決で、当該審査請求を棄却する。
3 処分（事実行為を除く。）についての審査請求が理由があるときは、審査庁は、裁決で、当該処分の全部又は一部を取り消す。

4 　事実行為についての審査請求が理由があるときは、審査庁は、処分庁に対し当該事実行為の全部又は一部を撤廃すべきことを命ずるとともに、裁決で、その旨を宣言する。

5 　前2項の場合において、審査庁が処分庁の上級行政庁であるときは、審査庁は、裁決で当該処分を変更し、又は処分庁に対し当該事実行為を変更すべきことを命ずるとともに裁決でその旨を宣言することもできる。ただし、審査請求人の不利益に当該処分を変更し、又は当該事実行為を変更すべきことを命ずることはできない。

6 　処分が違法又は不当ではあるが、これを取り消し又は撤廃することにより公の利益に著しい障害を生ずる場合において、審査請求人の受ける損害の程度、その損害の賠償又は防止の程度及び方法その他一切の事情を考慮したうえ、処分を取り消し又は撤廃することが公共の福祉に適合しないと認めるときは、審査庁は、裁決で、当該審査請求を棄却することができる。この場合には、審査庁は、裁決で、当該処分が違法又は不当であることを宣言しなければならない。

（裁決の方式）

第41条　裁決は、書面で行ない、かつ、理由を附し、審査庁がこれに記名押印をしなければならない。

2 　審査庁は、再審査請求をすることができる裁決をする場合には、裁決書に再審査請求をすることができる旨並びに再審査庁及び再審査請求期間を記載して、これを教示しなければならない。

（裁決の効力発生）

第42条　裁決は、審査請求人（当該審査請求が処分の相手方以外の者のしたものである場合における第40条第3項から第5項までの規定による裁決にあっては、審査請求人及び処分の相手方）に送達することによって、その効力を生ずる。

2 　裁決の送達は、送達を受けるべき者に裁決書の謄本を送付することによって行なう。ただし、送達を受けるべき者の所在が知れないとき、その他裁決書の謄本を送付することができないときは、公示の方法によってすることができる。

3 　公示の方法による送達は、審査庁が裁決書の謄本を保管し、いつでもその送達を受けるべき者に交付する旨を当該審査庁の掲示場に掲示し、かつ、その旨を官報その他の公報又は新聞紙に少なくとも1回掲載してするものとする。この場合においては、その掲示を始めた日の翌日から起算して2週間を経過した時に裁決書の謄本の送付があったものとみなす。

4 　審査庁は、裁決書の謄本を参加人及び処分庁に送付しなければならない。

（裁決の拘束力）

第43条　裁決は、関係行政庁を拘束する。

2 　申請に基づいてした処分が手続の違法若しくは不当を理由として裁決で取り消され、又は申請を却下し若しくは棄却した処分が裁決で取り消されたときは、処分庁は、裁決の趣旨に従い、改めて申請に対する処分をしなければならない。

3 　法令の規定により公示された処分が裁決で取り消され、又は変更されたときは、処分庁は、当該処分が取り消され、又は変更された旨を公示しなければならない。

4 　法令の規定により処分の相手方以外の利害関係人に通知された処分が裁決で取り消され、又は変更されたときは、処分庁は、その通知を受けた者（審査請求人及び参加人を除く。）に、当該処分が取り消され、又は変更された旨を通知しなければならない。

（証拠書類等の返還）

第44条　審査庁は、裁決をしたときは、すみやかに、第26条の規定により提出された証拠書類又は証拠物及び第28条の規定による提出要求に応じて提出された書類その他の物件をその提出人に返還しなければならない。

第3節　処分についての異議申立て

（異議申立期間）

第45条　異議申立ては、処分があったことを知った日の翌日から起算して60日以内にしなければならない。

（誤った教示をした場合の救済）

第46条　異議申立てをすることができる処分につき、処分庁が誤って審査請求をすることができる旨を教示した場合（審査請求をすることもできる処分につき、処分庁が誤って審査庁でない行政庁を審査庁として教示した場合を含む。）において、その教示された行政庁に書面で審査請求がなされたときは、当該行政庁は、すみやかに、審査請求書を当該処分庁に送付し、かつ、その旨を審査請求人に通知しなければならない。

2 　前項の規定により審査請求書が処分庁に送付されたときは、はじめから処分庁に異議申立てがなされたものとみなす。

（決　定）

第47条　異議申立てが法定の期間経過後にされたものであるとき、その他不適法であるときは、処分庁は、決定で、当該異議申立てを却下する。

2 　異議申立てが理由がないときは、処分庁は、決定で、当該異議申立てを棄却する。

3 　処分（事実行為を除く。）についての異議申立てが理由があるときは、処分庁は、決定で、当該処分の全部若しくは一部を取り消し、又はこれを変更する。ただし、異議申立人の不利益に当該処分を変更することができず、また、当該処分が法令に基づく審議会その他の合議制の行政機関の答申に基づいてされたものであるときは、さらに当該行政機関に諮問し、その答申に基づかなければ、当該処分の全部若しくは一部を取り消し、又はこれを変更することができない。

4 　事実行為についての異議申立てが理由があるときは、処分庁は、当該事実行為の全部若しくは一部を撤廃し、又はこれを変更するとともに、決定で、その旨を宣言する。ただし、異議申立人の不利益に事実行為を変更することができない。

5 　処分庁は、審査請求をすることもできる処分に係る異議申立てについて決定をする場合には、異議申立人が当該処分につきすでに審査請求をしている場合を除き、決定書に、

当該処分につき審査請求をすることができる旨並びに審査庁および審査請求期間を記載して、これを教示しなければならない。
(審査請求に関する規定の準用)
第48条 前節（第14条第1項本文、第15条第3項、第17条、第18条、第20条、第22条、第23条、第33条、第34条第3項、第40条第1項から第5項まで、第41条第2項および第43条を除く。）の規定は、処分についての異議申立てに準用する。

第4節 不作為についての不服申立て
(不服申立書の記載事項)
第49条 不作為についての異議申立書又は審査請求書には、次の各号に掲げる事項を記載しなければならない。
一 異議申立人又は審査請求人の氏名及び年齢又は名称並びに住所
二 当該不作為に係る処分その他の行為についての申請の内容及び年月日
三 異議申立て又は審査請求の年月日
(不作為庁の決定その他の措置)
第50条 不作為についての異議申立てが不適法であるときは、不作為庁は、決定で、当該異議申立てを却下する。
2 前項の場合を除くほか、不作為庁は、不作為についての異議申立てがあった日の翌日から起算して20日以内に、申請に対するなんらかの行為をするか、又は書面で不作為の理由を示さなければならない。
(審査庁の裁決)
第51条 不作為についての審査請求が不適法であるときは、審査庁は、裁決で、当該審査請求を却下する。
2 不作為についての審査請求が理由がないときは、審査庁は、裁決で、当該審査請求を棄却する。
3 不作為についての審査請求が理由があるときは、審査庁は、当該不作為庁に対しすみやかに申請に対するなんらかの行為をすべきことを命ずるとともに、裁決で、その旨を宣言する。
(処分についての審査請求に関する規定の準用)
第52条 第15条第2項及び第4項、第21条、第37条から第39条まで、第41条第1項並びに第42条第1項から第3項までの規定は、不作為についての異議申立てに準用する。
2 第2節（第14条、第15条第1項及び第3項、第16条から第20条まで、第24条、第34条、第35条、第40条、第41条第2項並びに第43条を除く。）の規定は、不作為についての審査請求に準用する。

第5節 再審査請求
(再審査請求期間)
第53条 再審査請求は、審査請求についての裁決があったことを知った日の翌日から起

資料

算して30日以内にしなければならない。
（裁決書の送付要求）
第54条 再審査庁は、再審査請求を受理したときは、審査庁に対し、審査請求についての裁決書の送付を求めることができる。
（裁　決）
第55条 審査請求を却下し又は棄却した裁決が違法又は不当である場合においても、当該裁決に係る処分が違法又は不当でないときは、再審査庁は、当該再審査請求を棄却する。
（審査請求に関する規定の準用）
第56条 第2節（第14条第1項本文、第15条第3項、第18条から第20条まで、第22条及び第23条を除く。）の規定は、再審査請求に準用する。

第3章　補　　則

（審査庁等の教示）
第57条 行政庁は、審査請求若しくは異議申立て又は他の法令に基づく不服申立て（以下この条において単に「不服申立て」という。）をすることができる処分をする場合には、処分の相手方に対し、当該処分につき不服申立てをすることができる旨並びに不服申立てをすべき行政庁及び不服申立てをすることができる期間を書面で教示しなければならない。ただし、当該処分を口頭でする場合は、この限りでない。
2　行政庁は、利害関係人から、当該処分が不服申立てをすることができる処分であるかどうか並びに当該処分が不服申立てをすることができるものである場合における不服申立てをすべき行政庁及び不服申立てをすることができる期間につき教示を求められたときは、当該事項を教示しなければならない。
3　前項の場合において、教示を求めた者が書面による教示を求めたときは、当該教示は、書面でしなければならない。
4　前3項の規定は、地方公共団体その他の公共団体に対する処分で、当該公共団体がその固有の資格において処分の相手方となるものについては、適用しない。
（教示をしなかった場合の不服申立て）
第58条 行政庁が前条の規定による教示をしなかったときは、当該処分について不服がある者は、当該処分庁に不服申立書を提出することができる。
2　前項の不服申立書については、第15条（第3項を除く。）の規定を準用する。
3　第1項の規定により不服申立書の提出があった場合において、当該処分が審査請求をすることができる処分であるとき（異議申立てをすることもできる処分であるときを除く。）は、処分庁は、すみやかに、当該不服申立書の正本を審査庁に送付しなければならない。当該処分が他の法令に基づき、処分庁以外の行政庁に不服申立てをすることができる処分であるときも、同様とする。

4　前項の規定により不服申立書の正本が送付されたときは、はじめから当該審査庁又は行政庁に審査請求又は当該法令に基づく不服申立てがされたものとみなす。
5　第3項の場合を除くほか、第1項の規定により不服申立書が提出されたときは、はじめから当該処分庁に異議申立て又は当該法令に基づく不服申立てがされたものとみなす。

附　則
1　この法律は、昭和37年10月1日から施行する。
2　訴願法（明治23年法律第105号）は、廃止する。
3　この法律は、この法律の施行前にされた行政庁の処分及びこの法律の施行前にされた申請に係る行政庁の不作為についても、適用する。
4　この法律の施行前に提起された訴願については、この法律の施行後も、なお従前の例による。この法律の施行前にされた訴願の裁決又はこの法律の施行前に提起された訴願につきこの法律の施行後にされる裁決にさらに不服がある場合の不服申立てについても、同様とする。
5　訴願、審査の請求、異議の申立てその他の不服申立てにつき、この法律の施行前にされた行政庁の裁決、決定その他の処分については、附則第3項の規定にかかわらず、この法律による審査請求又は異議申立てをすることができない。前項の規定によりこの法律の施行後にされる訴願の裁決についても、同様とする。

附　則（平成11年12月22日法律第160号）（抄）
（施行期日）
第1条　この法律（第2条及び第3条を除く。）は、平成13年1月6日から施行する。

附　則（平成12年5月31日法律第91号）
（施行期日）
1　この法律は、商法等の一部を改正する法律（平成12年法律第90号）の施行の日から施行する。
（経過措置）
2　この法律の施行の日が独立行政法人農林水産消費技術センター法（平成11年法律第183号）附則第8条の規定の施行の日前である場合には、第31条のうち農林物資の規格化及び品質表示の適正化に関する法律第19条の5の2、第19条の6第1項第4号及び第27条の改正規定中「第27条」とあるのは、「第26条」とする。

附　則（平成14年7月31日法律第100号）
（施行期日）

資料

第1条 この法律は、民間事業者による信書の送達に関する法律（平成14年法律第99号）の施行の日から施行する。
（罰則に関する経過措置）
第2条 この法律の施行前にした行為に対する罰則の適用については、なお従前の例による。
（その他の経過措置の政令への委任）
第3条 前条に定めるもののほか、この法律の施行に関し必要な経過措置は、政令で定める。

附　則（平成14年12月13日法律第152号）（抄）
（施行期日）
第1条 この法律は、行政手続等における情報通信の技術の利用に関する法律（平成14年法律第151号）の施行の日から施行する。
（罰則に関する経過措置）
第4条 この法律の施行前にした行為に対する罰則の適用については、なお従前の例による。
（その他の経過措置の政令への委任）
第5条 前3条に定めるもののほか、この法律の施行に関し必要な経過措置は、政令で定める。

附　則（平成16年6月9日法律第84号）（抄）
（施行期日）
第1条 この法律は、公布の日から起算して1年を超えない範囲内において政令で定める日から施行する。
（検　討）
第50条 政府は、この法律の施行後5年を経過した場合において、新法の施行の状況について検討を加え、必要があると認めるときは、その結果に基づいて所要の措置を講ずるものとする。

附　則（平成18年6月8日法律第58号）（抄）
（施行期日）
第1条 この法律は、公布の日から起算して1年を超えない範囲内において政令で定める日から施行する。

訴願法（明治23年10月10日法律第105号）

施行　明治23年10月30日
廃止　昭和37年10月1日（昭和37年法律第160号）

第1条　訴願ハ法律勅令ニ別段ノ規程アルモノヲ除ク外左ニ掲クル事件ニ付之ヲ提起スルコトヲ得
　一　租税及手数料ノ賦課ニ関スル事件
　二　租税滞納処分ニ関スル事件
　三　営業免許ノ拒否又ハ取消ニ関スル事件
　四　水利及土木ニ関スル事件
　五　土地ノ官民有区分ニ関スル事件
　六　地方警察ニ関スル事件
　其他法律勅令ニ於テ特ニ訴願ヲ許シタル事件
第2条①　訴願セントスル者ハ処分ヲ為シタル行政庁ヲ経由シ直接上級行政庁ニ之ヲ提起スヘシ
②　訴願ノ裁決ヲ受ケタル後更ニ上級行政庁ニ訴願スルトキハ其裁決ヲ為シタル行政庁ヲ経由スヘシ
③　国ノ行政ニ付此法律ニ依リ郡参事会又ハ市参事会ノ処分若クハ裁決ニ対シテ訴願セントスル者ハ其処分若クハ裁決ヲ為シタル郡参事会又ハ市参事会ヲ経由シテ府県参事会ニ之ヲ提起スヘシ
第3条　各省大臣ノ処分ニ対シ訴願セントスル者ハ其省ニ之ヲ提起スヘシ
第4条　裁判所ノ裁判各省ノ裁決及第2条第3項府県参事会ノ裁決ヲ経タルモノハ其事件ニ付更ニ訴願スルコトヲ得ス
第5条①　訴願ハ文書ヲ以テ之ヲ提起スヘシ
②　訴願書ノ侮辱誹毀ニ渉ルモノハ之ヲ受理セス
第6条①　訴願書ハ其不服ノ要点理由要求及訴願人ノ身分職業住所年齢ヲ記載シ之ニ署名捺印スヘシ
②　訴願書ニハ証拠書類ヲ添ヘ並下級行政庁ノ裁決ヲ経タルモノハ其裁決書ヲ添フヘシ
第7条①　多数ノ人員共同シテ訴願セントスルトキハ其訴願書ニ各訴願人ノ身分職業住所年齢ヲ記載シ署名捺印シ其中ヨリ3名以下ノ総代人ヲ選ヒ之ニ委任シ総代委任ノ正当ナルコトヲ証明スヘシ
②　法律ニ依リ法人ト認メラレタル者ハ其名ヲ以テ訴願ヲ提起スルコトヲ得

資料

第8条① 行政処分ヲ受ケタル後60日ヲ経過シタルトキハ其処分ニ対シ訴願スルコトヲ得ス
② 行政庁ノ裁決ヲ経タル訴願ニシテ其裁決ヲ受ケタル後30日ヲ経過シタルモノハ更ニ上級行政庁ニ訴願スルコトヲ得ス
③ 行政庁ニ於テ宥恕スヘキ事由アリト認ムルトキハ期限経過後ニ於テモ仍之ヲ受理スルコトヲ得
第9条① 法律勅令ニ依リ訴願ヲ提起スヘカラサルモノナルカ又ハ適法ノ手続ニ違背スルモノナルトキハ之ヲ却下ス
② 其訴願書ノ方式ヲ欠クニ止マルモノハ期限ヲ指定シテ還付スヘシ
第10条① 訴願書ハ郵便ヲ以テ之ヲ差出スコトヲ得
② 郵便逓送ノ日数ハ第8条ノ訴願期限内ニ之ヲ算入セス
第11条① 第2条第1項ノ場合ニ於テ訴願書ノ経由ニ当レル行政庁ハ訴願書ヲ受取リタル日ヨリ10日以内ニ弁明書及必要文書ヲ添ヘ上級庁ニ之ヲ発送スヘシ
② 第2条第2項ノ場合ニ於テ訴願書ノ経由ニ当レル行政庁ハ訴願書ヲ受取リタル日ヨリ3日以内ニ上級行政庁ニ之ヲ発送スヘシ
③ 第2条第3項ノ場合ニ於テ訴願書ヲ発送スルトキ亦前2項ノ例ニ依ルヘシ
第12条 訴願ハ法律勅令ニ別段ノ規程アルモノヲ除ク外行政処分ノ執行ヲ停止セス但行政庁ハ其職権ニ依リ又ハ訴願人ノ願ニ依リ必要ナリト認ムルトキハ其執行ヲ停止スルコトヲ得
第13条 訴願ハ口頭審問ヲ為サス其文書ニ就キ之ヲ裁決ス但行政庁ニ於テ必要ナルト認ムルトキハ口頭審問ヲ為スコトヲ得
第14条 訴願ノ裁決ハ文書ヲ以テ之ヲ為シ其理由ヲ付スヘシ訴願ヲ却下スルトキ亦同シ
第15条 訴願ノ裁決書ハ其処分ヲ為シタル行政庁ヲ経由シテ之ヲ訴願人ニ交付スヘシ訴願書ヲ却下スルトキ亦同シ
第16条 上級行政庁ニ於テ為シタル裁決ハ下級行政庁ヲ覊束ス
第17条 訴願ノ手続ニ関シ他ノ法律勅命ニ別段ノ規程アルモノハ各其規程ニ依ル

附　則（抄）

第18条 明治15年12月第58号布告請願規則ハ此法律施行ノ日ヨリ廃止ス
第21条 行政庁ニ呈出スル請願ハ此法律ニ依ルノ限ニ在ラス

事項索引

【あ行】

誤った教示 …………………… 417, 514
異議申立（て）……… 641, 644, 646, 647, 649, 656
　──期間 ……………………………… 656
　──書 ………………………………… 651
　──前置 ……………………………… 651
　──録取書 …………………………… 651
意見公募手続（等）……… 16, 304, 308, 330, 590, 613
　──に準じた手続 ………………… 317
　──の周知 ………………………… 317
　──の対象 ………………………… 311
　──の適用除外 …………………… 313
　──の特例 ………………………… 316
意見書 ……………………… 628, 630, 635
意見聴取 …………………………… 146, 459
意見陳述権 ………………………… 209
意見陳述手続 ……………………… 162, 172
　──の省略 ……………… 166, 172, 174
意見陳述のための手続 …………… 618
意見提出期間 …………………… 313, 316
意見提出権 ………………………… 313
意見提出権者の範囲 ……………… 313
意見提出手続閣議決定 …………… 309
一律適用型 ……………………………… 53
一定の処分 …………………………… 493
一般概括主義 …………………… 358, 646
一般処分 ………………………………… 26
一般性 …………………………… 26, 359
受付 ……………………………………… 121
写し（等）の交付 ……………… 464, 642
営業免許 ……………………………… 661

公にしておく ………………………… 102
公の利益 ……………………………… 655
恩赦 ………………………………… 52, 74
オンライン届出 ……… 293, 294, 295, 299

【か行】

外局 …………………………………… 647
会計検査院 …………………………… 48
外国人 ………………………………… 49
　──の出入国 ……………………… 65
解釈基準 ……………………………… 157
解任命令 …………………………… 92, 97
　──への特例 ……………………… 238
学校 …………………………………… 60
合併等による承継 …………………… 397
簡易迅速性 …………………………… 358
関係行政庁 …………………………… 655
関係人→利害関係人
関係窓口 ……………………………… 598
鑑定 ……………………………… 455, 628
官報 …………………………………… 655
管理人 ………………………………… 624
関連する資料 ………………………… 312
帰化 …………………………………… 66
議会 …………………………………… 56
機関 …………………………………… 36
機関委任事務 ………………………… 54
期間の指定 …………………………… 421
棄却 ……………………………… 654, 656
　──裁決（再審査請求）…… 500, 530
　──の決定（再調査）…………… 520
議決方法 ……………………………… 554

事項索引

技術的な基準 …………………………… 168
規準 ……………………………………… 311
規制的行政指導 …………………………… 38
規則 …………………………………… 24, 41
規程 ……………………………………… 24
忌避・回避 ……………………………… 206
義務的聴聞 ……………………………… 162
却下 ………………………………… 654, 656
　──裁決（再審査請求）……… 421, 498, 530
　──の決定 ……………………………… 520
客観的な審査請求期間 ………………… 408
客観的請求期間 ………………………… 528
客観的な資料 …………………………… 167
客観的な認定方法 ………………… 168, 170
業界団体 ………………………………… 606
共管 ……………………………………… 150
競願事案 ………………………………… 173
協議機関 ………………………………… 597
教示 ………………… 185, 506, 523, 643, 650, 655, 658
　──義務 ………………………………… 559
　──義務違反の効果 …………………… 562
　──をしなかった場合の救済 ………… 563
行政運営法 ……………………………… 149
行政過程への参加 ……………………… 310
行政機関 ……………………… 34, 40, 48, 616, 620
　──による法令適用事前確認手続 …… 297
　──の保有する個人情報の保護に関する
　　法律 ………………………………… 623
　──の保有する情報の公開に関する法律
　　……………………………………… 638
行政規則 …………………………… 158, 311
行政指導 …………………………… 37, 253, 351
　許認可等の権限に関連する── ……… 268
　権限濫用型── ………………………… 285
　複数の者を対象とする── …………… 279
　──（の）指針 …………… 43, 53, 76, 311, 606
　──に携わる者 …………………… 605, 617
　──の一般原則 ………………………… 253
　──の中止等 …………………………… 287
　──の中止等の求め …………………… 617

──の方式 ……………………… 271, 616
──への協力 ……………………… 255
行政上特別の支障 ……………………… 112
行政庁 ………………………… 26, 31, 34, 620
　──相互間の協働 ……………………… 149
　──の職員に対する質問権 …………… 210
　──の「その事務所」 …………… 118, 122
　──の調査権限 ………………………… 213
行政調査 …………………………… 51, 72
行政手続条例による
　上乗せ ………………………………… 331
　緩和 …………………………………… 333
行政手続等における情報通信の技術の利用
　に関する法律 ………… 625, 633, 639, 648, 651
行政手続の適正化 ……………………… 172
行政手続法案 ……………………………… 8
行政手続法研究会 ………………………… 7
行政手続法検討会 …………… 10, 305, 309, 322
行政手続法要綱案 ………………………… 7
行政統制 ………………………………… 356
行政不服審査会（等）
　………………… 479, 537, 554, 556, 631, 640
　──等への諮問 ………………………… 478
　──の委員 ……………………………… 539
　──の会長 ……………………………… 541
　──の事務局 …………………………… 544
　──の所掌事務 ………………………… 538
　──の組織 ……………………………… 538
行政不服審査法施行規則 ……………… 638
行政不服審査法施行令 …………… 624, 638
行政不服の審査会の専門委員 ……… 542, 558
行政立法手続 …………………………… 309
共同不服申立人 ………………………… 648
拒否処分 ……………………………… 33, 598
緊急の必要 ……………………………… 653
宮内庁長官 ……………………………… 646
郡参事会 ………………………………… 661
警告 ……………………………………… 38
形式上の要件 …………………………… 126
形式的行政処分 ………………………… 301

664

形式的不備 …………………………420
刑事事件…………………………… 48
刑事施設…………………………… 62
経由 …………………………………650
経由機関 ……118, 122, 126, 295, 299, 597, 598
結果の公示 …………………… 320, 613
原因となる事実 …………………618
原権限庁 …………………………647
原告適格 …………………………361
検査官会議 ………………… 48, 57, 646
検察官 …………………… 57, 58, 646
検察事務官 ………………………646
検証 ……………………… 456, 628, 652
権利の承継 ………………………654
権利保護手続………………………16
権利利益の保護 …………………594
公益通報 …………………………623
公益通報者保護法 ………………623
公開することを相当と認めるとき …………215
公共の福祉 ………………… 653, 655
　——に重大な影響を及ぼすおそれ ………434
公権力（性）…………………… 26, 32
公権力の行使 ……………………645
公示 ………………………… 627, 655
公示送達 …………………………186
公示による通知 …………………247
公衆衛生、環境保全、防疫、保安………69
公正 …………… 594, 613, 616, 617, 620
　——化・透明化手続………………16
　——性 ……………………… 358, 642
　——手続……………………………16
　——の確保 ………………………596
拘束力 ……………………… 509, 510
公聴会 ……………………………146
口頭意見陳述（等）………448, 547, 626, 628, 638
　——の実施方法 …………………449
口頭審問 …………………………662
口頭審理のあり方 ………………241
口頭による審査請求 ……………413
公表 ……………………… 595, 598, 643

交付の求め ………………………626
公務員 …………………… 49, 63, 96
　——の勤務条件 …………………53
告示 …………………………… 23, 41
国税に関する届出 ………………299
告知 ………………………………183
国民の権利利益 …………………645
国立大学法人 ……………………91, 93
互選 ………………………………391
国会 …………………… 47, 56, 646
国家行政運営法案 …………………5
個別性 …………………………26, 37
個別法の解釈 ……………………594
固有の資格…………… 88, 375, 596, 658
根拠条項 …………………………618
根拠法規区分型……………………53

【さ行】

裁決 ……………………… 486, 654, 661
　——機関 …………………………481
　——主義 …………………………644
　——書 ……………………………504
　——書の送付 ……………………529
　——庁等 …………………………635
　——・答申データベース ………643
最上級行政庁 ………………… 364, 641
再審査請求 ………… 360, 367, 631, 646, 647
　——書 ……………………………637
　——人等 …………………………636
　——の申立期間 …………………528
　——録取書 ………………………636
再審査庁 …………………… 638, 640
再調査
　——請求書 ………………………634
　——の請求
　　……360, 365, 366, 513, 517, 631, 638, 639, 643
　——の請求期間 …………………513
　——の請求書 ……………………634

事項索引

　――の請求人 …………………………634, 639
　――の請求のみなし取下げ ………………517
裁定 ………………………………………………67
最低基準法説 …………………………………334
裁定的関与 ……………………………………368
裁判外紛争解決手続の利用の促進に関する
　法律 …………………………………………631
裁判官 ……………………………………47, 56
裁判所 ……………………………………47, 56
裁量基準 ………………………………………157
裁量権 …………………………………………346
裁量的聴聞 ……………………………………162
参加 ……………………………………………652
　――許可 …………………………………600, 609
　――許可手続 ………………………………601
　――手続 ……………………………16, 101, 144
　――人
　　 ……189, 192, 250, 393, 603, 627, 633,
　　 638, 639, 651
　――人の意見書提出権 ……………………446
3月後の教示 …………………………………518
参考人 ……………………………213, 455, 602, 652
参酌 ……………………………………………604
三層構造の行政不服審査 ……………………480
参与機関 ………………………………………481
事件記録 ……………………………………630, 639
試験・検定 ………………………………50, 67
事後手続 …………………………………………3
自己反省機能 …………………………………642
市参会 …………………………………………661
指示 ………………………………………38, 595
事実行為 ………………………………………645
　――としての届出 …………………………294
事実誤認 ………………………………………619
事実上の行為 ……………………………496, 532, 645
事実上の申請 …………………………………28
事実の行為 ………………………………655, 656
事情決定 ………………………………………520
事情裁決 ……………………………………489, 531
事前通知 ………………………………………600

事前手続 …………………………………………3
事前届出 ………………………………………298
執行停止 ……………………………………653, 662
　――の意見書 ………………………………469
　――の決定 …………………………………435
　――の手続および要件 ……………………431
　――の取消し ………………………………435
　――の取消要件等 …………………………436
　――の内容 …………………………………430
執行不停止原則 ………………………………424
実費弁償 ………………………………………216
質問 ……………………………………………628, 642
質問権 …………………………………………457, 602
　――の内容 …………………………………210
指定確認検査機関 ……………………………97
指定管理者 ……………………………………94
指定機関 ……………………………………93, 596
司法警察職員 …………………………………646
死亡による承継 ………………………………397
事務局（長）…………………………………632
事務区分型 ……………………………………54
事務組織 ………………………………………554
事務配分的行政機関概念 ……………………36
指名 ……………………………………………201
諮問 ……………………………………………481
　――およびそれに伴う手続 ………………485
　――が例外的に不要な場合 ………………482
　――機関 ……………………………………481
　――の義務 …………………………………480
社会経済情勢の変化 …………………………306
重大な影響 ……………………………………653
重大な損害 ……………………………………653
　――を避けるため緊急の必要 ……………432
十分な参酌 ……………………………………232
主観的審査請求期間 …………………………404
主観的請求期間 ………………………………528
主宰者→聴聞主宰者
主張書面 ………………………………………632
　――等の提出 ………………………………548
主任の大臣 ……………………………………646

事項索引

守秘義務 …………………………… 568	処理の消極的促進 ………………… 149
受理 ………………………………… 658	処理の積極的促進 ………………… 150
――の観念 ……………… 129, 300, 301	資料
準用 ………………… 574, 578, 585	――の写しの交付 ……………… 550
――と適用 ……………………… 573	――の閲覧 ……………………… 550
――読替え ………… 574, 578, 585	――の排他性原則 ……………… 242
上級行政庁 ………………… 364, 646	審査・応答 ………………………… 598
――による義務付け …………… 501	審査開始義務 ……………………… 122
証券取引等監視委員会 ……………… 60	審査関係人 ………………… 545, 639
証拠書類（等）………… 602, 603, 652	審査基準 ………… 41, 53, 76, 102, 153, 311
――の提出権 …………………… 209	――の具体化 …………………… 110
証拠物 ……………………………… 652	――の法形式と拘束性 ………… 109
情状 ………………………………… 604	審査請求
情報通信技術利用法→行政手続等における	…… 360, 366, 437, 624, 633, 641, 644,
情報通信の技術の利用に関する法律	646, 649
情報提供参加 ……………………… 319	――期間 ……………………… 642, 649
情報の提供 ……………… 141, 564, 643	――書 …………… 409, 625, 630, 634, 637, 651
証明書類 …………………………… 589	――制限 ………………………… 234
条例 ………………………………… 24	――制限の撤廃 ………………… 235
職能分離原則 ……………………… 201	――人（等）…… 627, 633, 636, 638, 639
職権主義 …………………………… 388	――人の合併・分割 …………… 654
職権証拠調べ ……………………… 454	――人の反論書提出権 ………… 446
職権探知 …………………… 454, 487	――の取下げ ………………… 517, 654
初日不算入の原則 ………………… 405	――の不適法 …………………… 422
処分 …………………………… 25, 359, 645	――の併合・分離 ……………… 653
狭義の―― ……………………… 491	――への一元化 ………………… 360
行訴法上の―― ………………… 301	――録取書 ………… 414, 628, 636, 651
申請の際の―― ………………… 130	――をすべき行政庁 …………… 363
――の取消し …………………… 621	審査庁 ……………… 364, 633, 638, 639
――の理由の記載 ……………… 443	新事実 ……………………………… 604
処分基準 ………… 42, 53, 76, 152, 311, 599	審尋 ………………………………… 652
処分義務付け・差止訴訟 ………… 351	申請 …………………………… 27, 294
処分性 ……………………………… 594	――意思 ………………………… 124
処分庁（等）…… 363, 633, 634, 638, 639, 640, 646	――拒否処分 …………………… 172
――の弁明書作成義務 ………… 442	――に必要な情報の提供 ……… 142
処分（等）の求め ……… 28, 288, 616, 620	――の成立 ……………………… 121
――の求めの対象 ……………… 289	――の撤回 ……………………… 125
書面主義 …………………………… 410	――の到達 ………………… 121, 122
書面の交付 ………………………… 605	――の取下げ …………………… 125
処理基準 …………………………… 315	――の不備 ……………………… 124

667

事項索引

申請型義務付け裁決 …………………362
申請者以外の者の利害 …………145, 599
申請書の返戻 ……………………………123
申請書類の返戻 …………………………129
審理員 ………380, 457, 624, 627, 633, 639, 641
　── 意見書 …………475, 505, 630, 639, 642
　── 候補者 ……………………………402
　── 制度 ………………………380, 386
　── となるべき者の名簿 ………401, 402
　── の指名 …………………………381
　── の除斥 …………………………382
　── の除斥事由 ……………………386
審理関係人 ……………………634, 638, 639
審理期間 …………………………………400
審理手続
　── の計画的進行 …………………439
　── の計画的遂行 …………………458
　── の終結 …………………………470
　── の承継 …………………………396
　── の分離 …………………………469
　── の併合 …………………………467
　── の併合の効果 …………………468
　── の併合の手続 …………………468
　── の併合の「必要があると認める」場合
　　　　　　　　　　　　　　　　…467
審理の公開 ………………………………610
生活保護法 ………………………………627
請願 …………………………………………30
制裁 ………………………………………594
正当な理由 ……………222, 407, 529, 649, 653
整備法 ……………………………641, 643
正本 ………………………………630, 634
政令への委任 ……………………………567
責任者 ……………………………………605
説明責任 …………………………………643
争訟上の不受理処分 …………………301
総代 ……………………………390, 624, 648
送達 ……………………………………507, 655
相当な（の）期間
　　　………166, 363, 421, 452, 453, 499, 548,
645, 651, 652
訴願 ………………………………347, 661
　── 書 ………………………………662
　── 前置主義 ………………………348
訴願法 ……………………………347, 661
組織区分型 ………………………………54
組織（法）的行政機関概念……………36
租税滞納処分 …………………………661
租税の賦課徴収 …………………………83
続行期日の指定 ………………219, 603
続行期日の通知 ………………………220

【た行】

対外性 ……………………………………32
第三者機関 ………………………480, 481
第三者
　── の権利利益 ……………………144
　── の参加手続 ……………………444
　── の正当な利益 …………………603
対象主張書面等 ………………………632
対象書面等 ……………………626, 632
対象電磁的記録 ………………………626
代替案 ……………………………………312
代表者 ……………………………………624
代理人 ………………187, 392, 603, 624, 649
　── の数 ……………………………188
　── の権限 …………………………188
　── の選任 …………………………187
　── の選任等 ………………………191
諾否の応答 ………………………27, 28
多数当事者 ………………………………188
他の法律に特別の定めがある執行停止制度
　　　　　　　　　　　　　　　　…425
地位の承継 ……………………………654
　── の届出 …………………………397
地方議会 …………………………………47
地方警察 …………………………………661
地方公共団体の機関 …………………53
地方支分部局 …………………………295

事項索引

地方税の賦課徴収 …………………… 79
中間的付随的な処分 ………………… 234
中止等の求め ………………………… 285
　——の対象 ………………………… 285
懲戒処分 …………………… 60, 63, 64
調査権 ………………………………… 652
調査審議手続の併合・分離 ………… 554
調査審議の手続 ……………………… 631
調整的行政指導 ……………………… 38
聴聞 ………………… 13, 162, 183, 207
　——開催の通知書 ………………… 185
　——規則等 …………………… 607, 609
　——公開の公示・通知 …………… 215
　——再開の手続 …………………… 231
　——指揮権 ………………………… 214
　——事務担当課 …………………… 600
　——の期日 …………………… 207, 604, 609
　——の再開 …………………… 230, 604
　——の終結 ……… 220, 221, 222, 227, 230
　——の終結後生じた事情 ………… 230
　——の審理の原則非公開 ………… 214
　——の通知 …………… 182, 183, 186, 610
聴聞主宰者 ……… 189, 201, 601, 602, 609, 610
　——の数 …………………………… 201
　——の許可 …………………… 211, 212
　——の釈明権 ……………………… 212
　——の除斥 ………………………… 205
　——の地位 ………………………… 201
聴聞調書 ……………… 224, 603, 611
　——の記載事項・添付物件 ……… 224
　——の作成時期 …………………… 225
聴聞調書・聴聞報告書
　——の閲覧権 ……………………… 227
　——の行政庁への提出 …………… 227
　——の謄写・訂正 ………………… 228
聴聞手続 ……………… 162, 172, 599
　——相当処分 ……………………… 165
　——と弁明手続との振分け基準 … 162
　——の省略 ………………………… 238
　——をとるべき場合 ……………… 162

聴聞等の特例 ………………………… 237
聴聞特例 ……………………………… 165
聴聞報告書 …………………………… 225
　——の記載事項 …………………… 226
　——の作成義務 …………………… 227
　——の性格 ………………………… 226
直接裁判所へ執行停止を申し立てる傾向 … 428
直近上級行政庁 ……………………… 647
陳述 ………………… 414, 603, 628
陳述書 …………………… 602, 611
陳述書・証拠書類等
　——の提示 ………………………… 217
　——の提出 ………………………… 217
通常要すべき標準的な期間 ………… 400
通達 …………………… 157, 159, 312
通知（義務） ………………………… 620
通知（地位の承継） ………………… 398
通知（弁明の機会の付与）の記載事項 … 244
通話者等の確認 ……………………… 626
提出意見 ……………………………… 322
　——の考慮 …………………… 318, 614
　——の整理・要約 ………………… 323
提出資料の閲覧等 …………………… 549
提出書類等の閲覧等 ……… 462, 642, 653
　——の拒否 ………………………… 465
適正手続の法理 ……………………… 51
適用 …………………………………… 574
適用除外 ……… 9, 13, 45, 85, 354, 370
　——規定 …………………………… 336
適用読替え …………………………… 575
手数料 …………………… 551, 627, 638
撤回 …………………………………… 34
手続の併合・分離 …………………… 653
手続への参加 ………………………… 601
撤廃 …………………… 496, 655, 656
電子情報処理組織 ……… 625, 627, 639, 651
電子政府の総合窓口（e-Gov）
　…………………………… 318, 326, 614
電磁的記録 ………… 625, 630, 633, 639, 648
転入届 ………………………………… 302

事項索引

転入届の不受理 …………………………303
添付すべき書面 …………………………444
当事者 ……………………………………603
当事者・参加人
　――の一部不出頭の場合の審理 ……214
　――の権利 ……………………………209
答申 ……………481, 482, 483, 486, 505, 538, 543, 552
答申者 ……………………………504, 505, 552
答申書 ……………………………504, 505, 552
答申の内容の公表 ………………………552
当然読替え ………………574, 575, 578, 585
透明性……………17, 594, 613, 616, 617, 620, 642
登録制………………………………………30
特殊法人 …………………90, 594, 596, 607
特定意見聴取 ……………………………628, 636
特定承継 ……………………………398, 399
特別の委任 ………………………………624
特別の規律によって律せられる関係……46
特別の定め ………………………………19
特別の支障 …………………………598, 605
特別の不服申立て ………………………376
特別法の優先………………………………19
独立行政法人 ……………………………91
届出………………………………29, 33, 39, 293
　――制 …………………………………293
　――に関する情報の提供 ……………297
　――に対する補正指導 ………………298
　――の形式上の要件 …………………294
　――の受理 ……………………………300
　――の提出先とされている機関 ……295
　――の到達主義 …………………300, 301
　――の不受理 …………………………302
　――をすべき手続上の義務 …………296
努力義務 …………………………565, 566, 599

【な行】

内部基準 …………………………………388
二重効果的行政処分 ……………………173
任意意見陳述手続 …………………170, 174

任意聴聞 …………………………162, 165, 174
認可法人…………………………………91, 596
認証審査参与員 …………………………631
任務又は所掌事務 …………………618, 621
認容裁決 ……………………………500, 532
認容の決定 ………………………………522
納付情報 …………………………………638
ノーアクションレター制度
　→行政機関による法令適用事前確認手続

【は行】

破壊的団体の指定………………………83
発信主義 …………………………………409
罰則 ………………………………………567
パブリック・コメント（手続）
　………………………309, 311, 317, 326
犯則事件 …………………………………48, 646
判断過程の透明性 ………………………596
反論書（等）………626, 628, 630, 635, 637, 651
引継ぎ ……………………………………395
必要な措置 ………286, 291, 327, 546, 619, 622
標準処理期間 ……………117, 399, 400, 597
標準法説 …………………………………334
附款 ………………………………………105
複写 ………………………………………602
副本 ………………………………………635
府県参事会 ………………………………661
不作為 ………………………361, 645, 647, 657
　――庁 …………………………………363, 646
　――についての審査請求 ……………361
　――の違法 ……………………………597
　――の違法確認の訴え ………………362
不受理 ……………………………………125
付随的処分 ………………………………234, 235
附則 …………………………………337, 569
附属機関 …………………………………555
物件の提出 ………………………72, 652, 653
不当 ………………………………………489, 645
不当性……………………………………357

不服申立（て）	633
——資格	361, 362
——書	632, 643
——前置	351, 641, 644
——人	633
不利益処分	26, 30, 152, 161, 172, 589, 599
——の決定	232
——の理由の提示	174
不利益変更の禁止	497, 656
文書（等の）閲覧	193, 600, 601, 609, 611
——拒否事由	196
——請求	173, 251
——請求権	195
——請求制度	173
——対象文書	195
——と謄写（コピー）	198
——に関する瑕疵	197
変更裁決	492
変更適用	575
弁明	618
弁明書（等）	625, 630, 637, 642, 662
——の提出期限	248
——の提出要求	441
——の提出要求義務	441
弁明手続	162
——相当処分	164, 165
——における行政庁の審理の範囲	245
——をとるべき場合	164
弁明の機会の付与（弁明手続）	162, 170, 172, 599, 605, 618
法規命令	311
防御権	601, 603
法形式	328
法効果を伴う届出	294, 296
報告（を命ずる処分）	71
報告書	603, 611
法人でない社団・財団	648
法定型行政指導	10
法定受託事務	315, 368
法定聴聞	162
——手続相当処分	163, 164
法定の期間	656
冒頭手続	207
法の体系の変更禁止	332
法律上の利益	193, 361
法律の優位	305
法令	23, 31, 618
法令所管省庁	597
法令所管庁	608
法令に基づく申請	28
保護観察に関する処分	83
補佐人	211, 449, 602, 610, 652
補正	127, 128, 420
——命令	421
本案	653
本来の行政権の行使	46

【ま行】

見直し方針2013年	556
民間事業者による信書の送達に関する法律	649
明確原則	605
命令（等）	23, 40, 52, 311
——制定機関	304, 307, 614
——の案	312
——の公布	613
申立人の質問権	450
申出適格	290

【や行】

要綱	157
様式	619

【ら行】

利益処分	28
利害関係人	190, 193, 601, 652
——の参加	190, 612

事項索引

利害関係を有する者→利害関係人
立案担当課室 …………………………………615
理由 ……………………………………655, 657
　──の差替え ………………………137, 180
　──の提示 …………………………130, 598
　──の提示に関する瑕疵 ……………136, 180
　──の提示の内容・程度 ……………133, 176
　──付記の判例法理 ………………………131
臨時行政改革推進審議会 …………………7, 594
臨時行政調査会 ………………………………5

判例索引

京都地判昭25・7・19行集1巻5号764頁……61
最判昭26・4・28民集5巻5号336頁……56, 371
最判昭27・11・20民集6巻10号1038頁……404
高松高判昭28・10・20行集4巻10号2238頁
　　　　　　　　　　　　　　　　……398
最判昭29・1・21民集8巻1号102頁 ……511
最判昭29・10・14民集8巻10号1858頁
　　　　　　　　　　　　　　……454, 487
東京地判昭30・6・30行集6巻6号1497頁…127
京都地判昭30・12・28行集6巻12号3003頁…61
最判昭34・6・26民集13巻6号846頁 ………125
最判昭35・6・28訟月6巻8号1535頁 ………61
最大判昭35・10・19民集14巻12号2633頁 …371
東京地判昭36・3・6行集12巻3号521頁 …127
最判昭37・7・13民集16巻8号1523頁………125
大阪高判昭37・7・31訟月8巻9号1422頁…404
最判昭37・12・26民集16巻12号2557頁
　　　　　　　　　　　　　　……132, 505
最判昭38・5・31民集17巻4号617頁…132, 176
東京地判昭38・9・18行集14巻9号1666頁…172
最判昭39・10・29民集18巻8号1809頁 ……491
東京地判昭39・11・4行集15巻11号2168頁
　　　　　　　　　　　　　　　　……499
札幌高判昭40・12・24下民集16巻12号1827頁
　　　　　　　　　　　　　　　　……425
東京地決昭41・4・30判時445号23頁 ………211
神戸地決昭41・12・26行集17巻12号1420頁
　　　　　　　　　　　　　　　　……425
最判昭42・4・21訟月13巻8号985頁 ………140
最判昭42・9・12訟月13巻11号1418頁…138, 175
最判昭42・9・26民集21巻7号1887頁 ………521
大阪高判昭43・6・27シュトイエル78号36頁
　　　　　　　　　　　　　　　　……138

松山地決昭43・7・23行集19巻7号1295頁…173
最判昭43・9・17訟月15巻6号714頁 ………175
大阪高決昭43・12・14行集19巻12号1917頁
　　　　　　　　　　　　　　　　……425
最判昭43・12・24民集22巻13号3147頁 ……158
大阪地判昭44・6・26行集20巻5＝6号769頁
　　　　　　　　　　　　　　　　……465
大阪地決昭44・9・20判時570号29頁 ………428
長崎地判昭44・10・20行集20巻10号1260頁
　　　　　　　　　　　　　　　　……448
東京地判昭45・2・24行集21巻2号362頁…448
東京地判昭45・5・27行集21巻5号836頁…407
大阪高判昭45・10・27行集26巻9号1185頁
　　　　　　　　　　　　　　　　……551
最大判昭46・1・20民集25巻1号1頁………306
東京地判昭46・1・29判時640号36頁 ………127
札幌高決昭46・3・8行集22巻3号177頁…61
東京高判昭46・7・17行集22巻7号1022頁…194
最判昭46・10・28民集25巻7号1037頁
　　　　　　　　　　　…6, 104, 109, 155
最判昭47・3・31民集26巻2号319頁 ………137
最判昭47・5・19民集26巻4号698頁 ………128
東京高判昭47・8・9行集23巻8＝9号658頁
　　　　　　　　　　　　　　　　……66
最判昭47・12・5民集26巻10号1795頁
　　　　　　　　　　　　　　……137, 443
東京高判昭48・3・14行集24巻3号115頁
　　　　　　　　　　　　　　……138, 489
最判昭48・6・21訟月19巻10号51頁……407, 564
京都地判昭49・3・15行集25巻3号142頁 …138
大阪地判昭49・3・29判時750号48頁………61
最判昭49・4・18訟月20巻11号175頁 ………454
最判昭49・4・25民集28巻3号405頁 ………135

判例索引

東京地判昭49・6・27行集25巻6号694頁 …392
浦和地判昭49・12・11行集25巻12号1546頁
　　　　　　　　　　　　　　　　　…209
最判昭50・5・29民集29巻5号662頁 ……6, 482
大阪高判昭50・9・30行集26巻9号1158頁 …197
津地判昭51・4・8行集27巻4号516頁 ……420
長崎地判昭51・6・28行集27巻6号950頁 …408
札幌地判昭51・7・29行集27巻7号1096頁 …173
東京高判昭51・10・28訟月22巻13号3029頁
　　　　　　　　　　　　　　　　　…404
大阪高判昭52・1・27行集28巻1＝2号22頁
　　　　　　　　　　　　　　　　　…138
東京高判昭52・3・8判時856号26頁 ………61
東京地判昭52・3・23訟月23巻3号533頁 …425
甲府地判昭52・3・31判タ355号225頁 ……65
福岡高判昭52・9・12行集28巻9号917頁 …56
東京地判昭53・2・16訟月24巻5号1143頁 …407
最判昭53・3・14民集32巻2号211頁 ………361
最判昭53・9・19判時911号99頁 ………138, 141
最大判昭53・10・4民集32巻7号1223頁
　　　　　　　　　　　…………49, 109, 159, 373
福島地決昭54・4・2行集30巻4号705頁 …428
最判昭54・4・5訟月25巻8号2237頁 ………505
大阪高判昭54・7・30行集30巻7号1352頁 …28
岐阜地判昭54・12・19行集30巻12号2040頁
　　　　　　　　　　　　　　　　　…423
最判昭55・1・11税資110号1頁 …………404
大阪地判昭55・3・19行集31巻3号483頁
　　　　　　　　　　　　　　　…185, 244
東京地判昭55・9・29行集31巻9号2024頁 …138
東京高判昭55・12・24行集31巻12号2675頁
　　　　　　　　　　　　　　　　　…562
最判昭56・2・26民集35巻1号117頁…………30
最判昭56・3・27民集35巻2号417頁 ………248
最判昭56・7・14民集35巻5号901頁 ………139
高知地決昭57・1・20判タ464号137頁………428
最判昭57・4・23民集36巻4号727頁 …265, 266
広島高判昭58・8・29行集34巻8号1429頁 …66
広島高判昭58・8・29行集34巻8号1436頁 …66
広島高判昭58・8・29行集34巻8号1440頁 …66

最判昭59・2・24刑集38巻4号1287頁…253, 255
仙台地判昭59・3・27行集35巻3号263頁 …123
東京地判昭59・3・29行集35巻4号476頁……65
最判昭60・1・22民集39巻1号1頁……6, 134
最判昭60・4・23民集39巻3号850頁 ………176
東京高判昭60・4・30行集36巻4号629頁……65
神戸地決昭60・5・21判タ564号236頁………428
最判昭60・7・16民集39巻5号989頁
　　　　　　…56, 120, 262, 263, 264, 265, 266, 267
東京地判昭61・3・28判時1204号90頁…405
最判昭61・6・19判時1206号21頁………407, 560
東京高判昭62・8・6行集38巻8＝9号951頁
　　　　　　　　　　　　　　　　　…123
神戸地判昭62・10・2判タ671号193頁 ……127
東京地判昭63・4・27判時1275号52頁 ……50
最判平元・4・13判時1313号121頁 ………145
大阪地判平元・9・12行集40巻9号1190頁
　　　　　　　　　　　　　　　　　…167
那覇地決平元・10・11判時1327号14頁 …429
最決平元・11・8判時1328号16頁………56, 257
最判平2・1・18民集44巻1号253頁 ………454
最判平2・2・1民集44巻2号369頁 ………306
京都地決平2・2・20判時1369号94頁 ……428
仙台高秋田支判平2・7・27行集41巻
　　6＝7号1269頁………………………562
大阪高判平2・8・29行集41巻8号1426頁 …167
京都地判平3・2・5判時1387号43頁 ………142
宇都宮地判平3・2・28行集42巻2号355頁
　　　　　　　　　　　　　　　　　…302
名古屋高判平3・3・27労働判例588号58頁
　　　　　　　　　　　　　　　　　…65
最判平3・4・26民集45巻4号653頁 ………119
東京地判平3・5・28行集42巻5号954頁 …297
最判平3・7・9民集45巻6号1049頁 ………305
東京高決平3・7・20判タ770号165頁 ……428
福岡地判平3・7・25行集42巻6＝7号1230頁
　　　　　　　　　　　　　　　　　…107
浦和地判平3・12・16判タ786号155頁 ……61
最大判平4・7・1民集46巻5号437頁
　　　　　　　　　　　　　……6, 51, 167

福岡高判平 4・10・26 行集43巻10号1319頁
　………………………………………107
最判平 4・10・29民集46巻 7 号1174頁
　…………………………………116, 159
最判平 4・12・10判時1453号116頁 ………134
最判平 5・2・16民集47巻 2 号473頁 ………140
最判平 5・2・18民集47巻 2 号574頁 ……56, 257
最判平 5・3・16民集47巻 5 号3483頁 ………115
東京高判平 5・3・24判時1460号62頁 ………56
大阪高判平 5・10・5 判例自治124号50頁 …142
長崎地判平 6・1・19判タ868号164頁 ………415
東京地判平 6・1・31判時1523号58頁 ………139
東京高判平 6・2・25判時1493号54頁 ………202
福岡高判平 6・5・23判例自治129号19頁 …139
鹿児島地判平 6・6・17判例自治132号91頁
　……………………………………………302
横浜地判平 6・8・8 判例自治138号23頁 …139
東京地判平 6・9・9 判時1509号65頁 ………259
東京高判平 6・11・30判例自治143号36頁 …302
津地判平 7・5・11判例自治147号82頁 ……407
最判平 7・6・23民集49巻 6 号1600頁 ………155
名古屋地判平 8・1・31行集47巻 1＝2 号131頁
　…………………………………………56, 265
東京高判平 8・3・29判時1571号48頁 ………156
岡山地判平 8・7・23判例自治165号74頁 …124
最判平 9・8・29民集51巻 7 号2921頁 …115, 260
福岡高那覇支判平 9・11・20判時1646号54頁
　……………………………………………295
仙台地判平 10・1・27判時1676号43頁
　…………………………………123, 262, 265
東京地判平 10・2・27判時1660号44頁 ……135
東京地判平 10・5・28判時1666号38頁 ……263
東京地判平 10・11・13判時1680号65頁 ……168
鳥取地判平 11・2・9 判例自治190号42頁 …123
横浜地判平 11・2・24判タ1031号179頁 ……69
東京高判平 11・3・31判時1680号63頁 ……27
福岡高宮崎支判平 11・4・16判タ1023号153頁
　……………………………………………139
東京地判平 11・4・22判タ1047号177頁 ……65
新潟地判平 11・7・15税資244号12頁 ………84

最判平 11・11・19民集53巻 8 号1862頁 ……139
高松地判平 12・1・11判例自治212号81頁
　…………………………178, 185, 203, 209, 230
東京高判平 12・2・10判タ1031号175頁 ……69
広島高岡山支判平 12・4・27判例自治214号
70頁 ………………………………………123
神戸地判平 12・7・11判例自治214号76頁 …123
名古屋地判平 12・8・9 判タ1069号81頁
　……………………………………………163, 241
東京高判平 12・11・14税資249号502頁 ……84
東京高判平 13・6・14判時1757号51頁
　…………………………………114, 134, 135
最判平 13・7・13訟月48巻 8 号2014頁 ………88
名古屋地判平 13・8・29判タ1074号294頁 …302
大阪高判平 13・10・19訟月49巻 4 号1280頁
　……………………………………………124
静岡地判平 13・11・30判例自治228号63頁 …115
最判平 14・1・31民集56巻 1 号246頁 ………305
名古屋地判平 14・3・20判例自治240号102頁
　……………………………………………103
名古屋地判平 14・5・13判例自治234号10頁
　……………………………………………302
東京高判平 14・5・15判タ1119号160頁 ……302
大阪地判平 14・6・28裁判所ウェブサイト
　…………………………………109, 113, 135
横浜地判平 14・8・7 判例自治239号 8 頁 …303
和歌山地判平 14・9・10裁判所ウェブサイト
　……………………………………………108
東京高判平 14・9・26裁判所ウェブサイト …115
岡山地判平 14・10・1 判例自治264号77頁 …245
最判平 14・10・24民集56巻 8 号1903頁 ……405
横浜地判平 14・12・16裁判所ウェブサイト
　……………………………………………115
大阪地判平 15・5・8 判タ1143号270頁
　…………………………………103, 123, 262
東京高判平 15・5・21判時1835号77頁 ……258
名古屋地判平 15・6・25判時1852号90頁 ……77
最判平 15・6・26判時1831号94頁 …………303
東京地決平 15・10・3 判時1835号34頁 ……432
名古屋高金沢支判平 15・11・19判タ1167号

東京地判平15・12・19裁判所ウェブサイト
153頁・・・・・・・・・・・・・・・・・・・・・・・・・・・123
・・・・・・・・・・・・・・・・・・・・・・・・・・・116
最決平15・12・25民集57巻11号2562頁・・・・・・306
大阪高判平16・2・19訟月53巻2号541頁・・・258
横浜地判平16・4・7判例自治256号34頁・・・433
最判平16・4・27民集58巻4号1032頁・・・・・・・・307
大阪高判平16・5・28判時1901号28頁・・・・・・265
福岡地判平16・5・31裁判所ウェブサイト・・・255
東京地判平16・10・1判タ1200号155頁・・・・・・499
最判平16・12・24民集58巻9号2536頁・・・・・・256
仙台地判平17・1・24 LEX/DB25410372
・・・・・・・・・・・・・・・・・・・・・・・・・・・109, 135
長野地判平17・2・4判タ1229号221頁
・・・・・・・・・・・・・・・・・・・・・・・167, 244, 245
千葉地判平17・4・26 LEX/DB28101210
・・・・・・・・・・・・・・・・・・・・・・・・・・・133, 135
大阪地判平17・5・27判タ1225号231頁・・・・・・・・97
名古屋高金沢支判平17・7・13判タ1233号
188頁・・・・・・・・・・・・・・・・・・・・・・・・・・・143
東京高判平17・9・15 LEX/DB25410455 ・・・178
東京地判平17・11・21判時1915号34頁・・・・・・433
最判平17・12・1判時1922号72頁・・・・・・・・・・115
東京高判平17・12・26 LEX/DB28131616
・・・・・・・・・・・・・・・・・・・・・・・・・・・108, 133
仙台高判平18・1・19 LEX/DB28110798
・・・・・・・・・・・・・・・・・・・・・・・108, 114, 135
高松高判平18・1・30判時1937号74頁・・・・・・・・103
盛岡地判平18・2・24判例自治295号82頁
・・・・・・・・・・・・・・・・・・・・・・・・・・・177, 178
名古屋高判平18・2・24判タ1242号131頁 ・・・270
大阪高判平18・6・21 LEX/DB28131673 ・・・135
東京地判平18・9・6判タ1275号96頁・・・・・・186
東京地判平18・9・21判時1982号58頁・・・・・・107
名古屋地決平18・9・25 LEX/DB28112501
・・・・・・・・・・・・・・・・・・・・・・・・・・・246
最判平18・10・5判時1952号69頁・・・・・・・・・355
東京地判平18・10・25判時1989号48頁・・・・・・275
福岡高判平18・11・9判タ1251号192頁・・・・・・160
大阪地判平19・2・13判タ1253号122頁

・・・・・・・・・・・・・・・・・・・・・・・159, 160, 177
東京高判平19・4・17 LEX/DB25420878 ・・・186
東京高判平19・5・31判時1982号48頁・・・・・・・・130
富山地判平19・8・29判タ1279号146頁 ・・・・・・124
高松高判平19・11・29裁判所ウェブサイト
・・・・・・・・・・・・・・・・・・・・・・・・・・・260
東京地判平20・1・29判時2000号27頁・・・・・・302
大阪地判平20・1・31判タ1268号152頁
・・・・・・・・・・・・・・・・・・・・・・・・・・・198, 220
那覇地判平20・3・11判時2056号56頁・・・・・・114
仙台高判平20・5・28判タ1283号74頁・・・・・・108
大阪地判平20・5・30判時2011号8頁・・・・・・108
名古屋高金沢支判平20・7・23判タ1281号
181頁・・・・・・・・・・・・・・・・・・・・・・・・・・・124
仙台高判平20・8・28税資258号153
（順号11011）・・・・・・・・・・・・・・・・・・・・・・・84
札幌地判平20・9・22訟月56巻3号1053頁・・・158
福岡地判平21・3・17判タ1299号147頁 ・・・・・・404
最判平21・4・17民集63巻4号638頁 ・・・・・・・・303
東京地判平21・5・25 LEX/DB25450924 ・・・565
東京地判平21・10・14 LEX/DB25451725 ・・・172
さいたま地判平21・10・14裁判所
ウェブサイト・・・・・・・・・・・・・・・・・・・・・・・120
最判平21・11・18民集63巻9号2033頁・・・・・・306
名古屋高判平22・3・11裁判所ウェブサイト
・・・・・・・・・・・・・・・・・・・・・・・・・・・108
東京地判平22・3・30民集67巻1号45頁
・・・・・・・・・・・・・・・・・・・・・・・・・・・316, 319
最判平23・6・7民集65巻4号2081頁
・・・・・・103, 134, 160, 174, 176, 177, 178,
184, 208, 210
水戸地判平23・7・29判例自治363号77頁
・・・・・・・・・・・・・・・・・・・・・・・・・・・159, 208
熊本地判平23・12・14判時2155号43頁 ・・・・・・117
大阪地判平23・12・21 LEX/DB25444394 ・・・136
東京地判平24・4・19 LEX/DB25481081 ・・・65
福岡高判平24・6・5裁判所ウェブサイト・・・117
大阪地判平24・6・28 LEX/DB25444774 ・・・177
東京地決平24・10・23判時2184号23頁 ・・・・・・168
東京地判平24・11・1判時2225号47頁 ・・・・・・135

判例索引

東京高判平24・12・12 LEX/DB25445843 …178
最判平25・1・11民集67巻1号1頁…………306
東京地判平25・2・19判時2211号26頁………238
東京地判平25・2・26判タ1414号313頁
　………………………………………168, 172
福岡地判平25・3・5判時2213号37頁………135
東京地判平25・3・26判時2209号79頁………193
名古屋高判平25・4・26判例自治374号43頁
　………………………………………………178
名古屋地判平25・5・31判時2241号31頁……159
さいたま地判平25・7・10判時2204号86頁…156
大阪地判平25・8・2裁判所ウェブサイト…108
大阪地判平25・9・12判例自治388号91頁……159
東京高判平25・9・12 LEX/DB25446371　…238
旭川地判平25・9・17判時2213号125頁
　………………………………………427, 428
名古屋高判平25・10・2 LEX/DB25505971
　………………………………………………178
福岡地判平26・1・21判例自治389号78頁…136
広島高松江支判平26・3・17判時2265号17頁
　………………………………………172, 243, 244
大阪地判平26・3・20裁判所ウェブサイト
　………………………………………………108

東京地判平26・3・25判例自治393号52頁 …114
大阪地判平26・4・22裁判所ウェブサイト…116
東京地判平26・4・30判例自治392号70頁 …111
金沢地判平26・9・29判例自治396号69頁 …203
最判平26・10・9判時2241号13頁 …………307
東京高判平26・10・14判例自治393号47頁 …114
仙台地判平26・10・16判例集未登載 ………108
熊本地判平26・10・22 LEX/DB25505336 …178
大阪高判平26・11・27判時2247号32頁 ……143
大阪高判平26・11・27判例自治407号11頁…275
大阪地判平27・1・30裁判所ウェブサイト…108
最判平27・3・3民集69巻2号143頁 …110, 159
札幌地判平27・6・18 LEX/DB25540843　…220
名古屋高金沢支判平27・6・24判例自治
　400号104頁 ………………………………203
佐賀地判平27・10・23判時2298号39頁 ……171
東京地判平27・12・11裁判所ウェブサイト
　………………………………………………103
東京地判平27・12・14 LEX/DB25541885　…65
さいたま地決平27・12・17 LEX/DB25542076
　………………………………………………168
大分地判平28・1・14判時2352号13頁………155

■編者・執筆者紹介

編者

室井　力（むろい・つとむ）　　　　元名古屋大学名誉教授
芝池　義一（しばいけ・よしかず）　　京都大学名誉教授・関西大学名誉教授
浜川　清（はまかわ・きよし）　　　　法政大学名誉教授
本多　滝夫（ほんだ・たきお）　　　　龍谷大学法学部

執筆者（執筆順）

萩原　聡央（はぎはら・あきひさ）　　名古屋経済大学法学部
長谷川佳彦（はせがわ・よしひこ）　　大阪大学法学研究科
恒川　隆生（つねかわ・たかお）　　　静岡大学名誉教授
梶　哲教（かじ・てつのり）　　　　　大阪学院大学法学部
久保　茂樹（くぼ・しげき）　　　　　青山学院大学名誉教授
大田　直史（おおた・なおふみ）　　　龍谷大学政策学部
髙橋　正徳（たかはし・まさのり）　　元岡山大学法学部
岡崎　勝彦（おかざき・かつひこ）　　島根大学名誉教授
榊原　秀訓（さかきばら・ひでのり）　南山大学法務研究科
徳田　博人（とくだ・ひろと）　　　　琉球大学人文社会学部
紙野　健二（かみの・けんじ）　　　　名古屋大学名誉教授
西田　幸介（にしだ・こうすけ）　　　法政大学法学部
黒川　哲志（くろかわ・さとし）　　　早稲田大学社会科学総合学術院
庄村　勇人（しょうむら・はやと）　　名城大学法学部
下山　憲治（しもやま・けんじ）　　　早稲田大学法学学術院
門脇　美恵（かどわき・みえ）　　　　広島修道大学法学部
安田　理恵（やすだ・りえ）　　　　　追手門学院大学法学部
前田　雅子（まえだ・まさこ）　　　　関西学院大学法学部
平田　和一（ひらた・かずいち）　　　専修大学名誉教授
佐伯　祐二（さえき・ゆうじ）　　　　広島大学名誉教授

藤枝　律子（ふじえだ・りつこ）	元三重短期大学法経科
野呂　　充（のろ・みつる）	大阪大学高等司法研究科
大沢　　光（おおさわ・ひかる）	青山学院大学法学部
市橋　克哉（いちはし・かつや）	名古屋経済大学法学部
豊島　明子（とよしま・あきこ）	南山大学法学部
野田　　崇（のだ・たかし）	関西学院大学法学部
深澤龍一郎（ふかさわ・りゅういちろう）	名古屋大学法学研究科
湊　　二郎（みなと・じろう）	立命館大学法務研究科
岩本　浩史（いわもと・ひろし）	島根県立大学地域政策学部
南川　和宣（みなみがわ・かずのぶ）	岡山大学法務研究科
林　　晃大（はやし・あきとも）	近畿大学法学部
稲葉　一将（いなば・かずまさ）	名古屋大学法学研究科
山田　健吾（やまだ・けんご）	専修大学法学部
石塚　武志（いしづか・たけし）	龍谷大学法学部
榊原　志俊（さかきばら・ゆきとし）	元愛知学院大学法務研究科

コンメンタール行政法Ⅰ【第3版】
行政手続法・行政不服審査法

編著者	室井 力・芝池義一・浜川 清・本多滝夫
発行所	株式会社 日本評論社
	〒170-8474 東京都豊島区南大塚3-12-4 振替00100-3-16
	電話 03-3987-8621（販売・FAX-8590）
	03-3987-8631（編集）
印刷所	株式会社精興社
製本所	株式会社松岳社
装 幀	駒井佑二

Ⓒ2018　T. Muroi, Y. Shibaike, K. Hamakawa, T. Honda　検印省略

JCOPY　〈(社)出版者著作権管理機構　委託出版物〉
本書の無断複写は著作権法上での例外を除き禁じられています。複写される場合は、そのつど事前に、(社)出版者著作権管理機構（電話 03-5244-5088、FAX 03-5244-5089、e-mail：info@jcopy.or.jp）の許諾を得てください。
また、本書を代行業者等の第三者に依頼してスキャニング等の行為によりデジタル化することは、個人の家庭内の利用であっても、一切認められておりません。

1997年10月10日　第1版第1刷発行
2008年6月30日　第2版第1刷発行
2018年9月30日　第3版第1刷発行
2024年8月5日　第3版第3刷発行
ISBN978-4-535-00206-7　　　　　　　　　Printed in Japan

我妻・有泉コンメンタール
民法 総則・物権・債権［第8版］

我妻榮・有泉亨・清水誠・田山輝明／著 ◆978-4-535-52647-1 A5判 定価8,800円（税込）

2021年の物権編の改正に対応。債権法改正以降の新判例も全体にわたり収録し、我妻先生以来の名著に最新の情報を付加して改訂。

コンメンタール 借地借家法［第4版］

稲本洋之助・澤野順彦／編 ◆978-4-535-52331-9 A5判 定価5,830円（税込）

理論と実務の状況をアップデートし、借地条件の変更等の裁判手続に関する平成23年改正法、平成29年の民法改正整備法にも完全対応。

別冊法学セミナー 新基本法コンメンタール 人事訴訟法・家事事件手続法［第2版］

松川正毅・本間靖規・西岡清一郎／編 ◆978-4-535-40282-9 B5判 定価6,380円（税込）

令和4年法律102号による新設条文までを逐条解説として収録。解説中では、IT化に関する令和4年・令和5年改正の内容に対応。

〔菊井維大・村松俊夫＝原著〕
秋山幹男・伊藤眞・垣内秀介・加藤新太郎・日下部真治・高田裕成・福田剛久・山本和彦［著］

民事訴訟の理論と実務

第一線の研究者と実務家による「菊井＝村松」の全面改訂版。民事訴訟法・民事訴訟規則を一体的に説明する。条文に関連する諸法令を可能な限り掲げたほか、判例・学説や実務上の取扱いを明示。

コンメンタール 民事訴訟法Ⅰ［第3版］
民事訴訟法概説 第1編／第1章〜第3章　◆978-4-535-00350-7 A5判 定価6,160円（税込）

コンメンタール 民事訴訟法Ⅱ［第3版］
第1編／第4章〜第7章　◆978-4-535-00351-4 A5判 定価5,940円（税込）

コンメンタール 民事訴訟法Ⅲ［第2版］
第2編／第1章〜第3章　◆978-4-535-00208-1 A5判 定価5,720円（税込）

コンメンタール 民事訴訟法Ⅳ［第2版］
第2編／第4章　◆978-4-535-00209-8 A5判 定価5,720円（税込）

コンメンタール 民事訴訟法Ⅴ［第2版］
第2編／第5章〜第8章　◆978-4-535-00353-8 A5判 定価5,280円（税込）

コンメンタール 民事訴訟法Ⅵ
第3編　◆978-4-535-00205-0 A5判 定価5,720円（税込）

コンメンタール 民事訴訟法Ⅶ
第4編〜第8編／総索引　◆978-4-535-00207-4 A5判 定価5,280円（税込）

日本評論社　https://www.nippyo.co.jp/